Percorsi

L'Italia attraverso la lingua e la cultura

Percorsi

L'Italia attraverso la lingua e la cultura

FRANCESCA ITALIANO ❖ IRENE MARCHEGIANI

University of Southern California

State University of New York at Stony Brook

PEARSON
Prentice Hall

world Languages

UPPER SADDLE RIVER, NEW JERSEY 07458

Library of Congress Cataloging-in-Publication Data

Italiano, Francesca.

Percorsi: l'Italia attraverso la lingua e la cultura / Francesca Italiano, Irene Marchegiani.

p. cm.

Includes index.

ISBN: 0-13-192969-0

1. Italian language—Textbooks for foreign speakers—English. I. Marchegiani, Irene. II. Title.

PC1129.E5I837 2007

458.3'421—dc22

2007033478

Senior Acquisitions Editor: *Rachel McCoy*

Editorial Assistant: *Alexei Soma*

Editorial Coordinator/Assistant Developmental Editor: *Jennifer Murphy*

Director of Marketing: *Kristine Suárez*

Senior Marketing Manager: *Denise Miller*

Marketing Coordinator: *Bill Bliss*

Director of Editorial Development: *Julia Caballero*

Development Editor: *Barbara Lyons*

Development Editor for Assessment: *Melissa Marolla Brown*

Senior Managing Editor (Production): *Mary Rottino*

Associate Managing Editor (Production): *Janice Stangel*

Production Supervision: *Nancy Stevenson*

Media/Supplements Editor: *Meriel Martínez*

Senior Media Editor: *Samantha Alducin*

Senior Operations Supervisor: *Brian Mackey*

Operations Specialist: *Cathleen Petersen*

Interior and Cover Design: *Lisa Delgado, Delgado and Company, Inc.*

Illustrator: *Emilcomp/Comix*

Director, Image Resource Center: *Melinda Patelli*

Manager, Rights and Permissions, IRC: *Zina Arabia*

Manager, Visual Research: *Beth Brenzel*

Image Permissions Coordinator: *Kathy Gavilanes*

Photo Researcher: *Elaine Soares*

Composition/Full-Service Project Management: *Assunta Petrone, Preparé Inc.*

Publisher: *Phil Miller*

Printer/Binder: *R. R. Donnelley*

Cover Printer: *Phoenix Color Corp.*

Typeface: *12/13.5 Perpetua*

Credits and acknowledgments borrowed from other sources and reproduced, with permission, in this textbook appear on page 571.

10   9   8   7

Student Edition:

ISBN 0-13-192969-0 / 978-0-13-192969-2

Annotated Instructor's Edition:

ISBN 0-13-193790-1 / 978-0-13-193790-1

Pearson Education LTD.

Pearson Education Singapore, Pte. Ltd

Pearson Education, Canada, Ltd

Pearson Education-Japan

Pearson Education, Upper Saddle River, New Jersey

Pearson Education Australia PTY, Limited

Pearson Education North Asia Ltd

Pearson Educación de Mexico, S.A. de C.V.

Pearson Education Malaysia, Pte. Ltd

Brief Contents

Scope and Sequence

	Per comunicare	Percorsi
CAPITOLO PRELIMINARE **TANTO PER COMINCIARE** 1	• Pronounce and spell Italian words • Keep a conversation going	• Percorso I Italian pronunciation and spelling: the Italian alphabet 2 • Percorso II Useful expressions for keeping a conversation going 8
CAPITOLO 1 **COME VA, RAGAZZI?** 12	• Greet people and make introductions • Express dates • Count from 1 to 100 • Exchange personal information	• Percorso I Ciao, sono. . . 13 • Percorso II Le date, i giorni e i mesi 22 • Percorso III Informazioni personali 26
CAPITOLO 2 **CHE BELLA LA VITA DA STUDENTE!** 42	• Identify people and things in an Italian-language classroom • Describe campus buildings and facilities • Describe everyday activities in different locations on campus	• Percorso I In classe 43 • Percorso II L'università 50 • Percorso III Le attività a scuola 58
CAPITOLO 3 **MI RICONOSCI?** 76	• Describe people's appearance and personality • Identify and describe articles of clothing • Talk about your favorite activities	• Percorso I La descrizione delle persone 77 • Percorso II L'abbigliamento 85 • Percorso III Le attività preferite 92
CAPITOLO 4 **GIORNO PER GIORNO** 106	• Tell time • Describe your everyday activities • Talk about food and your eating habits • Describe weather conditions and seasonal activities	• Percorso I Le attività di tutti i giorni 107 • Percorso II I pasti e il cibo 116 • Percorso III Le stagioni e il tempo 122

Scope and Sequence

Scope and Sequence

Scope and Sequence

	Per comunicare	Percorsi
CAPITOLO 14 QUANTE COSE DA FARE IN CITTÀ! **434**	• Talk about where to shop • Give orders and instructions • Give and follow directions to get around town • Tell where to go for different services • Talk about shopping for clothes	• Percorso I Fare acquisti in città **435** • Percorso II In giro per la città **444** • Percorso III Le spese per l'abbigliamento **451**
CAPITOLO 15 ALLA SALUTE! **466**	• Identify parts of the body and discuss issues relating to health and well-being • Describe ailments and give and follow health-related advice • Express opinions on health and environmental issues	• Percorso I Il corpo e la salute **467** • Percorso II Dal medico **473** • Percorso III L'ambiente e le nuove tecnologie **483**
CAPITOLO 16 GLI ITALIANI DI OGGI **498**	• Discuss Italian politics and Italy's role in the European Union • Talk about contemporary Italian society • Talk about Italian people around the world	• Percorso I Il governo italiano e gli altri Paesi **499** • Percorso II I nuovi italiani **509** • Percorso III La presenza italiana nel mondo **517**

GRAMMATICAL EXPANSION: ANCORA UN PO'

A presentation of the following structures, and related exercises, is found in the Student Activities Manual.

- The past conditional
- The pluperfect subjunctive
- Conjunctions that require the subjunctive
- **If** sentences of improbability (e.g., Se fossi andato, lo avresti capito)
- Other uses of **ci** and **ne**
- Other uses of the subjunctive

Preface

PERCORSI: L'Italia attraverso la lingua e la cultura

Percorsi is an introductory program that promotes the acquisition of Italian language and culture through the integration of the "5 Cs" principles of the National Standards for Foreign Language Education. *Percorsi* is designed to provide beginning learners with a variety of tools to develop their communicative competence in the four major language skills—listening, speaking, reading, and writing—as they acquire familiarity with Italian culture. All of the features in *Percorsi* have been carefully thought out to support the two key aspects of the language acquisition process: language comprehension and language production.

From the start, carefully structured communicative activities largely based on authentic materials and texts encourage students to use Italian in everyday situations. Generous use of authentic content also offers students a chance to develop reading skills while gaining cultural awareness and understanding of Italian communities and traditions throughout the world. In addition, each chapter explicitly promotes cultural exploration through illustrated presentations that are followed by activities facilitating comprehension and highlighting cultural comparisons. Students are encouraged to analyze and compare extremely varied aspects of Italian culture while making connections to their own experiences.

Communicative activities that have real-world relevance are at the heart of the *Percorsi* program. Within culturally authentic contexts, role-plays, pair and group work provide students with numerous opportunities to interact in Italian with other learners. Authentic materials, such as advertisements, brochures, and newspaper and magazine articles, provide extensive exposure to contemporary Italian language and culture. The exercises and activities, together with the cultural presentations, are organized using the three modes of communication: Interpersonal, Interpretive, and Presentational. The communicative activities offer ample opportunity for students to practice interpersonal skills. The listening exercises, together with the numerous realia- and reading-based activities, facilitate practice in the interpretive mode. Writing tasks and strategies, along with activities in which students are asked to report to the class, provide a variety of tools for practice in the presentational mode.

Other outstanding features of the *Percorsi* program include the following:

■ **Thoughtful integration of the chapter topics, vocabulary, and functionally sequenced grammar within a rich cultural framework.** This integration is enhanced by *Percorsi*'s cyclical Scope and Sequence, which emphasizes the recycling of vocabulary and structures taught in previous chapters; students are given ample opportunity to learn the material gradually and thoroughly. The focus is on helping them to understand and speak Italian in a variety of settings with increasing accuracy and at expanding levels of sophistication. The clear and manageable grammar presentation complements this focus.

■ **Adaptability to different course structures and teaching needs.** As the title indicates, *Percorsi* is a rich, highly flexible program that provides instructors and learners with many pathways, or options. Instructors can emphasize the features most suited to their courses and students, and they can choose as well from a wide array of supplementary materials. They also have flexibility in deciding how to work with the various chapter elements. The teaching of grammar, for example, can be done inductively, through integration of grammar into the overall **Percorso** thematic content, or through more traditional work with the **Grammatica** sections. Instructors can also decide how much emphasis to give to the presentation of grammar, since much of the presentation and related practice can be assigned as homework.

■ **A concise, functionally organized grammar presentation.** *Percorsi* offers a concise, functionally organized grammar enhanced by a cyclical syllabus. New structures are introduced visually through captioned illustrations, photos, or realia at the beginning of each **Percorso**, then embodied in the **In contesto** language samples. In turn, the **Occhio alla lingua!** questions encourage students to analyze inductively or to review the **Percorso**'s linguistic input. The streamlined grammar explanations that follow present structures in the context of communicative needs.

■ **A well-developed process approach to skill development.** Students are provided with a well-thought-out framework for carrying out authentic speaking, reading, writing, and viewing tasks. Pre-reading, pre-writing, and pre-viewing activities provide advance preparation for these sections. Students are then guided as they carry out the assignment, and encouraged through appropriate follow-up. This process approach helps students gain confidence in carrying out highly varied tasks in Italian.

■ **An outstanding video filmed in Italy to accompany the textbook.** Through a series of unscripted interviews, the video introduces an engaging cast of Italian speakers who talk about high-interest topics related to each chapter, including their families, work, and leisure activities. Richly authentic cultural footage accompanies each interview segment.

■ **Rich annotations for the instructor.** Extensive annotations provide suggestions for presentation of new vocabulary and grammar, background information, and ideas for expansion and enrichment activities. The annotations also include the scripts for listening activities and answers for the exercises.

Chapter organization

Percorsi includes 16 chapters preceded by a short Capitolo preliminare, which introduces the Italian language, gives an overview of the Italian regions, and introduces basic classroom vocabulary. The individual chapters include three main components: the three **Percorso** sections, **Andiamo Avanti!** and **Attraverso. . . .** There is also an end-of-chapter **Vocabolario** section.

PERCORSO I, II, III

Each **Percorso** develops within a cultural framework an aspect of the chapter theme, presenting and practicing vocabulary essential for communicating about the topic along with related grammar structures. The three **Percorsi** include the following components:

VOCABOLARIO

Key vocabulary is presented primarily through photos, artwork, realia, and assorted language samples. The related exercises and activities reinforce new vocabulary as well as reviewing and recycling thematic vocabulary from other chapters. The vocabulary presentation is complemented by the following elements:

- **Così si dice** boxes are used to present very briefly a grammar or linguistic structure necessary for communicating about a given topic. Key grammar points appearing in **Così si dice** are subsequently treated in depth in later chapters.

- **In contesto** includes a brief conversation, recorded on the text audio CD, or a short authentic text, that draws together in an interesting, contextualized way the **Percorso**'s theme, vocabulary, and grammar structures.

- **Occhio alla lingua!** encourages students to examine the **Percorso**'s linguistic input featured in the **Vocabolario** and **In contesto** sections in order to discover inductively or to review new grammar points.

- **Lo sai che?** boxes provide illustrated cultural information relevant to the **Percorso** and encourage students to think analytically about both Italian culture and their own.

GRAMMATICA

Grammatical structures are presented concisely in English. They are enhanced by numerous examples and well-designed charts. Carefully sequenced related exercises provide practice within meaningful contexts, reinforcing the chapter theme and vocabulary. To assist students in the first four chapters, exercise directions are in English; thereafter, they are in simple Italian. Each **Percorso** includes one listening activity recorded on the audio CD that accompanies the text.

   Percorsi includes the essential points of Italian grammar for a first-year course. For those who wish to provide a complete presentation of Italian grammar, a supplementary chapter is included in the Student Activities Manual. It includes topics and tenses not presented in the textbook itself.

   Scambi is the wrap-up section that appears after each **Percorso**'s **Grammatica** section. The thematically oriented **Scambi** activities have an interactive focus and encourage creative yet relevant use of new **Percorso** vocabulary and grammar structures.

ANDIAMO AVANTI!

This section, which follows the three **Percorsi**, provides in-depth exploration of the chapter theme from varied perspectives while promoting development of the four skills.

■ **Ricapitoliamo** focuses on creative, mostly interactive activities that review and synthesize the chapter's thematic content, vocabulary, and grammatical structures. Often these activities involve role-playing or pair and group work so that students can practice meaningful communication in real-life situations. Many are based upon interesting visual content or realia.

■ **Leggiamo**, based on an authentic, thematically appropriate reading text, takes a process approach to development of the reading skill. This section begins with a reading strategy and then guides students through pre-reading preparation, the actual reading task, including application of the strategy, and post-reading work. The post-reading activities check comprehension at different levels and encourage students to use critical-thinking skills and make inferences. In the second half of the book, many of the readings are literary selections.

■ **Scriviamo** also uses a process approach, beginning with a specific strategy and related pre-writing preparation. A framework for carrying out the actual writing task is then provided, along with suggestions for appropriate follow-up. The **Scriviamo** activities give students opportunities to practice writing for diverse practical and academic purposes. The writing topics draw upon the chapter themes, vocabulary, and grammatical structures.

■ **Guardiamo** guides students as they view chapter-related clips from the *Percorsi* video. Again, a process approach is used, starting with introduction of an initial comprehension strategy and pre-viewing preparation. In turn, relevant activities assist students during viewing, and follow-up work checks comprehension and encourages reflection. This approach helps students improve their listening skills, become sensitive to visual clues, including facial expressions and body language common to Italians when speaking, and develop increased cultural awareness.

ATTRAVERSO. . .

This visually rich section provides a concise regionally based overview of Italian art and architecture along with related historical, geographic, and economic information. Beautiful photos expose students to Italy's rich cultural heritage and stunning landscapes, towns, and cities. The brief introductions are in English, but starting with the first chapter, the informative photo captions are in simple Italian so that students can begin immediately to learn about Italy's regions in the target language. Related exercises and activities check comprehension and encourage students to make inferences and cross-cultural comparisons.

VOCABOLARIO

Each chapter concludes with a list of the chapter's active vocabulary that has been presented in the three **Percorsi**. This section is recorded on the text audio CD to help students master pronunciation of each word and expression.

Program Components

INSTRUCTOR RESOURCES

Annotated Instructor's Edition

This version of the textbook is a rich resource for both seasoned and novice instructors. The annotations offer detailed suggestions for presentation of new material and creative use of the exercises and activities, including options for variations and expansion. Answers for exercises and activities are also provided where appropriate.

Instructor's Resource Manual (IRM) with Testing Program

This manual provides sample syllabi and lesson plans for 2- and 3-term sequences as well as additional teaching tips. The IRM also provides the scripts for the listening comprehension activities within the Student Activities Manual and the interview video transcript.

In addition, a highly flexible testing program provides two types of tests for each chapter—one that solicits more open-ended answers, and one that elicits more discrete answers. This is available in paper and electronic formats (on the IRC, which allows instructors to customize the tests more easily), including chapter tests and comprehensive examinations that test listening, reading, and writing skills, as well as cultural knowledge.

Audio CD to Accompany the Testing Program

All aural sections are recorded for the instructor's use in a classroom or laboratory setting.

Video Program to Accompany *Percorsi* on VHS

The ***Percorsi*** video, filmed specifically to accompany the textbook, helps bring Italy to the classroom. Through a series of unscripted interviews, the video introduces an engaging cast of Italian speakers who converse on high-interest themes from the text. These include their families, work and leisure activities, and their experiences. Rich and authentic cultural footage accompanies each interview segment. The video is also available on DVD.

Image Resource CD

This CD contains labeled and unlabeled versions of all of the line art images from the textbook. Instructors will be able to incorporate these images into presentation slides, worksheets, and transparencies, as well as finding many other creative uses for them.

STUDENT RESOURCES

Audio CD to Accompany the Text

Each chapter's **In contesto** dialogues, listening activities, and end-of-chapter vocabulary are available on CD.

Student Activities Manual (SAM)

The Student Activities Manual provides complete coordination with the structure and approach of the ***Percorsi*** text and offers an ample variety of written and listening activities correlated to the topics and grammar components presented in each of the textbook chapters. The traditional workbook exercises provide meaningful practice of the vocabulary and grammar structures introduced in each chapter, as well as practice in reading comprehension and writing skills. The audio exercises are integrated within each chapter and provide listening practice based on authentic speech and real-life situations. The video activities, also integrated within each chapter, complement the activities in the **Guardiamo** section of the textbook. These exercises offer students the ability to expand their understanding of the plot of the video segments while making connections between their own lives and the lives of the characters.

Audio CDs to Accompany the Student Activities Manual
All recordings for the listening comprehension activities of the SAM are available on this program.

Answer Key to Accompany the Student Activities Manual
This provides answers to all activities in the Student Activities Manual.

Video Program to Accompany *Percorsi* on DVD
The video to accompany the program is also available on DVD with an easy-to-access transcript.

ONLINE RESOURCES

Companion Website (CW)
The Companion Website, located at www.prenhall.com/percorsi, offers a wealth of material to the student and instructor. Organized by chapter, the site offers automatically graded vocabulary and grammar practice, web-based activities for language and cultural learning, study material resources, the in-text and SAM audio programs, and other resources.

My Italian Lab
MYITALIANLAB ™ is a new online learning system created specifically for students in college-level language courses. It brings together—in one convenient, easily navigable site—a wide array of language-learning tools and resources, including an interactive version of the **Percorsi** Student Activities Manual and all materials from the **Percorsi** audio and video programs. Readiness checks and English grammar tutorials personalize instruction to meet the unique needs of individual students. Instructors can use the system to make assignments, set grading parameters, listen to student-created audio recordings, and provide feedback on student work. Instructor access is provided at no charge. Students can purchase access codes online or at their local bookstore.

Instructor's Resource Center (IRC)
The IRC located on www.prenhall.com provides instructors access to an electronic version of the printed instructor resources. This material is available electronically for downloading.

Acknowledgments

We would like to express our deep appreciation to all the people at Prentice Hall who so generously devoted their time and energy to this project. We are especially grateful to Rachel McCoy, Senior Acquisitions Editor, for her unfailing enthusiasm and endless efforts to make this program a success, and to

Phil Miller, Prentice Hall's Publisher for World Languages, for his continual encouragement from the very early stages. We would also like to express our thanks to Alex Soma, Editorial Assistant; Julia Caballero, Director of Editorial Development; Mary Rottino, Senior Managing Editor; Nancy Stevenson, Senior Production Editor; Meriel Martìnez, Media Supplements Editor; and Samantha Alducin, Senior Media Editor, for her creativity and guidance in producing the beautiful *Percorsi* video. For the production of the video special thanks go to Jane Pittman, who embraced the project with such great enthsuiasm and dedication. Special thanks go to Lynn L. Westwater for her efforts in the early stages of development, and to Barbara Lyons for her ongoing guidance and devotion—this book would never have been possible without her. We are especially grateful to Antonella Giglio for her meticulous work on the text permissions and for proofreading the final pages of *Percorsi*. A special thanks goes also to professor Charles Franco, who so thoroughly prepared the glossary.

Francesca would like to thank all her colleagues and friends at USC for their continuous support and encouragement. She would like to express her deep appreciation to Richard Collins, Alessio Filippi, Caterina Crisci, Paolo Matteucci, Sabrina Ovan, Federica Santini, Cecilia Boggio, and Cristina Villa for all their valuable comments and suggestions; and to all her USC students, to whom this book is dedicated, for their invaluable feedback on the content of *Percorsi*. Special thanks go to Dan Bayer for always being there to listen; and to her best friend, Day Jones, for always finding the time to help and advise.

Irene is particularly grateful for all her colleagues and friends in Italy, especially those whose names appear at the end of the video, who offered their time and opened their houses during the production of the video: Their generosity, imagination, and inventiveness will never be forgotten. She also wishes to express her gratitude in particular to her husband, Professor Luigi Fontanella, and her friend Tina Pelosi for their assistance, patience, and precious suggestions throughout the whole project. Irene dedicates *Percorsi* to her daughters, Arianna and Olivia, and her son-in-law, Ryan, for their love for Italy and all that is Italian.

Finally, we would like to thank the following colleagues for reviewing the manuscript and always offering valuable suggestions:

Reviewers

Karen Abbondanza de la Motte—*Belmont Abbey College*
Nadia Ceccacci—*University of Oregon*
Gary P. Cestaro—*DePaul University*
Priscilla Craven—*University of Colorado*
Giuseppe Faustini—*Skidmore College*
Marina de Fazio—*University of Kansas*
Luigi G. Ferri—*University of Central Florida, Orlando*
Fabio Girelli-Carasi—*Brooklyn College*
Lina Insana—*University of Pittsburgh*
Debra Karr—*University of Kansas*

Madeleine Kernen—*Missouri State University*
Cristina Mazzoni—*University of Vermont*
Shirley Melston—*Niagara County Community College*
Olga M. Muñiz—*Hillsdale College*
Cinzia D. Noble—*Brigham Young University*
Colleen Ryan-Scheutz—*Indiana University*
Riccarda Saggese—*University of Delaware*
Barbara Spinelli—*Columbia University*
Elissa Tognozzi—*University of California, Los Angeles*
Iva Youkilis—*University of Washington in St. Louis*

Focus Group Participants

Michela di Bella—*Italian Community Center; Poway Adult Education*

Marina Bezzati—*Grant Elementary School*

Laura Bianconcini—*University of California, San Diego Extension; Italian Community Center*

Barbara Bird—*University of Wisconsin, Madison*

Francesco Bonavita—*Kean University*

Maria Bonavita—*Wagner College*

Antonello Borra—*University of Vermont*

Rossella Broglia—*Italian Community Center*

Serena Camozzo—*University of California, San Diego; Italian Community Center*

Chiara Carnelos—*University of California, San Diego; Italian Community Center*

Daniela Cavallero—*DePaul University*

Clarissa Clo—*San Diego State University*

Patricia Di Silvio—*Tufts University*

Monica Ercolani—*University of Houston*

Patrizia Farina—*Purchase College; Western Connecticut State University*

Teresa Fiore—*California State University, Long Beach*

Luigi Fontanella—*State University of New York, Stony Brook*

Beatrice Hepp—*University of San Diego*

Alexandra Hirsch—*Mesa College*

Vincenzo Melilli—*Fordham University*

Marcia Melo—*University of California, San Diego*

Frank Nuessel—*University of Louisville*

Angela Pantaleone—*Cima-SDHEC*

Cristina Pausini—*Wellesley College*

Maria Paynter—*Hunter College*

Gregory Pell—*Hofstra University*

Joseph Perricone—*Fordham University*

Luca dal Pubel—*Italian Community Center, San Diego*

Alicia Ramos—*Hunter College*

Mary Refling—*Fordham University*

Louise Rozier—*University of Arkansas*

Rosamaria Ruggeri—*San Diego State University*

Marina Schroeder—*San Diego State University*

Graziella Spinelli—*San Diego State University*

Giovanna Summerfiend—*Auburn University*

Josephine Sylvers—*San Diego State University*

Hoang Truag—*University of California, Los Angeles*

Lori Ultsch—*Hofstra University*

Pasquale Verdicchio—*University of California, San Diego*

Robin Worth—*University of Wisconsin, Madison*

Francesca Italiano   Irene Marchegiani

Tanto per cominciare

La torre di Pisa

Lo sai che?

- ◆ The Italian Language
- ◆ Spelling in Italian
- ◆ The Italian Peninsula

IN THIS CHAPTER YOU WILL LEARN HOW TO:

- ◆ Pronounce and spell Italian words
- ◆ Keep a conversation going

PERCORSO I **Italian Pronunciation and Spelling: The Italian Alphabet**

PERCORSO II **Useful Expressions for Keeping a Conversation Going**

ATTRAVERSO LA PENISOLA ITALIANA

PERCORSO I
ITALIAN PRONUNCIATION AND SPELLING: THE ITALIAN ALPHABET

Ecco alcuni Yankee d'Italia

VENETO
Mario Andretti (pilota)
Gore Vidal (scrittore)

LOMBARDIA
Joe Venuti (musicista)

EMILIA-ROMAGNA
Bon Jovi (musicista)
Peter Kolosimo (scrittore)

ABRUZZO
Madonna (cantante)
Quentin Tarantino (regista)
Joseph La Palombara (politologo)
Rocky Marciano (pugile)
Pascal D'Angelo (scrittore)

LIGURIA
Bruce Springsteen (musicista)
Lawrence Ferlinghetti (poeta)

MOLISE
Rocky Graziano (pugile)
Don DeLillo (scrittore)
Henry Mancini (musicista)
Eddie Lang (musicista)

SARDEGNA
Franco Colombo
(culturista)

LAZIO
Camille Paglia (scrittrice)
Pier Angeli (attrice)

PUGLIA
Sylvester Stallone (attore)
Brian De Palma (regista)
Rodolfo Valentino (attore)
John Turturro (attore)
Jennifer Capriati (tennista)

SICILIA
Frank Zappa (musicista)
Frank Sinatra (cantante)
Nick La Rocca (musicista)
Perry Como (cantante)
Tony Scott (musicista)
Chick Corea (musicista)
Frank Rosolino (musicista)
Pete Rugolo (musicista)
John Travolta (attore)
Bob Guccione (editore)
Vincenzo Impellitteri (politico)
Joe Di Maggio (sportivo)
Sal Mineo (attore)
Mike Bongiorno (conduttore tv)
Jake La Motta (pugile)
Francis F. Coppola (regista)

CAMPANIA
Robert De Niro (attore)
Fiorello La Guardia (politico)
Alphonse D'Amato (politico)
Jimmy Durante (attore)
Joe Petrosino (poliziotto)
Frank Serpico (poliziotto)
Lee Iacocca (manager)
Mario Cuomo (politico)
Rudolph Giuliani (politico)
Jimmy Roselli (cantante)
Santo & Johnny (musicisti)
Geraldine Ferraro (politico)
Mario Puzo (scrittore)

CALABRIA
Martin Scorsese (regista)
Gregory Corso (poeta)
Vincente Minnelli (regista)
Liza Minnelli (attrice)
Sonny Bono (musicista-politico)
Connie Francis (cantante)
Danny De Vito (attore)
Ed McBain (scrittore)
Gay Talese (scrittore)
Timi Yuro (cantante)

P.1 Che parole italiane sai già? List the Italian words you already know in the following categories.

   a. food   **b.** desserts   **c.** music   **d.** art   **e.** other

P.2 Cosa sai dell'Italia? Do you know any Italian regions or cities? How about famous people of Italian origin?

Occhio alla lingua!

1. What do you notice about the sounds and the corresponding spelling of Italian words?

2. What do you notice about the endings of Italian words?

3. What do you notice about how vowels are pronounced?

Così si dice: **The Italian alphabet: Pronunciation**

Italian is easy to pronounce because it is a phonetic language, which means that it is pronounced the way it is written. Italian and English use the Latin alphabet, but the sound of many letters differs in the two languages. Once you become familiar with the sounds of the Italian alphabet, you will have no trouble spelling Italian words and pronouncing them correctly.

    The Italian alphabet has 21 letters. In addition, the letters *j, k, w, x,* and *y* are used in words of foreign origin. Every letter in Italian is pronounced except *h*. Below is the complete alphabet and a key to pronouncing it.

The Italian alphabet. Repeat each letter after the speaker.

a	*a*	f	*effe*	l	*elle*	p	*pi*	t	*ti*
b	*bi*	g	*gi*	m	*emme*	q	*cu*	u	*u*
c	*ci*	h	*acca*	n	*enne*	r	*erre*	v	*vu*
d	*di*	i	*i*	o	*o*	s	*esse*	z	*zeta*
e	*e*								

   j (*i lunga*)   k (*kappa*)   w (*doppia vu*)   x (*ics*)   y (*i greca* or *ipsilon*)

P.3 Le regioni italiane. Look at the regional map of Italy opposite the inside front cover of this book and locate the following regions. Repeat the name of each region.

   a. Piemonte   **g.** Umbria   **o.** Basilicata

   b. Lombardia   **h.** Lazio   **p.** Calabria

   c. Veneto   **i.** Abruzzo   **q.** Sicilia

   d. Emilia-Romagna   **l.** Molise   **r.** Sardegna

   e. Toscana   **m.** Campania

   f. Marche   **n.** Puglia

Lo sai che? The Italian Language

Painting of Dante Alighieri explaining the *Divine Comedy* (1465) by Domenico di Michelino, Florence, Duomo Santa Maria del Fiore.

Italian is a Romance language. Like the other Romance languages—French, Spanish, Portuguese, and Rumanian—it derives from Latin, the language of the ancient Romans.

The Italian language is based on the dialect spoken in Tuscany, and in particular in Florence. This historical development can be traced to the cultural and political importance of Florence and all of Tuscany in the 1300s. Tuscan writers such as Dante, Petrarch, and Boccaccio wrote some of their most illustrious works in the Tuscan-Florentine idiom, giving this particular dialect prominence and prestige.

The Florentine poet Dante Alighieri wrote his greatest work, *La Divina Commedia*, in his dialect. This work became the linguistic model for all writers who followed him and who chose not to write in Latin. Because of this, Dante is considered the father of the Italian language.

Italian is the official language of Italy, but it is also spoken in southern Switzerland, in parts of Croatia, and in parts of the French territories of Corsica and Savoy. In addition to standard Italian, many Italians speak the dialect of their region or city, which can differ in significant ways from the official language. In Italy, there are also a number of linguistic and ethnic minorities who still speak their own language as well as Italian.

Le vocali

Italian has five basic vowel sounds: *a, e, i, o,* and *u.* Italian vowels are always pronounced with short, clear-cut sounds; they are never glided or elongated as in English. The vowels *e* and *o* have open and closed sounds, which vary according to different words. These sounds can also change from region to region.

Repeat each vowel and the related words.

a (*father*)	data	male	sta
e (*day*)	mese	e	sera (*closed e*)
e (*pet*)	bene	neo	sei (*open e*)
i (*machine*)	libro	grazie	italiano
o (*cold*)	nome	come	giorno (*closed o*)
o (*soft*)	buono	notte	nove (*open o*)
u (*rule*)	uno	tu	lunedì

ℒo sai che? Spelling in Italian

Italians use the names of major cities to spell their surnames. For example, to spell the last name **Boggio** they would say: **Bologna, Otranto, Genova, Genova, Imola, Otranto.**

You can use the following cities and words to spell your name in Italian.

A	Ancona	**H**	Hotel	**Q**	Quadro	Foreign letters can be expressed as:	
B	Bologna	**I**	Imola	**R**	Roma		
C	Caserta	**L**	Livorno	**S**	Siena	**J**	Jolly
D	Domodossola	**M**	Milano	**T**	Torino	**K**	Kappa
E	Empoli	**N**	Napoli	**U**	Udine	**W**	Washington
F	Firenze	**O**	Otranto	**V**	Venezia	**X**	Xilofono
G	Genova	**P**	Perugia	**Z**	Zara	**Y**	York

P.4 E adesso le città italiane. Now look at the three regional maps inside the back cover of this book and locate these Italian cities as you repeat their names.

a. Asti

b. Arezzo

c. Assisi

d. L'Aquila

e. Agrigento

f. Ancona

g. Ostia

h. Urbino

i. Nuoro

l. Pisa

m. Brindisi

n. Siracusa

o. Sassari

p. Marsala

q. Reggio Calabria

r. Trieste

s. Napoli

t. Cosenza

Le consonanti

Many consonants in Italian are pronounced as in English, except that they are never aspirated, that is, never pronounced with a puff of air. Only a few consonants and some consonant combinations need particular attention.

1. The consonants *c* and *g* have a hard, guttural sound, when they precede the vowels *a, o,* and *u.* The *c* is equivalent to the English *call* and the *g* to the English *go.*

calendario	come	amico	acuto
gatto	agosto	guida	auguri

2. The letters *c* and *g* have a soft sound when they precede the vowels *e* and *i.* The *c* is equivalent to the English *church* and the *g* to the English *gentle.*

cena	piacere	ciao	cinese
gennaio	gelato	giorno	oggi

3. *Ch* and *gh* have a hard, guttural sound and are pronounced like the English *c* in *cat* and the *g* in *ghost*.

chi	chiami	Michelangelo	cherubino
ghetto	luoghi	spaghetti	ghirlanda

4. *Gli* is pronounced like the English *lli* in *million*.

luglio	foglio	famiglia	ciglio

5. *Gn* is similar to the English *ny* in *canyon*.

cognome	compagna	lasagne	spagnolo

Le consonanti doppie

In contrast to single consonants, double consonants are pronounced more forcefully and the sound is longer than a single consonant. Compare the sounds of the following words as you repeat them.

camino / cammino	casa / cassa
pena / penna	rosa / rossa
sete / sette	sono / sonno
speso / spesso	tuta / tutta

L'accento tonico

1. Most Italian words are stressed on the next-to-the-last syllable.

studen**tes**sa	la**va**gna	ca**pi**to	par**la**re	stu**dia**re

2. If the stress falls on the last vowel, there is a written accent.

citt**à**	universit**à**	nazionalit**à**	caff**è**	tiramis**ù**

3. Some words, however, are stressed on the third syllable from the last and a few on the fourth syllable from the last. Only consulting a dictionary will clarify where the stress falls.

ri**pe**tere	**nu**mero	si**gni**fica	te**le**fono
abitano	te**le**fonano	di**cia**moglielo	

4. Some one-syllable words have a written accent to distinguish them from words that are spelled and pronounced the same, but have a different meaning.

e (*and*)	è (*is*)	da (*from*)	dà (*gives*)
la (*the*)	là (*there*)	li (*them*)	lì (*there*)
se (*if*)	sé (*self*)	si (*oneself*)	sì (*yes*)

 P.5 Le regioni e i capoluoghi. Take turns looking at the regional map of Italy opposite the inside front cover of this book and filling in the names of the missing regions on the map on p. 2 of this chapter. Write also the name of the capital (**capoluogo**) of each region (**regione**).

P.6 Come si scrive? How would you spell your name in Italian? Look at the list on p. 5 for the names of important cities you can use.

𝓛o sai che? The Italian Peninsula

The Italian peninsula is easily recognizable because of its characteristic boot shape. Italy is divided into twenty regions, each one with its own capital. Rome is the capital (**capitale**) of the nation. The two major islands are Sardinia and Sicily, but there are many other smaller islands along the Italian coast: Capri, Ischia, Elba, and the Eolie Islands are among the most famous. There are also two independent states within Italy: Vatican City and the Republic of San Marino.

An aerial view of the Italian peninsula and the continent of Europe

P.7 Geografia. Take turns looking at the regional map of Italy opposite the inside front cover and completing the map on p. 2 of this chapter with the following information. Help your partner write unfamiliar words by spelling them in Italian.

1. The seas that surround Italy
2. The nation's capital
3. Two major chains of mountains
4. Two important rivers

P.8 Dove sono? Take turns locating the following cities and islands on the three maps inside the back cover of this book, and indicating in which part of Italy (**nord, centro, sud**) and/or region they can be found.

a. Mantova
b. Assisi
c. Siena
d. Parma
e. Agrigento

f. Pescara
g. Reggio Calabria
h. Pompei
i. Potenza
l. Verona

m. Sassari
n. Isole Lipari
o. Elba
p. Capri

P.9 Chi è? Take turns guessing who each of the following people is, finding him or her on the map on p. 2, and spelling the name in Italian. Don't forget to use the names of important Italian cities to clarify sounds and letters.

1. Veneto: uno scrittore
2. Puglia: un regista
3. Lombardia: un musicista
4. Calabria: un'attrice

5. Campania: un politico
6. Sicilia: uno sportivo
7. Liguria: un poeta
8. Emilia-Romagna: un musicista

PERCORSO II
USEFUL EXPRESSIONS FOR KEEPING A CONVERSATION GOING

Per fare conversazione

Now that you have a better understanding of Italian sounds and letters, you're ready to start speaking Italian. The following expressions will help you keep a conversation going. Repeat each expression.

Non capisco.	*I don't understand.*
Non lo so.	*I don't know.*
Che significa. . .?	*What does. . .mean?*
Che vuol dire. . .?	*What does. . .mean?*
Come si dice. . .?	*How do you say. . .?*
Come si pronuncia. . .?	*How do you pronounce. . .?*
Come si scrive. . .?	*How do you write. . .?*
Ripeta, per favore.	*Please repeat. (polite)*
Ripeti, per favore.	*Please repeat. (informal)*

Espressioni in classe

Learning the following expressions will help you understand your instructor's and classmates' instructions in class. Repeat each expression.

Aprite il libro, per favore.	*Open your books, please.*
Ascoltate!	*Listen!*
Bene! Benissimo!	*Good! Very good!*
Capite?	*Do you understand?*
Chiudete il libro.	*Close your books.*
Come?	*What?*
Leggete.	*Read.*
Prendete un foglio di carta.	*Get a piece of paper.*
Ripetete.	*Repeat.*
Rispondete.	*Answer.*
Scrivete.	*Write.*
Studiate.	*Study.*

P.10 Che cosa diresti tu? What would you say in the following situations?

1. You didn't hear what the teacher said.

2. You want to know what **regione** means.

3. You didn't understand something the teacher said.

4. You want to know how to say *river* in Italian.

5. You want to know how to spell **montagna** in Italian.

6. You don't know the answer to something.

7. You want to know what **mare** means.

8. You want to know how to pronounce **Alpi**.

Così si dice: **Cognates**

• •

Your understanding of Italian will be enhanced by learning to recognize and use cognates. Cognates are words that look similar in different languages and have a similar meaning. Since in both English and Italian there are many words that derive from Latin and Greek, there are many cognates, and you will be able to understand numerous Italian words by using your knowledge of English.

Can you guess what the following words mean in English?

università	città
professore	studente
espressione	attenzione
televisione	musica
vocabolario	dizionario
regione	nazione
nazionalità	calendario
matematica	biologia
automobile	ingegnere
conversazione	dottore
montagna	attore

L'Italia e gli italiani

> ## The Italian Peninsula in Numbers

Population: 58,000,000

Area: 301,230 sq km

Coastline: 7,600 km

Regions: 20

The largest region: Sicily

The smallest region: Valle d'Aosta

The most populated region: Lombardia

Gran Paradiso, Valle d'Aosta

Lago Maggiore, Lombardia

$\mathcal{T}$he terrain of the Italian peninsula is as diverse as the many different regions that it encompasses. Traditions, customs, architecture, dialects, cuisine, and even the physical appearance of its inhabitants differ from one region to another. Each region reflects the varied historical events that over the centuries helped shape Italy as a country and gave it its unique character.

Italy became a nation-state in 1861. The various states of the peninsula and the islands of Sicily and Sardinia were united at that time under King Victor Emmanuel II,

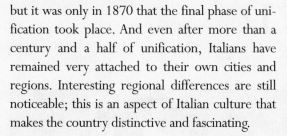

but it was only in 1870 that the final phase of uni-fication took place. And even after more than a century and a half of unification, Italians have remained very attached to their own cities and regions. Interesting regional differences are still noticeable; this is an aspect of Italian culture that makes the country distinctive and fascinating.

Verifichiamo

P.11 Cosa sai dell'Italia? Which of the following statements are true?

1. Italy is about as large as California.
2. The Italian language varies from region to region.
3. Italy became a nation in 1920.
4. There are many beautiful beaches in Italy.
5. Sicily is its most populated region.
6. Lombardy is the largest region in Italy.
7. Italy used to be a monarchy.
8. Italy is a relatively young nation.
9. Valle d'Aosta is a region in Italy.
10. Sardinia is part of the Italian nation.
11. Italy is a relatively culturally homogeneous country.
12. Italy is a mountainous country.
13. The Italian flag is similar to the American flag.
14. Italians are very proud of their cities.

Caltagirone, Sicilia

P.12 Conosci l'Italia? Which Italian cities and regions do you associate with the following scenes? Explain your answers.

1.

2.

Come va, ragazzi?

Lo sai che?

◆ Social Exchanges
◆ Greetings
◆ Addressing People
◆ Italian First Names
◆ Using Titles with Names
◆ The Italian Calendar

Giovani ragazzi in piazza

IN THIS CHAPTER YOU WILL LEARN HOW TO:

◆ Greet people and make introductions
◆ Express dates
◆ Count from 1 to 100
◆ Exchange personal information

PERCORSO I   Ciao, sono. . .

PERCORSO II   Le date, i giorni e i mesi

PERCORSO III   Informazioni personali

ANDIAMO AVANTI!

ATTRAVERSO IL PIEMONTE

PERCORSO I
CIAO, SONO. . .

𝒱ocabolario: Buongiorno! Come ti chiami?

SIGNOR BIANCHI:	Buongiorno, Signora. Come va?
SIGNORA:	Molto bene, grazie. E Lei?
SIGNOR BIANCHI:	Bene, grazie.
SIGNORA:	Signor Bianchi, Le presento il professor Crivelli.
SIGNOR BIANCHI:	Piacere, professore. Come si chiama?
PROFESSOR CRIVELLI:	Mi chiamo Daniele, Daniele Crivelli.
SIGNORA:	Oh! È tardi. Devo andare. Arrivederci!

GIUSEPPE:	Ciao, Mariella, come stai?
MARIELLA:	Non c'è male. E tu, Giuseppe?
GIUSEPPE:	Abbastanza bene. Mariella, ti presento una mia amica.
MARIELLA:	Ciao! Come ti chiami?
TERESA:	Mi chiamo Teresa. Teresa Baldi. Buonasera, Mariella. Piacere.
GIUSEPPE:	A domani, Mariella.
MARIELLA:	Sì, a domani, Giuseppe. Teresa, a presto!
GIUSEPPE:	Ciao, a domani.
TERESA:	A presto!

I saluti

buongiorno *good morning, good afternoon*
buonasera *good afternoon, good evening, good night*
buonanotte *good night*
ciao *hi, hello, goodbye*
salve *hello*

Le presentazioni

Come ti chiami? *What's your name? (informal)*
Come si chiama Lei? *What's your name? (formal)*
Mi chiamo. . . *My name is. . .*
Sono. . . *I am. . .*
E tu? *And you? (informal)*
E Lei? *And you? (formal)*
Ti presento. . . *This is. . . (informal)*
Le presento. . . *This is. . . (formal)*
Molto lieto/a. *Delighted.*
Piacere. *Pleased to meet you.*

Chiedere alle persone come stanno

Come stai? *How are you? (informal)*
Come sta? *How are you? (formal)*
Come va? *How is it going?*
Sto. . . *I'm . . .*
  abbastanza bene *pretty well*
  bene *fine*

benissimo *very well, great*
molto bene *very well*
così così *so-so*
male *badly*
Non sto bene. *I'm not well.*
Non c'è male. *Not too bad.*
Bene, grazie, e tu? *Fine, thank you, and you? (informal)*
Bene, grazie, e Lei? *Fine, thank you, and you? (formal)*

Salutare le persone

arrivederci *goodbye (informal)*
arrivederLa *goodbye (formal)*
a domani *see you tomorrow*
a presto *see you soon*
ci vediamo *see you*
È tardi. Devo andare. *It's late. I have to go.*

Espressioni di cortesia

grazie *thank you*
prego *you are welcome*
scusa *excuse me (informal)*
scusi *excuse me (formal)*

I titoli

professor(e)/professoressa *professor*
signora *Mrs. / Ms.*
signor(e) *Mr.*
signorina *Miss*

𝓛o sai che? Social Exchanges

In Italy it is very common to shake hands when greeting someone. Frequently, close friends and family members also kiss each other on both cheeks, and at times they may embrace.

1.1 L'intruso. Circle the word or expression that doesn't belong in each group.

1. grazie, ci vediamo, a presto
2. buongiorno, buonasera, benissimo
3. abbastanza bene, non c'è male, non sto bene
4. ciao, arrivederci, così così
5. grazie, scusa, prego
6. non sto bene, sto male, sto benissimo

7. Come ti chiami?, Come stai?, Come va?
8. Piacere, Buonanotte, Molto lieto/a
9. professore, signore, professoressa
10. Sono. . ., Mi chiamo. . ., Come va?

𝓛o sai che? Greetings

Italians tend to be formal in their social exchanges. They use **buongiorno, buonasera, buonanotte**, and **arrivederLa** or **arrivederci** with people they do not know or with whom they do not have a close relationship. **Buongiorno** is used to greet people in the morning and until late afternoon. **Buonasera** is used starting in the late afternoon or early evening until late at night. **Buonanotte** is used only when parting for the night, before going to sleep. With family members, close friends, young children, and classmates, Italians are more informal, and **Ciao!** is frequently used as a greeting, as well as to say goodbye.

𝓒osì si dice: **Saying what your name is**

To find out someone's name you can ask **Come si chiama (Lei)?** with people you don't know well, or **Come ti chiami (tu)?** with friends and classmates. To respond to this question, you can simply use your name or answer with a complete sentence: **Mi chiamo Linda.**

mi chiamo	*my name is*
ti chiami	*your name is (informal)*
si chiama	*your name is (formal)*
si chiama	*his/her name is*

1.2 **Formale o informale?** Indicate which of the following expressions are formal and which are informal by placing an X in the appropriate column.

	Formale	**Informale**
1. Come ti chiami?	_____	_____
2. Come sta?	_____	_____
3. E Lei?	_____	_____
4. ArrivederLa.	_____	_____
5. Scusa.	_____	_____
6. Ciao.	_____	_____
7. Come stai?	_____	_____
8. Bene, grazie, e tu?	_____	_____

1.3 L'opposto. Give the formal equivalent of the informal expressions and the informal equivalent of the formal ones.

1. Come ti chiami?   4. Ciao!
2. Come sta Lei?   5. Scusi!
3. E tu?   6. Ti presento. . .

1.4 Come si risponde? Match each sentence in column A with the appropriate response in column B.

A

1. Come va?
2. Come ti chiami?
3. Ti presento Giuliano.
4. A domani.

B

a. Mi chiamo Roberto.
b. Non c'è male.
c. Arrivederci.
d. Piacere.

1.5 Cosa risponderesti? How would you respond to the following questions and statements?

1. Come ti chiami?   4. Come sta Lei?
2. Ti presento Paolo.   5. Piacere.
3. Come va?   6. Sono. . .

 ## In contesto: Piacere!

Giuseppe and Chiara, two students, meet on the first day of school.

GIUSEPPE: Ciao! Come ti chiami?
CHIARA: Chiara. E tu?
GIUSEPPE: Giuseppe. Come va?
CHIARA: Bene, grazie. E tu?
GIUSEPPE: Abbastanza bene. Ti presento il mio amico, Roberto.
CHIARA: Piacere.
ROBERTO: Molto lieto. Scusa, come ti chiami?
CHIARA: Mi chiamo Chiara.

G **1.6 Presentazioni.** Rewrite the *In contesto* conversation using a formal register. Then act it out with two other classmates.

Occhio alla lingua!

1. Look at the people shown in the illustrations on p. 13. Do you think they know each other well? Why?

2. Note how old the various people seem to be and how they are dressed. Do you think they are addressing each other in a formal or informal way?

3. What do you notice about the following verb endings: **mi chiam*o*, ti chiam*i*, si chiam*a*?** Can you detect a pattern?

Lo sai che? Addressing People

In English, *you* is used to address a person directly, whether or not the speaker knows the person well. In Italian there are two different ways to address a person: **Lei** and **tu**. Use the formal **Lei** when addressing older people, people with titles (**professore, professoressa, signore, signora**, etc.), or someone you don't know well, such as a waiter, salesperson, or other professional. Use the informal **tu** with children, friends, or someone you know well. In class, use the informal **tu** when talking to your classmates. Your instructor will probably also address you with the **tu** form. However, when speaking to your instructor, use **Lei** unless he/she tells you to use **tu**.

Signore, come si chiama (Lei)?	*Sir, what is your name? (formal)*
Come sta Lei?	*How are you? (formal)*
Come ti chiami (tu)?	*What is your name? (informal)*
Come stai?	*How are you? (informal)*

English speakers use *you* to address one person or a group of people. Italian has plural forms for *you*: **Loro** and **voi**. However, most Italians do not distinguish between the formal and informal forms when speaking to two or more people in conversational situations. They tend to use **voi** with everyone. Note that **Lei** and **Loro** are frequently capitalized when they indicate the formal *you*.

Grammatica

I pronomi soggetto

Verbs are used to express actions. The subject of a verb indicates who is performing an action. The subject can be a proper name, *Giovanni, Luisa*, or a pronoun, such as *I, you,* or *we*. You can use the following pronouns to address and refer to yourself, your classmates, and your teacher:

I pronomi soggetto			
Singolare		**Plurale**	
io	*I*	**noi**	*we*
tu	*you (informal)*	**voi**	*you (informal)*
Lei	*you (formal)*	**Loro**	*you (formal)*
lei	*she*	**loro**	*they*
lui	*he*		

1. Subject pronouns are used far less frequently in Italian than in English because the verb endings usually indicate the subject of a verb.

   —Come ti chia**mi**?   —*What's your name?*
   —Mi chia**mo** Giovanni.   —*My name is Giovanni.*

2. Subject pronouns are generally used to clarify or emphasize a subject, and to point out a contrast between two subjects.

   Io mi chiamo Paolo e **lui** si   *My name is Paolo and his name is*
   chiama Giovanni.   *Giovanni.*

3. In Italian, the English *you* can be expressed with **tu/voi, Lei/Loro.**

1.7 Chi (*Who*)? What subject pronouns would you use to talk about the following people?

1. your brother
2. yourself
3. a neighbor's children
4. Signor Rossi
5. you and your sister
6. a female classmate
7. Dottoressa Alberti
8. an aunt and uncle

1.8 Quale pronome? Which form of *you* would you use in Italian to ask the following people how they are today?

1. your mother
2. your teacher
3. your cousins
4. your grandparents
5. your doctor
6. the school principal and his wife

1.9 Chi è? Complete the following sentences with the correct subject pronouns.

1. Come ti chiami _____? _____ mi chiamo Giulio.
2. Come si chiama _____? _____ si chiama Roberto.
3. Come si chiama _____? _____ si chiama Maria.
4. Signora, come si chiama _____? _____ mi chiamo Elisabetta Mazzotta.
5. Dottore, come si chiama _____? _____ mi chiamo Luigi Rodini.

Il presente di *stare*

In Italian, to inquire about someone's health you can ask, **Come va?** Or, you can use the verb **stare** (*to be* or *to stay, to remain*). **Stare** is an irregular verb primarily used with expressions of health.

   —Come st**a**, signora?   —*How are you, madam?*
   —St**o** bene, grazie.   —*I'm fine, thanks.*
   —Come stanno tutti a casa?   —*How is everyone at home?*

stare			
Singolare		**Plurale**	
io **sto**	*I am*	noi **stiamo**	*we are*
tu **stai**	*you are (informal)*	voi **state**	*you are (informal)*
Lei **sta**	*you are (formal)*	Loro **stanno**	*you are (formal)*
lui/lei **sta**	*he/she is*	loro **stanno**	*they are*

1. When asking a question in Italian, the pitch of the voice rises at the end of the question. The subject of the verb can be placed at the end of the sentence, at the beginning, or at times immediately after the verb.

   Come sta Maria?
   Maria come sta?   *How is Maria?*

2. **Sì** is used to answer a question affirmatively. If the answer to a question is negative, **no** is used.

   —Stai bene?   —*Are you well?*
   —No. Sto così così.   —*No. I feel so-so.*
   —Sta bene il signor Baldi?   —*Is Mr. Baldi well?*
   —Sì, sta benissimo!   —*Yes, he is very well.*

3. To make a sentence negative, **non** is used in front of the verb.

   —Non state bene oggi?   —*You are not well today?*
   —No. Non stiamo bene oggi.   —*No, we are not well today.*

1.10 Come stai? Use the verb **stare** to ask how the following people are.

ESEMPIO: Alessandra
                    Come sta Alessandra?

1. Tu   4. Francesca
2. Riccardo e Rachele   5. Tu e Paolo
3. I signori Berti   6. Roberto

1.11 Chi sta. . .? Listen to the following greetings and indicate whether each speaker is using a formal or informal register, and whether he or she is addressing one person or more than one. Each greeting will be repeated twice.

	Formale	**Informale**	**Una persona**	**Più persone**
1.				
2.				
3.				
4.				

1.12 Come va? Complete the following exchanges with the correct pronouns and/or the correct forms of the verb **stare**.

1. —Ciao, Giulio. Come _____?
   — _____ sto bene, ma Marco _____ piuttosto male oggi.
   Come _____ Lisa e Paolo?
   —Bene, grazie.

2. —Buongiorno, Signora. Come _____?
   —Bene, grazie. E _____?

3. —Salve, come _____ voi?
   — _____ abbastanza bene, grazie.

Scambi

1.13 Formale o informale? Look at the conversations on p. 13 and list all of the words and expressions used in each of the following categories:

	Formale	Informale
Greetings	_____	_____
Introductions	_____	_____
Small talk	_____	_____
Saying goodbye	_____	_____

1.14 Che nome è? Can you guess the English equivalents of these Italian names?

Nomi maschili			Nomi femminili		
Alberto	Giuseppe	Gabriele	Anna	Ilaria	Rachele
Alfredo	Riccardo	Luigi	Chiara	Irene	Paola
Antonio	Giovanni	Michele	Daniela	Lucia	Luisa
Carlo	Gregorio	Daniele	Francesca	Maria	Stefania
Vincenzo	Giacomo	Stefano	Giulia	Giovanna	Alessandra

 Lo sai che? Italian First Names

Most Italian first names end in **-o** for males and in **-a** for females: Robert**o**, Carl**o**, Renat**o**; Robert**a**, Carl**a**, Renat**a**. Some exceptions are Luc**a**, Andre**a**, and Nicol**a**, which are masculine first names.

Note that each day in the Italian Catholic calendar is dedicated to a saint. People celebrate their "name day," **l'onomastico**, as well as their birthday.

APRILE

1 sabato *s. Ugo*	**17** lunedi *dell'Angelo*
2 domenica *V di Quaresima*	**18** martedi *s. Galdino*
3 lunedi *s. Riccardo*	**19** mercoledi *s. Emma di G.*
4 martedi *s. Isidoro*	**20** giovedi *s. Adalgisa*
5 mercoledi *s. Vincenzo Ferrer* ☽	**21** venerdi *s. Anselmo v.* ☾
6 giovedi *s. Virginia*	**22** sabato *s. Leonida*
7 venerdi *s. G. Battista de La Salle*	**23** domenica *in Albis*
8 sabato *s. Dionigi*	**24** lunedi *s. Fedele da S.*
9 domenica *delle Palme*	**25** martedi *s. Marco evang.*
10 lunedi *s. Terenzio*	**26** mercoledi *s. Marcellino m.*
11 martedi *s. Stanislao*	**27** giovedi *s. Zita* ●
12 mercoledi *s. Zeno*	**28** venerdi *s. Pietro Chanel*
13 giovedi *s. Martino I* ○	**29** sabato *s. Caterina da Siena*
14 venerdi *s. Tiburzio*	**30** domenica *s. Pio V papa*
15 sabato *s. Annibale*	
16 domenica *Pasqua di Resurrezione*	

G **1.15 Ciao!** Go around the room and introduce yourself to at least four class-mates. Find out their names and how they are. Don't forget to say goodbye.

ESEMPIO: S1: Ciao! Mi chiamo. . . Come ti chiami? Come va?

S2: Mi chiamo. . . Non c'è male.

S1: Ciao, a più tardi!

S2: Ciao!

2 **1.16 Ti presento!** Take turns saying how you would introduce your classmate to the following people:

1. your best friend
2. signora Rossi
3. another classmate
4. professor Dini

G **1.17 Piacere!** Go around the room and introduce yourself to some of your classmates, using formal expressions as if you were in a new job environment.

Lo sai che? Using Titles with Names

In Italy, women are frequently greeted with the title **signora**, as in **Buongiorno, signora,** and, at times, the last name is also used: **Buongiorno, signora Pelosi. Signorina** is sometimes used to greet young or unmarried women. The title **signore,** on the other hand, is generally used with a man's last name, rather than alone, and the final **-e** is dropped: **Buonasera, signor Pirelli.** To greet teachers, the titles **professore,** for males, and **professoressa,** for females, are used with or without the last name: **Buonasera, professor Dini. Buonanotte, professoressa.** The final **-e** of **professore** is dropped in front of a name.

STUDIO LEGALE.
2° PIANO

Avv. ROBERTO CESTARO

Avv. VALERIA GASPERINI

Avv. ALESSANDRA RAMPONI

Avv. BARBARA DAI PRE'

Dott. FRANCESCO LONGHI
Dott. ALESSANDRO GAGLIARDI

Avv. PAOLO FINETTO

PERCORSO II
LE DATE, I GIORNI E I MESI

Vocabolario: Che giorno è oggi?
Qual è la data di oggi?

OTTOBRE

lunedì	martedì	mercoledì	giovedì	venerdì	sabato	domenica
1 uno	**2** due	**3** tre	**4** quattro	**5** cinque	**6** sei	**7** sette
8 otto	**9** nove	**10** dieci	**11** undici	**12** dodici	**13** tredici	**14** quattordici
15 quindici	**16** sedici	**17** diciassette	**18** diciotto	**19** diciannove	**20** venti	**21** ventuno
22 ventidue	**23** ventitré	**24** ventiquattro	**25** venticinque	**26** ventisei	**27** ventisette	**28** ventotto
29 ventinove	**30** trenta	**31** trentuno				

La data

Che giorno è oggi?
What day is it today?
Oggi è lunedì. *Today is Monday.*
Domani è martedì.
Tomorrow is Tuesday.
Dopodomani è mercoledì.
The day after tomorrow is Wednesday.
Qual è la data di oggi?
What's today's date?
Oggi è l'otto ottobre.
Today is October eighth.
Oggi è il primo gennaio.
Today is January first.
Quand'è il tuo compleanno?
When is your birthday?
Il mio compleanno è. . .
My birthday is. . .

I mesi

gennaio *January*
febbraio *February*
marzo *March*
aprile *April*
maggio *May*
giugno *June*
luglio *July*
agosto *August*
settembre *September*
ottobre *October*
novembre *November*
dicembre *December*

1.18 Che giorno è? Fill-in the missing vowels and say what day it is.

1. l_n_d_
2. s_b_t_
3. d_m_n_c_
4. m_rt_d_
5. g_ _v_d_
6. m_rc_l_d_

ℒo sai che? The Italian Calendar

In Italy the week (**la settimana**) begins on Monday. Note that the days of the week are never capitalized and the months are usually not capitalized. To state that something happens on a specific day, just say the day: **Il mio compleanno è lunedì.** *(My birthday is on Monday.)*

When expressing dates in Italian, the day always precedes the month; for example, November 5 is **il 5 novembre** or 5/11. Also, note that **il** precedes the number of the day, and **l'** precedes numbers that begin with a vowel. The first day of the month is **il primo: il primo gennaio.**

1.19 Che mese è? Take turns saying what the following months are in Italian.

ESEMPIO: fourth month of the year
                 Aprile

1. second month of the year
2. fifth month of the year
3. seventh month of the year
4. eleventh month of the year
5. ninth month of the year
6. tenth month of the year

1.20 Che cos'è? Complete the sentences with one of the following words:
che, tuo, qual, il, dopodomani, l', primo.

1. _____ è la data di oggi?
2. Oggi è domenica. _____ è martedì.
3. Oggi è il _____ dicembre.
4. _____ giorno è oggi?
5. Quand'è il _____ compleanno? _____ mio compleanno è il 5 novembre.
6. Oggi è _____ otto settembre.

In contesto: Ma oggi che giorno è?

Professor Rossi is asking Paul about the days of the week and the date.

PROFESSORE:	Paul, lo sai° che giorno è oggi?	*do you know*
PAUL:	Professore, che cosa significa «giorno»?	
PROFESSORE:	Giorno vuol dire *day*.	
PAUL:	Ah, bene, ho capito. Oggi è giovedì.	
PROFESSORE:	No, non è giovedì. Domani è giovedì.	
PAUL:	Sì, è vero°! Allora oggi è mercoledì, ma non so qual è la data di oggi.	*that's true*
PROFESSORE:	Oggi è il sei ottobre.	

1.21 Ma oggi che giorno è? Indicate which of the following statements are true (**Vero**) according to the conversation and which are false (**Falso**).

1. Paul sa (*knows*) che giorno è oggi.
2. Il professore sa la data di oggi.
3. Dopodomani è venerdì.

Grammatica

I numeri da 0 a 100

0 zero	12 dodici	24 ventiquattro	36 trentasei
1 uno	13 tredici	25 venticinque	37 trentasette
2 due	14 quattordici	26 ventisei	38 trentotto
3 tre	15 quindici	27 ventisette	39 trentanove
4 quattro	16 sedici	28 ventotto	40 quaranta
5 cinque	17 diciassette	29 ventinove	50 cinquanta
6 sei	18 diciotto	30 trenta	60 sessanta
7 sette	19 diciannove	31 trentuno	70 settanta
8 otto	20 venti	32 trentadue	80 ottanta
9 nove	21 ventuno	33 trentatré	90 novanta
10 dieci	22 ventidue	34 trentaquattro	100 cento
11 undici	23 ventitré	35 trentacinque	

1. The numbers **venti, trenta, quaranta**, up to **novanta**, drop the final vowel before adding **uno** or **otto: ventuno, ventotto, quarantuno, quarantotto, sessantuno, sessantotto.**

2. The number **tre** takes an accent when it is the last digit of a number over 20: **ventitré, cinquantatré.**

1.22 Che numero viene dopo? Complete the following mathematical sequences, writing the missing numbers as words. Then take turns reading each sequence aloud.

1. 3 _____ 9 _____ 15 _____
   21 _____ 27 _____

2. 4 _____ 8 _____ 12 _____
   16 _____ 20 _____

3. 22 _____ 26 _____ 30 _____
   34 _____

4. 23 _____ 43 _____ 63 _____

1.23 Quanto fa? Take turns asking and solving the following math problems. Note that **più** = *plus,* **meno** = *minus,* **per** = *times.*

ESEMPIO: S1: Quanto fa 13 + 5?

S2: Fa diciotto.

1. 12 + 4 = ?
2. 15 + 5 = ?
3. 23 + 5 = ?
4. 9 × 7 = ?
5. 8 × 8 = ?
6. 17 + 4 = ?

7. 8 + 11 = ?
8. 10 + 6 = ?
9. 100 − 60 = ?
10. 90 − 6 = ?
11. 60 − 4 = ?
12. 6 × 6 = ?

Scambi

1.24 I numeri. Write down the twelve numbers that you hear. Each will be repeated twice. Then exchange your list with a classmate and check his/her answers as you listen to the recording a second time.

a. _____	g. _____
b. _____	h. _____
c. _____	i. _____
d. _____	l. _____
e. _____	m. _____
f. _____	n. _____

1.25 Indovina che numero è! Write down eight numbers between 0 and 100. Then take turns guessing your partner's numbers. Help your partner by saying: **(molto) (un po') più alto,** *(a lot) (a little) higher;* **(molto) (un po')** **più basso,** *(a lot) (a little) lower.*

ESEMPIO: S1: 26
                        S2: Un po' più alto.
                        S1: 27
                        S2: Sì. Bene!

1.26 Le feste nordamericane. Take turns saying the following holidays and giving their dates.

1. Halloween
2. San Patrizio
3. San Valentino
4. Il giorno dell'indipendenza degli Stati Uniti (*United States*)

1.27 Qual è la data di oggi? Take turns reading and writing the following dates. Then check your answers.

ESEMPIO: S1: 5/11
                        S2: il cinque novembre

1. 6/10	**3.** 12/5	**5.** 1/12	**7.** 30/3	**9.** 8/9
2. 10/1	**4.** 11/7	**6.** 21/6	**8.** 28/2	**10.** 23/8

1.28 Quand'è il tuo compleanno? Find out the birthday of at least three classmates and write the dates in Italian.

ESEMPIO: S1: Quand'è il tuo compleanno?
                        S2: Il 20 settembre.

1.29 Verifichiamo. Give the following information in Italian.

1. the days of the weekend
2. a summer month
3. two autumn months
4. the months you don't go to school
5. the first day of the week in Italy
6. a month with only 28 days
7. two months with 30 days
8. a month with 31 days
9. the birthday of a classmate
10. your favorite day of the week

PERCORSO III
INFORMAZIONI PERSONALI

Vocabolario: Di dove sei?
Qual è il tuo numero di telefono?

Origine e nazionalità

Di dove sei (tu)? *Where are you from? (informal)*

Di dov'è (Lei)? *Where are you from? (formal)*

Sono di + città. *I am from + city.*

Sono italiano/a / americano/a. *I am Italian / American.*

Sono italo-americano/a. *I am Italian-American.*

Dove sei nato/a (tu)? *Where were you born? (informal)*

Dov'è nato/a (Lei)? *Where were you born? (formal)*

Sono nato/a a + città. *I was born in + city.*

I dati personali

Dove abiti (tu)? *Where do you live? (informal)*

Dove abita (Lei)? *Where do you live? (formal)*

Abito a Roma / a Toronto. *I live in Rome / in Toronto.*

Qual è il tuo indirizzo? *What's your address? (informal)*

Qual è il Suo indirizzo? *What's your address? (formal)*

Il mio indirizzo è. . . *My address is. . .*

Qual è il tuo numero di telefono? *What's your phone number? (informal)*

Qual è il Suo numero di telefono? *What's your phone number? (formal)*

Il mio numero di telefono è. . . *My phone number is. . .*

Qual è la tua e-mail? *What is your e-mail? (informal)*

Qual è la Sua e-mail? *What is your e-mail? (formal)*

La mia e-mail è. . . *My e-mail is. . .*

Quanti anni hai (tu)? *How old are you? (informal)*

Quanti anni ha (Lei)? *How old are you? (formal)*

Ho venti anni. *I am twenty years old.*

Sei sposato/a? *Are you married? (informal)*

È sposato/a? *Are you married? (formal)*

Altre espressioni

il C.A.P. (codice di avviamento postale) *zip code*

chiocciola *at (@)*

e il tuo? *and yours? (informal)*

e il Suo? *and yours? (formal)*

punto *dot (.)*

il prefisso *area code*

𝒞osì si dice: **Adjectives of nationality**

• •

Adjectives are used to indicate nationality. Adjectives of nationality, in their masculine singular form, can end in **-o** or **-e**. Those that end in **-o** change to **-a** when describing a female: Paul è svizzer**o**. Marie è svizzer**a**. Those that end in **-e** are the same for males and females: **Michelle è francese. Alain è francese.**

masculine	feminine
italian-**o**	italian-**a**
ingles-**e**	ingles-**e**

Paese	Nazionalità		Paese	Nazionalità	
Argentina	argentino/a	*Argentinean*	Grecia	greco/a	*Greek*
Australia	australiano/a	*Australian*	Inghilterra	inglese	*English*
Brasile	brasiliano/a	*Brazilian*	Italia	italiano/a	*Italian*
Canada	canadese	*Canadian*	Iran	iraniano/a	*Iranian*
Cina	cinese	*Chinese*	Libano	libanese	*Libanese*
Corea	coreano/a	*Korean*	Messico	messicano/a	*Mexican*
Francia	francese	*French*	Russia	russo/a	*Russian*
Germania	tedesco/a	*German*	Spagna	spagnolo/a	*Spanish*
Giappone	giapponese	*Japanese*	Stati Uniti	(nord)americano/a	*(North) American*

1.30 La nazionalità. Complete the sentences with the correct nationality.

1. Pablo abita a Madrid. Lui è _____.
2. Julie abita a New York. Lei è _____.
3. Mary abita a Londra. Lei è _____.
4. Vladimir abita a Mosca. Lui è _____.
5. Esteban abita a Buenos Aires. Lui è _____.
6. Natalie abita a Parigi. Lei è _____.
7. Hans abita a Berlino. Lui è _____.
8. Lee abita a Pechino. Lui è _____.

1.31 Di dove sono? Indicate the nationality of the following people.

1. Sofia Loren
2. Pablo Picasso
3. Luciano Pavarotti
4. Marie Curie
5. Emily Brontë
6. William Shakespeare
7. Leo Tolstoi
8. Pancho Villa
9. Mao Tse-tung
10. Jean-Paul Sartre

 1.32 Associazioni. Brainstorm all the words and expressions you associate with the following terms. Then read your list to the class. Do you all have the same words?

nazionalità indirizzo numero di telefono e-mail

1.33 I miei dati anagrafici. Complete the identification card with your own personal data. Use the identification cards on p. 26 as models.

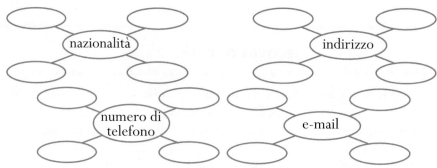

Cognome............................
Nome...............................
nato il..............................
(atto n..........P.........S...........)
a......................(...............)
Cittadinanza.......................
Residenza..........................
Via................................
Stato civile........................
Professione........................
CONNOTATI E CONTRASSEGNI SALIENTI
Statura............................
Capelli............................
Occhi.............................
Segni particolari...................
....
....

Firma del titolare ....
.... li ....

IL SINDACO

1.34 Il formale. Complete the chart with the correct formal equivalents of the informal expressions in the left column.

Informale	Formale
Come ti chiami?	Come
E tu?	E
Di dove sei?	Di dov'
Dove abiti?	Dove
Qual è il tuo indirizzo?	Qual
E il tuo?	E
Qual è il tuo numero di telefono?	Qual
Qual è la tua e-mail?	Qual

Expressing possession		
il mio	la mia	*my*
il tuo	la tua	*your (informal)*
il Suo	la Sua	*your (formal)*
il suo	la sua	*his/her*

1.35 Quali sono le domande? Complete the chart with the formal and informal questions that would elicit the responses shown.

Domanda		Risposta
Formale	Informale	
1.		Bene, grazie.
2.		Paolo Settembrini.
3.		Sono di Roma.
4.		Abito a Milano.
5.		Via Garibaldi, 22.
6.		02. 798566

1.36 Quale? Complete the questions with one of the following words or expressions: **quanti, di dove, qual è, dove, di dov'è, come.**

1. _____ ti chiami?

2. _____ abiti tu?

3. _____ il tuo numero di telefono?

4. _____ anni hai?

5. _____ sei?

6. _____ Paolo?

In contesto: All'Università di Torino

Two students at the University of Turin, Pablo and Maria, are getting acquainted before class.

PABLO: Maria, di dove sei? Sei italiana, vero?

MARIA: Sì. Sono di Reggio Calabria, sono nata a Reggio Calabria, ma abito a Torino. E tu, di dove sei? Dove sei nato?

PABLO: Sono nato a Madrid. Sono spagnolo.

MARIA: Dove abiti?

PABLO: Abito a New York. Senti°, Maria, mi dai° il tuo indirizzo?   *Listen / give me*

MARIA: Certo! Abito in Via Mazzini, 26.

PABLO: Qual è il tuo numero di telefono?

MARIA: Il mio numero di telefono è 0347.462537.

PABLO: Hai anche l'e-mail? Qual è?

MARIA: Certo! È lmariani@yahoo.it.

PABLO: Grazie! Ciao, Maria, a domani!

essere	
io **sono**	*I am*
tu **sei**	*you are (informal)*
Lei **è**	*you are (formal)*
lui/lei **è**	*he/she is*

abitare	
io **abito**	*I live*
tu **abiti**	*you live (informal)*
Lei **abita**	*you live (formal)*
lui/lei **abita**	*he/she lives*

avere	
io **ho**	*I have*
tu **hai**	*you have (informal)*
Lei **ha**	*you have (formal)*
lui/lei **ha**	*he/she has*

1.37 Tu di dove sei? Indicate which of the following statements are true (**Vero**) and which are false (**Falso**) according to the *In contesto* conversation. Correct the statements that are false.

1. Maria è di Reggio Calabria.
2. Maria non abita a Torino.
3. Pablo abita a Madrid.
4. Pablo è di New York.

1.38 Dati personali. Complete the chart with information about Pablo and Maria. Indicate with an X if you don't have the information.

	Pablo	Maria
Luogo di nascita		
Indirizzo		
Indirizzo elettronico		
Numero di telefono		
Stato civile		

Occhio alla lingua!

1. Reread the *In contesto* conversation on p. 29. How can you distinguish the male speaker from the female speaker?
2. What words do you notice that are not capitalized in Italian but would be capitalized in English?

Grammatica

• •

Il presente di *essere*

The verb **essere** (*to be*) is an irregular verb; it is used to identify and describe people, places, and things. It is also used with **di** to indicate place of origin.

—Chi è?	—*Who is that?*
—È Giovanni.	—*It's Giovanni.*
—Sono professore d'italiano.	—*I am a professor of Italian.*
—Sei studente?	—*Are you a student?*
—Di dove siete?	—*Where are you from?*
—Siamo di Cosenza.	—*We're from Cosenza.*
—Che cos'è?	—*What is it?*
—È un passaporto.	—*It's a passport.*

essere	
Singolare	**Plurale**
io **sono** *I am*	noi **siamo** *we are*
tu **sei** *you are (informal)*	voi **siete** *you are (informal)*
Lei **è** *you are (formal)*	Loro **sono** *you are (formal)*
lui/lei **è** *he/she is*	loro **sono** *they are*

1.39 Chi sono? Identify the following people's nationality and profession by completing the sentences with the appropriate form of **essere**.

1. Paola _____ studentessa.
2. Noriko _____ giapponese.
3. Io e Paolo _____ studenti.
4. Lei _____ professoressa.
5. Pablo _____ spagnolo.
6. Il signor Martelli _____ professore.

7. Sara e Linda _____ studentesse.
8. Tu e Juan _____ messicani.
9. Pierre e Paul _____ francesi.
10. Tu e Roberto _____ italiani.

1.40 Di dove sono? Take turns asking and telling where the following people are from.

ESEMPIO: il professor Rossini / Firenze
            S1: Di dov'è il professor Rossini?
            S2: Il professor Rossini è di Firenze.

1. il professor Rosati / Roma
2. Rosalba / Palermo
3. io e Giuseppe / Napoli

4. Laura e Filippo / Torino
5. io / Napoli
6. tu e Paolo / Milano

1.41 Chi sono? Complete the exchanges with the correct form of **essere**.

1. —Gianni, di dove _____?
   — _____ di Roma.
2. —Carlo e Mario, _____ italiani?
   —Sì, _____ di Napoli.
3. —Signora, Lei _____ francese?
   —Sì, _____ di Grenoble.
4. —Paolo, dove _____ Giuseppe e Luigi?
   —Giuseppe _____ a casa e Luigi _____ a scuola.

Scambi

1.42 Chi è? Answer the following questions, using the information from the identification cards on p. 26.

1. Come si chiama la studentessa?
2. Dove abita?
3. Dov'è nata?
4. Qual è il suo indirizzo?
5. È americana?

6. Chi abita a Milano?
7. Qual è l'indirizzo di Mario Cioni?
8. Qual è la professione di Mario Cioni?
9. Quanti anni ha Mario Cioni?

1.43 Sai di dove sono (*Do you know where they are from*)? Write down the names of four famous people from different countries. Then find out if your partner knows the nationality of each person on your list.

ESEMPIO: S1: Di dov'è Romano Prodi?
S2: È italiano.

Così si dice: **Italian phone numbers**

Italian phone numbers and area codes can vary in length. The **prefisso** can consist of two, three, or four digits. The **prefisso** is usually stated in single digits and the phone number two digits at a time.

1.44 Il numero di telefono. Take turns (1) saying the last name of each person below, spelling it, and stating his or her area code and phone number, and (2) writing this information down.

Baldi, Piero	06.4392567	Damiani, Filippo	055.2104976
Burci, Daniela	02.4832531	Manfredi, Nicola	070.3459810
Corsi, Lucia	0966.7618902	Nunzi, Andrea	0963.3247610

Numeri di telefono

Ospedale S. Giovanni di Dio 06.4936572
Farmacia Comunale 06.9356721
Aeroporto Leonardo da Vinci 06.3457698
Dottor Roberto Baldi, Dentista . . . 06.9873000
Teatro «La Pergola» 06.3210567
Cinema Odeon 06.4670033
Università degli Studi 06.7659234
Fotografia «Superottica» 06.2235567

1.45 Quale numero? You are vacationing in Rome. Take turns saying which telephone number you would call in the following situations.

1. You need to buy some medicine.
2. You want to see a play.
3. You want to go to the movies.
4. You have a toothache.
5. You need to know a teacher's telephone number.
6. You need to have your picture taken for your new passport.
7. You want to talk to a friend who is in the hospital.
8. You need to find out a flight schedule.

1.46 Chi è? Write in Italian all the personal information you remember about a classmate. Then read your list to the class and see who can guess his or her name.

1.47 Dati personali. Signora Rossini is applying for a passport. A clerk is asking her for information about herself. As you listen, complete the chart with information about signora Rossini. The conversation will be repeated twice.

Nome: _____ Cognome: _____

Luogo di nascita: _____ Data di nascita: _____

Indirizzo: _____ C.A.P.: _____

Prefisso: _____ Numero di telefono: _____

Stato civile: _____

ANDIAMO AVANTI!

Ricapitoliamo

G **1.48 In ordine alfabetico.** Find out your classmates' last names, if you don't know them already, and then organize them alphabetically.

G **1.49 Scusa, mi puoi dare il tuo numero di telefono e il tuo indirizzo?** Find out the names, phone numbers, addresses, and e-mail addresses of at least four classmates. Be sure to ask them to spell their names and other necessary words so that you can write them down correctly.

2 **1.50 Cosa manca** *(What's missing)***?** Take turns asking each other questions and filling in the missing information in the two versions of the address book page shown below. Work from only one version of the page as the basis for asking questions, filling in missing information, and supplying the information your partner requests.

Cognomi	Nomi	Indirizzi	Numeri di telefono
Corsi	_____	Via Guelfa, 36	055.23 _____
_____	Claudio	Via Puccini, 87	02.4337465
_____	Serena	_____ di Spagna, 1	_____.2615592
Marini	_____	_____	056.336427
Zamboni	Giovanni	Piazza _____, 50	0966. _____

Cognomi	Nomi	Indirizzi	Numeri di telefono
Corsi	Paola	Via _____, 36	.234638 _____
Balboni	Claudio	_____, 87	02. _____7465
Pratesi	Serena	Piazza di _____, 1	06.26155 _____
_____	Alessio	Via Mazzini, 22	056.336427
_____	Giovanni	_____ Garibaldi, 50	_____.680237

G **1.51 Ti presento. . .** In small groups, take turns introducing your classmates to each other. Don't forget to exchange appropriate greetings and personal information after you are introduced.

1.52 Le presento. . . Imagine that you are a group of professionals meeting for the first time. Introduce yourselves to each other and exchange appropriate greetings and information about yourselves.

 1.53 Conosciamoci meglio *(Let's get to know each other better)*! Prepare at least eight questions to ask a classmate in order to get to know him or her better. Then interview a classmate. Using the information you obtain, write your teacher a note about your classmate.

1.54 Di dove sono? On the Internet, find out where the following people were born. Indicate the city and the region:

a. Michelangelo	**f.** Veronica Franco
b. Leonardo da Vinci	**g.** Dacia Maraini
c. Dante Alighieri	**h.** Oriana Fallaci
d. Torquato Tasso	**i.** Silvio Berlusconi
e. Giuseppe Verdi	

📖 Leggiamo

Strategie per leggere: Using visual clues

The physical appearance of a text can help you anticipate the kind of information it is likely to contain. Before starting to read a text, examine visual clues, such as illustrations, type style, and the format itself, which can give you a preliminary idea of the kind of text you will be dealing with and thus help you to understand its content.

Prima di leggere

1.55 Before you read the texts below, consider the following questions.

1. What type of texts do you think these are?
2. In what kinds of publications would you expect these texts to appear?
3. What do the illustrations reveal about the content?

Mentre leggi

1.56 As you read, confirm or modify your assumptions about the types of texts you are dealing with.

La stazione di Bologna centrale ha un flusso di 159.000 passeggeri al giorno, per un totale di circa 58 milioni l'anno. Il traffico è di 800 treni al giorno. Call Center Trenitalia: 89.20.21. www.trenitalia.com Servizi per i clienti con Cartaviaggio Executive:

- **Biglietteria con possibilità di prenotazione telefonica**
- **Salottino TV**
- **Servizio fax e fotocopie**

Radio TAXI

tel. 045.532666 • attivo 24 ore su 24

Informazioni e contatti:

http://www.radiotaxiverona.it/index.html
email: radiotaxi@radiotaxiverona.it

Check-in più veloce con il Telecheck-in

Sei un Socio del **Club Ulisse** o del **Club Freccia Alata**? Per te esiste una possibilità in più di effettuare il check-in in tutta tranquillità, evitando lunghe code in aeroporto: il Telecheck-in

Il servizio è disponibile attraverso il numero dedicato **06 65644** (*tasto 3*): ti basta comunicare il numero di tessera Ulisse o Freccia Alata e il numero del volo.
Il servizio è attivo tutti i giorni della settimana, compresi i festivi, dalle 05:00 alle 23:00.

Telecheck-in. *Courtesy of Alitalia.*

Dopo la lettura

1.57 Answer these questions based on the readings.

1. What number could you call to find out what travel services are available for members of *Cartaviaggio Executive*?

2. What number would you call if you needed a taxi while visiting the city of Verona? Are taxis available the whole day or only at certain times?

3. What number could you call to save time at the airport?

1.58 Did you find the type of information you expected to find in these texts? Do they contain any information that you did not expect? Did the illustrations help you understand the texts?

Scriviamo

Strategie per scrivere: Filling out a form

Filling out forms is one of the most common types of writing people do on a regular basis. Usually, this task simply requires you to supply information using single words and short phrases. However, to complete a form accurately, it is essential to understand what information is requested. To figure out the meaning of any words you may not be familiar with, make logical assumptions based on your knowledge of the purpose of the form and the way it is organized.

UNIVERSITÀ PER STRANIERI DI PERUGIA | A

MODELLO A

DOMANDA DI PRE-ISCRIZIONE
(Scrivere in stampatello)

La domanda di pre-iscrizione deve pervenire all'Università per Stranieri di Perugia
ALMENO UN MESE PRIMA DELL'INIZIO DEL CORSO SCELTO

Cognome _____

Nome _____

Sesso   M ☐   F ☐

Luogo di nascita _____   Data di nascita (g,m,a) ___ / ___ / ___

Nazionalità _____

Indirizzo: c.a.p. _____   Città _____

Via _____

Stato _____   Tel./Fax _____

e-mail _____   Professione _____

Titolo di studio: ☐ Diploma universitario   ☐ Diploma scuola superiore

☐ _____

Permanenza: dal _____ al _____   corso scelto _____

Hai già frequentato i corsi dell'Università per Stranieri di Perugia?

Sì ☐   No ☐

Se sì, indica l'ultimo anno di frequenza _____   con tessera n° _____

Hai una borsa di studio?   Sì ☐   No ☐   Se sì: dal _____   dal _____

Concessa da _____

Alla domanda di pre-iscrizione devono essere allegati: **1 fotografia *, l' attestazione di versamento della tassa relativa a tutto il corso o al primo mese di corso.**

Il pagamento può essere effettuato:

☐ A)con assegno bancario non trasferibile intestato
     all'Università per Stranieri di Perugia

☐ B) con vaglia postale internazionale indirizzato
     all'Università per Stranieri di Perugia

☐ C) Bonifico Bancario (vedi pagina 26)

Data _____   Firma _____

* Un'altra fotografia dovrà essere consegnata presso la Segreteria Studenti
per il rilascio della tessera universitaria.

Per iscriversi *(To enroll)* **all'Università per Stranieri.** You plan to attend the **Università per Stranieri** this summer from July 1 to August 1. Complete the registration form with these dates and your personal information.

Prima di scrivere

1.59 Before you begin to write, look at the form and try to determine exactly what information you need to supply. Knowing the purpose of the form, you should be able to figure out the meaning of any unfamiliar words or abbreviations. For example, what might the three abbreviations (**g, m, a**) after the term **data di nascita** mean? And can you find where you are asked to fill in your dates of residence?

La scrittura

1.60 Now fill out the form with all of the required information. Do not worry if you do not understand every word and expression.

La versione finale

1.61 Read over your completed form.

   1. Are your responses coherent and correctly spelled?

   2. For a final check, exchange forms with a classmate. Have you both provided similar types of information in the various sections? Discuss your responses.

🎞️ Guardiamo

● ● ● ● ● ● ● ● ● ○ ● ● ● ○ ● ○ ● ● ● ●

Strategie per guardare: Anticipating words and expressions

When you know the topic of a film sequence (for example, making introductions), try to anticipate the words and expressions people are likely to use. This will make it much easier for you to grasp what they say.

Prima di guardare

1.62 In the video clip that you are about to see, several people introduce themselves briefly.

1. List the kinds of information they are likely to give.

2. Now write down appropriate Italian expressions that you have learned for presenting these kinds of information.

Mentre guardi

1.63 Answer these questions as you view the video clip.

Indica chi. . .

1. ha 28 anni: _____

2. è di Pisa: _____

3. abita a Roma: _____

4. è nato/a a Firenze: _____

5. è sposato/a: _____

6. ha 21 anni: _____

7. ha 23 anni: _____

Dopo aver guardato

1.64 Now answer the following questions.

1. Match people's photos on the left with the correct information about them by filling in their names in the spaces provided.

Felicita   Dejan   Vittorio   Emma   Plinio

a. _____ fa lo scrittore

b. _____ fa l'avvocato

c. _____ studia filosofia all'università

d. _____ studia al liceo

e. _____ è professoressa al liceo

2. How do people introduce themselves? Which words and expressions did you recognize?

3. With which of the people you have met can you most closely identify? Which people would you most like to meet at a party and get acquainted with? Why?

Attraverso Il Piemonte

Piedmont, or **"al piè dei monti"** (*at the foot of the mountains*), is located just south of the Alps. Because of its proximity to the border, Piedmont has been influenced by many different cultures, especially that of France. After World War II, a wave of migrants from all over Italy, and particularly the southern agricultural regions, flocked to Piedmont in search of better working conditions and helped it become one of the most important centers of the Italian economy. Today it is one of the regions with the largest number of foreign migrants.

Piedmont, a fertile region, is also renowned for its unique agricultural products.

Panorama di Torino, con la Mole Antonelliana. Torino è il capoluogo del Piemonte. La Mole Antonelliana è considerata il simbolo della città. Costruita nel 1863 dall'architetto Alessandro Antonelli, è alta 167 metri. Nel 2006 a Torino si sono tenuti i Giochi Olimpici Invernali.

Il Lingotto, a Torino. L'ex stabilimento (*plant*) industriale della Fiat (**F**abbrica **I**taliana **A**utomobili **T**orino) oggi è una struttura multifunzionale con hotel, negozi, uffici, centro conferenze e spazi per esposizioni. È famoso per la sua pista per le prove automobilistiche sul tetto (*rooftop test track*). Gli Agnelli, i proprietari della Fiat, sono una delle famiglie più ricche d'Italia. Possiedono anche l'Alfa Romeo, la Ferrari e altre aziende automobilistiche. Gli Agnelli sono anche i proprietari della Juventus, una famosa squadra di calcio (*soccer team*).

Le colline (*hills*) piemontesi vicino ad Alba coltivate a vite (*vines*). Il Piemonte è una regione molto importante per l'agricoltura. Nelle zone del Monferrato e dell'Astigiano si producono vini pregiati (*quality wines*) come il Barolo, il Barbaresco, il Dolcetto, il Nebbiolo, il Barbera e l'Asti Spumante (*sparkling wine*). Alba è anche famosa per i tartufi bianchi (*white truffles*). Le zone delle pianure (*planes*), invece, sono note per il riso (*rice*).

Un'opera futurista di Carlo Carrà: ***La manifestazione interventista,*** **1914.** Carlo Carrà, uno dei grandi artisti italiani del Futurismo, è nato a Quargnento, in provincia di Alessandria, nel 1881. In questo lavoro Carrà usa la tecnica del collage per creare un'opera complessa e dinamica che suggerisce la confusione durante un comizio politico (*political rally*).

Carlo Carra (1881–1966), "Interventionist Manifesto, or Paintings-Words in Liberty", 1914, Collage on cardboard, 38.5 x 30 cm. Scala/Art Resource, NY. © 2008 Artists Rights Society (ARS), New York / SIAE, Rome.

Verifichiamo

1.65 Vero o Falso *(True or False)?* Indicate which of the following statements are true (**Vero**) and which are (**Falso**).

1. Il Piemonte è nel sud d'Italia.
2. È una regione montagnosa.
3. Il Piemonte è vicino al mare.
4. È una regione importante per il turismo.
5. Torino è una piccola città agricola.
6. La famiglia Agnelli non è molto importante in Italia.
7. Il Piemonte ha molte grandi industrie, ma non produce prodotti agricoli.
8. "La manifestazione interventista" è un'opera statica.

1.66 E nel vostro Paese? Discuss which region in your country is similar to Piedmont.

1.67 I Giochi Olimpici Invernali. Did you watch the 2006 Winter Olympics? What impression did you get of Turin and the Piedmont region from the images you saw? Do you remember any particular details?

Vocabolario

I saluti

a domani	*see you tomorrow*
a presto	*see you soon*
arrivederci	*goodbye (informal)*
arrivederLa	*goodbye (formal)*
buongiorno	*good morning, good afternoon*
buonanotte	*good night*
buonasera	*good afternoon, good evening, good night*
ci vediamo	*see you*
ciao	*hi, hello, bye (informal)*
È tardi. Devo andare.	*It's late. I have to go.*
salve	*hello*

Le presentazioni

Come si chiama Lei?	*What's your name? (formal)*
Come ti chiami?	*What's your name? (informal)*
E Lei?	*And you? (formal)*
E tu?	*And you? (informal)*
Le presento. . .	*This is. . . (formal)*
Mi chiamo. . .	*My name is. . .*
Molto lieto/a	*Delighted.*
Piacere.	*Pleased to meet you.*
Sono. . .	*I am. . .*
Ti presento. . .	*This is. . . (informal)*

Chiedere alle persone come stanno

Bene, grazie, e Lei?	*Fine, thank you, and you? (formal)*
Bene, grazie, e tu?	*Fine, thank you, and you? (informal)*
Come sta?	*How are you? (formal)*
Come stai?	*How are you? (informal)*
Come va?	*How is it going?*
Non c'è male.	*Not too bad.*
Non sto bene.	*I'm not well.*
Sto. . .	*I'm . . .*
abbastanza bene	*pretty well*
bene	*fine*

benissimo	*very well*
così così	*so-so*
male	*badly*
molto bene	*very well*

I pronomi soggetto: See p. 17.

I giorni della settimana

lunedì	*Monday*
martedì	*Tuesday*
mercoledì	*Wednesday*
giovedì	*Thursday*
venerdì	*Friday*
sabato	*Saturday*
domenica	*Sunday*

I mesi

gennaio	*January*
febbraio	*February*
marzo	*March*
aprile	*April*
maggio	*May*
giugno	*June*
luglio	*July*
agosto	*August*
settembre	*September*
ottobre	*October*
novembre	*November*
dicembre	*December*

La data

Che giorno è oggi?	*What day is it today?*
Domani è martedì.	*Tomorrow is Tuesday.*
Dopodomani è mercoledì.	*The day after tomorrow is Wednesday.*
Il mio compleanno è. . .	*My birthday is. . .*
Oggi è il primo gennaio.	*Today is January first.*
Oggi è l'otto ottobre.	*Today is October eighth.*
Oggi è lunedì.	*Today is Monday.*

Qual è la data di oggi?	*What's today's date?*	**Quanti anni ha (Lei)?**	*How old are you? (formal)*
Quand'è il tuo compleanno?	*When is your birthday?*	**Quanti anni hai (tu)?**	*How old are you? (informal)*

I numeri da 0 a 100: See p. 24.
I paesi e le nazionalità: See p. 27.

Sono di + città.	*I am from + city.*
Sono italiano/a.	*I am Italian.*
Sono americano/a.	*I am American.*
Sono italo-americano/a.	*I am Italian-American.*
Sono nato/a a + città.	*I was born in + city.*

I dati personali

Altre espressioni

Il Paese / paese	*country, nation / small twon*	**chiocciola**	*at (@)*
Abito a Roma / a Toronto.	*I live in Rome / in Toronto.*	**e il Suo?**	*and yours? (formal)*
Di dov'è (Lei)?	*Where are you from? (formal)*	**e il tuo?**	*and yours? (informal)*
Di dove sei (tu)?	*Where are you from? (informal)*	**e, ed (before vowels)**	*and*
Dove abita (Lei)?	*Where do you live? (formal)*	**grazie**	*thank you*
Dove abiti (tu)?	*Where do you live? (informal)*	**il C.A.P. (codice di avviamento postale)**	*zip code*
Dov'è nato/a (Lei)?	*Where were you born? (formal)*	**il prefisso**	*area code*
Dove sei nato/a (tu)?	*Where were you born? (informal)*	**no**	*no*
È sposato/a?	*Are you married? (formal)*	**prego**	*you are welcome*
Sei sposato/a?	*Are you married? (informal)*	**professor(e) / professoressa**	*professor*
Ho venti anni.	*I am twenty years old.*	**punto**	*dot (.)*
Il mio indirizzo è. . .	*My address is. . .*	**scusa**	*excuse me (informal)*
Il mio numero di telefono è. . .	*My phone number is. . .*	**scusi**	*excuse me (formal)*
La mia e-mail è. . .	*My e-mail is. . .*	**sì**	*yes*
Qual è il Suo indirizzo?	*What's your address? (formal)*	**signor(e)**	*Mr.*
Qual è il tuo indirizzo?	*What's your address? (informal)*	**signora**	*Mrs. / Ms.*
Qual è il Suo numero di telefono?	*What's your phone number? (formal)*	**signorina**	*Miss*
Qual è il tuo numero di telefono?	*What's your phone number? (informal)*		
Qual è la Sua e-mail?	*What is your e-mail? (formal)*		
Qual è la tua e-mail?	*What is your e-mail? (informal)*		

CAPITOLO 2

Che bella la vita da studente!

Lo sai che?

- ◆ **The Italian University**
- ◆ **Bologna la Dotta**

L'Università di Salerno

IN THIS CHAPTER YOU WILL LEARN HOW TO:

- ◆ **Identify people and things in an Italian-language classroom**
- ◆ **Describe campus buildings and facilities**
- ◆ **Describe everyday activities in different locations on campus**

PERCORSO I	**In classe**
PERCORSO II	**L'università**
PERCORSO III	**Le attività a scuola**

ANDIAMO AVANTI!

ATTRAVERSO L'EMILIA-ROMAGNA

PERCORSO I
IN CLASSE

Vocabolario: Cosa c'è in classe?

• •

Un'aula

Gli oggetti in classe

un'agenda *appointment book*
una borsa *handbag*
un dizionario *dictionary*
un giornale *newspaper*
una gomma *eraser*
uno schermo *screen*
un televisore *television*

Le persone

un amico/un'amica *friend*
un compagno/una compagna
    classmate
una donna *woman*
un professore *male teacher, professor*
un ragazzo/una ragazza *boy/girl*
un uomo *man*

Le domande

Che cosa c'è. . .? *What is there. . .?*
Che cos'è? *What is it?*
Chi è? *Who is it?*

Così si dice: *Ecco*

••

To point out people and things, you can use **ecco**. It is equivalent to the English: *here (it) is, here (they) are; there (it) is, there (they) are*. **Dov'è uno zaino?** *Where is a backpack?* **Ecco uno zaino!** *Here (There) is a backpack!* **Ecco** is never followed by a verb, and it can be used with singular and plural nouns. **Ecco un ragazzo.** *Here (There) is a boy.* **Ecco due ragazze.** *Here (There) are two girls.*

2.1 L'intruso. Circle the word that doesn't belong in each group.

1. un computer, una calcolatrice, una finestra
2. un gesso, una penna, un cestino
3. una sedia, un banco, una borsa
4. un giornale, un libro, un orologio
5. un quaderno, una cattedra, una gomma
6. uno zaino, una lavagna, un cancellino
7. un computer, uno schermo, una luce
8. una donna, una ragazza, un uomo

2.2 Mettiamoli in ordine (*Let's put them in order*)! Organize all the words that refer to people and things in the classroom according to the following categories.

1. people
2. things you can read
3. things you use to write
4. things that don't fit in your backpack
5. things with numbers
6. things you use to do your homework
7. things you keep in your backpack

2.3 Che cos'è? Write the Italian words for six people or things in the classroom on six sticky notes. Then exchange sticky notes with a classmate and go around the room to post his/her labels where they belong.

In contesto: In classe

Marco, who has left everything at home, asks a classmate to help him out.

MARCO:	Ciao, Marisa, come va?	
MARISA:	Bene, Marco. E tu?	
MARCO:	Marisa, scusa, ma ho lasciato tutto° a casa. Hai un foglio da darmi°?	*I left everything* *to give me*
MARISA:	Eccolo!	
MARCO:	Grazie! Ma hai anche una penna?	
MARISA:	Ecco anche la penna! Ti serve nient'altro°?	*Do you need anything else?*
MARCO:	Ma dov'è la professoressa? Non c'è?	
MARISA:	Eccola! Sta arrivando°!	*She is coming!*

LA PROFESSORESSA: Buongiorno! Oggi guardiamo un film. C'è uno schermo?
MARCO: No, ma ecco un televisore.

2.4 È vero che. . . (*Is it true that. . .*)? Indicate which of the following statements are true (**Vero**) and which are false (**Falso**) according to Marco's and Marisa's conversation. Correct the false statements.

1. Lo studente si chiama Marco.

2. Marco non ha una penna.

3. Marisa non ha un foglio di carta.

4. In classe non c'è uno schermo.

Occhio alla lingua!

1. What do you notice about the endings of the words in the illustration of the classroom and in the *Vocabolario* list on page 43?

2. Look at the words that refer to females. What do you notice about the endings of these words?

3. Look at the words that end in **-e**. What do you notice about them?

4. What do you think **un, uno, una**, and **un'** mean? How and when is each form used? Can you detect a pattern?

𝒢rammatica

Il genere dei nomi

Nouns, **i nomi**, are words used to refer to people, places, objects, or ideas. In Italian, nouns have a gender (**genere**). They are masculine or feminine. Masculine nouns usually end in **-o** and feminine nouns in **-a**. Some nouns end in **-e**. These can be either masculine or feminine. Nouns that end in a consonant are usually of foreign origin and are frequently masculine.

Il genere dei nomi	
Maschile	**Femminile**
un amic**o**	una penn**a**
un giornal**e**	una calcolatric**e**
un comput**er**	

Since it is not always possible to predict the gender of nouns based on their endings, along with the noun you should always learn the article, which shows the noun's gender. Here are some additional hints to help you determine if a noun is masculine or feminine.

1. Nouns that refer to males are generally masculine, and nouns that refer to females are usually feminine.

un regista	*a male film director*	una regista	*a female film director*
un cantante	*a male singer*	una cantante	*a female singer*
un padre	*a father*	una madre	*a mother*

2. Generally, nouns ending in **-ore** are masculine and those ending in **-rice** are feminine.

un at**tore**	*an actor*	un'at**trice**	*an actress*
uno scrit**tore**	*a male writer*	una scrit**trice**	*a female writer*

3. Most nouns ending in **-ione** are feminine.

una lez**ione**	*a lesson*	una conversaz**ione**	*a conversation*
una profess**ione**	*a profession*		

4. Abbreviated nouns retain the gender of the original words from which they derive.

un'auto *f.* (automobile)	*a car*	una bici *f.* (bicicletta)	*a bicycle*
una foto *f.* (fotografia)	*a photo*	un cinema *m.* (cinematografo)	*a movie theater*

2.5 Maschile o femminile? Indicate the gender of the following nouns.

1. film
2. conversazione
3. orologio
4. computer
5. scrittrice
6. giornale
7. bar
8. attore
9. lezione
10. direttore
11. porta
12. calcolatrice
13. foto
14. autobus
15. cinema
16. bici
17. attrice
18. madre

L'articolo indeterminativo

The Italian indefinite article, **l'articolo indeterminativo**, corresponds to the English *a* or *an* or to the number *one* when used with a noun (as in *one book* or *one pen*). The indefinite article is used with a singular noun, which it always precedes. The gender of the noun and its first letter determine which indefinite article it will take.

L'articolo indeterminativo		
Before nouns beginning with:	**Maschile**	**Femminile**
a consonant	**un** libro	**una** matita
a vowel	**un** amico	**un'**amica
s + consonant	**uno** studente	**una** studentessa
z	**uno** zaino	**una** zebra

2.6 Che cosa c'è in classe? Identify the numbered items in the
illustration. Don't forget to include the indefinite article with each.

Così si dice: *C'è/Ci sono*

To indicate the existence of people, places, and things, you can use **c'è/ci sono**. **C'è** is used with singular
nouns and is equivalent to the English *there is*. **Ci sono** is used with plural nouns and is equivalent to *there are*.
For example: **In classe c'è una professoressa e ci sono molti studenti.** *In class there is a professor and there
are many students.* To inquire about the existence of people, places, and things, you can ask **C'è/Ci sono. . .?**
and inflect your voice: **C'è un televisore in classe?** *Is there a television in class?* To respond, you could say: **No,
non c'è un televisore, ma ci sono due schermi**. *No, there isn't a television, but there are two movie screens.*

2.7 C'è. . .? Take turns playing the role of an Italian student who wants to
know if the following items are in your classroom and answering his/her
questions.

ESEMPIO: computer
             S1: C'è un computer?
             S2: Sì, c'è un computer. *o* No, non c'è un computer.

1. cestino
2. telefono
3. lavagna
4. cattedra
5. carta geografica
6. sedia
7. cancellino
8. orologio
9. calcolatrice
10. schermo
11. televisore
12. dizionario

2.8 Associazioni. What objects or people do you associate with each of the following items?

ESEMPIO: un errore → una gomma

1. una matita
2. un quaderno
3. un orologio
4. un cestino
5. una borsa

6. un libro
7. una lavagna
8. un banco
9. una cattedra
10. uno schermo

Il presente di *avere*

Avere (*to have*) is an irregular verb. It is frequently used to express possession. **Avere** is also used in many idiomatic expressions that you will learn in later chapters.

avere			
Singolare		**Plurale**	
io **ho**	*I have*	noi **abbiamo**	*we have*
tu **hai**	*you have (informal)*	voi **avete**	*you have (informal)*
Lei **ha**	*you have (formal)*	Loro **hanno**	*you have (formal)*
lui/lei **ha**	*he/she has*	loro **hanno**	*they have*

—Chi ha una penna?

—Io ho una penna.

—*Who has a pen?*

—*I have a pen.*

2.9 Chi ce l'ha (*Who has it***)?** Indicate who has what things by matching the people in column A with the statements in column B.

A
1. Io
2. Tu e Carlo
3. Io e il professore
4. Giovanna
5. Gli studenti
6. Tu

B
a. Ha il tuo numero di telefono.
b. Hai la borsa della professoressa.
c. Ho l'indirizzo del professore.
d. Abbiamo il quaderno di Luigi.
e. Hanno il libro d'italiano.
f. Avete l'agenda di Luisa.

2.10 Che cosa hanno? Tell what items the following people have.

ESEMPIO: il professore / borsa

Il professore ha una borsa.

1. uno studente e una studentessa /quaderno *hanno un*
2. io/libro *ho un*
3. Teresa/zaino *ha uno*
4. Giulio/calcolatrice *ha una*

5. io e Carla/orologio
6. tu e Laura/penna
7. tu/computer
8. Marta e Carlo /una matita

Scambi

2.11 Che cos'è? Take turns pointing out various objects in the classroom, asking what they are, and responding.

ESEMPIO: S1: Che cos'è?
             S2: È un libro.

2.12 Chi ce l'ha? Go around the room and find at least two people who have the following items. The first person to complete this activity can confirm his/her findings by reading them to the rest of the class.

1. un dizionario
2. un calendario
3. un giornale
4. un orologio
5. un'agenda
6. una borsa

7. uno zaino
8. un computer
9. un foglio di carta
10. un gesso
11. una gomma

2.13 Dov' è? Some people are having trouble finding what they need. Listen to the brief conversations, which will be repeated twice, and identify what each person is looking for by writing the number of the exchange next to the appropriate illustration of the table (**il tavolo**).

a. _____

b. _____

c. _____

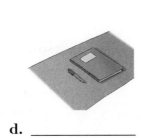

d. _____

2.14 Dov'è? Make a list of six objects in your classroom. Then take turns asking where each item is and pointing it out.

ESEMPIO: S1: Dov'è un libro?
             S2: Ecco un libro.

PERCORSO II
L'UNIVERSITÀ

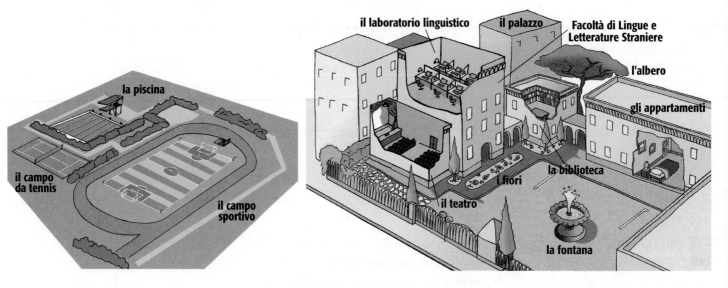

Ecco i palazzi, gli edifici e le strutture.

𝒱ocabolario: La scuola

Per descrivere

alto/a *tall*
basso/a *low, short*
antico/a *antique, old*
moderno/a *modern*
bello/a *pretty, beautiful*
brutto/a *ugly, bad*
grande *big*
piccolo/a *small*
nuovo/a *new*
vecchio/a *old*

La quantità

quanti/quante?
   how many?
molti/molte *many*
pochi/poche *few*

Il posto (*Location*)

Dov'è/Dove sono? *Where is it/Where are they?*
a destra di *to the right of*
a sinistra di *to the left of*
davanti a *in front of*
dietro a *behind*
vicino a *near, next to*
lontano da qui *far from here*
qui vicino *nearby*
tra/fra *between*
sopra *on top of*
sotto *under, beneath*

L'università

la libreria *bookstore*
la mensa *cafeteria*
lo stadio *stadium*

2.15 Associazioni. Indicate the buildings and facilities you associate with the following activities, people, or things.

1. studenti
2. matite e penne
3. sport
4. pizza e pasta
5. film
6. libri

2.16 L'opposto. Give the opposite of the following words and expressions.

1. davanti a
2. sotto
3. vicino a
4. a sinistra di
5. molti

6. alto
7. nuovo
8. antico
9. grande
10. lontano da qui

Così si dice: **Describing places and buildings**

• •

Like all adjectives, those used to describe places and buildings agree in number and gender with the nouns they describe. Adjectives whose masculine singular form ends in **-o** have four forms. Adjectives whose singular form ends in **-e** have only two forms, singular and plural.

L'accordo degli aggettivi			
Singolare		**Plurale**	
un palazzo nuovo	*a new building*	molti palazzi nuovi	*many new buildings*
una biblioteca nuova	*a new library*	molte biblioteche nuove	*many new libraries*
un teatro grande	*a big theater*	molti teatri grandi	*many big theaters*
una piscina grande	*a big pool*	molte piscine grandi	*many big pools*

You will learn more about adjectives in Capitolo 3.

2.17 Quali palazzi? List all the buildings on your campus or in your city that are:

1. alti e moderni
2. grandi e antichi

3. brutti e nuovi
4. vecchi e belli

Così si dice: **The prepositions *a* and *di* + *il, lo, la, l'***

• •

To indicate location, you can use prepositions and prepositional phrases. When the prepositions **a** (*at, to*) and **di** (*of*) are followed by the definite article, they contract and become one word. **Dov'è il teatro? È vicino *allo* stadio, a destra *della* mensa.** *Where is the theater? It's near the stadium, to the right of the cafeteria.*

a + il	al	di + il	del
lo	allo	lo	dello
la	alla	la	della
l'	all'	l'	dell'

Note that **sopra** (*above/on top of*) and **sotto** (*under, below*) are used with the definite article alone. *Il libro è sopra **la** cattedra. Lo zaino è sotto **il** banco.*

ℒo sai che? The Italian University

Almost all Italian cities have a university. However, they usually don't have a centralized campus. The various schools (**facoltà**) and departments (**dipartimenti, istituti**) are scattered in buildings around the city, and each department has its own library. Since the typical Italian university does not have such facilities as a stadium, a swimming pool, or tennis courts, students use the city's facilities. As a result, they participate in all aspects of the city's communal life.

L'Università IULM a Milano

Most Italian students attend a university in their own city and live at home. Those that attend a university in a different city commute, share apartments, or live in the **Casa dello studente**, dormitories located in the city, usually near the university buildings.

The majority of Italian universities are public and tuition (**tasse**) is fairly low. There are also some private universities. The most famous of these are the Cattolica and the Bocconi in Milan, and the Cattolica and the Luiss (Libera Università Internazionale degli Studi Sociali) in Rome. The Bocconi is particularly renowned for its programs in business administration and the Luiss for law and political science.

After the first three years, students can obtain a first degree, **laurea di primo livello**, then after two more years, a second one, **laurea specialistica**. Most universities also grant master's degrees and a graduate-level research degree, **il dottorato di ricerca**.

Italian universities participate in the Socrates and Erasmus programs designed to promote student and faculty exchanges among the member nations of the European Union.

2.18 L'università. What are some similarities and differences between universities in Italy and universities in your country?

In contesto: All'università

Roberta is asking a classmate where one of the university schools is located.

do you know	ROBERTA:	Scusa, sai° dov'è la Facoltà di Lingue e Letterature Straniere?
	PIETRO:	Sì, è qui vicino. È in via Carlo Alberto, dietro alla vecchia biblioteca di Giurisprudenza. È il palazzo grande a sinistra del Teatro Comunale.
	ROBERTA:	Grazie. È un palazzo nuovo?
	PIETRO:	No! L'edificio è vecchio, ma le aule sono moderne.

2.19 Dov'é la facoltà di Lingue? Draw a map that shows the relationship of the places mentioned by Roberta and Pietro.

Occhio alla lingua!

1. Look at the endings of the words that refer to buildings and other facilities in the illustration on p. 50 and in the *In contesto* conversation. Which words are feminine and which are masculine? Which are singular and which plural? How can you tell?

2. What do you think **il, lo, i, gli, la**, and **le** are?

3. Look at the first letter of the words that follow **il, lo, i, gli, la**, and **le**. Do you see any pattern?

Grammatica

Il plurale dei nomi

In Italian, nouns are generally made plural by changing the final vowel.

Il plurale dei nomi				
			Singolare	**Plurale**
Nouns ending in	**-o**	→ **-i**	palazz**o**	palazz**i**
	-a	→ **-e**	piscin**a**	piscin**e**
	-e (m. or f.)	→ **-i**	professor**e**	professor**i**
			lezion**e**	lezion**i**

Here are some additional rules to help you form plurals:

1. Nouns ending in **-ca** or **-ga** and most nouns ending in **-go** retain the hard guttural sound of the **-g-** in the plural, by adding an **h**.

una bibliote**ca**	*a library*	due bibliote**che**	*two libraries*
un'ami**ca**	*a friend*	due ami**che**	*two friends*
un alber**go**	*a hotel*	due alber**ghi**	*two hotels*

2. Most nouns ending in **-io** have only one **-i** in the plural.

un edific**io**	*a building*	due edific**i**	*two buildings*
uno stad**io**	*a stadium*	due stad**i**	*two stadiums*

3. Nouns ending in a consonant or an accented vowel and abbreviated nouns don't change in the plural.

un compute**r**	*a computer*	due compute**r**	*two computers*
un campu**s**	*a campus*	due campu**s**	*two campuses*
un'universit**à**	*a university*	due universit**à**	*two universities*
una **foto**(grafia)	*a photograph*	due **foto**	*two photographs*
un **cinema**(tografo)	*a movie theater*	due **cinema**	*two movie theaters*

2.20 Il plurale. Indicate which indefinite article to use with the following singular nouns, and then change the nouns to the plural using **molti** or **molte**.

ESEMPIO: libro
               un libro, molti libri

1. fontana	6. edificio	11. libreria
2. albero	7. amica	12. teatro
3. calcolatrice	8. piscina	13. cinema
4. computer	9. studente	14. biblioteca
5. stadio	10. mensa	15. bar

2.21 Quanti? Tell how many of the following objects and people are in your classroom.

ESEMPI: libro
               Ci sono trenta libri.
               telefono
               Non c'è un telefono.

1. zaino	7. finestra	13. sedia
2. giornale	8. cestino	14. porta
3. ragazzo	9. schermo	15. televisore
4. orologio	10. computer	16. studentessa
5. matita	11. quaderno	17. professore
6. studente	12. banco	18. cancellino

2.22 Che cosa c'è a scuola? Tell how many of the following buildings, sites, or things are on your campus.

1. teatro	6. fontana
2. libreria	7. albero
3. campo da tennis	8. piscina
4. biblioteca	9. stadio
5. mensa	10. laboratorio linguistico

L'articolo determinativo

The Italian definite article, **l'articolo determinativo**, corresponds to the English *the*. Whereas in English the definite article is invariable, the Italian definite article has many forms since it agrees in number and gender with the noun it precedes. Its form also depends on the first letter of the word it precedes.

L'articolo determinativo				
Before nouns beginning with:	**Maschile**		**Femminile**	
	Singolare	**Plurale**	**Singolare**	**Plurale**
a consonant	**il** teatro	**i** teatri	**la** libreria	**le** librerie
a vowel	**l'**albero	**gli** alberi	**l'**entrata	**le** entrate
s + consonant	**lo** stadio	**gli** stadi	**la** scuola	**le** scuole
z	**lo** zaino	**gli** zaini	**la** zebra	**le** zebre

1. **Il** and **i** are used with masculine nouns beginning with a consonant.

2. **La** and **le** are used with feminine nouns beginning with a consonant.

3. **La** becomes **l'** before feminine singular nouns beginning with a vowel.

4. The plural **le** doesn't change before words beginning with a vowel.

5. **Lo** and **gli** are used before masculine nouns that begin with a vowel, **s** + a consonant, or **z**.

6. **Lo** becomes **l'** before masculine singular nouns beginning with a vowel.

7. When using a title to address someone, the definite article is not used. It is used, however, when speaking *about* someone.

Buongiorno, **professoressa** Giuliani.	*Good morning, Professor Giuliani.*
La professoressa Giuliani abita a Roma.	*Professor Giuliani lives in Rome.*
Come va, **dottor** Castri?	*How is it going, Doctor Castri?*
Il dottor Castri è italiano.	*Doctor Castri is Italian.*

2.23 Ecco! Point out the following places on your campus to a new friend.

ESEMPIO: appartamenti
          Ecco gli appartamenti.

1. mensa
2. teatro
3. scuola
4. stadio
5. fontana
6. edifici
7. piscina
8. librerie
9. campi da tennis
10. laboratorio linguistico

2.24 La scuola. Describe your school, using the cues provided.

ESEMPIO: campus/piccolo
          Il campus (non) è piccolo.

1. biblioteca / grande
2. edifici / bassi
3. piscina / nuova
4. laboratorio linguistico / moderno
5. campi sportivi / grandi
6. stadio / vecchio

2.25 Una città italiana. Complete the following description, using the appropriate forms of the definite article.

(1)_____ città è piccola, (2)_____ palazzi sono antichi e anche (3)_____ edifici dell'università sono antichi. (4)_____ biblioteche non sono moderne, ma ci sono (5)_____ libri necessari. In città ci sono due piscine anche per (6)_____ studenti. (7)_____ piscine sono vicino ai campi da tennis e (8)_____ campi da tennis sono vicino allo stadio. (9)_____ stadio è vicino ad un museo. (10)_____ librerie in città sono grandi e belle.

2.26 Dove sono? Look at the classroom illustration on p. 47 and indicate the location of each of the items listed below. Be sure to use the correct form of the definite article, and come up with as many possibilities as you can.

ESEMPIO: libro
S1: Il libro è sopra il banco.
S2: Il libro è davanti allo zaino.

1. studenti
2. lavagna
3. banchi
4. professoressa

5. cattedra
6. penna
7. orologio
8. quaderni

Scambi

2.27 Dov'è? Look at the diagram and indicate which structure or location is being described.

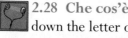

mensa	teatro	campo sportivo
biblioteca	stadio	piscina
fontana	libreria	campo da tennis

1. È davanti al teatro, tra la biblioteca e la piscina.
2. È a sinistra del campo da tennis, davanti allo stadio.
3. È a destra della libreria, dietro alla piscina.
4. È vicino al campo sportivo, a destra dello stadio.

 2.28 Che cos'è? Listen as different students request directions, and write down the letter of the conversation that corresponds to the facility each person is looking for. Each conversation will be repeated twice.

_____ 1. il laboratorio linguistico

_____ 2. la piscina

_____ 3. la mensa

_____ 4. il teatro

2.29 La mia scuola. Choose three important buildings or facilities on your campus and write a one- or two-line description of each one, mentioning the location. Then in small groups, take turns describing the places and identifying them.

Lo sai che? Bologna la Dotta

The Italian city of Bologna is known as **la Dotta** (*the learned one*) because of its university, which is one of the oldest in the world. Although the exact date of its founding is unknown, it is generally believed that the University of Bologna dates back to the end of the twelfth century, when groups of students all over Europe began forming their own study associations, which were independent from the Church. These associations were organized and administered directly by students, and they are considered the precursors of the modern-day university system.

Many famous Italians studied or at least spent some time in Bologna, among them Dante Alighieri, Francesco Petrarca, Leon Battista Alberti, and later Torquato Tasso and Carlo Goldoni. Thomas Becket, Desiderius Erasmus, Nicolaus Copernicus, and Albrecht Dürer also studied in Bologna.

Until 1803, the university was situated in the palace known as *Archiginnasio*, built in 1563. In this building, in 1637, an anatomical theater was constructed for the teaching of anatomy and the dissection of corpses. It was almost destroyed during World War II, but was later rebuilt in its original form. Many tourists from all over the world visit it.

Today Bologna is still one of the most important research and study centers in Italy, and it is considered a lively student town. Several foreign universities have programs in this city.

2.30 Un'università antica. Which are the oldest universities in your country? Why are they famous?

PERCORSO III
LE ATTIVITÀ A SCUOLA

Vocabolario: Cosa fai ogni giorno a scuola?

*Oggi **gioco** a calcio allo stadio.*

*Che cosa **studiate**?*

*Oggi io e Anna **studiamo** geografia in biblioteca.*

*Che cosa **insegna** la professoressa Talenti?*

Insegna matematica.

Mario e Giuseppe **nuotano** in piscina.

*Cosa **compri**?*

Compro libri di economia.

Giorgio **suona** la chitarra e Luisa **canta**.
Gli amici **ascoltano**.

Le attività

abitare *to live*
arrivare *to arrive*
aspettare *to wait for*
cercare *to look for*
cominciare *to start, to begin*
desiderare *to wish*
disegnare *to draw*
domandare *to ask*
entrare *to enter*
frequentare *to attend*
guardare (la televisione) *to watch (television)*
imparare *to learn*
incontrare *to meet*

lavorare *to work*
mangiare *to eat*
parlare *to talk*
pensare *to think*
tornare *to return*

Le materie (*Academic subjects*)

l'architettura *architecture*
la biologia *biology*
la chimica *chemistry*
l'economia *economics*
la filosofia *philosophy*
la fisica *physics*
il giornalismo *journalism*
la giurisprudenza *law*

l'**informatica** *computer science*
l'**ingegneria** *engineering*
le **lettere** *humanities*
le **lingue straniere** *foreign*
   languages
la **materia** *subject*
la **psicologia** *psychology*
le **scienze naturali** *natural sciences*
le **scienze politiche** *political science*
la **sociologia** *sociology*
la **storia** *history*

La descrizione delle materie

difficile *hard, difficult*
divertente *fun, amusing*
facile *easy*

interessante *interesting*
noioso/a *boring*
Ti piace . . . ? *Do you like*
   (+ singular noun)?
(Non) Mi piace. . . *I (don't) like. . .*
   (+ singular noun).

Quando (*When*)?

la **mattina** *in the morning*
il **pomeriggio** *in the afternoon*
la **sera** *in the evening*
ogni giorno *every day*
stasera *this evening*

2.31 Le attività in un campus. Which activities do you associate with these places? Match the places in column A with the activities in column B.

A	B
1. la libreria	a. parlare
2. la biblioteca	b. disegnare
3. il laboratorio linguistico	c. ascoltare i cd
4. la Facoltà di Architettura	d. mangiare un panino (*sandwich*)
5. la Facoltà di Musica	e. guardare un film
6. la piscina	f. nuotare
7. la mensa	g. giocare a tennis
8. il campo da tennis	h. cercare un libro
9. il cinema	i. guardare una commedia
10. il teatro	l. comprare i quaderni e le penne
11. il bar	m. cantare
12. la scuola	n. incontrare gli amici
13. lo stadio	o. studiare
	p. imparare
	q. pensare
	r. guardare una partita (*game*) di calcio
	s. suonare uno strumento (*instrument*)

2.32 La mia giornata a scuola. Use elements from each of the three columns to write sentences describing your school days.

A	B	C
1. Arrivo	i professori	davanti alla mensa
2. Aspetto	gli amici	in libreria
3. Cerco	a scuola	la sera
4. Incontro	libri e quaderni	in classe
5. Parlo	a casa	nel laboratorio linguistico
6. Ascolto	un libro	ogni giorno
7. Compro	un'amica	la mattina
8. Torno	italiano	a teatro
	i cd	in biblioteca

2.33 Le materie. Tell what subjects someone usually studies for each profession listed.

1. professore di lettere
2. dottore
3. scienziato
4. scrittore

2.34 L'Università Ca' Foscari. Look at the list of schools and departments at the Università Ca' Foscari. Then make a list of those that are similar to schools and departments in your college or university and a list of those that are different.

Dove ti trovi: **Home** > Ateneo > Amministrazione, Dipartimenti, Facoltà, Centri > Uffici

Facoltà

• **Facoltà di Economia - Presidenza**
Telefono: 041 2349107 Fax: 041 2349362
Sito Web: http://www.unive.it/economia

• **Facoltà di Lettere e Filosofia - Presidenza**
Telefono: 041 2347311 Fax: 041 5230279
Sito Web: http://www.unive.it/lettere

• **Facoltà di Lingue e Letterature Straniere - Presidenza**
Telefono: 041 2349569 Fax: 041 2349426
Sito Web: http://www.unive.it/lingue

• **Facoltà di Scienze Matematiche, Fisiche e Naturali - Presidenza**
Telefono: 041 2348518 Fax: 041 2348520
Sito Web: http://www.unive.it/scienze

Dipartimenti

• **Dipartimento di Americanistica**
Telefono: 041 2349411 Fax: 041 2349481
Sito Web: http://www.unive.it/dip-dais

• **Dipartimento di Chimica**
Telefono: 041 2348567 Fax: 041 2348517
Sito Web: http://venus.unive.it/~chimica/

• **Dipartimento di Economia**
Telefono: 041 2348700 Fax: 041 2348701
Sito Web: http://www.unive.it/~dea/

• **Dipartimento di Filosofia e Teoria delle Scienze**
Telefono: 041 2347211 Fax: 041 2347296
Sito Web: http://venus.unive.it/philo/

• **Dipartimento di Informatica**
Telefono: 041 2348411 Fax: 041 2348419
Sito Web: http://www.unive.it/dip-informatica

• **Dipartimento di Italianistica e Filologia Romanza**
Telefono: 041 2347211 Fax: 041 2347250
Sito Web: http://www.unive.it/dip-italianistica

• **Dipartimento di Matematica Applicata**
Telefono: 041 2346911 Fax: 041 5221756
Sito Web: http://www.dma.unive.it/

• **Dipartimento di Scienze Ambientali**
Telefono: 041 2348564 Fax: 041 2348584

• **Dipartimento di Scienze del Linguaggio**
Telefono: 041 2345704 /5706 Fax: 041 2345706
Sito Web: http://venus.unive.it/~lingdida/index.php

• **Dipartimento di Scienze dell'Antichità e del Vicino Oriente**
Telefono: 041 2347316 Fax: 041 5210048
Sito Web: http://www.unive.it/dip-avo

• **Dipartimento di Scienze Giuridiche**
Telefono: 041 2347611 Fax: 041 5242482
Sito Web: http://www.unive.it/dip-scienzegiuridiche

• **Dipartimento di Statistica**
Telefono: 041 2347411 Fax: 041 2347444
Sito Web: http://www.dst.unive.it/

• **Dipartimento di Storia delle Arti e Conservazione dei Beni Artistici**
Telefono: 041 2346211 Fax: 041 5204911
Sito Web: http://www.unive.it/dip-arte

• **Dipartimento di Studi Europei e Postcoloniali**
Telefono: 041 2347813/4 Fax: 041 2347822
Sito Web: http://www.unive.it/dip-sep

• **Dipartimento di Studi Storici**
Telefono: 041 2349811 Fax: 041 5222517
Sito Web: http://www.unive.it/dip-studistorici

 ## In contesto: Davanti alla biblioteca

Giorgio and Anna are chatting in front of the library.

what are you doing here?	GIORGIO:	Anna, che fai qui°?
	ANNA:	Niente, aspetto Giovanna. E tu?
	GIORGIO:	Cerco un libro d'italiano.
Do you feel like it?	ANNA:	Mangiamo un panino insieme? Ti va°?
	GIORGIO:	Bene! Alla mensa?
	ANNA:	Sì, quando arriva Giovanna.

2.35 Che cosa fanno (*What are they doing*)? Indicate which of the following statements are true (**Vero**) and which are false (**Falso**) according to Anna and Giorgio's conversation. Correct the false statements.

1. Anna ha un appuntamento con Giovanna.
2. Giorgio lavora in biblioteca.
3. Giorgio, Anna e Giovanna mangiano insieme alla mensa.

Occhio alla lingua!

1. Look at the illustration captions on p. 58. What do you think the words in boldface type mean?
2. Do you think the words in boldface type describe something or express actions?
3. Look at the endings of the words in boldface type and the various people doing the activities. Can you detect a relationship between the verb endings and the person or people performing the activities?

𝒢rammatica

Il presente dei verbi in *-are*

An infinitive is a verb that is not conjugated. In English, infinitives consist of a verb preceded by *to*. In Italian, infinitives are distinguished by their endings. Infinitives of regular Italian verbs end in **-are, -ere,** or **-ire: parlare** (*to speak*), **scrivere** (*to write*), and **dormire** (*to sleep*). Regular verbs are conjugated by dropping the infinitive endings and adding a set of endings to the stem. Below are the present-tense endings for regular verbs whose infinitives end in **-are**. These are called first-conjugation verbs. Notice how the ending changes according to who performs the action.

parlare			
Singolare		**Plurale**	
io parl**o**	*I speak*	noi parl**iamo**	*we speak*
tu parl**i**	*you speak (informal)*	voi parl**ate**	*you speak (informal)*
Lei parl**a**	*you speak (formal)*	Loro parl**ano**	*you speak (formal)*
lui/lei parl**a**	*he/she speaks*	loro parl**ano**	*they speak*

The present tense in Italian can have the following meanings in English.

Studiamo l'italiano.   *We study Italian.*
                          We are studying Italian.
                          We do study Italian.

Here are some other rules you should keep in mind when using regular **-are** verbs.

1. Verbs that end in **-iare** such as **cominciare, studiare**, and **mangiare** drop the **i** of the stem in the **tu** and **noi** forms.

   cominciare: comincio, cominci, comincia, cominciamo, cominciate, cominciano

   mangiare: mangio, mangi, mangia, mangiamo, mangiate, mangiano

2. Verbs that end in **-care** and **-gare** such as **giocare** (*to play*) and **spiegare** (*to explain*) add an **h** in the **tu** and **noi** forms to maintain the hard sound of the **c** and the **g** in the stem.

   giocare: gioco, giochi, gioca, giochiamo, giocate, giocano

   spiegare: spiego, spieghi, spiega, spieghiamo, spiegate, spiegano

2.36 Chi? Indicate who is performing the following actions by matching the statements in column A with the people in column B.

A
1. Ascoltiamo i cd d'italiano.
2. Giocano a tennis.
3. Compra un dizionario.
4. Cerchi un libro.
5. Mangiano la pizza.
6. Nuotate in piscina.
7. Imparo l'italiano.
8. Incontrate gli amici.

B
a. io
b. tu e Renata
c. gli studenti
d. tu
e. Fabrizio
f. Luisa e Alessia
g. io e Paolo
h. voi

2.37 Che cosa fanno? Tell what the following people are doing.

1. Io / ascoltare il professore
2. La professoressa / insegnare
3. Tu/comprare / un quaderno
4. Tu ed un'amica / cercare un libro
5. Io e gli amici / suonare la chitarra
6. Gli studenti / nuotare in piscina
7. Una studentessa / studiare in biblioteca
8. Noi / parlare in italiano

 2.38 Chi lo fa? Listen to the brief exchanges among various students and their friends, and indicate the subject for each verb you hear. Use the Italian subject pronouns. Each exchange will be repeated twice.

1. _____, _____, _____
2. _____, _____, _____, _____
3. _____, _____
4. _____, _____
5. _____, _____

2.39 Cosa fanno? Complete the sentences to indicate what people are doing. Use the correct form of one of the verbs in this list: **disegnare, cercare, imparare, entrare, suonare, giocare.**

1. Paolo e Giovanni _____ il piano.

2. Anna _____ un albero.

3. Tu e Mario _____ il numero di telefono di un amico.

4. Io e Carlo _____ l'italiano.

5. Tu _____ a tennis.

6. Io _____ in classe.

Il presente di *fare*

Fare (*to do, to make*) is an irregular verb. It is used in many idiomatic expressions, which you will learn in later chapters.

fare			
Singolare		**Plurale**	
io faccio	*I do, make*	noi facciamo	*we do, make*
tu fai	*you do, make (informal)*	voi fate	*you do, make (informal)*
Lei fa	*you do, make (formal)*	Loro fanno	*you do, make (formal)*
lui/lei fa	*he/she does, makes*	loro fanno	*they do, make*

—Che cosa fai questa mattina?   —*What are you doing this morning?*

—Studio. Che cosa fate tu e Carlo?   —*I am studying. What are you and Carlo doing?*

—Facciamo i compiti.   —*We are doing our homework.*

2.40 Che cosa fate? Ask what the following people are doing by supplying the missing forms of **fare**.

1. —Che cosa _____ Luca?

   —Gioca a calcio.

2. —Fabrizio, che cosa _____?

   —Studio.

3. —Che cosa _____ tu e Paolo?

   —Noi parliamo con gli amici.

4. —Che cosa _____ noi oggi?

   —Guardiamo un film.

5. —Che cosa _____ Roberto?

   —Aspetta Susanna.

6. —Che cosa _____ Roberto e Susanna?

   —Suonano la chitarra.

7. —Signora, che cosa _____?

   —Mangio un panino.

Scambi

2.41 Che cosa fa? Look at Giulia's agenda and write a note to your teacher explaining what she is doing each day of this week and when—in the morning, afternoon, or evening.

OTTOBRE

lunedì **16** (10) ottobre	martedì **17** (10) ottobre	mercoledì **18** (10) ottobre	giovedì **19** (10) ottobre	venerdì **20** (10) ottobre	sabato **21** (10) ottobre
8 _____	8 _____	8 _____	8 _____	8 _____	8 _____
9 _____	9 _____	9 _____	9 *laboratorio linguistico*	9 _____	9 _____
10 _____	10 *biblioteca*	10 _____	10 _____	10 _____	10 _____
11 _____	11 _____	11 _____	11 _____	11 _____	11 _____
12 _____	12 _____	12 _____	12 _____	12 _____	12 _____
13 _____	13 _____	13 _____	13 _____	13 _____	13 _____
14 _____	14 _____	14 _____	14 _____	14 _____	14 _____
15 _____	15 _____	15 _____	15 _____	15 _____	15 _____
16 *piscina*	16 _____	16 _____	16 _____	16 _____	16 _____
17 _____	17 _____	17 _____	17 _____	17 *conservatorio*	17 _____
18 _____	18 _____	18 _____	18 _____	18 _____	18 _____
19 _____	19 _____	19 _____	19 _____	19 _____	19 _____
20 _____	20 _____	20 _____	20 _____	20 _____	20 *ristorante*
21 _____	21 _____	21 *teatro*	21 _____	21 _____	21 _____

domenica **22** (10) ottobre	8 _____ 9 _____	10 _____ 11 _____ 12 _____	13 _____ 14 *stadio* 15 _____	16 _____ 17 _____ 18 _____	19 _____ 20 _____ 21 _____

 2.42 Chi? Go around the room and find at least two classmates who do the following things. Record your findings on the form on p. 65 and report them to the class.

ESEMPIO: La mattina guarda la televisione.

S1: La mattina guardi la televisione?

S2: Sì, guardo la televisione la mattina. *o* No, non guardo la televisione la mattina.

Attività	Nome
1. Studia in biblioteca ogni giorno.	
2. Lavora il pomeriggio.	
3. Suona la chitarra o un altro strumento.	
4. Mangia alla mensa ogni giorno.	
5. Gioca a calcio.	
6. La sera guarda la televisione con gli amici.	
7. Canta.	
8. Disegna molto bene.	

G **2.43 Studi. . .?** On a sheet of paper write two subjects you like and two you don't. Then survey your classmates and find at least two people who are studying each subject. Find out if they like each subject and what they think about it, and record their responses.

ESEMPIO: S1: Che cosa studi?

S2: Studio matematica.

S1: Ti piace?

S2: Sì!

S1: Perché?

S2: È interessante e divertente, e non è difficile!

Dove sono gli studenti? Cosa fanno?
Università di Salerno

ANDIAMO AVANTI!

 *R*icapitoliamo

 2.44 Che cos'è? Take turns describing the location of an object in the classroom and guessing what is being described.

🍂 **2.45 Indovina dove** (*Guess where*)! Choose a place on campus and make a list of three activities that students do there. Then take turns reading your list to the others and guessing what place is being described.

 2.46 La lezione d'italiano. Write an e-mail message to a student in another Italian class. Describe your Italian class and talk about your other courses. Ask him/her for information about his/her classes and school.

Da:	
A:	
Oggetto:	

 2.47 La vita da studente. Complete the chart on p. 67, indicating what you usually do throughout your day. Use **-are** verbs that you have learned in this chapter. Then, with a classmate, compare your lists. What do you have in common?

La mattina	Il pomeriggio	La sera

Leggiamo

●●●

Strategie per leggere: Recognizing and using cognates

As you learned in the Capitolo preliminare, many words look similar in English and Italian, since both languages contain terms derived from Latin. Words that are similar in spelling and meaning in two languages are called cognates. Sometimes Italian cognates differ from their English equivalents in minor or predictable ways. For example:

1. The English ending *-ly* often corresponds to the Italian ending **-mente: particolarmente** (*particularly*), **esclusivamente** (*exclusively*).

2. The English ending *-ty* often corresponds to the Italian ending **-tà**: **università** (*university*), **possibilità** (*possibility*), **città** (*city*).

3. The English endings *-tion* and *-sion* often correspond to the Italian endings **-zione** and **-sione: condizione** (*condition*), **televisione** (*television*), **professione** (*profession*).

Learning to recognize cognates can help you expand your vocabulary and improve your reading comprehension.

Prima di leggere

2.48 Paying particular attention to words you recognize as cognates, look at the titles and subtitles in the text "Dublino," then answer the following questions.

1. What type of text is this?
   a. un articolo
   b. una lettera
   c. una pubblicità

2. What is the topic of this text?
   a. un ristorante
   b. una scuola
   c. una banca

3. What words and other clues in the titles and subtitles lead you to draw these conclusions?

Mentre leggi

2.49 As you read the text, circle all the cognates that you recognize.

Dublino Dublino Dublino
college/famiglia da 13 a 18 anni

Il college
L'UCD Village è un moderno complesso all'interno di un verde e curato campus universitario, situato a 10/15 minuti dal centro[1]. Ad ogni piano[2] della residenza si trovano appartamenti con 3/4 camere[3], servizi[4] e cucinino[5].

Le strutture del college
• campo di calcio
• campi di pallavolo
• campi di squash
• campi da tennis
• percorso per atletica di livello olimpionico.

La sistemazione
In confortevoli camere studio singole, raggruppate in appartamenti, ciascuno dotato di servizi privati e cucinino. Trattamento di pensione completa[6].

In famiglia: selezionate dai responsabili[7] locali, offrono trattamento di pensione completa. Da lunedì a venerdì il pranzo, consistente in un pasto caldo[8], è consumato presso la mensa del college. Le abitazioni distano circa 30/40 minuti di autobus dal centro.

Il corso di lingua
Dopo il test del primo giorno gli studenti vengono ripartiti in classi omogenee di 12/15 elementi. Il corso è strutturato su diversi livelli, dal principiante all'avanzato. Sono previste 20 lezioni settimanali, ciascuna di 50 minuti, dal lunedì al venerdì. Gli insegnanti sono di madrelingua inglese, qualificati e con esperienza di insegnamento a studenti stranieri.

1. downtown	3. bedrooms	5. kitchenette	7. people in change
2. floor	4. bathrooms	6. all meals included	8. hot meal

Dopo la lettura

2.50 Work with a classmate and compare the cognates that you circled. Who has found more? Which words relate to the main focus of the reading?

2.51 Indicate which of the following statements are true (**Vero**) and which are false (**Falso**).

_____ **1.** Gli studenti in questa scuola studiano italiano.

_____ **2.** Le persone che partecipano a questo programma hanno meno di 13 anni.

_____ **3.** Non c'è un campus.

_____ **4.** La scuola ha molte strutture utili (*useful*) per gli studenti.

_____ **5.** Gli studenti mangiano alla mensa.

_____ **6.** Il programma è per studenti di diverse abilità linguistiche.

2.52 Discuss the following questions:

1. Many Italian students study abroad, especially for the purpose of learning English. Are you yourself planning to study abroad? Why or why not?

2. Would you be interested in studying in UCD Village? List in Italian aspects of this university and its program that you find interesting.

Scriviamo

●●

Strategie per scrivere: Using semantic mapping to generate and organize ideas

Coming up with interesting ideas to write about can be challenging, especially for beginning language students. Semantic mapping can help you generate ideas and organize them effectively to get your point across. This process is simple and fun.

La nostra scuola. You are about to meet with a group of Italian students who have just arrived on your campus. Prepare some written notes describing schools in your country to which you can refer as you talk with them.

Prima di scrivere

2.53 Follow these steps to create and use a semantic map.

1. On a piece of paper, write **La scuola** and organize related words around it.

ESEMPIO:

2. Next, around each word related to **la scuola**, such as **le attività**, brainstorm clusters of words and ideas that you associate with that word. For example, around **le attività**, you might write **studiare, giocare a tennis**, etc.

3. Look at the semantic map you have created and ask yourself what Italian students would find most interesting and relevant. Keep in mind what you have learned about Italian schools and campuses and how they differ from those in your country. Decide which clusters of ideas (select at least three) you want to develop and in what order.

La scrittura

2.54 Prepare a first draft of your notes based on the clusters of ideas you have selected from your semantic map.

La versione finale

2.55 Let some time pass, then read your first draft.

1. As you read it, ask yourself if the ideas are expressed clearly and in a logical order. Make any necessary revisions.
2. Once you are satisfied with the content and organization, edit the language of your notes.
   a. Are the verb forms correct?
   b. Are the articles and the number and gender of the nouns correct?
   c. Do the adjectives agree with the nouns they modify?
   d. Is the spelling correct throughout?

 Guardiamo

> ### Strategie per guardare: Anticipating content
>
> Use your own experience as a basis for anticipating and understanding the content of interviews in Italian. For example, when you know the topic of a sequence of interviews, think about what the likely focuses will be and what you already know about the subject matter. This will help you to follow the discussion and the ideas expressed more easily.

Prima di guardare

2.56 You are about to see some short interviews in which people talk about their schools.

1. Before watching this segment, list, in Italian, at least four school-related topics that might be discussed.
2. Beside each topic, note some related terms and expressions that the speakers may use.

Mentre guardi

2.57 As you watch and listen to each interview, pay particular attention to what people say about Italian schools and universities and about students' activities. Are there any topics you should add to your list?

Dopo aver guardato

2.58 Now answer the following questions.

1. Which of the following fields of study do people mention in the video?

   **architettura, economia, filosofia, geografia, giurispru-
   denza, ingegneria, matematica, psicologia, scienze
   naturali, scienze politiche, storia dell'arte**

2. Indicate which of the following statements about where Italian students live are true (**Vero**) and which ones are false (**Falso**) according to what people say in the video.

   _____ **a.** Gli studenti universitari abitano con gli amici.

   _____ **b.** Spesso gli studenti universitari abitano in famiglia.

   _____ **c.** Tutti gli studenti abitano nel campus.

   _____ **d.** Quando non abitano con i genitori (*parents*) gli studenti abitano in appartamenti.

3. What do people say about the campus? Explain the following statements according to what people say in the video.

   a. In Italia non c'è il campus.

   b. Secondo Gaia a Firenze c'è una specie di campus con tre facoltà.

4. What subjects does Emma study that are not usually taught in high schools in your country?

5. Think over what people in the video have said about their schools. If you were going to describe your school to an Italian student, would your description be similar to the descriptions you heard in the video? Why or why not?

Questi ragazzi sono studenti? Sono a scuola? Cosa fanno?

Bologna is known not only as **la Dotta** (*the learned one*), because it is home to one of the world's oldest universities, but also as **la grassa** (*the fat one*), because of its fine cuisine, and as **la rossa** (*the red one*), because of its red buildings and because it is the birthplace and home of the Italian political left. Bologna is the capital of the Emilia-Romagna region. Emilia-Romagna is famous for the foods produced in its fertile plains, its beautiful landscape, and its coastline cities, known as **la riviera romagnola**, which attract the young and old in search of lively and relatively inexpensive beaches and clubs. Emilia-Romagna is also an important cultural and economic center.

Bologna, la Rossa. Vista panoramica della città di Bologna con i suoi palazzi rossi e la torre degli Asinelli. Bologna è una città perfetta per giovani studenti. È ricca di storia e cultura: infatti l'Unione Europea ha designato Bologna «Città Europea della Cultura» per il 2000. Il centro storico di Bologna è uno dei più grandi e più belli d'Italia. È tipicamente medioevale (*medieval*), con strade strette (*narrow streets*), palazzi antichi e grandi chiese gotiche (*Gothic*). La chiesa di San Petronio è la più bella e la più famosa della città. Bologna è anche una città giovane e vivace, con ristoranti, negozi e caffè eleganti, musei, teatri e moderne sale per i concerti.

Un particolare (*detail*) del mosaico dell'imperatore Giustiniano—VI secolo (*century*)—nella Basilica di San Vitale, la chiesa bizantina più bella di Ravenna. Ravenna fu (*was*) la capitale dell'Impero (*empire*) Romano d'Oriente. Molti dei famosi mosaici di questa città sono infatti di quel periodo. A Ravenna c'è anche la tomba di Dante, morto nel 1321 in questa città.

Una larga e affollata (*crowded*) spiaggia della riviera romagnola. La costa romagnola è lunga 150 chilometri. Le spiagge (*beaches*) sono molto larghe e sempre molto affollate. In estate è la meta (*destination*) preferita di molti turisti italiani e stranieri (*foreign*). Ci sono numerosissimi alberghi, pensioni, ristoranti, bar e tante discoteche a prezzi ragionevoli (*reasonable prices*). La riviera romagnola è famosa per il cibo (*food*) e il ballo. È possibile mangiare e ballare a tutte le ore (*all hours*) del giorno e della notte. Rimini, Riccione, Cattolica e Milano Marittima sono i centri più importanti della costa adriatica. Rimini è particolarmente popolare fra i giovani.

Verifichiamo

2.59 Che cos'è? Tell what building, place, or person is being described.

1. È la città europea della cultura del 2000.

2. È una chiesa molto importante a Bologna.

3. È l'università più antica d'Italia.

4. È un famoso direttore d'orchestra nato a Parma.

5. È famosa per i mosaici bizantini.

6. È il compositore dell'*Aida*.

7. È famosa per il prosciutto.

8. È una città turistica dove vanno molti giovani in estate.

2.60 E nel tuo Paese? Are there any university cities like Bologna in your country? How are they similar and how are they different?

2.61 Rimini. What do you think Rimini is like in the summer months? Would you like to go there? Are there any areas in your country similar to this city?

Il centro storico di Parma. Parma è la capitale alimentare (*food*) d'Italia. È famosa per il prosciutto e il parmigiano e tante industrie alimentari che producono pasta e salumi. Parma è anche la città natale (*birth*) del direttore d'orchestra Arturo Toscanini (1867–1957). Inoltre a Busseto, vicino a Parma, è nato Giuseppe Verdi (1813–1901). *La Traviata*, il *Trovatore* e l'*Aida*, sono alcune delle sue opere (*works*) più importanti.

Vocabolario

In classe

l'agenda	*appointment book*
l'amico/a	*friend*
l'aula	*classroom*
il banco	*student's desk*
la borsa	*handbag*
la calcolatrice	*calculator*
il calendario	*calendar*
il cancellino	*chalkboard eraser*
la carta geografica	*map*
la cattedra	*teacher's desk*
il cestino	*wastebasket*
il compagno/la compagna	*classmate*
il computer	*computer*
il dizionario	*dictionary*
la donna	*woman*
la finestra	*window*
il foglio di carta	*sheet of paper*
il gesso	*chalk*
il giornale	*newspaper*
la gomma	*eraser*
la lavagna	*chalkboard*
il libro	*book*
la luce	*light*
la matita	*pencil*
l'orologio	*clock, watch*
la penna	*pen*
il professore	*male teacher, professor*
la professoressa	*female teacher, professor*
la porta	*door*
il quaderno	*notebook*
il ragazzo	*boy*
la ragazza	*girl*
la sedia	*chair*
lo schermo	*screen*
lo studente	*male student*
la studentessa	*female student*
il televisore	*television*
l'uomo	*man*
lo zaino	*backpack*

L'università

l'albero	*tree*
gli appartamenti	*apartments*
la biblioteca	*library*
il campo da tennis	*tennis court*
il campo sportivo	*field, track*
l'edificio	*building*
la facoltà di Lingue e Letterature Straniere	*Department of Foreign Languages and Literature*
la fontana	*fountain*
i fiori	*flowers*
il laboratorio linguistico	*language laboratory*
la libreria	*bookstore*
la mensa	*cafeteria*
il palazzo	*building*
la piscina	*pool*
la scuola	*school*
lo stadio	*stadium*
il teatro	*theater*

Le materie

l'architettura	*architecture*
la biologia	*biology*
la chimica	*chemistry*
l'economia	*economics*
la filosofia	*philosophy*
la fisica	*physics*
la geografia	*geography*
il giornalismo	*journalism*
la giurisprudenza	*law*
l'informatica	*computer science*
l'ingegneria	*engineering*
le lettere	*humanities*
le lingue straniere	*foreign languages*
la matematica	*mathematics*
la psicologia	*psychology*
le scienze naturali	*natural sciences*
le scienze politiche	*political science*
la sociologia	*sociology*
la storia	*history*

Gli aggettivi

alto/a	*tall*
antico/a	*antique, old*
basso/a	*low, short*
bello/a	*pretty, beautiful*
brutto/a	*ugly, bad*
difficile	*hard, difficult*
divertente	*fun, amusing*
facile	*easy*
grande	*big*
interessante	*interesting*
moderno/a	*modern*
noioso/a	*boring*
nuovo/a	*new*
piccolo/a	*small*
vecchio/a	*old*

I verbi

abitare	*to live*
arrivare	*to arrive*
ascoltare	*to listen to*
aspettare	*to wait for*
cantare	*to sing*
cercare	*to look for*
cominciare	*to start, to begin*
comprare	*to buy*
desiderare	*to wish*
disegnare	*to draw*
domandare	*to ask*
entrare	*to enter*
frequentare	*to attend*
giocare (a calcio)	*to play (soccer)*
guardare (la televisione)	*to watch (television)*
imparare	*to learn*
incontrare (un amico/un'amica)	*to meet (a friend)*
insegnare	*to teach*
lavorare	*to work*
mangiare (un panino)	*to eat (a sandwich)*
nuotare	*to swim*
parlare	*to talk*
pensare	*to think*

studiare	*to study*
suonare (la chitarra)	*to play (the guitar)*
tornare (a casa / a scuola)	*to return (home / to school)*

Il posto

a destra di	*to the right of*
a sinistra di	*to the left of*
davanti a	*in front of*
dietro a	*behind*
vicino a	*near, next to*
lontano da qui	*far from here*
qui vicino	*nearby*
nella borsa, nello zaino	*in the handbag, in the backpack*
sopra	*above, on top of*
sotto	*under, beneath*
tra/fra	*between*

Le lezioni

Che cosa studi?	*What are you studying?*
Studio scienze politiche.	*I'm studying political science.*

Altre parole ed espressioni

C'è/Ci sono	*There is/There are*
Che cos'è?	*What is it?*
Chi è?	*Who is it?*
Dov'è/Dove sono?	*Where is/Where are?*
Ecco (un libro)	*Here is/There is (a book)*
la mattina	*in the morning*
ogni giorno	*every day*
il pomeriggio	*in the afternoon*
la sera	*in the evening*
stasera	*this evening*
Ti piace...?	*Do you like? (+ singular noun)*
(Non) Mi piace...	*I (don't) like... (+ singular noun)*
quanti/quante?	*how many?*
molti/e	*many*
pochi/e	*little, a few*

Mi riconosci?

Lo sai che?

◆ **Italian Fashion**
◆ **Important Centers of Italian Fashion**

Stilisti italiani:
Giorgio Armani,
Donatella Versace,
Miuccia Prada,
Stefano Gabbana
e Domenico Dolce

IN THIS CHAPTER YOU WILL LEARN HOW TO:

◆ **Describe people's appearance and personality**
◆ **Identify and describe articles of clothing**
◆ **Talk about your favorite activities**

PERCORSO I
LA DESCRIZIONE DELLE PERSONE

Vocabolario: Come sono?

Susanna

È giovane, alta, magra, bionda; ha i capelli lunghi e lisci; ha gli occhi chiari. È una ragazza un pò triste e molto sensibile.

Il professor Campi

È basso, grasso, calvo, con i baffi e gli occhiali. È sempre molto gentile e ottimista.

Marco e Fabrizio

Sono magri, alti, bruni, giovani, hanno la barba, hanno gli occhi castani, hanno i capelli corti e ricci. Sono sportivi e dinamici.

La signora Rossini

È anziana, ha gli occhi scuri, ha i capelli bianchi. È una signora molto seria e intelligente.

La descrizione delle caratteristiche fisiche e psicologiche

allegro/a *happy*
antipatico/a *disagreeable, unpleasant*
atletico/a *athletic*
avaro/a *stingy*
bravo/a *good, trustworthy, talented*
buffo/a *funny*
calmo/a *calm*
carino/a *nice, cute*
cattivo/a *bad*
comprensivo/a *understanding*
egoista *selfish*
elegante *elegant*
espansivo/a *friendly, outgoing*
generoso/a *generous*
materialista *materialistic*
nervoso/a *nervous, tense*
noioso/a *boring*
pessimista *pessimistic*
pigro/a *lazy*
simpatico/a (*pl.* simpatici/ simpatiche) *pleasant, nice*
stanco/a *tired*
timido/a *shy*

Chiedere e dare informazioni
Com'è? *What is he/she/it like?*
Come sono? *What are they like?*

Di che colore ha i capelli (gli occhi)? *What color is his/her hair (are his/her eyes)?*
Ha i capelli neri, castani, biondi, rossi. *He/she has black, brown, blond, red hair.*
Ha gli occhi verdi, azzurri, castani, chiari. *He/she has green, blue, brown, light-colored eyes.*

Altre espressioni per descrivere

altro/a *other, another*
caro/a *dear, expensive*
molto/a *many, a lot*
poco/a *few*
quanto/a *how many, how much*
stesso/a *same*
vero/a *real, true*

Altre parole per descrivere

molto *very*
poco *little, not very*
proprio *really*
quanto? *how much?*
troppo *too much*

Per paragonare

anche *also*
invece *instead, on the other hand*
ma, però *but*
o, oppure *or*

3.1 Il contrario. Reorganize the adjectives presented above and on p. 77 by listing them by opposites.

3.2 Come sono? Rewrite the descriptions of the people on p. 77 by expressing everything in opposite terms.

ESEMPIO: Susanna è alta e magra.
Susanna è bassa e grassa.

1. Susanna
2. Il professor Campi
3. Marco e Fabrizio
4. La signora Rossini

3.3 Quanti studenti. . . Indicate how many people in class fit each description.

1. Ha i capelli lunghi e biondi e gli occhi azzurri.
2. Ha i capelli corti e ricci e gli occhi azzurri.
3. Ha i capelli corti e lisci e gli occhi castani.
4. Ha i capelli castani, corti e ricci.
5. Ha gli occhi verdi, i capelli castani lunghi e lisci.
6. Ha i capelli corti e biondi e gli occhi castani.

In contesto: Un bel ragazzo romano

Giovanna and Teresa are talking about another student in their class.

GIOVANNA: Teresa, chi è quel° ragazzo bruno con gli occhiali? *that*

TERESA: Il ragazzo magro con gli occhi chiari e i capelli corti e ricci?

GIOVANNA: Sì, lui. Come si chiama?

TERESA: Paolo. È di Roma. È un bel ragazzo°, vero? *good-looking guy*

GIOVANNA: Sì. È proprio bello!

TERESA: È anche molto serio e intelligente, però è poco espansivo.
E poi ha già la ragazza.

GIOVANNA: Peccato°! Com'è la ragazza? *What a pity!*

TERESA: È bionda e ha i capelli lunghi e lisci. Anche lei è
carina e intelligente, però non è molto simpatica.
Conosce° tanta gente, ma ha pochi amici veri. *She knows*

3.4 Chi è? Identify Paolo and his girlfriend on the basis of Giovanna's and Teresa's descriptions.

3.5 È vero? Place a checkmark beside each statement that describes Paolo.

1. Paolo è italiano. _____

2. Paolo è brutto, ma espansivo. _____

3. Paolo ha i capelli castani. _____

4. Paolo ha molti amici. _____

5. Ha una bella ragazza. _____

Così si dice: **The position of adjectives**

The adjectives **altro/a** (*other*), **molto/a** (*many, a lot*), **poco/a** (*a little, a few*), **questo/a** (*this*), **quanto/a** (*how much, how many*), **stesso/a** (*same*), and **vero/a** (*real, true*) always precede the noun they modify and always agree with it in number and gender.

Quanti ragazzi ci sono in classe?	*How many boys are there in class?*
Ci sono **molti** ragazzi, ma **poche** ragazze.	*There are many boys, but few girls.*

Così si dice: **The adverbs *molto, poco, quanto, proprio***

When **molto** (*very*), **poco** (*not very*), **proprio** (*really*), and **quanto** (*how much*) are used as adverbs (*i.e.*, when they are used to describe adjectives, adverbs, and verbs), they don't change their endings.

Anna è una ragazza **molto** brav**a**.	*Anna is a very good girl.*
Luigi e Paolo sono studenti **poco** ser**i**.	*Luigi and Paolo are not very serious students.*
Quanto costano i libri?	*How much do the books cost?*

Occhio alla lingua!

1. List all the words used to describe the people in the illustration captions on p. 77.
2. What do you notice about the endings of the words you have listed?

Grammatica

L'aggettivo

Adjectives, **aggettivi**, describe people, places, and things. In Italian, adjectives agree in gender (masculine/feminine) and number (singular/plural) with the nouns they describe. There are three types of adjectives in Italian: those that end in **-o** (**americano, alto, biondo**), those that end in **-e** (**francese, giovane, triste**), and those that end in **-ista** (**ottimista, pessimista, materialista**).

1. Adjectives that end in **-o** have four forms.

	Singolare	Plurale
Maschile	**-o**	**-i**
	un ragazzo biond**o**	due ragazzi biond**i**
Femminile	**-a**	**-e**
	una ragazza biond**a**	due ragazze biond**e**

Paolo è **alto** e **bruno**.   *Paolo is tall and dark-haired.*
Maria invece è **bassa** e **bionda**. *Maria, instead, is short and blond.*
Hanno i capelli **corti** e **ricci**. *They have short, curly hair.*
Carla e Giulia sono **italiane**. *Carla and Giulia are Italian.*

2. Adjectives that end in **-e** have only two forms: a singular and a plural form.

	Singolare -e	Plurale -i
Maschile	un ragazzo trist-**e**	due ragazzi trist-**i**
Femminile	una ragazza trist-**e**	due ragazze trist-**i**

Carlo e Renata sono molto *Carlo and Renata are very intelligent.*
 intelligenti.

Martina e Luisa sono **divertenti**. *Martina and Luisa are fun.*

3. Adjectives that end in **-ista** have three forms: They have the same form for the masculine and feminine singular, but different masculine and feminine forms for the plural.

	Singolare	Plurale
Maschile	-ista	-isti
	un ragazzo ottim-**ista**	due ragazzi ottim-**isti**
Femminile	-ista	-iste
	una ragazza ottim-**ista**	due ragazze ottim-**iste**

Marco è **pessimista**, ma   *Marco is pessimistic, but Giovanna is*
 Giovanna è **ottimista**.   *optimistic.*

Giulio e Anna sono **materialisti**! *Giulio and Anna are materialistic!*

Here are some other rules to help you use adjectives effectively:

1. When an adjective modifies two or more nouns of different genders, or a plural noun that refers to both genders, the masculine plural form of the adjective is always used.

Mari**o** e Luis**a** sono biond**i**. *Mario and Luisa are blond.*

Gli student**i** sono ser**i**.   *The students are serious.*

2. Like nouns ending in **-ca, -ga,** and **-go**, adjectives that end in -**ca, -ga,** and -**go**, in the plural change to -**che, -ghe**, and -**ghi**, in order to maintain the hard sound of the **c** and **g**.

Le tue amiche sono simpati**che**. *Your friends are nice.*

Laura ha i capelli lun**ghi**.   *Laura has long hair.*

3. Most adjectives usually follow the noun they modify, but there are some exceptions. The following adjectives very often precede the noun they modify.

bello/a	*beautiful, nice*	giovane	*young*
bravo/a	*good, talented*	grande	*large, great*
brutto/a	*ugly*	nuovo/a	*new*
buono/a	*good*	piccolo/a	*small*
caro/a	*dear, expensive*	vecchio/a	*old*
cattivo/a	*bad*	vero/a	*true, real*

È un **giovane** studente italiano.   *He is a young Italian student.*
È una **vera** amica.   *She is a true friend.*

3.6 Chi è? Listen to the descriptions, which will be repeated twice, of the people shown below. Beside each number, write the letter corresponding to the person or people being described.

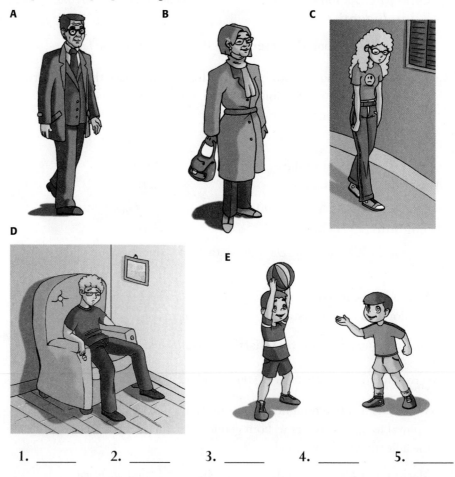

A   B   C

D   E

1. _____   2. _____   3. _____   4. _____   5. _____

3.7 Come sono questi personaggi? Describe the following celebrities using the adjectives given.

ESEMPIO: Sofia Loren / alto / simpatico
             Sofia Loren è alta e simpatica.

1. Roberto Benigni / buffo / allegro

2. Cecilia Bartoli / serio / sensibile

3. Jovanotti e Zucchero / bravo / dinamico

4. Donatella Versace e Giorgio Armani / elegante / espansivo

5. Alberto Tomba / bello / ottimista

6. Laura Pausini e Irene Grandi / carino / simpatico

3.8 Una mia amica. Rewrite the following paragraph to describe a female friend, using adjectives whose meaning is the opposite of the adjectives in italics.

> Ho un amico *basso* e *magro*. È *bruno* ed ha i capelli *lunghi* e *ricci* e gli occhi *scuri*. È anche *sportivo*. È un ragazzo *espansivo* e *generoso*. È *divertente* e *simpatico*.

3.9 Alcuni amici. Complete this description of some friends by supplying the appropriate endings for adjectives and adverbs.

1. Io ho molt_____ amici simpatic_____. Ho un car_____ amico italian_____, Beppe, e due car_____ amiche frances_____, Isabelle e Karine.

2. Beppe è molt_____ socievol_____ e sempre allegr_____. È un ragaz-zo giovan_____ e dinamic_____. È alt_____, ma non è molt_____ magr_____. Beppe è un ver_____ amico. È sempre molt_____ generos_____.

3. Isabelle è brun_____. Ha i capelli lungh_____ e ricc_____. È molt_____ intelligent_____ e allegr_____. È una ragazza divertent_____.

4. Anche Karine è una brav_____ ragazza, ma è un po' pigr_____. Non è molt_____ atletic_____.

3.10 Come sono i ragazzi e le ragazze in classe? Describe the students in your classes by completing the following sentences with appropriate adjectives from the box. Make any necessary changes.

allegro	**antipatico**	**bravo**	**buffo**	**carino**
divertente	**egoista**	**elegante**	**gentile**	**materialista**
noioso	**ottimista**	**pessimista**	**sensibile**	**serio**
sportivo	**studioso**	**timido**		

1. Molti ragazzi sono. . .

2. Pochi ragazzi sono. . .

3. Molte ragazze sono. . .

4. Poche ragazze sono. . .

3.11 Come sono i professori? Write a short note to a friend describing three of your instructors.

3.12 Un vero amico/Una vera amica. Make a list of adjectives that describe how a true friend should be. Then compare lists with a classmate. How similar are your lists?

Scambi

 3.13 Indovina chi è! Take turns describing a person in the illustration on p. 79 and guessing who is being described.

3.14 Un sondaggio (*A Survey*). On a scale of 1 to 5, with 5 the highest rating, indicate which of the characteristics in the chart best describe your generation. Then compare your choices with those of several classmates and see what conclusions you can draw. Make all necessary changes in the adjectives you use.

Secondo me, le persone della mia generazione sono. . .					
	1	2	3	4	5
egoista					
indifferente					
idealista					
pessimista					
realista					
materialista					
divertente					
generoso					
intelligente					
dinamico					
tollerante					
religioso					

 3.15 Paragoniamoli (*Let's compare them*)! Compare and contrast the following people. Then share your statements with the class.

ESEMPIO: Michael Jackson e Placido Domingo
             Michael Jackson è magro, invece Placido Domingo è grasso.
             Placido Domingo è un bravo cantante e anche Michael Jackson
                è bravo.

1. Jay Leno e David Letterman
2. Woody Allen e Alfred Hitchcock
3. Julia Roberts e Madonna
4. ?

3.16 Com'è il tuo migliore amico/la tua migliore amica? Prepare a list of six questions to ask a classmate about his/her best friend. Inquire about the person's appearance and personality. Then use the list to interview a classmate.

PERCORSO II
L'ABBIGLIAMENTO

Vocabolario: Che cosa portano?

Marcella Conti

una maglia nera

una gonna lunga rossa

gli stivali neri

Giuseppe Albertini

una bella giacca blu

la cravatta verde

dei bei pantaloni grigi

la camicia azzurra

delle belle scarpe beige

Giulia Marini

un bel vestito rosa

una borsa bianca

un bell'impermeabile marrone

Giovanna De Santis

una felpa arancione

i jeans

Marco Boggi

la maglietta gialla

dei pantaloni corti verdi

le scarpe da ginnastica blu

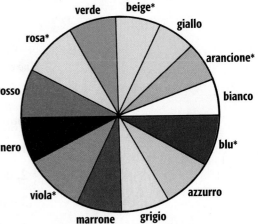

I colori

verde   beige*

giallo

rosa*

arancione*

rosso

bianco

nero

blu*

viola*

azzurro

marrone   grigio

*The colors **beige, viola, blu, rosa, marrone** and **arancione** do not change their endings.

Domande sull'abbigliamento

Che cosa porti / porta? Che cosa indossi / indossa?
What are you / is he/she wearing?

Di che colore è. . .? *What color is. . .?*

Di chi è? *Who is the designer? / Whose is it?*

G **3.17 Qual è il tuo colore preferito?** Go around the room and survey four classmates to find out their favorite color. Don't forget to specify **chiaro** or **scuro**.

ESEMPIO: S1: Qual è il tuo colore preferito?

               S2: Il mio colore preferito è il verde chiaro.

3.18 Cosa porti? List the clothing items that you normally wear at this time of the year and those that you don't.

3.19 Cosa portano? Look around the room and complete the chart by indicating three different articles of clothing that three different classmates are wearing. Note the color of each article.

	Nome	Vestiti	Colori
ESEMPIO	Paolo	giacca	nera
1.			
2.			
3.			

G **3.20 Chi ce l'ha (*Who has it*)?** Survey your classmates to find out who owns each of the following items. If you can't find anyone, write **nessuno** (*no one*). The first person to complete his or her chart wins and gets to read it to the class to confirm the content.

Oggetto	Nome
1. una camicia bianca	
2. delle scarpe blu	
3. uno zaino rosso scuro	
4. una penna viola chiaro	
5. una borsa nera	
6. una maglietta gialla	
7. una cravatta grigia	
8. una maglia blu scuro	

In contesto: Che bel vestito!

Giuliano is complimenting his sister, who is particularly well dressed today.

GIULIANO: Mariella, come stai bene! Che bel vestito! È nuovo?

MARIELLA: Sì, ti piace? È di Versace.

GIULIANO: Sì, mi piace moltissimo, è molto bello e poi quel colore ti sta proprio bene°. E che belle scarpe!   *looks really great on you*

MARIELLA: Ma come sei gentile oggi! Cosa vuoi°?   *What do you want?*
Un'altra volta la mia macchina°?   *My car again?*

GIULIANO: E dai°! Come sei, però!   *Come on!*

3.21 Il vestito di Mariella. Based on the dialogue, indicate which of these statements are true (**Vero**) and which are false (**Falso**).

1. Oggi Mariella porta un brutto vestito vecchio.
2. A Giuliano non piace il colore del vestito di Mariella.
3. Giuliano è un ragazzo onesto e gentile.

Occhio alla lingua!

1. Look at the illustrations and labels on p. 85. What do you notice about the endings of the colors that describe the articles of clothing?
2. Look at the adjective **bello**. Do you notice any pattern in its usage?
3. What do you think **dei** and **delle** mean, as used in these captions?

Grammatica

La quantità: *dei, degli, delle*

Dei, degli, and **delle** can be used with plural nouns to express indefinite quantities; you can think of these forms as plural forms of the indefinite article (**un, uno, una**). They are equivalent to the English *some, a few,* or *any.* As shown in the chart below, **dei, degli**, and **delle** follow the same pattern as the plural form of the definite article, **i/gli/le**. **Dei** is used with masculine plural nouns that begin with a consonant. **Degli** is used with masculine plural nouns that begin with a vowel, **z**, or **s + a consonant**. **Delle** is used with feminine plural nouns that begin with a consonant or with a vowel.

Anna ha **dei** vestiti eleganti.   *Anna has some elegant dresses.*

Ho comprato **delle** scarpe nuove.   *I bought some new shoes.*

	Singolare	**Plurale**
Maschile	un vestito	de**i** **v**estiti
	un impermeabile	de**gli** **i**mpermeabili
	uno zaino	de**gli** **z**aini
Femminile	una cravatta	de**lle** **c**ravatte
	un'amica	de**lle** **a**miche

3.22 Gli acquisti. Tell what clothes you just bought for school. Use **un, uno, una** or **dei, degli, delle**.

1. _____ giacca
2. _____ scarpe da ginnastica
3. _____ stivali
4. _____ zaino
5. _____ camicie bianche

6. _____ pantaloni neri
7. _____ maglie
8. _____ vestito
9. _____ magliette
10. _____ grande borsa

3.23 Che cosa c'è? Describe what is displayed in the store window. Use **un, uno, una** or **dei, degli, delle**, and don't forget to indicate the color of each item.

3.24 Cosa compri? Make a list of items of clothing that you would like to purchase this season. Use **un, uno, una** or **dei, degli, delle**.

Bello e *quello*

When placed before nouns, **bello** (*beautiful*) and **quello** (*that*) follow the same pattern as the definite article **il/lo/l'/la/i/gli/le**, as shown in the chart below.

Maschile	Singolare	Plurale
Before:		
a consonant	**quel/bel v**estito	**quei/bei v**estiti
a vowel	**quell'/bell'i**mpermeabile	**quegli/begli i**mpermeabili
s + consonant	**quello/bello st**udente	**quegli/begli st**udenti
z	**quello/bello z**aino	**quegli/begli z**aini
Femminile		
Before:		
a consonant	**quella/bella g**onna	**quelle/belle g**onne
a vowel	**quell'/bell'a**mica	**quelle/belle a**miche

When **bello** follows the noun, it has the same four endings as adjectives that end in **-o**.

Quei pantaloni sono proprio **belli**.   *Those pants are really beautiful.*
Anche quelle camicie sono molto **belle**.   *Those shirts are also very beautiful.*

3.25 Che bello! A friend has just bought some new things for school. Comment on how beautiful they are.

ESEMPIO: la giacca
           —Che bella giacca!

1. la borsa
2. lo zaino
3. la maglietta
4. la felpa

5. l'impermeabile
6. le scarpe
7. l'orologio
8. il vestito

3.26 L'armadio (*closet*). Look at the clothes in your friend's closet and comment on how nice they are. Use the correct form of **bello**.

ESEMPIO: —Che bella borsa!

3.27 Quanto costa? You are shopping in a clothing and accessories store. Point out each of the following items and ask the salesperson how much they cost.

ESEMPIO: la borsa nera
           —Quanto costa *quella* borsa nera?
           le scarpe nere
           —Quanto costano *quelle* scarpe nere?

1. le scarpe da ginnastica
2. la gonna verde
3. i pantaloni corti neri
4. gli zaini rossi

5. i pantaloni grigi
6. i jeans bianchi
7. la camicia blu scuro
8. il vestito giallo

Scambi

3.28 Di chi parlano? Listen to three conversations overheard at a party. Each will be repeated twice. Beside each number write the letter that corresponds to the person being described.

1. _____
2. _____
3. _____

Lo sai che? Italian Fashion

In Italy, the art of looking good permeates every aspect of daily life. Brand names and designer labels have always played a major role in Italians' quest to achieve the "perfect" look. Italians take fashion very seriously, as can be attested by the amount of money they spend each year on quality apparel and jewelry, most of which is produced in Italy. According to recent statistics, 30 percent of Italian women wear designer clothing, **vestiti firmati**, and almost 20 percent of men own tailor-made suits. In Italy, looking good is big business, and the fashion industry is one of the most important sectors of the economy.

Italian fashion also dominates the international designer clothing market. The "Made in Italy" label has become synonymous with unsurpassed quality, craftsmanship, and style. Italian designers such as Armani, Moschino, Gucci, Versace, Valentino, Krizia, Fendi, Prada, Gianfranco Ferrè, Laura Biagiotti, and Benetton are famous throughout the world for both their designer fashions and their ready-to-wear clothing. Stores featuring their apparel can be found in the major cities of most countries.

American fashion is also very popular in Italy, especially among teenagers and young professionals who prefer a more casual look. Designers such as Ralph Lauren and Calvin Klein, and brand names such as Levi's, Guess, Timberland, Reebok, and Adidas, are very popular and can be found in stores in most Italian cities. The language of fashion has also been influenced by American English, and words like **il blazer, il top, la T-shirt, il bomber, i jeans, il look, casual, glamour, trendy**, and **top model** have become part of everyday Italian.

3.29 Il look italiano.

1. Which Italian designers are popular among members of your generation? And your parents' generation?
2. Do you own anything that is labeled *Made in Italy*?
3. Do you have any favorite Italian designers? How would you sum up the "Italian look" using adjectives that you have learned?

3.30 Che cosa ti metteresti (*What would you wear*)? List what you would wear for the following occasions.

a. to play tennis
b. to attend a friend's party
c. to take a walk on a rainy day
d. to travel
e. to a special dinner date
f. to go to school

3.31 Complimenti! Go around the room and compliment your classmates on their clothing and looks.

ESEMPIO: S1: Che bel vestito!
S2: Ti piace? È molto vecchio.
S1: Ma è molto bello. Quel colore ti sta proprio bene!
S2: Grazie, come sei gentile!

3.32 Com'è? Take turns pointing out and describing various items of clothing that your classmates are wearing . Use the adjective **quello** and follow the example.

ESEMPIO: S1: Com'è quella gonna?

S2: È lunga e rossa.

3.33 Che cos'è? Make a list of six items in your classroom. Then, working with a partner, take turns describing the location, color, and size of these items and guessing what each object is.

ESEMPIO: S1: È grande e nera. È dietro alla cattedra.

S2: La lavagna?

S1: Sì!

3.34 Chi è? Write a description of a classmate and what he/she is wearing. Then read your description to the class and see if your classmates can guess who he/she is.

𝓛o sai che? Important Centers of Italian Fashion

Milan is considered the capital of the Italian fashion industry. High fashion designers (**stilisti**), such as Giorgio Armani, Miuccia Prada, Donatella Versace, and Domenico Dolce and Stefano Gabbana, are based in Milan. Some of the most expensive and exclusive designer fashion boutiques can be found in what is known as the **quadrilatero della moda**, which includes the streets around Via Montenapoleone. In addition, some of the world's most famous designers flock every year to Milan to exhibit their *haute couture* creations in the city's exclusive fashion shows.

Via Montenapoleone, Milano

Florence (Firenze) is also an important fashion center. A number of ready-to-wear shows are staged in the city throughout the year. *Pitti Immagine* organizes a series of exhibits, such as *Pitti Uomo* (clothing and accessories for men), *Pitti Bimbo* (for children), and *Pitti Filati* (for textile and knitwear manufacturers).

Rome, the home of Valentino, is another important fashion center. All major Italian and international designers have shops along the streets around Piazza di Spagna, Via Condotti, and Via Frattina. During the summer, an elegant fashion show, *Donna sotto le stelle*, is staged in Rome, in the beautiful Piazza di Spagna, and it is usually broadcast on TV.

3.35 La moda americana. Are there any cities in your country famous as fashion centers? Are they known for any particular lines of clothing?

PERCORSO III
LE ATTIVITÀ PREFERITE

Vocabolario: Cosa ti piace fare?

A Giulio piace leggere. Legge sempre.

A Giulio e Rita piace correre. Corrono ogni mattina.

A Giulio piace dormire. Dorme sempre molto.

A Rita non piace pulire. Invece Giulio pulisce spesso la casa.

Per parlare delle attività preferite

capire (-isc) *to understand*
conoscere gente nuova *to meet new people*
dipingere *to paint*
discutere di politica / di sport *to discuss politics / sports*
finire (-isc) (di + infinito) *to finish (+ infinitive)*
parlare al telefono *to talk on the phone*

preferire (-isc) *to prefer*
prendere un caffè *to have coffee*
rispondere alle mail *to answer e-mail messages*
scrivere lettere / poesie *to write letters / poems*
seguire le partite alla televisione *to follow sports on TV*
vedere un film *to see a movie*

Esprimere i gusti

(non) gli/le piace + infinito. . .
he/she likes (doesn't like. . .) +
infinitive. . .
(non) gli/le piace + *singular*
noun. . . he/she likes (doesn't
like. . .) + singular noun

La frequenza

ogni giorno/mattina/ sera *every*
day/morning/evening
qualche volta *sometimes*
raramente *rarely*
sempre *always*
spesso *often*

3.36 L'intruso. Circle the word that doesn't belong in each group.

1. capire, leggere, correre
2. rispondere alle mail, dipingere, scrivere
3. prendere un caffè, seguire le partite alla televisione, vedere un film
4. dormire, discutere di politica, leggere
5. ogni giorno, raramente, sempre
6. parlare al telefono, pulire, conoscere gente nuova

3.37 Non mi piace! List activities presented in the illustrations on p. 92 and the *Vocabolario* list that you don't like. Then find classmates who dislike the same activities.

ESEMPIO: scrivere lettere
S1: Ti piace scrivere lettere?
S2: No, non mi piace scrivere lettere. *o* Sì, mi piace scrivere lettere.

3.38 Ti piace? Ask classmates if they like doing the activities shown in the illustrations on p. 92 and in the *Vocabolario* list. Find out how often they do them.

ESEMPIO: S1: Ti piace correre?
S2: Sì, mi piace correre.
S1: Spesso?
S2: Sì, ogni mattina. *o* No, raramente.

You can use these expressions with a singular noun or an activity to talk about what you or other people like. To indicate dislikes, add **non** in front of each expression.

mi piace	*I like*
ti piace	*you (sing.) like*
gli piace	*he likes/they like*
le piace	*she likes*

In contesto: Cosa ti piace fare?

Roberto and Cecilia are discussing what they like to do in their free time.

ROBERTO: Cosa fai quando non studi?

CECILIA: Dipende: leggo, scrivo, qualche volta ascolto musica. E poi, mi piace dormire! E tu?

ROBERTO: Niente di speciale! Non mi piace stare in casa. Qualche volta, se ho tempo, corro. Ma soprattutto, quando sono libero, preferisco incontrare gli amici in piazza e discutere di sport o di politica.

3.39 Hanno molto in comune (*Do they have a lot in common*)? Make a list of the activities that Roberto and Cecilia like and write at least three adjectives to describe each of the two friends. Then decide whether or not they have a lot in common.

Occhio alla lingua!

1. Look at the verbs that follow **piace** in the captions on p. 92 and in the *In contesto* conversation. What do you notice about these verb forms?

2. What different conjugated verb forms do you see in the captions on p. 92 and in the *In contesto* conversation? To which conjugation does each verb belong?

Grammatica
● ●

Il presente dei verbi in -*ere* e in -*ire*

There are three verb conjugations in Italian: those with infinitives ending in **-are, -ere**, and **-ire**. You have learned how to form the present tense of regular **-are** verbs by dropping the infinitive ending and adding the appropriate first-conjugation endings to the stem. The charts below show the endings for regular **-ere** and **-ire** verbs. Remember to drop the **-ere** and **-ire** from the infinitives before adding the endings to the stem.

leggere	dormire
legg**o**	dorm**o**
legg**i**	dorm**i**
legg**e**	dorm**e**
legg**iamo**	dorm**iamo**
legg**ete**	dorm**ite**
legg**ono**	dorm**ono**

Dorm**ite** molto?	*Do you (pl.) sleep a lot?*
Scriv**ono** molti messaggi.	*They write a lot of messages.*
Luisa legg**e** sempre.	*Luisa is always reading.*

Some **-ire** verbs, like **preferire** (*to prefer*), **finire** (*to finish*), **pulire** (*to clean*), and **capire** (*to understand*), insert **-isc-** before the present tense endings, except in the **noi** and **voi** forms. Verbs using **-isc-** in the stem are identified in vocabulary lists.

preferire	
prefer-**isc**-o	prefer-iamo
prefer-**isc**-i	prefer-ite
prefer-**isc**-e	prefer-**isc**-ono

Che cosa prefer**isci**?	*What do you prefer?*
Prefer**isc**ono ballare.	*They prefer to dance.*
Io cap**isc**o i miei amici.	*I understand my friends.*
Quando fin**isc**e la lezione?	*When is class over?*
Noi pul**iamo** spesso la camera.	*We clean our room often.*

3.40 Che cosa fanno? Tell what everyone is doing by matching the people in column A with the activities in column B. Some activities can be used twice.

A
1. Io
2. Marta
3. Gli studenti
4. Tu
5. Io e Riccardo
6. Tu e Giovanna
7. Carlo
8. Giuseppe e Marisa
9. Voi

B
a. prende un caffè.
b. puliamo la camera.
c. non capisci l'italiano.
d. preferiscono studiare in biblioteca.
e. seguite le partite alla TV.
f. ascoltano la radio.
g. guardo la TV.
h. nuotiamo in piscina.
i. giocate a tennis.

3.41 Chi lo fa? Listen to each sentence, which will be repeated twice, and indicate who is performing the action by writing down the correct subject pronoun.

1. _____
2. _____
3. _____
4. _____

5. _____
6. _____
7. _____
8. _____

3.42 Che cosa preferite fare? Tell what you and some of your friends prefer to do on Saturdays.

ESEMPIO: Daniela / dormire
          Daniela preferisce dormire.

1. Tina / pulire la casa
2. Paolo / ballare
3. Io e Paola / vedere un film
4. Tu e Andrea / cenare in un ristorante
5. Rosanna e Maria / ascoltare la musica
6. Io / rispondere alle mail

3.43 Che cosa fate spesso? Tell what you and others do often by completing the sentences with the appropriate forms of the verbs in the box.

correre	discutere	finire	giocare
guardare	prendere	scrivere	vedere

1. Noi _____ a calcio ogni sabato mattina.
2. Paolo _____ un caffè con gli amici.
3. Io _____ ogni mattina ai giardini.
4. Giovanna _____ la televisione ogni sera.
5. Io e i miei compagni _____ i compiti.
6. Tu e Paolo _____ di politica.
7. Fabrizio _____ una mail alla sua ragazza.
8. Giovanna e Paolo _____ un film.

Scambi

3.44 Chi lo fa? Find at least two people in your class who do each of the following activities.

Attività	Nome	Nessuno
1. Corre ogni mattina.		
2. Legge il giornale ogni giorno.		
3. Suona la chitarra.		
4. Parla molto al telefono.		
5. Dorme meno di quattro ore la notte.		
6. Mangia raramente a casa.		
7. Qualche volta vede un film italiano.		
8. Pulisce spesso la casa.		

3.45 Che cosa fate ogni giorno? Discuss which of these activities you do and how often you do them.

ESEMPIO: scrivere lettere

S1: Scrivete lettere?

S2: Sì, io scrivo lettere spesso.

S3: Io invece scrivo lettere raramente.

1. scrivere poesie

2. vedere gli amici

3. leggere un libro

4. nuotare in piscina

5. discutere di politica

6. giocare a tennis

7. pulire la casa

8. ascoltare la radio

9. dormire più di dieci ore

10. rispondere alle mail

3.46 Un paragone (*A comparison*). Using the responses from activity **3.45**, write a summary comparing and contrasting your own and your class-mates' activities.

ESEMPIO: Noi scriviamo lettere spesso. Paul scrive lettere qualche volta. Hillary e Natalie scrivono lettere raramente. . . .

ANDIAMO AVANTI!

Ricapitoliamo

3.47 Come sei? Working with a partner, take turns closing your eyes and describing each other. Help your partner by saying: **Sì, è vero** or **No, non è vero**. Don't forget to include clothing and colors.

3.48 Sono. . . Write a description of an imaginary person. Then pretend you are that person and, working with a partner, take turns describing yourself and having your partner draw the person described. Afterward, check each other's drawings.

3.49 Chi sono? Go around the room and ask yes/no questions in order to figure out the the name of the famous person your teacher has taped to your back.

ESEMPIO: S1: Sono giovane?
S2: No.
S1: Ho gli occhi azzurri?

3.50 Anch'io sono. . . Read the following personals. Choose a person with whom you wish to correspond and list what you have in common. Then write him/her about yourself and your interests so that the person will want to correspond with you. Don't forget the salutation: **Ciao!** or **Caro/a**. . .

Piccoli annunci

Ciao Italia! Ho 24 anni, sono un ragazzo francese. Sono alto, bello e anche molto intelligente. Vorrei corrispondere in italiano con ragazze e ragazzi italiani. Tra i miei hobby: cinema, arte e letteratura.
Scrivetemi, rispondo a tutti.
Paul Bruneau, Rue de Vienne, 2 75008 Parigi, Francia

Ho 22 anni, sono un po' timida e non molto dinamica. I miei hobby: i viaggi, la musica, conoscere gente nuova. Vorrei corrispondere con tanti ragazzi della mia età.
Paola Lenci, Via Raffaello, 6 60013 Corinaldo (Ancona)

Vorrei corrispondere con ragazze della mia età, 16 anni. Sono carina, simpatica e sensibile. Mi piacciono il cinema e la musica. Mi piace anche scrivere e leggere poesie.
Luisa Rivi, Via G. Parini, 28 35100 Padova

Ho 18 anni, sono sportivo ed estroverso. Mi piace ballare, nuotare, giocare a tennis, ma soprattutto mi piace suonare la chitarra. Vorrei corrispondere in italiano o in inglese con ragazzi di tutto il mondo.
Paul Jones, 126 Thurston Ave., Los Angeles, California 90024

Piccoli annunci

📖 Leggiamo

Strategie per leggere: Using illustrations to understand content

Often advertisements and newspaper and magazine articles are accompanied by illustrations that depict or reinforce the content. Focusing on the illustrations both before and as you read will help you greatly in understanding the text.

Prima di leggere

3.51 The following text is taken from an advertising brochure featuring the Florentine hair salon *Domina*. Before you read it, complete the following activities:

1. Look at the photo of the three hairdressers and describe each person's physical appearance. Then imagine what each person's personality is like.

2. List what you think each person shown in the photo does often. Then compare your list with that of other classmates. Whose list seems most realistic? Whose is most imaginative?

Mentre leggi

3.52 As you read, make one list of words that refer to people's physical characteristics and another of words that describe people's personalities.

Claudio:

Creative Director di Domina. Ha i capelli biondi e gli occhi azzurri. È italiano, di Firenze. È alto e magro. Ha frequentato una scuola a Londra e lavora anche all'Accademia della Oréal a Roma. Ama la musica e la poesia. È appassionato d'arte. Nel suo negozio[1] ha installato due grandi schermi dove si vedono brevi[2] filmati di cantanti[3] italiani. Sui muri del negozio ogni settimana i clienti possono leggere poesie di famosi scrittori italiani e stranieri.

Gina:

È la stilista di Domina ed esperta del colore. È bionda, con i capelli corti e grandi occhi verdi. Ha una bella personalità dinamica ed estroversa e si occupa[4] delle pubbliche relazioni. È una persona allegra e simpatica. Le piace viaggiare e parlare con i clienti. Ha studiato a Roma e a Milano.

Simone:

Anche lui stilista di Domina, è il manager del gruppo. È bruno, con gli occhi neri e i capelli castani e ricci. Ama lo sport. Gioca a tennis e a calcio. Molto organizzato e appassionato di computer, pensa lui a computerizzare tutte le informazioni sui clienti. Anche lui ha studiato a Roma e a Milano.

•DOMINA•

Capelli per donna e uomo
uno degli indirizzi
più moderni in città.

Via XXVII aprile, 53-55r
Tel. 055494848
orario: 9-18
www.dominahair.com

1. shop   2. short   3. singers   4. takes care of

Dopo la lettura

 3.53 Complete the following activities.

1. Identify in the photo each of the people who is described. Explain each of your choices in Italian.

2. Complete the chart below in Italian, and then compare Claudio, Gina, and Simone. What do they have in common? How are they different?

	Claudio	Gina	Simone
Capelli			
Occhi			
Carattere			
Attività			

3. Tell which person you especially like and why: **Mi piace di più . . . perché . . .**

Scriviamo

Strategie per scrivere: Writing a personal ad

When you write a personal ad for a newspaper or a magazine, you have to communicate a great deal of information in just a few lines. Focus on the facts and details you want to convey, and then express them using short sentences, abbreviations, and key words.

Piccoli annunci.

Using the personal ads on p. 97 as examples, write your own personal ad.

Prima di scrivere

3.54 Follow these steps to plan and organize your ad.

1. Choose a few words that best describe you and your personality.
2. List your likes and dislikes.
3. Indicate what sort of person you would like to meet.
4. Write out your contact information.
5. Think carefully about your lead phrase. Remember that it is important to attract your reader's attention!

La scrittura

3.55 Use your notes to write a first draft of your personal ad. Begin with a catchy lead phrase, then present the information you have prepared as concisely as possible.

La versione finale

3.56 Reread and check your first draft.

1. Is the information clear?
2. Do the expressions you chose express adequately and in a well-organized way what you are trying to communicate?
3. Check spelling, articles, verbs, nouns, and adjective endings.

 # Guardiamo

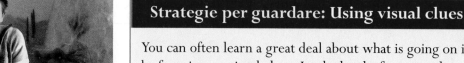

> ## Strategie per guardare: Using visual clues
>
> You can often learn a great deal about what is going on in a film sequence by focusing on visual clues. Look closely, for example, at what each person is doing and how he/she seems to be interacting with others. Also, take note of any objects that receive special attention.

Prima di guardare

3.57 In this video clip, four people talk about their friends and two discuss their personal tastes. Watch the video once without sound, focusing carefully on the visual clues. Then answer the following questions in a preliminary way.

1. What are people doing in each scene?
2. What objects do people focus on?
   a. fotografie
   b. giornali
3. In some instances, can you tell whom the speaker is describing?
   a. amiche e amici
   b. compagni e compagne di scuola

Mentre guardi

3.58 Watch the video clip a second time with sound and complete the following activities.

1. Fill in the chart with information about the appearance of the people listed below.

Nome	Descrizione fisica	
Tommaso		i capelli
Iacopo		i capelli
		gli occhi
Fabrizio		i capelli
		gli occhi

2. Which articles of clothing does Emma mention?

   a. i jeans

   b. una gonna

   c. le scarpe da ginnastica

   d. gli stivali

   e. la felpa

   f. una maglietta

Dopo aver guardato

3.59 Now supply the information requested below.

1. Complete the chart with specific information about the personalities and preferred activities of the people listed below.

Nome	Carattere	Attività preferite
Alessandra		
Tommaso		
Iacopo		

2. Briefly describe in Italian the following items that Gaia shows.

   a. un vestito originale

   b. una gonna lunga

   c. una giacca

3. Prepare and act out with a classmate a short dialogue in which you describe yourselves and what you like to wear.

Che cosa portano le persone nella foto?

Attraverso La Lombardia

Since the 1980s, Milan, the capital of Lombardy (Lombardia) and the second largest city in Italy after Rome, has been renowned worldwide as an international fashion center. In the World War II years, it was the capital of the Resistance in Italy. In the 1960s, an economic boom quickly transformed it into the industrial and financial center of the nation. Milan and the entire region of Lombardy have always played a major role in the political, economic, and cultural life of Italy. The region is also famous for its natural beauty, artistic treasures, and numerous interesting cities. For example, Bergamo is well known for its medieval monuments: the Corleoni Chapel, the Basilica di Santa Maria Maggiore, and the Duomo. Also, Gaetano Donizetti (1797–1848), one of the greatest Italian composers, was born here.

Milano: Piazza del Duomo. La piazza del Duomo è considerata il cuore (*heart*) e l'anima (*soul*) di Milano. Questa grande piazza a forma rettangolare è situata al centro della città. Il Duomo è la struttura più importante della piazza. Costruito fra il 1386 e il 1572 in stile gotico, è interamente in marmo e adornato con 3400 statue. Nel punto più alto c'è la famosa *Madonnina*, una statua di 4 metri, simbolo di Milano. La Galleria Vittorio Emanuele unisce la piazza del Duomo con un'altra famosa piazza, Piazza della Scala, dove c'è il prestigioso teatro alla Scala, probabilmente il teatro lirico più noto del mondo.

***L'ultima cena* di Leonardo da Vinci (1498) nel refettorio (*refectory*) del convento domenicano della Chiesa di Santa Maria delle Grazie, a Milano.**
È un'opera tipica del Rinascimento milanese. In quest'opera Leonardo narra con un realismo straordinario l'episodio evangelico.

Bellagio, sul lago di Como. Il lago di Como è uno dei più grandi laghi italiani. È famoso per le sue bellezze naturali ed è tutto circondato da montagne. Lungo (*Along*) il lago ci sono tante località turistiche con lussuose ville e meravigliosi giardini. Molti turisti stranieri visitano questa zona ogni anno. Bellagio è una famosa e pittoresca località sul lago di Como. Alessandro Manzoni (Milano, 1785–1873) immortalò (*immortalized*) il lago di Como in un libro molto noto, *I Promessi Sposi*, considerato il primo romanzo (*novel*) realista italiano.

Andrea Mantegna, La Camera degli Sposi. La Camera degli Sposi si trova nel Palazzo Ducale di Mantova, un'affascinante città d'arte. Andrea Mantegna dipinse (*painted*) questi affreschi (*frescos*) fra il 1465 e il 1474 per la famiglia Gonzaga, i signori di Mantova. Gli affreschi del Mantegna rappresentano il mondo raffinato (*refined*) della corte dei Gonzaga. In particolare quest'opera è famosa per l'uso della prospettiva.

Verifichiamo

3.60 È vero che. . . Find specific information in the readings to confirm the following statements.

1. A Milano ci sono molte belle opere e famose strutture da visitare.

2. Milano è anche famosa per la musica.

3. Il lago di Como è un importante centro turistico.

4. Mantova è una città molto ricca di opere d'arte.

3.61 E nel tuo Paese? Is there a region similar to Lombardy in your country? How about a city like Milan? What is it like?

3.62 Turismo. Have you ever visited Lombardy? Do you think you would like to visit it? Why? What areas would you like to visit?

Vocabolario

Chiedere e dare informazioni

Com'è?	*What is he/she/it like?*
Come sono?	*What are they like?*
Di che colore ha i capelli (gli occhi)?	*What color is his/her hair (are his/her eyes)?*
Ha i capelli neri, castani, biondi, rossi.	*He/she has black, brown, blond, red hair.*
Ha gli occhi verdi, azzurri, castani, chiari.	*He/she has green, blue brown, light-colored eyes.*

I nomi

i baffi	*mustache*
la barba	*beard*
il caffè	*coffee*
la camera	*room*
i capelli	*hair*
la casa	*home, house*
il film	*film, movie*
la gente	*people*
la lettera	*letter*
la musica classica	*classical music*
gli occhi	*eyes*
gli occhiali	*glasses*
la poesia	*poem*
la politica	*politics*
la radio	*radio*
il ristorante	*restaurant*
lo sport	*sport*
il telefono	*phone*
il tennis	*tennis*

L'abbigliamento

i (blu) jeans	*jeans*
la camicia	*shirt*
la cravatta	*tie*
la felpa	*sweatshirt*
la giacca	*blazer, jacket*
la gonna	*skirt*
l'impermeabile (*m.*)	*raincoat*
la maglia	*sweater*
la maglietta	*T-shirt*
i pantaloni (corti)	*pants (short)*
la scarpa	*shoe*
le scarpe da ginnastica	*tennis shoes*
gli stivali	*boots*
il vestito	*dress, suit*

I verbi

capire (-isc)	*to understand*
cenare	*to dine*
conoscere	*to meet, to know*
correre	*to run*
discutere (di)	*to discuss*
dormire	*to sleep*
finire (-isc) (di + infinitive)	*to finish (+ infinitive)*
indossare	*to wear*
leggere	*to read*
portare	*to wear*
preferire (-isc)	*to prefer*
prendere	*to have, to take*
pulire (-isc)	*to clean*
rispondere (a)	*to answer*
scrivere	*to write*
vedere	*to see*

La descrizione

allegro/a	*cheerful*
altro/a	*other*
antipatico/a	*disagreeable*
anziano/a	*elderly*
atletico/a	*athletic*
avaro/a	*stingy*
bello/a	*beautiful*
biondo/a	*blond*
bravo/a	*good, trustworthy*
bruno/a	*dark-haired, brunette*
buffo/a	*funny*
buono/a	*good*
calmo/a	*calm*
calvo/a	*bald*
carino/a	*cute, nice*
caro/a	*dear, expensive*
castano/a	*chestnut, brown*
cattivo/a	*bad*
chiaro/a	*light (color)*

comprensivo/a	*understanding*
corto/a	*short*
dinamico/a	*dynamic, energetic*
egoista	*selfish*
elegante	*elegant*
espansivo/a	*friendly, outgoing*
estroverso/a	*extroverted*
felice	*happy*
generoso/a	*generous*
gentile	*nice, kind*
giovane	*young*
grasso/a	*fat*
intelligente	*intelligent*
liscio/a	*straight (hair)*
lungo/a	*long*
magro/a	*thin, slender*
materialista	*materialistic*
molto/a	*many*
muscoloso/a	*muscular*
nervoso/a	*nervous, tense*
ottimista	*optimistic*
paziente	*patient*
pessimista	*pessimistic*
pigro/a	*lazy*
poco/a	*few*
quanto/a	*how many, how much*
quello/a	*that*
questo/a	*this*
riccio/a	*curly*
scuro/a	*dark*
sensibile	*sensitive*
serio/a	*serious*
simpatico/a	*nice*
sportivo/a	*active*
stanco/a	*tired*
timido/a	*shy*
triste	*sad*
vero/a	*true, real, sincere*

I colori: See p. 85.

Altre parole ed espressioni

anche	*also*
e	*and*
(non) gli/le piace	*he/she likes (doesn't like)*
invece	*instead, on the other hand*
ogni giorno/mattina/sera	*every day/morning/evening*
ma, però	*but*
o	*or*
qualche volta	*sometimes*
molto	*very*
poco	*not very*
proprio	*really*
quanto?	*how much?*
raramente	*rarely*
sempre	*always*
spesso	*often*
stesso	*same*
troppo	*too much*

Giorno per giorno

Lo sai che?

- ◆ **The 24-hour Clock**
- ◆ **Business Hours**
- ◆ **Meals in Italy**
- ◆ **Celsius** *versus* **Fahrenheit**

Un caffè con gli amici

IN THIS CHAPTER YOU WILL LEARN HOW TO:

- ◆ **Tell time**
- ◆ **Describe your everyday activities**
- ◆ **Talk about food and your eating habits**
- ◆ **Describe weather conditions and seasonal activities**

PERCORSO I   **Le attività di tutti i giorni**

PERCORSO II   **I pasti e il cibo**

PERCORSO III   **Le stagioni e il tempo**

ANDIAMO AVANTI!

ATTRAVERSO LE MARCHE

PERCORSO I
LE ATTIVITÀ
DI TUTTI I GIORNI

Vocabolario: Cosa facciamo ogni giorno?

La mattina e la sera di Riccardo

Riccardo si sveglia.

Riccardo si alza.

Riccardo si lava i denti.

Riccardo si fa la doccia.

Riccardo si fa la barba.

Riccardo si veste. Si mette
una camicia e i jeans.

Riccardo fa colazione con il
padre e la sorella.

Riccardo si spoglia e si prepara
per andare a letto.

Riccardo si addormenta.

L'ora

A che ora. . .? *At what time. . .?*	**libero/a** *free, available*
adesso/ora *now*	**Che ora è?/ Che ore sono?** *What time is it?*
avere fretta *to be in a hurry*	
essere in ritardo *to be late*	**È presto.** *It's early.*
impegnato/a *busy*	**È tardi.** *It's late.*

ℭosì si dice: *È tardi / essere in ritardo*

• •

Use **è tardi** to say *it's late* in general. Use **essere in ritardo** when someone is late.

Sono le cinque. È tardi.	*It's five. It's late.*
Marta è sempre in ritardo per tutto.	*Marta is always late for everything.*

Le attività di tutti i giorni

avere un appuntamento *to have an appointment, to have a date*
cenare *to have dinner*
divertirsi *to have a good time*
fare la spesa *to shop for groceries/to buy groceries*
farsi il bagno *to take a bath*
guardarsi allo specchio *to look at oneself in the mirror*
pettinarsi (i capelli) *to comb one's hair*

pranzare *to have lunch*
riposarsi *to rest*
truccarsi *to put on makeup*

Quando?

di solito / generalmente *usually*
dopo / poi *after, then*
ogni giorno / tutti i giorni *every day*
più tardi *later*
prima *first*

ℭosì si dice: **Telling time**

• •

To ask what time it is, say: **Che ora è?** or **Che ore sono?** You can respond using a complete sentence or just stating the hour and minutes: **(È) l'una e cinque.** *(It's) five after one.* **(Sono) le due meno venti.** *(It's) twenty to two.*

To indicate the time use **è** . . . with **l'una, mezzogiorno,** and **mezzanotte.** Use the plural **sono le** . . . with all other time expressions. Express the hour and minutes before or after the hour as follows: Use **di mattina** after the hour to indicate A.M. For P.M., add to the time, **del pomeriggio** (12 P.M. to 5 P.M.), **di sera** (5 P.M. to midnight), **di notte** (midnight to early morning). **Faccio colazione alle otto di mattina.** *I have breakfast at 8:00 A.M.*

To find out when something occurs, ask: **A che ora. . .?** To respond, use **a, all', alle** + the hour.

—**A che ora comincia la lezione? A mezzogiorno?**
—**No, comincia all'una e finisce alle due.**

È l'una.

È l'una e un quarto.

Sono le due meno venti.

Sono le due meno un quarto.

Sono le due e venti.

Sono le due e mezzo (mezza).

È mezzanotte. *o* È mezzogiorno.

ℒo sai che? The 24-hour Clock

Did you know that in Italy the use of the 24-hour clock is widespread? Train, bus, plane, movie, and theater schedules are always expressed using the 24-hour clock. Subtract 12 to convert from the 24-hour clock to the 12-hour clock.

Il film comincia alle 21.30 (ventuno e trenta) e finisce alle 23.15 (ventitré e un quarto).

The movie begins at 9:30 P.M. and ends at 11:15 P.M.

2 **4.1 A che ora?** Referring to the Rai Due TV schedule below, take turns asking each other when each of the programs listed begins. Express the time using the 24-hour clock.

ESEMPIO: *Piazza Grande*
S1: A che ora comincia *Piazza Grande*?
S2: Comincia alle 11.00.

1. *L'Italia sul 2*
2. *Finalmente Disney* TV bambini
3. *Tg2 Costume e Società / Salute*
4. *L'isola dei famosi* Reality Show
5. *Classici Disney*
6. *Ipotesi di reato* (2002) Film

MARTEDÌ 12

CANALE 5 ORE 21.00

Il Teo
Anche questa sera sul palcoscenico saliranno molti ospiti, tra questi il cantante Samuele Bersani, l'attrice Manuela Arcuri (foto) e il comico Massimo Lopez.

✦ RAI UNO

Tg1 (ore 6.30/11.30/13.30/14/17/20/22.55
13.00 Occhio alla spesa Rubr.
14.00 Batti e ribatti
14.15 Il commissario Rex TF
15.05 La signora in giallo TF
15.50 La vita in diretta Rubr.
16.50 Tg Parlamento Rubr.
17.10 Che tempo fa
18.40 L'eredità Quiz
20.30 Affari tuoi
21.00 Virginia, la monaca di Monza (2004) Film TV Biogr. con G: Mezzogiorno
23.10 Porta a porta

✦ RAI DUE

Tg2 (ore 10.00/13/18 20.30/22.55)
11.00 Piazza Grande Spettacolo
13.30 Tg2 Costume e Società/Salute
14.00 L'Italia sul 2
15.45 Al posto tuo
17.15 Finalmente Disney TV bambini
18.50 10 minuti
19.00 L'isola dei famosi Reality Show
19.45 Warner show
20.05 Braccio di ferro
20.15 Classici Disney
21.00 Ipotesi di reato (2002) Film Dramm. con Ben Affleck Samuel L. Jackson
23.00 Voyager Doc.

✦ RAI TRE

Tg3 - Tg3 Regionali (ore 12.00/14/19/23)
10.05 Cominciamo bene Rubr.
12.25 Punto donna
13.10 Fame - Saranno famosi TF
15.00 Tgr Neapolis
15.25 Melevisione
16.00 GT Ragazzi
17.00 Cose dell'altro Geo Doc.
20.10 Blob Varietà
20.25 Un posto al sole Soap
20.55 Calcio Under 21 - Qualifi. europei: Italia - Bielorussia
23.20 Primo Piano
23.40 Mestiere di vivere Doc.

4.2 Che ora è? Take turns pointing to each clock and saying what time it is.

1. _____ 2. _____ 3. _____

4. _____ 5. _____ 6. _____ 7. _____

4.3 Che significa? For each expression in column A find the correct definition in column B.

A
1. fare colazione
2. pranzare
3. essere impegnato
4. fare la spesa
5. avere fretta
6. cenare

B
a. mangiare a mezzogiorno
b. comprare cose da mangiare
c. mangiare la sera
d. mangiare la mattina
e. avere molte cose da fare
f. avere poco tempo

4.4 L'intruso. Circle the word that does not belong.
1. avere fretta, cenare, impegnato/a
2. farsi il bagno, farsi la doccia, fare colazione
3. svegliarsi, addormentarsi, pranzare
4. vestirsi, divertirsi, mettersi
5. lavarsi, leggere le mail, prepararsi
6. avere un appuntamento, alzarsi, impegnato/a

4.5 In che ordine? Number the following activities in the order in which you would do them. Then compare your list to a classmate's. How similar or different are your lists?

____ Mi riposo.
____ Mi vesto.
____ Ceno.
____ Pranzo.
____ Mi faccio la doccia.
____ Mi diverto con gli amici.
____ Faccio colazione.
____ Mi pettino.

____ Mi sveglio.
____ Faccio la spesa.
____ Guardo la televisione.
____ Mi metto una maglietta.
____ Mi addormento.
____ Mi spoglio.
____ Parlo al telefono.

In contesto: Giorno dopo giorno!

Giulio, an Italian student, has sent his new virtual American friend, Jason, an e-mail describing his daily activities.

Da:	Giulio Vittorini <giuliogabi@tiscali.it>
A:	jason@homemail.com
Oggetto:	Una vita abbastanza noiosa!

Caro Jason,

studio psicologia a Bologna da due anni e sono sempre molto impegnato. Da quando[1] sono all'università, faccio sempre la stessa vita. La mattina mi sveglio presto e mi preparo per andare a lezione. A mezzogiorno incontro gli amici al bar dell'università. Il pomeriggio, quando ho tempo, faccio un po' di sport. Gioco a tennis da molti anni e mi piace molto. Prima di tornare a casa, qualche volta faccio la spesa al supermercato. Quando arrivo a casa apro e leggo la posta, mangio qualcosa e studio. Dopo cena mi riposo. Mi piace guardare un video, giocare al computer o parlare al telefono con gli amici. Una vita abbastanza noiosa, vero? Con poco tempo libero e mai niente di speciale! Durante la settimana non ho tempo per divertirmi, ma il sabato sera sono sempre fuori con gli amici! Andiamo in discoteca o al cinema. Qualche volta ceniamo insieme a casa di qualcuno, suoniamo la chitarra o ascoltiamo dei CD.

E tu che fai? Com'è la tua giornata? Spero di ricevere[2] presto un tuo messaggio.
Tanti cari saluti,
Giulio

1. Since   2. I hope to receive

4.6 La routine di Giulio. Fill in the chart by indicating three things that Giulio does each weekday morning, afternoon, and evening, and on Saturday.

	La giornata di Giulio			
	la mattina	**il pomeriggio**	**la sera**	**il sabato**
1.	si sveglia			
2.				
3.				

4.7 Che tipo è? Indicate which of the following adjectives best describe Giulio and explain why: **sportivo, timido, allegro, estroverso, gentile, pigro, simpatico, studioso, triste, serio, antipatico, socievole, dinamico.**

Occhio alla lingua!

1. Look at the illustrations on p. 107 and read the captions. What kind of activities is Riccardo engaged in? What do you notice about most of the verbs used to indicate his daily activities?
2. Read Giulio's e-mail again, then consider the following verbs used in his message: **mi sveglio, mi preparo, mi riposo.** What do these verbs have in common?
3. Who or what is the subject if each verb listed in #2?

Grammatica

Il presente di verbi riflessivi

Reflexive verbs indicate that the subject acts on himself or herself. For example: *I wash* **myself**. *We dress* **ourselves**. In Italian, reflexive verbs are always accompanied by reflexive pronouns: **mi, ti, si, ci, vi, si**. In English, on the contrary, the pronouns are not always used, and many actions that the subject does to himself or herself are not expressed with a reflexive construction: *I take a shower, I get undressed, and then I go to bed.*

Simona **si** lava.	*Simona washes herself.*
Mi alzo alle otto.	*I get up at eight.*
I ragazzi **si** vestono.	*The boys are getting dressed.*

Reflexive verbs are conjugated like the other verbs you have studied. Reflexive pronouns are placed directly in front of the conjugated verb, and they are always attached to the infinitive after dropping the final **-e**.

	alzarsi	mettersi	vestirsi
io	**mi** alzo	**mi** metto	**mi** vesto
tu	**ti** alzi	**ti** metti	**ti** vesti
lui/lei	**si** alza	**si** mette	**si** veste
noi	**ci** alziamo	**ci** mettiamo	**ci** vestiamo
voi	**vi** alzate	**vi** mettete	**vi** vestite
loro	**si** alzano	**si** mettono	**si** vestono

In negative sentences, **non** always precedes the reflexive pronoun.

Non si alza mai prima delle otto.   *He never gets up before eight.*

4.8 Che cosa fanno ogni giorno? Indicate what everyone does each day by matching the people in column A with the actions in column B.

A	B
1. Tu	**a.** Vi fate la doccia.
2. Luigi	**b.** Mi alzo alle sette.
3. Io e Marco	**c.** Ti fai la barba.
4. Tu e Giovanna	**d.** Si truccano.
5. Io	**e.** Si riposa dopo cena.
6. Marcella e Cecilia	**f.** Ci mettiamo i jeans.

4.9 La routine di Luisa. Describe Luisa's daily routine by completing the passage with the correct form of one of the following verbs: **mettersi, svegliarsi, vestirsi, alzarsi, farsi, pettinarsi.**

Ogni mattina Luisa (1) _____ alle sei e mezza e (2) _____ poco dopo. Poi (3) _____ una bella doccia. Quindi (*Then*) (4) _____ e (5) _____. Quasi sempre (6) _____ i pantaloni e una camicia.

4.10 La famiglia di Giorgio. Explain what Giorgio and his family do every day. Form complete sentences by using elements from column A and column B.

A	B
1. Giorgio	svegliarsi tardi
2. Io e Carla	alzarsi presto
3. Lucia	truccarsi sempre
4. Giorgio e Marco	farsi la barba ogni mattina
5. Carla	riposarsi il pomeriggio
6. Lucia e Marco	divertirsi in casa con gli amici

4.11 Cosa fanno? Listen as different people talk about daily activities. Each person's comments will be repeated twice. Write the reflexive verb(s) that you hear in each sentence. The first one has been done for you as an example.

1. __mi alzo_____   _____

2. _____   _____

3. _____   _____

4. _____   _____

5. _____   _____

6. _____   _____

4.12 Cosa facciamo ogni giorno? Describe what you and the following people do each day by completing the sentences with the correct form of one of the verbs in the box.

> **svegliarsi   addormentarsi   alzarsi   divertirsi**
> **riposarsi   lavarsi   cenare   spogliarsi   aprire**
> **fare   leggere   mettersi   pranzare   vestirsi**

1. Ogni mattina io _____ alle otto del mattino e poi _____ alle otto e dieci.

2. La mattina il professore _____. Lui _____ una camicia e i pantaloni.

3. Ogni pomeriggio io e Francesca _____ la spesa al supermercato.

4. Di solito io e Luigi _____ a mezzogiorno alla mensa.

5. Stasera i ragazzi _____ un video.

6. Io _____ sempre a casa alle otto con la mia famiglia.

7. Tu e Rosalba prima _____ la posta e poi _____ con un bel libro.

8. Paolo e Giuseppe giocano a tennis ogni giorno e _____ molto.

9. La sera io _____ e _____ a mezzanotte.

10. La mattina Paolo _____ i denti.

Così si dice: To say *never*

To express *never* in Italian, place **non** in front of the verb and **mai** after the verb: **Non mi sveglio mai presto.** *I never wake up early.*

 **4.13 Spesso o no?** Take turns asking individuals in your group if they do the following activities, how often, and at what time. Remember to use appropriate time expressions: **sempre, spesso, qualche volta, la mattina, la sera, di solito, tutti i giorni, mai.** Conclude by preparing together a short description of the daily activities you have in common.

ESEMPIO: alzarsi

             S1: Ti alzi presto?

             S2: Sì, mi alzo presto tutti i giorni. *o* No, non mi alzo mai presto.

             S1: A che ora ti alzi?

             S2: Mi alzo alle sette . . . .

1. truccarsi/farsi la barba
2. mettersi un vestito elegante
3. lavarsi i capelli
4. lavarsi i denti
5. divertirsi
6. addormentarsi
7. riposarsi il pomeriggio
8. alzarsi

Scambi

*L*o sai che? Business Hours

In most Italian towns and cities, stores and other places of business still close for lunch and reopen from 3:30 P.M. or 4:00 P.M. until 7:30 P.M. or 8:00 P.M., depending on the season. It is very common for businesses to have different summer and winter schedules. Also, most stores are closed on Sunday and one morning or afternoon a week. For example, in Verona, grocery stores are always closed on Wednesday afternoons, while other stores are closed on Monday mornings. Schedules can vary from city to city, so it's always a good idea

to check store hours. In Milan and a number of large cities, many stores downtown are open on Sundays and during the week have an **orario continuato**, (*i.e.*, they don't close for lunch). However, because so many businesses close for lunch and most children finish school at 1:30 P.M., lunches at home with family members, or with friends and colleagues in restaurants, remain common in Italy.

4.14 L'orario. Complete the chart below, comparing a typical daily schedule in Italy and in your country.

	Nel tuo Paese	In Italia
Orario della scuola		
Orario dei negozi		

G 4.15 **Chi lo fa?** Go around the room and find two classmates who do the following things.

Attività	Nome	
1. Si sveglia alle sei ogni mattina.		
2. La domenica si alza a mezzogiorno.		
3. Prima fa colazione e poi si fa la doccia.		
4. Non fa mai colazione la mattina.		
5. Si trucca o si fa la barba ogni mattina.		
6. Finisce di studiare a mezzanotte ogni sera.		
7. Si fa il bagno ogni sera prima di andare a letto.		
8. Arriva sempre tardi a scuola.		
9. Si mette i pantaloni corti per giocare a tennis.		

4.16 **Intervista: Che orario hai?** Interview a classmate about his/her daily class schedule and take notes. How does it compare to your own schedule?

ESEMPIO: S1: Che orario hai?

S2: Ho lezione il lunedì e il mercoledì.

S1: Che lezione hai il lunedì? A che ora?

S2: Alle otto ho lezione di matematica. . . .

4.17 **Fissiamo un appuntamento.** Referring to your weekly planner, write two activities you would like to do with a classmate on different days and at different times. Then set dates with two different classmates to get together at a mutually convenient day and time.

ESEMPIO: S1: Pranziamo insieme martedì a mezzogiorno?

S2: No, ho lezione di matematica. Sono libero/a lunedì a mezzogiorno.

S1: Bene. Pranziamo insieme lunedì a mezzogiorno.

4.18 **Che tipo è?** Use the following questions to interview a classmate about his/her daily routine. On the basis of your classmate's responses, decide which adjectives describe him/her best and write a note to your teacher explaining your conclusions.

1. Ti svegli presto o tardi la mattina? Ti piace svegliarti presto?
2. Di solito ti fai il bagno o la doccia? Quando? La mattina o la sera? Quando ti trucchi? Quando ti fai la barba?
3. Come ti vesti ogni giorno? Cosa ti metti?
4. Dove pranzi di solito? Dove ceni?
5. Di solito, hai molto tempo libero o poco? Cosa fai il pomeriggio dopo la scuola?
6. Cosa fai la sera quando torni a casa?
7. A che ora ti addormenti generalmente? Cosa fai prima?
8. Cosa fai il weekend con gli amici?

PERCORSO II
I PASTI E IL CIBO

Vocabolario: Cosa mangiamo e beviamo?

Le bevande

del latte

della birra

del vino

del succo
di frutta

della
cioccolata

del tè

del caffè

dell'acqua
minerale

un cappuccino

I primi piatti

della minestra

del riso

della pasta

I secondi piatti, i contorni e le verdure

dell'arrosto

del pollo

dell'aragosta

delle carote

della bistecca

del pesce

delle patatine
fritte

delle vongole

dei gamberetti

dei fagiolini

dell'insalata

del cavolfiore

del pane

delle patate

dei piselli

degli asparagi

degli spinaci

dei pomodori

I dolci e la frutta

del gelato — delle banane — dell'uva — delle arance — delle mele — del formaggio — della macedonia

I pasti
la cena *dinner*
la colazione *breakfast*
il pranzo *lunch*

Per esprimere le nostre esigenze (*needs*)

avere bisogno di *to need*
avere fame *to be hungry*

avere sete *to be thirsty*
avere voglia di *to feel like having or doing something*

Mangiare e bere
bere *to drink*
cucinare *to cook*
offrire *to offer*
ordinare *to order*
servire *to serve*

G **4.19 La cucina italiana.** Make a list of Italian foods you are familiar with and indicate into which category they would fall: **primi piatti, secondi piatti, contorni, pane, dolci e frutta.**

4.20 L'intruso. Circle the word that doesn't belong in each group.
1. il riso, la minestra, le banane
2. l'arrosto, il pollo, il gelato
3. il pane, gli spinaci, il cavolfiore
4. la mela, l'uva, il caffè
5. il pesce, il latte, l'acqua minerale
6. le vongole, il succo di frutta, la bistecca
7. i gamberetti, l'aragosta, i fagiolini
8. le carote, il cavolfiore, il formaggio
9. il vino, l'arancia, la mela
10. i piselli, i funghi, le vongole
11. i pomodori, la birra, il tè
12. avere fame, servire, avere sete
13. avere voglia, avere bisogno, offrire

4.21 Cosa mangia? Indicate what the following people are likely to eat or drink.
1. È mattina e Mario ha sete.
2. Paola ha fame all'ora di cena e non le piace la carne.
3. A Maurizio piace molto la frutta.
4. Carla ha voglia di dolci.
5. Iacopo ha fame all'ora di pranzo e gli piacciono le verdure.
6. È sera e Carolina ha sete.

In contesto: Ho fame!

Roberta runs into her friend Fabrizio in front of a café near their school.

ROBERTA: Ciao, Fabrizio, che fai?

something FABRIZIO: Esco ora da lezione. Vado al bar a prendere qualcosa°.
Ho proprio bisogno di mangiare! Vieni anche tu?

already ROBERTA: È solo mezzogiorno. Possibile che hai già° fame?

therefore FABRIZIO: Sai, la mattina non faccio mai colazione e quindi°
a mezzogiorno ho spesso fame. Tu di solito a che ora pranzi?

ROBERTA: A casa mia pranziamo quasi sempre all'1.30. E tu, torni a casa?

FABRIZIO: No! Ho sempre fretta. Mangio qualcosa qui al bar, un panino o
della pasta, dipende, e bevo del succo di frutta. Però poi la sera
faccio un pasto completo: mangio il primo e il secondo e anche
del contorno e della frutta. Mi piace cucinare!

ROBERTA: Dopo un bel pranzo, invece, a cena noi mangiamo solo del formaggio e dell'insalata, quasi sempre verso le 8.30.

FABRIZIO: Senti, però, perché non mi accompagni al bar lo stesso? Ti offro
qualcosa da bere.

4.22 I pasti di Fabrizio e Roberta. Complete the chart based on what
you have learned about Fabrizio's and Roberta's eating habits, then compare
your responses with those of a classmate.

	Pasto	**A che ora?**	**Cosa mangia**
Fabrizio			
Roberta			

Occhio alla lingua!

1. Look at the illustrations of foods and drinks on pp. 116 and 117. Do you
remember what **dei, degli, delle** mean? What do **del, dello, dell',
della** mean in this context?

2. What do you think is the difference between *degli* spinaci and *dei* gamberetti?
And between *del* caffè and *della* pasta? Can you detect a pattern?

𝒢rammatica

• •

La quantità: *del, dello, dell', della*

In Capitolo 3, you learned that **dei, degli,** and **delle,** the equivalent of *some*
or *a few* in English, are used with plural nouns that can be counted to express
indefinite quantities.

Compro delle banane.

I am going to buy some bananas.

Mangio delle patate e dei piselli.

I am eating potatoes and peas.

1. **Del, dello, dell'**, and **della** are used with singular nouns to indicate a part of something, the English equivalent of *some*. They are used with words referring to food and other things that can be cut or measured, but not counted. Compare these two sentences:

Prendo della torta.

I'll have some cake.

Compro delle torte.

I'll buy a few cakes.

2. **Del, dello, dell'**, and **della** follow the same pattern as the definite article **il, lo, l', la**. The form used depends on the gender of the word and the letter it begins with.

Il partitivo			
		Maschile	**Femminile**
	a consonant	**del** formaggio	**della** torta
before	**s** + a consonant or **z**	**dello** zucchero	
	a vowel	**dell'**olio	**dell'**acqua

4.23 La borsa della spesa. Tell what's in your shopping bag by completing the sentences with the correct form of **il partitivo**.

Nella borsa della spesa ci sono _____ formaggio, _____ vino, _____ asparagi, _____ carote, _____ zucchero, _____ acqua minerale, _____ birra, _____ bistecche, _____ gamberetti.

o sai che? Meals in Italy

Breakfast is not very important for the typical Italian. It usually consists of coffee, **espresso** or **cappuccino**, and cookies (**biscotti**), a croissant (**cornetto**), or a pastry (**pasta**). For many Italians, lunch is still the most important meal and many still return home to eat with their family. A typical Italian lunch consists of a **primo piatto**, a pasta dish, rice, or soup; a **secondo piatto**, fish, meat, or chicken; and a **contorno**, a vegetable dish. Italians drink water and wine with their meals, and always conclude a meal with fruit and espresso. For those who have a large meal at lunch, dinner is usually light  and consists generally of cold cuts, cheese, and a salad, often after 8:00 P.M. Pizza is also a favorite dinner item, and **pizzerie** are very popular in Italy.

No matter where they eat, Italians pay close attention to the freshness of the products.

4.24 Al supermercato. You just arrived at the grocery store but cannot find your shopping list. Call your roommate to find out what you have to buy, asking the questions below, with the correct form of **del, dello, dell'**, or **della**. Your roommate, played by another student, will respond in the negative, offering an alternative in each instance.

ESEMPIO: C'è _____ acqua minerale?

S1: C'è <u>dell'</u>acqua minerale?

S2: No, ma c'è della Coca-Cola.

1. C'è _____ vino in frigorifero?
2. Ci sono _____ spaghetti?
3. C'è _____ caffè?
4. Ci sono _____ arance?
5. C'è _____ insalata?
6. Ci sono _____ piselli per cena?

Il presente di *bere*

The verb **bere** (*to drink*) is irregular. An archaic form of its infinitive, **bevere**, is used to conjugate it. The **-ere** is dropped from **bevere** and second conjugation present tense endings are added to the stem.

bere (bevere)	
bev**o**	bev**iamo**
bev**i**	bev**ete**
bev**e**	bev**ono**

4.25 Che cosa bevete? Tell when the following people drink the beverages indicated: for breakfast, lunch or dinner?

ESEMPIO: io / del caffè

Bevo del caffè a colazione.

1. tu / del tè
2. noi / dell'acqua minerale
3. Mia madre e mio padre / del vino
4. Gianni / un cappuccino
5. Tu e Rosalba / del latte
6. Gabriella / un espresso

4.26 E tu? Discuss what you and some of your friends drink during the day, and for breakfast, lunch, and dinner.

Scambi

Così si dice: *Piace/Piacciono*

• •

Use **piace** when the thing liked is singular and **piacciono** when the thing liked is plural.

For example: **Mi / Ti piace la bistecca. Non mi / ti piacciono i gamberetti.** *I/you like steak. I/you don't like shrimp.* **Gli / Le piace il pollo.** *He/She likes chicken.* **Non gli/le piacciono le verdure.** *He/She doesn't like vegetables.*

4.27 Mi piace . . ./Mi piacciono . . . Make a list of the vegetables, fruits, and meats or fish shown in the illustrations on pp. 116 and 117 that you especially like. Make a second list of anything that you don't like. With a partner, compare your lists. Do you like and dislike the same things?

4.28 La spesa. Prepare a weekly shopping list for an Italian family of four that eats all meals at home.

4.29 I tuoi pasti. Interview a classmate about his/her mealtime habits and complete the following chart. How do your classmate's habits compare to your own?

Pasto	A che ora?	Dove?	Con chi?	Che cosa mangi?	Che cosa bevi?
la colazione					
il pranzo					
la cena					

4.30 A cena a casa mia. As you listen to two friends talking about a dinner party they will be hosting, circle the phrases that best complete the statements about their plans. You will hear their conversation twice.

1. Fabio fa la spesa *questa sera / domani.*
2. A Laura piacciono *gli spaghetti con i gamberetti e le vongole / gli spaghetti con le zucchine.*
3. Laura dice (*says*) che Fabio *beve troppo caffè / cucina molto bene.*
4. Fabio cucina anche del riso perché *Giulia non si sente bene / a Giulia non piace il pesce.*
5. Per secondo, Fabio cucina *del pesce con carote e fagiolini / del pollo con patate e piselli.*
6. Laura compra *la macedonia / il gelato.*

4.31 Una cena. On a piece of paper write two things you like and one thing you don't like in the following categories: **primi piatti, secondi piatti, contorni, dolce, bevande.** Then working in small groups, organize a dinner party and decide together what to serve so everybody will enjoy the meal.

PERCORSO III
LE STAGIONI E IL TEMPO

Vocabolario: Che stagione preferisci?

Le stagioni

L'estate. C'è il sole. Il tempo è bello e fa caldo.

L'autunno. Fa fresco.

La primavera. Qualche volta piove.

L'inverno. Quasi sempre il tempo è brutto. Fa freddo e nevica.

Le attività nelle diverse stagioni

Marco e Giovanna fanno vela.

I ragazzi giocano a basket.

Questa sera giochiamo a carte!

Laura pattina.

Le attività nelle diverse stagioni

andare
    in bicicletta *to ride a bike*
    al cinema *to go to the movies*
    in discoteca *to go to a disco*
    al mare *to go to the beach*
    in pizzeria *to go to a pizzeria*
    a ballare *to go to dance*

fare
    dello sport *to do sports*
    una passeggiata *to take a walk*
    trekking *to go hiking*
giocare
    a baseball *to play baseball*
    a football *to play football*
    a golf *to play golf*

uscire *to go out*
venire *to come*
sciare *to ski*
prendere il sole *to sunbathe*

Che tempo fa?
È nuvoloso. *It's cloudy.*
C'è nebbia. *It's foggy.*
Tira vento./C'è vento. *It's windy.*

Caldo o freddo?
avere caldo *to be hot*
avere freddo *to be cold*

4.32 Che tempo fa? Write the names of the seasons and the months that correspond to each one. Then describe the weather conditions usually associated with each season.

4.33 Che fai quando . . .? Match the weather conditions in column A with the activities in column B.

A	B
1. C'è il sole.	a. andare al cinema
2. Nevica.	b. fare una passeggiata
3. Piove.	c. fare vela
4. Tira vento.	d. prendere il sole
5. Fa molto freddo.	e. giocare a carte
6. Fa fresco.	f. sciare
7. Il tempo è bello.	g. giocare a basket
8. Fa molto caldo.	h. fare trekking

4.34 Che cosa fate tu e i tuoi amici? Complete the sentences with one of the following expressions, making all necessary changes:

trekking, avere freddo, baseball, avere caldo, golf, fare vela, football, giocare a carte, andare al cinema, ballare.

1. Quando (io) _____ mi metto una felpa.

2. Il sabato sera andiamo in discoteca a _____.

3. Se c'è vento andiamo al mare a _____?

4. Domani sera, se piove, venite a casa mia a _____?

5. Ti piace _____? Hai visto l'ultimo film di Benigni?

6. Non mi piace fare una passeggiata quando c'è il sole e io _____!

7. Quali sport fai? Giochi a _____, a _____ o a _____?

8. Laura e Fabrizio vanno spesso in montagna a fare _____.

4.35 E tu, quando lo fai? List some activities you like to do in the different seasons. Then share your list with a partner and compare your preferences.

In contesto: Che programmi hai?

Paolo and Susanna are talking about the weather and their plans for an outing tomorrow.

PAOLO: Susanna, che fai stasera? Io esco con Giorgio. Vieni?

SUSANNA: No, non vengo, stasera non esco. Vado a letto presto, perché domani, se non piove, vado al mare a prendere un po' di sole, dopo tanti mesi in casa! Vengono anche Marco e Angela. Perché non vieni anche tu? O invece vai allo stadio?

PAOLO: Certo che vengo anch'io! Se c'è vento ho proprio voglia di fare un po' di vela. A che ora andiamo?

SUSANNA: Prestissimo! Sai° che invece Gianni e Roberta sono a sciare? Pensa, in primavera! Io in montagna ho sempre freddo! E poi sono pigra, lo sai, e non mi piace sciare. Preferisco sempre l'estate e il caldo.

Do you know

PAOLO: Per me invece in Italia d'estate fa troppo caldo e l'autunno piove sempre! Mi piace la primavera, perché la temperatura è perfetta e posso andare a correre o a giocare a tennis quasi ogni giorno!

4.36 I programmi di Paolo e Susanna. Indicate which of the following statements are true (**Vero**) and which are false (**Falso**) according to the conversation. Correct the false statements.

1. A Susanna piace il caldo.
2. Questa sera Susanna resta a casa.
3. Paolo ha voglia di prendere il sole.
4. Paolo è sportivo.
5. La stagione attuale è l'autunno.

Occhio alla lingua!

1. Look at the verbs in the *In contesto* conversation. What unfamiliar verb forms do you notice?

2. What do you think is the difference between the forms **vado** and **vai**, and among the forms **vengo, vieni,** and **vengono**?

3. What expression(s) with **avere** can you find in the *In contesto* conversation? What other expressions can you remember?

𝒢rammatica

Il presente di *andare, venire* e *uscire*

The present tense of the verbs **andare** (*to go*), **venire** (*to come*), and **uscire** (*to go out*) is irregular.

andare	venire	uscire
vado	vengo	esco
vai	vieni	esci
va	viene	esce
andiamo	veniamo	usciamo
andate	venite	uscite
vanno	vengono	escono

A che ora **esci** di casa la mattina?	*At what time do you leave the house in the morning?*
La sera **va** spesso a teatro.	*She often goes to the theater in the evening.*
Vengono a scuola alle otto.	*They come to school at eight.*

4.37 Dove vanno? Imagine where the following people are going at the times indicated. Use the 12-hour clock in your responses.

ESEMPIO: 8.00 / io

Alle otto vado a scuola.

1. 9.00 / Giovanna
2. 12.30 / noi
3. 16.15 / voi
4. 18.45 / tu
5. 21.00 / i miei amici
6. 23.00 / Marco

4.38 Quando usciamo? Tell when you and your friends go out. Complete the sentences with the correct forms of the verb **uscire**.

1. Io _____ tutti i sabati con gli amici.
2. Riccardo non _____ mai la sera!
3. Tu e Giulia _____ dopo cena.
4. Carlo e Mario _____ il sabato sera.
5. (Tu) _____ con noi il weekend?
6. (Noi) _____ alle cinque ogni sera.

4.39 Vieni a casa mia? You are having a small dinner party at your house and are discussing with a friend who is going to be there. Complete the conversation with the correct forms of the verb **venire**.

—Tu (1) _____ solo o tu e Giorgio (2) _____ insieme?

—Certo che non (3) _____ solo, io e Giorgio (4) _____ insieme.

—Sono molto contento perché (5) _____ Paolo e Anna!

—Bene! E Carla (6) _____ ?

—Sì, Carla e la sorella (7) _____ tutte e due.

4.40 Intervista. With a classmate, take turns asking each other if and when you do the following activities. Then report what you have discovered to the class.

ESEMPIO: uscire il sabato sera

S1: Esci il sabato sera?

S2: Sì, il sabato sera esco spesso.

1. venire all'università ogni mattina
2. andare a ballare
3. uscire la sera durante la settimana
4. venire in classe in ritardo
5. andare al mare
6. bere il caffè o il cappuccino
7. andare in pizzeria
8. uscire con gli amici

Espressioni con *avere*

The irregular verb **avere** is used in many idiomatic expressions that in English often require the verb *to be*.

Ho diciotto anni.	*I am eighteen years old.*
Hai sete?	*Are you thirsty?*
Di che cosa hai voglia?	*What do you feel like having?*
Ho fame, ho voglia di un panino.	*I am hungry, I feel like having a sandwich.*

avere . . . anni	*to be . . . years old*
avere bisogno di	*to need*
avere caldo	*to be (feel) hot*
avere fame	*to be hungry*
avere freddo	*to be (feel) cold*
avere fretta	*to be in a hurry*
avere sete	*to be thirsty*
avere sonno	*to be sleepy*
avere voglia di. . .	*to feel like doing or having something*

4.41 Perché lo fai? Explain why you do the following things using an idiomatic expression with **avere**.

1. Mi metto la maglia perché . . .

2. Bevo un po' d'acqua perché. . .

3. Mangio un panino perché . . .

4. Corro a scuola perché. . .

5. Non mi metto una giacca, ma mi metto una maglietta perché. . .

6. Vado a letto perché. . .

4.42 La mia amica Rosalba. Complete the description of Rosalba using correct forms of **avere** or **essere**.

Rosalba (1) _____ molto simpatica e socievole. La mattina (2)_____ spesso fretta, perché si sveglia tardi. Per andare a scuola di solito porta solo i jeans e una maglietta, perché(3) _____ sempre caldo. Frequenta l'università, ma (4) _____ molto giovane: (5) _____ solo 18 anni! Ci vediamo quasi ogni giorno all'università e all'ora di pranzo se (6)_____ fame mangiamo qualcosa insieme. Rosalba (7) _____ molto attiva e quando va a correre (8) _____ sempre molta sete. Rosalba (9)_____ simpatica e non (10) _____ bisogno di molte cose per essere contenta.

Lo sai che? Celsius *versus* Fahrenheit

In Italy, as in many other countries, temperature is measured in degrees centigrade according to the Celsius scale. Zero degrees Celsius is equivalent to 32 degrees Fahrenheit. In Italian, **temperatura minima** indicates the lowest expected temperature and **temperatura massima**, the highest expected temperature.

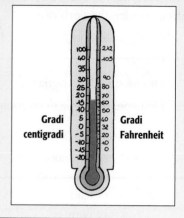

Scambi

4.43 Le previsioni del tempo. Look at the weather map and answer the following questions.

TEMPERATURE IN ITALIA

Città	min	max	Città	min	max
Ancona	+ 8	+ 10	Napoli	+ 10	+ 14
Aosta	– 1	+ 7	Palermo	+ 14	+ 19
Bari	+ 5	+ 15	Perugia	+ 10	+ 12
Bologna	+ 5	+ 10	Pescara	+ 3	+ 12
Bolzano	– 2	+ 11	Potenza	+ 8	+ 10
Cagliari	+ 10	+ 18	Reggio Calabria	+ 8	+ 18
Catania	+ 6	+ 18	Roma	+ 10	+ 13
Firenze	+ 10	+ 14	Torino	0	+ 11
Genova	+ 10	+ 16	Trieste	+ 9	+ 11
Milano	+ 6	+ 13	Venezia	+ 1	+ 11

TEMPO

SOLE

NUVOLOSO

COPERTO

PIOGGIA

NEVE

→ VENTO DEBOLE

1. Com'è oggi il tempo?
   a. al Nord
   b. al Centro
   c. al Sud
   d. sulle isole

2. Quali sono le temperature minime e massime?
   a. a Milano
   b. a Pescara
   c. a Firenze
   d. a Bari

4.44 Chi lo dice? You will hear three people talking about the weather. Write the number of each person's comments, which will be repeated twice, beside the illustration to which they correspond.

1. _____

2. _____

3. _____

4.45 Che fai e quando? Indicate the activities you usually do each season and what clothes you wear. Then find a classmate who has similar tastes and habits.

Stagione	Primavera	Estate	Autunno	Inverno
Attività				
Vestiti				

4.46 Che facciamo? Discuss what you can do in the following situations.

1. Siete a Milano soltanto per due o tre giorni.
2. È sabato sera e avete voglia di uscire.
3. È un pomeriggio di ottobre e piove.
4. Avete una settimana di vacanza e avete voglia di andare al mare o in montagna.

4.47 In città. Choose two cities you know well and ask each other questions to find out what the weather is like there and what things you do at various times of the year.

ANDIAMO AVANTI!

Ricapitoliamo

4.48 Quando lo fai? Con chi? Take turns asking and answering questions about your tastes and preferences regarding some of the topics listed below. Get as many details as you can. How similar are your responses?

ESEMPIO: il ristorante

S1: Ti piace andare al ristorante?

S2: Sì! Mi piace molto!

S1: Cosa mangi?

S2: Mangio una bistecca e la verdura . . .

1. il ristorante
2. una cena in casa
3. una serata con gli amici
4. la biblioteca

4.49 Aiuto (*Help*)! An Italian acquaintance is coming to visit your country soon and is planning to spend a weekend with you. Imagine—and act out—your telephone conversation when he/she calls you with the following questions.

1. Com'è il tempo?
2. Come ti vesti in questo periodo?
3. Cosa pensi di fare insieme?

4.50 Per abitare insieme. Imagine that two of you are looking for a third roommate. Take turns asking a classmate about his/her daily schedule, activities, and habits. Then decide if the three of you would be compatible as roommates. Explain your decision to your classmate.

Dove sono questi giovani?
Cosa fanno?

📖 Leggiamo

Strategie per leggere: Using titles and subtitles to anticipate content

Before you begin reading a text, examine the titles, subtitles, and other headings, which summarize the main ideas. Looking at these elements carefully can help you to make preliminary assumptions about the content and activate your background knowledge of the topic. Although you may modify your assumptions as you read, this approach will help you to follow and understand the text.

Prima di leggere

4.51 The text below deals with a common issue facing young Italians and their parents. Before you read it, consider carefully the title and subtitle, and then answer these questions.

1. Look at the title of the reading, *Voglio* (I want) *tornare alle 5*. Who do you think is speaking? Do you think the person is talking about 5:00 P.M. or 5:00 A.M.?

2. Now consider the subtitle. How would you interpret the first two sentences: «Estate fa rima con discoteca. E con notti insonni per i genitori (*parents*).» Circle all possible responses.

   a. I giovani sono in vacanza.

   b. In estate non c'è scuola e i giovani escono la sera.

   c. L'estate è il periodo perfetto per andare in discoteca.

   d. I genitori si preoccupano per i figli.

   e. I genitori lavorano di notte.

   f. I genitori non dormono quando i figli tornano a casa molto tardi.

3. According to the following question in the subtitle, what two choices do parents have: «Bisogna (*Is it necessary*) essere inflessibili o negoziare?»

4. The last sentence gives additional information about the content of the reading: «Ne parlano due esperti.» Who is going to be quoted in this reading?

5. Summarize in your own words what you think the reading is about and what sorts of opinions will be given. Does the accompanying illustration back up your assumptions?

Mentre leggi

4.52 As you read, focus on the opinions expressed by the two psychotherapists. Circle Crepet's opinions and underline Charmet's opinions.

Voglio tornare alle 5

Estate fa rima con discoteca. E con notti insonni per i genitori. Bisogna essere inflessibili o negoziare? Ne parliamo con due esperti.

Con l'arrivo dell'estate la discoteca esercita sui ragazzi un richiamo irresistibile. Così la notte diventa argomento di scontro[1] con i figli e anche tra i genitori, perché spesso ce n'è uno più severo[2] e uno più disponibile alla mediazione. Abbiamo scelto per parlare delle notti in discoteca due psicoterapeuti dell'adolescenza che la pensano in modo diverso: Paolo Crepet l'intransigente, e Gustavo Pietropolli Charmet, il negoziatore.

■ **Orari.** «È bene limitarli, specie[3] con i più giovani. La ragazzina di 15 anni non può tornare a casa alle cinque, nemmeno[4] se vi dice che tutte le sue amiche hanno il permesso» non ha dubbi Crepet. Charmet è più morbido: «Se i ragazzi si dimostrano maturi, gli orari possono[5] essere negoziati, anche in base alle abitudini[6] di tutto il gruppo, a cui l'adolescente è molto legato[7]. A patto[8], però, di conoscere bene amici e ambiente[9] frequentati dai propri figli». Per entrambi[10] gli psicologi, comunque, l'orario previsto[11] per il rientro va rispettato: per evitare ansie[12] inutili.

Giovanna Goj

1. confrontation	4. not even	7. close	10. both
2. strict	5. can	8. Provided that	11. established
3. particularly	6. habits	9. place	12. anxieties

Da Giovanna Goj, "Voglio tornare alle cinque", *Donna Moderna*, 30 giugno 2004.

Dopo la lettura

4.53 Le opinioni. Look over the opinions that you have circled and underlined as you read the article. Were your initial assumptions based on the title and subtitle accurate?

4.54 Gli psicoterapeuti. Indicate which of the following statements are true (**Vero**) and which are false (**Falso**). Find statements in the text to support your responses.

1. Molti ragazzi giovani desiderano restare in discoteca fino alle cinque di mattina.

2. I genitori si preoccupano molto quando i figli sono in discoteca tutta la notte.

3. I due psicoterapeuti sono molto severi (*strict*).

4. Secondo Crepet, una ragazza di 15 anni può (*may*) tornare a casa alle cinque di mattina.

5. Secondo tutti e due gli psicologi, i ragazzi devono (*must*) tornare all'ora stabilita.

G 4.55 Answer the questions, comparing your own experience and that of young Italians.

1. I ragazzi italiani escono la sera dopo cena? A che ora tornano a casa di solito i ragazzi del vostro Paese quando escono la sera?

2. I ragazzi italiani vanno spesso in discoteca? E voi?

3. C'è un limite di età per andare in discoteca nel vostro Paese?

Scriviamo

●●

> ### Strategie per scrivere: Writing an e-mail
>
> An Italian e-mail is very similar to an informal letter. You can begin simply with the name of the person you are writing to, or you can use **Caro/a** + the person's name. Use everyday language in your message and make your points briefly. You can close with an informal expression such as **Tanti cari saluti** or **Ciao**, followed by your name, or you can just type your name.

La routine giornaliera. Imagine that you have received Giulio's e-mail message (p. 111) and are now sending him a response. Tell him about your own daily and weekend routine, answering the questions he raises, then ask him a couple of questions of your own.

Prima di scrivere

4.56 Follow these steps to organize your thoughts before drafting your message to Giulio.

1. Begin by thinking about how your life and schedule are different from Giulio's. What information that is interesting and informative can you share in your response?

2. List major aspects of your daily routine that you want to mention. Make a second list of weekend activities that are important to you.

3. Think of a summary statement that you can make, after describing your everyday and weekend activities, that answers the question: **È una vita interessante o noiosa?**

4. Write three questions that you would like to ask Giulio—about his activities as a student in Bologna, about his tastes in food, or about the climate where he lives.

La scrittura

4.57 Prepare a draft of your e-mail, using Giulio's message as a model and the notes that you have prepared. Remember to begin and to close your message appropriately.

La versione finale

4.58 Let some time pass, then read your draft:

1. Have you written a concise, clearly organized message based on your notes?

2. Check the language of your e-mail: Look at the agreement of nouns and adjectives. Are the verb forms correct? Is your spelling correct?

3. Revise your draft, watching for any other possible errors.

Guardiamo

Strategie per guardare: Viewing with a purpose

When you know what the topic of a video segment is and what you need to watch and listen for, you can view it in a very focused way. You can filter out less relevant details and resist being distracted by words or sentences that you do not fully understand. This approach will help you to grasp the essential content.

Prima di guardare

4.59 In this video segment, four people (Ilaria, Chiara, Felicita, and Plinio) talk about their daily activities and one person (Fabrizio) talks about his food preferences. After you view this segment, you will be asked about these people's everyday schedules and eating habits. Write in Italian four aspects of their lives you think they may choose to discuss.

Mentre guardi

4.60 As you watch this segment, answer the following questions.

1. Indicate at what time:

   a. si alza Felicita

   b. si alza Ilaria

   c. cena Plinio

2. What do the following people do?

   a. Chiara, quando torna a casa

   b. Felicita, la mattina

3. Circle the correct statement regarding the following people:

   a. Chiara lavora tutti i giorni dalle otto alle due.
   Chiara si alza alle otto ogni mattina.

   b. Plinio pranza sempre a mezzogiorno.
   Plinio pranza verso le due.

   c. Felicita si trucca sempre.
   Felicita va al cinema il pomeriggio.

   d. Ilaria mangia un panino a scuola.
   Ilaria pranza a casa.

4. What is Fabrizio cooking?

   a. arrosto e piselli

   b. pollo e asparagi

5. Circle the foods that are mentioned in the video: **riso, frutta, gamberetti, pollo, macedonia, pasta, verdura, succo d'arancia, caffè, asparagi, spinaci, uva.**

Dopo aver guardato

4.61 Now discuss the following questions:

1. Compare your daily schedule with that of some of the people in the video. Indicate:

   a. a che ora ti svegli tu e a che ora si svegliano Felicita e Ilaria.

   b. a che ora pranza e cena Plinio. E tu?

2. Whose daily activities are most similar to your own? Explain why.

3. What comments can you make about Italian meals after watching the video? Do you particulary like any of the foods that are mentioned?

Attraverso Le Marche

The Marche is an Italian region that stretches from the Apennine mountains to the Adriatic Sea. Few tourists visit the inland areas, probably because of its mountainous and hilly terrain, which has always acted as a barrier between the Marche region and the rest of Italy. However, for those who wish to experience everyday life in Italy, this peaceful and prosperous region is an ideal destination.

For the most part, the region is populated by proud, industrious, and self-sufficient farmers and artisans. There are also numerous family-based industries in this region.

Scattered throughout the beautiful countryside, there are splendid medieval and Renaissance towns with great artistic treasures.

La Muta (1507, Galleria Nazionale delle Marche, Urbino) di Raffaello Sanzio, uno dei grandi pittori (*painters*) del Rinascimento. In questo ritratto (*portrait*) è evidente l'influenza di Michelangelo e Leonardo. Raffaello Sanzio nacque (*was born*) a Urbino nel 1483. Affrescò (*frescoed*) le *Stanze vaticane* a Roma per il Papa (*pope*) Giulio II. Nelle sue opere si nota il culto della perfezione delle forme e della bellezza classica. Raffaello è sepolto (*buried*) nel Pantheon, a Roma.

Urbino, una piccola città rinascimentale rinchiusa (*closed in*) tra le sue mura (*walls*) con il Palazzo Ducale. Fece costruire il palazzo (*had the palace built*) Federico da Montefeltro, il signore della città dal 1444 al 1482, il periodo più glorioso della cittadina. Frequentò (*visited*) la corte dei Montefeltro lo scrittore Baldassarre Castiglione (1478–1529). Nel suo libro *Il libro del Cortegiano* Castiglione descrive il perfetto cortigiano (*courtesan*) e la vita giornaliera dei signori che vivevano a palazzo in quegli anni. Oggi il Palazzo Ducale è la Galleria Nazionale delle Marche e contiene le opere di Piero della Francesca, di Paolo Uccello e di tanti altri famosi artisti del Rinascimento.

Un paesaggio tipico delle Marche: colline (hills) e campi (fields) nella campagna fra Macerata ed Ascoli Piceno. A Recanati, un piccolo paese situato su una collina, è nato Giacomo Leopardi (1798–1837), uno dei più grandi poeti italiani. Nelle sue poesie (*poems*), Leopardi parla spesso del suo piccolo paese.

Pesaro: Il Palazzo Ducale del '400 in Piazza del Popolo. Pesaro è una città molto antica, situata sul mare. A Pesaro è nato Gioacchino Rossini (1792–1868), grande compositore. La sua opera più famosa è probabilmente *Il Barbiere di Siviglia*. Ogni anno a Pesaro c'è il Rossini Opera Festival dedicato al musicista.

Verifichiamo

4.62 Associazioni. Indicate which cities and people you associate with the following:

1. Raffaello Sanzio
2. *Il Barbiere di Siviglia*
3. *La Muta*
4. Rossini Opera Festival
5. Federico da Montefeltro
6. Recanati
7. Le *Stanze vaticane*
8. *Il Cortegiano*
9. Il mare
10. La Galleria Nazionale delle Marche
11. Il Pantheon

4.63 E nel tuo Paese? In your country, is there any region that is not frequently visited by tourists? Is any area similar to the Marche region? Explain how it is similar and how it is different.

4.64 Un viaggio nelle Marche. Would you like to visit the Marche? What would you like to visit in particular? Why? What do you think you could learn about Italy in this region?

Vocabolario

L'ora

A che ora . . .?	At what time . . .?
a mezzanotte	at midnight
a mezzogiorno	at noon
di mattina, di sera, di notte	A.M., P.M.
di/del pomeriggio	in the afternoon
Che ora è? Che ore sono?	What time is it?
È presto.	It's early.
È tardi.	It's late.
impegnato/a	busy
in ritardo	late
libero/a	free, available
il tempo libero	free time

Le attività giornaliere

addormentarsi	to fall asleep
alzarsi	to get up
andare a letto	to go to bed
avere un appuntamento	to have an appointment, a date
cenare	to have dinner
divertirsi	to have fun, to have a good time
fare	
colazione	to have breakfast
la spesa	to buy groceries
farsi la doccia/il bagno/ la barba	to take a shower / a bath to shave
guardarsi allo specchio	to look at oneself in the mirror
lavarsi	to wash up
i denti	to brush one's teeth
mettersi	to put on
pettinarsi (i capelli)	to comb (one's hair)
offrire	to offer
ordinare	to order
pranzare	to have lunch
prepararsi	to get ready
riposarsi	to rest
servire	to serve
spogliarsi	to undress

svegliarsi	to wake up
truccarsi	to put on makeup
uscire	to go out
venire	to come
vestirsi	to get dressed

Espressioni di tempo

adesso / ora	now
di solito / generalmente	usually
dopo / poi	after/then
non . . . mai	never
ogni giorno / tutti i giorni	every day
prima	first
più tardi	later

I pasti

la cena	dinner
la colazione	breakfast
il contorno	side dish
cucinare	to cook
il dolce	dessert
il pranzo	lunch
il primo / il secondo (piatto)	first/second course

Le bevande

bere . . .	to drink . . .
l'acqua minerale	mineral water
la birra	beer
il caffè	coffee
il cappuccino	coffee and steamed milk
la cioccolata	chocolate
il latte	milk
il succo di frutta	fruit juice
il tè	tea
il vino	wine

Gli alimenti

l'arancia	orange
l'aragosta	lobster
l'arrosto	roast
gli asparagi	asparagus
la banana	banana

la bistecca	steak
la carota	carot
il cavolfiore	cauliflower
i fagiolini	string beans
il formaggio	cheese
la frutta	fruit
i gamberetti	shrimp
il gelato	ice cream
l'insalata	salad
la macedonia	fruit salad
la mela	apple
la minestra	soup
il pane	bread
la pasta	pasta
la patata	potato
le patatine	french fries
il pesce	fish
i piselli	peas
il pollo	chicken
il pomodoro	tomato
il riso	rice
gli spinaci	spinach
l'uva	grapes
le verdure	vegetables
le vongole	clams

Espressioni per descrivere il tempo

Che tempo fa?	What's the weather like?
C'è nebbia.	It's foggy.
C'è il sole.	It's sunny.
È nuvoloso.	It's cloudy.
Il tempo è bello / brutto.	It's nice / bad weather.
Fa caldo / freddo / fresco.	It's hot / cold / cool.
Piove.	It's raining.

C'è vento / Tira vento.	It's windy.
Nevica.	It's snowing.

Le stagioni

l'autunno	autumn, fall
l'estate	summer
l'inverno	winter
la primavera	spring
Che stagione preferisci?	Which season do you prefer?

Le attività nelle varie stagioni

andare	
al cinema	to go to the movies
in discoteca	to a disco
al mare	to go to the beach
in bicicletta	to go biking
in pizzeria	to go to a pizzeria
a ballare	to go to dance
fare	
dello sport	to play sports
una passeggiata	to take a walk
trekking	to go hiking
vela	to sail
giocare	
a basket	to play basketball
a baseball	to play baseball
a carte	to play cards
a football	to play football
a golf	to play golf
pattinare	to skate
prendere il sole	to sunbathe
sciare	to ski

Espressioni con *avere*: See p. 127.

Ecco la mia famiglia

Lo sai che?

◆ La famiglia italiana
◆ Le feste in famiglia

Un matrimonio italiano

IN THIS CHAPTER YOU WILL LEARN HOW TO:

◆ **Talk about your family and relatives**
◆ **Describe family holidays and parties**
◆ **Talk about household chores**

PERCORSO I
LA FAMIGLIA E I PARENTI

Vocabolario: Com'è la tua famiglia?

Albero genealogico di Lorenzo de' Medici

nato nel 1449
morto nel 1492

Giovanni di Bicci e Piccarda Bueri
i bisnonni di Lorenzo
(i suoi bisnonni)

Cosimo il Vecchio e Contessina de' Bardi
il nonno di Lorenzo *la nonna di Lorenzo*
(i suoi nonni)

Pietro il Gottoso e Lucrezia Tornabuoni
il padre di Lorenzo *la madre di Lorenzo*
(i suoi genitori)

Giovanni
lo zio di Lorenzo
(suo zio)

Lorenzo de' Medici e Clarice Orsini
la moglie di Lorenzo
(sua moglie)

Giuliano
il fratello di Lorenzo
(suo fratello)

Lucrezia e Iacopo Salviati
la figlia di Lorenzo il marito di Lucrezia

Piero e Giovanni
i figli di Lorenzo
(i suoi figli)

Giulio
il figlio illeggittimo di Giuliano

Maria Salviati
la figlia di Lucrezia
la nipote di Lorenzo

Lorenzo Duca d'Urbino
il figlio di Piero
il nipote di Lorenzo
(i suoi nipoti)

Lo stemma della famiglia Medici

Giorgio Vasari, "Portrait of Lorenzo de' Medici (the Magnificent)", Florence, Uffizi, Scala/Art Resource, NY.

Per parlare della famiglia

il bambino/la bambina *child*
il cognato/la cognata *brother-in-law/sister-in-law*
il cugino/la cugina *cousin*
il figlio unico/la figlia unica *only child*
i gemelli/le gemelle *twins*
i nonni materni/paterni *maternal/paternal grandparents*

il papà/la mamma *dad/mom*
morto/a *dead*
i parenti *relatives*
il suocero/la suocera *father-in-law/mother-in-law*
vivo/a *alive*

Per discutere dei rapporti
tra i familiari

andare d'accordo con *to get along with*
Che lavoro fa? *What does he/she do?*
È avvocato/casalinga/ ingegnere/medico *He/She is a lawyer/a housewife/an engineer/doctor*
il fratello/la sorella più grande/più piccolo/a *older/younger brother/sister*

divorziato/a *divorced*
In quanti siete? *How many are there in your family?*
Siamo in. . . *There are. . .of us*
litigare *to argue*
somigliare a *to look like/to be like*
vivere *to live*

Così si dice: **I nipoti**

● ●

In Italian, **il nipote** and **la nipote** are used both for *grandchild* and *niece/nephew*. The same word is used to refer to males and females, but the masculine and feminine articles are used to distinguish the sex. **I nipoti** is used in the plural.

Così si dice: **Di chi è?**

● ●

To inquire to whom something belongs, you can ask: **Di chi è/sono? Di chi sono le chiavi?** *Whose keys are they?* To indicate possession, you can use **di** + a proper name or a noun.

Le chiavi sono di Giovanna, la sorella di Giuseppe. *The keys belong to Giovanna, Giuseppe's sister.*

5.1 Le generazioni. Osserva l'albero genealogico di Lorenzo de' Medici a pagina 141 e indica quali delle frasi seguenti sono vere e quali sono false. Correggi quelle false.

1. Il fratello di Lorenzo è Giovanni.
2. Il nonno di Lorenzo si chiama Cosimo il Vecchio.
3. Giuliano è lo zio di Lucrezia, Piero e Giovanni.
4. Lucrezia, Piero e Giovanni sono i cugini di Giulio.
5. Piero e Giovanni sono i cognati di Iacopo Salviati.
6. Giovanni di Bicci è il padre di Lorenzo.

5.2 L'albero genealogico. Osserva l'albero genealogico di Lorenzo de' Medici e completa le frasi. Usa l'articolo corretto.

1. Lucrezia Tornabuoni è _____ di Pietro il Gottoso e _____ di Lorenzo.
2. Lucrezia Salviati è _____ di Piero e _____ di Giulio.

3. Maria Salviati è _____ di Lorenzo e _____ di Lucrezia.

4. Lorenzo e Giuliano sono _____ di Pietro il Gottoso.

5. Pietro il Gottoso e Lucrezia Tornabuoni sono _____ di Lorenzo e _____ di Lucrezia, Piero e Giovanni.

6. Lorenzo è _____ di Iacopo Salviati.

7. Lucrezia, Piero e Giovanni sono _____ di Giuliano.

8. Giovanni di Bicci e Piccarda Bueri sono _____ di Lorenzo.

Così si dice: **La famiglia allargata**

• •

In Italian, the words **patrigno** (*stepfather*), **matrigna** (*stepmother*), **fratellastro** (*stepbrother*), and **sorellastra** (*stepsister*) have a slightly negative connotation. Italians prefer to use expressions such as, **il secondo marito di mia madre** (*my mother's second husband*), **i figli della seconda moglie di mio padre** (*my father's second wife's children*), etc.

5.3 Chi sono? Indica chi sono le seguenti persone.

1. Il fratello di mia madre è mio _____.

2. La sorella di mio padre è mia _____.

3. La sorella di mio marito è mia _____.

4. Il figlio di mia zia è mio _____.

5. I genitori di mia moglie sono i miei _____.

6. La figlia di mia sorella è mia _____.

7. I figli dei miei figli sono i miei _____.

8. Mio padre e mia madre sono i miei _____.

5.4 L'intruso. Elimina la parola che non c'entra.

1. il marito, il nipote, la moglie

2. andare d'accordo, somigliare, litigare

3. la zia, la nipote, la moglie

4. i fratelli, i gemelli, i suoceri

5. i parenti, i genitori, i cugini

6. divorziato, sposato, bambino

Così si dice: **Azioni reciproche**

• •

The plural forms of the reflexive pronouns (**ci, vi, si**) can be used with the **noi, voi,** and **loro** forms of many verbs to indicate reciprocal actions. **Vi vedete spesso?** *Do you see each other often?* **No, ma ci telefoniamo e ci scriviamo sempre.** *No, but we always call and write to each other.* **Giuseppe e Claudia invece si vedono ogni weekend.** *Giuseppe and Claudia, on the other hand, see each other every weekend.*

In contesto: Una famiglia italiana

Alberto Sorrentino descrive la sua famiglia:

Mi chiamo Alberto Sorrentino. Sono di Napoli, ma lavoro a Roma da molti anni. Sono avvocato. Mia moglie, Luisa, insegna all'università di Roma. Abbiamo due belle bambine, Giulia e Patrizia. Patrizia ha cinque anni e ancora non va a scuola, ma sa già° leggere e scrivere. Giulia invece fa la terza elementare. I miei genitori vivono a Napoli. Mio padre ha 70 anni ed è in pensione. Mia madre è casalinga. I miei nonni paterni sono morti, la mia nonna materna, invece, vive con i miei genitori. Ho anche due sorelle e un fratello. La mia sorella più grande, Marisa, è medico. È sposata e ha un figlio di sette anni. Anche suo marito è avvocato, come me. Io e mio cognato andiamo molto d'accordo. Ci conosciamo da quando eravamo° bambini. Fra tutti i miei parenti, lui è il più simpatico. Giovanna, la mia seconda sorella, è divorziata. È ingegnere e lavora sempre tanto. Io somiglio molto a lei. Abbiamo lo stesso carattere e spesso litighiamo. Mio fratello Carlo è più piccolo di me. È un tipo disinvolto°, energico e allegro. Studia lingue e letterature straniere all'università di Napoli. Studia anche l'inglese, ma non lo sa parlare molto bene. Non ci vediamo molto spesso perché abitiamo lontano, ma siamo una famiglia molto unita. Ci telefoniamo spesso e ci aiutiamo a vicenda°.

already

We've known each other since we were

easy-going

we help each other

5.5 La famiglia di Alberto. Ricostruite l'albero genealogico della famiglia di Alberto Sorrentino.

5.6 Cosa sappiamo di. . .? Compila la seguente scheda (*grid*) e indica cosa sai di Alberto e dei suoi familiari. Paragona (*compare*) i tuoi risultati con quelli di un compagno/una compagna.

Nome	Marisa	Alberto	Giovanna	Carlo
professione				
stato civile				
figli				
carattere				

Occhio alla lingua!

1. What two ways of expressing possession do you notice in the family tree of Lorenzo de' Medici? Give examples of each.

2. Now, in the family tree of Lorenzo de' Medici, focus on the words in red. What word in each instance indicates possession? What word precedes this possessive adjective in many instances?

3. What do you notice about the endings of the possessive adjectives?

Grammatica

Gli aggettivi possessivi

Possessive adjectives, **aggettivi possessivi**, are used to indicate possession. They are equivalent to the English *my, your, his/her/its/our,* and *their.* They usually precede the noun. Like all Italian adjectives, possessive adjectives agree in number and gender with the noun they modify. They do not agree with the possessor. Unlike the English possessive adjectives, they are usually preceded by the definite article, which also agrees in number and gender with the noun possessed.

Gli aggettivi possessivi		
Maschile		
	Singolare	**Plurale**
my	**il** mio amico	**i** miei amici
your (*informal, sing.*)	**il** tuo amico	**i** tuoi amici
your (*formal, sing.*)	**il** Suo amico	**i** Suoi amici
his/her/its	**il** suo amico	**i** suoi amici
our	**il** nostro amico	**i** nostri amici
your (*informal, pl.*)	**il** vostro amico	**i** vostri amici
your (*formal, pl.*)	**il** Loro amico	**i** Loro amici
their	**il** loro amico	**i** loro amici
Femminile		
	Singolare	**Plurale**
my	**la** mia amica	**le** mie amiche
your (*informal, sing.*)	**la** tua amica	**le** tue amiche
your (*formal, sing.*)	**la** Sua amica	**le** Sue amiche
his/her/its	**la** sua amica	**le** sue amiche
our	**la** nostra amica	**le** nostre amiche
your (*informal, pl.*)	**la** vostra amica	**le** vostre amiche
your (*formal, pl.*)	**la** Loro amica	**le** Loro amiche
their	**la** loro amica	**le** loro amiche

La mia casa è qui vicino.	*My house is nearby.*
Giovanna, dove sono **i tuoi fratelli**?	*Giovanna, where are your brothers?*
I suoi genitori abitano in Italia.	*Her parents live in Italy.*

The following rules will help you use possessive adjectives:

1. In Italian, *his* and *her* are both expressed by **il suo, i suoi, la sua, le sue. Il suo** is also used for the formal form of *your.* In this instance it may be capitalized—in a formal letter, for example.

Giulio è l'amico **di Carlo**.	*Giulio is Carlo's friend.*
È **il suo** amico.	*He is his friend.*
Giulio è l'amico **di Anna**.	*Giulio is Anna's friend.*
È **il suo** amico.	*He is her friend.*
Rispondo **alla Sua** lettera.	*I am responding to your letter.*

2. When possessive adjectives are used with a singular, unmodified family member, the article is usually omitted.

Sua sorella ha venti anni.	*His / Her sister is twenty years old.*
Nostro zio è socievole.	*Our uncle is sociable.*

3. **Loro** never changes form and is always used with the definite article, even with a singular, unmodified family member. The article always agrees in number and gender with the noun possessed.

La loro casa è grande.	*Their house is large.*
I loro cugini sono in Italia.	*Their cousins are in Italy.*
La loro nonna è italiana.	*Their grandmother is Italian.*

4. The article is always used with the word **famiglia**.

Di dov'è **la tua** famiglia?	*Where is your family from?*

5. The article is also used if the noun referring to a relative is plural or if it is modified by an adjective.

Le mie sorelle non vanno a scuola.	*My sisters don't go to school.*
La mia sorella **più piccola** frequenta l'università.	*My youngest sister goes to college.*

6. Idiomatic expressions such as **a casa mia** (*my home*) are never used with an article.

Andiamo **a casa mia** o **a casa tua?**	*Shall we go to my house or your house?*

5.7 La casa di Riccardo. Riscrivi il seguente paragrafo e descrivi la casa di Riccardo. Fa' tutti i cambiamenti necessari.

ESEMPIO: Io non sono una persona molto ordinata, è vero . . .
             Riccardo non è una persona molto ordinata, è vero . . .

Io non sono una persona molto ordinata (*neat*), è vero. Il mio cappotto è sulla sedia. La mia maglietta è sempre sul tavolo. I miei libri sono sotto il letto (*bed*). Le mie scarpe sono dietro alla porta. Non ricordo dove sono i miei CD di Pavarotti e non trovo la mia agenda da tre giorni. Chissà dove sono i miei pantaloni neri.

5.8 Dove sono? Domanda dove sono le tue cose e quelle dei tuoi amici. Forma delle domande complete e usa gli aggettivi possessivi.

ESEMPIO: Paolo / libri
             Dove sono i suoi libri?

1. Carlo / penna

2. Luisa / zaino

3. Luisa e Carlo / scarpe da tennis

4. Tu / giacca

5. Io / quaderni

6. Io e Carlo / pantaloni

7. Tu e Luisa / penne

8. Giovanna / matite

5.9 Una domenica in famiglia. Completa le frasi con gli aggettivi possessivi. Usa l'articolo determinativo quando è necessario.

1. Tu vai a trovare _____ genitori.
2. Io parlo con _____ cugina Marta.
3. Noi pranziamo con _____ nonni.
4. Luisa gioca a tennis con _____ fratello.
5. Carlo e Giulia cenano con _____ zii.
6. Tu e Marco nuotate in piscina con _____ cugini.

5.10 I parenti. Spiega chi sono le seguenti persone.

1. La moglie di mio fratello è _____.
2. Il figlio di tua sorella è _____.
3. Il fratello di vostro padre è _____.
4. I figli di sua zia sono _____.
5. Il padre e la madre dei miei genitori sono _____.
6. Le figlie dei miei genitori sono _____.
7. Le figlie dei nostri zii sono _____.
8. La madre di sua moglie è _____.
9. La madre della loro madre è _____.
10. La moglie di nostro zio è _____.

5.11 Brevi dialoghi. Completa i dialoghi con la forma corretta degli aggettivi possessivi.

1. GIANNA: Renata, come si chiama _____ figlia più grande?

   RENATA: _____ figlia più grande si chiama Marisa.

2. LUIGI: Paolo e Mario, dove vive _____ famiglia?

   PAOLO: _____ genitori vivono a Roma. _____ sorelle, invece, vivono a Pescara.

3. RENZO: Signora, dov'è _____ marito?

   SIGNORA: Oggi _____ marito è a casa con _____ figlie.

I pronomi possessivi

Possessive pronouns, **i pronomi possessivi**, express ownership. They are used in place of things and people just mentioned. Possessive pronouns correspond to the English *mine, yours, his, hers, its, ours,* and *theirs.* In Italian, possessive pronouns are identical in form to possessive adjectives. They agree in gender and number with the noun they replace.

Le mie cugine sono molto simpatiche. Come sono **le tue**?	*My cousins are very nice. How are yours?*
I nostri nonni sono morti. E **i tuoi**, sono ancora vivi?	*Our grandparents are dead. And yours, are they still alive?*

Possessive pronouns are usually used with the definite article, even when they refer to relatives.

Vado d'accordo con mia suocera. Tu vai d'accordo con **la tua**?	*I get along with my mother-in-law. Do you get along with yours?*

5.12 La mia famiglia. Spiega che cosa tu e i tuoi amici fate con i vostri parenti. Completa le frasi con i pronomi possessivi.

ESEMPIO: Io ceno con mia sorella. Luisa cena con _____.
             Io ceno con mia sorella. Luisa cena con **la sua**.

1. Io studio con mio cugino. Tu studi con _____.
2. Io ceno con i miei genitori. Voi cenate con _____.
3. Io gioco a tennis con mio zio. Paolo gioca con _____.
4. Io cucino con mia madre. Maria e Paolo cucinano con _____.
5. Io faccio colazione con i miei suoceri. Anna fa colazione con _____.
6. Io pranzo spesso con le mie zie. Anna pranza con _____.

5.13 La famiglia. Discutete della vostra famiglia. Poi scrivete una breve composizione e paragonate le vostre famiglie.

ESEMPIO: S1: Come si chiama tuo padre?
             S2: Mio padre si chiama Richard. E il tuo?
             S1: Anche il mio si chiama Richard. Com'è tua madre?
             S2: Mia madre è bionda, alta e simpatica. Com'è la tua?

Il presente di *conoscere* e *sapere*

In Italian, *to know* can be expressed by both **conoscere** and **sapere**.

sapere	conoscere
so	conosco
sai	conosci
sa	conosce
sappiamo	conosciamo
sapete	conoscete
sanno	conoscono

The following rules will help you use **conoscere** and **sapere**.

1. **Conoscere** is a regular verb and corresponds to the English *to be familiar* or *acquainted with*. It is used with people, places, and things.

   Conosco molto bene tutta   *I know very well Carlo's entire*
      la famiglia di Carlo.   *family.*
   Conoscete Roma bene?   *Do you know Rome well?*
   Conosciamo le opere di Dante.   *We are familiar with Dante's works.*

2. **Sapere** is an irregular verb and corresponds to the English *to know a fact or some information*, or *to know how to do something*.

   —**Sai** il suo nome?   *—Do you know his / her name?*
   —Sì, e **so** anche dove abita. *—Yes, and I also know where he / she lives.*

   Non **so** cucinare!   *I don't know how to cook!*

5.14 Una famiglia eccezionale! Giulia spiega che cosa lei e i familiari sanno fare. Completa le frasi con la forma corretta di **sapere**.

1. Io _____ cantare e ballare.

2. Mia sorella _____ suonare il pianoforte.

3. I miei fratelli _____ giocare a tennis.

4. Io e mia madre _____ parlare bene l'inglese.

5. E tu? Che cosa _____ fare?

5.15 Fra nonno e nipote. Completa la seguente conversazione fra nonno e nipote con la forma corretta di **sapere** o **conoscere**.

NIPOTE: Nonno, è vero che tu (1) _____ parlare cinque lingue?

NONNO: No, (2) _____ parlare soltanto l'italiano, l'inglese e il francese.

NIPOTE: Nonno, è vero che tuo fratello (3) _____ il Presidente della Repubblica?

NONNO: Sì, lui (4) _____ molte persone importanti.

NIPOTE: È vero che la zia (5) _____ suonare la chitarra?

NONNO: Sì, e (6) _____ suonare anche il violino.

NIPOTE: È vero che i miei genitori (7) _____ giocare a tennis e (8) _____ molti tennisti famosi?

NONNO: Tua madre (9) _____ giocare bene, ma tuo padre non gioca più. E tu, cosa (10) _____ fare di speciale?

NIPOTE: Nonno, tu (11) _____ benissimo che io non (12) _____ fare ancora (*yet*) niente di speciale!

Scambi

5.16 I parenti. Gianluca parla della sua famiglia. Ascolta due volte la descrizione e indica quali delle seguenti affermazioni sono vere e quali false.

1. _____ Gianluca non ha sorelle.

2. _____ Vede spesso i genitori di sua madre.

3. _____ I suoi genitori sono morti.

4. _____ Sua zia non abita in Italia.

5. _____ Ha molti cugini e zii.

5.17 La tua famiglia. A turno, descrivete la vostra famiglia e ricostruite l'albero genealogico. Poi insieme controllate se le informazioni sono corrette.

5.18 I particolari (*The details*). Prepara una lista di otto domande per scoprire i particolari sulla famiglia di un compagno/una compagna. Poi usa la lista per intervistare una persona. Quindi scrivi una mail e riferisci le informazioni al tuo professore/alla tua professoressa.

G **5.19 Conoscenze e abilità.** Trova un compagno/una compagna che conosce le seguenti persone e/o sa fare le seguenti cose. Scopri anche i particolari.

	Nome	I particolari
1. una persona famosa		
2. la musica di Vivaldi		
3. cantare		
4. un'opera d'arte di Leonardo da Vinci		
5. fare un dolce italiano		
6. il titolo di un'opera di Verdi		
7. il nome di un buon ristorante italiano		
8. ballare il tango		
9. disegnare bene		
10. parlare tre lingue		
11. suonare il pianoforte		
12. fare vela		
13. l'autore della *Divina Commedia*		
14. una famiglia italiana		

2 **5.20 Conoscete queste persone?** Completate la scheda che segue e indicate cosa sapete di queste persone.

A   B   C

D   E   F

	A	B	C	D	E	F
1. il nome						
2. l'età						
3. la professione						
4. di dov'è						
5. dove abita						
6. com'è						
7. stato civile						
8. informazioni sulla famiglia						

*L*o sai che? La famiglia italiana

Principali tipologie familiari nel 2003

Coppie con figli — 40
20 — Coppie senza figli
26 — Persone sole
6 — Altro
8 — Genitore solo con figli

Composizione percentuale.

Oggi in Italia le famiglie numerose (*large*) sono molto rare. Infatti in Italia la crescita demografica è quasi zero. Molte coppie oggi decidono di non avere figli o di avere un figlio unico, per ragioni economiche e di lavoro, anche perché le donne italiane lavorano sempre più spesso fuori (*outside*) casa. Ancora, però, come in passato, i figli sposati spesso vivono vicino ai genitori e i nonni passano molto tempo con i nipoti, particolarmente quando i genitori lavorano. I figli adulti assistono i genitori quando sono vecchi o non stanno bene. Spesso i genitori anziani vanno a vivere con i figli.

Oggi molte cose stanno cambiando (*are changing*) anche nella struttura familiare italiana: da molti anni c'è il divorzio e nuovi nuclei familiari si formano più facilmente che in passato. La famiglia però occupa sempre un posto importante nella società italiana.

5.21 La famiglia italiana. Indicate tre cose che adesso sapete della famiglia italiana.

5.22 Simile o diversa? Le famiglie del vostro Paese sono simili o diverse dalle famiglie italiane? Come?

PERCORSO II
LE FESTE IN FAMIGLIA

Vocabolario: Che cosa festeggiate?

Oggi è il cinquantesimo anniversario di matrimonio dei nonni. Parenti e amici li festeggiano e fanno tante foto.

lo spumante
Daniela oggi si laurea in Medicina.

gli invitati

Oggi è il compleanno di Ernesto.

i regali   **la torta con le candeline**

Per discutere di occasioni importanti

il battesimo *baptism*
diplomarsi *to graduate from high school*
il diploma *high school degree*
laurearsi *to graduate from college*
la laurea *college degree*
il matrimonio *wedding*
la prima comunione *First Communion*
sposarsi *to get married*

Per parlare delle feste

il bicchiere *glass*

dare/fare una festa *to give / have a party*
fare gli auguri *to say best wishes*
fare un regalo *to give a present*
invitare *to invite*
mandare un biglietto di auguri *to send a card*
un invito *an invitation*
i palloncini *balloons*
regalare *to give a present*
il ricevimento *reception*
spedire (-isc-) *to mail, to send*

5.23 Che cos'è? Completa le frasi con la forma corretta della parola o espressione giusta.

1. Quando festeggiamo un compleanno spesso mangiamo _____.
2. Quando diamo una festa _____ i nostri amici e parenti.
3. Prima di una festa mandiamo _____.
4. Quando i nostri amici o parenti si sposano andiamo al loro _____.
5. Per il compleanno mettiamo _____ sopra la torta.
6. Le persone che invitiamo a una festa sono _____.
7. Quando i nostri amici e parenti festeggiano un compleanno o anniversario mandiamo loro _____.
8. Libri, CD e vestiti sono _____ che spesso facciamo per un compleanno.
9. A un matrimonio gli invitati bevono _____.
10. Le persone _____ quando finiscono gli studi all'università.

5.24 Facciamo gli auguri. Indica cosa diciamo per fare gli auguri quando . . .

1. è il compleanno del nonno.
2. due amici hanno un bambino.
3. un nostro cugino si diploma.
4. un nostro amico ha un nuovo lavoro molto interessante.

5.25 Le feste. Indicate almeno quattro attività e oggetti che associate con le seguenti occasioni:

1. un matrimonio
2. un compleanno
3. un anniversario
4. una laurea

In contesto: Una festa a sorpresa

Luca e Anna pensano di dare una festa a sorpresa per festeggiare il compleanno di Gabriella, che compie diciotto anni.

ANNA: Allora, chi compra la torta?

LUCA: **La** compro io. E i CD?

ANNA: **Li** portano Carlo e Giuseppe. Ma le candeline per la torta, dove sono?

LUCA: Ecco**le!** Va bene? Poi stasera scrivo gli inviti e domani **li** spedisco, d'accordo?

ANNA: Ma allora, invitiamo anche Giovanna e sua sorella?

LUCA: Certo che **le** invitiamo! Chissà° che bel regalo fanno a Gabriella. *I wonder*

ANNA: Sì, sono ricche, ma sono anche molto avare! Al massimo° *At the most*
portano una bottiglia di spumante scadente°! *cheap*

LUCA: Ma che dici! Fanno sempre dei bei regali!

ANNA: Sarà°! Intanto°, lo spumante buono **lo** porto io! *That may be! / In the meantime*

5.26 Una festa a sorpresa. Indica quali delle seguenti affermazioni sono vere.

1. Gabriella compie 18 anni.
2. Luca compra le candeline.
3. Gabriella, Anna e Luca sono cari amici.
4. Giovanna è una ragazza povera, ma generosa.
5. Nessuno compra lo spumante.

Occhio alla lingua!

Look at the *In contesto* conversation and answer the following questions.

1. What do you think Luca is going to buy for the party? How do you know?

2. What do you think Carlo and Giuseppe are going to bring? How do you know?

3. What do you think each of the words in boldface type in the conversation refers to? How is each of these words used?

Grammatica

Il presente di *dare* e *dire*

The verbs **dare** (*to give*) and **dire** (*to say*) are irregular.

dare	dire
do	dico
dai	dici
dà	dice
diamo	diciamo
date	dite
danno	dicono

Cosa danno alla loro madre?   *What are they going to give to their mother?*

Cosa dice?   *What is he/she saying?*

5.27 Cosa fanno? Indica che cosa fanno le seguenti persone. Abbina (*Match*) le persone della colonna A con le attività della colonna B.

A	B
1. Gli studenti	**a.** dà un regalo a mia madre per il suo compleanno.
2. Mio padre	**b.** danno una festa sabato.
3. Io	**c.** diamo gli inviti agli amici.
4. Io e i miei genitori	**d.** date lo spumante agli invitati.
5. Tu e Maurizio	**e.** dai un biglietto d'auguri a tuo fratello.
6. Tu	**f.** do un ricevimento per l'anniversario dei miei nonni.

5.28 Le feste. Che cosa dicono le persone seguenti nelle occasioni indicate? Completa le frasi con la forma corretta del verbo **dire**.

1. Per il suo compleanno, io _____: «Buon compleanno» a mio cugino.

2. Mio cugino _____: «Grazie del regalo.»

3. Per il loro anniversario di matrimonio, tu e tuo fratello _____: «Buon anniversario» ai vostri genitori?

4. I nostri genitori _____: «Siamo molto felici insieme ai nostri figli.»

5. Che cosa _____ tu per la laurea di tua sorella?

6. Tutti noi _____: «Congratulazioni!»

5.29 Dire o dare? Un amico che sta studiando l'italiano ti chiede aiuto per usare alcuni verbi correttamente. Completa le frasi con la forma corretta dei verbi **dire** o **dare**.

1. Per il compleanno di sua madre, Giorgio _____: «Buon compleanno!»

2. Quando incontro una persona la mattina, io _____: «Buongiorno!»

3. Noi _____ un regalo agli zii per il loro anniversario.

4. I miei cugini _____ sempre: «No!»

5. Tu e tua sorella _____ una bella festa di compleanno.

6. Tu _____ spesso: «Congratulazioni!»

I pronomi diretti: *lo, la, li, le*

A direct object is a person or a thing that receives the action directly from the verb. It answers the question: *whom?* or *what?*

Anna brings **the cake**. What does Anna bring? "The cake" is the direct-object.

She sees **her uncle**. Whom does she see? "Her uncle" is the direct-object.

In Italian, there is never a preposition before the direct-object.

   Carlo invita **gli amici**.   *Carlo invites his friends.*

Direct-object pronouns, **pronomi di oggetto diretto**, are used to replace direct-object nouns.

I pronomi di oggetto diretto			
Singolare		**Plurale**	
lo	*him/it*	**li**	*them (m.)*
la	*her/it*	**le**	*them (f.)*

Conosciamo **Carlo**. > **Lo** conosciamo.   *We know Carlo. > We know him.*

Spedisco **gli inviti**. > **Li** spedisco.   *I mail the invitations. > I mail them.*

1. Direct-object pronouns agree in number and gender with the nouns they replace.

   —Non vedo **il bambino**.   —*I don't see the child.*

   —Io **lo** vedo.   —*I see him.*

   —Chi fa **la torta**?   —*Who is making the cake?*

   —**La** facciamo noi.   —*We're going to make it.*

   —Invito **le ragazze**.   —*I'm going to invite the girls.*

   —Perché **le** inviti?   —*Why are you inviting them?*

2. A direct-object pronoun always precedes a conjugated verb. If a sentence is negative, **non** is placed before the direct-object pronoun.

   Il regalo? **Lo compra** Paola.   *The gift? Paola is buying it.*

   Non lo compro io.   *I am not buying it.*

3. Lo and **la** frequently become **l'** before verbs that begin with a vowel or forms of **avere** that begin with an **h**. **Lo** and **la** are always contracted when the verb that follows begins with the same vowel as the pronoun ending. The plural forms **li** and **le**, however, are *never* contracted.

—Chi invita **la zia**?	—*Who's going to invite our aunt?*
—**La** invito io. (**L'**invito io.)	—*I'll invite her.*
—Chi ordina **lo spumante**?	—*Who is going to order the sparkling wine?*
—**L'**ordino io.	—*I'm going to order it.*
—Inviti **i ragazzi**?	—*Are you going to invite the boys?*
—No, non **li** invito.	—*No, I'm not going to invite them.*

4. Direct-object pronouns are attached to **ecco**.

—Dov'è **la torta**?	—*Where is the cake?*
—Ecco**la**!	—*Here it is!*
—Dove sono **gli invitati**?	—*Where are the guests?*
—Ecco**li**!	—*Here they are!*

5.30 Dove sono? Stasera dai una festa. Tua madre ti domanda dove sono le seguenti cose e persone. Immagina le domande e le risposte.

ESEMPIO: l'acqua
—Dov'è l'acqua?
—Eccola!

1. le sedie	**6.** i tuoi fratelli
2. il vino	**7.** la frutta
3. la torta	**8.** i dolci
4. tuo padre	**9.** gli invitati
5. le tue sorelle	

5.31 Che cosa? Ascolta due volte i frammenti di conversazioni che seguono e segna con un cerchio la cosa di cui parlano.

Conversazione A: il vino, la torta, i dolci, le candeline

Conversazione B: i regali, gli inviti, lo spumante, le candeline

Conversazione C: le cartoline, le lettere, gli inviti, il libro

Conversazione D: lo spumante, la torta, le candeline, gli inviti

5.32 Una festa. Stasera fai una festa. Un'amica ti fa delle domande sui preparativi. Rispondi e usa un pronome oggetto diretto.

ESEMPIO: —Compri i dolci?
—Sì, li compro. *o* No, non li compro.

1. Servi il vino?	**5.** Prepari gli antipasti?
2. Offri la birra?	**6.** Servi le pizze?
3. Compri la torta?	**7.** Metti la frutta sul tavolo?
4. Servi lo spumante?	**8.** Servi gli asparagi?

5.33 Un anniversario di matrimonio. Rossella e Paola organizzano una festa per l'anniversario dei nonni. Completa il dialogo con un pronome oggetto diretto.

ROSSELLA: Allora, quando facciamo la festa?

PAOLA: Perché non (1) _____ facciamo la sera del 20?

ROSSELLA: Quando compri i palloncini?

PAOLA: (2) _____ compro domani, va bene?

ROSSELLA: Chi prepara gli inviti? (3) _____ preparo io?

PAOLA: Benissimo. Così io faccio le telefonate. (4) _____ faccio tutte domani.

ROSSELLA: E lo spumante? Chi (5) _____ porta?

PAOLA: Forse (6) _____ porta Marco.

5.34 Cosa facciamo con. . .? Indicate cosa facciamo con le seguenti cose. Usate un pronome oggetto diretto.

ESEMPIO: lo spumante
S1: Cosa facciamo con lo spumante?
S2: Lo beviamo alle feste.

1. la torta
2. gli inviti
3. gli invitati
4. le foto

5. un regalo
6. le candeline
7. i palloncini
8. il biglietto di auguri

Lo sai che? Le feste in famiglia

Parenti e amici si riuniscono in molte occasioni diverse, come compleanni, lauree, matrimoni. Poiché (*Since*) per la maggior parte gli italiani sono cattolici, molte feste in famiglia sono legate alla religione cattolica, come i battesimi e le comunioni. Il matrimonio si celebra generalmente in chiesa, anche se molte coppie si sposano in comune (*city hall*). In genere, alla cerimonia civile o religiosa segue un gran ricevimento. Un pranzo ricco e sontuoso (*sumptuous*) segue spesso anche alla cerimonia della prima comunione. Questa festa religiosa cattolica è un'altra occasione speciale per tante famiglie italiane. I bambini ricevono regali importanti e costosi, anche oggetti d'oro (*gold*) o d'argento (*silver*), e gli invitati ricevono sempre bomboniere (*party favours*) e confetti. I genitori spendono molto per questi festeggiamenti. Molto spesso si festeggia anche l'onomastico di una persona, cioè (*that is*) il giorno del calendario cattolico dedicato al santo o alla santa dallo stesso nome.

5.35 Le feste italiane. Indica tre occasioni che sono importanti per le famiglie italiane. Come le festeggiano?

5.36 E nel tuo Paese? Fate una lista delle feste importanti per le famiglie del vostro Paese. Sono simili o diverse da quelle italiane?

Scambi

5.37 Le feste. Intervista un compagno/una compagna e scopri (*discover*) quali sono le feste importanti nella sua famiglia. Scopri anche come festeggiano le diverse occasioni.

5.38 Una festa! Divisi in piccoli gruppi, organizzate una festa di compleanno a sorpresa per il vostro professore. Decidete dove e quando la date e cosa fate. Decidete anche chi si occupa delle seguenti cose.

ESEMPIO: gli inviti
              S1: Chi scrive gli inviti?
              S2: Li scrive lui.

1. lo spumante
2. la torta
3. il regalo
4. le candeline
5. gli invitati

6. la cena
7. gli antipasti
8. le foto
9. le bevande
10. i biglietti di auguri

5.39 Gli inviti. Osservate l'invito che segue e indicate quattro cose che adesso sapete delle persone e dell'avvenimento (*event*) di cui si parla.

Paolo Ghirardato   *Cecilia Boggio*

annunciano il loro matrimonio
Pianezza, 22 novembre 2003
Palazzo Comunale (villa Leumann) - ore 11.30

Residenza Fontana, 2   *Via Giosuè Borsi, 82*
Segrate - Milano   *Torino*

Paolo e Cecilia
dopo la cerimonia festeggeranno con voi
a Palazzo Barolo
Via delle Orfane, 7 – Torino

È gradita una conferma
011.732971
02.26410800

PERCORSO III
LE FACCENDE DI CASA

Vocabolario: Che cosa devi fare in casa?

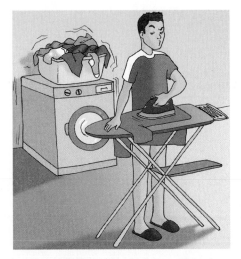

Roberto non **può** guardare la partita alla televisione perché **deve** spazzare, portare fuori la spazzatura e poi **deve** fare la spesa. La sua ragazza viene a cena fra poco.

Luigi non **può** uscire adesso perché prima **deve** fare il bucato e stirare. Più tardi **vuole** andare al cinema con Mariella.

Fabrizio e Anna **vogliono** andare al cinema con gli amici, ma non **possono** perché **devono** pulire la casa. Roberto **deve** passare l'aspirapolvere e Anna **deve** rifare il letto e mettere in ordine la camera.

Per parlare delle faccende di casa

annaffiare le piante *to water the plants*
apparecchiare la tavola *to set the table*
dare da mangiare al cane/al gatto *to feed the dog/cat*
fare giardinaggio *to work in the garden*
fare la spesa *to buy groceries*
lavare i piatti *to wash the dishes*
sparecchiare la tavola *to clear the table*
spolverare *to dust*

La frequenza

Ogni quanto? *How often?*
una volta/due volte al giorno/alla settimana/al mese/all'anno *once/twice a day/a week/a month/a year*

5.40 Che cos'è? Indica di quale attività si tratta.

1. Lo facciamo in cucina con l'acqua dopo che mangiamo.

2. Lo facciamo la mattina dopo che ci svegliamo e ci alziamo.

3. La facciamo al supermercato.

4. Lo facciamo dopo che finiamo di mangiare.

5. Lo facciamo prima di cominciare a mangiare.

5.41 Una festa in casa. Prepara una lista di faccende che fai prima di una festa e una di faccende che fai dopo una festa in casa.

5.42 Quando lo fai? Indica con quale frequenza fai le seguenti attività.

	Ogni giorno	Spesso	Una volta alla settimana	Raramente
passare l'aspirapolvere				
lavare i piatti				
fare il bucato				
spolverare				
mettere in ordine				
cucinare				
fare la spesa				
portare fuori la spazzatura				
annaffiare le piante				
stirare				

In contesto: Prima di uscire

Paolo e la madre discutono perché Paolo vuole uscire.

PAOLO: Mamma, posso uscire con i miei amici stasera? È tanto che non li vedo!

MAMMA: Dove volete andare?

PAOLO: Vogliamo andare in centro a mangiare una pizza.

MAMMA: Va bene, ma prima di uscire devi mettere in ordine la tua camera, passare l'aspirapolvere e portare la spazzatura fuori.

PAOLO: Ma mamma! La devo portare fuori proprio ora? Lo posso fare domani? È tardi e devo ancora lavarmi e vestirmi. Tutti gli altri sono già in pizzeria! Non la può portare fuori Carlo?

MAMMA: No! Carlo deve studiare.

PAOLO: Ma devo fare sempre tutto io in questa casa!

5.43 I doveri di Paolo. Completa la scheda seguente e indica le attività di Paolo.

cosa deve fare	
cosa vuole fare	
cosa può fare	

Occhio alla lingua!

1. What conjugated forms of the verbs **dovere, potere,** and **volere** can you identify in the captions on p. 159?

2. Looking at the conjugated forms of **dovere, potere,** and **volere,** can you detect a pattern?

3. What do you notice about the verbs that follow the conjugated forms of **dovere, potere,** and **volere**?

4. Looking at the *In contesto* conversation, what do you notice about the position of direct-object pronouns with **dovere, potere,** and **volere**?

Grammatica

Il presente di *dovere, potere* e *volere*

Dovere (*to have to*), **potere** (*to be able*), and **volere** (*to want*) are irregular in the present tense.

dovere	potere	volere
devo	posso	voglio
devi	puoi	vuoi
deve	può	vuole
dobbiamo	possiamo	vogliamo
dovete	potete	volete
devono	possono	vogliono

1. **Dovere** and **potere** are usually followed by an infinitive. **Volere** can be used with a noun or an infinitive.

Devo spolverare i mobili.	*I have to dust the furniture.*
Cosa **possiamo fare**?	*What can we do?*
Voglio uno stereo nuovo.	*I want a new stereo.*

2. When **dovere, potere**, and **volere** are used with an infinitive, reflexive and direct-object pronouns can precede the conjugated form of the verb or they can be attached to the infinitive after dropping the final **-e**.

—Ti devi vestire. (Devi vestir**ti**.)   —*You have to get dressed.*

—Vuoi lavare i piatti?   —*Do you want to wash the dishes?*

—No, non **li** voglio lavare.   —*No, I don't want to wash them.*
(No, non voglio lavar**li**.)

—Puoi fare la spesa oggi?   —*Can you go grocery shopping today?*

—Sì, **la** posso fare. (Sì, posso far**la**.)   —*Yes, I can do it.*

5.44 Le faccende di casa. Abbina le persone della colonna A con le attività della colonna B e indica chi deve fare queste faccende a casa tua.

A	B
1. Io	**a.** deve passare l'aspirapolvere.
2. Mia madre	**b.** dobbiamo cucinare.
3. Le mie sorelle	**c.** devo apparecchiare la tavola.
4. Io e mio fratello	**d.** dovete fare il bucato.
5. Voi	**e.** devono spolverare.

5.45 Volere e potere. Indica che cosa questi ragazzi vogliono fare e che cosa i loro genitori dicono che non possono fare. Completa le frasi con i verbi **volere** e **potere**.

1. —Mamma, io e Carlo _____ andare a giocare a tennis.

—No! Oggi non _____.

2. —Mamma, io _____ andare al cinema.

—No! Non _____.

3. —Papà, Luisa _____ uscire dopo cena.

—No! Stasera non _____.

4. —Papà, Carlo e Luisa _____ andare a ballare.

—No! Il giovedì non _____.

5.46 Il compleanno. Alcuni ragazzi organizzano una festa di compleanno per un loro amico. Completa il dialogo con **dovere, potere** e **volere**.

—Allora, chi (1) _____ cercare un regalo?

—Io non (2) _____. (3) _____ fare la torta stasera.

—Io e Carla (4) _____ comprare il regalo.

—Attenzione, però non (5) _____ spendere troppo.
(6) _____ comprare un libro.

—Luisa, (7) _____ preparare la cena?

—Sì, (8) _____ preparare gli spaghetti per primo e il vitello per secondo.

—Bene, allora io (9) _____ preparare gli antipasti.

—No, gli antipasti li (10) _____ preparare Rosanna e Giulio.

5.47 Dovere, potere e volere. Indica:

1. due cose che i professori devono fare ogni sera.
2. due cose che tuo padre non può mai fare.
3. tre cose che tu e gli altri studenti non volete fare la sera.
4. una cosa che tu vuoi fare il weekend.
5. una cosa che tu e i tuoi compagni di classe non potete fare ogni mattina.

Scambi

5.48 In famiglia, chi lo fa? Cristina parla delle faccende di casa. Ascolta due volte i suoi commenti e indica chi fa le azioni di cui parla.

Attività	Chi?
1. portare fuori il cane	
2. fare giardinaggio	
3. cucinare	
4. sparecchiare la tavola	

5.49 Che disordine! Indicate che cosa dovete e/o potete fare per mettere in ordine la camera da letto (*bedroom*) del disegno.

5.50 Aiuto (*Help*)! I tuoi genitori vengono a casa tua questo weekend. Nel tuo appartamento c'è un grande disordine e in casa non c'è niente da bere e da mangiare. Hai bisogno dell'aiuto degli amici per mettere in ordine la casa. Divisi in gruppi, preparate una lista di dieci cose che dovete fare e poi decidete chi deve/vuole/può fare che cosa.

5.51 Una cena italiana. Immaginate di organizzare una cena italiana a casa vostra. Decidete cosa dovete, volete e potete fare prima della cena, durante la cena e dopo la cena. Decidete anche chi può, deve o vuole fare che cosa.

ANDIAMO AVANTI!

ℛicapitoliamo

G **5.52 Attività in famiglia.** Indicate tre cose che dovete, volete e potete fare o non fare insieme con le seguenti persone.

	Fare			Non fare		
	volere	dovere	potere	volere	dovere	potere
genitori permissivi						
nonni anziani						
bambini						
compagni e compagne nel corso d'italiano						

5.53 La mia famiglia. Immagina di scrivere una mail a un amico/un'amica di chat. Nella mail parla di te e della tua famiglia. A chi somigli? Con chi vai più d'accordo? Perché? Spiega anche perché siete una famiglia interessante. Poi fa' tante domande al tuo amico/alla tua amica di chat sulla sua famiglia.

5.54 Il mio prossimo compleanno. Scrivi una mail ai tuoi genitori e spiega loro (*to them*) cosa vuoi fare per festeggiare il tuo prossimo compleanno.

 5.55 Una buona scusa (*excuse*). Non vuoi partecipare alle situazioni indicate. Lavorate con un compagno/una compagna e immaginate le conversazioni.

ESEMPIO: un invito a cena
              S1: Ciao, Paolo. Vuoi venire a cena domani?
              S2: Mi dispiace. Non posso venire, perché devo andare a casa
                  degli zii.

1. il compleanno della figlia di una cugina
2. una settimana a casa dei nonni
3. il matrimonio di due amici

📖 Leggiamo

Strategie per leggere: Understanding interviews

Magazines and newspapers often feature interviews with a variety of people, famous or not. Interviews of course consist of a series of questions and answers. Before you read an interview as a whole, take time to look at the questions the journalist asks. This will help you to understand the focus and progression of the interview, and give you a useful framework within which to read and understand its content.

Prima di leggere

5.56 Una giornalista intervista due bambini, Leonardo e Lavinia, sulle loro famiglie. Leggi le domande ai due bambini. Quali sono secondo te gli argomenti (*topics*) principali delle interviste?

Mentre leggi

5.57 Mentre leggi annota (*note*):

1. una cosa che piace ai bambini dei loro genitori
2. quando i bambini vedono i nonni e una cosa che fanno insieme
3. una cosa che i bambini fanno per festeggiare il compleanno

Leonardo Manzini

Cosa ti piace della mamma?
Che è buona. Che mi fa dei regali. Che cucina per me tutte le sere. Mi piace quando mangiamo insieme, anche con il papà.

E cosa, invece, non ti piace?
Ha un brutto carattere! Quando mi sgrida[1]. Non mi piace che a scuola ha sempre riunioni[2] e ha poco tempo per me.

Cosa ti piace del papà?
Mi fa giocare al computer. Mi porta dei regali e mi porta sul lago di Garda e al mare. Mi piace quando stiamo insieme e parliamo.

Che cosa non ti piace?
È troppo severo[3]! Mi sgrida. E non mi piace quando arriva a casa tardi la sera.

I tuoi nonni, li vedi? Cosa fate insieme?
Se è sabato e domenica ci vediamo a casa loro, dove lavoriamo in giardino. Qualche volta giocano con me. Con la nonna faccio anche le torte e i biscotti.

Come festeggi il tuo compleanno?
La mamma dice che posso invitare tre amici, la casa è grande ma lei non vuole troppo baccano[4]. Compriamo una torta. Qualche volta vengono anche i nonni e la sera ceniamo tutti insieme sul tavolo grande.

---

1. scolds   2. meetings   3. strict   4. noise

Lavinia Pontiggia

Cosa ti piace della mamma?

Mi piace l'aspetto, e poi perché è bella, alta, magra e non mi sgrida quasi mai. Mi piace anche la sua bontà e mi piacciono i vestiti che indossa e i suoi gioielli[1]!

E cosa, invece, non ti piace?

Non mi piacciono i suoi capelli corti, ma proprio corti. Non mi piace se mi urla[2] nelle orecchie, quando litiga con papà. E non mi piace quando si arrabbia[3] perché le viene una faccia brutta!

Cosa ti piace del papà?

Che è bello e forte e che si occupa bene della famiglia. Mi piace quando mi porta al parco e mi fa divertire.

Che cosa non ti piace?

Quando mi dice sempre no e non mi fa andare in cortile[4]. Quando urla anche lui e si arrabbia.

I tuoi nonni, li vedi? Cosa fate insieme?

Li vedo di solito il sabato e la domenica. Insieme guardiamo i DVD. La nonna mi fa vedere come si cuce[5]. Il nonno non sta molto bene e io lo aiuto. Lo aiuto ad aggiustare i mobili[6] e a curare le piante.

Come festeggi il tuo compleanno?

Di solito faccio una festa a casa con tanti amichetti, con le torte e i dolci, le pizzette e la pasta. Con i palloncini.

1. jewelry   2. screams   3. gets mad   4. courtyard   5. how to sew   6. to fix furniture

Dopo la lettura

5.58 Dopo aver letto le interviste, completa le attività che seguono.

1. Indica quali affermazioni corrispondono alle opinioni espresse dai due bambini:

   a. In genere ai bambini non piace quando i genitori urlano.
   b. I bambini giustificano i genitori quando si arrabbiano.
   c. Ai bambini piace un'atmosfera familiare calma e serena.
   d. I bambini vedono i nonni il weekend.
   e. Le nonne fanno attività tradizionali.
   f. Ai bambini piacciono i nonni moderni.
   g. Di solito i bambini festeggiano il compleanno a casa.
   h. Tutti e due i bambini fanno grandi feste per il loro compleanno.

2. Paragonate le esperienze di Leonardo e Lavinia a quelle dei bambini nel vostro Paese.

   a. I commenti dei bambini sui genitori sono simili?
   b. Il rapporto (*relationship*) dei bambini con i nonni è simile nel vostro Paese? I bambini vedono i nonni più o meno spesso? Fanno cose simili?
   c. Le feste di compleanno sono simili o diverse? I regali sono più o meno importanti?

Scriviamo

• •

> ## Strategie per scrivere: Writing notes for special occasions
>
> Writing a note or a card for a special occasion, such as a birthday, the birth of a child, or a wedding, or to thank someone for a gift or to respond to an invitation, requires the use of formulaic expressions. In order to communicate appropriately in Italian on such occasions, familiarize yourself with some of these expressions and how to incorporate them into your own written communications.

Cara Ilaria,

ho ricevuto l'invito al tuo matrimonio! Sono molto felice e sono sicura di venire!
Intanto ti faccio già tanti auguri!
Ti abbraccio con tanto affetto!

Carla

Cara nonna,
la gonna è perfetta, moderna ed elegante. Il colore poi è bellissimo. Tu sai che il rosso mi piace tanto! Questa sera vado in discoteca e mi metto la gonna nuova.
Ti ringrazio moltissimo e ti abbraccio,

Serena

Caro Marco,
congratulazioni per la laurea!
Bravo! La chimica è così difficile.
Oggi vado a comprarti un bel regalo.
Per ora ti abbraccio con amicizia,

Roberta

Le occasioni speciali. Scrivi un biglietto per una delle seguenti occasioni:

- **Un matrimonio.** Un conoscente (*acquaintance*) italiano, amico di altri tuoi amici, ti invita al suo matrimonio. Lo ringrazi (*thank*) per l'invito e scrivi che non puoi andare. Spiega perché.

- **Un regalo di compleanno.** È il tuo compleanno e una zia ti ha mandato un bel regalo. Scrivi alla zia e la ringrazi.

- **Auguri per la laurea!** Scrivi un biglietto affettuoso ad una cara amica che si laurea a luglio.

Prima di scrivere

5.59 Prima di cominciare a scrivere, leggi i suggerimenti che seguono.

1. Osserva le espressioni appropriate per le diverse occasioni e decidi quali vuoi usare.

Biglietti di auguri

a. Testo (*Text*): Tanti auguri di una vita lunga e felice insieme (*together*).

Chiusa (*Closing*): Con tanto affetto.

b. Testo: Congratulazioni per una laurea ben meritata!

Chiusa: Con amicizia.

c. Testo: Auguri per la nascita (*birth*) della piccola Isabella.

Chiusa: Ti abbraccio con tutto il mio affetto.

Biglietti di ringraziamento

a. Testo: Grazie per il bel regalo per il mio compleanno!

Chiusa: Voglio vedervi presto.

b. Testo: Grazie dell'invito, ma proprio non posso venire. Mi dispiace molto e vi mando tanti auguri.

Chiusa: Spero (*I hope*) di ricevere una cartolina dal viaggio di nozze (*honeymoon*)!

---

2. Decidi se il biglietto deve essere più o meno formale e se vuoi usare il **tu** o il **Lei**.

3. Prepara una scaletta (*outline*) con le seguenti informazioni.

   a. Indica l'occasione.

   b. Descrivi i tuoi sentimenti.

   c. A seconda (*Depending on*) dell'occasione, puoi ringraziare la persona. Per un invito, puoi anche spiegare perché pensi di andare oppure no.

La scrittura

5.60 Usa la scaletta che hai preparato per scrivere la prima stesura (*draft*) del biglietto. Usa le espressioni più appropriate per l'occasione.

La versione finale

5.61 Leggi la prima stesura dopo un po' di tempo.

1. Il messaggio è chiaro (*clear*)?

2. Hai usato le espressioni adatte per iniziare e per concludere?

3. Hai usato il **tu** o il **Lei** in maniera consistente?

4. Correggi il testo attentamente. Controlla come hai scritto le parole, la forma dei verbi e l'accordo degli aggettivi e dei nomi. Hai usato correttamente i verbi **dovere, potere** e **volere**?

Guardiamo

Before you view an especially rich or complex video segment, you may find it useful to review related vocabulary that you have learned. This will help you not only to understand the speakers' comments but also to discuss them after you have seen the video.

Prima di guardare

5.62 Questo videoclip inizia con una scena del matrimonio di Fabrizio e Felicita. Quindi (*Then*) Felicita e Fabrizio parlano delle loro famiglie e poi Ilaria parla della sua vita a casa con le sorelle. Prima di guardare è utile ripassare (*review*) parole ed espressioni che hai studiato.

1. Fa' una lista delle parole ed espressioni che si possono usare per un matrimonio.
2. Ripassa le parole che si riferiscono (*refer*) alla famiglia, a parenti vicini e lontani.
3. Fa' una lista delle parole ed espressioni che usiamo per le faccende di casa.

Mentre guardi

5.63 Il videoclip comincia con un matrimonio. Osserva attentamente il posto (*setting*) e le persone. Ascolta anche che cosa dicono Felicita, Fabrizio e Ilaria sulla loro famiglia e completa le frasi seguenti:

1. Felicita ha. . .
   a. quattro fratelli.
   b. sette fratelli.
2. La famiglia di Fabrizio è. . .
   a. di Roma.
   b. di Firenze.
3. Ilaria parla. . .
   a. di sua sorella.
   b. delle sue sorelle.
4. Ilaria. . .
   a. cucina.
   b. apparecchia la tavola.

Dopo aver guardato

5.64 Dopo aver guardato il videoclip, completate le attività seguenti.
1. Descrivete insieme il matrimonio di Felicita e Fabrizio:
   a. Come sono i due sposi?
   b. Com'è la chiesa?
   c. Come sono e chi sono le altre persone?
2. Come immaginate la giornata (*day*) di Ilaria e delle sue sorelle? Che cosa fanno ogni giorno? E tu, devi fare faccende di casa come loro o diverse?
3. Immaginate di voler conoscere meglio le persone del video e le loro famiglie. Preparate delle domande da fare a Felicita, Fabrizio e Ilaria.

   ESEMPI: Felicita, quanti fratelli hai?
   Fabrizio, sei figlio unico?
   Ilaria, quando dai da mangiare al cane?

Attraverso La Toscana

Tuscany (**Toscana**) has a long artistic and cultural tradition that began with the Etruscans and continued through Roman and medieval times. Medieval writers such as Dante (1265–1321), Petrarch (1304–1374), and Boccaccio (1313–1375) helped transform the Tuscan dialect into the Italian literary language and later the official language of the nation.

Tuscany became known throughout the world as a center of the Italian Renaissance (**Rinascimento**) beginning in the mid-1400s, when the rich and powerful Medici family gained control of the city of Florence. They ruled Florence almost without interruption from 1434 to 1537 and were generous patrons of the arts. Lorenzo de' Medici (1449–1492), known as "il Magnifico," was a poet himself and gathered in Florence some of the most prominent scholars, philosophers, artists, architects, and poets of his time. Marsilio Ficino, Angelo Poliziano, Sandro Botticelli, Michelangelo, and Leonardo da Vinci are just some of the important figures of the time that Lorenzo il Magnifico supported and encouraged in their efforts.

Tuscany is also famous for its exceptional cuisine and its beautiful landscape, hills, vineyards, and olive trees. Tuscan wines such as Brunello from Montalcino, Chianti, and wines from Montepulciano are known and appreciated internationally.

San Gimignano, la città delle torri, fra le sue antiche mura (walls). Oggi a San Gimignano sono rimaste solo 13 torri, ma nel Trecento (1300) ce n'erano (there were) 72. Nel Medioevo la torre era simbolo di potenza (power). Le famiglie ricche della città infatti costruivano queste costose e alte abitazioni per dimostrare il loro potere economico. Nel 1354 però la città si deve sottomettere a Firenze. Oggi questo pittoresco paese è un importante centro turistico, famoso per il suo vino bianco, la Vernaccia di San Gimignano.

Il centro storico di Siena, una tipica città medievale, con la Torre del Mangia e la bellissima Piazza del Campo. In questa piazza, il 2 luglio e il 16 agosto si tiene la famosa manifestazione del Palio, una corsa di cavalli (horse race). La piazza ha la forma di una conchiglia (seashell). A Siena è nata Santa Caterina, patrona (patron saint) d'Italia. Siena è anche la patria del panforte, un dolce tipico che si mangia spesso a Natale.

Il centro religioso di Firenze. Il centro religioso e artistico di Firenze è rappresentato dal Battistero, dal Duomo di Santa Maria del Fiore con la bellissima cupola (*dome*) di Filippo Brunelleschi (1377–1446), uno dei maggiori architetti del Quattrocento, e dal Campanile di Giotto (1267–1337), uno dei grandi artisti del Medioevo.

Le Tombe Medicee: La tomba di Giuliano de' Medici, fratello del Magnifico, ucciso (*killed*) nel 1478 dagli oppositori politici di Lorenzo (Firenze, Basilica di S. Lorenzo). Le tre statue sono di Michelangelo Buonarroti (1475–1564), uno dei più grandi artisti del Rinascimento. Al centro c'è la statua di Giuliano de' Medici, a sinistra la *Notte* e a destra il *Giorno*.

Verifichiamo

5.65 Cosa sai adesso? Indica almeno due cose che adesso sai:

1. di Lorenzo de' Medici
2. di Giuliano de' Medici
3. di Dante, Boccaccio e Petrarca
4. di Michelangelo
5. delle statue il *Giorno* e la *Notte*
6. di Siena
7. di San Gimignano
8. di Giotto e Brunelleschi

5.66 Che altro sapete? Discutete cosa sapete del Rinascimento. Conoscete il nome di alcuni artisti famosi? Quali scrittori rinascimentali conoscete?

Vocabolario

I parenti e la famiglia

il bambino/la bambina	child
il bisnonno/la bisnonna	great-grandfather/ great-grandmother
il cognato/la cognata	brother-in-law/sister-in-law
il cugino/la cugina	cousin
la famiglia	family
il figlio unico/la figlia unica	only child
il fratello	brother
i gemelli/le gemelle	twins
i genitori	parents
la madre	mother
il marito/la moglie	husband/wife
il nipote/la nipote	grandson; nephew/ granddaughter; niece
il nonno/la nonna	grandfather/grandmother
i nonni materni/paterni	maternal/paternal grandparents
il padre	father
il papà/la mamma	dad/mom
i parenti	relatives
la sorella	sister
il suocero/la suocera	father-in-law/ mother-in-law
lo zio/la zia	uncle/aunt

Espressioni per parlare della famiglia

andare d'accordo con	to get along with
Che lavoro fa?	What does he/she do?
È avvocato/casalinga/ ingegnere/medico	He/She is a lawyer/ housewife/engineer/ doctor
conoscere	to know; to be acquainted with
divorziato/a	divorced
In quanti siete?	How many people are in your family?
Siamo in otto.	There are eight of us.
il fratello/la sorella più grande/più piccolo/a	older/younger brother/sister
litigare	to argue

morto/a	dead
sapere	to know a fact/how to do something
somigliare a	to look like/to be like
vivere	to live
vivo/a	alive

Le feste in famiglia

l'anniversario	anniversary
Auguri!	Best wishes!
il battesimo	baptism
il bicchiere	glass
il biglietto d'auguri	card
Buon compleanno!	Happy birthday!
la candelina	candle
il compleanno	birthday
Congratulazioni!	Congratulations!
dare una festa/fare una festa	to give/have a party
diplomarsi	to graduate from high school
il diploma	high school degree
dire	to say/tell
fare gli auguri	to say best wishes
fare una foto	to take a picture
fare un regalo	to give a present
festeggiare	to celebrate
invitare	to invite
gli invitati	invited guests
laurearsi	to graduate from college
la laurea	college degree
mandare un invito	to send an invitation
il matrimonio	marriage/wedding
l'ospite (m., f.)	guest
la prima comunione	First Communion
regalare	to give a present
il regalo	present
il ricevimento	reception
spedire (-isc-)	to mail, send
sposarsi	to get married
lo spumante	champagne, sparkling wine
la torta	cake

Le faccende di casa

annaffiare le piante	*to water the plants*
apparecchiare la tavola	*to set the table*
dare da mangiare al cane/ al gatto	*to feed the dog/cat*
dovere	*to have to*
fare il bucato	*to do laundry*
fare giardinaggio	*to work in the garden*
fare la spesa	*to buy groceries*
lavare (i piatti)	*to wash (the dishes)*
mettere (*p.p.* messo) in ordine	*to put in order*
passare l'aspirapolvere	*to vacuum*
portare fuori la spazzatura	*to take out the trash*
potere	*to be able to*
pulire la casa/la cucina	*to clean the house/the kitchen*
rifare il letto	*to make the bed*
sparecchiare la tavola	*to clear the table*
spazzare	*to sweep the floor*
spolverare	*to dust*
stirare	*to iron*
volere	*to want*

La frequenza

Ogni quanto?	*How often?*
una volta/due volte al giorno	*once/twice a day*
due volte alla settimana	*twice a week*
tre volte al mese	*three times a month*
una volta l'anno	*once a year*

Casa mia, casa mia...

Lo sai che?

◆ La città e le abitazioni degli italiani
◆ L'euro
◆ Gli italiani e la ricerca del «bello»

Tipica casetta di paese

IN THIS CHAPTER YOU WILL LEARN HOW TO:

◆ Describe the rooms and furniture in your home
◆ Talk about household furnishings and their prices
◆ Talk about what you did at home recently

PERCORSO I
LE STANZE E I MOBILI

Vocabolario: Cosa c'è nel palazzo? E nell'appartamento? E nelle stanze?

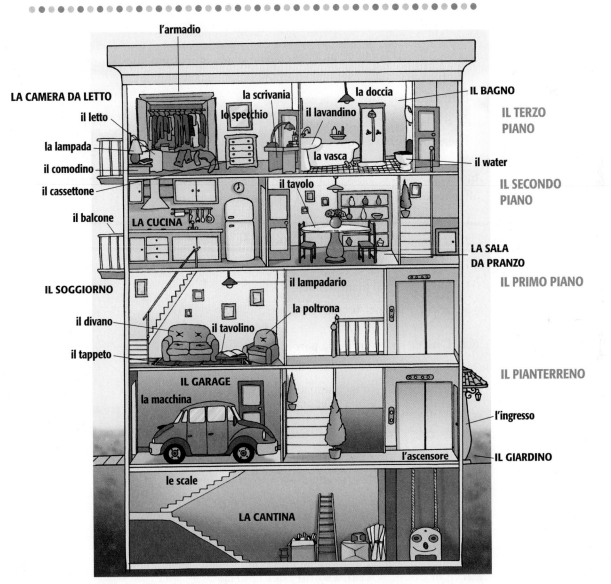

- l'armadio
- LA CAMERA DA LETTO
  - il letto
  - la lampada
  - il comodino
  - il cassettone
  - il balcone
- la scrivania
- lo specchio
- il lavandino
- la doccia
- la vasca
- IL BAGNO
- il water
- IL TERZO PIANO
- IL SECONDO PIANO
- LA CUCINA
- il tavolo
- LA SALA DA PRANZO
- IL SOGGIORNO
  - il divano
  - il tappeto
- il lampadario
- il tavolino
- la poltrona
- IL PRIMO PIANO
- IL GARAGE
  - la macchina
- IL PIANTERRENO
- l'ingresso
- l'ascensore
- IL GIARDINO
- le scale
- LA CANTINA

Per discutere dell'abitazione

affittare *to rent*
l'attico *penthouse*
cambiare casa *to move*
il coinquilino/la coinquilina
   housemate, roommate
dividere (pp. diviso) *to share*
il gatto *cat*

il quartiere *neighborhood*
il monolocale *studio apartment*
Quanto paghi d'affitto? *How much do you pay for rent?*
la parete *wall*
lo studio *den*
vivere da solo/a *to live alone*

Per descrivere dove

contro *against*
in centro *in the center of town, downtown*
in periferia *in the outskirts*

al centro di *in the middle of*
per terra *on the floor*
su *on*

6.1 Associazioni. Quali attività associ con ogni stanza? Scrivi almeno quattro attività diverse e poi paragona la tua lista con quella di un compagno/ una compagna.

1. la camera da letto
2. la cucina
3. la sala da pranzo
4. il soggiorno

6.2 In quale stanza? Indica in quale stanza si trovano questi mobili e oggetti.

1. il tavolino, il divano, la poltrona
2. il letto, l'armadio, il comodino
3. la doccia, la vasca, il lavandino

6.3 Il palazzo. Osserva il disegno a pagina 175 e indica se le seguenti affermazioni sono vere o false. Correggi quelle false.

1. La cantina è sopra il secondo piano.
2. Il garage è a destra dell'ascensore.
3. La macchina è in garage.
4. Il balcone è al pianterreno.
5. Il tappeto è per terra.

6.4 L'intruso. Elimina la parola che non c'entra.

1. la poltrona, il comodino, il tappeto
2. la cantina, il garage, la macchina
3. il cassettone, la vasca, l'armadio
4. le scale, il primo piano, l'attico
5. il divano, l'ingresso, la poltrona
6. la sala da pranzo, la camera da letto, l'ascensore

6.5 Che cos'è? Guarda il disegno della casa a pagina 175, leggi la descrizione e indovina di quale oggetto si tratta.

1. È al centro della stanza al secondo piano. È sotto il lampadario.
2. È di fronte al letto, a sinistra della porta.
3. È sul letto, vicino ai jeans.
4. È per terra sotto la poltrona, il divano e il tavolino.
5. È sul comodino.
6. È contro la parete, vicino al letto.
7. È a destra del divano.
8. È sotto lo specchio, vicino all'armadio.

Così si dice: *Alcuni/Alcune*

•••

In Capitolo 3, you learned that **dei/degli/delle** can be used with plural nouns to express indefinite quantities: **Sulla scrivania ci sono dei libri e delle penne.** You can also use **alcuni/alcune** with plural nouns to indicate *some/a few*. **Sulla scrivania ci sono alcuni libri e alcune penne.** *On the desk there are some books and some pens.* **Alcuni** is used with masculine nouns and **alcune** is used with feminine nouns. You will learn more about expressing indefinite quantities in Capitolo 9.

In contesto: La nuova casa

Renata, una studentessa italiana che studia all'università di Roma, descrive ad un'amica il suo nuovo appartamento.

Da:	Renata <renata@tiscali.it>
A:	patrizia@homemail.com
Oggetto:	Il nuovo appartamento

Cara Patrizia,
ti scrivo dalla terrazza del mio nuovo appartamento.

Vedessi[1] quanto[2] è bello! Abito con due altre ragazze davvero simpatiche. La casa non è molto grande, ma tanto comoda[3]. Ci sono tre camere da letto, un salotto, una grande cucina e due piccoli bagni senza vasca, ma con la doccia. Non abbiamo la sala da pranzo, ma possiamo mangiare in cucina. Il posto è davvero carino, in un vecchio palazzo ristrutturato[4] nel centro storico di Roma, vicino a Piazza di Spagna. È al quinto[5] piano. Non c'è l'ascensore, ma poco male!

L'affitto è piuttosto basso per Roma: paghiamo 625 euro per uno al mese. La mia camera da letto è piccola ma accogliente[6]. Il letto è a sinistra della porta, a destra del letto c'è un comodino moderno e sul comodino c'è una lampada di Artemide. Per terra vicino al letto c'è un bel tappeto e un vecchio cassettone è contro la parete davanti al letto. Il computer e la stampante[7] sono sulla scrivania a destra della porta e sotto la finestra, così mentre studio posso anche guardare la gente per strada[8].

Quando vieni a trovarmi[9]? Puoi restare qui tutto il tempo che vuoi! Il salotto è piccolo ma c'è un divano letto molto comodo. Scrivimi presto!
Un abbraccio,
Renata

1. You should see   3. comfortable   5. fifth   7. printer   9. When are you coming
2. how   4. restored   6. cozy   8. people in the street   to visit me?

6.6 Un nuovo appartamento. Elencate (*List*) gli aspetti positivi e quelli negativi del nuovo appartamento di Renata.

6.7 La piantina (*Layout*). Disegnate una piantina della camera da letto di Renata.

6.8 E la vostra abitazione? Confrontate la vostra abitazione e quella di Renata. Come sono simili? Come sono diverse?

Lo sai che? La città e le abitazioni degli italiani

Il centro storico di una città italiana risale (*goes back*) al periodo più antico della sua storia. Qui ci sono i monumenti più importanti, i palazzi antichi e i negozi più belli. In genere, intorno al centro ci sono larghi viali alberati (*wide tree-lined streets*) e dopo i viali ci sono le zone residenziali più eleganti. La periferia è la zona più lontana dal centro: ci sono abitazioni, negozi, centri commerciali (*shopping centers*) e spesso anche alcune industrie e fabbriche (*factories*). Una caratteristica infatti delle città italiane è che in genere le abitazioni e i negozi si trovano insieme in tutti i quartieri.

Come per tutti, la casa è molto importante per gli italiani e infatti la maggior parte investe una gran parte dei soldi per l'acquisto, la ristrutturazione (*remodeling*) e l'arredamento (*furnishing*) dell'abitazione.

L'80 per cento della popolazione vive in una casa di proprietà. La maggior parte abita in appartamenti. Un'abitazione considerata di lusso è l'attico con la terrazza. La villetta monofamiliare, tipica di altri Paesi, si trova a volte solo in campagna (*country*) e molto raramente in città. Fuori (*outside*) città, però, esistono bellissime ville antiche, con giardino o parco.

In genere gli italiani hanno sempre preferito (*preferred*) vivere in città, non troppo lontano dal centro, ma negli ultimi tempi stanno cambiando i gusti (*tastes*) e le abitudini riguardo all'abitazione. Oggi molti preferiscono vivere in campagna.

6.9 Le città e le abitazioni degli italiani. Rispondete alle seguenti domande.

1. Trovate tre differenze fra le città e abitazioni degli italiani e quelle del vostro Paese.

2. La casa è molto importante per gli abitanti del vostro Paese? Quale percentuale della popolazione vive in una casa di proprietà secondo voi?

Occhio alla lingua!

1. Consider again the questions that accompany the illustration of the apartment building on p. 175: **Cosa c'è nel palazzo? E nell'appartmento? E nelle stanze?** What do **nel, nell'**, and **nelle** mean? What preposition and definite article have been combined in each of these forms?

2. What expressions used to indicate location in the *In contesto* e-mail do you recognize?

3. How do the prepositions **a** and **di** combine with definite articles? What examples can you find in the *In contesto* e-mail? What examples of **su**, following a similar pattern, can you identify?

Grammatica

Le preposizioni

In Capitolo 2, you learned that prepositions, **preposizioni**, can be used to indicate location. Below is a list of Italian prepositions and their English equivalents.

Le preposizioni semplici			
a	*at, to, in*	**in**	*in*
con	*with*	**per**	*for, in order to*
di	*of*	**su**	*on, over, above*
da	*from, by*	**tra (fra)**	*between, among*

Abito **con** un'amica.	*I live with a friend.*
Mangiamo **in** cucina.	*We eat in the kitchen.*
Metto la lampada **su** questo tavolino.	*I'll put the lamp on this coffee table.*
La poltrona è **tra/fra** il tavolo e la finestra.	*The armchair is between the table and the window.*

In Capitolo 2, you also learned that when the prepositions **a** and **di** are used with a definite article—**il, lo, l', la, i, gli, le**—they contract to form one word, called a **preposizione articolata**. The prepositions **da, in**, and **su** also contract when used with a definite article.

Le preposizioni articolate							
	il	**lo**	**l'**	**la**	**i**	**gli**	**le**
a	al	allo	all'	alla	ai	agli	alle
da	dal	dallo	dall'	dalla	dai	dagli	dalle
di → de	del	dello	dell'	della	dei	degli	delle
in → ne	nel	nello	nell'	nella	nei	negli	nelle
su	sul	sullo	sull'	sulla	sui	sugli	sulle

La sedia è vicino **al** tavolo.	*The chair is next to the table.*
Il divano è a sinistra **della** finestra.	*The sofa is to the left of the window.*
Le scarpe sono **nell'**armadio.	*The shoes are in the closet.*

The following rules will help you use contractions:

1. When the definite article that follows **a, da, di, in**, and **su** begins with an **l**, the contraction has two **l**s.

2. **Di** and **in** change to **de** and **ne** when they contract.

3. The preposition **con** is seldom contracted; however, you may hear and see the contractions **col** (**con il**) and **coi** (**con i**).

   La stanza **col** tappeto rosso è la mia.   *The room with the red carpet is mine.*

4. The definite article is usually not used with the preposition **in** before nouns designating rooms of a house, certain buildings, and areas of a city.

in salotto	*in the living room*
in città	*in the city*
in centro	*in the center of town, downtown*
in giardino	*in the garden*
Prendiamo il caffè **in** salotto.	*Let's have our coffee in the living room.*
Devo andare **in** centro.	*I must go downtown.*

5. As you learned in Capitolo 4, the contracted forms of **di** are also used to express an indefinite quantity.

Prendo **del** vino e **degli** antipasti.   *I'll have some wine and some hors d'oeuvres.*

6.10 Dove sono? Indica dove normalmente si trovano i seguenti oggetti in una casa. Abbina gli oggetti della colonna A ai posti della colonna B.

A	B
1. il divano	**a.** di fronte ai letti
2. i vestiti	**b.** sulla scrivania
3. il computer	**c.** sopra il primo piano
4. il tavolo e le sedie	**d.** sul tavolino
5. le riviste (*magazines*)	**e.** in soggiorno
6. la lampada	**f.** sul comodino
7. il cassettone	**g.** nell'armadio
8. la cantina	**h.** in sala da pranzo
9. il secondo piano	**i.** sotto il pianterreno

6.11 Una camera da letto. Completa la descrizione di una camera disordinata (*messy*) e usa le preposizioni articolate.

Io sono molto disordinato, quindi le mie cose non sono mai dove devono essere! (1) _____ scrivania ci sono i vestiti e le scarpe; (2) _____ armadio ci sono i libri e i CD! Davanti (3) _____ armadio c'è il letto e (4) _____ letto ci sono quaderni e penne! (5) _____ pareti ci sono alcune fotografie (6) _____ amici e (7) _____ famiglia. Mi piace leggere, quindi a sinistra (8) _____ letto c'è una bella poltrona e vicino (9) _____ poltrona c'è una lampada.

6.12 La stanza di Giuseppe. Descrivi la stanza di Giuseppe. Spiega dove sono i mobili e gli altri oggetti.

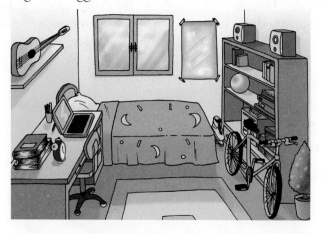

Scambi

6.13 La piantina. Ascolta due volte le due descrizioni e disegna una piantina per ciascuna (*each*).

6.14 Ti piace la tua casa? Prepara una lista di otto domande per intervistare un compagno/una compagna e scoprire (*discover*) se gli/le piace la sua casa. Prendi in considerazione:

a. il quartiere

b. il palazzo

c. le stanze

d. i mobili

e. la persona con cui (*with whom*) abita

f. l'affitto

Poi usa la tua lista per intervistare una persona in classe.

6.15 Dov'è? A turno, una persona descrive dov'è un oggetto nel disegno e l'altra indovina che cos'è.

ESEMPIO: S1: È vicino al divano, a destra del tavolino.
S2: È la poltrona?. . .

6.16 La mia camera da letto. A turno, descrivete la vostra camera da letto. Indicate quali mobili ci sono e dove sono. Usate le informazioni per disegnare una piantina della camera del compagno/della compagna. Poi controllate le vostre piantine.

6.17 Dove lo mettiamo? Immaginate di arredare una nuova casa. Disegnate una piantina e decidete insieme dove mettere le seguenti cose.

ESEMPIO: il letto
S1: Dove mettiamo il letto?
S2: Lo mettiamo in camera da letto contro la parete davanti alla porta.

1. le lampade

2. due sedie

3. il divano

4. il tavolino

5. il tavolo

6. il tappeto

7. la poltrona

PERCORSO II
L'ARREDAMENTO DELLA CASA

Vocabolario: Cosa ci mettiamo?

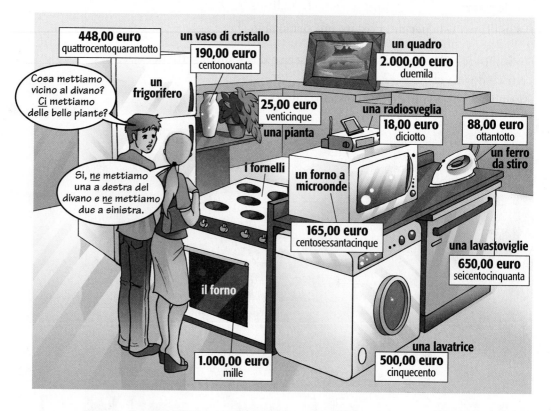

448,00 euro quattrocentoquarantotto

un vaso di cristallo
190,00 euro centonovanta

un quadro
2.000,00 euro duemila

Cosa mettiamo vicino al divano? Ci mettiamo delle belle piante?

un frigorifero

25,00 euro venticinque
una pianta

una radiosveglia
18,00 euro diciotto

88,00 euro ottantotto
un ferro da stiro

Sì, ne mettiamo una a destra del divano e ne mettiamo due a sinistra.

i fornelli

un forno a microonde

165,00 euro centosessantacinque

una lavastoviglie
650,00 euro seicentocinquanta

il forno

una lavatrice
1.000,00 euro mille

500,00 euro cinquecento

Per parlare dell'arredamento

l'aria condizionata *air conditioning*
arredare *to furnish*
l'asciugatrice *dryer*
il lettore CD/DVD *CD/DVD player*
la libreria *bookcase*
la moquette *(wall-to-wall) carpet*
l'orsacchiotto di peluche *stuffed teddy bear*

il poster *poster*
Quanto costa/costano? *How much does it/do they cost?*
gli scaffali *shelves*
la scrivania *desk*
spendere (p.p. speso) *to spend*
la stampante *printer*
lo stereo *stereo system*

6.18 Quale? Quali oggetti servono per le attività seguenti?

1. fare il bucato
2. ascoltare un CD
3. guardare un DVD
4. cucinare
5. svegliarsi

6. conservare il cibo fresco
7. lavare i piatti
8. stampare documenti
9. mettere i libri

6.19 Un amico curioso. Il tuo amico vuole sapere tutto della tua casa.
Rispondi alle sue domande.

1. Cosa metti sugli scaffali?
2. Quali elettrodomestici metti in cucina?
3. Cosa metti sul letto?
4. Cosa metti sulla scrivania?
5. Cosa metti nel vaso di cristallo?
6. Cosa metti nel frigorifero?
7. Cosa metti nella lavatrice?
8. Cosa metti sulla parete?

6.20 Associazioni. Quali oggetti associ con le seguenti stanze?

1. la camera da letto
2. il salotto
3. la cucina
4. lo studio

In contesto: Dove li mettiamo?

Luisa e Roberta pensano di° andare ad abitare insieme.   *are thinking about*
Trovano un appartamento in un vecchio palazzo in centro. Vanno a vederlo e
discutono su come arredarlo.

ROBERTA: Io ho tanti quadri! Dove li mettiamo?

LUISA: Ne mettiamo alcuni in salotto e altri in camera. Io però ho molti
          libri! Come faccio? Ci sono abbastanza scaffali?

ROBERTA: Certo! Piuttosto, c'è spazio per la lavatrice?

LUISA: La mettiamo in bagno.

ROBERTA: Cosa mettiamo a destra dei fornelli? Ci mettiamo il frigorifero?

LUISA: Sì, va bene. E i nostri computer? Ne abbiamo due!

ROBERTA: Ne mettiamo uno in camera e uno in salotto.

LUISA: L'affitto è milleduecentocinquanta euro, giusto? E dobbiamo
          ancora comprare la lavatrice!

6.21 Vero o Falso? Indica quali delle seguenti affermazioni sono vere e
quali false. Coreggi le affermazioni false.

1. Le ragazze vogliono mettere dei quadri in cucina.
2. Non c'è spazio per i libri di Luisa.
3. Luisa non sa dove mettere la lavatrice.
4. Le ragazze mettono la lavatrice in bagno.
5. Le ragazze mettono il frigorifero a destra dei fornelli.
6. Le ragazze non sanno dove mettere i computer.

Occhio alla lingua!

1. Look at the young couple's comments on p. 182 as they talk about
   furnishing their home. Where will they put plants in their living room?
   What expression does the pronoun **ci** replace?

2. To what does the pronoun **ne**, used by the young woman, refer?

3. With a partner, find all instances in the *In contesto* conversation in which pronouns, including **ci** and **ne**, are used. What is being referred to in each instance?

4. In the illustration of items in a home furnishings store on p. 182, what do you notice about how the prices are written? How does the formatting of these numbers differ from what you are used to?

Lo sai che? L'euro

Dal primo gennaio 2002 l'euro è la moneta ufficiale dell'Italia e di quasi tutti; Paesi aderenti all'Unione Europea. Con l'introduzione dell'euro si conclude il lungo processo di integrazione economica iniziato nel 1957 con la creazione della Comunità Economica Europea.

Ci sono sette banconote in circolazione e otto monete. Le banconote sono identiche per tutti i Paesi membri. Le monete in euro, invece, hanno una faccia comune a tutti i Paesi e una specifica per ogni Paese dell'Unione. Le monete sono però valide in tutti i Paesi membri.

Adesso gli italiani usano l'euro invece della lira per i loro acquisti ma la conversione all'euro non è stata facile. Infatti con l'introduzione della moneta unica si è verificato un eccessivo aumento dei prezzi.

6.22 Un euro? Sai quanto vale un euro nella valuta del tuo Paese? Paragona i prezzi degli oggetti nel disegno a pagina 189 ai prezzi per gli stessi oggetti nel tuo Paese. Costano di più o di meno?

6.23 Le monete. Che immagini appaiono (*appear*) sulle monete italiane? Ti piacciono? Perché? In cosa sono diverse dalle monete del tuo Paese?

Grammatica

• •

Ci

Ci is used to replace nouns or expressions that refer to places or locations that have just been mentioned. **Ci** is roughly equivalent to the English *there*.

—Che bella terrazza! **Ci** mangi spesso?
—*What a beautiful terrace! Do you eat there often?*

—Sì, **ci** ceniamo la sera d'estate.
—*Yes, we have dinner there in the summer.*

—Metti la tua macchina in garage?
—*Do you park your car in the garage?*

—No, mia madre **ci** mette la sua.
—*No, my mother parks hers there.*

Ci is always placed in front of a conjugated verb.

6.24 Le tue abitudini (*habits*). Spiega quando fai queste attività. Usa **ci**.

ESEMPIO: venire a scuola

          Ci vengo la mattina.

1. andare a casa
2. mangiare alla mensa
3. andare al cinema
4. studiare in biblioteca
5. fare i compiti sul letto
6. andare in centro

6.25 Un coinquilino difficile! Tu vuoi fare molte cose in casa, ma il tuo nuovo coinquilino non è sempre d'accordo. Immagina le tue domande e le sue risposte. Segui l'esempio e usa **ci**.

ESEMPIO: —Posso mangiare in salotto?

          —No! Non ci puoi mangiare!

1. fare una festa a casa sabato
2. invitare gli amici sulla terrazza
3. mettere alcuni poster in salotto
4. mettere il televisore in camera
5. lavorare in giardino
6. lavare i piatti in cucina
7. dormire nella tua camera da letto
8. mettere la macchina in garage

Ne

In Capitolo 5, you learned that a direct-object is a person or thing that receives the action of the verb directly. There is never a preposition in front of a direct-object. Direct-objects answer the questions *What?* or *Whom?* You also learned that the pronouns **lo, la, li,** and **le** can replace a noun that is the direct-object of a verb. The pronoun **ne** replaces a direct-object noun preceded by a precise or approximate quantity. Compare the following sentences.

Compro **i** poster.	*I buy the posters.*
Li compro.	*I buy them.*
Compro **dei/due/molti** poster.	*I buy some/two/many posters.*
Ne compro due/molti.	*I buy two/many (of them).*

Ne is always placed in front of the verb, and it replaces masculine, feminine, singular, and plural nouns that are used with quantities. Quantities and **alcuni/alcune** are usually stated after the verb.

—Hai **alcuni** scaffali in camera?	—*Do you have some shelves in your room?*
—Sì, **ne** ho **quattro**.	—*Yes, I have four (of them).*
—Hai **un** lettore DVD?	—*Do you have a DVD player?*
—Sì, **ne** ho **uno**.	—*Yes, I have one (of them).*
—**Quanti** televisori avete in casa?	—*How many TV sets do you have in your home?*
—**Ne** abbiamo **due**.	—*We have two (of them).*

6.26 Quanti ne hai? Un amico/Un'amica ti chiede informazioni sulla tua abitazione e su alcuni oggetti. Immagina le domande e le risposte. Usa **ne** e fa' tutti i cambiamenti necessari.

ESEMPIO: stereo

          —Quanti libri hai?

          —Ne ho molti. *o* Non ne ho.

1. televisore
2. lavatrice
3. divano
4. computer
5. bagno
6. poltrona
7. armadio
8. poster
9. stampante
10. orsacchiotto di peluche
11. radiosveglia
12. libreria

6.27 Ne hai uno? Un amico ti domanda se hai le seguenti cose nello zaino. Immagina le sue domande e poi rispondi. Segui l'esempio.

ESEMPIO: specchio
—Hai uno specchio nella borsa/nello zaino?
—Sì, ne ho uno. *o* No, non ne ho.

1. un panino
2. una matita
3. una penna
4. un foglio di carta
5. un libro
6. una calcolatrice
7. un quaderno
8. un dollaro

6.28 La nuova casa. Tua madre ti fa tante domande sulla tua nuova abitazione. Rispondi alle sue domande e usa **lo/la/li/le, ne** o **ci**.

1. Compri un divano?
2. Dove metti il tavolo?
3. Cosa metti nello studio?
4. Dove metti i comodini?
5. Hai una lavatrice?
6. Cosa metti nella camera da letto?
7. Dove metti l'armadio?
8. Quante poltrone hai?

I numeri dopo 100

In Capitolo 1, you learned to count from 0 to 100. Here are the numbers above 100.

110 centodieci	1.000 mille
200 duecento	2.000 duemila
300 trecento	3.000 tremila
400 quattrocento	4.000 quattromila
500 cinquecento	5.000 cinquemila
600 seicento	10.000 diecimila
700 settecento	100.000 centomila
800 ottocento	1.000.000 un milione
900 novecento	1.000.000.000 un miliardo

1. In Italian, a period is used instead of a comma to indicate thousands. Decimals are indicated with a comma.

    1.000   3.550   4.892   3,20   8,99   3.800,22

2. In Italian, the indefinite article **un, uno, una** is not used with **cento** (*a hundred*) and **mille** (*a thousand*). It is, however, used with **milione** (*million*).

    cento dollari   *a hundred dollars*
    mille persone   *a thousand people*
    un milione di lire   *a million lire*

3. When **milione (milioni)** and **miliardo (miliardi)** are followed by a noun, the preposition **di** is used before the noun.

    un milione di persone   *a million people*
    due miliardi di euro   *two billion euros*

4. The plural of **mille** is **mila. Cento** has no plural form.

    trecento   *three hundred*
    duecentomila   *two hundred thousand*

5. Numbers are written with all digits attached. You will also often see a combination of digits and words.

quattrocentomiladuecentonovanta   *four hundred thousand two hundred ninety*
400mila   *four hundred thousand*

6.29 Quant'è? Abbina i numeri in lettere della colonna A con i numeri in cifre della colonna B.

A	B
1. millenovecentosessantadue	**a.** 344.000
2. duemilionitrecentosettantanovemila	**b.** 1962
3. ottocentonovantamiladuecentoundici	**c.** 200.000
4. duecentomila	**d.** 2.379.000
5. tremilaquattrocentocinquantacinque	**e.** 3.455
6. trecentoquarantaquattromila	**f.** 890.211
7. due miliardi	**g.** 2.000.000.000

6.30 Gli elettrodomestici. Indica quanto costano in euro i seguenti elettrodomestici. Scrivi i numeri in lettere.

ESEMPIO: un televisore / 850,00
    Un televisore costa ottocentocinquanta euro.

1. un frigorifero / 972,00   **4.** una lavatrice / 478,00
2. uno stereo / 1.653,00   **5.** una lavastoviglie / 566,00
3. una sveglia / 27,70

Scambi

6.31 Arrediamo la casa. Cosa ci mettiamo? Prima preparate una lista di mobili, elettrodomestici e oggetti che volete mettere nelle seguenti stanze. Poi decidete insieme dove mettere le varie cose.

ESEMPIO: S1: Cosa mettiamo nell'ingresso?
    S2: Ci mettiamo un tavolino con un vaso di cristallo
        e sopra ci mettiamo uno specchio.

1. l'ingresso   **5.** lo studio
2. la camera da letto   **6.** la sala da pranzo
3. il bagno   **7.** la cucina
4. il soggiorno

6.32 Chi ne ha uno? Usa la lista di mobili, elettrodomestici e oggetti che hai preparato per l'attività **6.31** e trova una persona che ha quegli oggetti.

ESEMPIO: S1: Hai uno stereo?
    S2: Sì, ne ho uno (No, non ne ho). E tu?

6.33 Che cosa compriamo? Immaginate di avere duemilacinquecentocinquanta euro per arredare la cucina. Guardate il disegno a pagina 182 e decidete insieme che cosa è importante comprare e perché.

Così si dice: **Quanto costa?**

When you wish to find out the price of one or more items, you can ask **Quanto costa?** *How much does it cost?* and **Quanto costano?** *How much do they cost?* It is also very common to use the verb **venire** and ask **Quanto viene?** *How much is it?* and **Quanto vengono?** *How much are they?*

6.34 Gli elettrodomestici. Ascolta due volte le conversazioni e indica di quale oggetto parlano. Scrivi il numero di ogni conversazione nello spazio vicino all'oggetto.

a. La macchina da caffè ___ 155,00 euro

b. Il tostapane ___ 35,99 euro

c. Il frullatore ___ 65,00 euro

d. Forno Gourmet ___ 3.478,80 euro

e. Forno a microonde ___ 759,60 euro

f. Lavastoviglie ___ 761,90 euro

6.35 Quanto costa? Guardate i disegni a pagina 182. A turno, uno studente/una studentessa legge un prezzo e l'altro/a deve indovinare qual è l'oggetto.

6.36 Quanto spendi? Scoprite quanto l'altra persona spende ogni mese per: l'affitto, la macchina, il cibo, i vestiti, il tempo libero. Scoprite qual è il cambio attuale dell'euro ed indicate le spese in euro.

Lo sai che? Gli italiani e la ricerca del «bello»

Gli italiani spesso spendono molto per i bagni e le cucine. Quando una persona compra o affitta una casa deve anche comprare tutti i mobili della cucina: gli armadietti (*cabinets*), il lavandino e tutti gli elettrodomestici, perché in genere le abitazioni sono completamente vuote (*empty*).

All'interno delle case è difficile trovare la moquette, perché agli italiani non piace molto. Infatti di solito preferiscono i pavimenti di mattonelle (*tiles*) di ceramica, di marmo o di legno (*wood*).

Molto spesso agli italiani piace arredare la casa con mobili e oggetti antichi insieme a mobili e oggetti moderni di famosi designer. Alcuni architetti italiani sono noti per il disegno di oggetti per la casa, come l'architetto Aldo Rossi, che ha disegnato tante cose molto belle anche per la storica fabbrica Alessi. Altri oggetti famosi sono, ad esempio, le lampade dell'Artemide e della Flos, i divani della B&B, tutti di linea molto moderna e sofisticata.

6.37 Le differenze. Trovate almeno tre differenze fra l'arredamento delle case italiane e le case del vostro Paese.

6.38 Il design italiano. Consulta Internet e trova informazioni sul design italiano e le aziende menzionate nella lettura. Poi racconta alla classe cosa hai scoperto (*discovered*).

PERCORSO III
LE ATTIVITÀ IN CASA

Vocabolario: Che cosa hanno fatto?

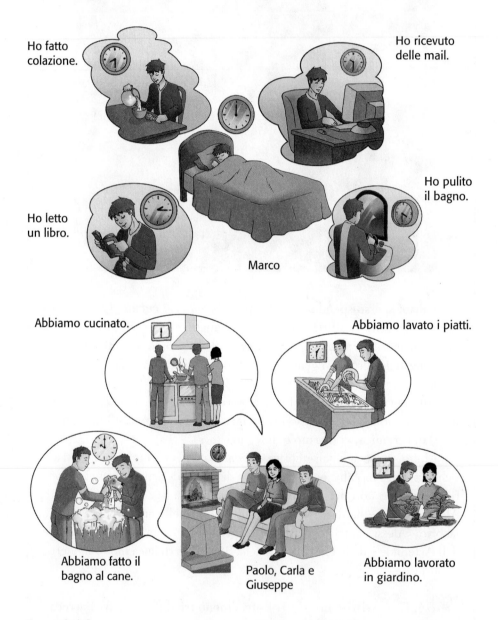

Ho fatto colazione.

Ho ricevuto delle mail.

Ho letto un libro.

Ho pulito il bagno.

Marco

Abbiamo cucinato.

Abbiamo lavato i piatti.

Abbiamo fatto il bagno al cane.

Paolo, Carla e Giuseppe

Abbiamo lavorato in giardino.

Le attività

aiutare *to help*
lavare il pavimento *to mop the floor*
pagare i conti *to pay bills*
perdere (*pp.* perso, perduto) *to lose*
tagliare l'erba *to mow the lawn*

Per esprimere il tempo nel passato

ieri sera *last night*
tre giorni/una settimana/un mese/un anno fa *three days/a week/a month/a year ago*

la settimana scorsa/il
  mese/giovedì scorso *last*
  week/ last month/last Thursday

il mese/l'anno passato *last*
  month/year
di recente/recentemente *recently*

Così si dice: *Già, Non. . . ancora, Non. . . mai*

● ●

In Italian, **già** is placed after the verb to indicate the English *already:* **Sei già stanco?** *Are you already tired?* To express the English *not yet/never,* place **non** in front of the verb and **ancora/mai** after the verb: **Non sono ancora stanco.** *I'm not tired yet.* **Non sono mai stanco.** *I'm never tired.*

6.39 Mettiamo in ordine! Fate una lista di tutte le attività che dobbiamo/possiamo fare:

1. in casa con altre persone.
2. in casa da soli.
3. fuori.
4. con l'uso di un oggetto.

6.40 Che cosa hai fatto? Indica che cosa hai fatto ieri. Abbina i verbi della colonna A con le parole della colonna B.

A	B
1. Ho pagato. . .	a. l'erba
2. Ho ricevuto. . .	b. i conti
3. Ho lavato. . .	c. un libro
4. Ho letto. . .	d. il pavimento
5. Ho pulito. . .	e. il cane
6. Ho perso. . .	f. delle mail
7. Ho tagliato. . .	g. il bagno

6.41 Quando l'hai fatto? Usa un'espressione della lista e indica l'ultima volta (*the last time*) cha hai fatto le attività che seguono. Poi paragona i tuoi risultati con quelli di un compagno/una compagna.

1. Ho letto un bel libro.
2. Ho scritto una lunga lettera a un amico/un'amica.
3. Ho fatto la spesa.
4. Ho lavato il pavimento in cucina.
5. Ho cenato in un ristorante con i miei genitori.
6. Ho fatto colazione a casa.
7. Ho aiutato un amico/un'amica.
8. Ho dato da mangiare al cane.
9. Ho passato l'aspirapolvere.
10. Ho spolverato i mobili.

In contesto: Cosa hai fatto oggi?

Marisa e Tina parlano al telefono di tutto quello che hanno fatto durante la giornata.

TINA: Pronto! Chi parla?

MARISA: Ciao, Tina! Sono io, Marisa. Come va?

TINA: Ah, ciao, Marisa. Non c'è male. E tu? Cosa hai fatto oggi?

MARISA: Mille cose! Sono stanca morta. Domani arrivano i miei cugini dall'Argentina. Ti ricordi? **Li** hai conosciut**i** due anni fa. Insomma, abbiamo messo in ordine tutta la casa e abbiamo lavorato tanto. Mio fratello e mio padre hanno pulito il garage, io ho passato l'aspirapolvere, ho spazzato e ho rifatto i letti. Mia madre, poverina, ha cucinato tutto il giorno. Mia sorella invece non ha fatto niente!

TINA: Tua sorella somiglia a mio fratello! Io invece stamattina prima ho letto un po', dopo ho scritto alcune lettere e **le** ho spedit**e**. Poi nel pomeriggio ho studiato.

Lucky you!   MARISA: Beata te!°

6.42 È vero! Trova nel dialogo informazioni per giustificare le seguenti affermazioni.

1. Tina conosce i cugini di Marisa.
2. Marisa è una ragazza dinamica.
3. Tina è una ragazza sedentaria.
4. La mamma di Marisa sa cucinare bene.
5. La sorella di Marisa è pigra.
6. Il padre e il fratello di Marisa lavorano molto.

Occhio alla lingua!

1. Look at the illustrations of Paolo, Carla, Giuseppe, and Marco on p. 190. Who did which activity, and at what time?
2. Looking at the captions describing Paolo's, Carla's, Giuseppe's, and Marco's activities, identify the two parts of each verb in the past tense. What part of each verb changes and when?
3. Now, underline each verb in the past tense in the *In contesto* phone conversation. Can you determine what the corresponding infinitive of each verb is?
4. Two verbs are used with a direct-object pronoun (highlighted in bold-face type) in the *In contesto* conversation. What do you notice about the accompanying verb forms in these instances?

Grammatica

Il passato prossimo con *avere*

The present perfect, **passato prossimo**, is used to talk about activities in the past. In Italian, it always has two parts, a helping (auxiliary) verb and a past participle. The auxiliary verb is conjugated.

Io **ho lavato** i piatti.	*I (have) washed the dishes.*
Carlo e Giovanni **hanno cucinato**.	*Carlo and Giovanni (have) cooked.*
Maria **ha spazzato** il pavimento.	*Maria (has) swept the floor.*

In this chapter, you will learn about the present perfect of transitive verbs—verbs that can take a direct-object, like those you see in the above examples. In Capitolo 7, you will learn how to form the past tense of intransitive verbs—verbs that cannot take a direct-object.

The present perfect of transitive verbs is always formed with the present tense of **avere** + past participle. The past participle of regular verbs is formed by dropping the infinitive endings **-are, -ere,** or **-ire**, and adding **-ato, -uto, -ito** respectively to the infinitive stem.

	comprare	vendere	pulire
io	ho comprato	ho venduto	ho pulito
tu	hai comprato	hai venduto	hai pulito
lui/lei	ha comprato	ha venduto	ha pulito
noi	abbiamo comprato	abbiamo venduto	abbiamo pulito
voi	avete comprato	avete venduto	avete pulito
loro	hanno comprato	hanno venduto	hanno pulito

In negative sentences with the **passato prossimo, non** precedes the auxiliary verb.

| **Non** ho pulito la casa. | *I didn't clean the house.* |

6.43 Chi l'ha fatto? Indica chi ha fatto le seguenti cose fra le persone della lista.

| io e mio fratello   Maria   tu   Marta e Anna   tu e Giovanni   io |

1. _____ ha dato da mangiare al cane.
2. _____ avete passato l'aspirapolvere.
3. _____ ho cucinato.
4. _____ abbiamo pulito il bagno.
5. _____ hanno lavato i piatti.
6. _____ hai spolverato i quadri.

6.44 Che cosa hanno fatto? Indica cosa le seguenti persone hanno fatto ieri sera. Completa le frasi con il passato prossimo di uno dei seguenti verbi.

| dare   pagare   spazzare   dormire   ricevere   ascoltare   nuotare   incontrare |

1. Ieri sera Mario _____ i conti.
2. Luisa e Giovanni _____ da mangiare al cane.

3. Io e Luigi _____ gli amici in salotto.

4. Paolo _____ i CD.

5. Mia madre _____ il pavimento.

6. Marco _____ gli amici al bar.

7. Io _____ in piscina.

8. Tu e Marco _____ in soggiorno.

6.45 Quando? Ascolta le frasi due volte. Indica se le persone hanno fatto le attività nel passato o se le fanno nel presente. Scrivi anche il soggetto di ogni azione.

	Soggetto	Presente	Passato
1.			
2.			
3.			
4.			
5.			
6.			
7.			
8.			

Participi passati irregolari

Below are some common verbs that have irregular past participles, which you must memorize. Keep in mind that **-ere** verbs very often have irregular past participles.

Infinito	Passato Prossimo	Infinito	Passato Prossimo
aprire (*to open*)	ho **aperto**	mettere (*to put*)	ho **messo**
bere (*to drink*)	ho **bevuto**	offrire (*to offer*)	ho **offerto**
chiedere (*to ask*)	ho **chiesto**	perdere (*to lose*)	ho **perso** (perduto)
chiudere (*to close*)	ho **chiuso**	prendere (*to take*)	ho **preso**
conoscere (*to know*)	ho **conosciuto**	rispondere (*to answer*)	ho **risposto**
decidere (*to decide*)	ho **deciso**	scrivere (*to write*)	ho **scritto**
dire (*to say*)	ho **detto**	spendere (*to spend*)	ho **speso**
fare (*to do*)	ho **fatto**	vedere (*to see*)	ho **visto** (veduto)
leggere (*to read*)	ho **letto**		

Ha perso il gatto!   *He lost his cat!*

Ho offerto un caffè agli amici.   *I offered a coffee to my friends.*

6.46 Cosa hanno fatto? Completa le frasi con il passato prossimo di uno dei seguenti verbi.

> **chiudere   scrivere   aprire   prendere   offrire   spendere
> leggere   fare   vedere   perdere**

1. Mario _____ la porta.
2. Giovanna _____ le finestre.
3. Io e Luigi _____ le chiavi di casa (*house keys*).
4. Tu e Giovanni _____ un bel libro.
5. Rosalba e Renata _____ la cena agli amici.
6. Io _____ un film italiano.
7. Noi _____ un caffè.
8. Tu e Giovanni _____ colazione al bar.
9. Chi _____ una lettera a Luisa?
10. Noi _____ molto per quei mobili.

6.47 Dove? Spiega in quali stanze le persone indicate hanno fatto le seguenti attività.

ESEMPIO: Noi / mangiare la pastasciutta (*pasta with sauce*)

              Noi abbiamo mangiato la pastasciutta in cucina.

1. Io / pranzare
2. Tu e Carlo / preparare la cena
3. Marta / prendere un caffè con gli amici
4. Tu / scrivere una lettera
5. Io e Mario / guardare la televisione
6. Gli amici / ascoltare la musica
7. Giuseppe / dormire
8. Mia madre e mio padre / leggere il giornale
9. Io / rispondere alle mail
10. Tu e un tuo compagno / studiare per un esame
11. Mia nonna / cucinare
12. Io e Anna / vedere un film

6.48 Una bella serata. Descrivi la serata di Marco e Lucia. Completa il paragrafo seguente con i verbi al passato prossimo.

Ieri sera Marco (1. *invitare*) _____ Lucia a cena in un bel ristorante. I due amici (2. *mangiare*) _____ molto bene, ma (3. *spendere*) _____ una piccola fortuna! Lucia infatti (4. *prendere*) _____ la carne e Marco (5. *ordinare*) _____ il pesce. Tutti e due (6. *bere*) _____ vino e acqua minerale. Poi, dopo la cena, Marco (7. *volere*) _____ portare Lucia al

cinema. (Loro) (8. *vedere*) _____ un film d'avventura e dopo
(9.*decidere*) _____ di fare una passeggiata vicino al mare.
(Loro) (10. *parlare*) _____ dei loro comuni amici e Lucia
(11.*domandare*) _____ a Marco se conosce Carlo. Marco
 (12. *rispondere*) _____ che lo conosce benissimo e allora
Lucia (13. *dire*) _____ che Carlo le piace moltissimo!

L'accordo del participio passato con i pronomi di oggetto diretto

When the pronouns **lo, la, li, le**, and **ne** are used with the **passato prossimo**, they are placed in front of **avere** and the past participle agrees in number and gender with the pronoun. The pronouns **lo** and **la** are elided when the auxiliary verb begins with an **o, a,** or **h + o** or **a**. If it begins with a different vowel, elision is optional.

—Marco ha passato l'aspirapolvere?	—*Did Marco vacuum?*
—No, non **l'**ha passato.	—*No, he didn't vacuum.*
—Hai invitato le ragazze?	—*Did you invite the girls?*
—**Le** ha invitat**e** Mario.	—*Mario invited them.*
—Avete letto il giornale?	—*Did you read the paper?*
—No, non **lo** abbiamo lett**o**.	—*No, we didn't read it.*
—Chi ha lavato i piatti?	—*Who washed the dishes?*
—**Li** ho lavat**i** io.	—*I washed them.*
—Quante amiche hai invitato?	—*How many friends did you invite?*
—**Ne** ho invitat**e** dieci.	—*I invited ten of them.*

6.49 Come hai passato la domenica? Vuoi sapere se il weekend scorso alcuni compagni hanno fatto le seguenti cose. Forma le domande e immagina le risposte. Usa il passato prossimo e un pronome di oggetto diretto.

ESEMPIO: portare il cane fuori

—Hai portato il cane fuori?

—Sì l'ho portato fuori. *o* No, non l'ho portato fuori.

1. apparecchiare la tavola

2. leggere il giornale

3. scrivere una lettera

4. ascoltare la musica

5. preparare la colazione

6. incontrare gli amici

7. fare la spesa

8. tagliare l'erba

Scambi

6.50 Chi l'ha fatto? Trova almeno due compagni che recentemente hanno fatto le seguenti cose. Scopri anche i particolari. Poi racconta alla classe cosa hai scoperto.

ESEMPIO: S1: Hai visto un film italiano recentemente?
             S2: Sì, ne ho visto uno molto interessante
             S1: Dove l'hai visto? Con chi? Quando?. . .

	Nome	I particolari
1. vedere un film italiano		
2. cucinare un piatto italiano		
3. cambiare casa		
4. leggere un libro italiano		
5. scrivere a un/una parente in Italia		
6. fare un dolce italiano		
7. comprare un mobile nuovo		
8. vendere la macchina		
9. pagare l'affitto		
10. offrire il pranzo o la cena a un amico/un'amica		

6.51 Una domenica a casa. Hai passato la domenica in casa. Indica cinque attività che hai fatto e cinque che non hai fatto. Poi paragona le tue attività con quelle di un compagno/una compagna e insieme decidete chi ha passato meglio la giornata (*who had a more fun day*).

6.52 Divertente o noiosa? Usa le attività descritte in **6.51** e scrivi un biglietto al tuo professore. Parla di come tu e il tuo compagno/la tua compagna avete passato la domenica.

6.53 Al telefono. Immagina di telefonare a tua madre e di discutere con lei che cosa hai fatto oggi a casa. A coppie, ricostruite la telefonata.

ANDIAMO AVANTI!

🗣 *R*icapitoliamo

● ●

 6.54 Sul giornale. Immagina di essere un/a giornalista italiano/a che deve scrivere un articolo sulle abitazioni e le attività della gente del tuo Paese. Prepara una lista di sei domande e prendi in considerazione:

   a. la vita in famiglia

   b. i lavori di casa

   c. l'abitazione e il quartiere

   d. quanto spendono al mese

Usa la tua lista per intervistare una o due persone. Poi, con le informazioni che hai ottenuto, scrivi un breve articolo.

 6.55 Abitiamo insieme? Hai appena visto un bell'appartamento. Cerchi un coinquilino/una coinquilina. Immagina di telefonare a un amico/a un'amica e cercare di convincerlo/la a dividere l'appartamento con te. Il tuo amico/la tua amica non vuole abitare con te. A coppie, ricostruite la telefonata e poi presentatela alla classe.

 6.56 Voglio affittare una casa. Sei in Italia alcuni mesi per motivi di studio. Cerchi casa e quindi telefoni a un'agenzia immobiliare (*real estate agency*). Spieghi cosa vuoi e l'agente ti risponde. A coppie, ricostruite la telefonata e poi presentatela alla classe.

 6.57 Che cos'è? Leggi le descrizioni dei mobili e accessori che si possono trovare in casa e indovina di che cosa si tratta. Poi paragona i tuoi risultati con un compagno/una compagna. Avete le stesse risposte?

   1. Ne mettiamo uno a sinistra del letto e uno a destra. Ci mettiamo una lampada, un libro o una fotografia.

   2. Lo mettiamo in salotto o in soggiorno o in camera da letto. Generalmente lo mettiamo contro la parete. Ci mettiamo i libri e a volte lo stereo.

   3. Ne abbiamo più di uno. Lo usiamo per parlare con gli amici e i parenti.

   4. Le mettiamo in cucina o in sala da pranzo, vicino al tavolo.

   5. Lo mettiamo in cucina. Ci mettiamo la frutta, l'acqua, la birra e il vino bianco.

   6. Lo mettiamo in soggiorno, contro la parete o la finestra. Davanti ci mettiamo un tavolino.

   7. Le mettiamo in salotto, vicino al divano.

   8. Lo mettiamo per terra, in soggiorno o in sala da pranzo.

6.58 Il costo della vita. Cerca su Internet quanto costano le seguenti cose in Italia. Costano di più o di meno nel tuo Paese?

1. affittare un monolocale in una grande città

2. affittare una villa o cascina (*farm house*) in Toscana

3. comprare un appartamento di 100 mq. vicino al mare

4. un divano di B&B

5. una lampada di Artemide

6. i piatti di Richard Ginori

7. un oggetto di Alessi

6.59 I regali. Scrivi quattro regali che hai comprato di recente per un/una parente o un amico/un'amica. Poi, a coppie, a turno, fate domande sull'oggetto e cercate di indovinare quanto l'altra persona l'ha pagato.

ESEMPIO: S1: Che cosa hai comprato recentemente?

                  S2: Ho comprato una borsa per mia madre.

                  S1: Dove l'hai comprata? Di che colore è? Di chi è?. . .

📖 Leggiamo

· ·

Strategie per leggere: Scanning to locate specific information

At times it is efficient to scan a text to locate specific information that you need and to pay less attention to other details. For example, you might quickly scan real estate ads to find apartments or houses whose price, size, or location interests you. Then, once you have found the relevant ads, you can read them carefully.

Prima di leggere

6.60 Le persone indicate vogliono affittare una casa in Italia. Secondo te, che cosa cercano? Prepara una lista delle loro esigenze (*needs*).

1. Due coppie di turisti americani che non sopportano il caldo vogliono passare alcuni giorni a Firenze, in centro, e vogliono tutti i comfort.

2. Una coppia francese con due figli e un cane cerca una comoda casa in campagna vicino al mare.

3. Tu e altri tre amici volete passare quattro giorni in una città d'arte italiana, unica e originale. Cercate un piccolo appartamento vicino al centro storico per poter visitare meglio la città.

4. Una coppia di nonni vuole passare le vacanze con i figli e i nipoti in una zona di mare. Terrazzo e piscina sono essenziali.

Mentre leggi

6.61 Gli annunci che seguono descrivono alcune case in affitto in diverse località italiane. Scorri (*scan*) gli annunci per trovare la casa più adatta (*suitable*) alle persone indicate in **6.60**. Sottolinea (*underline*) le informazioni importanti.

6.62 Rileggi ogni annuncio attentamente per trovare la casa perfetta per le persone indicate.

case annunci case annunci **case annunci**

Rilassarsi fuori città. In montagna o al mare. Per le vacanze estive o solo per qualche weekend.

a. Venezia. Affittasi grazioso appartamento con 4 posti letto vicino al centro storico per brevi periodi (minimo 3 giorni). Per prenotare[1] contattare il numero 340/2747512.

b. Firenze. Affittasi giornalmente e settimanalmente in piazza Duomo appartamento con vista del Duomo, ascensore, aria condizionata, letto matrimoniale più divano letto e televisore. Per maggiori informazioni inviare una mail all'indirizzo (lotto@conmet.it).

c. Otranto (LE). Affittasi ville a 200 metri dal mare con giardino e piscina, terrazzo, vista panoramica sul mare, soggiorno e camere doppie (6/8 posti letto), doppi servizi[2] e garage. Per altre informazioni e prenotazioni telefonare al numero 348/7835120.

d. Isole Eolie. Salina, affittasi da maggio a settembre casa eoliana con un grande terrazzo in zona tranquilla. Per maggiori informazioni e prenotazioni contattare il numero 090/2732161 oppure 338/4961398.

e. Ostuni (BR). Affittasi in meravigliosa campagna pugliese villino[3] a 500 metri dal mare e a pochi chilometri dal paese, con servizi, cucina, televisore, veranda e parcheggio. Sono graditi[4] gli animali domestici. Per maggiori informazioni contattare il numero 338/364594.

f. Firenze. A 5 chilometri dal centro della città, affittasi per brevi soggiorni (minimo 3 giorni) monolocali (2/4 posti letto) in una fattoria[5] immersa nella natura con tutti i comfort. È compreso il cambio biancheria[6] completo. Per prenotazioni e maggiori informazioni telefonare al numero 055/923467 oppure 348/327542.

---

1. to reserve   2. two bathrooms   3. small villa   4. welcome   5. farm   6. change of linen

Dopo la lettura

6.63 Dopo aver letto gli annunci, completa le attività che seguono.

1. Quale casa è più adatta per ognuna delle persone indicate in **6.60**? Perché?

2. Immaginate di andare in Italia quest'estate. Quale casa vi sembra più adatta per voi? Perché?

Scriviamo

Strategie per scrivere: Writing a formal letter

You may occasionally need to write a formal letter in Italian. For example, you might wish to obtain information about renting an apartment or a house for the summer or for a longer period of time. Italian business letters tend to be long and flowery and to include many formulaic expressions of courtesy. While it takes practice and experience to get a feel for writing such an elaborate letter, it is possible to write an appropriate basic business letter by stating your needs clearly and concisely and incorporating suitable expressions to begin and close your letter. You can use some of the following expressions.

Espressioni per indirizzare la lettera

Gentile Signore/Signora	*Dear Sir, Madam*
Egregio Direttore	*Esteemed Director*

Espressioni per iniziare la lettera

desidero informazioni su. . .	*I wish to have information about. . .*
avrei intenzione di. . .	*I intend to. . .*
ho bisogno di. . .	*I need. . .*
vorrei. . .	*I would like. . .*

Espressioni per concludere la lettera

Ringrazio infinitamente. . .	*Thank you very much. . .*
Distinti saluti	*Sincerely*

Una lettera formale. Scrivi una breve lettera formale per una delle situazioni seguenti.

In vacanza in Italia.

- Scrivi una lettera ad un'agenzia italiana per affittare una delle case delle pubblicità precedenti.

Vacanza studio.

- Vuoi studiare in Italia. Chiedi informazioni su dove puoi abitare. Scrivi una lettera al direttore di una scuola di lingua.

21 marzo 2008

Gentile Signora Marini,
desidero informazioni sulla sua casa al mare. Penso di venire in vacanza dal primo al 30 luglio. Quanto costa la casa per un mese? C'è l'aria condizionata? Non mi piace il caldo! Quante camere da letto ci sono? Noi siamo in quattro: io, mio fratello e due amiche. La ringrazio e aspetto una sua gentile risposta,

Giulia Nunzi

Prima di scrivere

6.64 Prima di scrivere la lettera segui i suggerimenti seguenti:

1. Scegli le espressioni che vuoi usare per indirizzare, iniziare e concludere la tua lettera.

2. Annota le informazioni necessarie sui punti seguenti:
   a. la data di arrivo e la data di partenza
   b. il tipo di sistemazione (*housing*) che cerchi
   c. il numero delle persone
   d. le caratteristiche (*features*) della casa

3. Adesso prepara una scaletta di quello che vuoi scrivere.

La scrittura

6.65 Scrivi la prima stesura usando gli appunti (*notes*) che hai preparato:

1. Indica la data e indirizza correttamente la lettera.

2. Inizia con l'espressione appropriata.

3. Usa l'espressione più adatta per introdurre il motivo della tua lettera e descrivi le tue necessità.

4. Indica quanto vuoi spendere.

5. Ricordati di scrivere il tuo nome, indirizzo e numero di telefono per ricevere la risposta.

La versione finale

6.66 Lascia passare un po' di tempo. Poi leggi la prima stesura della lettera.

1. Le informazioni sono corrette, chiare e complete?

2. Hai usato le espressioni più adatte per iniziare e concludere la lettera?

3. Hai usato il **Lei** sempre?

4. Adesso correggi la lettera attentamente. Controlla come si scrivono tutte le parole, gli articoli, l'accordo degli aggettivi e dei nomi. Hai usato le preposizioni giuste?

Guardiamo

Prima di guardare

> **Strategie per guardare: Observing cultural differences**
>
> Observing cultural differences can be a very important part of your viewing experience as you watch a video clip. For example, look carefully at the setting: What are the buildings and interiors like? Focus also on what people say about their surroundings. What can you learn about Italian homes, tastes, and values? Do they differ from your own?

6.67 In questo videoclip alcune persone descrivono la loro abitazione. Prima di guardare rispondi alle domande seguenti.

1. Che cosa sai delle abitazioni degli italiani? Gli italiani abitano in villette o appartamenti?

2. Che cosa ti aspetti (*expect*) di vedere? Case vecchie o nuove? Grandi o piccole? Perché?

3. Prepara una breve lista di parole che pensi le persone useranno (*will use*) per parlare delle stanze e dei mobili.

Mentre guardi

6.68 Mentre guardi, completa le frasi seguenti:

1. Chiara dice che nella sua casa ci sono
   a. affreschi antichi.
   b. mobili moderni.

2. In casa di Chiara ci sono
   a. molti libri.
   b. molte sedie.

3. Chiara mostra (*shows*)
   a. due camere da letto.
   b. due scrivanie.

4. La casa di Felicita è
   a. un appartamento moderno.
   b. una villetta con giardino.

5. Sul balcone di Felicita ci sono
   a. dei fiori.
   b. i suoi cani.

6. Fabrizio passa molto tempo
   a. in cucina.
   b. nel suo studio.

7. Fabrizio resta nel suo studio fino a tardi
   a. sempre e solo per lavorare.
   b. per lavorare e navigare su Internet.

8. Plinio passa molto tempo in casa
   a. perché fa lo scrittore.
   b. perché vende libri in casa.

Dopo aver guardato

6.69 Dopo aver guardato il video, completa le attività seguenti:

1. Perché la casa di Felicita è diversa dalle case della maggioranza degli italiani?

2. Quale frase corrisponde meglio a quello che dice Plinio: «La casa per me scandisce (*sets the rhythm for*) il tempo del mio lavoro»?
   a. Dopo il lavoro torno a casa e mi rilasso.
   b. Lavoro in stanze diverse ad ore diverse della giornata.
   c. Lavoro molto tempo in casa e la casa influenza il mio lavoro.

3. Descrivete le case all'inizio del video e la casa di Chiara. Fate una lista delle differenze fra le abitazioni nel vostro Paese e quelle in Italia.

*I*taly is the largest furniture exporter in the world. Over the years, the Friuli-Venezia Giulia and the Puglia regions have emerged as two of the leading home furnishings industry centers in Italy. Puglia is particularly important for upholstered leather furniture and Friuli for its kitchen furniture and appliances.

The two regions are also known for their agricultural and food products and their beautiful landscape. For example, in Puglia, the Promontorio del Gargano has lovely beaches and in places like Vieste one can admire Roman ruins.

Piazza della Libertà, ad Udine: il Porticato di San Giovanni, uno dei tanti monumenti rinascimentali della città. Per molti anni Udine appartenne (*belonged*) alla città di Venezia. L'influenza della cultura veneta è evidente nelle bellissime vie e piazze della città, che conserva un aspetto medievale. Il Friuli-Venezia Giulia è una regione «a statuto speciale» e quindi (*therefore*) ha una notevole autonomia amministrativa. Nel Friuli c'è una minoranza di lingua slovena, ma l'italiano è la lingua della maggioranza. I friulani parlano anche un dialetto simile al ladino. Pier Paolo Pasolini (1922–1975), famoso regista e poeta, scrisse (*wrote*) molte poesie in friulano, la lingua della sua famiglia.

Vista panoramica della città di Trieste. Trieste entra a far parte definitivamente dello Stato Italiano nel 1954, dopo la seconda guerra mondiale. La città ha avuto una storia complessa e tormentata. Per secoli (*centuries*) politicamente legata all'Austria, Trieste prosperò durante il 1700 e per molti anni fu (*was*) il porto più importante dell'Adriatico. A Trieste convivevano (*lived together*) popolazioni, culture e religioni diverse. Per molti anni l'unione con l'Italia fu difficile per l'economia e per gli abitanti di questa città multietnica. Oggi Trieste è una città originale e unica, proprio a causa di questa diversità culturale. Italo Svevo (1861–1928), l'autore di *La Coscienza di Zeno*, nacque (*was born*) a Trieste.

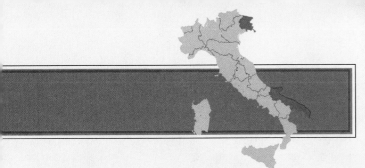

I trulli, abitazioni caratteristiche di Alberobello, in Puglia. Queste costruzioni bianche a forma di cubo con sopra un cono di pietra (*stone*) grigia, sono circondate da fertili campagne e colline coltivate con viti (*vines*), olivi e alberi da frutto. Per la loro costruzione si usa un tipo di calcare (*limestone*) duro e antico, tipico della Puglia. Una nuova realtà turistica è quella dell'affitto e della compravendita dei trulli.

Picture Desk, Inc./Kobal Collection.

Verifichiamo

6.70 Vero o falso? Indica quali delle seguenti affermazioni sono vere e quali false. Correggi le affermazioni false.

1. Il Friuli-Venezia Giulia e la Puglia sono due regioni nel sud d'Italia.

2. La Puglia è vicino alla Slovenia.

3. A Udine è evidente l'influenza della cultura austriaca.

4. I friuliani non parlano italiano.

5. Pasolini è un famoso architetto italiano.

6. Trieste non è una città italiana.

7. I trulli sono antiche chiese romaniche.

8. A Lecce ci sono molti monumenti importanti.

6.71 E nel tuo Paese? L'industria dei mobili e dell'arredamento è molto importante nel tuo Paese?

6.72 Città multietnica. C'è una città come Trieste nel vostro Paese? Cosa sapete della sua storia?

La Basilica di Santa Croce (1646) in stile «Barocco leccese» a Lecce, in Puglia. Nella città, molto antica e importante, ci sono molti bellissimi monumenti barocchi, costruiti con una pietra tipica della zona. Lecce è conosciuta come «La Firenze del Barocco» per la bellezza dei suoi edifici.

Picture Desk, Inc./Kobal Collection.

Vocabolario

La casa

l'affitto	rent
l'appartamento	apartment
l'ascensore (m.)	elevator
l'attico	penthouse
il bagno	bathroom
il balcone	balcony
la camera da letto	bedroom
la cantina	basement
la cucina	kitchen
il garage	garage
il giardino	garden
l'ingresso	entry
il monolocale	studio apartment
il pianterreno	ground floor
il primo/secondo piano	first / second floor
la sala da pranzo	dining room
il soggiorno	living room, family room
la scala	staircase
la stanza	room
lo studio	den

I verbi

affittare	to rent
aiutare	to help
arredare	to furnish
cambiare casa	to move
chiudere (*p.p.* chiuso)	to close
dividere (*p.p.* diviso)	to share
fare il bagno; fare il bagno a	to bathe; to give a bath to
lavare il pavimento	to mop the floor
pagare i conti	to pay bills
perdere qualcosa	to lose something
pulire il bagno	to clean the bathroom
ricevere gli amici	to welcome friends
ricevere delle mail	to get e-mail
spendere (*p.p.* speso)	to spend
tagliare l'erba	to mow the lawn
vivere da solo/a	to live alone

I mobili e l'arredamento

l'armadio	armoir
il cassettone	dresser
il comodino	night table
il divano	couch
la doccia	shower
la lampada	lamp
il lampadario	chandelier
il lavandino	sink
il letto	bed
la libreria	bookcase
la moquette	carpet
l'orsacchiotto di peluche	stuffed teddy bear
i mobili	furniture
la pianta	plant
la poltrona	armchair
il poster	poster
il quadro	painting
lo scaffale	shelf
la scrivania	desk
il tappeto	rug
il tavolino	coffee table
il tavolo	table
la vasca	bathtub
il vaso di cristallo	crystal vase
il water	toilet

Gli elettrodomestici e gli oggetti

l'aria condizionata	air conditioning
l'asciugatrice	dryer
gli elettrodomestici	appliances
il ferro da stiro	iron
i fornelli	burners
il forno/ a microonde	oven/ microwave oven
il frigorifero	refrigerator
la lavastoviglie	dishwasher
la lavatrice	washer
il lettore CD/DVD	CD/DVD player
la stampante	printer

lo stereo	stereo system
la radiosveglia	radio alarm clock
il televisore	TV set

Il posto

contro	against
al centro di	in the middle of
per terra	on the floor
su	on

I numeri dopo 100: See p. 186.

Espressioni di tempo

ieri sera	last night
tre giorni/una settimana/	three days/a week/
un mese/un anno fa	a month/a year ago

la settimana scorsa/	last week/
il mese/giovedì scorso	last month/last Thursday
il mese/l'anno passato	last month/year
di recente/recentemente	recently

Altre parole ed espressioni

il centro	center of town, downtown
il coinquilino/	housemate, roommate
la coinquilina	
il gatto	cat
la macchina	car
la parete	wall
la periferia	outskirts
il quartiere	neighborhood
la zona	area

Che hai fatto di bello?

Lo sai che?

- Gli italiani e il tempo libero
- Il calcio e altri sport
- La musica in Italia

La sera dopo il lavoro

IN THIS CHAPTER YOU WILL LEARN HOW TO:

- Discuss how you spent your free time
- Talk about sports
- Make plans for the weekend and other occasions

PERCORSO I
LE ATTIVITÀ
DEL TEMPO LIBERO

Vocabolario: Cosa hai fatto il weekend scorso?

Sabato mattina Lucia si è svegliata presto. Si è messa le scarpe da tennis ed è andata al Tennis Club.

Sabato pomeriggio Lucia non è uscita. È restata a casa e ha suonato la batteria.

Sabato sera alcuni amici sono venuti a casa di Lucia. Hanno chiacchierato, ascoltato musica e guardato un DVD, ma si sono annoiati.

Le attività del tempo libero

andare* *to go*
  ad un concerto *to a concert*
  ad un museo *to a museum*
  fuori a cena *out to dinner*
  a teatro *to the theater*
  in campagna *to the countryside*
  in montagna *to the mountains*
  in palestra *to the gym*

fare (*pp.* fatto) *to make, to do*
  aerobica *to do aerobics*
  spese *to go shopping*
  bodybuilding *to do weightlifting*
  footing *to jog*
  alpinismo *mountain climbing*
  equitazione *horseback riding*
  scherma *fencing*
  una gita *to take an excursion*
  un viaggio *to take a trip*

giocare *to play*
   a biliardo *pool*
   a bowling *bowling*
   a hockey *hockey*
   a pallacanestro/a basket
     basketball
   a pallavolo *volleyball*
   a scacchi *chess*
leggere i fumetti *to read comic books*
suonare il piano *to play the piano*

Prima o dopo?

dopo *after*
infine *finally*
più tardi *later*
poi *then*
prima *before*

7.1 In casa o fuori? Indica quali attività e giochi puoi fare in casa e quali fuori casa.

7.2 In quale stagione? Completa la seguente scheda e indica quali attività e che tipo di abbigliamento associ con queste stagioni.

Stagione	Attività	Abbigliamento
primavera		
estate		
autunno		
inverno		

🍂 **7.3 Che tipo è?** Indica quali delle seguenti personalità associ con le attività indicate.

> **Personalità:**
>
>   **a.** attiva, dinamica, sportiva, atletica
>   **b.** artistica, intellettuale, estroversa, vivace
>   **c.** sedentaria, tranquilla, timida, sensibile
>   **d.** socievole, estroversa, espansiva, divertente

Attività:

_____ **1.** leggere i fumetti
_____ **2.** giocare a biliardo
_____ **3.** andare ad una festa
_____ **4.** giocare a scacchi
_____ **5.** sciare
_____ **6.** fare footing
_____ **7.** nuotare
_____ **8.** fare vela
_____ **9.** andare a teatro, a un concerto di musica classica, a un museo
_____ **10.** giocare a pallacanestro

_____ **11.** andare in palestra

_____ **12.** dipingere

_____ **13.** suonare la batteria

_____ **14.** scrivere poesie

7.4 Chi lo fa? Indica tre attività che fai spesso quando hai tempo libero. Trova una persona in classe che fa almeno due delle stesse cose. Poi decidete insieme che tipo siete e usate alcuni aggettivi delle personalità in **7.3**.

In contesto: Che giornata, ieri!

Tiziana scrive sul diario quello che ha fatto ieri.

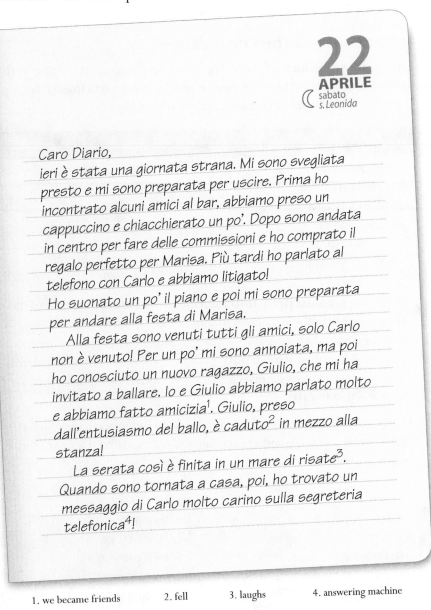

22 APRILE
sabato
s. Leonida

Caro Diario,
ieri è stata una giornata strana. Mi sono svegliata presto e mi sono preparata per uscire. Prima ho incontrato alcuni amici al bar, abbiamo preso un cappuccino e chiacchierato un po'. Dopo sono andata in centro per fare delle commissioni e ho comprato il regalo perfetto per Marisa. Più tardi ho parlato al telefono con Carlo e abbiamo litigato!
Ho suonato un po' il piano e poi mi sono preparata per andare alla festa di Marisa.
*   Alla festa sono venuti tutti gli amici, solo Carlo non è venuto! Per un po' mi sono annoiata, ma poi ho conosciuto un nuovo ragazzo, Giulio, che mi ha invitato a ballare. Io e Giulio abbiamo parlato molto e abbiamo fatto amicizia[1]. Giulio, preso dall'entusiasmo del ballo, è caduto[2] in mezzo alla stanza!*
*   La serata così è finita in un mare di risate[3]. Quando sono tornata a casa, poi, ho trovato un messaggio di Carlo molto carino sulla segreteria telefonica[4]!*

1. we became friends   2. fell   3. laughs   4. answering machine

7.5 Come è stata la giornata di Tiziana? Elencate tutte le attività piacevoli (*pleasant*) e gli eventi spiacevoli (*unpleasant*) che avete letto nel diario di Tiziana. Poi decidete se è stata una giornata bella o brutta e perché.

Occhio alla lingua!

1. When did the activities shown in the illustrations on p. 209 occur? How can you tell?
2. What do you notice about the forms of the past tense of the verbs that are used?
3. Read again the *In contesto* diary entry, and underline all of the verbs in the present perfect tense that are formed with **avere** and circle all of those formed with **essere**. What differences do you notice between the verbs that form the past tense with **avere** and those that form it with **essere**?

Grammatica

Il passato prossimo con *essere*

The **passato prossimo** of reflexive verbs and most intransitive verbs is formed with the present tense of **essere** plus the past participle. (Remember, an intransitive verb is one that cannot take a direct object.)

andare	vestirsi
io sono andat**o**/**a**	io mi sono vestit**o**/**a**
tu sei andat**o**/**a**	tu ti sei vestit**o**/**a**
lui/lei è andat**o**/**a**	lui/lei si è vestit**o**/**a**
noi siamo andat**i**/**e**	noi ci siamo vestit**i**/**e**
voi siete andat**i**/**e**	voi vi siete vestit**i**/**e**
loro sono andat**i**/**e**	loro si sono vestit**i**/**e**

1. When the **passato prossimo** is formed with **essere**, the past participle always agrees with the subject in number and gender.

   Maria **è arrivata** a casa alle nove. I fratelli **sono tornati** poco dopo; le sorelle invece non **sono uscite**.

   Maria arrived home at nine o'clock. Her brothers returned shortly after; her sisters, however, didn't go out.

2. Verbs that indicate physical movement from one place to another are generally intransitive and are conjugated with **essere**. Here are some of the most common ones.

andare	*to go*	lui/lei è andato/a
arrivare	*to arrive*	lui/lei è arrivato/a
entrare	*to enter*	lui/lei è entrato/a
partire	*to leave*	lui/lei è partito/a
ritornare	*to return*	lui/lei è ritornato/a
tornare	*to return*	lui/lei è tornato/a
uscire	*to go out*	lui/lei è uscito/a
venire	*to come*	lui/lei è venuto/a

Note that **venire** has an irregular past participle.

3. These common intransitive verbs are also conjugated with **essere** in the **passato prossimo**:

diventare	*to become*	lui/lei è diventato/a
essere	*to be*	lui/lei è stato/a
morire	*to die*	lui/lei è morto/a
nascere	*to be born*	lui/lei è nato/a
restare	*to stay*	lui/lei è restato/a
rimanere	*to remain*	lui/lei è rimasto/a
stare	*to be, to stay*	lui/lei è stato/a

Note that **essere, morire, nascere**, and **rimanere** have irregular past participles.

4. Reflexive verbs are always conjugated with **essere** in the **passato prossimo**. The past participle agrees in number and gender with the subject.

Marisa **si è alzata** troppo tardi.   *Marisa got up too late.*

Io e Paolo **ci siamo divertiti**   *Paolo and I had a very good time.*
moltissimo.

7.6 Che cosa hanno fatto? Indica che cosa hanno fatto le seguenti persone. Completa le frasi con un verbo della lista:

hanno giocato	è andato	abbiamo fatto	ha fatto
si è divertita	ho visto	sono andate	si è messa
sono venuti	è andata		

1. Ieri Carlo _____ in pizzeria con gli amici.
2. La settimana scorsa io e Paolo _____ vela.
3. Stamattina Giovanna e Tommaso _____ a basket.
4. L'altro ieri Edoardo _____ footing.
5. Una settimana fa Renata _____ al cinema.
6. Il mese passato io _____ un film italiano.
7. Ieri sera Laura e Olivia _____ in discoteca.
8. Stamattina Paola _____ le scarpe da tennis.
9. Ieri sera Roberto e Antonella _____ a casa mia.
10. Domenica scorsa Lucia _____ molto a giocare a golf.

7.7 Ieri sera. Racconta quello che le persone seguenti hanno fatto ieri sera. Cambia i verbi dal presente al passato prossimo usando **avere** o **essere**.

1. Paolo torna a casa alle sei. Suona il pianoforte per un'ora. Dopo telefona ad alcuni amici. Alle otto e mezza cena e poi guarda un po' la TV. Infine gioca a scacchi con il padre e alle 11.30 va a letto.

2. Maria arriva a casa alle due. Prima pranza e poi si riposa un po'. Va in salotto e si addormenta sul divano. Alle quattro si sveglia e si prepara. Alle sei incontra gli amici in piazza. Più tardi vanno a teatro e poi bevono qualcosa insieme al bar.

3. Giulia e Paola ritornano a casa alle sette e mezza. Poi vanno in palestra e fanno un po' di aerobica.

7.8 Come si sono preparati? Alcuni amici hanno fatto le attività seguenti. Per ognuno indicate tre cose che hanno fatto per prepararsi.

ESEMPIO: Sabato mattina Giovanni ha giocato a tennis.
Si è svegliato presto e si è vestito.
Si è messo una maglietta e i pantaloni corti.

1. Ieri pomeriggio Edoardo è uscito con la ragazza.

2. Venerdì sera Cecilia è andata in discoteca.

3. Sabato sera Giulia e Simona sono andate fuori a cena con alcuni amici.

4. Domenica pomeriggio io e Fabrizio siamo andati a teatro.

7.9 Un giorno come gli altri. Due amici si raccontano al telefono cosa hanno fatto durante il giorno. Ascolta la loro conversazione due volte. Mentre ascolti, scrivi il participio passato che senti e indica se il verbo è coniugato con **avere** o con **essere**.

Verbi coniugati con *avere*

1. _____

2. _____

3. _____

4. _____

Verbi coniugati con *essere*

1. _____

2. _____

3. _____

4. _____

5. _____

6. _____

7. _____

8. _____

9. _____

10. _____

Scambi

7.10 Il detective. Guardate l'agenda di Roberta e insieme immaginate che cosa ha fatto ieri.

7.11 Quando è stata l'ultima volta che. . . (*When was the last time that you. . .*)? Intervista un compagno/una compagna e scopri quando è stata l'ultima volta che ha fatto queste cose. Scopri anche i particolari.

ESEMPIO: è uscito/a con gli amici
S1: Quando è stata l'ultima volta che sei uscito/a con gli amici?
S2: Sabato sera.
S1: Dove siete andati?
S2: Siamo andati al cinema e poi abbiamo mangiato una pizza.

1. È andato/a in discoteca.

2. È andato/a ad un concerto.

3. È andato/a ad un museo.

4. È andato/a ad una festa.

5. Si è svegliato/a molto tardi.

6. Ha scritto una lettera.

7. È andato/a in palestra.

8. Si è annoiato/a con gli amici.

---

sabato **22**
aprile

8 _____
30 _____
9 _____
30 *golf con Giulio*
10 _____
30 _____
11 *caffè con Paolo*
30 *casa*
12 *.15 ristorante con*
30 *la famiglia*
13 _____
30 _____
14 _____
30 _____
15 *casa*
30 _____
16 _____
30 *spese in centro*
17 _____
30 *palestra*
18 _____
30 _____
19 *Fabrizio in piazza*
30 _____
20 _____
30 *pizzeria con gli amici*
21 _____
30 _____
22 *festa a casa di Giorgio*
30 _____
23 _____
30 *discoteca con gli amici*
24 _____

Così si dice: **Per indicare l'anno**

To indicate the year when you did something, you can use **nel** + the year. **Quando sei andata in Italia? Nel 1999.** *When did you go to Italy? In 1999.* **In che anno hai cominciato l'università? Nel 2004?** *When did you start college? In 2004?*

7.12 Chi si è divertito di più ieri sera? Scopri che cosa hanno fatto ieri sera tre compagni/compagne. Secondo te, chi si è divertito/divertita di più? Racconta alla classe che cosa hai scoperto (*discovered*) e spiega quali sono le tue conclusioni.

ESEMPI:
        S1: Sei uscito/a ieri sera?
        S2: Sì.
        S1: Che cosa hai fatto?
        S2: Sono andato/a in discoteca con gli amici. . .

Cosa hai scoperto?
    —Jason è andato in discoteca con gli amici. Secondo me si è divertito molto.

Lo sai che? Gli italiani e il tempo libero

Durante la settimana gli italiani, in genere, la sera stanno a casa. Prima di cena, però, prima di rientrare dal lavoro, spesso si ritrovano (*gather*) in una piazza o per una delle strade principali della città per incontrare gente, passeggiare, guardare i negozi o entrare in un bar a prendere qualcosa. Le relazioni sociali, infatti, sono molto importanti per gli italiani che spesso si riuniscono solo per mangiare insieme, chiacchierare e stare in compagnia, anche senza fare niente di speciale.

Il sabato mattina i giovani vanno a scuola e molte persone lavorano, quindi preferiscono andare fuori il sabato sera e non il venerdì. Le attività del sabato sera sono simili a quelle di tanti altri Paesi: il cinema, il ristorante, una cena a casa di amici, la discoteca. I giovani, soprattutto, restano fuori anche tutta la notte e rientrano a casa alle prime ore dell'alba (*dawn*). I locali possono servire alcolici ai ragazzi che hanno compiuto diciotto anni, ma questa regola non è severa (*strict*) e anche giovani di quindici anni possono andare in discoteca o al bar.

La frenesia (*frenzy*) del sabato, o «febbre (*fever*) del sabato sera», indica proprio la voglia di uscire e di godersi l'unica serata veramente libera della settimana.

7.13 Vero o Falso? Indica quali delle seguenti affermazioni sono vere e quali sono false. Correggi le affermazioni false.

1. Dopo il lavoro gli italiani spesso si incontrano con gli amici.
2. Gli italiani non sono molto socievoli.
3. Il venerdì sera è il momento per divertirsi.
4. Nessuno in Italia va mai in discoteca.
5. I giovani di diciotto anni possono bere alcolici.
6. La «febbre del sabato sera» è il nome di un nuovo ballo.

7.14 E nel vostro Paese? Nel vostro Paese fate le stesse cose il sabato sera? Trovate delle cose simili e delle cose diverse riguardo alle sere del weekend.

PERCORSO II
LE ATTIVITÀ SPORTIVE

Vocabolario: Che sport fai?

Il calcio. Si fa in tutte le stagioni. Si indossano i pantaloncini e una maglietta. Si usa un pallone. Non si gioca mai da soli; si gioca a squadre.

Lo sci. Si fa d'inverno. Si fa in montagna. Si fa da soli o con gli amici. Si indossano i pantaloni lunghi e una giacca pesante.

Per parlare di sport

andare* a cavallo *to go horseback riding*
fare
  atletica leggera *to do track and field*
  ciclismo *to bicycle*
  il pattinaggio a rotelle / sul ghiaccio *to go rollerskating / iceskating*
pattinare *to skate*

Gli oggetti per lo sport

la mazza (da golf) *bat; golf club*
la palla *ball*
i pattini *skates*

la racchetta da tennis *tennis racket*
gli sci *skis*

Gli sport e le attività

allenarsi *to practice, to train*
fare il tifo per *to root for*
fare dello sport *to play a sport (sports)*
il giocatore/la giocatrice *player*
la partita *game*
praticare/fare uno sport *to play a sport*
la squadra *team*
il tifoso/la tifosa *fan*
la tuta *sweats*
vincere (*p.p.* vinto) *to win*

7.15 A cosa serve? Abbina gli oggetti della colonna A con gli sport della colonna B.

A	B
1. la racchetta	a. il pattinaggio
2. il pallone	b. il golf
3. la mazza	c. il calcio
4. i pattini	d. il tennis

7.16 Sai che cos'è? Completa le frasi con uno dei termini seguenti e fa' i cambiamenti necessari: **partita, squadra, praticare, tuta, tifoso, allenarsi.**

1. Qual è la tua _____ di calcio preferita?

2. I giocatori professionisti devono _____ sempre molto.

3. Quando faccio atletica spesso mi metto la _____.

4. Per vedere una partita, i _____ vanno allo stadio.

5. Che sport _____ tu?

6. Mi piace guardare una _____ di pallacanestro alla televisione!

G **7.17 Riorganizziamoli!** Considerate tutti gli sport di questo capitolo e quelli che avete studiato nei capitoli precedenti. Poi organizzateli secondo le seguenti categorie:

1. Si fanno soprattutto in autunno.

2. Si fanno d'estate.

3. Si fanno da soli.

4. Si fanno a squadre.

5. Si portano i pantaloni lunghi.

6. Si indossa il costume da bagno.

G **7.18 E tu che fai?** Preparate una breve lista di sport che vi interessano fra quelli che avete studiato e indicate anche che cosa si usa per praticarli.

In contesto: Parliamo un po' di sport!

Luca, uno studente italiano, e Samantha, una studentessa americana, discutono di sport.

LUCA: In Italia il calcio è lo sport che si guarda di più alla televisione. E la domenica si va allo stadio e si fa il tifo per la squadra della propria città. E negli States? Il calcio non si segue molto, vero?

SAMANTHA: No, non molto. Molti ragazzi giocano a calcio da piccoli, ma poi quando sono grandi preferiscono il basket o il baseball e il football.

LUCA: Gli americani fanno molto sport, però, vero?

SAMANTHA: Sì, in genere sono molto sportivi. Giocano a tennis, a golf, a pallacanestro. E poi in ogni stagione vanno allo stadio e si seguono molto le partite anche alla televisione. Si fa tanto sport anche nelle scuole, sai. E gli italiani?

LUCA: Veramente in Italia si fa sempre più sport. Per esempio, si gioca sempre di più a pallavolo e naturalmente tanti giocano a tennis e d'inverno vanno a sciare in montagna. Però nelle scuole no, non si fa molto sport. A tutti, in ogni caso, piace guardare lo sport alla televisione!

7.19 È proprio vero? Trova informazioni nella conversazione per giustificare le seguenti affermazioni.

1. Gli italiani sono tifosi di calcio.

2. In America lo sport è molto importante.

3. Lo sport piace anche in Italia.

7.20 Siete d'accordo? Indicate se siete d'accordo con Samantha oppure no.

Occhio alla lingua!

1. Look at the verbs in the descriptions of the sports on p. 216. Can you tell who is performing each of the actions?

2. Which verbs are singular and which are plural in the descriptions on p. 216? What is the difference between **si usa una palla** and **si portano i pantaloni bianchi?**

3. Reread the *In contesto* conversation and circle all of the verbs. Which verbs have a specific subject that you can identify and which do not?

Grammatica

● ●

Il *si* impersonale

The impersonal construction is used in Italian when there is no specific subject performing the action of a verb. It is equivalent to the impersonal use of *one* or *you* in English in such sentences as *one can play volleyball here* or *you can play volleyball here*. In Italian, the impersonal is formed with **si** + third-person singular or plural of the verb. The singular form of the verb is used when there is no object or the object is singular. The plural is used when the object is plural.

Si va allo stadio la domenica.	*On Sundays one goes to the stadium.*
Si usa una racchetta.	*You use a racket. (A racket is used.)*
Si praticano molti sport.	*One plays many sports.*
	(Many sports are played.)

7.21 Che cosa si fa? Indica che cosa si fa generalmente nelle situazioni seguenti e completa le frasi con la forma corretta del verbo.

1. Per scrivere una mail _____ (usare) il computer.
2. La mattina _____ (bere) il caffè.
3. _____ (mettere) lo zucchero nel caffè.
4. A colazione _____ (mangiare) i biscotti.
5. D'inverno, quando fa freddo _____ (portare) i guanti e una giacca pesante.
6. Per pattinare _____ (portare) i pattini.
7. Quando si nuota _____ (indossare) il costume da bagno.
8. Quando si ha sete _____ (bere) l'acqua.

7.22 Cosa si usa? Indica cosa si usa e cosa si porta quando si fanno i seguenti sport. Usa l'impersonale.

ESEMPIO:　　　il calcio

　　　　　　　Si usa un pallone e si portano i pantaloncini.

1. il pattinaggio
2. il golf
3. lo sci
4. la pallavolo

7.23 Cosa si fa nel tuo Paese? Indica cosa si fa nel tuo Paese nel tempo libero. Scrivi almeno sei attività. Usa l'impersonale.

I pronomi tonici

1. Disjunctive, or stressed, pronouns (**i pronomi tonici**) are used after prepositions such as **di, a, da, in, su, per, con,** and **tra (fra).**

   —Vuoi giocare a tennis con **me**?   —*Do you want to play tennis with me?*

   —Sì, gioco volentieri con **te**.   —*Yes, I'm happy to play with you.*

   —Hai dato la mia racchetta a Giulio?   —*Did you give my racket to Giulio?*

   —Sì, l'ho data a **lui**.   —*Yes, I gave it to him.*

2. Disjunctive pronouns can also be used, instead of direct-object pronouns, after verbs for emphasis. In English this emphasis is provided solely through intonation. Consider the examples below:

   —Ti invito alla festa.   —*I'm inviting you to my party.*

   —Invito **te** e non lui!   —*I'm inviting you and not him!*

   —Vi cerco.   —*I'm looking for you.*

   —Cerco **voi**, non loro!   —*I'm looking for you, not for them!*

Singolare		Plurale	
me	*me*	**noi**	*us*
te	*you*	**voi**	*you*
Lei	*you (formal)*	**Loro**	*you (formal)*
lui, lei	*him, her (informal)*	**loro**	*them (informal)*
sé	*himself, herself, itself*	**sé**	*themselves*

7.24 Una persona curiosa. Un'amica/un amico ti domanda cosa hai fatto di recente. Rispondi usando un pronome tonico.

ESEMPIO: —Hai giocato a tennis con il tuo migliore (*best*) amico?
              —Sì, ho giocato con lui.

1. Ti sei allenato/a con gli altri giocatori?

2. Sei andato/a al cinema con la tua ragazza/il tuo ragazzo?

3. Vai a cavallo con i tuoi amici?

4. Hai fatto aerobica con tua sorella?

5. Vieni a teatro con noi domani?

6. Giochi a pallavolo con me più tardi?

> ### Così si dice: La preposizione *da*
>
> •••
>
> You have learned that the preposition **da** is used to express the English *from*: **Veniamo da casa mia.** It can also be used with a person's name, a disjunctive pronoun, or a noun indicating a profession to express *at/to the house of* or *at the place of business of*. **Mangiamo spesso da Mario.** *We eat often at Mario's house.* **Vieni a cena da me?** *Will you come to dinner at my house?* **Stefano ci ha invitato a vedere la partita da lui.** *Stefano invited us to watch the game at his house.* **Ho portato la macchina dal meccanico.** *I took my car to the mechanic.*

7.25 Gli sport e gli amici. Alcuni amici parlano del tempo libero. Completa le frasi seguenti con i pronomi tonici corretti.

1. MARCO: Lina, vieni allo stadio con _____ domenica o vai con Daniele?

    LINA: Sì, vengo con _____. Non voglio andare con _____.

2. PAOLO: Perché vai in piscina con Carlo?

    ANNA: È simpatico. Voglio uscire con _____ da molto tempo.

3. GIOVANNI: Ho telefonato a te e a tuo fratello per andare a sciare insieme.

    GIULIA: No, a _____ non hai telefonato, hai telefonato solo a _____!

4. PATRIZIA E LAURA: Vieni in palestra con _____?

    PIERO: In palestra con _____? No! Mai! Siete troppo brave!

5. CARLO: Perché raccontate la partita ai compagni di scuola?

    GIORGIO E CECILIA: Raccontiamo la partita a _____ perché non ci sono andati.

6. ANNA: I pattini sono proprio per _____? Grazie, sei molto gentile!

    LUCIA: Sì, sono per _____! Andiamo a pattinare insieme?

 7.26 I biglietti (*tickets*). Immaginate una telefonata fra due amici/amiche e usate i pronomi tonici quando è possibile:

a. Una persona telefona all'altra per chiederle se vuole andare insieme ad un concerto di musica rock.

b. L'altra persona ringrazia e accetta l'invito.

c. Insieme vi mettete d'accordo su chi compra i biglietti e dove e quando incontrarvi.

Scambi

7.27 Indovina che sport è! Uno studente/Una studentessa sceglie uno sport e ne prepara una breve descrizione, indicando in che stagione e dove si pratica e cosa si indossa per farlo. Poi legge la sua descrizione al gruppo e gli altri studenti/le altre studentesse indovinano che sport è.

7.28 In albergo. Leggete la pubblicità per l'Hotel Dolomiti e l'Hotel Polsa e insieme indicate tutte le attività che si possono fare. Poi immaginate di esserci stati/e un weekend e raccontate in breve cosa avete fatto. Vi siete divertiti/e oppure no?

Brentonico (TN) Hotel Dolomiti & Hotel Polsa
Tel. 0464.867045 - www.hoteldolomitiski.it
Direttamente sulle piste, piscina, palestra, parcheggio, sala giochi, animazione, miniclub, baby park sulla neve. Camere con telefono, tv, cassaforte, asciugacapelli. Menù a scelta, ricca colazione al buffet e buffet di verdure. Serate a tema.
SPECIALE FINO AL 25 DICEMBRE E DAL 9 AL 29 GENNAIO 1 settimana mezza pensione € 310,00
INCLUSO SKIPASS E BIMBO GRATIS FINO 6 ANNI!

7.29 Mettiamoci d'accordo. Alcuni amici parlano di sport. Ascolta due volte le loro conversazioni e rispondi alle domande.

Conversazione A

1. Tutte e due le amiche sanno pattinare?

2. Le due amiche sanno giocare a tennis?

3. Che cosa decidono di fare le due amiche?

Conversazione B

1. Che cosa decidono di fare domenica i due amici?

2. Quando è stata l'ultima volta che è andato alla partita uno dei due amici?

3. La loro squadra sta vincendo o perdendo (*is winning or losing*)?

7.30 Sei sportivo attivo o passivo? Intervista un compagno/una compagna e decidi se è sportivo attivo, passivo o non è per niente sportivo. Fa' domande sui seguenti argomenti: gli sport preferiti, gli atleti preferiti/le atlete preferite, gli sport praticati o seguiti.

Lo sai che? Il calcio e altri sport

Gli italiani seguono molto il ciclismo e l'annuale *Giro d'Italia* e le corse (*races*) automobilistiche. Sono appassionati anche di pallacanestro, pugilato (*boxing*), tennis, sci e atletica leggera. La scherma (*fencing*) poi è una delle tradizioni sportive italiane. Lo sport più popolare però resta sempre il calcio, di cui gli italiani sono grandi tifosi. Le partite si giocano quasi sempre la domenica pomeriggio e molti vanno allo stadio o ascoltano le partite alla radio o le seguono alla televisione. Tanti italiani giocano al totocalcio, che è una lotteria settimanale legata (*linked*) alle partite di calcio. Bisogna cercare di indovinare la squadra che vince in tredici partite.

Ogni città ha la sua squadra che quasi sempre prende il nome dalla città stessa, così esistono ad esempio la Fiorentina, il Milan, la Roma, il Napoli. Alcune città più grandi poi hanno due squadre di calcio: ad esempio, a Roma ci sono la Roma e la Lazio, a Torino il Torino e la Juventus e a Milano il Milan e l'Inter.

Ogni quattro anni la squadra nazionale partecipa ai campionati mondiali di calcio e in questa occasione anche i pochi italiani che di solito non seguono le partite durante l'anno fanno il tifo per la squadra italiana. Gli atleti italiani che partecipano a giochi e partite internazionali portano tutti la maglia azzurra e sono perciò chiamati «gli Azzurri».

7.31 È vero che . . . ? Trova almeno tre informazioni per giustificare le seguenti affermazioni.

1. Il calcio non è l'unico sport che piace agli italiani.

2. Gli italiani sono grandi tifosi di calcio.

3. I mondiali di calcio sono molto importanti per gli italiani.

G **7.32 E nel vostro Paese?** Un turista italiano/Una turista italiana vi chiede informazioni sugli sport nel vostro Paese. Insieme decidete che cosa gli/le volete dire. Quali sono gli sport più importanti?

PERCORSO III
I PROGRAMMI
PER DIVERTIRSI

Vocabolario: Allora, che facciamo?

eti Quirino TEATRO
Vittorio Gassman
DAL 21 DICEMBRE AL 9 GENNAIO
26/12 ore 16,45 • 31/12 ore 20 *RECITE STRAORDINARIE*
La Compagnia di Teatro
di **LUIGI DE FILIPPO**
in
NON TI PAGO!
Commedia in tre atti
di Eduardo De Filippo
regia di
Luigi De Filippo
Scene e costumi
Aldo Buti
Biglietteria **06.6794585** • Rete Amit **800.907080**

Rocky's Club
25 anni di esperienza
Aperto per feste private anche il sabato
✶ Feste per tutte le età
✶ Compleanni
✶ Anniversari   ✶ Musica: Piano Bar e Disco
                    ✶ Karaoke
                    ✶ Animazione a scelta
Salone per ballare!
Diverse possibilità di catering
Via Romana 25, Trento ☎ 0461–43 57 793 Fax 0461–43 56 784

PAOLO ROSSI
Milano, Teatro Studio
22-23 dicembre
La maschera del Signor Rossi
inventata dall'attore milanese
ritorna in *Gli esercizi per...*
*Il Signor Rossi contro l'impero
del Male* continuazione
ideale di *Il Signor Rossi
e la Costituzione*. Monologhi,
flash, canzoni di Paolo Rossi.
Musiche scelte da Franco
Battiato e sul palcoscenico
la compagnia internazionale
del teatro di rianimazione.

Per fare programmi

Cosa danno al. . .? *What's playing
at. . .?*
fissare di + *infinitive* *to agree upon*
mettersi d'accordo *to come to an
agreement*
mi dispiace *I'm sorry*
mi/ti/gli/le piacerebbe *I/you/
he/she would like*
Ti va di + *infinitive?* *Do you feel
like. . .?*
(Non) mi va di + *infinitive . . .* *I
(don't) feel like. . .*
vorrei/vorresti/vorrebbe *I would
like/you would like/he/she would like*

Per parlare di cinema,
musica e teatro

l'attore/l'attrice *actor/actress*
il biglietto *ticket*
il canale TV *TV channel*
il/la cantante *singer*
il cantautore/la cantautrice
singer-songwriter
il gruppo (musicale), la band
band
la commedia *comedy, play*
guardare MTV *to watch MTV*

I classici delle carte
Ecco gli storici giochi di carte
della tradizione italiana:
Scopa, Briscola, Tressette
e Scala 40. E si possono sfidare
altre persone tramite Internet.
Microids per Pc,
€ 12,99 cadauno.

il film *film*	**il/la protagonista** *protagonist*
comico *funny*	**il/la regista** *film director*
drammatico *dramatic*	**lo spettacolo** *show*
di fantascienza *science-fiction*	
romantico *romantic*	
storico *historic*	

7.33 Per completare. . . Scegli il termine più adatto per completare le frasi.

1. La protagonista del film è un'_____ molto brava.

2. Prima di andare a teatro dobbiamo comprare il _____.

3. Quando guardo la televisione, cambio _____ continuamente.

4. Chi è Benigni? È il _____ o il protagonista del film?

5. Non possono _____ su quale film andare a vedere.

6. Non è un film drammatico, è una _____!

7.34 Che significa? Per ogni parola della colonna A trova la definizione corrispondente nella colonna B.

A	B
1. Un film di fantascienza	a. Compone le canzoni che canta.
2. Un cantautore	b. Musicisti e cantanti che suonano e cantano insieme.
3. Un gruppo musicale	
4. La protagonista	c. L'attrice principale di un film.
5. Una commedia	d. Uno spettacolo divertente.
	e. Un film su un immaginario futuro.

7.35 Associazioni. Fa' una lista di tutte le cose che associ alle seguenti attività. Poi confronta la tua lista con quella di un compagno/una compagna.

1. sabato sera

2. il cinema

3. la televisione

4. il teatro

7.36 Per divertirsi. Rispondete alle domande seguenti usando le informazioni negli annunci a pagina 223.

1. Come si giocano i classici delle carte? da soli o in compagnia? Che tipo di giochi sono i classici delle carte secondo te? Quanto costa ogni gioco?

2. Dove puoi andare per vedere una commedia? Qual è il titolo? Chi è il regista? Quanti atti ci sono?

3. Che tipo di feste si possono fare al Rocky's Club? Qual è l'indirizzo del Rocky's Club?

> ### Così si dice: Esortazioni
>
> •
>
> To express in Italian the equivalent of the English *Let's* + *verb,* you can use the first person plural of the verb: **Andiamo al cinema!** *Let's go to a movie!*

In contesto: Che vuoi fare stasera?

Marisa e Alberto discutono su cosa fare sabato sera.

ALBERTO: Marisa, che cosa vuoi fare stasera? Ti va di andare in pizzeria?

MARISA: No, stasera proprio non mi va di andare a cena fuori. Cosa c'è alla televisione?

ALBERTO: Ah, stasera fanno un vecchio film di Sergio Leone, *C'era una volta il West.* Vorrei tanto vederlo! Perché non restiamo a casa?

MARISA: Non mi piacciono i western. Perché non andiamo al Manzoni? Danno *Manuale d'amore.* Ho sentito dire che è molto bello.

ALBERTO: No! L'ho già visto due volte! Io piuttosto preferisco andare a teatro. Allo Storchi c'è *La Mandragola* di Machiavelli. È una commedia divertente.

MARISA: Chi sono gli attori? Chi è il regista?

ALBERTO: Non ricordo i nomi, ma ho sentito che sono tutti bravissimi. Mi piacerebbe molto vederla.

MARISA: A che ora comincia lo spettacolo? Lo sai?

ALBERTO: Non lo so, probabilmente comincia alle otto e mezza o alle nove. Facciamo così, io vado a casa e telefono per i biglietti. Se non ci sono problemi ci vediamo alle otto davanti al teatro e non ti ritelefono.

MARISA: Perfetto! A più tardi, allora.

7.37 La serata di Marisa e Alberto. Indicate le cose che vorrebbe fare Marisa e le cose che vorrebbe fare Alberto. Spiegate anche perché le fanno o non le fanno.

Occhio alla lingua!

1. Look at the questions in the *In contesto* conversation. How are they formed?

2. Underline specific words and expressions that are used in asking questions. What do you think these words and expressions mean?

Grammatica

Interrogativi

Interrogative words are used to ask questions. Usually they are used at the beginning of the question.

Cosa danno al Rialto?	*What's playing at the Rialto?*
Com'è il film?	*How's the film?*

1. When an interrogative word is used, the subject is often placed at the end of the sentence.

Perché non vuole andare in pizzeria Paola?	*Why doesn't Paola want to go to the pizzeria?*
Quando suona con il gruppo tua sorella?	*When does your sister play with the band?*

2. When a verb requires a preposition, the preposition comes at the beginning of the question.

Con chi vai al concerto?	*With whom are you going to the concert ?*

3. Below is a list of words you can use to ask questions.

Interrogativi		
chi?	*who? whom?*	Chi viene a teatro? Con chi vai?
che cosa? cosa? che?	*what?*	Cosa hai visto? Che hai visto?
che?	*what? what kind?*	Che film hai visto?
come?	*how?*	Com'è lo spettacolo?
dove?	*where?*	Dove ci vediamo?
quale (sing.)?	*which (one)?*	Quale cinema preferisci?
quali (pl.)?	*which (ones)?*	Quali attori sono bravi?
quando?	*when?*	Quando vai al museo?
quanto?	*how much?*	Quanto costano i biglietti?
quanto/a (sing.)?	*how much?*	Quanta musica ascolti?
quanti/e (pl.)?	*how many?*	Quante opere hai visto?
perché?	*why?*	Perché non sei mai stato a teatro?

Note:

Chi can be used as the subject of a question as well as the direct object.

Chi è andato al cinema?	*Who went to the movies?*
Chi hai incontrato a teatro?	*Whom did you meet at the theater?*

When **quanto** is used as an adjective, meaning *how many* or *how much*, it agrees in number and gender with the noun it refers to. It is invariable as an adverb meaning *how much*.

Quanti biglietti hai comprato?	*How many tickets did you buy?*
Quanto costano i biglietti?	*How much do the tickets cost?*

7.38 Una serata a teatro. Giovanna e Paola vanno ad un concerto e Giovanna chiede informazioni a Paola. Completa la conversazione con gli interrogativi adatti.

1. GIOVANNA: _____ è quel ragazzo?

   PAOLA: È quello che suona la batteria.

2. GIOVANNA: A _____ ora comincia il concerto?

   PAOLA: Comincia alle 10.00.

3. GIOVANNA: _____ biglietti hai comprato?

   PAOLA: Ne ho comprati quattro.

4. GIOVANNA: _____ hai speso?

   PAOLA: Ottanta euro.

5. GIOVANNA: _____ li hai comprati?

   PAOLA: All'agenzia in Piazza Cavour.

6. GIOVANNA: _____ macchina prendiamo?

   PAOLA: Prendiamo la macchina di mia madre.

7.39 Sportivi attivi! Una tua amica ti parla delle attività sportive dei vostri amici. Per ogni frase formula tutte le domande possibili.

ESEMPIO: Paolo gioca a baseball ogni giorno.

   A che cosa gioca Paolo? Chi gioca a baseball? Quando gioca a baseball Paolo?

1. Il lunedì io faccio footing con Marco.
2. Sabato pomeriggio Roberto nuota in piscina due ore.
3. Luisa gioca a pallavolo con le amiche la domenica mattina.
4. Alberto si allena con la sua squadra ogni sabato.
5. Domenica mattina Emma gioca a tennis con Paolo al suo club.
6. Non pratichiamo sport!

7.40 Cosa vuole sapere? Guardate le locandine del teatro e di Paolo Rossi a pagina 223 e immaginate le domande alle seguenti risposte.

1. CARLO: _____ ?

   MARIO: La commedia *Non ti pago!*

   CARLO: _____ ?

   MARIO: È Luigi De Filippo.

   CARLO: _____ ?

   MARIO: Alle otto.

   CARLO: _____ ?

   MARIO: Tre atti.

2. CARLO: _____ ?

   MARIO: Milano

   CARLO: _____ ?

   MARIO: Il 22 e il 23 dicembre.

   CARLO: _____ ?

   MARIO: Sono di Paolo Rossi.

Scambi

7.41 Che cosa gli piace? Guardate gli annunci a pagina 223 e decidete cosa hanno scelto di fare il weekend passato le seguenti persone. Poi immaginate una conversazione con una di loro per scoprire come ha passato il weekend. Ricordate che non conoscete bene queste persone e usate il **Lei**. Preparate la conversazione per presentarla alla classe.

1. una persona sedentaria (*sedentary*), colta (*cultured*) e intelligente
2. una persona attiva e molto giovane

7.42 Un lungo messaggio. Carla lascia un lungo messaggio telefonico all'amica Anna e le racconta cosa ha fatto il weekend passato. Ascolta il messaggio due volte e completa le frasi.

1. Sabato mattina tutti gli amici insieme _____.
2. Sabato sera gli amici _____.
3. Domenica pomeriggio tutti _____.
4. Domenica sera Carla e Marco _____.

7.43 Informazioni per piacere! Immagina di parlare al telefono con un amico/un'amica e di discutere cosa fare sabato sera. L'amico/L'amica guarda la lista degli annunci a pagina 223 e ti informa di alcune possibilità. Tu fai molte domande al compagno/alla compagna sulle attività e lui/lei risponde alle tue domande.

7.44 Il cinema, che passione! Rispondi alle domande seguenti sul cinema e poi a gruppi discutete i vostri gusti (*tastes*) e presentate le vostre scelte alla classe.

1. Qual è il tuo film preferito? Che tipo di film è? Chi è il regista? Chi sono i protagonisti?
2. A quale film ti sei annoiato/a? A quale ti sei divertito/a? Perché?

ℒo sai che? La musica in Italia

La musica ha sempre avuto un ruolo importante nella cultura italiana. Molte canzoni popolari nascono dalle tradizioni regionali ed esprimono (*express*) a volte, oltre all'amore, i problemi sociali, come l'emigrazione, la protesta e la sofferenza delle classi più povere. Temi sociali e politici hanno spesso un posto di rilievo (*relevant*) nelle canzoni di molti cantautori contemporanei come Lucio Dalla, Vasco Rossi, Francesco Guccini, Gianna Nannini e Pino Daniele. Particolarmente fra i giovani sono molto conosciuti Tiziano Ferro, Laura Pausini, Ligabue, ma anche tutti i tipi di musica moderna, soprattutto dall'Inghilterra e dall'America, e sono popolari le stesse canzoni che i giovani ascoltano in tutto il resto del mondo.

La terminologia usata per la musica moderna è quasi sempre in inglese, come *heavy metal, band, rap* e *jazz, hip-hop*, musica *dance* e musica *house*. Invece i termini per la musica classica usati in tutto il mondo sono in italiano, come ad esempio *lento, adagio, allegro, andante, moderato, crescendo, con brio, vivace*.

Gianna Nannini

L'opera poi è di origine italiana. Le opere di Monteverdi, Donizetti, Rossini, Verdi e Puccini sono conosciute e amate in tutto il mondo. Cantanti lirici del passato e del presente, come il famoso tenore Luciano Pavarotti e la mezzo soprano Cecilia Bartoli, hanno reso la musica operistica popolare in tante parti del mondo.

7.45 La musica italiana. Rispondi alle seguenti domande.

1. Indica tre cose che adesso sai della musica contemporanea in Italia.
2. Indica due cose che adesso sai della musica lirica.
3. Conosci un cantante italiano/una cantante italiana che non è stato/a menzionato/a nella lettura? Chi è? Cosa sai di lui/di lei? Conosci un musicista italiano/una musicista italiana?

Cecilia Bartoli

7.46 Che musica ti piace? Discutete quali tipi di musica ascoltate, quali cantanti e quali canzoni preferite.

ANDIAMO AVANTI!

🗣 Ricapitoliamo

● ●

7.47 Sei libero/a? Nelle colonne A e B sono riportate le pagine di due diverse agende. Uno studente/Una studentessa sceglie A e uno/una sceglie B. Consultate la lista delle attività e trovate tre ore libere per fare qualcosa insieme. Mettetevi d'accordo sul giorno e l'ora e su cosa volete fare.

ESEMPIO: S1: Che fai lunedì sera? Andiamo in pizzeria?
           S2: Non posso! Vado al cinema con Paolo.

A

lunedì: 20.30 cinema con Paolo
martedì: 18.30 palestra
mercoledì: 21.00 cena da Luigi
giovedì: 16.00 tennis con Roberto
venerdì: 20.30 opera con
          Renata e Lucia
sabato: 22.30 discoteca con gli
          amici
domenica: 14.30 partita con Marco

B

domenica: 21.00 partita alla televisione
sabato: serata libera
venerdì: 17.00 partenza per la montagna
          Federico
giovedì: 19.40 teatro con
mercoledì: 20.00 cinema con Rita
17.00 allenamento
martedì: 9.00–12.00 lezione
lunedì: 9.00–18.00 lezione

7.48 Allora cosa facciamo? Un amico italiano/Un'amica italiana è venuto/a a trovarti e adesso volete fare programmi per il weekend. Parlate di cosa avete e non avete fatto di recente. Poi vi mettete d'accordo su cosa fare insieme.

7.49 I programmi alla TV. Consultate i programmi di Rai Uno qui accanto e ricostruite delle conversazioni con le persone indicate. Volete sapere quale programma può essere interessante per loro e anche altri particolari come il canale e l'ora. Con quali persone usate il «tu» e con quali il «Lei»?

1. un amico tifoso/un'amica tifosa di calcio
2. un bambino/una bambina di sette anni
3. un amico/un'amica dei genitori che si interessa di politica
4. un compagno/una compagna di scuola che vuole andare a sciare domani
5. un professore appassionato/una professoressa appassionata di (*who is a fan of*) cinema

7.50 Navigare. Cerca su Internet informazioni sulle seguenti persone. Per ogni personaggio scopri che cosa fa e perché è famoso/a. Poi, a coppie, discutete chi vi interessa di più e perché.

a. Eduardo De Filippo
b. Giacomo Puccini
c. Roberto Baggio

d. Cecilia Bartoli
e. Lina Wertmüller
f. Gianna Nannini

✈ RAI UNO

6,00	Attualità (*current events*). «*Euronews*».
6,30	Tg1 - Telegiornale (*TV news*).
6,45	Attualità. «*Unomattina*». Con Enza Sampò, Franco Di Mare, Sonia Grey, Caterina Balivo, Eleonora Daniele. Regia di D: Donato. –Tg1 - Mattina/Tg1 Musica (ore7-8-9). –Tg1 - L.I.S. (ore7,30). –Tg1 - Flash (ore 9,30).
11,25	Che tempo fa.
11,30	Tg1 - Telegiornale.
11,35	Varietà. «*La prova del cuoco*». Con Antonella Clerici
13,00	Attualità. «*Occhio alla spesa*». Con Alessandro Di Pietro.
13,30	Tg1 - Telegiornale.
14,00	Tg1 - Economia.
14,10	Reality show. «*Il Ristorante*». Con Antonella Clerici
15,00	TF-La signora in giallo. «Tutto in famiglia»
15,45	FILM TV-Commedia «*Un'avventura straordinaria*». Di Sean McNamara. (Usa, 2000). Con Alex D. Linz, William Atherton, John O'Hurley, Annabeth Gish, James Woods.
17,00	Tg1 - Telegiornale.
17,10	Che tempo fa.
17,15	FILM TV-Commedia «*Storia di una principessa*». Di Gavin Millar. (Canada/Lussemburgo, 2002). Con Stockard Channing, Azura Skye, Trudie Styler, Emma Poole, Jenna Harrison.
18,40	Quiz. «*L'eredità*». Con Amadeus.
20,00	Tg1 - Telegiornale.
20,30	Quiz. «*Affari tuoi*». Con Paolo Bonolis.
21,00	Reality show. «*Il Ristorante*». Con Antonella Clerici. Regia di S. Colabona. Vedere a pag. 38.
23,15	Tg1 - Telegiornale.
23.20	FILM-Drammatico «*I vestiti nuovi dell'imperatore*». Di Alan Taylor. (Gran Bretagna/Germania/Italia, 2001). Con Ian Holm, Iben Hjejle, Tim McInnerny, Tom Watson. 1ª Tv.
1,05	Tg1 - Notte.
1,30	Tg1 - Musica.
1,45	Attualità. «*Sottovoce*». Con Gigi Marzullo.
2,15	Attualità. «*Rai Educational - Lo spettacolo della cultura*». «*Kaleidoscope*».
2,45	Reality show. «*Il Ristorante*». (R).
3,25	Quiz «*Affari tuoi*» (R). Con Paolo Bonolis (R).
3,55	FILM-Commedia «*Hollywood Palms*». Di Jeffrey Nachmanoff. (Usa, 2001). Con Patrick Labyorteaux, Matt Winston, Jeff Russo, Jay R. Ferguson, Elizabeth Mitchell.
5,20	TF-Zorro. «*La sfida*».
5,30	Musicale. «*50 anni di successi*».

📖 Leggiamo

● ●

> **Strategie per leggere: Making assumptions about content**
>
> You have learned that before reading a text it is very helpful to examine the format, title, headings, and any visual images. These can assist you not only in anticipating and understanding the content but also in making specific assumptions about the topic—what the subject matter is and even what the focus may be. Then, as you read, you can confirm your assumptions or modify them as you acquire new information.

Prima di leggere

7.51 I testi che seguono sono brevi articoli su eventi e attività che possiamo fare per divertirci. Prima degli articoli, leggi attentamente i titoli.

1. Ci sono nei titoli parole che conosci?

2. Secondo voi, di cosa parlano gli articoli? Fate una breve lista dei possibili argomenti.

Mentre leggi

7.52 Adesso leggi gli articoli. Sottolinea le informazioni che confermano o contraddicono le tue supposizioni.

Macché Vienna!
Il più bel walzer si balla in Italia.

Il walzer, l'ultima danza inventata dall'Europa ad aver conquistato[1] il mondo, oggi ci appare come il passo[2] dolce e perduto di una misura[3] squisita di incontro tra natura e civiltà, fisicità e architettura.

«Tutte le classi sociali, a tutte le età: lo insegniamo ai ragazzini e ai settantenni» dice Leo Bovini, presidente dell'Associazione Nazionale Maestri di Ballo. «Noi italiani siamo all'apice[4] internazionale, assieme all'Inghilterra. E dobbiamo rimanerci. Disciplina, fantasia, tanta passione. Venga[5] alle nostre gare[6], vedrà la gente che arriva. Il walzer si balla più al nord che al centro e più al centro che al sud, ma magari[7] una coppia prende la macchina da Messina per ballare a Ravenna.»

---

1. conquered   2. step   3. balance   4. top   5. Come   6. competitions   7. perhaps

H ai mai provato a pattinare?

Non aver paura di scivolare[1] sul ghiaccio. Noi ti insegniamo a muovere i primi passi o a perfezionare il tuo stile. Per divertirti in vacanza con uno sport che non ha età[2]. Non importa se non avete mai indossato un paio di pattini da ghiaccio o se sono passati secoli dall'ultima volta. Pattinare non è così difficile. E soprattutto può essere un'ottima idea per passare un pomeriggio diverso insieme ai figli, al marito, agli amici. Non occorre[3] nemmeno essere in montagna per avere una pista[4] a disposizione[5], ormai durante le feste natalizie ne vengono allestite[6] anche di provvisorie in moltissime città.

1. slip   2. ageless   3. It is not necessary   4. rink   5. available   6. set up

Dopo la lettura

7.53 Dopo aver letto gli articoli completa le attività che seguono.

1. Le tue ipotesi prima di leggere erano (*were*) corrette?

2. Nei testi che hai letto, trova elementi per confermare le affermazioni seguenti.

   a. Il walzer ha ancora molto successo in Italia e lo ballano giovani e anziani.

   b. Durante il festival «Sport Movies & TV» la gente ha visto moltissimi film sul calcio.

   c. Pattinare sul ghiaccio non è difficile e si può farlo in molti posti.

3. Immaginate un titolo alternativo per ogni articolo. Poi ogni gruppo legge i titoli alla classe e gli altri indovinano di quale articolo si tratta.

Il calcio al cinema e alla TV

Dal 22 ottobre al 3 Novembre ha avuto luogo[1] a Milano la 22a edizione di «Sport Movies & TV», il più importante festival internazionale sul cinema e sui programmi televisivi dedicati allo sport e in particolare al calcio. Hanno partecipato più di 90 nazioni e più di 230.000 spettatori, che sono entrati gratuitamente. La gente ha potuto assistere alle proiezioni sui 6 grandi schermi nelle sale del Palazzo Affari ai Giureconsulti e anche sul Megaschermo fuori, proprio in piazza del Duomo. C'è stata una quantità incredibile di video, filmati e trasmissioni in diretta sui principali eventi sportivi della televisione per più di 10 ore al giorno, su più di 70 sport diversi, anche se il calcio ha avuto la parte principale.

1. took place

Scriviamo

Strategie per scrivere: Relating a past event

We often relate a past event or experience in our writing. For example, we may write a postcard, a note, or an e-mail to tell a friend or a family member about something interesting we have done. When you narrate an event in the past, use the **passato prossimo** to tell what happened.

Un weekend con gli amici. Scrivi una mail ad un amico/un'amica per raccontargli/raccontarle che cosa hai fatto di recente con i tuoi amici/le tue amiche durante un weekend particolarmente interessante.

Prima di scrivere

7.54 Prima di iniziare a scrivere, organizza le tue idee.

1. Prendi in considerazione le domande seguenti e prendi degli appunti:
   a. Quando sono successi (*happened*) gli episodi che vuoi raccontare?
   b. Quali azioni in particolare vuoi raccontare?
   c. Che cosa hai fatto tu e cosa hanno fatto i tuoi amici/le tue amiche?
2. Ricorda di raccontare cosa è successo alla fine.

La scrittura

7.55 Usa gli appunti e scrivi una prima stesura.

La versione finale

7.56 Leggi la tua stesura:

1. Hai usato gli appunti? Hai incluso particolari interessanti?
2. Hai usato **essere** o **avere** correttamente?
3. Controlla se hai scritto bene tutte le parole, l'uso degli articoli e l'accordo degli aggettivi e dei nomi.

 # Guardiamo

Strategie per guardare: Using lines of dialogue to anticipate content

Sometimes before viewing a video segment it is helpful to focus on key comments made by different individuals who are featured. By analyzing such comments carefully, you can often determine quite specifically what they will be talking about and what their personality is like.

Prima di guardare

7.57 In questa parte del video, alcune persone parlano di come passano o hanno passato il tempo libero. Leggi quello che dicono. Secondo queste frasi, immagina che cosa hanno fatto di recente per divertirsi. Con chi?

1. VITTORIO: Ho un'enorme collezione di DVD.
2. EMMA: Siamo andati al mare.
3. TINA: Sono stata alla prima del Maggio Musicale Fiorentino.
4. FABRIZIO: Pratico qualche sport per tenermi in forma.

Mentre guardi

7.58 Mentre guardi il video, indica a chi si riferiscono le espressioni e le frasi seguenti.

	Vittorio	Dejan	Emma	Tina	Gaia	Fabrizio	Laura
a. Leggere i fumetti							
b. Film di fantascienza							
c. La partita di calcetto							
d. Ci siamo divertiti.							
e. Seguo le partite di calcio.							
f. Il mio vestito di scena							
g. Vengono fatti dei concerti, delle opere.							
h. Lo sport che pratico di più è il pattinaggio.							

G Dopo aver guardato

7.59 Dopo aver visto il video, completate le attività seguenti.

1. Discutete chi sono le persone più sportive e quelle meno attive. Perché?
2. Con chi vi identificate di più per quanto riguarda il tempo libero?
3. Di recente, cosa avete fatto di simile alle persone intervistate? Dove? Con chi?
4. Riguardo al tempo libero, quali differenze avete notato fra le persone del video e le persone del vostro Paese?

Attraverso La Valle d'Aosta e il Trentino-Alto Adige

Valle d'Aosta and Trentino-Alto Adige, two regions located on the northern borders of the Italian peninsula, are ideal vacation spots for nature and mountain enthusiasts. Here the tallest and most magnificent peaks of the Alps can be found, as well as beautiful lakes, spectacular waterfalls and glaciers, and tranquil green valleys.

The Valle d'Aosta is also known for its many Roman and medieval monuments. Tourism is the most significant industry in these two regions, but agriculture, especially the growing of fruit trees and grapes, is also important to the economy.

Il Castello Reale di Sarre, in Valle d'Aosta. La Valle d'Aosta è la regione più piccola d'Italia. La maggior parte della superficie è montagnosa. Ci sono le montagne più alte della catena delle Alpi—il monte Bianco (4810 m) la montagna più alta d'Europa, il Cervino, il monte Rosa e il Gran Paradiso—e famose stazioni di sport invernali, come Courmayeur. In Valle d'Aosta ci sono anche numerosi castelli medievali molto interessanti.

Oggi la Valle d'Aosta è una regione a «statuto speciale» e quindi ha maggiore autonomia politica e amministrativa delle altre regioni italiane. Le lingue ufficiali della regione sono l'italiano e il francese.

La Valle di Valmontey, nel Parco Nazionale del Gran Paradiso. Questo parco è il più antico d'Italia. Si estende per più di 600 chilometri quadrati e comprende boschi (*forests*), ghiacciai (*glaciers*), laghi, cascate (*waterfalls*), montagne molto alte e piante e animali rari.

Il lago e il paese di Molveno ai piedi delle Dolomiti del Brenta. Il Trentino-Alto Adige è una regione interamente montuosa. Il paesaggio, tipicamente alpino, con grandi montagne, boschi, valli e numerosi laghetti (*small lakes*), attira turisti da tutto il mondo in estate e in inverno. Le Dolomiti, situate nella parte orientale del Trentino-Alto Adige, sono famose per la loro particolare roccia composta da microorganismi marini e per i loro splendidi colori che cambiano (*change*) con la luce del sole. Fra i numerosi caratteristici paesi sono molto conosciuti, ad esempio, San Martino di Castrozza e Madonna di Campiglio, chiamata anche «la perla delle Dolomiti». Anche il Trentino-Alto Adige è una regione a «statuto speciale». In questa regione si parlano tre lingue: l'italiano, il tedesco e il ladino, un dialetto neolatino simile ai dialetti di alcune zone della Svizzera.

Verifichiamo

7.60 Cosa hanno in comune? Indica:

1. tre cose che la Valle d'Aosta e il Trentino-Alto Adige hanno in comune;
2. una differenza fra la Valle d'Aosta e il Trentino-Alto Adige;
3. due lingue che si parlano in Valle d'Aosta;
4. tre lingue che si parlano in Trentino-Alto Adige;
5. il nome di una località turistica in Valle d'Aosta;
6. il nome di una località turistica in Trentino- Alto Adige.

7.61 E nel vostro Paese? Ci sono regioni o stati nel vostro Paese dove si nota l'influenza di un'altra cultura in modo particolare?

7.62 Il turismo in montagna. Quali zone nel vostro Paese sono famose per gli sport invernali?

Il Duomo dell'Assunta, a Bolzano, nel Trentino-Alto Adige. Bolzano è stata annessa all'Italia nel 1918. Prima infatti faceva parte dell'Austria. L'influsso degli austriaci si nota nelle forme gotico-nordiche di questa cattedrale e di tanti altri edifici nel centro storico.

Bolzano conserva molte tradizioni germaniche: infatti in questa provincia gli abitanti sono bilingui, parlano l'italiano e il tedesco. Anche tutti i documenti ufficiali sono in due lingue e ci sono scuole in italiano e in tedesco. Questa differenza di lingua e di cultura ha creato molti conflitti e tensioni, particolarmente in passato.

Vocabolario

Il tempo libero

andare*	
ad un concerto	to go to a concert
ad un museo	to go to a museum
fuori a cena	to go out to dinner
a teatro	to go to the theater
in campagna	to go to the countryside
in montagna	to go to the mountains
in palestra	to go to the gym
annoiarsi*	to get bored
chiacchierare	to chat
fare spese	to shop
fare una gita	to take an excursion
fare un viaggio	to take a trip
giocare a biliardo/a scacchi	to play pool/chess
guardare un DVD	to watch a DVD
leggere fumetti	to read comic books
suonare la batteria/	to play the drums/
il piano (il pianoforte)	the piano

Le attività sportive

allenarsi*	to practice, to train
andare a cavallo	to go horseback riding
giocare	
a bowling	to go bowling
a calcio	to play soccer
a golf	to play golf
a hockey	to play hockey
a pallacanestro/a basket	to play basketball
a pallavolo	to play volleyball
fare il tifo per	to root for
fare	
aerobica	to do aerobics
alpinismo	to do mountain climbing
atletica leggera	to do track and field

bodybuilding	to do bodybuilding
ciclismo	to bicycle
equitazione	to go horseback riding
footing	to jog
scherma	to fence
dello sport	to play a sport (sports)
la giacca pesante	heavy jacket
il giocatore/la giocatrice	player
i pantaloncini	shorts
la mazza (da golf)	bat; golf club
la palla	ball
il pallone	(soccer) ball
la partita	game
il pattinaggio a rotelle/ sul ghiaccio	rollerskating/iceskating
pattinare	to skate
i pattini	skates
praticare, fare uno sport	to play a sport
la racchetta da tennis	tennis racket
le scarpe da tennis	tennis shoes
gli sci	skis
la squadra	team
il tifoso/la tifosa	fan
la tuta	sweats
vincere (p.p. vinto)	to win

I programmi per il weekend

Cosa danno al. . .?	What is playing at. . .?
fissare di + infinitive	to agree upon
mettersi d'accordo	to come to an agreement
mi dispiace	I'm sorry
mi/ti/gli/le piacerebbe	I/you/he/she would like
Ti va di + infinitive?	Do you feel like. . .?
(Non) mi va di + infinitive. . .	I do (not) feel like. . .
vorrei/vorresti/vorrebbe	I would like/you would like/he/she would like

Il cinema, la musica ed il teatro

l'attore/l'attrice	*actor*
il biglietto	*ticket*
il canale TV	*TV channel*
il/la cantante	*singer*
il cantautore/la cantautrice	*singer-songwriter*
il concerto	*concert*
il gruppo (musicale), la band	*band*
la commedia	*comedy, play*
guardare MTV	*to watch MTV*

il film	*film*
comico	*funny*
drammatico	*dramatic*
di fantascienza	*science-fiction*
romantico	*romantic*
storico	*historic*
il/la protagonista	*protagonist*
il/la regista	*film director*
lo spettacolo	*show*

Espressioni per domandare: See p. 226.

Ti ricordi quando?

Lo sai che?

- La scuola in Italia
- L'Italia di ieri e di oggi

Com'è bello andare in bicicletta!

IN THIS CHAPTER YOU WILL LEARN HOW TO:
- Talk about your childhood
- Discuss past school experiences
- Describe the way things used to be and talk about changes

PERCORSO I
I RICORDI D'INFANZIA
E DI ADOLESCENZA

Vocabolario: Come eravamo?

I dottori Anna Sarno e Stefano Michetti sono sensibili e intelligenti. Amano il loro lavoro e sono spesso molto impegnati. Non dormono mai molto. Ogni mattina si alzano presto e si preparano in fretta.

Era il 1975. Anna e Stefano erano due ragazzi espansivi e gentili. Anna era bruna e Stefano era biondo. Tutti e due amavano molto gli animali. In genere, anche allora, soltanto la domenica dormivano molto e si alzavano tardi.

Per parlare delle attività dell'infanzia

andare* all'asilo *to go to preschool*
arrampicarsi* sugli alberi *to climb trees*
avere molti/pochi giocattoli *to have many/few toys*
colorare *to color*
da bambino/bambina *as a child*
disegnare *to draw*
fare collezione di. . . *to collect. . .*
l'infanzia *childhood*
giocare a *to play*
  calcetto *table football; soccer game played on a small field*
  nascondino *hide-and-seek*
giocare con *to play with*
  le bambole *dolls*
  le macchinine *toy cars*
  il trenino *toy train*
  i videogiochi *video games*

giocare dentro/fuori (casa) *to play inside/outside (the house)*
guardare i cartoni animati *to watch cartoons*
raccontare/leggere una favola *to tell/to read a fairy tale*
saltare la corda *to jump rope*

Per descrivere le persone e i rapporti

capriccioso/a *naughty*
dire le bugie *to tell lies*
paziente *patient*
piangere (*p.p.* pianto) *to cry*
viziato/a *spoiled*
volere bene a qualcuno *to love someone*

8.1 In casa o fuori? Preparate insieme delle liste di varie attività dell'infanzia che di solito si fanno: in casa/fuori casa, da soli/con altre persone, quando fa bel tempo/quando piove.

8.2 Che cos'è? Completa le frasi seguenti con una delle parole della lista: **paziente, viziato, all'asilo, racconta una favola, giocattoli**

1. Fabrizio è un bambino _____ e fa sempre molti capricci (*tantrums*).
2. Prima di cominciare la scuola elementare, sono andata _____ per due anni.
3. Il padre del piccolo Giovanni gli _____ ogni sera.
4. Sono due bambini molto ricchi e hanno tanti _____.
5. Mia nonna non si arrabbiava mai con noi bambini, era molto _____.

8.3 Come si dice? Rispondi alle domande usando una parola della lista a pagina 239.

1. Che cosa fa una persona molto triste?
2. Qual è un'altra espressione simile ad *amare*?
3. Qual è il contrario di *dire la verità?*
4. Com'è un bambino che vuole sempre tante cose e non è mai contento?
5. Che cosa guardano spesso i bambini alla televisione?
6. Cosa si fa con i colori? E cosa si può fare con una matita?

In contesto: La mia infanzia

Giulio risponde a una mail di Jason, il suo amico americano.

Da:	Giulio Vittorini <giuliogabi@tiscali.it>
A:	Jason@homemail.com
Oggetto:	Re: Quando ero piccolo …

Jason,
mi sono proprio divertito a leggere della tua infanzia! Da ragazzi facevamo un po' le stesse cose, sai? Da bambino anch'io passavo sempre l'estate con i nonni, che vivevano in campagna vicino Roma. Avevano una casa bellissima che a me piaceva tantissimo, molto grande e vecchia. Passavo tutta la giornata in giardino: giocavo a pallone, correvo e mi arrampicavo sugli alberi. Giocavo sempre con Aldo, un ragazzino alto e magro, che non aveva fratelli, era figlio unico, e forse per questo era molto viziato. Passavamo le giornate insieme, andavamo in bicicletta, correvamo e, se c'erano altri bambini, giocavamo a nascondino. Quando invece il tempo era brutto stavamo in casa e disegnavamo, guardavamo i cartoni animati alla televisione o giocavamo con i videogiochi. Poi Aldo ha cambiato casa e non l'ho visto più. Pensa, però, proprio l'altro giorno l'ho incontrato per caso in centro. Eravamo tutti e due molto emozionati[1]. Non lo vedevo da dieci anni!
Ti riscrivo presto.
Giulio

1. moved

2 **8.4 I ricordi di Giulio.** Come era l'infanzia di Giulio? Ricostruite insieme i suoi ricordi. Prendete in considerazione le persone, i posti, le attività.

Occhio alla lingua!

1. In the photo captions on p. 239, find all the verbs that are in the present tense. Then find these same verbs when they are conjugated in a tense other than the present tense. What is their meaning in these instances? Are these habitual or one-time actions?

2. In Giulio's e-mail message, circle all verbs that are not conjugated in the present tense or the **passato prossimo**. How and when are these verbs used? Can you detect a pattern in their usage?

Grammatica

L'imperfetto

In Capitolo 6 and Capitolo 7 you learned how to use the **passato prossimo** to tell what happened or what you and others did in the past.

Ieri io e Maria **siamo andate** in centro e **abbiamo incontrato** Carlo.

*Yesterday Maria and I **went** downtown and we **met** Carlo.*

Another past tense, the imperfect, **l'imperfetto**, is used to describe people, places, things, and routines or to express repeated actions that occurred in the past. The imperfect tense has several English equivalents.

Uscivo sempre con gli stessi amici.

*I always **used to go out (went out, was going out)** with the same friends.*

The imperfect tense of regular **-are, -ere,** and **-ire** verbs is formed by dropping the **-re** of the infinitive and adding the imperfect endings: **-vo, -vi, -va, -vamo, -vate, vano.**

	giocare	correre	dormire	finire
	gioca-	corre-	dormi-	fini-
io	gioca**vo**	corre**vo**	dormi**vo**	fini**vo**
tu	gioca**vi**	corre**vi**	dormi**vi**	fini**vi**
lui/lei	gioca**va**	corre**va**	dormi**va**	fini**va**
noi	gioca**vamo**	corre**vamo**	dormi**vamo**	fini**vamo**
voi	gioca**vate**	corre**vate**	dormi**vate**	fini**vate**
loro	gioca**vano**	corre**vano**	dormi**vano**	fini**vano**

The verb **essere** is irregular in the imperfect.

essere			
io	ero	noi	eravamo
tu	eri	voi	eravate
lui/lei	era	loro	erano

The verbs **bere, dire,** and **fare** have irregular stems in the imperfect based on an archaic form of the infinitive; their endings, however, are regular.

	bere	dire	fare
io	bev**evo**	dic**evo**	fac**evo**
tu	bev**evi**	dic**evi**	fac**evi**
lui/lei	bev**eva**	dic**eva**	fac**eva**
noi	bev**evamo**	dic**evamo**	fac**evamo**
voi	bev**evate**	dic**evate**	fac**evate**
loro	bev**evano**	dic**evano**	fac**evano**

When talking about the past, the imperfect is used to describe the following:

1. Repeated or habitual actions and routines

Mi svegliavo alle otto ogni mattina.	*I woke up at eight every morning.*
Io e i miei amici **giocavamo** spesso a nascondino.	*My friends and I often played hide-and-seek.*

The following expressions are frequently used with the imperfect to talk about repeated actions in the past.

di solito	*usually*
ogni giorno, tutti i giorni	*every day*
qualche volta	*sometimes*
sempre	*always, all the time*
spesso	*often*
una volta alla settimana	*once a week*

2. Physical and psychological characteristics

La mia amica Lina **aveva** i capelli lunghi; **era** una ragazza timida e dolce.	*My friend Lina had long hair; she was a shy and sweet girl.*
La sua casa **era** bella e **aveva** nove stanze.	*Her house was beautiful and had nine rooms.*
Ero a casa perché **stavo** male.	*I was at home because I was sick.*
Nel 1986 **avevano** solo otto anni.	*In 1986 they were only eight years old.*

3. The time, dates, the weather, and seasons

Erano le cinque del pomeriggio.	*It was five in the afternoon.*
Il primo maggio **era** domenica.	*May 1st was a Sunday.*
Era primavera, **pioveva** e **c'era** nebbia.	*It was springtime, it was raining and foggy.*

4. Two actions going on at the same time in the past, or an ongoing action that was interrupted

Mentre **cucinavo**, i
bambini **giocavano**.

*While I was cooking, the children
were playing.*

Giocavamo a calcio quando è
cominciato a piovere.

*We were playing soccer when it
started to rain.*

8.5 Come erano. Descrivi come erano e cosa facevano da bambini
queste persone.

1. Bruno _____ (avere) i capelli biondi e corti. _____
(Portare) sempre i jeans e le scarpe da ginnastica. _____ (Essere)
un bambino calmo e tranquillo. Non _____ (fare) molto sport, ma
_____ (giocare) un po' a calcio.

2. Alessandra e Maria _____ (studiare) ogni pomeriggio insieme;
_____ (andare) insieme in palestra e spesso _____ (cenare)
anche insieme. _____ (Essere) però due ragazzine molto diverse.
Per esempio, quando Alessandra _____ (volere) uscire, Maria
_____ (preferire) stare a casa. Tutte e due _____ (aiutare) in
casa.

3. Io e Marco _____ (essere) molto simili. _____ (Avere) la
passione per le macchinine e gli aerei. Purtroppo non _____
(potere) vederci spesso perché _____ (abitare) lontano. Spesso
_____ (andare) ai giardini insieme il sabato pomeriggio.

8.6 Che tempo faceva? Nel luogo dove abiti tu, come era il tempo l'anno
scorso ad aprile? E durante l'estate? Come era in autunno? E d'inverno?

8.7 Come siamo cambiati (*changed*)! Due amici, Maurizio e Filippo,
discutono di come sono cambiati. Ascolta la conversazione due volte e indica il soggetto delle frasi seguenti. La prima risposta è già indicata come
esempio.

	Maurizio e Filippo	**Maurizio**	**Filippo**	**la sorella di Maurizio**	**Filippo e il fratello**
1. ti pensavo			X		
2. giocavamo a calcetto					
3. guardavamo i cartoni animati					
4. avevate una collezione bellissima					
5. ero					
6. andavate in bicicletta					
7. giocava sempre con le bambole					
8. era capricciosa					

8.8 Cosa facevate da ragazzini? A turno chiedete all'altra persona se lui/lei e i suoi amici/le sue amiche facevano le seguenti cose quando avevano più o meno 12 anni.

ESEMPIO: giocare a calcio
S1: Giocavate a calcio?
S2: Sì, giocavamo spesso a calcio. *o* No, non giocavamo mai a calcio.

1. dire le bugie ai genitori
2. andare in vacanza al mare
3. uscire con gli amici la sera
4. dormire fino a tardi
5. litigare con gli amici
6. ?

Scambi

8.9 Fiabe e storie. Indicate quali fiabe e film corrispondono alle descrizioni che seguono. Poi insieme rispondete alle domande: Quali leggevate da piccoli? Quali vi piacevano? Perché?

1. Era il suo compleanno; aveva sedici anni; dormiva e aspettava il principe (*prince*).

2. Era molto alta e abitava con sette persone molto basse. Queste persone le volevano molto bene. Lei era molto bella e una strega era gelosa di lei.

3. Non aveva la madre e abitava con la matrigna e tre sorelle molto cattive. Doveva fare sempre lei tutti i lavori di casa. Aveva i piedi piccoli.

4. Portava un mantello rosso e aveva la nonna malata. Non aveva paura di camminare da sola nel bosco per andare a trovare la nonna.

La bella addormentata nel bosco

Cappuccetto rosso

Cenerentola

Biancaneve e i sette nani

8.10 Chi lo faceva? Per ogni attività indicata trova in classe due compagni/compagne che la facevano da bambini/bambine. Scopri anche con quale frequenza.

Attività	Nome	Frequenza
giocare con le bambole	1. 2.	1. 2.
guardare i cartoni animati	1. 2.	1. 2.
leggere i fumetti	1. 2.	1. 2.
disegnare	1. 2.	1. 2.
giocare a nascondino	1. 2.	1. 2.
giocare con le macchinine	1. 2.	1. 2.
colorare	1. 2.	1. 2.

8.11 Amici d'infanzia. Descrivete due amici/due amiche d'infanzia. Parlate di uno/a che vi piaceva e uno/a che non vi piaceva e spiegate perché. Com'era? Cosa faceva o non faceva sempre?

8.12 Ricordi belli o brutti d'infanzia? Prepara una lista di sei domande per intervistare un compagno/una compagna sulla sua infanzia. Dopo decidi se ha ricordi belli o brutti e spiega perché.

PERCORSO II
I RICORDI DI SCUOLA

Vocabolario: Com'erano i tuoi giorni di scuola?

Paola andava proprio bene a scuola! Studiava molto e diligentemente. Era una ragazza obbediente e calma.

Invece Marco e Paolo non studiavano mai e a scuola andavano male. Non erano né obbedienti né calmi, però si allenavano intensamente a calcio.

Per parlare di scuola

l'esame *exam*
il liceo *high school*
la materia obbligatoria *required course*
la pagella *report card*
la ricreazione *recess*
la scuola elementare *elementary school*
la scuola media *junior high school*
la scuola privata/statale *private/public school*

Per raccontare della scuola

andare* male/bene a scuola *to do poorly/well (in school)*
arrabbiarsi* *to get mad*
Che classe fai/facevi? *What grade are you/were you in?*
dimenticare/dimenticarsi* *to forget*
essere assente *to be absent*
essere bravo/a in disegno / in biologia, ecc. *to be good in drawing/in biology, etc.*

fare attenzione *to pay attention*
fare un compito in classe *to take a written exam*
marinare la scuola *to cut school*
prendere un buon/brutto voto *to get a good/bad grade*
prendere in giro *to make fun of*
punire (-isc-) *to punish*
ricordare/ricordarsi* *to remember*
scherzare *to joke, to fool around*

Per descrivere le persone

affettuoso/a *affectionate*
contento/a *happy, glad*
geloso/a *jealous*
infelice *sad, unhappy*
obbediente *obedient*
prepotente *overbearing, bullying*
ribelle *rebellious*
severo/a *strict*
terribile *terrible*

Così si dice: In bocca al lupo!

••

The expression **In bocca al lupo!** is used to wish someone good luck on an exam or other important venture. It is equivalent to the English expression *Break a leg!* and it literally it means *[Go] into the wolf's mouth!* The person is supposed to respond: **Crepi il lupo!**, literally, *May the wolf die!*

8.13 L'intruso. Trova l'intruso in ogni gruppo di parole e poi paragona i tuoi risultati con quelli di un compagno/una compagna.

1. terribile, ribelle, affettuoso
2. prendere in giro, dimenticare, scherzare
3. prendere un buon voto, essere bravo, la materia obbligatoria
4. punire, arrabbiarsi, ricordare
5. andare male, essere assente, essere obbediente
6. il compito in classe, l'esame, la ricreazione
7. la pagella, la scuola media, la scuola privata
8. geloso, infelice, contento

8.14 Cosa si fa a scuola? Pensa ai tempi della scuola e rispondi alle domande.

1. Dopo la scuola elementare, che scuola si frequenta?
2. Se un ragazzo/una ragazza è bravo/a in una materia, che voti prende?
3. Quando un ragazzo/una ragazza va male a scuola, come reagiscono i genitori?
4. Come si chiama il periodo in cui gli studenti possono giocare, scherzare e parlare fra loro?
5. Chi dimentica sempre di fare i compiti, in genere come va a scuola?
6. Cosa chiedi se vuoi sapere che anno di scuola una persona frequenta?
7. Qual è il contrario di *ricordare*?
8. Che cosa fa un ragazzo che è assente da scuola senza il permesso dei genitori?

8.15 Che cosa ti ricordi? Tuo padre ricorda i suoi giorni di scuola. Completa le frasi con un termine della lista alle pagine 246–247 e fa' tutti i cambiamenti necessari.

1. Da bambino portavo gli occhiali e i miei compagni mi _____.
2. Io ero obbediente e studiavo molto, a scuola ero _____ soprattutto in matematica.
3. Mio fratello invece era molto _____.
4. La professoressa d'italiano era molto simpatica e _____ spesso con noi ragazzi.
5. Ogni settimana dovevo _____ d'italiano in classe.
6. Dopo la scuola elementare, che era molto lontano, sono andato alla _____ che era vicino a casa.

𝓛o sai che? La scuola in Italia

In Italia la scuola è obbligatoria per tutti fino a 18 anni. I bambini cominciano la scuola elementare a 6 anni, poi vanno alla scuola media per tre anni e quindi al liceo per cinque. Dopo la scuola media, i ragazzi possono scegliere tra diversi tipi di scuola superiore: i licei, come ad esempio il liceo classico (dove fra l'altro si studiano il latino e il greco antico), lo scientifico (dove si studia molta matematica), l'artistico e quello pedagogico-linguistico, e diverse scuole o istituti professionali, come l'istituto professionale alberghiero (*school for the hotel trade*).

Si discute sempre di nuove riforme della scuola. Per esempio, per ogni tipo di liceo sono stati proposti alcuni anni obbligatori e altri con alcune materie obbligatorie e altre facoltative (*elective*).

In tutte le scuole la maggior parte degli esami sono orali. Si chiamano **interrogazioni** e si dice che un ragazzo è **interrogato** in una certa materia. Ci sono anche compiti scritti per alcune materie come l'italiano, la matematica e il latino. Al liceo i voti vanno dallo 0 al 10, ma soltanto i voti dal 6 al 10 sono considerati sufficienti per passare all'anno seguente. I professori quasi sempre sono molto severi e difficilmente danno voti superiori all'8. Alla fine del liceo gli studenti devono sostenere un esame di stato, conosciuto anche come «maturità», che consiste in prove scritte e orali sulle materie che hanno studiato. Dopo l'esame di maturità gli studenti possono iscriversi all'università.

8.16 La scuola italiana. Completate lo schema seguente e paragonate la scuola del vostro Paese a quella italiana. Poi discutete quale sistema vi sembra più interessante, quale più facile o difficile. Perché?

	nel vostro Paese	**in Italia**
il liceo		
gli esami		
le materie		
i voti		
gli insegnanti		

Così si dice: L'imperfetto di *dovere, volere e potere*

When used in the imperfect, **dovere**, **volere**, and **potere** express respectively *supposed to/had to*, *wanted to*, and *could/was able to*, but didn't necessarily do. **Luisa non doveva mai studiare troppo perché i professori davano pochi compiti.** *Luisa didn't ever have to study too much because her professors did not give much homework.* **Volevo sempre fare i compiti con la mia amica Paola.** *I always wanted to do my homework with my friend Paola.* **A quindici anni non potevo uscire la sera.** *When I was fifteen years old, I could not go out at night.*

When **dovere**, **volere**, and **potere** are used in the **passato prossimo**, they indicate actions that actually took place. **Ieri sera ho dovuto studiare tanto!** *Last night I had to study a lot!* **È venuta al bar con noi ma non ha voluto prendere niente.** *She came to the bar with us but she did not want to have anything.* **Non ho potuto studiare perché ho perso il libro!** *I could not study because I lost the book!*

In contesto: Quando andavo al liceo. . .

Giulio scrive una mail all'amico Jason e gli racconta di quando faceva il liceo.

Da:	Giulio Vittorini <giuliogabi@tiscali.it>
A:	Jason@homemail.com
Oggetto:	Re: Il mio liceo

Jason,
il tuo ultimo messaggio era proprio simpatico! Il tuo liceo era veramente così interessante?

Io e i miei compagni non eravamo bravi come te, ma un po' ribelli, specialmente i primi anni. In classe eravamo disattenti e non sempre facevamo tutti i compiti. Mi ricordo che ero bravo solo in disegno e andavo proprio male in matematica. I miei genitori si arrabbiavano quando prendevo un brutto voto, ma non erano troppo severi.

Gli ultimi due anni però ho cominciato a studiare sul serio. Forse perché ero più maturo, ma non mi dispiaceva eccessivamente se dovevo passare il pomeriggio a studiare. Sai che andavamo a scuola anche il sabato? Quindi non potevamo uscire neanche il venerdì sera! Soprattutto l'ultimo anno, volevo continuare a giocare a tennis, ma non trovavo mai un'ora di tempo. Tutte le materie erano obbligatorie, c'era la maturità e non c'era neanche modo di fare un po' di sport a scuola come facevi tu! Beato te! Finalmente, però, anche il liceo è finito e ho cominciato l'università! In bocca al lupo per gli esami!
Giulio

8.17 I ricordi di scuola. Discutete dei ricordi di scuola di Giulio.

1. Quali ricordi sono belli? Quali sono brutti? Perché?
2. Come erano Giulio e i suoi amici i primi anni di liceo? Come è cambiato Giulio gli ultimi anni di scuola? Perché?

G 8.18 **E voi?** Come siete voi riguardo alla scuola e come eravate qualche anno fa? Siete simili o diversi da Giulio? Perché?

Occhio alla lingua!

1. Read the photo captions on p. 246 and indicate which include negative statements. What negative words and expressions can you identify?

2. In Giulio's e-mail message, underline all the negative expressions. Point out the patterns that you see.

3. In the photo captions and in Giulio's message find all the words that end in **-mente**. Do you recognize the cognates?

Grammatica

Espressioni negative

You already know that to make a sentence negative in Italian, you use **non** in front of the verb. In addition to **non**, there are other negative expressions that you can use. These require use of **non** before the conjugated verb and a negative word after it.

Giorgio **non** sapeva **niente**.	*Giorgio didn't know anything.*
Non vedevo **nessuno**.	*I didn't used to see anybody.*
Carlo **non** usciva **mai** la sera.	*Carlo never went out in the evenings.*
In prima **non** sapevo **ancora** leggere.	*In first grade, I didn't know how to read yet.*
A 18 anni **non** andavi **più** al liceo.	*At 18, you didn't go to high school anymore.*
Non studiavate **né** latino **né** greco.	*You didn't study either Latin or Greek.*

Espressioni negative	
non. . . nessuno	*nobody, no one, not. . . anyone*
non. . . niente (nulla)	*nothing, not. . . anything*
non. . . neanche (neppure, nemmeno)	*not even; neither*
non. . . né. . . né	*neither. . . nor*
non. . . mai	*never*
non. . . ancora	*not yet*
non. . . più	*not anymore, no more, no longer*

1. With the **passato prossimo**, the negative expressions **ancora, mai,** and **più** are placed between the auxiliary verb (**essere** or **avere**) and the past participle.

—Hai **già** finito i compiti?   —*Did you already finish your homework?*
—No. Non li ho **ancora** finiti.   —*No. I didn't finish it yet.*

2. When **nessuno** and other negative expressions precede the verb, **non** is not used.

Nessuno faceva sport.   *Nobody played sports.*

3. Nessuno can be used as an adjective to express the English *not. . . any.* When used as an adjective, **nessuno** precedes a singular noun and follows the pattern of **un, uno, una, un'**.

Non pratico **nessuno** sport. *I don't play any sports.*

Non conosciamo **nessun** giocatore di calcio. *We do not know any soccer players.*

8.19 Un'amica all'università. Un'amica ti chiede notizie su di te e su quello che facevi ai tempi del liceo. Rispondi alle domande ed usa un'espressione negativa al posto delle parole indicate.

ESEMPIO: —Uscivi *spesso* il venerdì sera? (mai)
—Non uscivo mai.

1. Studiavi *ancora* la grammatica? (più)
2. Conoscevi *tutti* gli studenti stranieri a scuola? (nessuno)
3. Ti piacevano la fisica *e* la chimica? (né. . . né)
4. Andavi *già* in discoteca? (ancora)
5. Sapevi *tutto* in classe? (niente)

8.20 I gusti e le abitudini. Due amici/amiche parlano dei propri gusti riguardo al tempo libero quando erano al liceo. Completa le risposte con un'espressione negativa contraria alle parole indicate in corsivo.

ESEMPIO: —Io non andavo mai al cinema il sabato sera, *e* tu?
—Non ci andavo mai il sabato **neanche** io.

1. —Non mi piaceva l'opera. *E* a te?
   —No! Non piaceva _____ a me!

2. —Andavi *sempre* a sciare d'estate?
   —No! Non andavo _____ a sciare d'estate!

3. —Suonavi *ancora* la chitarra?
   —No, non suonavo _____ la chitarra.

4. —Giocavi *già* con il computer?
   —No, non giocavo _____ con il computer.

5. —Eri amico/a di *tutti?*
   —No, non ero amico/a di _____.

6. —Uscivi *già* con un ragazzo/una ragazza?
   —No, non uscivo _____ con un ragazzo/una ragazza.

7. —Sapevi *tutto* di calcio?
   —No, non sapevo _____ di calcio.

G **8.21 Che cosa non facevi?** Indicate alcune attività che non facevate quando eravate al liceo. Poi paragonate la vostra lista con quella degli altri compagni/delle altre compagne.

ESEMPIO: S1: Non marinavo mai la scuola! E tu?
S2: Neanche io!

Gli avverbi

Adverbs are used to modify adjectives, verbs, and other adverbs. Unlike adjectives, adverbs never change their endings. Often you can form an adverb by adding **-mente** to the feminine form of the adjective. When an adjective ends in **-e** the adverb is formed by adding **-mente** directly to the adjective.

lento →	lenta + mente →	lentamente
vero →	vera + mente →	veramente
veloce →	veloce + mente →	velocemente

When adjectives end in **-le** or **-re**, **-mente** is added after dropping the final **-e**.

facile →	facil + mente →	facilmente
generale →	general + mente →	generalmente
regolare →	regolar + mente →	regolarmente

8.22 I giorni di scuola. Roberto racconta cosa facevano un tempo lui, i suoi amici e i professori di liceo. Completa le frasi formando un avverbio in **-mente** dagli aggettivi della lista:

paziente	**gentile**	**lento**	**tranquillo**	**regolare**
silenzioso	**rumoroso**	**facile**		

1. Io capivo il latino. . .
2. Anche prima degli esami Carla dormiva. . .
3. La professoressa di scienze spiegava sempre tutto. . .
4. Quando non capivamo, chiedevamo. . . ai professori di ripetere.
5. Finivo i compiti tardi perché scrivevo. . .
6. Dovevamo studiare tutti i pomeriggi. . .
7. Da bambino Carlo giocava da solo con le macchinine, molto. . .
8. Invece Anna parlava a voce alta e faceva tutto. . .

Scambi

8.23 Una tipica giornata. Indica che cosa facevi o non facevi mai in una tipica giornata quando eri un ragazzino/una ragazzina. Poi, con un altro studente/un'altra studentessa paragonate le vostre liste. Come era simile e come era diversa la vostra giornata?

	In famiglia	Con gli amici
la mattina		
il pomeriggio		
la sera		

8.24 Da bambini. Due vecchi amici parlano di quando erano bambini. Ascolta la conversazione due volte e indica se le affermazioni che seguono sono vere o false. Poi descrivi come erano i due bambini.

1. La bambina prendeva buoni voti a scuola.
2. La bambina aveva molti giocattoli.
3. Il bambino era molto tranquillo.
4. Il bambino giocava molto fuori casa con i fratelli.
5. Ai bambini piacevano le favole che raccontava la nonna.
6. Com'era la bambina: _____
7. Com'era il bambino: _____

8.25 I ricordi di scuola. Prepara cinque domande per un compagno/una compagna per avere informazioni sui suoi anni di scuola elementare e di asilo. Poi a turno intervistate l'altra persona.

ESEMPIO: S1: Com'era la tua scuola?
              S2: Era una scuola statale. Era grande e vecchia.
              S1: Com'erano i tuoi insegnanti?
              S2: I miei insegnanti erano severi. . . .

8.26 E Lei, professore? Insieme preparate cinque domande per il vostro professore/la vostra professoressa sui suoi anni di scuola. Ricordate di usare il «Lei».

Che cosa studiava Stefano?

PERCORSO III
LA VITA COM'ERA

Vocabolario: Com'era una volta?

Una volta in questo paesino non c'erano né molte macchine né autobus e la gente andava quasi sempre a piedi.

Per le strade di una città di oggi.

Per discutere dei cambiamenti

l'abitante (m., f.) *inhabitant*
l'aria *air*
i cambiamenti *changes*
cambiare* *to change*
diventare* *to become*
la gente *people*
l'industria *industry, factory*
l'inquinamento *pollution*
inquinare *to pollute*
il progresso *progress*
la tecnologia *technology*

I mezzi di trasporto

andare* a piedi *to walk*
andare* in. . . *to go by. . .*
  aereo *airplane*
  autobus *bus*
  automobile, macchina *car*
  bicicletta *bike*
  metropolitana *subway*
  motocicletta *motorcycle*
  motorino *moped*
  taxi *taxi*
  treno *train*

Per descrivere i posti

affollato/a *crowded*
agricolo/a *agricultural*
industriale *industrial*
inquinato/a *polluted*
pulito/a *clean*
sporco/a *dirty*

Così si dice: **I mezzi di trasporto**

With means of transportation, use the verb **prendere: Prendi l'autobus per andare a scuola?** *Do you take the bus to go to school?* To express the English *to go by* + means of transportation, use **andare in: Anna andava a scuola sempre in bicicletta.** *Anna always rode her bike to school.* Use the preposition **a** in the expression **andare a piedi**, *to walk.*

8.27 Com'era? Completa le frasi con la forma corretta di una parola della lista a pagina 254 per descrivere il vecchio paesino.

1. Per le strade circolavano poche. . . e non c'erano molte industrie.

2. La gente andava a piedi e non prendeva la. . .

3. L'economia era soprattutto. . . e non di tipo industriale.

4. L'aria era pulita e non. . . come adesso.

5. Le strade erano strette (*narrow*) e non erano molto. . .

6. La vita cambiava lentamente e la. . . non progrediva (*did not progress*) velocemente.

8.28 I mezzi di trasporto. Indica quali sono, secondo te, i mezzi di trasporto più adatti nei seguenti casi e indica perché.

1. al centro di un'antica città europea

2. da una città ad un'altra nella stessa nazione

3. dalla periferia al centro della città

4. in un parco

5. da un continente all'altro

6. su un'autostrada con molto traffico

8.29 In metropolitana. Osservate il biglietto della metropolitana e rispondete alle domande.

1. In che città abita la persona che lo ha usato?

2. Quanto ha speso per comprare il biglietto?

3. Quando l'ha usato?

4. Dove doveva andare secondo voi? Perché ha preso la metropolitana?

Così si dice: I suffissi

• •

In Italian, many nouns and adjectives can be modified by adding suffixes. It is important to be able to recognize these endings and understand what they mean. To denote small size and/or to convey a positive and affectionate attitude toward the person or thing described, suffixes such as **-ino** and **-etto** can be used: **una manina** *a small/cute hand*, **un paesino** *a small town*, **un ragazzino** *a young boy*, **una ragazzina** *a young girl*, **una casetta** *a small house*. The suffix **-one** is used to indicate largeness: **un palazzone** *a big, tall building*, **un portone** *a big, large front door*. Some endings, such as **-accio**, can denote poor quality and ugliness: **un tempaccio** *horrible weather*.

 ## In contesto: Com'era. . .

Claudia, una ragazza americana di origine italiana, va in Italia per visitare il paese dove sono nati i nonni e scrive sul diario le sue impressioni.

Caro Diario,

mia madre dice sempre che il mio bisnonno, il padre di mio nonno Giuseppe, raccontava che in questo paesino non c'era traffico e che molte strade non erano nemmeno asfaltate[1]. Raccontava che andava sempre a piedi o in bicicletta. Diceva anche che allora nella piazzetta principale c'era solo un piccolo bar e che la gente non aveva sempre fretta come ora, ma aveva tempo per chiacchierare e tutti si conoscevano ed erano amici. Io invece ho trovato molto traffico, bar grandi ed eleganti e tanti bei negozi. Per strada poi tutti vanno in giro con il telefonino in mano! Ho cercato la casa dove è nato e forse l'ho trovata! È quella dietro la chiesa. Questa parte del paese per fortuna non è cambiata molto. Fuori del centro invece ci sono quei palazzoni moderni e altissimi proprio brutti, come si trovano dappertutto[2], e alcune industrie che inquinano l'aria. Ho visto che c'è anche una discoteoa, ma sono sicura che quella ai tempi del bisnonno non c'era davvero!

Anche il modo di vita della gente sembra cambiato notevolmente[3]. Il bisnonno diceva che in genere le donne stavano a casa, non lavoravano, non erano indipendenti e le ragazze non potevano uscire sole, pensa! Ora invece vedo che non c'è molta differenza con le grandi città. Le donne lavorano, guidano la macchina, escono e vanno liberamente dove vogliono.

1. paved   2. everywhere   3. considerably

8.30 Com'era e com'è. Descrivi il paese del bisnonno di Claudia com'era una volta e com'è oggi. Prendi in considerazione i mezzi di trasporto, le case, i diversi posti e la gente.

Occhio alla lingua!

1. Find all the forms of **questo** and **quello** in Claudia's diary entry. Indicate each instance where a form you have identified is used as an adjective, and what word it modifies.

2. In any instance where the form of **questo** or **quello** is used as a pronoun, can you identify the word to which the pronoun is referring?

𝒢rammatica

• •

Gli aggettivi e i pronomi dimostrativi

Demonstrative adjectives and pronouns are used to point out people or things. The demonstrative adjectives **questo** (*this*) and **quello** (*that*) precede the noun they modify.

Questo ragazzo è proprio viziato.	*This kid is really spoiled.*
Quei motorini sono rumorosi.	*Those mopeds are noisy.*

1. Like other adjectives that end in **-o**, the demonstrative adjective **questo** (*this*) has four forms and agrees in number and gender with the noun it modifies.

	Singolare	Plurale
Maschile	quest**o** paesin**o**	quest**i** paesin**i**
Femminile	quest**a** strad**a**	quest**e** strad**e**

Non mi piacciono tutti **questi** cambiamenti.	*I don't like all these changes.*
Queste strade non erano affollate.	*These streets were not crowded.*

2. In Capitolo 3 you studied the different forms of the demonstrative adjective **quello**. Remember that its forms, like the forms of the definite article, depend on the gender and number of the noun modified and on the first letter of the word they precede.

Quei paesini erano proprio tranquilli.	*Those little towns were really quiet.*
Quella piazzetta era molto graziosa.	*That small plaza was very charming.*
Giravo sempre con **quel** vecchio motorino!	*I always went around with that old moped!*

3. **Questo** and **quello** can be used alone as pronouns when the noun they refer to is clear to both the speaker and the listener. Used as pronouns, they have four regular endings: **-o, -a, -i, -e**.

—Quale paese preferisci, **questo** o **quello**?	— Which town do you prefer, this one or that one?
—Preferisco **questo**, ma anche **quello** è bello.	— I prefer this one, but that one is also beautiful.
—Quali città hai visitato, **queste** o **quelle**?	— Which cities did you visit, these or those?
—Ho visitato **quelle**.	— I visited those.
Questi palazzi sono antichi e **quelli** sono moderni.	These buildings are antique and those are modern.
Questo bar è nuovo e **quello** è vecchio.	This bar is new and that is old.

8.31 Chi è? Immagina di guardare delle vecchie foto insieme ad un'amica. Completa le sue domande e rispondi secondo l'esempio.

ESEMPIO: Chi è _____ ragazzo? _____ ragazzo è mio cugino.
                 Chi è **questo** ragazzo? **Quel** ragazzo è mio cugino.

1. Chi è _____ bambina? _____ bambina è mia sorella.

2. Chi è _____ signora? _____ signora è la mia maestra di piano.

3. Chi sono _____ persone? _____ persone sono i miei genitori.

4. Chi sono _____ studenti? _____ studenti sono i miei compagni di liceo.

5. Chi è _____ ragazzo? _____ ragazzo è un mio amico della scuola media.

6. Di chi era _____ automobile? _____ automobile era di mio padre.

7. Di chi erano _____ pattini? _____ pattini erano di mia sorella.

8. Di chi era _____ casa? _____ casa era dei nonni.

8.32 Cosa volevi? Da ragazzino tuo fratello era molto capriccioso. Quando tu volevi comprare una cosa lui ne voleva un'altra. Completa le domande con **questo** e le risposte con **quello**.

ESEMPIO: TU: Vuoi comprare _____ CD?
             TU: Vuoi comprare **questo** CD?
             LUI: No, _____!
             LUI: No, voglio comprare **quello**!

1. TU: Vuoi provare _____ pattini?
     LUI: No, _____!

2. TU: Vuoi leggere _____ fumetti?
     LUI: No, _____!

3. TU: Vuoi giocare con _____ ragazzi?
     LUI: No, _____!

4. TU: Vuoi ascoltare _____ canzone?

   LUI: No, _____.

5. TU: Vuoi vedere _____ film?

   LUI: No, _____.

6. TU: Vuoi giocare con _____ videogiochi?

   LUI: No, _____.

8.33 Questo o quello? A turno, fate domande e rispondete per scoprire
che cosa l'altra persona preferisce fra i due oggetti nei disegni seguenti.
Seguite l'esempio.

ESEMPIO: S1: Preferisci questo motorino rosso o quella motocicletta nera?
               S2: Preferisco questo motorino! E tu?
               S1: Anch'io preferisco questo motorino! *o* Io preferisco
                   quella motocicletta nera.

1.

2.

3.

4.

5.

6.

Scambi

8.34 Com'era? Scrivi una breve descrizione delle fotografie a pagina 254.
Parla del paese, delle persone e delle strutture. Spiega com'erano e come
sono adesso. Poi a coppie paragonate le vostre descrizioni.

8.35 Prima dell'elettronica. Preparate una lista degli elettrodomestici e
degli oggetti elettronici che esistono adesso. (Pensate ai vocaboli che avete
studiato nel Capitolo 6.) Immaginate come era la vita un tempo senza queste
cose. Cosa doveva fare la gente? Che cosa non poteva fare?

8.36 Come era diverso! Discutete i seguenti argomenti e poi paragonate
le vostre idee con altri gruppi.

1. Le differenze fra la vita giornaliera dei vostri nonni e la vostra.

2. La vostra vita scolastica oggi e dieci anni fa.

3. La vita degli studenti cinquant'anni fa.

8.37 I cambiamenti. Due amici si rivedono dopo tanto tempo e parlano di come è cambiato il loro paese. Ascolta la conversazione due volte e poi completa le frasi con l'espressione corretta.

1. Secondo Marco,
   a. Giovanna è cambiata molto.
   b. Giovanna non è cambiata affatto.

2. Giovanna ricorda che una volta
   a. c'era un cinema vicino al bar.
   b. facevano molto sport.

3. Marco ricorda che
   a. passavano molte ore al bar.
   b. andavano spesso al cinema.

4. Secondo Giovanna adesso in paese
   a. ci sono troppe automobili.
   b. ci sono troppi motorini.

5. Marco dice a Giovanna che il loro liceo
   a. non è cambiato.
   b. adesso è lontano dal centro.

6. Alcuni vecchi professori di Giovanna e Marco
   a. lavorano ancora.
   b. sono andati in pensione.

Lo sai che? L'Italia di ieri e di oggi

L'Italia contemporanea è molto diversa da come era negli anni Quaranta, gli anni della seconda guerra mondiale. Prima del 1945, infatti, l'economia italiana era soprattutto agricola, il Paese non era ricco e non c'erano molte industrie. Dopo il 1945, molti paesi e città distrutti (*destroyed*) dalla guerra sono stati ricostruiti interamente e si sono sviluppati moltissimo. I nuovi palazzi in genere sono stati costruiti fuori del centro storico e soprattutto le città più grandi hanno delle zone di periferia (*suburbs*) molto estese. Con lo sviluppo (*development*) delle industrie, poi, l'Italia è diventata un Paese industriale fra i più ricchi del mondo, e quindi ci sono stati anche molti cambiamenti sociali.

Centro Direzionale di Napoli

8.38 È vero che? Indica se le seguenti affermazioni sono vere o false secondo quanto hai letto. Correggi le affermazioni false.

1. L'Italia è cambiata molto dopo la seconda guerra mondiale.
2. Le costruzioni più nuove si trovano sempre in centro.
3. In Italia ci sono molte industrie.

8.39 I cambiamenti nel vostro Paese. Pensate a cosa sapete del vostro Paese e rispondete alle seguenti domande.

1. Qual è stata una data determinante per importanti cambiamenti nel vostro Paese? Perché?
2. Come è oggi l'economia del vostro Paese in genere? Sapete quando è cambiata e come era prima?
3. Nelle città del vostro Paese, i palazzi nuovi sono in centro o in periferia?

ANDIAMO AVANTI!

👄 Ricapitoliamo

●●

8.40 I cambiamenti personali. Fate domande per scoprire come è cambiata la vostra vita da quando eravate ragazzini e secondo i seguenti argomenti:

- **a.** i gusti nel mangiare
- **b.** i rapporti con la famiglia
- **c.** la scuola e lo studio

8.41 La casa della mia infanzia. Descrivi in un paragrafo la casa della tua infanzia. Cosa facevi nelle varie parti della casa? Quale era la tua stanza preferita? Perché?

8.42 Roberto Bolle. Roberto Bolle è uno dei ballerini più famosi del mondo, «stella» del Teatro alla Scala di Milano. Nasce a Casale Monferrato, in provincia di Alessandria, in Piemonte, il 26 marzo 1975. Leggi la breve intervista e poi rispondi alle domande.

La passione per la danza ha un prezzo: la solitudine.
A 11 anni è andato via di casa per la scuola della Scala.

E la sua prima volta con la danza?
Andavo alle elementari. Mia madre mi portava a un corso di nuoto con il mio gemello Maurizio. Ma il sabato sera guardavo sempre i varietà in televisione e ballavo in salotto. Ho insistito così tanto fino a che i miei mi hanno iscritto all'Accademia di ballo di Vercelli. [...] Poi mia madre mi ha accompagnato a un provino alla Scuola di Ballo della Scala.

Così a 11 anni si è trovato da solo nella grande Milano.
Sì... Abitavo in una camera in affitto da una vecchia signora. Non vedevo l'ora che arrivasse il weekend per tornare a casa. Avevo una nostalgia fortissima.... Iniziavo ad allenarmi alle 8 del mattino e dalle 6 del pomeriggio frequentavo il liceo scientifico serale, quello per gli studenti lavoratori. Quando alle 11 la giornata finiva, ero esausto. ∎

(Adapted from an interview with Lavinia Dittatore, from *Donna Moderna*, 12 luglio 2006, Anno XIX, n. 27, pp. 114–116)

1. Dove studiava Roberto Bolle quando aveva 11 anni?
2. Quando era a Milano, abitava con la famiglia? Era felice oppure no? Perché?
3. Cosa faceva tutti i giorni? Immaginate una sua giornata tipica.
4. Come era diversa la giornata di Roberto Bolle da quella di un tipico studente di liceo?

📖 Leggiamo

Strategie per leggere: Making inferences

As you read a text, your first job of course is to focus on understanding the literal meaning. It is also important to keep in mind, however, that authors don't always state directly everything they want to communicate. It may be useful to read between the lines, using the information given to infer what the author wants you to grasp. For example, what might you infer from an author's extensive use of a single tense, such as the **imperfetto**? And what can you infer from the details an author chooses to include in his/her descriptions in the text?

Prima di leggere

8.43 Il brano (*selection*) che segue è tratto (*taken*) dal libro *Vestivamo alla marinara* (*in sailor suits*), l'autobiografia di Susanna Agnelli. La famiglia Agnelli è una delle famiglie italiane più ricche e influenti. Il nonno di Susanna, Giovanni Agnelli, fondò la Fiat nel 1899. Oltre ad essere scrittrice, Susanna Agnelli è stata anche ministro degli Esteri.

Prima di leggere il brano, completa le seguenti attività:

1. Il titolo del libro è *Vestivamo alla Marinara*.
   a. Che cosa suggerisce l'uso dell'imperfetto «Vestivamo»? Qual è il soggetto del verbo secondo voi?
   b. Immaginate di cosa parla il libro.
2. Leggete il primo paragrafo e poi rispondete alle domande. Usate esempi dal testo per giustificare le risposte.
   a. Chi narra la storia?
   b. Che cosa descrive la scrittrice?
   c. Chi sono le persone? Cosa sapete di loro?
   d. Come immaginate la vita di queste persone?

Mentre leggi

8.44 Mentre leggi, sottolinea le descrizioni delle attività dei ragazzi e cerca di capire se la loro infanzia era felice oppure no.

Vestivamo alla marinara

middle — A metà° corridoio c'era la camera da gioco dove stavamo quasi sempre, piena di scaffali e di giocattoli. Noi eravamo tanti e avevamo molte governanti che non si amavano fra di loro: sedevano nella camera da gioco e si lamentavano *heating / maids* — del freddo, del riscaldamento°, delle cameriere°, del tempo, di noi. . . .

Vestivamo sempre alla marinara: blu d'inverno, bianca e blu a mezza stagione e bianca in estate. Per pranzo ci mettevamo il vestito elegante e le calze di seta corte. Mio fratello Gianni si metteva un'altra marinara. . . .

gathered — Arrivava Miss Parker. Quando ci aveva radunati° tutti: «Let's go» diceva *crazy* — «e non fate rumore». Correvamo a pazza° velocità lungo il corridoio, attra- *marble / turned / leaning against* — verso l'entrata di marmo°, giravamo° l'angolo appoggiandoci° alla colonnina *staircase / panting* — dello scalone° e via fino alla saletta da pranzo dove ci fermavamo ansimanti°.

«Vi ho detto di non correre» diceva sempre Miss Parker «*one day* vi farete male e la colpa sarà soltanto vostra°. A chi direte° grazie?»

  Ci davano da mangiare sempre quello che più odiavamo°; credo che facesse° parte della nostra educazione britannica. Dovevamo finire tutto quello che ci veniva messo sul piatto. . . . Se uno non finiva tutto quello che aveva nel piatto se lo ritrovava davanti al pasto seguente. . . .

  Dopo colazione facevamo lunghe passeggiate. Attraversavamo la città fino a piazza d'Armi, dove i soldati° facevano le esercitazioni. Soltanto se pioveva ci era permesso camminare sotto i portici° (i famosi portici di Torino) e guardare le vetrine° dei negozi. Guardarle senza fermarsi°, naturalmente, perché una passeggiata è una passeggiata e non un trascinarsi° in giro che non fa bene alla salute°.

  Torino era, anche allora, una città nota per le sue pasticcerie°. . . ma noi non ci saremmo mai sognati° di poter entrare in un negozio a comprare quelle tentatrici delizie°. «Non si mangia tra i pasti; *it ruins your appetite*» era una regola ferrea che mai ci sarebbe venuto in mente° di discutere.

  Così camminavamo dalle due alle quattro, paltò° alla marinara e berrettino tondo alla marinara con il nome di una nave° di Sua Maestà Britannica scritta sul nastro, Miss Parker in mezzo a due di noi da una parte e uno o due dall'altra finché° non era l'ora di tornare a casa.

    (from Susanna Agnelli, *Vestivamo alla marinara*. Bestsellers Mondadori, 1989, pp. 9–11)

it will only your be fault / will you say
hated
was

soldiers
arcades
windows / stopping
dragging around / health
pastry shops
would never have dreamed
tempting delights
we would never have considered
overcoat
ship

until

Dopo la lettura

8.45 Indica se le seguenti affermazioni sono vere o false e correggi quelle false. Trova nel testo elementi per sostenere le tue opinioni.

1. Miss Parker era una donna severa e rigida.
2. I bambini erano viziati.
3. I bambini potevano fare sempre tutto quello che volevano.
4. In questa famiglia la disciplina era molto importante.
5. Era una famiglia molto ricca.

8.46 Considerate le informazioni che avete sottolineato. Discutete se la narratrice ha ricordi d'infanzia belli o brutti e motivate le vostre opinioni con esempi tratti dal testo. Prendete in considerazione: le persone, le attività, gli oggetti.

8.47 Descrivete episodi della vostra infanzia per indicare se i vostri genitori erano severi oppure no.

Scriviamo

Strategie per scrivere: Describing people, places, and circumstances in the past

When you write a description of a person or a place important to you in the past, include key physical details. You may also choose to give some indication of your own feelings. When you describe a person, for example, you can focus as appropriate on aspects of his/her appearance, personality, and lifestyle while also suggesting how you felt about him or her. In describing a place, mention key physical details and also your feelings about it.

Il ricordo di una persona o di un posto. Descrivi una persona o un luogo del tuo passato che erano importanti per te.

- **Una persona importante.** Parla di una persona che era importante per te durante la tua infanzia o adolescenza.
- **Una città.** Descrivi come era tanti anni fa la tua città o una città che conosci bene.

Prima di scrivere

8.48 Decidi quale posto o persona vuoi descrivere. Poi organizza le tue idee e i tuoi ricordi secondo lo schema seguente:

In quale periodo della tua vita erano importanti la persona o il posto?	
Quali aspetti del fisico o del carattere della persona vuoi descrivere?	
Quali aspetti del posto o della città vuoi descrivere?	
Quali aggettivi e verbi vuoi includere nella descrizione?	
Come ti sentivi e cosa provavi verso quella persona o verso quel posto?	

La scrittura

8.49 Usa i tuoi appunti per scrivere la prima stesura della tua descrizione.

La versione finale

8.50 Adesso rileggi la prima stesura:

1. Hai usato correttamente l'imperfetto?
2. Hai usato particolari sufficienti (*enough details*) per rendere interessante la descrizione?
3. Hai descritto i tuoi sentimenti verso la persona o il posto?
4. Controlla come hai scritto tutte le parole e l'accordo degli aggettivi e dei nomi.

🎞 Guardiamo

- -

Strategie per guardare: Understanding people's recollections

When people share their recollections of the past, they often choose to describe specific events or relationships. To understand their recollections fully, it is important to focus not only on what they remember but also on their feelings. What associations do their memories seem to have for them, for example? Are they pleasant or unpleasant? How can you tell?

Prima di guardare

8.51 Nel videoclip alcune persone parlano della loro infanzia. Rispondi alle domande e poi con un compagno/una compagna decidete se i loro ricordi sono felici oppure no.

1. Laura dice: «Me le leggeva mio padre per farmi addormentare». Che cosa leggeva il padre secondo te?

2. Tina dice che durante l'estate faceva «cose molto divertenti che in città non potevamo fare». Dove andava in vacanza secondo te? Perché usa la forma plurale del verbo in «potevamo»? Secondo te, chi erano le persone con lei?

3. Plinio dice: «Le vacanze erano bellissime perché erano interminabili». A quali vacanze si riferisce secondo te?

4. Emma dice: «Questo bambolotto mi ricorda la mia infanzia». Secondo te, cosa vuol dire «bambolotto»?

5. Felicita dice: «Entravamo in due sulla stessa altalena (*swing*)». Chi erano le due persone secondo te? Quanti anni avevano?

Mentre guardi

8.52 Mentre guardi il video, cerca la conclusione corretta per ogni frase:

1. Quando Laura era piccola. . .
   a. restava all'asilo tutto il giorno.
   b. andava all'asilo solo la mattina.

2. Da bambina Tina. . .
   a. andava in vacanza da sola.
   b. passava le vacanze con i cugini.

3. Per Plinio le vacanze erano belle perché. . .
   a. erano molto brevi.
   b. i ragazzi imparavano tante cose.

4. Da bambine, Emma e la sua amica Giulia. . .
   a. andavano al mare insieme.
   b. andavano al parco giochi.

5. Felicita ricorda quando. . .
   a. giocava con il cane.
   b. andava sull'altalena con i fratelli.

Dopo aver guardato

8.53 Adesso discutete i seguenti punti:

1. I ricordi delle persone nel videoclip in genere sono belli o brutti? Perché?

2. Avete risposto correttamente alle domande in **8.51**?

3. Perché il bambolotto ricorda ad Emma la sua infanzia?

4. Con quale persona nel video vi identificate di più? Perché?

5. Immaginate alcune domande che potreste (*you could*) fare alle persone del video per sapere di più sui loro ricordi.

Attraverso Il Lazio

Lazio is characterized by low-lying mountain ranges and three large agriculturally rich plains. The economy is based on agriculture, especially the production of wine and olive oil. The largest industry, cinema, is located in Rome. Almost 75 percent of the population lives in Rome, the largest city in Italy.

Probably because «**tutte le strade portano a Roma**»—this was particularly true during the Roman Empire, when all the empire's roads radiated out of its capital—the history of Lazio closely coincides with that of its capital, Rome, known since Roman times as «**la città eterna**». From its modest rural beginnings, the glorious days of the Roman Empire, the decadence of the medieval period as the political capital of the Papal States, to modern times as the capital of the Italian nation, the history of Rome has been closely linked to the Lazio region. Here, Latin and Roman traditions are more deeply rooted than elsewhere. Monuments from different historical periods and archeological sites can be found throughout the region. The influence of Rome is also evident in many of the ancient festivals and cultural events that are still popular.

La Roma rinascimentale: Basilica di San Pietro, con la maestosa cupola (*dome*) di Michelangelo, nella bellissima Piazza San Pietro circondata dal colonnato di Gianlorenzo Bernini (1598–1680), uno degli artisti più importanti del barocco. La Basilica di San Pietro, la più grande e famosa chiesa cattolica del mondo, è nella Città del Vaticano, il centro spirituale del mondo cattolico. La Città del Vaticano è un piccolo stato indipendente il cui capo è il papa, che è la guida suprema della Chiesa Cattolica Romana. All'interno della Basilica di San Pietro e nei vicini Musei Vaticani si trovano alcuni dei capolavori (*masterpieces*) della Roma rinascimentale.

Il Colosseo, il Foro e altri resti archeologici dell'antica Roma, in mezzo al traffico automobilistico della città moderna. Nell'antica Roma il Colosseo (I sec. d.c.), per la sua funzione popolare, era simile allo stadio di oggi. L'anfiteatro, di quattro piani, poteva contenere fino a 50.000 spettatori. I romani ci andavano per vedere spettacoli di ogni genere. Il foro invece era un luogo d'incontro nel centro della città. Qui si trattavano affari, si commerciava e si faceva politica. Nei secoli, imperatori diversi hanno arricchito il foro di tanti bei monumenti.

La Fontana dei Quattro Fiumi, di Gianlorenzo Bernini (1651) a Piazza Navona, a Roma. La Fontana rappresenta i quattro fiumi dei quattro continenti: il Nilo, il Gange, il Danubio e il Rio della Plata. Nella rappresentazione dei fiumi e nel movimento delle figure è evidente l'eleganza barocca e il gusto per la spettacolarità.

Piazza Navona è una delle più grandi piazze romane. Qui i romani vengono a prendere un caffè, a fare una passeggiata o a prendere un gelato con gli amici alla nota gelateria *I tre scalini*.

Verifichiamo

8.54 Che cos'è? Indica di cosa si tratta.

1. Era una specie di piazza moderna dove tutti si incontravano.

2. È la chiesa più importante del mondo cattolico.

3. È uno stato indipendente.

4. È un'opera a Piazza Navona di un grande artista barocco.

5. I romani ci andavano per assistere a spettacoli di vario genere.

6. È un dipinto (*painting*) con una natura morta e l'immagine molto realistica di un giovane.

7. È in cima alla basilica di San Pietro. È di Michelangelo.

8. Circonda Piazza San Pietro. È di Bernini.

Giovane con il canestro di frutta **(1594), di Caravaggio, nel museo di Villa Borghese, a Roma.** Caravaggio (1573–1610) è considerato uno dei più grandi pittori del '600. In quest'opera si nota il suo interesse per le nature morte (*still lifes*) e la rappresentazione del realismo estremo, tipica dei suoi lavori. La figura del ragazzo è ritratta in modo autentico senza nessun tentativo di idealizzazione.

G **8.55 E nel vostro Paese?** Nel vostro Paese c'è una città simile a Roma? Quale?

Com'è simile? Com'è diversa?

8.56 Roma, la città eterna. Vorresti visitare Roma? Cosa vorresti vedere? Perché?

Vocabolario

Le attività dell'infanzia

amare gli animali	to love animals
andare* all'asilo	to go to preschool
arrampicarsi sugli alberi	to climb trees
avere molti/pochi giocattoli	to have many/few toys
colorare	to color
disegnare	to draw
fare collezione di. . .	to collect. . .
l'infanzia	childhood
giocare a	to play
calcetto	table football; soccer game played on a small field
nascondino	hide-and-seek
giocare con	to play with
le bambole	dolls
le macchinine	toy cars
il trenino	toy train
i videogiochi	video games
giocare dentro/	to play inside/outside
fuori (casa)	(the house)
guardare i cartoni animati	to watch cartoons
raccontare/	to tell/to read a fairy tale
leggere una favola	
saltare la corda	to jump rope

Le persone e i rapporti

capriccioso/a	naughty
dire le bugie	to tell lies
paziente	patient
piangere (pp. pianto)	to cry
viziato/a	spoiled
volere bene a qualcuno	to love someone

La scuola

l'esame	exam
la materia obbligatoria	required course
la pagella	report card
la ricreazione	recess
la scuola elementare	elementary school
la scuola media	junior high school
la scuola privata/statale	private/public school

Verbi ed espressioni

andare male/bene (a scuola)	to do poorly/well (in school)
arrabbiarsi*	to get mad
Che classe fai/facevi?	What grade are you/were you in?
dimenticare/dimenticarsi*	to forget
essere assente	to be absent
essere bravo/a	to be good
in disegno	in drawing
in biologia, ecc.	in biology, etc.
fare attenzione	to pay attention
fare un compito in classe	to take a written exam
marinare la scuola	to cut school
prendere un buon/	to get a good/bad grade
un brutto voto	
prendere in giro	to make fun of
punire (-isc-)	to punish
ricordare/ricordarsi*	to remember
scherzare	to joke, to fool around

Per descrivere le persone e i luoghi (aggettivi)

affettuoso/a	affectionate
affollato/a	crowded
agricolo/a	agricultural
attivo/a	active
contento/a	happy, glad
geloso/a	jealous
impegnato/a	busy
industriale	industrial
infelice	sad
inquinato/a	polluted
obbediente	obedient
prepotente	overbearing, bullying
pulito/a	clean
ribelle	rebellious

severo/a	*strict*
sporco/a	*dirty*
terribile	*terrible*

I cambiamenti

l'abitante (*m., f.*)	*inhabitant*
l'aria	*air*
cambiare*	*to change*
diventare*	*to become*
la gente	*people*
l'industria	*industry, factory*
l'inquinamento	*pollution*
inquinare	*to pollute*
il progresso	*progress*
la tecnologia	*technology*

I mezzi di trasporto

andare* a piedi	*to walk*
andare* in	*to go by*
aereo	*airplane*
autobus	*bus*
automobile, macchina	*car*
bicicletta	*bike*
metropolitana	*subway*
motocicletta	*motorcycle*
motorino	*moped*
taxi	*taxi*
treno	*train*

Espressioni di tempo: See p. 242.

Espressioni negative: See p. 250.

CAPITOLO

9

Buon divertimento!

Lo sai che?
- ◆ Le feste, le tradizioni e le sagre
- ◆ Carnevale e la commedia dell'arte
- ◆ I ristoranti in Italia

Ragazzi in maschera a Carnevale

IN THIS CHAPTER YOU WILL LEARN HOW TO:
- ◆ Talk about holidays
- ◆ Describe holiday meals
- ◆ Discuss food and order in a restaurant

PERCORSO I   **Le feste e le tradizioni**

PERCORSO II   **I pranzi delle feste**

PERCORSO III   **Al ristorante**

ANDIAMO AVANTI!

ATTRAVERSO L'UMBRIA

PERCORSO I
LE FESTE E LE TRADIZIONI

Vocabolario: Che feste si celebrano nel tuo Paese?

Il 6 gennaio, l'Epifania, si rievoca l'arrivo dei tre Re Magi (*Three Kings*) a Betlemme con regali per Gesù bambino. La Befana è una donna vecchia e brutta che sembra una strega (*witch*) e porta giocattoli ai bambini buoni. A quelli che sono stati cattivi, invece, nelle calze **gli** lascia il carbone (*coal*).

L'8 marzo è la festa della donna. La mimosa è il primo albero che fiorisce verso la fine dell'inverno e si offrono rami (*branches*) di mimose alle donne. Amici e colleghi regalano **loro** questi fiori.

A Ferragosto, il 15 agosto, si celebra l'Assunzione in paradiso di Maria, la madre di Gesù. La festa però ha origine pagana. In Italia tutti vanno in vacanza e le città italiane sono deserte.

La vigilia di Natale, il 24 dicembre, molti festeggiano con un gran cenone a base di pesce. Il giorno dopo i bambini aprono i regali che Babbo Natale ha portato **loro** durante la notte. Si mangia il panettone e si beve lo spumante.

Le feste

addobbare *to decorate*
brindare *to toast*
Capodanno *New Year's day*
Carnevale *Carnival*
i coriandoli *confetti*
il costume *costume*
la maschera *mask*

il panettone *traditional Italian Christmas cake*
Pasqua *Easter*
San Valentino *Valentine's day*
l'uovo (*pl.* **le uova**) *egg*
il veglione *party, dance*

Per fare gli auguri

il biglietto di auguri *greeting card*
Buon anno! / Felice anno nuovo! *Happy New Year!*
Buon Natale! *Merry Christmas!*
Buona Pasqua! *Happy Easter!*
Buone feste! *Happy Holidays!*

9.1 Associazioni! Abbina i termini della colonna B che associ con le feste nella colonna A.

A	B
1. Capodanno	**a.** le mimose
2. Natale	**b.** i giocattoli
3. la festa della donna	**c.** il panettone
4. la Befana	**d.** i negozi chiusi
5. Carnevale	**e.** brindare
6. Ferragosto	**f.** la maschera
	g. addobbare
	h. i coriandoli
	i. il cenone
	l. il veglione

9.2 Le feste. Considerate le feste nelle foto a pagina 271. Quali vocaboli potete usare per descriverle?

9.3 Indovina! Uno studente/una studentessa descrive in breve una festa e gli altri indovinano che festa è.

Lo sai che? Le feste, le tradizioni e le sagre

Molte feste italiane sono religiose o hanno avuto origine in tempi antichi e sono radicate (*rooted*) nella cultura popolare. Ci sono però anche feste civili. Ad esempio, il **25 aprile** si festeggia l'anniversario della liberazione dell'Italia, alla fine della seconda guerra mondiale. Si fanno sfilate (*parades*) e su tutti i palazzi pubblici si espone la bandiera (*flag*) italiana. Il **Primo Maggio**, poi, è la festa di tutti i lavoratori, mentre una festa particolarmente romantica è **San Valentino**, la festa degli innamorati, che si scambiano biglietti, fiori e regali. In Italia si celebrano anche la **festa del papà** il 19 marzo, il giorno di San Giuseppe, e la **festa della mamma** l'8 maggio.

Il Palio di Siena

Ci sono poi anche feste specifiche in determinate città e paesi. Ad Arezzo, per esempio, si gioca ogni anno la **Giostra del Saracino**, che ricorda le giostre (*tournaments*) medievali, e in tanti paesi italiani ci sono feste collegate con la natura che in genere si chiamano *sagre*. Ad esempio, a Rocca Priora, nel Lazio, la prima domenica di maggio c'è la sagra del narciso, un fiore molto profumato. Quel giorno le strade del paese sono tutte addobbate di narcisi.

Una delle tradizioni più note è la corsa del Palio delle Contrade a Siena. Le contrade sono i quartieri (*quarters*) della città. Prima c'è una sfilata in costume storico e poi una corsa di cavalli (*horse race*) che segue regole antiche. Ogni cavallo rappresenta una contrada e tutti gli abitanti della città partecipano con grande entusiasmo e animosità a questa corsa per la quale la città si prepara tutto l'anno.

9.4 Feste e sagre. Trova nel testo brevi giustificazioni alle affermazioni seguenti:
1. Il 25 aprile e il primo Maggio sono feste civili.
2. La festa di San Valentino in Italia è simile a quella nel tuo Paese.
3. A Rocca Priora c'è una festa legata alla natura.
4. Al Palio di Siena partecipa tutta la città.

9.5 Le sagre. Ci sono nel vostro Paese feste simili alle sagre? Quali sono? Come si festeggiano?

9.6 Altre tradizioni. Ci sono corse di cavalli importanti nella vostra città o in altre città che conoscete?

In contesto: Le feste a casa mia

Giulio scrive al suo amico americano Jason e gli parla di alcune feste in Italia.

Da:	Giulio Vittorini <giuliogabi@tiscali.it>
A:	Jason@homemail.com
Oggetto:	Le nostre feste!

Jason,
il tuo ultimo messaggio mi ha fatto tanto piacere e come vedi **ti** rispondo appena posso.

Mi chiedi quali feste sono importanti a casa mia e come **le** festeggiamo. In Italia generalmente il Natale si celebra in famiglia e facciamo così anche noi. Sai che **da noi** si dice «Natale con i tuoi, Pasqua con chi vuoi!» Si cena sempre tardi e a mezzanotte si va a messa.

Il 25 si fa sempre un bel pranzo a casa dei nonni o qui a casa nostra. Sai che mia madre è nata il giorno di Natale? **Le** facciamo sempre due regali! Poi, per quasi tutta la settimana fra Natale e Capodanno, si va a casa di amici e si passa la serata insieme: si cena, si gioca a carte e a tombola[1], e si continua a mangiare!

Dopo Natale finalmente arriva Capodanno! **Per me** è la festa più divertente. In Italia non è proibito comprare alcuni tipi di fuochi d'artificio[2] e far**li** esplodere per strada o in terrazza e anche quest'anno ci siamo divertiti da matti[3], nella casa di campagna di un mio carissimo amico.

Adesso aspetto Carnevale. Stiamo già facendo progetti per un veglione spettacolare, ma io devo ancora decidere come mi vesto. Hai mai sentito parlare del Carnevale di Venezia? Se vieni in quel periodo, ci andiamo insieme, d'accordo?

Uno di questi giorni **ti** chiamo! Intanto **ti** faccio tanti auguri per il Nuovo Anno, anche se un po' in ritardo!
Giulio

1. bingo   2. fireworks   3. like crazy

9.7 Che cosa fa Giulio? Indica se le seguenti affermazioni sono vere o false e correggi quelle false.

1. Giulio festeggia il Natale con gli amici in montagna.
2. Il compleanno della mamma di Giulio è il 25 dicembre.
3. Il giorno di Natale la mamma riceve un solo regalo.
4. Durante le feste, Giulio gioca a carte con gli amici.
5. Giulio ha passato il Capodanno a casa con i parenti.
6. Giulio pensa di vestirsi in maschera per Carnevale.

9.8 Capodanno e altre feste. Le feste che celebrate voi sono simili o diverse da quelle che descrive Giulio? Come?

Occhio alla lingua!

1. Note that the direct-object pronouns in Giulio's e-mail message are in boldface type. Identify those with which you are already familiar and note to whom or what they refer.
2. Now consider the unfamiliar direct-object pronouns. Can you tell which corresponds to the subject pronoun **io?** To **tu?** To **noi?**

3. Reread the descriptions of **Natale, Epifania**, and **la festa della donna** in the *Vocabolario* section on p. 271. Can you tell to whom the object pronouns in boldface type refer?

4. The object pronoun **le** actually appears twice in Giulio's message. Can you tell how its meaning differs in these two instances?

Grammatica

I pronomi di oggetto diretto

In Capitolo 5, you learned that direct-object pronouns replace a direct-object noun in order to avoid repetition. They refer to people or things that have just been mentioned.

—Quando mangiate il pesce?   —*When do you eat fish?*
—**Lo** mangiamo la vigilia   —*We eat **it** on Christmas Eve.*
di Natale.

—Regali fiori per San Valentino?   —*Do you give flowers for Valentine's Day?*
—Sì! **Li** regalo alla mia ragazza! —*Yes, I give **them** to my girl friend!*

The chart below shows all forms of the direct-object pronouns: **mi** and **ti** in the singular, and **ci** and **vi** in the plural, as well as the third-person forms, which you have already learned.

I pronomi di oggetto diretto			
Singolare		**Plurale**	
mi	*me*	**ci**	*us*
ti	*you*	**vi**	*you*
La (L')	*you (formal, m. / f.)*	**Li, Le**	*you (formal, m. / f.)*
lo	*him, it (m.)*	**li**	*them (m.)*
la	*her, it (f.)*	**le**	*them (f.)*

1. Direct-object pronouns are always placed directly in front of a conjugated verb.

—**Ci** accompagni al veglione?   —*Will you accompany **us** to the party?*
—Sì, **vi** accompagno volentieri. —*Yes, I will be happy to accompany **you**.*

—**Mi** ascolti quando parlo?   —*Do you listen to **me** when I speak?*
—Certo! **Ti** ascolto attentamente. —*Of course! I listen to **you** carefully.*

2. When **lo, la, li**, and **le** are used with the **passato prossimo**, the past participle agrees in number and gender with the pronoun. With **mi, ti, ci**, and **vi** the agreement is optional.

Giulia non **li** ha invita**ti** alla sua festa! *Giulia did not invite them to her party!*

Suo padre **ci** ha accompagna**to**   *His father drove us in his car.*
in macchina.

3. When direct-object pronouns are used with an infinitive, the final **-e** of the infinitive is dropped and the pronoun is attached to the end of the verb.

Penso di invitare i miei cugini per Natale. → Penso di invita**rli**.
I think that I will invite my cousins for Christmas. → *I think I will invite them.*

9.9 Quante domande! Abbina le domande della colonna A alle risposte della colonna B.

A

1. Mi inviti?
2. Ci inviti?
3. Ti ascolta sempre?
4. Hai già addobbato l'albero?
5. Hai aspettato Babbo Natale?
6. Accompagni me e Carla al veglione?

B

a. Sì, vi invito.
b. No, non mi ascolta mai.
c. Sì, ti invito.
d. Sì, l'ho aspettato.
e. No, non vi accompagno.
f. Sì, l'ho addobbato ieri sera.

9.10 In maschera. Sei ad una festa in maschera con alcuni amici e non vi riconoscete (*recognize*) fra di voi. Completa i dialoghi con un pronome oggetto diretto.

1. CARLO: Ma chi sei? Non _____ riconosco!

   TU: Sono io! Non _____ vedi? Sono Paola!

2. CARLO: E voi due, siete Giorgio e Anna?

   GIORGIO E ANNA: Sì! Bravo! _____ riconosci anche in maschera!

   CARLO: Certo! _____ conosco troppo bene tutti e due.

3. PAOLA: Carlo, io con questa maschera sul viso non _____ vedo, dove sei?

   CARLO: Sono qui, Paola, _____ senti?

   PAOLA: _____ sento, ma non _____ vedo!

4. PAOLA: E voi, chi siete? Come siete vestiti? Quasi non _____ riconosco!

   GIORGIO E ANNA: Come non _____ riconosci! Se _____ guardi attentamente, capisci chi siamo!

9.11 Come è andata? Un amico è molto curioso su cosa hai fatto l'anno scorso durante le feste. Rispondi alle domande e usa i pronomi oggetto diretto.

1. Hai festeggiato San Valentino a casa?
2. Hai passato Ferragosto in montagna?
3. Dove hai comprato il costume di Carnevale?
4. Hai scritto i biglietti di auguri?
5. Hai bevuto lo spumante a tutte le feste?
6. Hai regalato o ricevuto le mimose?
7. Perché non mi hai invitato alla tua festa?

I pronomi di oggetto indiretto

You have learned that a direct-object pronoun can replace a direct-object noun in a sentence. Nouns and pronouns can also function as indirect-objects, indicating *to whom* or *for whom* something is done. For example, in the sentence *Anne buys a present for her mother*, "her mother" is an indirect-object. It answers the question *For whom does Anne buy a present?* An indirect object is always preceded by **a** or **per**, whereas a direct-object is never preceded by a preposition. Compare the following sentences: **Conosci la Befana?** and **Cosa regali alle donne l'otto marzo?** In the first sentence, **la Befana** is a direct object; in the second, **alle donne** is an indirect object. An indirect object introduced by **a** or **per** can be replaced by an indirect object pronoun.

Facciamo gli auguri di Pasqua **ad un amico.** → **Gli** facciamo gli auguri di Pasqua.
We wish a friend Happy Easter. → *We wish him Happy Easter.*

Compro un regalo **per mia nonna.** → **Le** compro un regalo.
I buy a present for my grandmother. → *I buy her a present.*

I pronomi di oggetto indiretto			
Singolare		**Plurale**	
mi	*(to/for) me*	**ci**	*(to/for) us*
ti	*(to/for) you*	**vi**	*(to/for) you*
Le	*(to/for) you (formal, m. / f.)*	**Loro**	*(to/for) you (formal, m. / f.)*
gli	*(to/for) him*	**gli/loro**	*(to/for) them (m., f.)*
le	*(to/for) her*		

1. Indirect-object pronouns precede the verb, with the exception of **loro**, which always follows the verb. In everyday usage, **gli** is often used instead of **loro**.

   — Hai comprato le uova ai bambini?

   — Sì, ho comprato **loro** delle bellissime uova!

   — Sì, **gli** ho comprato delle bellissime uova!

   —*Did you buy eggs for the children?*

   —*Yes, I bought them some beautiful eggs!*

2. Remember that **gli** and **le** are never contracted before a verb beginning with a vowel or **h**.

   Le offro un tè.

   Gli ho dato il regalo la vigilia di Natale.

   I'll offer her a cup of tea.

   I gave him his present on Christmas Eve.

3. When indirect-object pronouns are used with the **passato prossimo**, the past participle does not agree with the pronoun.

   — Hai scritto **alla Befana**?

   — No, non **le** ho ancora **scritto**.

   — *Did you write to the Befana?*

   — *No. I didn't write her yet.*

4. The following Italian verbs are commonly used with an indirect-object noun or pronoun. Note that in most instances the equivalent English verbs take a direct- rather than an indirect-object.

chiedere	*to ask*	mandare	*to send*
consigliare	*to advise*	parlare	*to speak*
dare	*to give*	regalare	*to give a gift*
dire	*to say*	rispondere	*to answer*
domandare	*to ask*	scrivere	*to write*
insegnare	*to teach*	telefonare	*to call*

Telefoniamo a Tommaso subito!   *Let's call Tommaso right away!*
Le ho consigliato di andare a Venezia.   *I advised her to go to Venice.*

5. Note that the direct- and indirect-object pronouns **mi, ti, ci,** and **vi** are the same. Only the third-person direct-object pronouns, **lo, la, li,** and **le,** and indirect-object pronouns, **gli, le,** and **loro,** are different.

Ci accompagni al veglione di Capodanno?	*Will you accompany us to the New Year's Eve party?*
Ci direte dov'è la festa?	*Will you tell us where the party is?*
La chiami questa sera?	*Will you call her tonight?*
Le hai regalato un ramo di mimose?	*Did you give her a branch of mimosa?*

9.12 Che hai fatto a Natale? Un'amica ti fa delle domande sul Natale. Le rispondi completando il dialogo seguente con i pronomi indiretti.

1. —Cosa hai regalato a tua sorella?
    —_____ ho regalato un gioco per il computer.

2. —E a tuo padre?
    —_____ ho dato una bottiglia di spumante speciale!

3. —Hai fatto una festa per gli amici? Hai chiesto (*asked*) il permesso ai tuoi genitori?
    —Certo! _____ ho chiesto anche aiuto per la cena!

4. —Che cosa _____ hanno risposto?
    —_____ hanno detto di invitare poche persone.

5. —Hai organizzato la festa con tuo fratello? Avete telefonato o scritto agli amici?
    —_____ abbiamo scritto insieme!

6. —E loro, _____ hanno risposto tutti?
    —_____ hanno risposto tutti subito!

9.13 Pasqua in Italia. Sei andato/a in Italia per Pasqua. Un amico ti chiede che cosa hai comprato per certe persone e a chi hai scritto. Rispondi usando i pronomi indiretti.

ESEMPIO: —Che cosa hai comprato per tua sorella? (un uovo di cioccolata) (*a chocolate egg*)
—Le ho comprato un uovo di cioccolata.

1. Che cosa hai scritto agli amici? (delle mail)

2. Che cosa hai regalato al tuo ragazzo/alla tua ragazza? (delle uova colorate)

3. Che cosa hai mandato a me? (un calendario)

4. Che cosa hai scritto a tuo fratello? E a tua sorella? (una cartolina)

5. Che cosa hai comprato per i tuoi nonni? (un bel libro)

6. Che cosa dai a me e a mia sorella quando ci vediamo? (un poster)

🎭 **9.14 Domande curiose.** A turno, rispondete alle domande usando i pronomi indiretti.

1. Telefoni spesso al tuo migliore amico/alla tua migliore amica?
2. Chiedi soldi agli amici?
3. Parli a tua madre/a tuo padre dei tuoi problemi?
4. Che cosa offri ad un amico/un'amica che viene a casa tua dopo cena?
5. Che cosa scrivi ai tuoi parenti che abitano lontano?
6. Cosa puoi domandare ad un/un'insegnante? Che cosa non puoi chiedere?

𝓛o sai che? Carnevale e la commedia dell'arte

Non tutti sono d'accordo sull'origine del **Carnevale**. Alcuni pensano che sia un'antica festa pagana per celebrare l'arrivo della primavera. Con il cristianesimo, il Carnevale è stato incorporato nel calendario religioso e indica l'ultima settimana prima della Quaresima (*Lent*) che poi termina con il giorno di Pasqua. Uno dei carnevali più conosciuti in Italia è quello di Viareggio, in Toscana, che consiste in una splendida sfilata di carri trionfali allegorici. Le figure dei carri sono fatte di cartapesta (*papier-mâché*) e spesso sono una rappresentazione satirica di famosi personaggi della politica e dello spettacolo.

Burlamacco, la maschera ufficiale del Carnevale di Viareggio

Tipiche di queste sfilate e di Carnevale sono anche alcune maschere fisse, proprie della Commedia dell'Arte, un tipo di spettacolo che si afferma tra il XVII e il XVIII secolo. Questa commedia si basava sull'improvvisazione e su alcuni personaggi tipici: il vecchio avaro e geloso, il giovane povero e innamorato, il servo scaltro (*cunning*) che generalmente si alleava al giovane innamorato, ecc. Celebri, ad esempio, le maschere di Arlecchino, Pulcinella, Pantalone e Colombina.

🎭 **9.15 Hai capito?** Rispondete alle domande seguenti sul Carnevale.

1. Quali sono le caratteristiche del Carnevale di Viareggio?
2. Che cosa rappresentavano le maschere nella commedia dell'arte?

9.16 Carnevale oppure no? Nel tuo Paese, ci sono carnevali famosi o altre feste simili? Dove? Come si festeggiano? Come si possono paragonare al Carnevale in Italia?

Arlecchino è vestito di pezze (*rags*) di tutti i colori perché è molto povero. Qui lo accompagna Pulcinella. Pulcinella è sempre vestito di bianco.

🌐 **9.17 Le maschere.** Cerca informazioni su Arlecchino, Pulcinella e Colombina e scrivi un breve paragrafo per descriverli.

Scambi

9.18 Che cosa gli/le hai comprato? Domanda ad alcuni compagni che regali hanno fatto recentemente alle seguenti persone e in quale occasione: **il padre/la madre, il fratello/la sorella, un/una parente, un amico/un'amica.** Scopri i particolari.

ESEMPIO: S1: Che cosa hai comprato a tuo fratello?

S2: Gli ho comprato una racchetta da tennis.

S1: Quando l'hai comprata?. . .

9.19 E tu che fai? Scegliete una festività non religiosa, come Capodanno o San Valentino, e insieme organizzate una festa ideale. Considerate i punti indicati.

a. dove

b. con chi

c. le attività

9.20 Che festa è? Ascolta le conversazioni due volte. Per ognuna indica di quale festa si parla e l'argomento principale.

Conversazione 1

a. Pasqua, Epifania, Ferragosto

b. viaggi, giocattoli, punizioni

Conversazione 2

a. Primo Maggio, 25 aprile, Carnevale

b. costumi, concerti, vestiti moderni

Conversazione 3

a. Natale, Capodanno, Festa delle Donne

b. fiori e pranzo, gioielli, i coriandoli

9.21 Ti ricordi? Prepara quattro o cinque frasi per descrivere una festa indimenticabile per te. Com'era? Perché la ricordi in modo particolare? Poi a gruppi presentate le vostre descrizioni. Avete qualcosa in comune?

Cosa si fa in genere a San Valentino?

PERCORSO II
I PRANZI DELLE FESTE

Vocabolario: Cosa mangiamo?

Per apparecchiare la tavola

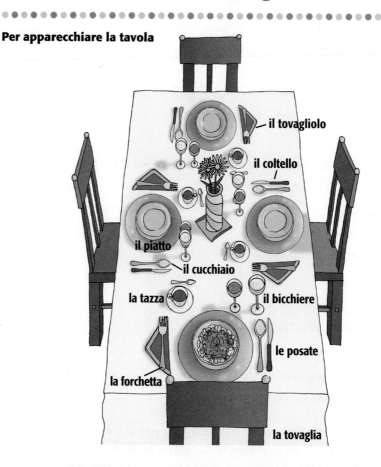

- il tovagliolo
- il coltello
- il piatto
- il cucchiaio
- la tazza
- il bicchiere
- le posate
- la forchetta
- la tovaglia

Le pietanze

- i funghi
- le lasagne
- le scaloppine di vitello
- il risotto
- i tortellini
- la trota
- il melone e il prosciutto
- la crostata di frutta
- le pesche
- l'uva
- le fragole
- le ciliegie

Per parlare di pranzi e di cibo

l'agnello *lamb*
l'antipasto *hors d'oeuvres*
il ghiaccio *ice*
la ricetta *recipe*
il tacchino *turkey*

il pepe *pepper*
il peperoncino rosso *hot red pepper*
il ragù *meat sauce*
il sale *salt*
il sugo di pomodoro *tomato sauce*
lo zucchero *sugar*

I condimenti

l'aceto *vinegar*
l'aglio *garlic*
il burro *butter*
il limone *lemon*
l'olio d'oliva *olive oil*
la panna *cream*
il parmigiano grattugiato
    grated Parmesan cheese

Per spiegare le ricette

aggiungere (*p.p.* **aggiunto**) *to add*
assaggiare *to taste*
condire (**-isc-**) *to season, to dress*
cuocere (*p.p.* **cotto**) *to cook*
mescolare *to stir, to mix*
soffriggere (*p.p.* **soffritto**) *to sauté*
tagliare *to cut*

9.22 Che cosa ci hai messo? Ieri sera hai preparato una bella tavola per il cenone di Capodanno. Completa le frasi con un termine adatto.

1. Prima di tutto ho preso la _____ bianca elegante della nonna.

2. Poi ho messo i _____ di porcellana azzurri.

3. Ho deciso di usare i _____ di cristallo per l'acqua e per il vino.

4. Sopra i piatti ho messo i _____, anche questi bianchi.

5. A destra e a sinistra di ogni piatto ovviamente ho messo le _____.

6. Poi ho messo sulla tavola anche le _____ per il caffè.

9.23 L'intruso. Nelle frasi seguenti indica che cosa in genere non si usa per condire i piatti indicati.

1. **insalata:** olio, zucchero, aceto

2. **tortellini:** sugo, ghiaccio, formaggio

3. **crostata di frutta:** sugo di pomodoro, zucchero, pesche

4. **tacchino:** olio, aceto, burro

5. **scaloppine di vitello:** sale, pepe, parmigiano

6. **lasagne:** ragù, limone, parmigiano

9.24 Che strani gusti! Marco ha abitudini e gusti insoliti riguardo al cibo. Rispondi alle sue domande e indica cosa fai tu diversamente da lui.

1. Prendo il caffè con il sale. E tu?

2. Mangio la minestra con il coltello. E tu?

3. Metto lo zucchero sulle lasagne. E tu?

4. Taglio la bistecca con il cucchiaio. E tu?

5. Bevo il latte con il limone. E tu?

6. Mangio le lasagne in una tazza. E tu?

7. Condisco la bistecca con l'aceto. E tu?

8. Non assaggio mai il ragù e aggiungo sempre il sale! E tu?

9.25 Gli spaghetti al pomodoro. Completa la ricetta seguente con la forma corretta di un termine della lista a pagina 281.

Oggi parliamo di una ricetta facile per (1) _____ gli spaghetti. Prima facciamo (2) _____ un po' di cipolla con dell'olio o del burro. Laviamo i pomodori e poi li (3) _____ a pezzetti (*little pieces*). Quindi li (4) _____ alla cipolla. Facciamo cuocere per pochi minuti. Non possiamo dimenticare di (5) _____ il sugo per vedere se dobbiamo (6) _____ sale e pepe. Quando gli spaghetti sono pronti, li (7) _____ bene al sugo di pomodoro. Saranno buonissimi!

In contesto: Dammi una mano!

Riccardo deve aiutare la madre in casa per il pranzo di Pasqua.

MAMMA: Riccardo, perché non vieni ad aiutarmi, invece di perdere tempo? Forse l'agnello è pronto. **Assaggia** un po' se va bene. E poi ci sono ancora tante cose da fare! **Cerchiamo** di fare presto!

RICCARDO: Eccomi, mamma, vengo subito! Cosa devo fare?

MAMMA: Non lo sai? Prima di tutto, **apparecchia** la tavola e **usa** la tovaglia bianca. **Controlla** anche se ci sono dei bicchieri di cristallo per tutti.

silver RICCARDO: E per le posate, metto quelle d'argento°?

MAMMA: Se non le usiamo oggi, quando si usano? Al centro della tavola **metti** dei fiori insieme a un po' di frutta.

RICCARDO: E per i piatti? Posso mettere qualche piatto azzurro con alcuni piatti bianchi?

MAMMA: Certo! Intanto, **telefona** alla nonna e poi **vieni** in cucina.
Rather Anzi°, no, **non venire** subito, prima **va'** in cantina a prendere qualche bottiglia di vino buono.

RICCARDO: Le ho già telefonato! Lei porta dei dolci.

MAMMA: Bene! Bravo! Adesso **guardiamo** cosa c'è da bere e **non dimenticare** di vedere se c'è un po' di ghiaccio nel frigo. Tu e papà, poi, **portate** tutte le sedie in sala da pranzo.

 9.26 I preparativi. Indicate che cosa ha fatto e cosa deve fare Riccardo nella sequenza temporale corretta.

9.27 Il pranzo di Pasqua. Quali elementi nella conversazione indicano che si tratta di un pranzo speciale?

Occhio alla lingua!

1. In the *In contesto* conversation between Riccardo and his mother, find expressions that indicate quantity. With which of these expressions are you already familiar?

2. Look at the verbs in boldface type in the *In contesto* conversation. Notice that these verbs appear in the sentences in which Riccardo's mother is speaking to him. Can you tell what kinds of actions they specify? Who will carry out these actions?

3. Look at the endings of the verbs in boldface type. Do they look familiar?

Grammatica

Il partitivo

To express indefinite quantities in Italian—the equivalent of *some, any, a few,* in English—you can use the partitive. In Capitolo 3 and Capitolo 4, you learned to use the preposition **di** + the definite article with singular and plural nouns to express *some* or *a few*. Below are additional expressions you can use.

1. **Un po' di** is used with singular nouns to indicate an indefinite quantity.

   Beve **un po' di** vino solo alle feste. *He drinks a little wine only at parties.*

   Dopo cena gli italiani mangiano sempre **un po' di** frutta. *After dinner Italians always eat a little fruit.*

2. **Alcuni** (*some*) and **alcune** are used with plural nouns.

   Ho assaggiato **alcuni** dolci tradizionali. *I tasted some traditional desserts.*

   Ha usato **alcune** posate nuove. *She used some new silverware.*

3. **Qualche** is always used with singular nouns, but it has a plural meaning. The form is the same for feminine and masculine nouns.

   Usiamo **qualche** piatto bianco e **qualche** tazza azzurra. *Let's use some white plates and some blue caps.*

4. Usually expressions of quantity are not used with items in a series or when asking questions, nor are they used in negative expressions.

   Con l'arrosto serviamo piselli, carote e asparagi. *We are serving some peas, spinach, and asparagus with the roast.*

   Per il cenone non ho bicchieri di cristallo. *For the party I don't have crystal glasses.*

9.28 Al mercato. Oggi sei andato/a al mercato e hai comprato tante cose. Indica quale delle espressioni date è quella corretta.

1. Questa mattina ho comprato (alcune / della) frutta freschissima.
2. Ho riportato a casa (alcune / qualche) borse piene di cose buone da mangiare!
3. Ho comprato anche (alcune / qualche) bottiglia di acqua minerale.
4. Al mercato ho trovato (alcune / qualche) bottiglia di olio d'oliva speciale.
5. Ho comprato anche (alcuni / un po' di) ragù già pronto.

9.29 Un pranzo festivo. Indica che cosa tua madre usa per apparecchiare una bella tavola e cosa serve per una cena speciale. Usa il partitivo **di** + l'articolo determinativo.

1. bicchieri di cristallo
2. tazze da caffè
3. agnello con patate
4. cucchiai per il gelato
5. posate d'argento
6. coltelli per il pesce
7. spumanti italiani

9.30 Le scaloppine. Completa la ricetta per le scaloppine ai funghi con il partitivo **di** + articolo o **un po' di**.

Dobbiamo usare _____ fettine di vitello piuttosto sottili. Mettiamo _____ burro in un tegame (*pan*) largo e facciamo soffriggere la carne. Quando le scaloppine sono dorate (*browned*), aggiungiamo _____ vino. Intanto cuciniamo i funghi con _____ olio e _____ aglio. Poi uniamo i funghi alle scaloppine e facciamo cuocere ancora con _____ panna.

9.31 Come lo prendi? A turno, scoprite come l'altra persona prende le bevande indicate e come mangia i piatti seguenti. Usate il partitivo.

ESEMPIO: S1: Come prendi il tè?
                S2: Lo prendo con un po' di zucchero.

a. il caffè   **d.** gli spaghetti al sugo di carne
b. la cioccolata   **e.** l'insalata
c. il tè

L'imperativo

The imperative form of verbs is used to give orders, suggestions, directions, and instructions. The informal imperative—the **tu, noi,** and **voi** forms of verbs—is used when talking to friends and family members.

L'imperativo informale			
	assaggiare	**prendere**	**offrire**	**pulire**
(tu)	assaggia!	prendi!	offri!	pulisci!
(noi)	assaggiamo!	prendiamo!	offriamo!	puliamo!
(voi)	assaggiate!	prendete!	offrite!	pulite!

1. Note that the forms of the informal imperative of **-ere** and **-ire** verbs are identical to those of the present indicative tense. The **tu** form of verbs that end in **-are** differs from the present indicative tense; it is formed by dropping the **-re** from the infinitive.

   Offri del caffè agli amici!   *Offer some coffee to your friends!*
   Assaggia l'arrosto!   *Taste the roast!*

2. The negative imperative of the **tu** form of verbs consists of **non** + the infinitive. The negative imperative of the **noi** and **voi** forms of verbs is formed by adding **non** in front of the affirmative forms.

	assaggiare	**prendere**	**offrire**	**pulire**
(tu)	non assaggiare!	non prendere!	non offrire!	non pulire!
(noi)	non assaggiamo!	non prendiamo!	non offriamo!	non puliamo!
(voi)	non assaggiate!	non prendete!	non offrite!	non pulite!

Paolo, non mangiare prima di cena!   *Paolo, don't eat before dinner!*
Non servite il formaggio con il pesce!   *Don't serve cheese with fish!*

3. For recipes and other directions, you can use the **voi** form of the imperative or the infinitive.

Aggiungere (Aggiungete) del   *Add some grated Parmesan cheese.*
  parmigiano grattugiato.

4. Most verbs that are irregular in the present indicative have the same irregular forms in the imperative.

Vieni con me!   *Come with me!*
A Capodanno non bevete troppo!   *On New Year's Eve, don't drink too much!*

The following irregular verbs have imperative **tu** forms that differ from the indicative. The **noi** and **voi** forms are the same as those of the present indicative.

andare	va'	Va' in sala da pranzo!	*Go to the dining room!*
dare	da'	Da' un po' di dolce ai bambini!	*Give some dessert to the children!*
fare	fa'	Per favore, fa' presto!	*Please, hurry up!*
stare	sta'	Sta' calmo!	*Be calm!*
dire	di'	Di' che cosa vuoi!	*Say what you want!*

9.32 Una brava cuoca. Tua nonna ti dà qualche lezione di cucina. Tu le fai tante domande e lei ti dice che cosa devi o non devi fare.

ESEMPI: Metto il sale nella pasta? (Sì)
         Sì, metti il sale nella pasta!
         Metto il sale nella pasta? (No)
         No, non mettere il sale nella pasta!

1. Metto l'agnello nel forno? (Sì)

2. Uso un po' d'aglio? (No)

3. Assaggio il sugo? (No)

4. Preparo gli antipasti? (Sì)

5. Cucino la crostata prima del pollo? (No)

6. Condisco l'insalata? (Sì)

9.33 Un'altra lezione. Adesso tu dai a due amici/amiche gli stessi consigli dell'esercizio precedente.

ESEMPI: Mettiamo il sale nella pasta? (Sí)
         Sì, mettete il sale nella pasta!

         Mettiamo il sale nella pasta? (No)
         No, non mettete il sale nella pasta!

9.34 Consigli e suggerimenti. Hai alcuni amici che non sanno cucinare o apparecchiare la tavola bene. Ti chiedono dei consigli e tu rispondi alle loro domande usando l'imperativo.

ESEMPI: GIULIA E LETIZIA: Mettiamo i tovaglioli sopra i piatti? (No)

    TU: No, non mettete i tovaglioli sopra i piatti!

    LETIZIA: Offro il caffè dopo il dolce? (Sì)

    TU: Sì, offri il caffè dopo il dolce!

1. GIULIA E LETIZIA: Usiamo un solo piatto per la pasta e la carne? (No)
   TU: _____

2. LETIZIA: Servo il parmigiano con la pasta? (Sì)
   TU: _____

3. GIANNA: Taglio gli spaghetti? (No)
   TU: _____

4. GIANNA E MARCO: Aggiungiamo le fragole sulla torta? (Sì)
   TU: _____

5. MARCO: Metto le forchette a destra dei piatti? (No)
   TU: _____

6. GIANNA E MARCO: Usiamo un bicchiere per l'acqua e uno per il vino? (Sì)
   TU: _____

9.35 Una bella tavola! Una madre chiede ai figli di aiutarla a preparare una bella tavola per una festa. Ascolta due volte le sue richieste. Scrivi tutti gli imperativi che senti al singolare e al plurale. Poi confronta la tua lista con quella di un compagno/una compagna e insieme indicate l'infinito di ogni verbo che avete scritto.

Singolare		Plurale	
Imperativo	**Infinito**	**Imperativo**	**Infinito**

9.36 Un bambino terribile. Di' a tuo fratello, un bambino terribile, cosa deve e non deve fare questa sera quando vengono degli amici a cena. Usa l'imperativo.

1. salutare gli amici e dire «Buona sera»
2. dare la mano a tutti
3. andare in camera tua
4. non mangiare con le mani
5. stare zitto (*keep quiet*)
6. fare il bravo (*behave well*) tutta la sera
7. non dire «Non mi piace»
8. usare sempre il tovagliolo

9.37 Un nuovo coinquilino. Preparate una lista di consigli e suggerimenti per un nuovo coinquilino/una nuova coinquilina.

Scambi

9.38 I pranzi a casa tua. Indica tre occasioni speciali per cui si prepara un pasto speciale a casa tua e scrivi alcune cose che si mangiano tradizionalmente in una di queste occasioni. Poi paragona i tuoi risultati con quelli dei compagni.

9.39 Che cosa serviamo? Considerate le situazioni seguenti e suggerite quali piatti servire.

1. È Ferragosto e fa molto caldo. La signora Benini ha invitato tutta la famiglia a cena a casa sua.
2. Jacopo ha invitato l'amico Fabio a pranzo, ma Fabio non sta molto bene e non vuole mangiare molto né pesante.
3. Molti ragazzi e ragazze vanno a cena a casa di Serena per il suo compleanno.
4. Più di venti persone vengono a casa vostra per il veglione di Capodanno.
5. È San Valentino e volete preparare una cena romantica per il vostro ragazzo/la vostra ragazza. Ricordatevi che lui/lei non mangia carne!
6. Questa sera dovete giocare a calcio e volete fare un pranzo leggero.

9.40 Ricette facili. Leggete le ricette per un tipico antipasto italiano, un primo piatto semplice e saporito e un dolce per chi ha poco tempo. Poi completate le attività.

Prosciutto e melone

Si compra un bel melone maturo e del prosciutto. Si taglia in lungo il melone e si mette su un piatto largo. Poi, intorno ad ogni fetta[1] di melone, mettere una fetta di prosciutto. Servire freddo.

1. slice

Tortellini al burro

Comprare tortellini già pronti, di una buona marca[1] o fatti a mano. I tortellini devono cuocere in abbondante acqua bollente. Intanto sciogliere[2] del burro con della panna. Quando sono pronti, mescolare i tortellini con il burro e la panna e aggiungere del parmigiano grattugiato.
Non dimenticare sale e pepe!

1. brand   2. melt

Macedonia di frutta fresca

Scegliere la frutta di stagione e fare anche attenzione ai colori. Per esempio: le fragole rosse sono belle con le banane e i kiwi verdi. Oppure mescolare pesche e melone. Tagliare sempre la frutta a pezzi piccoli, aggiungere dello zucchero e un po' di succo di limone. Si può anche servire con un po' di gelato!

1. Decidete quale piatto vi piace di più e spiegate perché.
2. A turno, scegliete una ricetta e ripetetela al compagno/alla compagna usando l'imperativo.
3. Secondo voi, in quali occasioni si possono servire questi piatti? Quali altri piatti si possono servire insieme a quelli di queste ricette? Quali bevande vanno bene con ogni piatto?

PERCORSO III
AL RISTORANTE

Vocabolario: Il signore desidera?

In un ristorante italiano

il cameriere/la cameriera
  waiter/waitress
chiedere il conto *to ask for the check*
il/la cliente *client, customer*
la mancia *tip*
il menù *menu*
ordinare *to order*

Espressioni al ristorante

C'è posto per due / quattro?
  Is there room for a party of two/four?
Il signore desidera? *What would*
  you (singular) like to order?
Vorrei. . . *I would like. . .*
Per favore mi porti. . . *Please*
  bring me. . . (polite)

Per descrivere i piatti

l'acqua gassata/liscia
  sparkling/still water
al sangue *rare*
ben cotto/a *well done*
dolce *sweet*
fresco/a *fresh*
insipido/a *bland*
leggero/a *light*
pesante *heavy, rich*
piccante *spicy*
salato/a *salty*
saporito/a *flavorful*
squisito/a *delicious*

Così si dice: *Prendere* e *Buon appetito!*

To express in Italian the equivalent of "to have something to eat or drink," use the verb **prendere: Prendi anche tu del riso?** *Are you going to have some rice, too?*

When Italians sit down for a meal, before they start eating, it is customary to say: **Buon appetito!** *Enjoy your meal!*

Lo sai che? I ristoranti in Italia

Oltre ai ristoranti, in Italia ci sono le **trattorie** e le **osterie**, che spesso sono meno eleganti ed offrono in genere una cucina casalinga (*homemade*) e un'atmosfera familiare. Alcune di queste sono molto tipiche e possono essere anche più care dei ristoranti. Le **rosticcerie** invece vendono cibi già cotti, come, ad esempio, le lasagne e il pollo arrosto, che si possono mangiare sul posto o portare a casa. La **pizzeria** è, ovviamente, il posto dove si va per mangiare una pizza, molto popolare, soprattutto fra i giovani, perché in genere è meno cara degli altri ristoranti. Nelle grandi città ci sono anche ristoranti di altri Paesi (cinesi, giapponesi, messicani, ecc.) e alcuni ristoranti vegetariani.

Quando si va al ristorante qualche volta si paga anche il **coperto**, che indica il posto occupato e di solito il pane. Il numero dei coperti quindi corrisponde al numero delle persone. Molti ristoranti espongono (*display*) fuori un menù **fisso** che in genere comprende il primo, il secondo, il dolce e la frutta.

Gli italiani non sempre lasciano la mancia al cameriere e, quando lo fanno, non calcolano una percentuale precisa, anche se questa di regola dovrebbe essere fra il 5 e il 10 per cento.

9.41 In Italia. Fate una breve lista di alcune differenze fra i ristoranti italiani e quelli del vostro Paese. Considerate ad esempio: i tipi di ristorante, la mancia, il coperto, il menù fisso.

Il Grillo Parlante di NICCITIELLO ANTONIO — Via Guelfa, 90/R - FIRENZE — Tel. 055 475291 — Part. IVA 05421470484 — RICEVUTA FISCALE N. 26 DEL 5/01/05

QUANTITÀ	NATURA E QUALITÀ DEI BENI O SERVIZI	IMPORTI
2	COPERTI	4,00
	VINO - BIRRA	
1	ACQUA MINERALE	2,00
	PIZZA	
	ANTIPASTI	
2	PRIMI PIATTI	21,00
	SECONDI PIATTI	
	CONTORNI	
	FORMAGGI	
	FRUTTA	
2	DOLCI - DESSERT	8,00
1	CAFFÈ - LIQUORI	1,00
	MENÙ A PREZZO FISSO	
	TOTALE €	36,00

9.42 Al ristorante. Cosa fai quando vai al ristorante? Metti in ordine logico le seguenti frasi.

_____ Chiedi il conto.

_____ Dici: «Mi porti dell'acqua minerale».

_____ Lasci la mancia al cameriere.

_____ Chiedi: «C'è posto?»

_____ Ordini quello che vuoi mangiare.

_____ Leggi il menù.

_____ Dici «Buon appetito!»

_____ Domandi: «Qual è il piatto del giorno?»

9.43 Chi lo dice? Chi dice le frasi seguenti? Un cliente o il cameriere?

_____ **1.** Ecco il menù.

_____ **2.** C'è posto per quattro?

_____ **3.** Prendo un risotto e una bistecca ben cotta.

_____ **4.** Mi porti il conto, per favore.

_____ **5.** Che cosa desidera?

_____ **6.** Qual è il piatto del giorno?

_____ **7.** Le porto dell'acqua? Gassata o liscia?

_____ **8.** Il coperto è compreso?

9.44 Non è vero! Tu e un tuo amico/una tua amica avete gusti molto diversi. Quello che per lui/lei è buono, per te è cattivo. Indica il contrario degli aggettivi nelle frasi seguenti.

ESEMPIO: La bistecca è buona.
            — Questa bistecca è buona!
            — No! È cattiva!

1. L'arrosto è insipido.   **3.** I tortellini sono salati.

2. La minestra è calda.   **4.** Il dolce è pesante.

9.45 Come ti comporti al ristorante? Rispondi alle domande e indica che cosa si fa e si dice al ristorante.

1. Cosa dici quando inizi a mangiare?

2. Cosa leggi per sapere che piatti ordinare?

3. Come si chiama la persona che serve a tavola?

4. Che espressioni puoi usare per ordinare?

5. Cosa chiedi quando hai finito di mangiare?

6. Che cosa lasci al cameriere se sei soddisfatto/a?

In contesto: Che si mangia?

Alcuni amici vanno a cena in trattoria.

sample	CAMERIERE: Cosa desiderano per primo? Possiamo fare un assaggio° di primi: dei tortellini con la panna, degli spaghetti al pesto e delle penne
rather	all'arrabbiata piuttosto° piccanti.

CLIENTE: Benissimo, allora, gli assaggi per tutti, vero? E per secondo? Qual è il piatto del giorno? L'ultima volta qui ho mangiato delle ottime scaloppine ai funghi. Ricordo che mi sono piaciute proprio tanto!

CAMERIERE: Oggi il cuoco ha preparato l'arrosto di vitello, con una salsa al vino rosso. È squisito e leggero. Di solito piace a tutti.

CLIENTE: Allora, arrosto per sei! Va bene? Ma c'è del pesce? Il mio amico, qui, veramente è vegetariano e non mangia carne.

CAMERIERE: Ovviamente abbiamo anche del pesce freschissimo!

CLIENTE: E di verdura cosa c'è?

pan-fried CAMERIERE: Vi potrei portare degli spinaci saltati° al burro o al limone, e delle patatine arrosto.

CLIENTE: A me però gli spinaci non piacciono molto.

CAMERIERE: Può prendere dell'insalata, signora. E poi le consiglio una torta
al cioccolato veramente squisita!

CLIENTE: Benissimo! La conosco! L'altra volta mi è piaciuta moltissimo!

9.46 Al ristorante. Leggi la conversazione al ristorante e poi compila la
seguente scheda.

Che piatti consiglia il cameriere:	
Che piatti ordina la cliente:	
Che cosa le piace:	
Che cosa non le piace:	

Occhio alla lingua!

1. Look at the various forms of the verb **piacere** in the *In contesto* conversation. Which indicate a present experience and which a past experience?

2. What do you notice about the forms of **piacere** in the **passato prossimo**?
How are they conjugated? What is the past participle?

3. How is the **passato prossimo** of **piacere** similar to that of other verbs
you have learned?

*G*rammatica

Il verbo *piacere*

You have already learned to use the verb **piacere** in the present tense. As you
know, you use **piace** when the thing liked is singular and **piacciono** when
the things liked are plural. The singular form **piace** is also used with verbs in
the infinitive.

Mi piace la pasta, ma non mi piacciono i tortellini.	*I like pasta, but I do not like tortellini.*
A Cinzia piace andare spesso al ristorante.	*Cinzia likes to go to the restaurant often.*

The verb **piacere** in English means *to be pleasing to.* The sentence **A Roberta
piacciono i tortellini** corresponds literally to *Tortellini are pleasing to Roberta,* although this sentence would be expressed in English as *Roberta likes tortellini.* Note that the subject of the sentence is **tortellini.** The indirect-object,
Roberta, is the person doing the liking.

1. **Piacere** is used with an indirect-object pronoun or **a** + a person's name.

—**A Teresa** piace la bistecca ben cotta?	—*Does Teresa like her steak well done? (Literally: Is a well-done steak pleasing to Teresa?)*
—Sì, **le** piace.	—*Yes, she likes it.*
—**A Carlo** non piacciono i piatti piccanti?	—*Doesn't Carlo like spicy dishes?*
—No, non **gli** piacciono.	—*No, he doesn't like them.*

2. **Piacere** can also be used with the preposition **a** + a disjunctive pronoun for clarification or emphasis.

A me non piacciono gli spinaci saltati. E **a te**?	*I don't like pan-fried spinach. Do you?*

3. The past tense of **piacere** is conjugated with the verb **essere**. The past participle agrees in gender and number with the thing or person liked.

A tua madre sono piaciut**i gli scampi**?	*Did your mother like the prawns?*
Al cliente non sono piaciut**i gli spaghetti**, ma gli sono piaciut**e le lasagne**.	*The customer didn't like the spaghetti, but he liked the lasagna.*
Ai bambini non è piaciut**o il pesce**!	*The children didn't like the fish!*

9.47 I gusti (*Tastes*). Indica che cosa ti piace e non ti piace della lista seguente.

ESEMPIO: i piatti piccanti
Non mi piacciono i piatti piccanti. *o* Mi piacciono moltissimo!

1. il caffè	7. la cioccolata
2. il vino	8. gli asparagi
3. le lasagne	9. ballare
4. la carne	10. la musica classica
5. la frutta	11. cucinare
6. bere la Coca-Cola	12. le feste con gli amici

9.48 A cena fuori. Indica che cosa ti è piaciuto al ristorante l'ultima volta che sei andato/a. Unisci i termini delle due colonne.

A	B
1. il vino	a. mi è piaciuta
2. gli spinaci	b. mi è piaciuto
3. i dolci	c. mi sono piaciute
4. le patate	d. mi sono piaciuti
5. l'atmosfera	

9.49 Al ristorante. Sei andato/a al ristorante con degli amici. Indica che cosa vi è piaciuto oppure no. Abbina i termini delle colonne A e B e scrivi frasi complete con il verbo **piacere**.

A	B
1. al cameriere	a. servire i clienti
2. a me	b. i primi piatti
3. a noi	c. gli antipasti
4. a una mia amica	d. l'atmosfera
5. ai miei amici	e. il pesce

Così si dice: *Anche / Neanche a me*

• •

When using the verb **piacere** to express *I like it too* or *I don't like it either* use **Anche a me** or **Neanche a me**:

— **Non mi piace il pesce! E a te?**	*— I don't like fish! And you?*
— **Neanche a me!**	*— I don't like it either!*

Scambi

9.50 Il menù. Siete al ristorante *da Pantalone* e dal menù volete scegliere
dei piatti che piacciono a tutti per (1) una cena leggera e per (2) un pranzo
completo.

da *Trattoria-Pizzeria*
Pantalone
dal 1952

Pane e coperto	2.30

ANTIPASTI

Antipasto all'italiana	6.00
Verdure grigliate	6.00
Carpaccio di bresaola e rucola	7.00
Prosciutto e melone	7.00
Focaccia	4.00
Olive ascolane (1)	1.40
Mozzarelline fritte (1)	1.50
Fiori di zucca (1)	2.30
Bruschetta al pomodoro	2.30

PRIMI PIATTI

Pappardelle al sugo di lepre[1]	7.50
Fettuccine caserecce al ragù	7.00
Gnocchi caserecci al ragù	7.00
Rigatoni con salsiccia[2]	7.00
Spaghetti alla carbonara	7.00
Penne all'arrabbiata	7.00

SECONDI PIATTI

Scaloppa al vino o limone	9.00
Bistecca di manzo alla griglia	10.00

Straccetti con funghi porcini	10.00
Lombata[3] di vitello alla griglia	10.00
Abbacchio[4] alla scottadito	11.00
Lombata ai funghi porcini	12.00
Filetto al pepe verde	13.00

CONTORNI

Contorni in genere	3.50
Rucola e pachino	4.00

FORMAGGI

Scamorza con prosciutto	6.00
Pecorino romano	4.00
Parmigiano reggiano	4.00
Formaggi misti	5.50

FRUTTA

Ananas	4.00
Melone	3.50
Anguria	3.00

PIZZERIA

Pomodoro	4.50
Marinara	5.00
Margherita	5.00
Funghi	6.00
Capricciosa	6.00
Gorgonzola	6.00
4 formaggi	6.00
Funghi porcini	7.50
Salmone affumicato	7.50
Maionese insalate e gamberetti	7.50
Calzone al forno	6.00

VINO DELLA CASA

1 lt	5.00
1/2 lt	3.00
1/4 lt	2.00

Acqua minerale

1 lt	2.30
1/2 lt (solo Ferrarelle)	1.70

BEVANDE

Coca-cola – Fanta aranciata	3.30
Birra Peroni	3.30
Lattine	2.30

Caffè

	1.80

1. hare   2. sausage   3. sirloin   4. lamb

9.51 I ristoranti della mia città. Rispondete a turno alle domande seguenti.
Poi paragonate i vostri risultati con quelli di altri studenti.

1. Preferisci mangiare a casa o fuori?

2. Quante volte alla settimana mangi fuori? Perché? In quali occasioni?

3. Qual è il tuo ristorante preferito? Ci vai spesso? È caro? Cosa si mangia?
   Quando e con chi ci vai?

4. In generale, cosa ti è piaciuto l'ultima volta che sei stato/a ad un
   ristorante? Che cosa non ti è piaciuto?

5. Che cosa è più importante quando scegli un ristorante? L'atmosfera, il
   menù, il prezzo, la qualità?

9.52 Dove andiamo a cena? Considerate gli annunci che seguono e decidete dove volete andare insieme a cena una sera di questa settimana. Perché?

AGOSTINO M.
Servizio rinfreschi
69 v. Pio X 0763 30 50 26

ANTICO MERCATO -
PIZZERIA-SPAGHETTERIA

ANTICO MERCATO

La vera pizza napoletana!

Pizzeria e spaghetteria – Forno a legna
Aperto fino a tarda notte!
Sconti per ragazzi!

CHIUSO IL LUNEDÌ

ORVIETO – Via delle Mimose 22
☎ 0763 35 00 69

BARCONE
Specialità di pesce e carne alla brace
68 v. Libertà 0763 35 50 26

PIZZA & SERVICE
Consegne gratuite a domicilio
Zona Giardinetti 075 60 35 620

LE QUATTRO FONTANE - RISTORANTE

le Quattro fontane

Ambiente raffinato ed elegante
Prelibata carne argentina e pesce freschissimo
Sale prestigiose per congressi e banchetti
Sala da ballo – Parco giochi

CHIUSO IL MARTEDÌ

PERUGIA – Piazza Puccini 4
☎ 075 59 38 642

RISTORANTE OCTOPUS
Specialità di pesce
62 v. Matteotti. 075 61 30 273

9.53 Ordiniamo! Ascolta due volte una conversazione al ristorante fra una cameriera e un cliente e rispondi alle domande.

1. Che cosa non piace al Signor Benini?
2. Che cosa gli è piaciuto in passato nello stesso ristorante?
3. Che cosa gli consiglia la cameriera?
4. Che cosa ordina il Signor Benini da bere?
5. Che cosa ordina il Signor Benini per primo, per secondo e alla fine del pranzo?

9.54 Al ristorante. A gruppi di tre, immaginate di essere in un ristorante italiano la sera molto tardi. Uno studente/una studentessa fa la parte del cameriere/della cameriera e le altre due persone fanno la parte di un/una cliente vegetariano/a molto difficile e un/una cliente che vuole assaggiare tutto. Il cameriere/La cameriera è stanco/a e ha fretta. Immaginate la conversazione e ricordate di usare il «Lei» quando è necessario.

ANDIAMO AVANTI!

ℛicapitoliamo

9.55 Carnevale. Immaginate di organizzare un veglione di Carnevale. Fate una lista di tutte le cose che si devono fare. Indicate che cosa fare, dove, quando, chi invitare, i costumi da indossare. Poi distribuite i compiti (*chores*) per ognuno di voi.

9.56 I pasti delle feste. Ogni persona del gruppo descrive cosa si mangia o non si mangia a casa sua nelle seguenti occasioni. Poi ogni gruppo riporta i risultati alla classe.

1. A Capodanno
2. Per un compleanno o un anniversario

9.57 I pasti di tutti i giorni. Volete conoscere le abitudini dell'altra persona per quanto riguarda i pasti di tutti i giorni. A turno rispondete alle domande seguenti.

1. Quanti pasti fai al giorno? A che ora?
2. Dove mangi in genere? Con chi?
3. A casa tua, come preparate la tavola per i pasti di tutti i giorni?
4. Cosa c'è in questo momento nel tuo frigorifero?
5. ?

9.58 Apriamo un ristorante! Immaginate di aprire un ristorante e considerate i punti indicati. Poi lo descrivete alla classe. Gli altri studenti scelgono il ristorante preferito e spiegano perché.

a. nome e dove
b. menù e prezzi
c. ambiente e caratteristiche particolari

9.59 Un ristorante italiano. Conoscete ristoranti italiani? Dove sono? Come sono? Quale preferite? Perchè?

Cosa si mangia in trattoria?

📖 *Leggiamo*

Strategie per leggere: Skimming

Skimming is an effective strategy for efficient reading. You might skim the front page of a newspaper, for example, to get a sense of the day's news, or skim a magazine article to get the gist prior to going back and reading it thoroughly. To skim a text, review the material quickly to understand the main idea of the selection. Don't try to understand every word or to analyze every sentence. Instead, focus only on key passages and words.

Prima di leggere

9.60 Nell'articolo che leggerai alcune persone fanno dei commenti sul Natale. Scorri (*Skim*) l'articolo, facendo particolare attenzione al titolo e ai commenti iniziali di ogni persona. Poi rispondi alle domande che seguono.

1. Quale è secondo te l'argomento principale dell'articolo?
2. Come è l'atteggiamento (*attitude*) delle varie persone verso il Natale? Positivo, tollerante o indifferente?

Mentre leggi

9.61 Adesso leggi più attentamente quello che le persone dicono sul Natale. Sottolinea alcune informazioni che servono a capire:

1. l'atteggiamento delle persone verso il Natale;
2. il significato particolare del Natale per ognuno.

Perché non possiamo fare a meno[1] del Natale

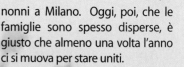

Enrico Finzi – *Sociologo*
Il Natale è una festa amatissima: da una ricerca Astra risulta che è la preferita dall'82 per cento degli italiani.

Il motivo è semplice: è un evento radicato nell'infanzia ed è vissuto come un momento di gioia e di convivialità, di tepore familiare e affetti.

Una giornata capace di regalare la speranza di un domani migliore, insieme a momenti di vera felicità.

Cinzia Th. Torrini – *Regista*
Non rinuncerei mai ai miei "natali volanti".

Il 24 sono in Germania con i parenti di mio marito.

Il 25 prendo l'aereo per andare a Firenze da mio fratello. Ma mi piace così: è l'unico modo per festeggiare con tutti.

Paolo Fox – *Astrologo*
Per tutti il Natale è il giorno del calore[2] familiare. Per me, invece, è una festività dedicata all'amicizia. Ormai da qualche anno ho perso i miei genitori e non ho fratelli. Sono solo, insomma. Ma divido la mia vita con un gruppo di amici. Trascorrerò[3] il giorno di Natale proprio con loro: la mia grande e vitale famiglia adottiva.

Maria Amelia Monti – *Attrice*
[Il Natale] Fa contenti i bambini, ed è il pretesto per andare a trovare i nonni a Milano. Oggi, poi, che le famiglie sono spesso disperse, è giusto che almeno una volta l'anno ci si muova per stare uniti.

Eleonora Cadeddu – *Attrice*
(Annuccia, di *Un medico in famiglia*, ha 9 anni).
È il giorno più bello dell'anno, perché mamma mi fa stare sveglia fino a mezzanotte. Infatti aspetto che Babbo Natale mi porti i regali che ho chiesto: una casa per le bambole e un trolley. E poi non vedo l'ora di abbracciare forte i nonni.

(From *"Perché non possiamo fare a meno del Natale,"* Donna Moderna, n.51, 22 dicembre 2004. Reproduced with permission from *Donna Moderna*.)

---

1. do without   2. warmth   3. I will spend

Dopo la lettura

9.62 Indica con quale persona dell'articolo che hai letto associ le frasi seguenti.

1. Aspetta con ansia l'arrivo di Babbo Natale: _____

2. A Natale si può anche stare con gli amici: _____

3. Natale ricorda agli italiani quando erano bambini: _____

4. A Natale viaggia molto: _____

5. A Natale è molto importante stare in famiglia: _____

9.63 Indica dove e con chi passano il Natale le persone intervistate. Cosa rappresenta il Natale per ognuno (*each one*)? E tu con chi ti identifichi di più o di meno riguardo alle feste in generale?

Scriviamo

•⦾•••

Strategie per scrivere: Writing a good topic sentence

Whether you are writing a short paragraph or an introduction to a longer essay, decide what your focus will be and make it clear in your introductory sentence. This first sentence can summarize your point of view or lay out the topic you are going to develop. It should be short, simple, and to the point. Then plan and organize the points you wish to make and provide examples and supporting details as you develop your ideas.

Una festa importante. Scrivi un paragrafo per descrivere una festa importante per te. Per esempio, puoi scegliere di parlare di Capodanno, del 4 di luglio o della Festa del Ringraziamento.

Prima di scrivere

9.64 Prima di scrivere organizza le tue idee.

1. Scegli la festa di cui vuoi parlare e decidi l'argomento principale. Quindi scrivi una prima frase per riassumere l'argomento che hai scelto.
   Per esempio: *Un festa molto importante per me e la mia famiglia è la Festa del Ringraziamento, perché siamo tutti insieme.*

2. Indica tre aspetti di questa festa che dimostrano perché è importante per te. Per esempio: Fai un pranzo o una cena speciale? Che cosa ti piace fare durante questa festa? La celebri in un posto particolare? Quali sono le tradizioni e le usanze importanti per te?

3. Trova un titolo appropriato per il paragrafo che hai deciso di scrivere.

La scrittura

9.65 Scrivi la prima stesura. Usa la frase che hai scritto prima per introdurre l'argomento. Poi descrivi i tre aspetti della festa che sono importanti per te e usa gli esempi e i particolari che hai preparato.

La versione finale

9.66 Leggi la prima stesura:

1. Hai dato un titolo adatto al paragrafo? Hai menzionato tre aspetti di questa festa importanti per te? Hai usato esempi e particolari appropriati?

2. Controlla i verbi e l'accordo degli aggettivi e dei nomi.

3. Copia la prima stesura e fa' attenzione a come si scrivono tutte le parole. Leggi l'ultima stesura un'altra volta.

 # Guardiamo

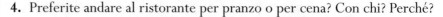

Strategie per guardare: Understanding people's preferences

People express their tastes and preferences in the most diverse situations—when they look at a menu in a restaurant, for example, or talk about holiday celebrations. Listen for key words and expressions that can alert you to the fact that people will be talking about their preferences and that will help you to understand what they say.

Prima di guardare

9.67 Nel videoclip che segue alcune persone esprimono le loro preferenze per quanto riguarda feste e ristoranti e Plinio descrive una tradizione siciliana. Prima di guardare il video, svolgi le attività che seguono.

1. Fa' una breve lista delle feste che le persone potrebbero (*could*) menzionare e delle parole che pensate di sentire.

2. Quali espressioni può usare una persona al ristorante? Cosa dice un/una cliente? Cosa dice il cameriere/la cameriera?

3. In genere, che cosa non mangia chi è vegetariano/a?

4. Preferite andare al ristorante per pranzo o per cena? Con chi? Perché?

Mentre guardi

9.68 Mentre guardi, fa' particolare attenzione alle preferenze che le persone esprimono. Cerca la conclusione corretta per ogni frase:

1. Laura e i suoi familiari per le feste preferiscono
   a. andare al ristorante.
   b. mangiare a casa.

2. La festa preferita di Laura è
   a. Pasqua.
   b. Carnevale.

3. La festa preferita di Ilaria è
   a. Natale.
   b. L'Epifania.

4. Al ristorante Tina chiede al cameriere
   a. un consiglio.
   b. il conto.

5. Tina preferisce mangiare
   a. taglierini con le vongole.
   b. un arrosto con i funghi.

6. Il cameriere consiglia il pesce perché
   a. è freschissimo.
   b. fa molto caldo.

7. Secondo Plinio, è più bello andare al ristorante o in pizzeria
   a. per pranzo.
   b. per cena.

Dopo aver guardato

9.69 Dopo aver guardato il videoclip completa le attività seguenti:

1. Nella vostra famiglia le feste si celebrano come a casa di Laura? Cosa fate di simile e di diverso?

2. Quale festa nel vostro Paese è simile all'Epifania di cui parla Ilaria? Cosa fa la gente nel vostro Paese che fa anche Ilaria?
   a. La sera prima dell'Epifania Ilaria e le sorelle vanno a casa della nonna.
   b. Ilaria e le sorelle appendono le calze la sera prima dell'Epifania.
   c. La mattina dell'Epifania Ilaria trova dolci e regalini nella sua calza.

3. Al ristorante dove va Tina, cosa notate di diverso dai ristoranti del vostro Paese? Vi piacerebbe (*Would you like*) mangiare in questo ristorante? Perché?

4. Perché è bello lo spettacolo dei pupi siciliani secondo Plinio? Perché parla di guerre e di soldati o perché unisce teatro, poesia e cultura popolare? Ci sono spettacoli simili nel vostro Paese?

Attraverso L'Umbria

Umbria is known as Italy's **cuore** (*heart*) **verde** because of its lush green landscape. The region is landlocked, but the Tiber's many tributaries and the lago Trasimeno keep the vegetation green all year round. The region's rich water supply supports the most important sector of its economy: the production of hydroelectric power. Despite its **cuore verde**, agriculture in Umbria is not highly developed. However, Umbria does produce some olive oils of high quality and excellent wines. Tourism is important to the economy, but this industry has not reached its full potential.

Umbria is famous for its festivals and **sagre** rooted in medieval historical events, traditions, customs, and/or religious beliefs. Umbria is also home to famous cultural events such as il Festival dei Due Mondi, which takes place every year in Spoleto. The region is renowned also for its beautiful ceramics from Deruta, Gubbio, Perugia, and Città di Castello.

La facciata (*facade*) del Duomo di Orvieto, uno dei più belli e più importanti esempi di architettura gotica italiana. La facciata, a forma di trittico (*triptych*), è ornata con marmi (*marble*) policromi, sculture e splendidi mosaici dorati (*golden*). Hanno contribuito alla sua realizzazione alcuni dei più grandi artisti del Medioevo e del Rinascimento, fra cui Andrea Orcagna, il Beato Angelico e Luca Signorelli.

Il centro storico medievale di Perugia e la piazza centrale con la fontana Maggiore. Perugia, il capoluogo dell'Umbria, è situata su un colle (*hilltop*) come tante altre città umbre. È una città antica dove è possibile ammirare monumenti etruschi, medievali e rinascimentali. A Perugia c'è anche l'Università per Stranieri, dove arrivano studenti da tutti i Paesi del mondo per studiare l'italiano. Ogni anno nel mese di giugno, a Perugia, c'è un'importante manifestazione di Jazz, Umbria Jazz, che dura dieci giorni.

La Spezia
Pisa · Arno · **Firenze**
TOSCANA
San Gimignano · Arezzo
Siena
Montepulciano · **Perugia** · Assisi
UMBRIA
Orvieto
Terni
Rieti · **L'Aquila**
Elba
Giglio
Rome
L A Z I O · Frosinone
Tevere

SAN MARINO · Rimini · Riccione / Cattolica
Pesaro
Urbino · **Ancona**
MARCHE
Macerata
Ascoli Piceno
Pescara
ABRUZZO
Sulmona
MOLISE
Isernia · Campob

La Corsa dei Ceri *(Race of the candles)* **a Gubbio.** Ogni anno, il 15 maggio, in onore del Santo patrono, San Ubaldo, a Gubbio si tiene la Corsa dei Ceri. Uomini delle diverse contrade *(districts)* della città portano i tre grandi e pesanti ceri (circa 400 kg) sulle spalle dal centro della città fino alla chiesa di San Ubaldo, che si trova su un monte. La corsa è frenetica e difficile e infusa di misticismo.

Picture Desk, Inc./Kobal Collection.

Un particolare di un affresco di Giotto nella Basilica di San Francesco, ad Assisi. Assisi è la meta di tanti pellegrini e turisti che desiderano visitare la città di San Francesco, il santo patrono d'Italia. Ad Assisi, nella Basilica di San Francesco, ci sono i dipinti di Giotto, Cimabue, Simone Martini e Pietro Lorenzetti, grandi maestri della pittura medievale. Particolarmente importanti sono gli affreschi di Giotto (1267–1337), che narrano la vita del santo. Nelle opere di Giotto sono già evidenti i principi della prospettiva e il naturalismo.

Verifichiamo

9.70 Vero o Falso? Indica quali delle seguenti affermazioni sono vere e quali false. Correggi le affermazioni false.

1. Orvieto è una piccola città che non ha molto interesse artistico.
2. Perugia è una città importante in Umbria.
3. A Perugia ci sono pochi giovani.
4. A Perugia c'è una scuola di lingue e letterature straniere molto nota.
5. Assisi è una città importante per il mondo cristiano.
6. Nella Basilica di San Francesco ci sono celebri affreschi del Rinascimento.
7. Giotto è un grande artista del Medioevo.
8. Con la corsa dei Ceri si celebrano i prodotti tipici di Gubbio.

9.71 E voi, che altro ne sapete? Discutete cosa sapete:

1. del Festival dei Due Mondi
2. di Umbria Jazz
3. di Giotto
4. di San Francesco

9.72 E nel vostro Paese? Nel vostro Paese ci sono celebrazioni simili alla Corsa dei Ceri? Quali? Come sono simili e come sono diverse?

Vocabolario

Le feste

Babbo Natale	*Santa Claus*
la Befana	*a kind old witch who gives children gifts on Epiphany*
Capodanno	*New Year's day*
Carnevale	*Carnival*
il cenone	*Christmas Eve and New Year's Eve dinner*
l'Epifania	*Epiphany*
Ferragosto	*holiday in mid-August*
la festa della donna	*women's day*
Natale	*Christmas*
Pasqua	*Easter*
San Valentino	*Valentine's day*
il veglione	*party, dance*
la vigilia	*eve*

Per descrivere le feste

addobbare	*to decorate*
andare* in vacanza	*to go on vacation*
brindare	*to toast*
la calza	*stocking*
i coriandoli	*confetti*
il costume	*costume*
festeggiare	*to celebrate*
la maschera	*mask*
la mimosa	*mimosa*
il panettone	*traditional Italian Christmas cake*
il regalo	*gift*
la sorpresa	*surprise*
l'uovo (*pl.* **le uova**)	*egg*

Per fare gli auguri

il biglietto di auguri	*greeting card*
Buon anno! / Felice anno nuovo!	*Happy New Year!*
Buon Natale!	*Merry Christmas!*
Buona Pasqua!	*Happy Easter!*
Buone feste!	*Happy Holidays!*

La tavola

il bicchiere	*glass*
il coltello	*knife*
il cucchiaio	*spoon*
la forchetta	*fork*
il piatto	*dish, plate*
le posate	*silverware*
la tazza	*cup*
il tovagliolo	*napkin*
la tovaglia	*tablecloth*

Le pietanze e il cibo

l'agnello	*lamb*
l'antipasto	*hors d'oeuvres*
le ciliegie	*cherries*
la crostata di frutta	*fruit tart*
le fragole	*strawberries*
i funghi	*mushrooms*
le lasagne	*lasagna*
il melone	*melon*
la pesca	*peach*
il prosciutto	*prosciutto*
la ricetta	*recipe*
il risotto	*Italian style rice*
le scaloppine di vitello	*veal scaloppini*
il tacchino	*turkey*
i tortellini	*tortellini*
la trota	*trout*
l'uva	*grapes*

I condimenti

l'aceto	*vinegar*
l'aglio	*garlic*
il burro	*butter*
il ghiaccio	*ice*
il limone	*lemon*
l'olio d'oliva	*olive oil*
la panna	*cream*
il parmigiano grattugiato	*grated Parmesan cheese*
il pepe	*pepper*
il peperoncino rosso	*hot red pepper*

il ragù	*meat sauce*
il sale	*salt*
il sugo di pomodoro	*tomato sauce*
lo zucchero	*sugar*

Per spiegare le ricette

aggiungere (*pp.* aggiunto)	*to add*
assaggiare	*to taste*
condire (-isc-)	*to season, to dress*
cuocere (*p.p.* cotto)	*to cook*
mescolare	*to stir, to mix*
soffriggere (*p.p.* soffritto)	*to sauté*
tagliare	*to cut*

Al ristorante

il cameriere/ la cameriera	*waiter / waitress*
chiedere il conto	*to ask for the check*
il/la cliente	*client, customer*
consigliare	*to suggest*
la mancia	*tip*
il menù	*menu*
ordinare	*to order*
il piatto del giorno	*special of the day*

Per descrivere i piatti

l'acqua gassata/liscia	*sparkling / still water*
al sangue	*rare*
ben cotto/a	*well done*
dolce	*sweet*
insipido/a	*bland*
leggero/a	*light*
pesante	*heavy, rich*
piccante	*spicy*
salato/a	*salty*
saporito/a	*tasty*
squisito/a	*delicious*

Espressioni al ristorante

C'è posto per due / quattro?	*Is there room for a party of two / four?*
Il signore desidera?	*What would you (singular) like to have?*
I signori desiderano?	*What would you (plural) like to have?*
Vorrei. . .	*I would like . . .*
Per favore, mi porti. . .	*Please bring me. . . (polite)*

Che ricordo splendido!

Lo sai che?

◆ La scuola e lo sport
◆ Il turismo in Italia

Una giornata indimenticabile

IN THIS CHAPTER YOU WILL LEARN HOW TO:

◆ Discuss important events and relationships in your life
◆ Describe good and bad memories
◆ Talk about unforgettable trips and vacations

PERCORSO I
AVVENIMENTI IMPORTANTI

Vocabolario: Cosa è successo?

Gli avvenimenti importanti nella vita di Raffaella

Sono nata il 5 agosto. Quel giorno faceva un caldo insopportabile. I miei genitori erano molto felici.

Mi sono diplomata nel 1999. Avevo 19 anni. Io ed i miei amici eravamo molto contenti.

Io e Nando ci siamo conosciuti il 14 febbraio. Avevamo 25 anni. Ci siamo innamorati subito e poco dopo ci siamo fidanzati.

Per parlare di avvenimenti importanti

laurearsi* *to graduate from college*
prendere la patente *to get one's driver's license*
sentirsi* *to feel*

Per descrivere i rapporti fra le persone

amarsi* *to love (each other)*
abbracciarsi* *to hug (each other)*
baciarsi* *to kiss (each other)*
il bacio *kiss*
conoscersi (p.p. conosciuto)* *to meet, to know (each other)*
divorziare *to divorce*

fidanzarsi* *to get engaged*
il fidanzato/la fidanzata *fiancé(e)*
frequentarsi* *to go out together*
incontrarsi* *to meet, to see (each other)*
innamorarsi* di *to fall in love with*
lasciarsi* *to break up (with each other)*
il mio ragazzo/la mia ragazza *my boyfriend/girlfriend*
odiarsi* *to hate (each other)*
stare insieme *to go out with*
vedersi (p.p. visto)* *to see each other*
volersi* bene *to like (each other)/to love (each other)*

Mi sono sposata il 24 luglio. Portavo un bel vestito bianco. È stato il giorno più bello della mia vita! Io e Nando eravamo proprio innamorati.

Per descrivere gli avvenimenti	Espressioni
favoloso/a *fabulous*	**ad un tratto** *suddenly*
indimenticabile *unforgettable*	**così** *so, thus*
orribile *horrible*	**infatti** *in fact, as a matter of fact*
meraviglioso/a *marvelous*	**mentre** *while*
rilassante *relaxing*	**purtroppo** *unfortunately*
romantico/a *romantic*	**quindi** *so, therefore*
stressante *stressful*	

10.1 I rapporti (*Relationships*). Scrivete tutte le parole che associate con i rapporti fra le persone. Poi decidete insieme quali sono positive e quali negative. Paragonate la vostra lista con quella degli altri studenti.

10.2 In quale ordine? Metti gli avvenimenti seguenti in ordine. Poi paragona la tua lista con quella di un compagno/una compagna. Avete lo stesso ordine?

a. _____ sposarsi   g. _____ innamorarsi

b. _____ diplomarsi   h. _____ conoscersi

c. _____ frequentarsi   i. _____ volersi bene

d. _____ laurearsi   l. _____ fidanzarsi

e. _____ nascere   m. _____ lasciarsi

f. _____ divorziare   n. _____ amarsi

10.3 I contrari. Indica l'opposto delle seguenti parole ed espressioni.

1. sposarsi
2. odiarsi
3. incontrarsi
4. orribile
5. rilassante
6. favoloso

10.4 Cosa fanno? Completa le frasi e indica cosa fanno queste persone.

1. Quando un ragazzo finisce gli studi all'università si dice che

   _____.

2. Due persone sposate che non si vogliono più bene e litigano sempre

   possono _____.

3. Molti ragazzi giovani _____ per guidare anche
   da soli.

4. Prima di sposarsi, molte persone _____ e poi

   _____.

5. Due persone che si amano _____ e

   _____ spesso.

In contesto: Un colpo di fulmine[1]

A settembre Giulio torna all'università. Scrive una mail a Jason, il suo amico di chat, e gli parla di un evento molto importante.

Da:	Jason@homemail.com
A:	Giulio Vittorini <giuliogabi@tiscali.it>
Oggetto:	Novità in vacanza

Jason,
come va? Grazie della cartolina che mi hai mandato dalle Hawaii. Com'è andata? Che cosa hai fatto di bello? Io per le vacanze sono andato in Calabria, da una zia che ha una casa al mare. C'erano anche i miei cugini di Roma. Sono stato proprio bene! Dormivo fino a tardi e poi andavo al mare. Verso le due rientravo e pranzavo insieme agli altri. Dopo pranzo mi riposavo e la sera andavamo sempre fuori! Che vita! Tutto tranquillo, finché[2] non ho conosciuto Clara, una ragazza di cui mi sono innamorato a prima vista[3]. L'ho conosciuta sulla spiaggia.

Un giorno, mentre passeggiavo, ho notato una bella ragazza che giocava a beach volley con altri ragazzi. Mi hanno invitato a giocare con loro. Abbiamo giocato per più di un'ora e poi siamo andati al bar a prendere una bibita[4]. Io e Clara abbiamo cominciato a parlare e abbiamo fatto subito amicizia[5], così l'ho invitata ad andare in discoteca quella sera stessa. Dopo abbiamo continuato a frequentarci per tutto il resto delle vacanze. Purtroppo però lei abita a Roma e quindi non ci siamo più visti dalla fine d'agosto. Ci telefoniamo spesso, ma sono un po' preoccupato: ultimamente[6] al telefono mi sembra un po' fredda e distante. Forse si è stancata di me? O ha conosciuto un altro? Spero proprio di no! Poi ti faccio sapere[7] come vanno le cose. E tu, dimmi, alle Hawaii hai conosciuto qualcuno? La prossima volta che mi scrivi, raccontami delle tue vacanze.

A presto,
Giulio

1. love at first sight	2. until	3. at first sight	4. something to drink
5. became friends	6. lately	7. I'll let you know	

10.5 Le vacanze di Giulio. Decidete quali dei seguenti aggettivi descrivono meglio (*better*) le vacanze di Giulio. Motivate le vostre risposte con esempi.

a. romantiche	**e.** favolose
b. orribili	**f.** indimenticabili
c. rilassanti	**g.** stressanti
d. fantastiche	**h.** meravigliose

10.6 Giulio e Clara. Immaginate come è continuata e si è conclusa la storia fra Giulio e Clara.

Occhio alla lingua!

1. Look at the descriptions of important events in Raffaella's life on p. 305. What verb tenses are used?
2. When is the imperfect tense used to talk about Raffaella's life? When is the **passato prossimo** used? What patterns can you detect?

3. Reread Giulio's message and circle all of the verbs that describe people, places, things, or routines in the past. Underline all of the verbs that refer to actions that occurred at one specific time. What tenses are used in each instance?

4. In Giulio's message, look at all the verbs in the **noi** form that are preceded by the pronoun **ci**. What is the function of the pronoun **ci**? What do the verbs preceded by **ci** mean?

Grammatica

L'imperfetto e il passato prossimo

In Capitoli 6, 7, and 8, you studied the present perfect tense (**passato prossimo**) and the imperfect tense (**imperfetto**). As you know, these tenses are both used to talk about the past, but each has distinct uses.

1. The **passato prossimo** is used to refer to events or actions that occurred at a specific time or a specific number of times in the past.

> **Sono nata** nel 1980. **Mi sono diplomata** nel 1999. **Ho studiato** all'università quattro anni e **mi sono laureata** nel 2004. Tre anni fa **ho conosciuto** Paolo. **Siamo stati** insieme due anni, poi **ci siamo sposati**. **Siamo stati** in America **due volte**.
>
> *I was born in 1980. I graduated from High School in 1999. I studied at the university for four years and I graduated in 2004. Three years ago I met Paolo. We went out for two years and then we got married. We have been to America twice.*

2. The **imperfetto** is used to describe people, places, and things in the past. It is also used to talk about repeated or habitual past actions, and actions that occurred an indefinite number of times or for an unspecified period of time.

> Carlo **era** un bel ragazzo, alto e muscoloso. **Ci vedevamo** ogni giorno e **facevamo** una passeggiata prima di cena.
>
> *Carlo was a handsome young man, tall and muscular. We saw each other every day and went for a walk before dinner.*

3. The **imperfetto** is also used to describe an action that was going on in the past when another action interrupted it. The **passato prossimo** is used to express the action that interrupted it.

> Quando Giuseppe **è entrato**, io **studiavo**.
>
> *When Giuseppe came in, I was studying.*

> Renata **ha telefonato** mentre **mangiavamo**.
>
> *Renata called while we were eating.*

4. Some verbs have different meanings when used in the **imperfetto** and **passato prossimo**.

   • In Capitolo 8, you learned that in the **imperfetto dovere, potere**, and **volere** indicate an action that someone *was supposed to do, was able to do,* or *wanted to do,* but never did. When used in the **passato prossimo**, these verbs indicate actions that actually took place.

Paolo **voleva** sposarsi quest'anno, ma non **ha potuto**.	*Paolo wanted to get married this year, but he wasn't able to.*
Paolo **ha voluto** sposarsi quest'anno.	*Paolo wanted to get married this year (and he did).*
Dovevo laurearmi quest'anno, ma **ho voluto** aspettare.	*I was supposed to graduate this year, but I wanted to wait (and I did).*
Ho dovuto laurearmi quest'anno.	*I had to graduate this year.*

- **Sapere** and **conoscere** also have different meanings when used in the **imperfetto** and **passato prossimo**. In the **imperfetto**, they are equivalent to the English *to know something or someone* or *to be familiar with a place or concept*. When used in the **passato prossimo**, they express *to find out* and *to meet someone*, respectively.

Conosceva Giuliano molto bene.	*She knew Giuliano very well.*
Sapeva tutto di lui.	*She knew everything about him.*
Ho conosciuto Giuliano nel 2000.	*I met Giuliano in the year 2000.*
Ho saputo che lui e Marisa si sono lasciati.	*I found out that he and Marisa have broken up.*

10.7 Che bella giornata! Roberto ti parla del matrimonio di sua sorella. Completa le frasi scegliendo tra il passato prossimo e l'imperfetto.

Il 3 luglio mia sorella (1. si è sposata/si sposava). (2. È stata/Era) una bella giornata d'estate. (3. Ha fatto/Faceva) caldo. Mia sorella (4. è stata/era) molto felice. (5. Ha portato/Portava) un bel vestito bianco. (6. L'ha accompagnata/L'accompagnava) all'altare mio padre. I parenti (7. le hanno fatto/le facevano) molti regali. Luisa, una sua amica (8. è arrivata/arrivava) molto in ritardo. Luisa (9. è venuta/veniva) in chiesa mentre gli sposi (10. sono usciti/uscivano). Al ricevimento (11. ci siamo divertiti/ci divertivamo). (12. Abbiamo ballato/Ballavamo) tutta la notte.

10.8 Ho sognato che. . . Immagina di raccontare un sogno ad un amico/un'amica. Cambia i verbi al passato prossimo e all'imperfetto.

Sono ad una festa. **Ho** vent'anni. **Sono** elegantissima e tutti **mi guardano**. **Porto** un bel vestito. Ad un certo punto **arriva** un giovane bellissimo. **È** un famoso attore del cinema. Improvvisamente **mi guarda** e **mi invita** a ballare. **Balliamo** tutta la sera. Dopo **mi accompagna** a casa e **mi abbraccia**. La serata **è** bellissima, non **fa** né freddo né caldo e **c'è** una bell'aria fresca. Insomma, l'atmosfera **è** perfetta ed io **sono** felicissima. Ad un tratto però **mi sveglio** mentre mia madre **mi chiama** e **mi porta** il caffè.

10.9 Una storia d'amore. Completa la storia di Paolo e Luisa con l'imperfetto o il passato prossimo.

Luisa (1) _____ (avere) diciotto anni e (2) _____ (frequentare) il liceo. Io (3) _____ (essere) più grande di lei e (4) _____ (lavorare) già. Luisa (5) _____ (abitare) in una casa vicino alla nostra e ogni giorno io la (6) _____ (vedere) mentre (7) _____ (andare) a scuola. Mi (8) _____ (piacere) molto, ma io (9) _____ (avere) paura di parlarle. Un giorno mentre io (10) _____ (uscire) di casa con alcuni amici, lei mi (11) _____ (chiamare) e mi (12) _____ (invitare) ad una festa a casa sua. Io (13) _____ (essere) molto felice. Quel sabato io (14) _____ (andare) alla festa e (15) _____ (divertirsi) tanto. Luisa ed io (16) _____ (parlare) tutta la notte e ad un certo punto io l' (17) _____ (baciare) e poi noi (18) _____ (abbracciarsi). Dopo quella sera noi (19) _____ (stare) insieme per quattro anni. Poi (20) _____ (sposarsi).

10.10 Cosa è successo? Completa le seguenti frasi in modo logico.
1. Avevo 18 anni quando. . .
2. Gianni e Paola parlavano mentre. . .
3. Luisa e Giulio litigavano quando. . .
4. Io e Giulio studiavamo all'università quando. . .
5. Rosalba ha conosciuto Beppe mentre. . .
6. Io mi sono laureato/a quando. . .

Azioni reciproche

In Italian, reciprocal actions, such as *we call each other, you see one another, they write to each other,* are expressed with the plural reflexive pronouns **ci, vi, si** and the plural forms of the verb.

Io e Maria **ci vogliamo** bene.	*Maria and I love each other.*
Tu e Fabio **vi frequentate** da molto tempo.	*You and Fabio have been going out together for a long time.*
Luigi e Enzo **si conoscono** da due anni.	*Luigi and Enzo have known each other for two years.*

Like reflexive verbs, verbs that indicate reciprocal actions are conjugated with **essere** in the **passato prossimo** and the past participle agrees with the subject.

Io e Mara **ci siamo lasciati**.	*Mara and I broke up (with each other).*
Marisa e Giovanni **si sono innamorati**.	*Marisa and Giovanni fell in love (with one another).*
Carla e Giovanna non **si sono** più **viste** dopo il liceo.	*Carla and Giovanna never saw each other again after high school.*

10.11 Chi? Indica chi fa le seguenti azioni. Abbina il soggetto della colonna A alle attività della colonna B.

A
1. Tu e Mario
2. Giulio e Jason
3. Io e Carlo

B
a. Si scrivevano spesso.
b. Vi incontravate ogni mattina.
c. Si aiutano sempre.
d. Si sono visti ieri sera.
e. Ci capiamo.
f. Vi telefonate ogni sera.
g. Ci vogliamo bene.
h. Vi frequentate da un anno.
i. Ci siamo conosciuti a una festa.
l. Si telefonano qualche volta.
m. Non si sono mai incontrati.

10.12 L'amicizia. Spiega che cosa fanno insieme le seguenti persone. Completa le frasi con il presente del verbo.

1. Andrea e Cecilia _____ (conoscersi) da cinque anni. Ogni mattina loro _____ (incontrarsi) davanti alla biblioteca. _____ (salutarsi) e _____ (parlarsi) per un po'.

2. Giovanna e Paola non _____ (vedersi) spesso, però _____ (telefonarsi) ogni sera.

3. Io e Luisa _____ (parlarsi) raramente perché abitiamo molto lontano. Però noi _____ (scriversi) spesso. Ogni volta che _____ (vedersi), _____ (abbracciarsi) e _____ (baciarsi) sulle guance (*on the cheeks*).

4. E tu ed i tuoi amici? _____ (vedersi) spesso? _____ (scriversi) qualche volta? Dove _____ (incontrarsi) la sera?

10.13 Una storia d'amore. Completa la storia di Franco e Caterina con il passato prossimo.

Io e Caterina (1) _____ (conoscersi) a una festa nel 2001. Noi (2) _____ (innamorarsi) e (3) _____ (frequentarsi) per un paio d'anni. (4) _____ (volersi) bene e (5) _____ (stare) insieme fino all'anno scorso quando (6) _____ (lasciarsi), perché Caterina si era innamorata di un altro uomo.

10.14 I rapporti. Usa i verbi elencati per descrivere i rapporti fra le seguenti persone. Cosa fanno spesso? Cosa non fanno mai?

aiutarsi	capirsi	scriversi	telefonarsi	vedersi
incontrarsi	volersi bene	odiarsi	frequentarsi	

a. due fidanzati

b. tu e il tuo migliore amico

c. io e gli studenti della classe d'italiano

d. due fidanzati che si sono lasciati

Scambi

 10.15 Vi conoscete bene? Trova due o tre compagni/compagne che fanno le seguenti cose fuori dalla scuola. Scopri anche con quale frequenza le fanno. Scrivi le risposte sul quaderno e assegna: **2 punti per «spesso», 1 punto per «qualche volta», 0 per «mai».** Alla fine controlla la tabella del punteggio e decidi se i compagni si conoscono bene.

Attività	Nome	Spesso	Qualche volta	Mai
telefonarsi				
frequentarsi				
parlarsi				
aiutarsi				
vedersi				
scriversi				
incontrarsi				
salutarsi				

Punteggio:
Da 14 a 10: Siete cari amici
Da 9 a 6: Vi conoscete bene
Da 5 a 1: Cominciate a conoscervi
0: Non vi conoscete affatto

 10.16 Un incontro indimenticabile (*unforgettable*). Usate i seguenti verbi per raccontare una storia d'amore al passato.

sposarsi	frequentarsi	vedersi	amarsi
litigare	innamorarsi	abbracciarsi	conoscersi
divorziare	fidanzarsi	baciarsi	lasciarsi

10.17 Chi? Alcune persone parlano con altre dei loro rapporti. Ascolta le conversazioni due volte e indica di cosa discutono.

1. _____ un'amicizia d'infanzia.

2. _____ una coppia che ha dei problemi.

3. _____ due amiche che non vanno più d'accordo.

10.18 Avvenimenti importanti. Su un foglio di carta, scrivi quattro avvenimenti importanti nella tua vita e la data di ognuno. Poi intervista due compagni e scopri due avvenimenti importanti nella loro vita. Completa la scheda con i particolari.

Nome	1.	2.
Cos'è successo?		
Quando è successo?		
Dov'è successo?		
Com'è successo?		
Descrivi la scena e le persone.		
Come ti sentivi?		

10.19 La prima volta! Intervista un compagno/una compagna. Domanda quando ha fatto le seguenti esperienze la prima volta. Scopri anche i particolari.

1. il primo appuntamento con un ragazzo/una ragazza

2. il primo amore

3. la prima macchina

4. la prima volta che ha marinato la scuola

5. la prima volta che ha incontrato il suo migliore (*best*) amico/la sua migliore amica

6. il primo giorno di scuola

PERCORSO II
RICORDI BELLI E BRUTTI

Vocabolario: Hai ricordi belli o brutti?

Una volta Paolo ha vinto una gara.

Quando avevo tredici anni ho vinto una gara di corsa. Ho ancora a casa la medaglia d'oro **che** mi hanno dato. È stato un momento indimenticabile!

Una volta Paolo ha avuto un incidente automobilistico.

Quando avevo diciotto anni ho avuto un incidente stradale. Una macchina mi ha investito. La macchina **che** guidavo non era mia, ma di un mio amico.

Una volta Paolo si è rotto la gamba.

Un giorno sono andato a sciare. Gli amici **con cui** sono andato erano sciatori bravissimi. Io invece non sapevo sciare per niente e tutto d'un tratto sono caduto. Mi sono fatto male al braccio e mi sono rotto una gamba **che** mi hanno dovuto ingessare.

Per parlare di infortuni (*accidents*)

ammalarsi* *to get sick*
cadere (*p.p.* caduto)* *to fall*
farsi* male al braccio/alla gamba/alla mano/al piede/alla testa *to hurt one's arm/leg/hand/foot/head*
perdersi* in un grande magazzino *to get lost in a department store*
il pronto soccorso *emergency room*
rompere (*p.p.* rotto); rompersi* il braccio/la gamba *to break; to break one's arm/leg*

slogarsi* la caviglia/il polso *to sprain one's ankle/wrist*
soffrire (*p.p.* sofferto) *to suffer*

Per parlare di gare e competizioni

la medaglia d'argento/d'oro *silver/gold medal*

partecipare (a) *to participate, to compete*
il premio *prize*

Esclamazioni ed espressioni

Beato/a te! *Lucky you!*
Che fortuna! *What luck! How lucky!*
Figurati! *You bet! Not at all! Not on your life!*
improvvisamente *suddenly*
Ma dai!/Ma va! *No way!*

poverino/a *poor thing*
Su! Dai! *Come on! Go on!*
tutto d'un tratto *suddenly/all of a sudden*

10.20 Ricordi belli e brutti. Scrivi tutti i termini della lista precedente che associ con ricordi brutti e con ricordi belli.

10.21 Associazioni! Che eventi associ con questi oggetti?

1. una medaglia d'oro
2. il pronto soccorso
3. una macchina
4. un premio

10.22 Cosa diresti (*What would you say*)? Leggi le seguenti situazioni e decidi quali espressioni usare per dimostrare il tuo interesse e la tua partecipazione.

1. La tua migliore amica ha deciso di sposarsi con un ragazzo che ha conosciuto soltanto pochi giorni fa.

2. Il tuo ragazzo/la tua ragazza non ha voglia di uscire stasera.

3. Un'amica ti chiede se hai intenzione di uscire con un ragazzo/una ragazza che hai appena conosciuto.

4. Sei ad una partita di calcio in cui gioca un tuo caro amico/una tua cara amica.

5. Un caro amico ti parla di un suo problema molto grave.

6. Tua sorella torna a casa felice e racconta che un ragazzo che le piace molto le ha chiesto di uscire con lui.

Così si dice: **Mi è successo. . .**

• •

To express the Italian equivalent of *it happened to me/to you/to him/to her*, you can use **Mi è successo/Ti è successo/Gli è successo/Le è successo**. For example: **Cosa gli è successo? Si è fatto male alla mano.** *What happened to him? He hurt his hand.*

In contesto: Non tutti i mali vengono per nuocere

Davanti alla biblioteca di facoltà Gianna incontra Simonetta, che ha un piede ingessato.

	GIANNA:	Simonetta, cosa ti è successo?
Forget it!	SIMONETTA:	Lascia perdere!° È una lunga storia!
	GIANNA:	Dai! Dimmi! Cosa ti sei fatta?
	SIMONETTA:	Niente. Sono caduta e mi sono fatta male al piede.
	GIANNA:	Ma va! Com'è successo?
	SIMONETTA:	L'altro giorno avevo un esame di matematica e volevo arrivare a scuola presto, così ho preso la macchina di mia sorella. Sai, la macchina che è sempre dal meccanico! Si è rotta proprio mentre andavo a scuola!
	GIANNA:	E allora cosa hai fatto?
appeared *ride*	SIMONETTA:	Cosa potevo fare? Ero disperata. Ma, improvvisamente, è apparso° Claudio che mi ha offerto un passaggio° in motorino. Figurati se io non accettavo!
	GIANNA:	Claudio? Beata te! Però, ancora non mi hai detto come ti sei fatta male al piede.
I was getting on	SIMONETTA:	Aspetta! Ero nervosa per il fatto che ero con Claudio, per cui non ho fatto attenzione e sono caduta mentre montavo° sul motorino!
	GIANNA:	Poverina, come mi dispiace! E magari non hai neanche potuto dare l'esame che avevi quel giorno.
	SIMONETTA:	Veramente l'esame l'ho dato e ho anche preso un bel voto! Non solo, ma Claudio mi ha chiesto di uscire sabato sera!
misfortunes *to harm*	GIANNA:	Che fortuna! Allora è proprio vero che non tutti i mali° vengono per nuocere°!

10.23 Poteva andar peggio (*It could have been worse*)! Elencate tutte le cose che sono successe a Simonetta e decidete quali sono stati gli episodi piacevoli e quali spiacevoli. Secondo voi, nel caso di Simonetta, è vero che «non tutti i mali vengono per nuocere»? Perché?

Occhio alla lingua!

1. Look at the words **che** and **cui**, which appear in boldface type in the descriptions of the scenes on p. 314. What do **che** and **cui** refer to in the sentences?

2. What kinds of words immediately precede **che** and **cui**?

3. Can you figure out what words the pronouns **che** and **cui** refer to in each sentence?

4. Reread the *In contesto* conversation and underline **che** and circle **cui**. How and when are they used?

Grammatica

I pronomi relativi *che* e *cui*

Relative pronouns are used to link two or more clauses together. Unlike in English, in Italian, relative pronouns can never be omitted.

Dov'è la medaglia **che** hai vinto?	*Where's the medal (that) you won?*
Il medico **che** lavora al pronto soccorso è molto simpatico.	*The doctor who works in the emergency room is very nice.*

1. The relative pronoun **che** (*who, whom, that, which*) replaces the subject or direct-object of a clause, that is, the person or thing doing or receiving the action of the verb.

Ecco la ragazza **che** si è rotta il braccio.	*Here's the girl who broke her arm.*
Dov'è il premio **che** ti hanno dato?	*Where's the prize (that) they gave you?*

2. The relative pronoun **cui** (*whom, which*) replaces the object of a preposition.

L'ospedale **in cui** mi hanno portato è qui vicino.	*The hospital to which they brought me is close by.*
Ho perso la gara **per cui** mi sono tanto allenata.	*I lost the race (for which) I trained so much.*
Il ragazzo **a cui** hanno dato la medaglia d'oro era molto felice.	*The boy to whom they gave the gold medal was very happy.*

Remember:

Never use **che** after a preposition. **Che** and **cui** can refer to people or to things, and both are invariable.

10.24 Ti ricordi? Alcuni amici si ritrovano ad una cena fra compagni di liceo dieci anni dopo e ricordano persone, avvenimenti e cose del passato. Completa le frasi con il pronome relativo **che** o **cui**.

1. —Ti ricordi la professoressa di storia dell'arte _____ si arrabbiava sempre?
   —Ah, sì! Quella signora _____ portava sempre un vestito rosso, vero?

2. —Ti ricordi i panini _____ Luisa mangiava per la ricreazione?
   —Certo! Quei panini orribili _____ comprava davanti alla scuola.

3. —Ti ricordi l'aula in _____ dovevamo andare per la lezione di fisica?
   —Come no! Quell'aula vecchia con una sola finestra da _____ non entrava luce.

4. —Come si chiamava la ragazza di _____ si è innamorato Gino in seconda liceo?
   —La ragazza _____ era antipatica a tutti? Luisa, credo.

5. —E il ragazzo con _____ tu non sei mai voluta uscire?
   —Quel ragazzo con i capelli lunghi e lisci?
   —No, il ragazzo a _____ una volta hai prestato il motorino.
   —Già, Mario! E ha avuto un incidente proprio con il motorino _____ gli avevo prestato!

10.25 Ricordi di gare e competizioni. Due amici ricordano episodi passati. Usa **che** o **cui** per unire le seguenti brevi frasi.

ESEMPIO: Il medico ha ingessato la gamba. Mi sono rotto/a la gamba durante la corsa di biciclette.

Il medico ha ingessato la gamba che mi sono rotto/a durante la corsa di biciclette.

1. Ho vinto la competizione. Non volevo partecipare a quella competizione.
2. La palestra era brutta e vecchia. Noi ci allenavamo in quella palestra.
3. Dov'è il pallone? Noi abbiamo vinto la partita con quel pallone.
4. La sua squadra vinceva sempre. Facevo il tifo per la sua squadra.
5. Era una medaglia d'argento. Ho vinto una medaglia.
6. Questo è il braccio. Mi sono rotto il braccio.

Scambi

 10.26 Ricordi belli e brutti. Continuate a scrivere questa semplice poesia di un amore finito male, usando i pronomi **che** e **cui**. Poi leggete la vostra poesia alla classe. La classe decide chi ha scritto la poesia più divertente, più originale o più triste.

La stanza in cui ci siamo conosciuti

I fiori che ti ho comprato

Le parole che ci siamo dette

La bottiglia da cui abbiamo bevuto . . .

 10.27 Ricordi d'adolescenza. Una donna parla di alcuni ricordi della sua adolescenza. Ascolta due volte quello che racconta e poi indica quali delle seguenti affermazioni sono vere (V) e quali false (F).

1. La donna ha solo brutti ricordi della sua adolescenza.
2. I suoi genitori hanno divorziato quando lei era piccola.
3. Quando era giovane aveva delle care amiche.
4. Il suo primo bacio è stato molto bello.

 10.28 Ti è mai successo? Per ogni situazione, trova almeno un compagno/una compagna a cui è successo qualcosa di simile. Scopri anche i particolari.

ESEMPIO: S1: Hai mai avuto un incidente stradale?

S2: Sì, una volta.

S1: Quando? Cosa è successo? Di chi era la macchina che guidavi? Che cosa hai fatto? Come ti sentivi? . . .

1. avere un incidente stradale
2. vincere una gara o un premio
3. cadere e farsi male
4. incontrare l'anima gemella (*soulmate*)
5. perdersi
6. rompere o perdere qualcosa di prezioso
7. slogarsi la caviglia

10.29 Giovanna Melandri. In un'intervista con *Vanity Fair*, Giovanna Melandri, ministro per i Beni e le Attività Culturali dal 1998 al 2001, parla dei suoi ricordi di scuola. Leggi il brano e poi trova informazioni nel testo per giustificare le affermazioni che seguono.

Quale è stato il debutto sociale di Giovanna Melandri?

«È avvenuto piuttosto tardi. All'asilo non sono andata. Mia madre ha tentato di portarmici, ma io non lo sopportavo[1] proprio. Ho fatto delle cose, per dimostrare con efficacia il mio dissenso...»

Che cosa?

«Morsicavo[2] le maestre dell'asilo».

Mica male[3]...

«Avevo deciso che il mio percorso scolastico sarebbe iniziato[4] con le elementari[5]».

È stato un inizio felice?

«Sì. È avvenuto a Rimini. A cinque anni ho vissuto un po' lì, da una zia paterna. Io sono nata a gennaio...».

Quindi Capricorno...

«No, Acquario: il 28 gennaio. Comunque, le stavo dicendo... Mia mamma non stava molto bene e mi sono trasferita a Rimini, dalla zia, a cui ero molto affezionata. Ho iniziato la scuola un anno prima. E quella è stata una situazione di un certo privilegio, per me».

Perché?

«Perché mia zia era la preside della scuola. Ricordo questo grosso stabile di provincia, dove c'era la mia scuola, e poi ricordo bene la maestra, aveva un buon profumo e mi voleva bene. Ero felice. I problemi sono incominciati alle medie. Soffrivo come un cane».

Come mai[6]?

«Sono nata a New York. Mio padre faceva il giornalista, lo avevano trasferito lì e lì sono nata. Per questo motivo ho fatto le medie in una scuola inglese, a Roma. Tutte le lezioni erano in lingua, e io all'inizio non ci capivo niente. Mi sentivo molto sola.
Ma c'è stata una svolta[7].

Che cosa è accaduto[8]?

«Dopo qualche mese sono stata "adottata" da due compagne, tutte e due italo-americane con una buona conoscenza dell'inglese.
Mi hanno salvato[9] da una desolazione totale».

---

1. couldn't stand it 2. I bit 3. Not bad at all 4. would begin 5. elementary school
6. How come? 7. a turning point 8. What happened? 9. saved

1. A Giovanna non piaceva molto l'asilo.

2. Ha bei ricordi delle elementari.

3. La scuola media è stata un po' difficile, ma non impossibile.

Lo sai che? La scuola e lo sport

La squadra nazionale

Gli studenti universitari in Italia non hanno la possibilità di partecipare ad uno sport in connessione con la scuola. Le università italiane infatti non hanno nessuna organizzazione per gli sport. I giovani che vogliono praticare qualsiasi tipo di attività sportiva possono farlo soltanto in associazioni sportive indipendenti dalla scuola. Il **Coni** (**C**omitato **O**limpico **N**azionale **I**taliano) rappresenta tutte le discipline sportive e per il calcio esiste la **F.I.G.C.** (**F**ederazione **I**taliana **G**ioco del **C**alcio). Ci sono anche enti o organizzazioni locali che contribuiscono alla promozione di vari sport. Tutto ciò è molto diverso da quei Paesi, come gli Stati Uniti, in cui il reclutamento dei giovani per le squadre sportive delle università è un avvenimento di grande importanza.

10.30 La scuola e lo sport. Indica se le seguenti affermazioni sono vere (V) o false (F).

1. Lo sport ha un ruolo importante nella vita universitaria italiana.

2. Ogni università italiana ha una squadra di calcio.

3. In Italia lo sport si pratica soprattutto attraverso associazioni sportive.

4. In Italia le persone che praticano uno sport possono ricevere borse di studio (*scholarships*) per andare all'università.

10.31 Lo sport a scuola. Discutete cosa sapete adesso della scuola italiana riguardo alle attività sportive. Decidete le maggiori differenze con la vostra scuola. Quali sono i vantaggi (*advantages*) e gli svantaggi (*disadvantages*) dei due sistemi?

PERCORSO III
VIAGGI E VACANZE
INDIMENTICABILI

Vocabolario: Come passi le vacanze?

L'agenzia di viaggi

L'anno scorso Fabio ed Alessio sono andati in un'agenzia di viaggi per prenotare un viaggio in Calabria. Prima, però, **avevano letto** molti dépliant sulla Calabria e **avevano parlato** con alcune persone che ci **erano** già **state**.

All'aeroporto il giorno della partenza

Fabio ed Alessio sono partiti da Firenze per la Calabria il 20 luglio. I giorni precedenti **erano andati all'agenzia di viaggi, avevano prenotato il volo, avevano comprato i biglietti e avevano fatto le valigie.**

Per parlare dei programmi per le vacanze

l'aereo/l'aeroplano
   plane/airplane
andare in vacanza   *to go on vacation*
**il biglietto di andata/di andata
   e ritorno**   *one-way/round-trip ticket*
fare una prenotazione   *to make a*
   reservation
fare un viaggio   *to take a trip*
**prenotare un albergo a una
   stella/a due stelle/a cinque
   stelle**   *to reserve a one star hotel/a*
   two star hotel/a five-star hotel
un inconveniente   *a mishap*

la linea aerea   *airline*
viaggiare in prima classe   *to*
   travel in first-class
il villaggio (turistico)   *resort*

Per descrivere le vacanze e i viaggi

una vacanza da sogno   *a dream*
   vacation
eccezionale   *exceptional, extraordinary*
fantastico/a   *fantastic*
un incubo   *a nightmare*
lussuoso/a   *luxurious*
stupendo/a   *wonderful*

10.32 Un viaggio. Indica in quale ordine fai le seguenti cose.

a. _____ comprare un biglietto di andata e ritorno

b. _____ prenotare un albergo

c. _____ fare le valigie

d. _____ telefonare all'agenzia di viaggi

e. _____ leggere i dépliant

f. _____ andare all'aeroporto

g. _____ prenotare un volo

h. _____ fare le spese

i. _____ divertirsi

10.33 Cosa si fa? Indica cosa si fa di solito in queste situazioni.

1. Per andare da New York a Roma si prende l'aereo o il treno?

2. Cosa si fa prima: si compra il biglietto o si fa la prenotazione?

3. Quando una persona fa una vacanza da sogno è felice o triste?

4. Chi viaggia in prima classe, di solito va in un albergo a cinque stelle o in un albergo a due stelle?

5. Per organizzare una vacanza o un viaggio si va all'agenzia di viaggi o in un albergo?

10.34 Una vacanza da sogno? Leggi le descrizioni che seguono. Secondo te, quali aggettivi descrivono meglio le vacanze di queste persone?

1. Siamo stati in un albergo a cinque stelle.

2. Siamo partiti il 14 agosto ma i miei amici avevano dimenticato di prenotare l'albergo.

3. Siamo restati senza valigie per cinque giorni. La linea aerea le aveva perse.

4. Siamo stati in un villaggio tranquillo vicino al mare.

5. La nostra camera aveva un bel terrazzo con una magnifica vista del mare.

6. Abbiamo mangiato male e ci hanno dato una camera che dava sul parcheggio.

Ꮯosì si dice: Il superlativo

There are two ways to express the English idea of *extremely* or *very*. You can use **molto** + an adjective: **Questo albergo è molto bello.** *This hotel is very beautiful.* You can add **-ssimo/a/i/e** to the masculine plural form of the adjective: **Questo albergo è bellissimo.** *This hotel is extremely beautiful.*

bello → belli- → + -ssimo → **bellissimo**
lungo → lunghi- → + -ssimo → **lunghissimo**
simpatico → simpatici- → + -ssimo → **simpaticissimo**

Adjectives ending in **-ssimo**, like all others, agree in number and gender with the noun they modify.

La bimba è bellissim**a**. *The child is very beautiful.*

Le case sono bellissim**e**. *The houses are extremely beautiful.*

In contesto: Una vacanza indimenticabile

Alessio, che è appena tornato dalla Calabria, scrive a Marisa una mail in cui le racconta il viaggio.

Da:	Alessio@kataweb.it
A:	Marisa<a.marisa@tiscali.it>
Oggetto:	Novità in vacanza

Cara Marisa,
come va? Io sono appena tornato da una vacanza da sogno in Calabria. Siamo stati in un villaggio a Capo Vaticano. Sono andato con Fabio e ci siamo restati due settimane. È stata un'esperienza favolosa. Mio fratello ci era stato due anni fa e gli era piaciuto moltissimo, anche se era stato in un piccolo albergo lontano dal mare.

All'inizio ci sono stati alcuni inconvenienti. Pensa, all'arrivo abbiamo scoperto che ci avevano perso le valigie! Per fortuna le hanno ritrovate poco dopo. Però poi, quando siamo arrivati al villaggio, era troppo tardi e ci hanno detto che avevano già dato la nostra camera ad altre persone e che non c'erano altre camere libere. Ovviamente ci siamo arrabbiati! Abbiamo dovuto aspettare, ma per fortuna alla fine ci hanno dato un'altra stanza. Era favolosa, con una veduta splendida del mare e della spiaggia dal balcone. La mattina facevamo colazione al bar e poi andavamo in spiaggia. Il pomeriggio ci riposavamo e poi tornavamo sulla spiaggia, facevamo vela o windsurf, oppure qualche volta andavamo a Tropea. La conosci, vero? È una città splendida vicino a Capo Vaticano. La sera andavamo in discoteca e ballavamo tutta la notte. Mio fratello poi ci aveva dato il nome di alcuni ristoranti eccezionali, quindi abbiamo anche mangiato sempre benissimo e speso poco. Che posto la Calabria! Le spiagge sono bellissime e la gente è simpaticissima. E tu, dove sei andata in vacanza? Scrivi presto!

Alessio

10.35 Il viaggio di Alessio e Fabio. Rispondete alle seguenti domande.

1. Indicate tre cose che i due ragazzi avevano fatto prima di partire per la Calabria e due cose che gli sono successe quando sono arrivati.

2. Com'era il villaggio dove sono stati?

3. Descrivete le vacanze di Alessio e Fabio. Si sono divertiti? Paragonate le vacanze dei due ragazzi e quelle del fratello di Alessio.

Occhio alla lingua!

1. Look at the photos and the captions on p. 321. When did Alessio and Fabio's trip take place? How can you tell?

2. Look at the verbs in boldface type in the captions. When did these actions take place? What do you notice about these verbs?

3. Reread Alessio's message and underline all of the verbs in a past tense. Then circle all of the verbs that express actions that took place prior to other past events. What patterns can you identify?

Grammatica

Il trapassato prossimo

The **trapassato prossimo** is equivalent to the English *had* + past participle (*I had seen, I had gone*). It is used to indicate an action that occurred before another action in the past.

Il 2 giugno Carlo **è andato** a Capri.
  Prima di partire **aveva comprato** i
  biglietti e **aveva prenotato** un albergo.

*On June 2nd, Carlo went to Capri.
  Before he left, he had bought the
  tickets and had reserved a hotel.*

The **trapassato prossimo** is formed with the imperfect of **essere** or **avere** + past participle.

	prenotare	andare	vestirsi
io	avevo prenotato	ero andato/a	mi ero vestito/a
tu	avevi prenotato	eri andato/a	ti eri vestito/a
lui/lei	aveva prenotato	era andato/a	si era vestito/a
noi	avevamo prenotato	eravamo andati/e	ci eravamo vestiti/e
voi	avevate prenotato	eravate andati/e	vi eravate vestiti/e
loro	avevano prenotato	erano andati/e	si erano vestiti/e

Remember:

In compound tenses (tenses in which the verb consists of two parts, as in the **passato prossimo**), transitive verbs are conjugated with **avere**; intransitive verbs, reflexive verbs, and verbs that express reciprocal actions are conjugated with **essere**. When a verb is conjugated with **essere**, the past participle agrees in number and gender with the subject. When a verb is conjugated with **avere**, the past participle agrees with a direct-object pronoun that precedes the verb.

L'estate scorsa non **siamo andati**
  in vacanza perché l'estate prima
  eravamo andati a Cuba.

*Last summer we didn't go on vacation
  because the summer before we had
  gone to Cuba.*

—Perché non ha comprato i biglietti Lisa?

—Why didn't Lisa buy the tickets?

—Perché **li aveva** già **comprati**
  Giulio.

*—Because Giulio had already bought
  them.*

10.36 La prima volta in America. Un amico italiano ti racconta alcune cose che non aveva mai fatto prima di venire in America.

ESEMPIO: andare in aereo
             Non ero mai andato in aereo.

1. viaggiare da solo
2. mangiare in un ristorante messicano
3. visitare una città come Las Vegas
4. sentirsi solo
5. stare sulla spiaggia tutto il giorno
6. divertirsi tanto
7. perdersi in una città
8. vedere un grattacielo (*skyscraper*)

10.37 Ma non l'avevi già fatto? Tu e un tuo amico/una tua amica vi preparate per un viaggio. Il tuo amico ti domanda se hai fatto alcune cose. Rispondi alle domande e spiega perché non le hai fatte. Usa il trapassato e un pronome.

ESEMPIO: fare le valigie

— Hai fatto le valigie?

— Ma non le avevi già fatte tu ieri?

1. andare all'agenzia di viaggi
2. pagare i biglietti
3. prenotare un albergo
4. fare i passaporti
5. comprare delle valigie nuove
6. preparare lo zaino
7. leggere alcuni dépliant
8. controllare l'orario del volo
9. salutare gli amici
10. telefonare ai genitori

10.38 Un viaggio in Italia. Carla è stata in Italia diverse volte e ti racconta il suo ultimo viaggio. Completa il paragrafo con il trapassato prossimo, il passato prossimo o l'imperfetto.

Questa volta non (1) _____ (andare) a Firenze, perché l'(2) _____ (vedere) bene la volta precedente. Invece (3) _____ (tornare) a Roma, perché durante il mio ultimo viaggio (4) _____ (conoscere) delle persone simpaticissime e (5) _____ (volere) rivederle. Insieme (noi) (6) _____ (tornare) in una trattoria dove (noi) (7) _____ (mangiare) anche la volta precedente. Il proprietario mi (8) _____ (riconoscere) ed (9) _____ (essere) gentilissimo. Io (10) _____ (sentirsi) come a casa: tutto (11) _____ (essere) come prima.

Lo sai che? Il turismo in Italia

L'industria turistica è una delle maggiori risorse economiche italiane. Ogni anno turisti da tutto il mondo vengono in Italia, attratti soprattutto dalle sue bellezze artistiche. Bisogna ricordare infatti che l'Italia possiede più della metà del patrimonio artistico e di importanza storica di tutto il mondo, con numerose città e monumenti riconosciuti come beni dell'umanità dall'UNESCO. I turisti sono però attratti anche dalle spiagge e dalle località di montagna che offrono tanti posti caratteristici per una bella vacanza.

Numerosissime scuole straniere poi hanno una sede in Italia, particolarmente a Firenze, Roma e Bologna. Migliaia di studenti ogni anno vengono per studiare varie materie, soprattutto la lingua italiana e la storia dell'arte. La tradizione del viaggio in Italia per ragioni educative risale (*dates back*) ai primi dell'800, quando i giovani di famiglie benestanti (*well-off*) soprattutto francesi, inglesi e tedesche, viaggiavano in Italia per approfondire (*to deepen*) la loro cultura.

10.39 Le regioni italiane. Discutete di quali regioni italiane, fra quelle che avete studiato finora, pensate di visitare. Perché?

 10.40 L'Enit. Avete l'opportunità di passare una settimana in Italia. Scegliete dove volete andare. Poi trovate informazioni utili sul sito dell'Enit (Agenzia Nazionale del Turismo)—www.enit.it—e decidete cosa volete fare esattamente.

Scambi

10.41 Le vacanze. Tre persone—Luisa, Roberto e Giovanna—parlano delle loro vacanze estive. Ascolta i loro commenti due volte e indica quali delle seguenti espressioni descrivono meglio (*better*) le loro vacanze. Scrivi accanto ad ogni espressione il numero della registrazione.

_____ **a.** poteva andar peggio   _____ **d.** rilassanti

_____ **b.** indimenticabile   _____ **e.** poteva andar meglio

_____ **c.** da sogno

10.42 Una vacanza da sogno o da incubo? Intervista un compagno/una compagna e scopri se l'ultima vacanza che ha fatto è stata favolosa o un incubo.

1. Dove sei andato/a? Quando sei partito/a? Come sei andato/a?
2. Con chi hai fatto il viaggio?
3. Con quale linea aerea hai viaggiato?
4. Cosa avevi fatto prima di partire?
5. Com'era l'albergo in cui siete stati/e?
6. Vi siete divertiti/e? Avete avuto degli inconvenienti?
7. Che cosa facevate ogni giorno? e ogni sera?

10.43 Benessere e golosità (*gluttony*). Saturnia è situata nella Maremma Toscana. Leggi l'articolo «Alberghi a Saturnia» e trova informazioni nel testo per confermare le affermazioni che seguono. Poi confronta le tue risposte con quelle di un compagno/una compagna.

1. *Terme di Saturnia Spa Resort* è il posto ideale per chi cerca relax e benessere.
2. *Terme di Saturnia Spa Resort* è il posto perfetto per chi vuole mangiare bene.

ALBERGHI A SATURNIA – Benessere e golosità

Una settimana di coccole e passeggiate mattutine guidate, esercizi di fitness, ginnastica in acqua e utilizzo delle piscine termali, hatha yoga e fit box, il tutto a un prezzo vantaggioso: è l'offerta, riservata ai lettori di *viaggiesapori*, delle «Terme di Saturnia Spa Resort», nel cuore della Maremma toscana. La promozione, perfetta per rimettersi in forma, è valida per il mese di luglio, comprende anche la sistemazione in junior suite e il trattamento di mezza pensione. Particolarmente curato l'aspetto gastronomico: tra i menu, la novità è un piatto unico denominato «Spa Cuisine», leggero e saporito che soddisfa il gusto e favorisce il contenimento calorico. Nel pacchetto è prevista anche una sosta al ristorante «Laudomia», a Montemerano, per una degustazione di prodotti tipici maremmani. La quota del soggiorno è 1154 euro a persona.

→ **Terme di Saturnia Spa Resort**
Saturnia (GR)

☎ **0564.600111,**
fax 0564.601266

10.44 Andiamo alle Terme di Saturnia Spa Resort! Hai passato una settimana alle Terme di Saturnia. Com'è stata? Una vacanza splendida oppure no? Scrivi una mail a un compagno/una compagna e parla della tua esperienza. Usa le informazioni nell'articolo.

ANDIAMO AVANTI!

ℛicapitoliamo

●●●

10.45 Il giorno più bello della mia vita. Prepara una lista di domande per intervistare un compagno/una compagna e scoprire informazioni sul giorno più bello della sua vita. Poi usa la lista per intervistarlo/la.

10.46 Che giornataccia! Ricostruite una giornata terribile. Fate una lista di tutte le cose negative che vi sono successe. Poi, insieme, immaginate una conversazione usando le informazioni della vostra lista e la conversazione a pagina 316 come modello.

10.47 Inventiamo una storia! Usate le indicazioni date per scrivere una storia originale. Poi leggete la storia alla classe. La classe decide quale storia è la più divertente.

Chi? Personaggi: un famoso attore italiano/una famosa attrice italiana   il tuo ragazzo/la tua ragazza   la tua famiglia
Dove? Ambiente: un villaggio turistico
Quando? Tempo: due estati fa
Cosa è successo? Azione: **Cosa era successo prima dell'azione principale?**

10.48 Caro Alessio. . . Immagina di rispondere alla mail di Alessio a pagina 323. Spiega come hai passato le ultime vacanze. Cosa ti è successo di bello? e di brutto?

ℒeggiamo

●●●

> **Strategie per leggere: Guessing meaning from context**
>
> When you encounter an unfamiliar word while reading, use the context in which it appears to figure out its meaning. Look at the surrounding words for clues: Do they have a particular subject or function that can help you make an educated guess? Does the unknown word resemble any other word—English or Italian—that you already know and to which it may be related? Continue reading to see whether the word is repeated or explained. Also, see if you can get the main idea of the passage without understanding the unfamiliar word. Then re-read it and try to deduce its meaning the second time around.

Prima di leggere

10.49 Nell'intervista che segue Luciano Pavarotti (1935–2007), il famoso cantante lirico italiano, racconta di quando era giovane ed ha incontrato la moglie Adua e di come ha iniziato la sua carriera. Prima di leggere il testo, completa la seguente attività.

Leggi le seguenti frasi. Usa il contesto e parole simili che conosci in inglese per capire il significato delle parole sottolineate.

1. Adua Veroni ha avuto <u>un ruolo</u> molto importante nella vita di Luciano Pavarotti.

2. Gli ha dato tre figlie ma è stata anche la persona che più di ogni altra lo <u>ha incoraggiato</u> agli <u>inizi</u> della carriera. Luciano lo <u>ha sempre ammesso</u>.

3. Ha raccontato Luciano: «Era molto carina. L'avevo <u>notata</u> da tempo.»

4. Il tempo passava e Pavarotti non <u>progrediva</u> nello studio del canto. Anzi, <u>peggiorava</u>. La sua <u>voce</u> era diventata <u>opaca</u>.

5. Si sono svegliate <u>energie</u> nascoste. . . e mi sono ritrovato una voce meravigliosa.

Così è nata la più bella voce del mondo

Nel '61 Luciano accusa un grave malanno alla gola: dopo un lungo riposo, tiene un concerto meraviglioso che stupisce tutti.

Renzo Allegri   Modena – *Marzo*

Adua Veroni ha avuto un ruolo molto importante nella vita di Luciano Pavarotti. Gli ha dato tre figlie ma è stata anche la persona che più di ogni altra l'ha incoraggiato agli inizi della carriera. Luciano l'ha sempre ammesso: «Durante gli anni difficili della mia gavetta[1], soprattutto quando non avevo ancora definitivamente deciso di fare il cantante, Adua mi ha aiutato moltissimo». …

Si erano conosciuti giovanissimi. «Adua frequentava la mia stessa scuola», mi ha raccontato Luciano. «Anche se era due classi più indietro[2], la vedevo quasi tutti i giorni. Era molto carina. L'avevo notata da tempo. Ma è stato nel corso di una festa scolastica, durante l'ultimo anno delle magistrali, che ho perso lette-

ralmente la testa per lei. Ma Adua non ne voleva sapere di me[3]. Mi snobbava, non le piacevo e per diversi mesi mi ha fatto molto soffrire. Era il mio primo amore e mi ritrovavo impacciato[4] e timido. Ma nonostante[5] le resistenze non ho lasciato perdere e sono riuscito[6] a conquistarla»….

«Quanti giorni stupendi insieme», mi ha raccontato Pavarotti. «La mia famiglia non aveva l'automobile. Il mezzo di trasporto che mio padre usava per andare a lavorare era il motorino. Ogni tanto me lo prestava per qualche ora. Andavo a prendere Adua e facevamo gite meravigliose. Durante l'estate mio padre mi faceva un regalo straordinario: mi prestava il motorino per un'intera giornata. Così,

partendo al mattino prestissimo, potevo portare Adua al mare. Le nostre vacanze erano costituite da quella sola giornata, ma ci sembrava di toccare il cielo con un dito».

Il tempo passava e Pavarotti non progrediva nello studio del canto. Anzi, peggiorava. La sua voce era diventata opaca. Sembrava logora. A un certo momento il tenore si è ammalato: un nodulo alle corde vocali. Era spacciato[7]. …

«Mi restava ancora un impegno, il mese successivo, a Salsomaggiore, …», mi ha raccontato il tenore. «Avrei cantato ancora una volta… e poi mi sarei messo a fare un altro lavoro. Ho trascorso[8] un intero mese senza mai pensare al canto e senza andare a lezione. Ma il riposo, la deci-

sione di abbandonare la carriera hanno fatto scattare[9] qualcosa di strano nel mio subconscio. Si sono svegliate energie nascoste, sopite[10] ed a Salsomaggiore mi sono ritrovato una voce meravigliosa, fresca, fluida. Ho ottenuto un successo incredibile. La fiducia e la speranza sono tornate nel mio cuore[11]. Ho deciso di ritentare la sorte[12]. Qualche mese dopo si svolgeva il famoso concorso[13] internazionale "Achille Peri". Mi sono iscritto, l'ho vinto. Quella vittoria ha cambiato la mia vita».

1. the first, difficult stage of my career
2. behind
3. she didn't want to have anything to do with me
4. awkward
5. in spite of
6. succeeded
7. He was finished
8. I spent
9. snap
10. dormant
11. heart
12. to tempt fate
13. competition

Adapted from «Così è nata la più bella voce del mondo» *Chi*, 8 marzo 1996, Mondadori.

Mentre leggi

10.50 Mentre leggi, sottolinea una volta le parti del testo che parlano di episodi nella vita privata di Pavarotti e sottolinea due volte quelle che riguardano avvenimenti importanti per la sua carriera.

Dopo la lettura

10.51 Rispondi alle domande.

1. Paragonate gli avvenimenti della vita di Pavarotti che avete sottolineato. Quali riguardano la sua vita privata? Quali si riferiscono alla sua carriera? Motivate le vostre scelte con esempi dal testo.

2. Pavarotti ha ricordi belli o brutti del suo passato? Motivate le vostre scelte con esempi dal testo.

Scriviamo

● ●

Strategie per scrivere: Telling a story in the past

When you tell a story, remember to use appropriately the past tenses that you have learned. Use the **passato prossimo** to state what happened. Use the **imperfetto** to "set the stage"—to describe the setting, the people involved, the places, and what was going on when the story took place. Use the **trapassato prossimo** to refer to events that occurred prior to the events you are narrating.

- **Sai cosa è successo?** Scrivi un messaggio ad un amico/un'amica e raccontagli/raccontale un episodio recente della tua vita. Per esempio: puoi raccontare di come hai incontrato un nuovo amico/una nuova amica o una vacanza al mare o in montagna in cui ti è successo qualcosa di particolare.
- **Caro diario. . .** Racconta nel tuo diario un ricordo brutto o bello che hai della tua infanzia.

Prima di scrivere

10.52 Decidi quale episodio o esperienza del tuo passato vuoi raccontare. Scegli un avvenimento che puoi raccontare in italiano.

1. Fa' una breve lista degli eventi che vuoi raccontare.
2. Fa' una lista delle informazioni che vuoi includere—per esempio, sulle persone che c'erano, sul posto dove eri.
3. C'è anche un episodio che era successo prima dell'avvenimento di cui vuoi scrivere?

La scrittura

10.53 Scrivi la prima stesura:

1. Scrivi un breve paragrafo per introdurre l'argomento. Descrivi la scena dove ha avuto luogo l'episodio.

2. Descrivi le persone importanti nella storia.

3. Narra gli avvenimenti in ordine cronologico. Racconta che cosa è successo e come si è concluso l'episodio. Descrivi anche come ti sentivi.

La versione finale

10.54 Aspetta un po' di tempo e poi leggi la prima stesura.

1. Hai raccontato dei particolari per rendere la storia interessante?

2. Correggi attentamente quello che hai scritto. Fa' particolare attenzione all'uso e alle forme dell'imperfetto, del passato prossimo e del trapassato prossimo.

Guardiamo

● ●

Strategie per guardare: Focusing on body language

When people talk about themselves and recall past events, it is often as important to understand how they feel about their memories as to understand what happened. Watch their body language for clues, just as you would when talking with friends in person. To understand fully what people are communicating, focus not only on what they are saying, but also on their gestures and facial expressions.

Prima di guardare

10.55 In questo videoclip, Chiara, Tina e Felicita ricordano avvenimenti di un loro passato vicino o lontano. Guarda il videoclip una prima volta senza l'audio. Osserva attentamente i gesti e le espressioni di chi parla. Decidi se le seguenti persone hanno un ricordo felice oppure no: Chiara, Tina, Felicita.

Mentre guardi

10.56 Guarda il videoclip di nuovo, questa volta con l'audio, e completa le frasi seguenti.

1. Chiara dice che ha fatto un concerto
   a. da sola.
   b. con altri musicisti.

2. Riguardo al concerto, Chiara si sente
   a. soddisfatta.
   b. preoccupata.

3. Tina passava le vacanze
   a. al mare e in città.
   b. al mare e in montagna.

4. Tina pensa che le estati da bambina erano
   a. molto belle.
   b. noiose.

5. L'adolescenza di Felicita era ricca perché
   a. i genitori avevano molti soldi.
   b. lei aveva tanti amici.

6. Il concorso che si chiama *Zecchino d'oro* è
   a. una gara di canto fra bambini.
   b. una competizione fra persone famose.

7. Come ricordo del concorso di canto Felicita ha
   a. una fotografia.
   b. una medaglia.

8. Quando ha partecipato allo *Zecchino d'oro* Felicita era
   a. contenta di conoscere tante persone famose.
   b. preoccupata di cantare bene.

Dopo aver guardato

10.57 Completa le seguenti attività.

1. Cosa rivela l'espressione del viso di Chiara, Tina e Felicita quando parlano dei loro ricordi? Secondo voi, hanno ricordi felici o tristi? Perché? Avevi immaginato correttamente prima di guardare con l'audio?

2. Nella tua vita, hai avuto qualche esperienza simile a quelle che raccontano Chiara, Tina e Felicita? A turno, raccontate brevemente un episodio simile.

3. Ricostruite una conversazione con una delle persone in questo videoclip. Immaginate le domande e le risposte basandovi su quello che avete visto.

Giovani turisti americani in Piazza del Pantheon, a Roma.

Beautiful beaches and clean, clear waters have always been favored by vacationing Italians. This is probably why Calabria and Sardegna are such popular vacation destinations. Calabria, a long, narrow, mountainous strip of land with 800 km of coastline, is almost entirely surrounded by two different seas, the Tyrrhenian and the Ionian. Sardegna, one of the largest islands in the Mediterranean, has almost 1,800 km of coastline and the most transparent water in the world. These two regions are sought out not only for their natural beauty and geographical position, but also for their fascinating history and ancient cultural traditions. The cuisine in these two regions is also unique.

Testa del Filosofo, V sec. a.C (*B.C.*), Museo Nazionale di Reggio Calabria, uno dei musei più importanti della Magna Grecia. La Calabria una volta era una colonia greca che faceva parte della Magna Grecia e Reggio era un famoso centro artistico. Questa testa di bronzo rappresenta un vecchio con la barba lunga. Sul suo viso sono evidenti molti segni della sua particolare fisionomia. Questa testa è uno dei più antichi esempi della ritrattistica greca. In questo museo si trovano anche i famosi **Bronzi di Riace**, due bellissime ed enormi statue greche del V sec. a.C., ritrovate nel 1972 a Riace, vicino a Reggio Calabria.

Picture Desk, Inc./Kobal Collection.

Stilo, in Calabria: La magnifica chiesa «La Cattolica» (X secolo), un gioiello d'arte ed architettura Bizantina. La piccola chiesa è costruita sulla roccia (*rock*) all'interno di un paesaggio naturale mistico e affascinante. A Stilo, piccola città d'aspetto medievale, è nato il filosofo Tommaso Campanella (1568–1639), autore di *La Città del sole*, un'opera filosofica simile alle utopie politiche di Platone e Tommaso Moro.

Picture Desk, Inc./Kobal Collection.

Un nuraghe, costruzione preistorica tipica della Sardegna. In Sardegna ci sono più di settemila nuraghi. Queste strutture sono costruite con grandi pietre (*stones*) e senza cemento. Hanno forma circolare e sono simili ad una torre. Sono tipici della **civiltà nuragica**, fiorita in Sardegna più di 1600 anni prima di Cristo.

Capriccioli, una delle magnifiche spiagge della costa Smeralda, nel nord della Sardegna. Le coste settentrionali della Sardegna sono molto affascinanti. L'acqua è trasparente e di colore verde smeraldo. Le grandi rocce sul mare e la vegetazione intorno creano un ambiente incantevole (*charming*). Da diversi anni in questa zona si è sviluppato (*developed*) un turismo internazionale di lusso. Lungo la costa Smeralda ci sono molti alberghi lussuosi e ville splendide.

Verifichiamo

10.58 È vero che. . .? Trova informazioni nei testi per giustificare le seguenti affermazioni.

1. La Calabria e la Sardegna sono perfette per quelli che amano il mare e la natura.
2. La Calabria è il luogo ideale per quelli che vogliono conoscere meglio la civiltà greca.
3. La Sardegna e la Calabria hanno una lunga e antica storia.
4. Nel nord della Sardegna ci sono spiagge meravigliose, ma per divertirsi bisogna avere molti soldi.

10.59 E nel vostro Paese? Ci sono zone come la Calabria e la Sardegna nel vostro Paese? Come sono simili? Come sono diverse? Vi piacerebbe visitare queste regioni? Perché?

10.60 Una vacanza indimenticabile. Preparate un dépliant turistico per la Calabria o la Sardegna. Consultate Internet per trovare le foto e informazioni utili.

Vocabolario

I rapporti

abbracciarsi*	to hug (each other)
amarsi*	to love (each other)
baciarsi*	to kiss (each other)
il bacio	kiss
conoscersi (p.p. conosciuto)*	to meet, to know (each other)
divorziare	to divorce
essere innamorato/a (di)	to be in love (with)
fidanzarsi*	to get engaged
frequentarsi*	to go out together
incontrarsi*	to meet (each other)
innamorarsi* di	to fall in love with
lasciarsi*	to break up (with each other)
odiarsi*	to hate (each other)
sentirsi*	to feel
stare* insieme a	to go out with
vedersi (p.p. visto)*	to see each other
volersi* bene	to like/love (each other)

I ricordi

ammalarsi*	to get sick
cadere*	to fall, (I fell)
farsi* male (a)	to hurt oneself
guidare	to drive
ingessare	to put a cast on
investire	to run over, to hit
laurearsi*	to graduate from college
partecipare (a)	to participate, to compete
perdersi (p.p. perso)*	to get lost
prendere la patente	to get one's driver's license
rompere/rompersi (p.p. rotto)*	to break
slogarsi*	to sprain
soffrire (p.p. sofferto)	to suffer

I viaggi e le vacanze

andare* in vacanza	to go on vacation
fare il passaporto	to get a passport
fare una prenotazione	to make a reservation
fare le valigie	to pack (suitcases)
fare un viaggio	to take a trip
prenotare	to reserve
salutare	to say goodbye, to greet
viaggiare	to travel

La descrizione

. . . da sogno	dream. . .
contento/a	happy
un albergo a una stella/a due stelle/a cinque stelle	a one-star/a two-star/a five-star hotel
eccezionale	exceptional, extraordinary
fantastico/a	fantastic
favoloso/a	fabulous
un incubo	nightmare
indimenticabile	unforgettable
lussuoso/a	luxurious
meraviglioso/a	marvelous
orribile	horrible
in prima classe	in first class
rilassante	relaxing
romantico/a	romantic
stressante	stressful
stupendo/a	wonderful

I nomi

l'aereo/l'aeroplano	plane/airplane
l'aeroporto	airport
l'agenzia di viaggi	travel agency
l'albergo	hotel
un avvenimento	an event
il bagaglio	luggage
il biglietto di andata/di andata e ritorno	one-way/round-trip ticket
il braccio	arm
la carta d'imbarco	boarding pass
la caviglia	ankle
la competizione	competition
il dépliant	brochure

il fidanzato/la fidanzata — *fiancé(e)*
la gamba — *leg*
la gara — *race*
il grande magazzino — *department store*
l'incidente stradale — *car accident*
un inconveniente — *a mishap*
la linea aerea — *airline*
la mano — *hand*
la medaglia d'argento/ — *silver/gold medal*
  d'oro
l'ospedale (m.) — *hospital*
la partenza — *departure*
il passeggero/a — *passenger*
il passaporto — *passport*
il piede — *foot*
il polso — *wrist*
il premio — *prize*
il pronto soccorso — *emergency room*
il mio ragazzo/ — *my boyfriend/girlfriend*
  la mia ragazza
la testa — *head*
il villaggio turistico — *resort*
il volo — *flight*

Espressioni

ad un tratto — *suddenly*
Beato/a te! — *Lucky you!*
Che fortuna! — *What luck! How lucky!*
Cosa è successo? — *What happened?*
così — *so, thus*
Figurati! — *You bet! Not at all!*
  Not on your life!

improvvisamente — *suddenly*
infatti — *in fact, as a matter of fact*
Ma dai! / Ma va! — *No way!*
mentre — *while*
poco dopo — *shortly after*
poverino/a — *poor thing*
purtroppo — *unfortunately*
quindi — *so, therefore*
Su! Dai! — *Come on!*
tutto d'un tratto — *all of a sudden*

E dopo, che farai?

Lo sai che?
◆ Il telefono
◆ L'Italia, un Paese di «mammoni»?

Rondo, August Mosca (1905–2003), artista italo-americano nato a Napoli. *Rondo* è un'interpretazione futuristica della città moderna.

IN THIS CHAPTER YOU WILL LEARN HOW TO:
◆ **Talk about your plans for the immediate future**
◆ **Make plans on the telephone**
◆ **Discuss your long-term goals**

PERCORSO I
I PROGETTI
PER I PROSSIMI GIORNI

Vocabolario: Che cosa farai?

I piani e i progetti di Giulia per i prossimi giorni

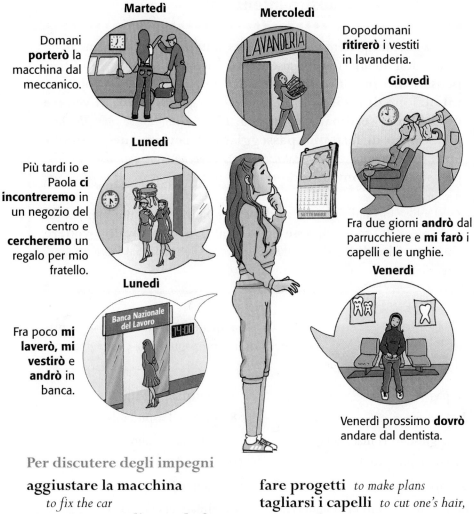

Martedì

Domani **porterò** la macchina dal meccanico.

Mercoledì

Dopodomani **ritirerò** i vestiti in lavanderia.

Giovedì

Fra due giorni **andrò** dal parrucchiere e **mi farò** i capelli e le unghie.

Lunedì

Più tardi io e Paola **ci incontreremo** in un negozio del centro e **cercheremo** un regalo per mio fratello.

Lunedì

Fra poco **mi laverò, mi vestirò** e **andrò** in banca.

Venerdì

Venerdì prossimo **dovrò** andare dal dentista.

Per discutere degli impegni

aggiustare la macchina *to fix the car*

avere un sacco di cose da fare *to have a million things to do*

cambiare l'olio *to change the oil*

fare commissioni *to run errands*

fissare un appuntamento *to set a date / to make an appointment*

un impegno *an engagement, commitment, errand*

pagare i conti *to pay the bills*

fare progetti *to make plans*

tagliarsi i capelli *to cut one's hair, to get a haircut*

Per esprimere incertezza e intenzione

avere intenzione di + *infinitive* *to intend to do something*

credere (di + *infinitive*) *to believe, to think*

chissà *who knows*

difficilmente *unlikely, not likely, with difficulty*
forse *maybe, probably*
Mah! *Who Knows! Well!*
pensare di + *infinitive* *to think about / intend to do something*
probabilmente *probably*
sicuramente *certainly, surely*
sperare di + *infinitive* *to hope to do something*

Espressioni per il futuro
fra due giorni / un mese / un anno *in two days / a month / a year*
fra poco *in a little while*
la settimana prossima / il mese prossimo / l'anno prossimo *next week / month / year*

Così si dice: **Le nostre intenzioni**

• •

You can use the present tense to express in Italian what you intend to do in the near future. You can use **avere intenzione di** + *infinitive*, **pensare di** + *infinitive*, or **sperare di** + *infinitive*: **Domani abbiamo intenzione di uscire.** *Tomorrow we plan to go out.* **Penso di vedere quel film la settimana prossima.** *I'm planning to see that film next week.* **Spero di fare una passeggiata in centro questo weekend.** *I hope to take a walk downtown this weekend.* You can also use the present tense: **Domani esco con gli amici.** *Tomorrow I'm going out with my friends.*

Unlike in English, using **andare** + infinitive does not express future intent. It simply expresses movement. **Dove vai? Vado a vedere l'ultimo film di Benigni.** *Where are you going? I'm going to see Benigni's latest film.*

11.1 Con quale frequenza? Indica con quale frequenza fai le seguenti cose. Poi paragona la tua lista a quella di un compagno / una compagna. Le fate con la stessa frequenza?

1. pagare i conti
2. fare spese
3. aggiustare la macchina
4. fare commissioni
5. fare il bucato
6. ritirare i vestiti in lavanderia
7. tagliarsi i capelli
8. passare l'aspirapolvere
9. cambiare l'olio
10. lavare la macchina
11. andare in banca
12. andare al cinema

11.2 Che cosa? Fa' una lista di tutte le attività che si possono fare nei seguenti posti: **in giardino, in casa, in centro, dal parrucchiere, dal meccanico, a scuola.**

11.3 Quando? Scrivete tutte le espressioni di tempo che si possono usare per indicare attività al presente, al passato e al futuro.

11.4 Che cos'è? Indica di cosa si tratta.

1. Ci andiamo quando abbiamo bisogno di soldi.

2. Si fa dal meccanico.

3. Ci andiamo per tagliarci i capelli.

4. Lo facciamo in lavanderia.

5. Di solito le facciamo in città il weekend o la sera prima di tornare a casa.

6. Le donne se le fanno spesso, gli uomini qualche volta.

In Contesto: Fissiamo un appuntamento

Giulio e Giacomo vogliono fissare un appuntamento per fare qualcosa insieme. Discutono dei loro programmi e progetti per i prossimi giorni.

GIACOMO:	Che programmi hai la settimana prossima? Vogliamo vederci giovedì sera?
GIULIO:	Mah, non lo so. Giovedì dovrò lavorare fino a tardi. La sera sarà un po' difficile, ma se vuoi possiamo pranzare insieme.
GIACOMO:	No, purtroppo, ho un appuntamento dal dentista alle undici e mezza e sicuramente non mi sbrigherò° molto presto. Perché non ci vediamo sabato sera invece?
GIULIO:	No, non credo che sarà possibile. Sabato pomeriggio verranno i miei genitori e penso che andremo fuori a cena.
GIACOMO:	Beh, allora, possiamo vederci sabato mattina o sabato pomeriggio. Possiamo prendere un caffè insieme.
GIULIO:	No, sabato ho un sacco di cose da fare. La mattina mi alzerò presto: devo andare in lavanderia e voglio tagliarmi i capelli. Poi probabilmente tornerò a casa, farò il bucato e metterò un po' in ordine, visto che arrivano i miei°!
GIACOMO:	Beh! Allora mi sa° che dovremo vederci la settimana prossima.

I'll get done

my parents

I think

11.5 Chi ha più impegni? Elencate cosa hanno intenzione di fare Giacomo e Giulio nei prossimi giorni. Poi decidete chi sarà più impegnato. Secondo voi, chi ha una vita più interessante? Perché?

Occhio alla Lingua!

1. Look at the verbs in boldface type in the captions accompanying the illustrations on p. 337. Do they refer to actions taking place in the present, the past, or the future? How can you tell?

2. Look at the verbs in the *In contesto* conversation. Which are in the present tense? Do any of these verbs convey actions that will take place in the future? How do you know?

3. In the *In contesto* conversation, find all the verbs in the future tense. Look at the endings of these verbs. Can you tell who the subject is? What pattern can you detect?

Grammatica

Il Futuro

The future tense, **il futuro**, is used to express an event that will take place in the future. Unlike English, which forms the future with two verbs—the helping verb *will* or *shall* plus a main verb—Italian expresses the future with just one verb whose ending indicates the tense.

Stasera **resteremo** a casa.	*Tonight we will stay home.*
Domani Paolo **metterà** in ordine la sua camera da letto.	*Tomorrow Paolo will clean his bedroom.*

1. The future tense is formed by adding the endings **-ò, -ai, -à, -emo, -ete, -anno** to the infinitive after dropping the final **-e**. Note that verbs ending in **-are** change the **-a-** of the infinitive ending to **-e-** before adding the future endings.

Il futuro			
	incontrare	**mettere**	**vestirsi**
io	incontr**erò**	mett**erò**	**mi** vest**irò**
tu	incontr**erai**	mett**erai**	**ti** vest**irai**
lui/lei	incontr**erà**	mett**erà**	**si** vest**irà**
noi	incontr**eremo**	mett**eremo**	**ci** vest**iremo**
voi	incontr**erete**	mett**erete**	**vi** vest**irete**
loro	incontr**eranno**	mett**eranno**	**si** vest**iranno**

—**Aggiusterai** tu la macchina?	*Will you fix the car yourself?*
—No, la **porterò** dal meccanico.	*No, I will take it to the mechanic.*
—A che ora **vi alzerete**?	*At what time will you get up?*
—**Ci alzeremo** alle otto.	*We will get up at eight.*

2. Verbs that end in **-care** and **-gare** add an **h** in front of the **-er** to retain the hard guttural sound throughout the conjugation. Verbs that end in **-ciare** and **-giare** drop the **i** before adding the future endings.

	giocare	**pagare**	**cominciare**	**mangiare**
io	gio**ch**erò	pa**gh**erò	comin**c**erò	man**g**erò
tu	gio**ch**erai	pa**gh**erai	comin**c**erai	man**g**erai
lui/lei	gio**ch**erà	pa**gh**erà	comin**c**erà	man**g**erà
noi	gio**ch**eremo	pa**gh**eremo	comin**c**eremo	man**g**eremo
voi	gio**ch**erete	pa**gh**erete	comin**c**erete	man**g**erete
loro	gio**ch**eranno	pa**gh**eranno	comin**c**eranno	man**g**eranno

Giocheremo a tennis.	*We will play tennis.*
Io probabilmente **mangerò** fuori.	*I will probably eat out.*
Carlo **pagherà** i conti.	*Carlo will pay his bills.*

3. The verbs **dare, fare,** and **stare** do not change the **-a-** to **-e-** before adding the future tense endings.

dare:	darò, darai, darà, daremo, darete, daranno
fare:	farò, farai, farà, faremo, farete, faranno
stare:	starò, starai, starà, staremo, starete, staranno

Sabato **staremo** a casa e
 faremo una festa.

*Saturday, we will stay home and have
 a party.*

4. Many irregular verbs have irregular stems in the future. However, the future endings are always the same.

andare	andr-	**andrò, . . .**	**potere**	potr-	**potrò, . . .**
avere	avr-	**avrò, . . .**	**vedere**	vedr-	**vedrò, . . .**
bere	berr-	**berrò, . . .**	**venire**	verr-	**verrò, . . .**
dovere	dovr-	**dovrò, . . .**	**vivere**	vivr-	**vivrò, . . .**
essere	sar-	**sarò, . . .**	**volere**	vorr-	**vorrò, . . .**

—**Verrete** da noi?

Will you come to our house?

—No. Mario **andrà** a casa e io
 berrò qualcosa al bar.

*No. Mario will go home and I will
 have something to drink at the bar.*

5. To talk about future actions and events, the future is used in clauses introduced by **quando** (*when*), **appena** (*as soon as*), and **se** (*if*). Note that English uses the present tense in these instances.

Quando ci **vedremo**, fisseremo
 un appuntamento.

*When we see each other, we'll set up
 an appointment.*

Se andrai dal parrucchiere,
 verrò anch'io.

*If you go to the hairdresser's,
 I'll also come.*

6. When an action is fairly likely to occur in the near future, Italians frequently use the present instead of the future tense.

Questa sera **andiamo** al cinema.

This evening we are going to a movie.

11.6 Chi lo farà? Indica chi farà che cosa. Abbina i soggetti della colonna A con le attività della colonna B.

A
1. Io
2. Giulia
3. Io e Luigi
4. Tu
5. Paola e Roberta
6. Tu e Renato

B
a. si farà le unghie.
b. andremo in banca.
c. ti taglierai i capelli.
d. cercherete un regalo in centro.
e. ritireranno i vestiti in lavanderia.
f. farò il bucato.

11.7 Gli impegni. Tu e i tuoi amici discutete gli impegni che avrete nei prossimi giorni. Completa le frasi con i verbi al futuro.

1. Giuseppe e Roberto _____ (aggiustare) la macchina.
2. Rita _____ (essere) molto impegnata.
3. Io e Marco _____ (andare) in lavanderia.

4. Tu _____ (avere) un sacco di cose da fare.

5. Tu e Carla _____ (fare) delle commissioni in centro.

6. Io _____ (dare) da mangiare al cane.

7. Chi _____ (annaffiare) le piante? Le _____ (annaffiare) io e Mario.

8. Tu e Giuseppe _____ (pagare) i conti.

9. Noi _____ (cominciare) a mettere in ordine la casa.

10. Alessia e Lisa _____ (bere) un caffè con gli amici.

11.8 Una giornata molto impegnata. Racconta a un'amica che cosa tu e un amico farete lunedì prossimo. Riscrivi il brano con i verbi al futuro e fa' i cambiamenti necessari.

Lunedì prossimo. . .
Oggi io **mi alzo** molto presto, **mi lavo** e **mi vesto.** Dopo Carlo **viene** da me e **beviamo** un caffè insieme. Più tardi **usciamo** e **andiamo** in centro per fare delle commissioni. Io **compro** un vestito nuovo e Carlo **vuole** andare in banca. Poi Carlo **si taglia** i capelli. Io, invece, **devo** andare dal dentista. Io e Carlo **torniamo** a casa molto tardi.

 11.9 Le promesse per l'anno nuovo. Ascolta le promesse che alcune persone fanno per l'anno nuovo e indica il soggetto e l'infinito di ogni verbo. Sentirai ogni promessa due volte.

	Soggetto	Infinito
1.		
2.		
3.		
4.		
5.		
6.		
7.		
8.		

 11.10 Appena arriverò a casa. Scrivi almeno quattro cose che farai sicuramente appena tornerai a casa e quattro cose che molto probabilmente non farai. E il tuo professore/la tua professoressa, invece, che cosa farà sicuramente? Che cosa non farà? Confronta le tue liste con quelle dei tuoi compagni. Sono simili o diverse?

Il futuro di probabilità

In Italian, the future tense is frequently used to express probability or conjecture. The English equivalent is *must be. . .* or *probably is/are. . .*

—Dov'è Paolo adesso?	*Where is Paolo right now?*
—Non lo so. **Sarà** a casa.	*I don't know. He's probably at home.*
—Ma cosa fa a quest'ora a casa?	*But what is he doing at home at this hour?*
—Chissà. **Dormirà** o **studierà** per gli esami.	*Who knows. He must be sleeping or studying for exams.*

11.11 Non lo so! Un amico ti fa un sacco di domande sui vostri comuni conoscenti. Tu non sei sicuro/a delle risposte. Rispondi alle sue domande e usa il futuro di probabilità.

ESEMPIO: —Dov'è Andrea?
             —Non lo so. Sarà in biblioteca.

1. Che cosa fanno Mario e Giuseppe?
2. Dove andate tu e Giuseppe?
3. Che cosa bevono Renato e Carlo?
4. A chi telefona Luisa?
5. Cosa legge Fabrizio?
6. Quando partono Fabio e la sua ragazza?

11.12 Chissà che fanno! Immaginate due cose che faranno in questo momento le seguenti persone nei posti indicati. Usate il futuro di probabilità.

1. due studenti / nella classe di matematica
2. il professore / nella classe di francese
3. un vicino / in giardino
4. un meccanico / in garage
5. io e un amico / in centro
6. i tuoi amici / a casa
7. due signore / dal parrucchiere
8. un amico / in lavanderia

Scambi

11.13 Pensi di fare queste cose? Trova un compagno/una compagna che ha intenzione di fare le seguenti cose in un futuro immediato. Scopri anche i particolari.

ESEMPIO: S1: Pensi di andare al cinema?
             S2: Sì, penso / spero / ho intenzione di andarci. (No, non penso di andarci.)
             S1: Quando ci andrai? Con chi? Cosa vedrete? (Perché non ci andrai?)

1. farsi i capelli
2. cercare un nuovo appartamento
3. pulire l'appartamento
4. bere un caffè con gli amici
5. vedere i genitori
6. comprare una nuova macchina
7. fare un viaggio
8. seguire un altro corso d'italiano
9. fare la spesa
10. invitare la classe d'italiano a casa a cena
11. ?

11.14 Ma cosa faranno? Immaginate dove saranno le seguenti persone in questo momento e cosa faranno.

1. i tuoi genitori
2. il tuo ragazzo/la tua ragazza
3. gli studenti e il professore nell'aula vicino alla vostra
4. ?

11.15 Che tipo sei? Completa la scheda con informazioni sui tuoi progetti per il futuro. Poi scambia (*exchange*) la scheda con un compagno/una compagna. Siete simili o diversi? Come? Secondo te, quali aggettivi vi descrivono meglio? Perché?

1. tre cose che farai stasera			
2. tre cose che farai domani			
3. tre cose che farai questo weekend			
4. tre cose che farai l'estate prossima			
5. tre cose che farai nei prossimi quattro anni			

11.16 Fissiamo un appuntamento. Osserva la tua agenda per la settimana prossima e fissa tre appuntamenti con due persone diverse. Decidete anche che cosa farete insieme.

ESEMPIO: S1: Sei libero/a sabato all'una?

S2: No, sono impegnato/a. Pranzerò con degli amici. Cosa farai venerdì alle undici? . . .

Spese in città

PERCORSO II
I PROGRAMMI AL TELEFONO

Vocabolario: «Pronto! Chi parla?»

Per fare una telefonata

abbassare *to hang up*
la cabina telefonica *phone booth*
il cellulare / il telefonino *cell phone*
fare il numero *to dial*
fare la ricarica *to get more prepaid cell phone minutes*
fare una telefonata urbana / interurbana *to make a local / long distance phone call*
la scheda telefonica *prepaid phone card*

Per parlare al telefono

Chi parla? Sono. . . *Who is it? It's. . .*
La linea è occupata. *The line is busy.*

Mi dispiace. Non c'è. *I'm sorry. He / She is not here.*
Un momento. Ti passo. . . (informal) / Le passo. . . (formal) *Just a minute. Here is. . .*
il numero verde *toll-free number*
Gli / Le vuoi lasciare un messaggio? *Do you want to leave him / her a message? (informal)*
Gli / Le vuole lasciare un messaggio? *Do you want to leave him / her a message? (formal)*
Pronto! *Hello!*
richiamare più tardi *to call back later*
sbagliare numero *to get the wrong number*
Vorrei parlare con. . . *I would like to speak with. . .*

11.17 L'intruso. Indica quale parola o espressione non c'entra.

1. il telefonino, le pagine gialle, l'elenco telefonico

2. la cabina telefonica, la scheda telefonica, il cellulare

3. il cordless, il telefono fisso, il numero verde

4. sbagliare numero, abbassare, fare la ricarica

5. la linea è occupata, lasciare un messaggio, la segreteria telefonica

11.18 Associazioni. A coppie, indicate tutte le parole ed espressioni che associate con i seguenti termini:

1. fare una telefonata

2. il cellulare

3. cercare un numero

11.19 Che cos'è? Leggi le definizioni e indica di cosa si tratta.

1. Le usiamo quando, ad esempio, cerchiamo un parrucchiere e non ne conosciamo nessuno in città.

2. La possiamo usare quando facciamo una telefonata da una cabina telefonica e non abbiamo monete (*change*).

3. Lo diciamo quando rispondiamo al telefono.

4. Lo usiamo quando cerchiamo il numero di una persona o ditta (*company*) di cui conosciamo il nome.

5. Lo diciamo quando sbagliamo numero.

6. Lo facciamo quando la persona a cui telefoniamo non è in casa.

7. Lo componiamo quando facciamo una telefonata.

8. Lo possiamo usare in casa o quando siamo in giro per parlare con gli amici.

9. Quando lo usiamo non dobbiamo pagare per la telefonata.

10. La facciamo per poter telefonare dal cellulare.

11.20 I rapporti con il telefono. Fa' le seguenti domande ad un compagno/una compagna e scopri quant'è importante il telefono nella sua vita. È molto importante, importante o per niente importante?

1. Quanti telefoni hai in casa? Dove sono? Come sono?

2. Quante telefonate fai al giorno? Fai più telefonate urbane o interurbane? Fai telefonate internazionali qualche volta? A chi?

3. A che ora preferisci telefonare? Per quanto tempo parli di solito?

4. Hai una segreteria telefonica?

5. Hai un cellulare? Quando e perché lo usi? Lo tieni sempre spento (*off*) o acceso (*on*)? Cambi spesso suoneria (*ring*)? Ti piace mandare SMS (*text messages*)? Quanti ne mandi al giorno?

6. In genere, se non trovi la persona a cui telefoni, che cosa fai?

In contesto: Una conversazione al telefono

Luca telefona a un'amica dal centro.

SIGNORA LENTINI: Pronto!

LUCA: Buona sera, signora Lentini. Sono Luca. Vorrei parlare con Roberta, per piacere.

SIGNORA LENTINI: Buona sera, Luca, mi dispiace, ma in questo momento Roberta sta facendo la doccia. Le vuoi lasciare un messaggio?

LUCA: No, grazie! Non fa niente. Sto andando a tagliarmi i capelli e non so a che ora tornerò. Richiamerò più tardi.

SIGNORA LENTINI: Aspetta. . . un momento, Luca. . . ti passo Roberta, è appena uscita dalla doccia. Eccola.

ROBERTA: Luca, ciao! Da dove stai telefonando? Ti ho lasciato un messaggio poco fa sulla segreteria telefonica a casa.

LUCA: Sono in centro. Ti telefono da una cabina. Il cellulare non mi funziona. Allora, cosa si fa sabato sera?

ROBERTA: Beh! Andremo al concerto di Pino Daniele, no? Stavo proprio cercando il numero del teatro sulle pagine gialle poco fa. Ci sarai anche tu, vero?

LUCA: Certo! Sto già pensando a come chiedere la macchina a mio padre.

11.21 Pronto! A coppie, leggete la telefonata di Luca e poi rispondete alle domande che seguono.

1. Quali espressioni si usano:
   a. per rispondere al telefono?
   b. per identificarsi?
   c. per dire che la persona cercata c'è o non c'è?
2. Che cosa stavano facendo Luca e Roberta al momento della telefonata?
3. Cosa faranno sabato? Con chi?

Occhio alla lingua!

1. Look at the expressions in boldface type in Marisa's and Maurizio's conversation on p. 345. Do you think they refer to present, past, or future actions? How can you tell?
2. How many words make up each expression? Do you recognize the first word in each expression? What verb does it come from? Look at the endings of the accompanying words. Do they follow a pattern?
3. Reread the *In contesto* phone conversation and find all the verbs that refer to ongoing actions in the present or in the past. How are these actions expressed?

Grammatica

Il gerundio e il progressivo

The progressive construction expresses an *ongoing action* in the present, the future, or the past.

Sto facendo la doccia.	*I'm taking a shower.*
Domani a quest'ora **staremo passeggiando** per Via Caracciolo.	*Tomorrow at this time we will be strolling in Via Caracciolo.*
Stavo cercando il numero.	*I was looking for the number.*

1. The progressive construction is formed with the present, future, or imperfect of **stare** + the gerund. The gerund is equivalent to the *-ing* form of a verb in English (*watching, reading, sleeping, finishing*). It is formed by adding **-ando** to the stem of verbs ending in **-are** and **-endo** to the stem of verbs ending in **-ere** and **-ire**.

La forma progressiva					
	Stare			**Infinito**	**Gerundio**
Presente	**Futuro**	**Imperfetto**			
sto	starò	stavo	+	(guard**are**)	guard**ando**
stai	starai	stavi		(legg**ere**)	legg**endo**
sta	starà	stava		(dorm**ire**)	dorm**endo**
st**iamo**	star**emo**	stav**amo**		(fin**ire**)	fin**endo**
state	starete	stavate			
stanno	staranno	stavano			

—Cosa **stai scrivendo?**	*—What are you writing?*
—Non **sto scrivendo, sto leggendo** una lettera.	*—I'm not writing, I'm reading a letter.*
Starà giocando.	*He / She is probably playing.*
Stavano partendo.	*They were leaving.*

2. Verbs that have an irregular stem in the **imperfetto** have the same irregular stem in the gerund.

bere: **bevendo**   dire: **dicendo**   fare: **facendo**

3. Reflexive pronouns and direct- and indirect-object pronouns can either precede **stare** or be attached to the gerund.

—**Ti stai divertendo?**	*—Are you having a good time?*
—Non, non **mi sto divertendo** affatto.	*—No, I'm not having a good time at all.*
—**Stavate telefonandomi?**	*—Were you calling me?*
—**Sì, stavamo telefonandoti.**	*—Yes, we were calling you.*

4. In Italian, the progressive construction is used far less frequently than in English. The present, future, and imperfect are used to convey many actions that are expressed with the progressive in English.

Vado al cinema.	*I'm going to the movies.*
Comprerà i biglietti.	*He must be buying the tickets.*
Parlava con un'amica.	*He was talking with a friend.*

11.22 Tutti molto impegnati! Indica almeno tre cose che tu e le seguenti persone state facendo nei posti indicati.

ESEMPIO: noi / a scuola
            —Stiamo leggendo. Stiamo ascoltando il professore. Stiamo scrivendo.

1. io / in cucina
2. Paolo / in camera da letto
3. Mario e Giovanna / in salotto
4. Marisa e Fabio / in garage
5. Rosalba / in centro

11.23 Cosa stavano facendo? Indica che cosa le seguenti persone stavano facendo quando un amico ha telefonato.

ESEMPIO: tu / scrivere una mail
            —Stavi scrivendo una mail.

1. io / andare in banca
2. Paola / tagliarsi i capelli
3. io e Renata / bere un tè
4. Giulia / svegliarsi
5. tu e Roberto / prendere un caffè
6. Luisa / vestirsi
7. tu e Luigi / fare delle commissioni

11.24 Ma cosa staranno facendo? Hai cercato di telefonare alle seguenti persone molte volte, ma non sono mai a casa. Fai supposizioni su cosa staranno facendo.

ESEMPIO: Pietro e Paolo
            —Cosa staranno facendo?
            —Staranno cenando in centro.

1. i tuoi genitori
2. tua sorella/tuo fratello
3. i compagni di classe
4. il dentista
5. il meccanico
6. il professore

Scambi

11.25 Pronto! Ascolta le telefonate due volte e scrivi la lettera che corrisponde alla conversazione. Poi indica di che cosa parlano e quando avrà luogo (*will take place*) l'avvenimento di cui parlano.

1. Conversazione: _____

   Di che cosa parlano? _____

   Quando avrà luogo l'avvenimento di cui parlano?

   _____

2. Conversazione: _____

Di che cosa parlano?

_____

_____

Quando avrà luogo l'avvenimento
di cui parlano?

_____

_____

3. Conversazione: _____

Di che cosa parlano?

_____

_____

Quando avrà luogo l'avvenimento
di cui parlano?

_____

_____

ℒo sai che? Il telefono

L'uso del cellulare in Italia si va diffondendo (*is spreading*) sempre di più e non solo per motivi di lavoro. Oggi pochi in Italia non possiedono un cellulare e in alcune famiglie questo si usa addirittura al posto del telefono fisso. Chi ancora non ha un telefonino, comunque, può sempre chiamare da un telefono pubblico usando una scheda telefonica. Le schede telefoniche si comprano al bar, all'edicola (*newspaper stand*) o alla tabaccheria (*tobacco shop*).

In ogni città c'è anche un ufficio telefonico pubblico, Telecom, dov'è più semplice per un turista fare telefonate e dove ci sono gli elenchi telefonici di tutte le città italiane. Gli stranieri poi possono usare la carta di credito telefonica del loro Paese da qualunque telefono pubblico: parlano così con il centralino (*operator*) della loro nazione e vengono collegati con il numero della persona che vogliono chiamare.

Per fare una telefonata bisogna sempre comporre il prefisso della città prima del numero.

2️⃣ 11.26 Le telefonate.
Quali sono alcune differenze sul modo di fare telefonate in Italia e nel vostro Paese?

11.27 Chi parla? Mettete nell'ordine giusto le battute (*lines*) del dialogo che segue. Poi ricostruite il dialogo completo. Attenzione, c'è una battuta in più!

a. Ah! Tiziana! Come stai? Un momento. Ti passo Gino.

b. Allora, a domani! Grazie.

c. Prego.

d. Pronto! Signora Bonelli! Sono Tiziana. Vorrei parlare con Gino.

e. Che bell'idea! Così non dovremo fermarci per strada.

f. Ciao, Tiziana, sono Gino. Allora, a che ora partiremo?

g. No, mi dispiace in questo momento non c'è.

h. Alle 8.30 del mattino. Ti va bene?

i. Sì, certo! Preparerò dei panini e delle bevande per il viaggio.

11.28 Al telefono. Immaginate le seguenti situazioni e ricostruite le relative telefonate. Una persona considera la colonna A e l'altra la colonna B. Non dimenticate di usare il formale quando è necessario.

A

a. Sei la signora Genovesi e vuoi parlare con il signor Tarantini.

b. Vuoi parlare con Cecilia.

c. Vuoi parlare con Paolo. Fai il numero 889732.

B

a. Sei la signora Tarantini. Tuo marito non è in casa. Spieghi anche che cosa sta facendo.

b. Sei la madre di Cecilia. Cecilia è occupata. Spieghi anche che cosa sta facendo.

c. Il tuo numero è 899732.

11.29 Una scusa. Oggi le seguenti persone non vogliono parlare con nessuno. I loro collaboratori rispondono al telefono. Ricostruite le telefonate e immaginate le scuse che devono trovare per loro. Usate il «Lei».

ESEMPIO: un medico

S1: Pronto! Vorrei parlare con il Dottor Rossi, per piacere.

S2: Mi dispiace, ma il dottore sta visitando un paziente. Gli vuole lasciare un messaggio?

1. un avvocato
2. un'attrice
3. un direttore d'orchestra
4. una professoressa
5. tuo padre
6. tua madre

11.30 Elenchi telefonici. Leggi il trafiletto (*short article*) e rispondi alle domande. Poi confronta le tue risposte con quelle di un compagno/una compagna.

1. Che informazioni potranno inserire gli italiani nei nuovi elenchi telefonici?
2. Cosa potranno decidere di non fare?
3. Indica in che cosa gli elenchi telefonici italiani sono simili a quelli del tuo Paese. In che cosa sono diversi?

Elenchi telefonici a prova di privacy

Operazione **nuovi elenchi telefonici** al via, nel segno della privacy. Oltre **50 milioni di questionari**, recapitati per posta permetteranno agli italiani di decidere se e come essere inseriti nei nuovi elenchi. Si potrà decidere, per esempio, di comparire con il cognome e **la sola iniziale del nome**, con o senza domicilio, con o senza numero civico, Si potrà mettere anche titolo di studio, **numero di cellulare** e indirizzo mail. Ma soprattutto si potrà decidere **se ricevere pubblicità via telefono o a casa.**

PERCORSO III
I PIANI PER IL FUTURO

Vocabolario: Che farai dopo aver finito di studiare?

Studio biologia all'università di Genova. **Prima di laurearmi**, devo ancora dare parecchi esami. Spero di finire fra tre anni. **Dopo aver finito l'università**, spero di trovare posto in un grande ospedale come ricercatrice.

Quando saremo grandi, giocheremo per la Juventus, la nostra squadra preferita. **Dopo esserci diplomati** al liceo, diventeremo calciatori famosi e guadagneremo tanto!

I mestieri e le professioni

l'arredatore/l'arredatrice *interior decorator*

il/la giornalista *journalist*

il modello/la modella *model*

il poliziotto/la poliziotta *policeman/policewoman*

il produttore/la produttrice *(movie) producer*

lo psicologo/la psicologa *psychologist*

il ricercatore/la ricercatrice *researcher*

lo sceneggiatore/la sceneggiatrice *script writer*

lo scienziato/a *scientist*

lo scrittore/la scrittrice *writer*

lo/la stilista *designer*

il vigile del fuoco *fireman*

Sogni e aspirazioni per il futuro

avere figli *to have children*

avere molte soddisfazioni personali *to be very satisfied in one's personal life*

avere successo *to be successful*
cercare un posto / un lavoro *to look for a position*
diventare* famoso/a, ricco/a *to become famous/rich*
fare carriera *to advance in one's career*
fare sacrifici *to make sacrifices*
fare una scoperta *to make a discovery*
fare uno stage *to do an internship*

fare un viaggio all'estero *to take a trip abroad*
guadagnare molti / pochi soldi *to make a lot / a little money*
prendere un altro titolo di studio *to get another degree*
trovare un posto / un lavoro *to find a position / job*

Così si dice: **Nomi e aggettivi in -*ista* e -*ore***

Words ending in **-ista**, like **musicista, dentista, ottimista, altruista**, have the same form for the masculine and feminine. In the plural, they have a masculine form ending in **-isti** and a feminine form ending in **-iste**: **Gabriele Salvatores è un bravo regista. Cristina Comencini è una brava regista.**

Some nouns ending in **-ore**, like **attore, produttore**, form the feminine with **-rice: attrice, produttrice.**

11.31 Che professione? Indica tutte le professioni che associ con questi termini.

1. una casa
2. i mobili
3. un crimine
4. il teatro
5. una penna
6. un computer
7. un film
8. una scoperta scientifica

11.32 Chi? Indica la professione di queste persone.
1. Scrive molti articoli.
2. Lavora in un laboratorio e fa molte scoperte importanti.
3. Disegna i vestiti.
4. Ascolta i problemi degli altri e gli dà tanti consigli.
5. È una persona che fa un film.
6. Aiuta le persone ad arredare la casa.

11.33 In che ordine? Indica in che ordine farai le seguenti cose in futuro. Poi paragona la tua lista con quella di un compagno/una compagna. È uguale?

1. _____ trovare un posto
2. _____ fare carriera
3. _____ cercare un posto
4. _____ fare un viaggio all'estero
5. _____ fare uno stage
6. _____ avere figli
7. _____ avere molte soddisfazioni personali
8. _____ guadagnare molti soldi
9. _____ diventare ricco/a
10. _____ prendere un altro titolo di studio
11. _____ fare una scoperta importante
12. _____ diventare famoso/a
13. _____ fare molti sacrifici
14. _____ sposarsi
15. _____ comprare una grande casa

In contesto: Dall'indovino

Paolo, un ragazzo molto superstizioso, consulta un indovino (*fortune-teller*) per conoscere il suo futuro.

PAOLO: Cosa farò dopo aver finito il liceo? Andrò all'università?

INDOVINO: Sì, ci andrai, ma prima di andare all'università farai un lungo viaggio all'estero.

PAOLO: Veramente? Andrò anche in America?

INDOVINO: Sì, e ci resterai a lungo. Tornerai a casa solo dopo aver finito i soldi! Intanto conoscerai una ragazza americana e ti innamorerai.

PAOLO: La sposerò?

INDOVINO: Sì, ma non subito. Prima di sposarti, ti laureerai e cercherai un posto, ma non diventerai ricco. Avrai però molte soddisfazioni personali. Prima farai l'insegnante in una scuola elementare per qualche anno e poi ti sposerai.

PAOLO: Quanti figli avrò?

INDOVINO: Ne avrai due, un maschio e una femmina. Vivrete in una piccola casa e sarete molto felici.

PAOLO: Avrò successo nella mia carriera prima o poi?

humanity

INDOVINO: Farai carriera nella scuola. Studenti e colleghi ti rispetteranno moltissimo. I tuoi figli diventeranno molto famosi. Tua figlia farà delle scoperte scientifiche importanti che aiuteranno l'umanità° e tuo figlio diventerà un artista molto conosciuto.

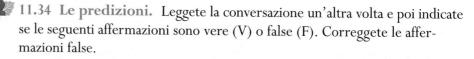 **11.34 Le predizioni.** Leggete la conversazione un'altra volta e poi indicate se le seguenti affermazioni sono vere (V) o false (F). Correggete le affermazioni false.

1. Paolo andrà all'università dopo essere tornato dall'estero.
2. Quando sarà all'estero Paolo s'innamorerà.
3. Paolo si sposerà prima di laurearsi.
4. Dopo avere finito gli studi, avrà molte soddisfazioni personali.
5. Paolo e sua moglie saranno molto ricchi, ma non avranno figli.
6. Paolo sarà molto felice.

Occhio alla lingua!

1. Look at the expressions in boldface type in the the photo captions on p. 352. In what sequence do you think these actions will occur?
2. What follows **prima di**? What form of the verb follows **dopo**? How do the verb forms that follow **prima di** and **dopo** differ?
3. Reread the *In contesto* conversation and circle each action that occurs before another action and underline all the actions that occur after another action takes place.

Grammatica

Prima di e *dopo di* + infinito

You have already learned that **prima** and **dopo** can be used to indicate the order of actions.

Prima mi diplomo e **dopo** vado all'università.

First I'm going to graduate from high school and then I'm going to college.

1. To express *before doing something*, **prima di** + the infinitive is used. Pronouns are attached to the infinitive.

   Prima di sposarmi, voglio trovare un lavoro.

   Before getting married, I want to find a job.

   Ho studiato all'università per due anni **prima di andare** all'estero.

   I studied at the university for two years before going abroad.

2. To express *after doing something*, **dopo** + a past infinitive is used. The final **-e** of **avere** is often dropped before the past participle.

   Dopo aver(e) finito gli studi, cercherò un lavoro.

   After finishing my studies, I will look for a job.

   Dopo essere arrivati, ti telefoneremo.

   After we arrive, we will call you.

   Note that the past infinitive is formed with **avere** or **essere** + the past participle of the verb. If the verb is conjugated with **essere**, the past participle agrees with the subject, as with all verbs conjugated with **essere**.

3. Pronouns are attached to **avere** and **essere** in a past infinitive after the final **e** is dropped.

   Dopo avergli parlato, ti telefonerò.

   After having spoken to him, I'll call you.

   Dopo essermi riposata, leggerò gli annunci sui giornali.

   After having rested, I'll read the newspaper ads.

11.35 Quando lo faranno? Ascolta due volte le conversazioni e indica l'ordine delle azioni di cui parlano le persone, scrivendo il numero 1 o 2 accanto ad ogni attività.

1. **a.** finire i compiti _____   uscire _____
   b. finire i compiti _____   mangiare _____
   c. finire i compiti _____   cenare _____
2. **a.** cominciare a lavorare _____   laurearsi _____
   b. cercare lavoro _____   girare l'Europa _____
3. **a.** dire _____   rivedere _____
   b. spiegare _____   chiedere scusa _____

11.36 In che ordine? Indica in che ordine farai le seguenti cose scrivendo frasi con **prima di** + infinito.

ESEMPIO: svegliarsi / alzarsi

Mi sveglierò prima di alzarmi.

1. lavarsi i denti / fare colazione
2. farsi la doccia / vestirsi
3. addormentarsi / spogliarsi
4. lavarsi i capelli / pettinarsi
5. uscire / mettersi l'impermeabile

11.37 Quando? Indica quando tu e i tuoi compagni farete le seguenti cose. Usa **dopo** + infinito passato.

ESEMPIO: fare un viaggio

Faremo un viaggio dopo aver comprato un biglietto.

1. cercare un lavoro
2. sposarsi
3. avere un figlio
4. cambiare casa
5. comprare una nuova macchina
6. fare uno stage
7. prendere un altro titolo di studio
8. scrivere un libro

11.38 Il futuro di Paolo. Rileggi la conversazione a pagina 354 e metti nell'ordine corretto gli avvenimenti importanti nella vita di Paolo secondo l'indovino. Usa **prima di** + infinito o **dopo** + infinito passato.

ESEMPIO: Dopo avere finito gli studi, Paolo farà un viaggio all'estero. *o*
prima di andare all'università Paolo farà un viaggio all'estero.

Scambi

11.39 Chi lo farà? Trova una persona in classe che in futuro farà le seguenti cose. Scopri anche quando le farà.

ESEMPIO: andare all'università

S1: Andrai all'università?

S2: Sì, ci andrò. (No, non ci andrò.)

S1: Quando?

S2: Ci andrò subito dopo aver finito il liceo.

1. avere molti figli
2. prendere una seconda laurea
3. viaggiare in Paesi lontani
4. scrivere dei libri
5. guadagnare molti soldi
6. sposare una persona ricca
7. andare a vivere in un'altra città o in un altro Paese
8. diventare ricco/a e famoso/a
9. fare una grande scoperta
10. ?

11.40 I piani per il futuro. Intervista un compagno/una compagna e scopri i suoi progetti per il futuro.

1. Che cosa farai subito dopo aver finito l'università?

2. Che cosa farai prima di incominciare a lavorare?

3. Dove pensi di vivere?

4. Che lavoro farai? Come sarà la tua vita quando incomincerai a lavorare e a guadagnare bene? Cosa farai che adesso non puoi fare?

5. Che cosa significa per te il successo? Guadagnare molti soldi? Fare carriera? Le soddisfazioni personali? L'avventura?

11.41 L'oroscopo. Su un foglio scrivi l'oroscopo ideale per un compagno/una compagna in classe. Prendi in considerazione, ad esempio, il lavoro, la scuola, la casa, la famiglia, avvenimenti particolari.

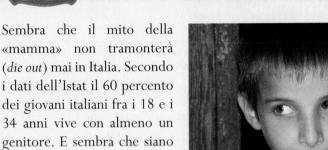

Lo sai che? L'Italia, un Paese di «mammoni»?

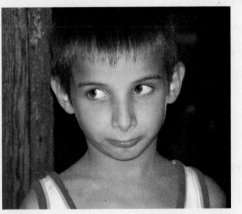

Sembra che il mito della «mamma» non tramonterà (*die out*) mai in Italia. Secondo i dati dell'Istat il 60 percento dei giovani italiani fra i 18 e i 34 anni vive con almeno un genitore. E sembra che siano più gli uomini che le donne i mammoni d'Italia.

I motivi per cui tanti giovani italiani scelgono (*choose*) di vivere con la famiglia più a lungo dei loro coetanei (*same age*) europei sono tanti. Alcuni sono di natura economica. La difficoltà di trovare un lavoro stabile che paghi bene contribuisce enormemente a questo fenomeno. È anche sempre più difficile trovare casa a un prezzo accessibile.

Oltre ai fattori economici, però, molti giovani vivono in famiglia perché ci stanno bene e non se ne vogliono andare. I giovani italiani vanno abbastanza d'accordo con i genitori e preferiscono le comodità che solo vivendo con loro possono avere.

11.42 E nel vostro Paese? Paragonate la situazione dei giovani italiani a quella dei giovani del vostro Paese.

ANDIAMO AVANTI!

 ## Ricapitoliamo

11.43 Dall'indovino. Immaginate di consultare un indovino. Ricostruite la conversazione. Discutete il vostro passato e scoprite qualcosa del vostro futuro.

11.44 Una telefonata. Telefoni ad un amico/un'amica per decidere cosa farete le prossime vacanze. Sua madre, una donna curiosa, risponde e ti fa molte domande. Poi finalmente ti passa il tuo amico/la tua amica. A gruppi di tre, ricostruite prima la telefonata con la madre e poi la conversazione con l'amico/a. Non dimenticate di usare il Lei quando è necessario.

11.45 Sei ottimista o pessimista? Intervista due o tre compagni e scopri se loro sono d'accordo con le seguenti predizioni. Poi, in base alle loro risposte, decidi se sono ottimisti o pessimisti. Giustifica le tue opinioni.

ESEMPIO: S1: Pensi che troveranno una cura per il cancro?

S2: Sì, Credo che la troveranno. (No, dubito che la troveranno.)

Fra dieci anni:

1. Una donna sarà presidente degli Stati Uniti.
2. Scopriranno un vaccino contro l'AIDS.
3. Sapere usare il computer sarà l'unica cosa che conta.
4. Tutti porteranno solo abiti unisex.
5. La gente vivrà più di cento anni.
6. Si risolverà il problema dell'effetto serra (*greenhouse*).
7. Ci sarà una guerra nucleare.
8. Con le nuove tecnologie potremo scegliere il sesso dei nostri figli.
9. L'inquinamento non sarà più un problema.
10. Il problema della fame nel mondo sarà risolto.

11.46 Le mie predizioni. Scrivi altre quattro predizioni per il futuro. Poi paragona le tue predizioni a quelle di un compagno/una compagna.

Leggiamo

Strategie di lettura: Understanding a poem

An effective poem often has many layers of meaning. A poet may evoke a very specific imagined experience—for example, travelers' lives and feelings in an era of interplanetary voyages, as in the poem below—while also conveying an unspoken message to the reader. As you read a poem, focus first on the literal meaning. Then consider what else the poet may be trying to say, how he or she does it, and why.

Prima di leggere

11.47 La poesia che segue, *La stazione spaziale,* è di Gianni Rodari. Rodari (1920–1980) è nato ad Omegna (Novara). Ha collaborato a numerosi giornali e riviste e ha pubblicato più di trenta volumi di racconti, fiabe e filastrocche (*nursery rhymes*) per bambini. I suoi libri sono stati tradotti in molte lingue.

Questa poesia è allo stesso tempo seria e arguta (*witty*). Rodari immagina un'epoca in cui la gente può viaggiare su altri pianeti, mentre continua a preoccuparsi delle piccole cose di tutti i giorni. Prima di leggere la poesia, completa le attività seguenti.

1. Leggi il titolo e i primi sei versi.

   a. A che epoca si riferisce l'autore? Al presente, al passato o al futuro?

   b. Quali parole ed espressioni sono realistiche e si usano nella vita contemporanea?

2. Che tono usa l'autore? Drammatico? Ironico? Satirico? Scherzoso? Serio?

Mentre leggi

11.48 Mentre leggi, sottolinea le parole ed espressioni, relative ai viaggi nello spazio, che si riferiscono alla vita di tutti i giorni. Sottolinea due volte le parole ed espressioni che descrivono i sentimenti delle persone.

La Stazione Spaziale
Gianni Rodari

Nella stazione spaziale
c'è un traffico infernale.
Astronavi° che vengono,   *Spaceships*
astronavi che vanno,
astronavi di prima classe   5
per quelli che non pagano le tasse°.   *taxes*
L'altoparlante°   *loudspeaker*

(continues on next page)

non tace un istante:
track «È in partenza dal primo binario°
express il rapido° interplanetario.»
stop Prima fermata° Saturno.
space sleeper «L'astroletto° da Giove
viaggia con un ritardo
di minuti trentanove».
La gente protesta:
— Che storia è questa?
Mai un po' di puntualità.
— Devo essere a Plutone
before supper prima di desinare°!
deal — Io perdo un grosso affare°:
Mi sentiranno quelli
dell'Amministrazione. . .

corner In un angolo° della stazione
due timidi sposini
honeymoon in viaggio di nozze°:
vanno su certi pianetini
di un'altra nebulosa
dove hanno una zia
che si chiama Ponti Rosa
concierge e fa la portinaia°
in un osservatorio d'astronomia.
E questo è un venditore
installments di frigoriferi a rate°:
dice che su Nettuno
non c'è ancora stato nessuno
field del suo ramo°,
tons of money farà quattrini a palate°.
Questa signorina,
embroidery maestra di ricamo°,
va su Venere per un corso
di perfezionamento,
ma il suo fidanzato
non è troppo contento,
lui sta a Milano,
office worker e fa l'impiegato°,
ha paura che sposi un Venusiano.

[. . .] Un momento, un momento:
ma allora il cosmo intero
enlargement non sarebbe che un ingrandimento°
di qualche paesotto
dell'Ohio o del Varesotto[1]
A parte le astronavi
questa specie di stazione

potrebbe stare tutta
in provincia di Frosinone[2]
o di Piacenza. . .[3]   55
Forse ho visto troppi film di fantascienza.

---

[1] a wealthy, industrialized region in Lombardy
[2] city in Lazio
[3] city in Emilia-Romagna

Dopo la lettura

11.49 Rispondi alle domande che seguono.

1. A che cosa somiglia la stazione spaziale? Da' esempi concreti dal testo.

2. I viaggi dei vari personaggi nella poesia sono molto insoliti (*unusual*)? Da' esempi concreti dal testo.

3. Rileggi le parti del testo che descrivono i personaggi. Com'è la loro vita? È simile o diversa dalla vita degli abitanti della Terra (*Earth*) oggi? Come?

4. Questo testo è per bambini o per adulti? Perché? Cosa intende dire l'autore con questa poesia? E in particolare con l'ultimo verso?

Scriviamo

Strategie per scrivere: Using unstructured brainstorming to generate ideas

When faced with a broad writing topic that can be approached in many different ways, you will find that unstructured brainstorming can help you to generate and explore ideas. Unstructured brainstorming entails simply coming up with and listing as many ideas about a given topic as possible. When you brainstorm in this way, write down anything that comes to mind, however farfetched or trivial it may seem, and do not worry about using complete—or even grammatical—sentences. Once you have gotten down all of your thoughts, you can analyze your list, group together and organize any related clusters of ideas, make needed modifications or additions, and discard ideas that seem inappropriate.

Il mondo che sarà. In base alle predizioni delle attività **11.45** e **11.46**, immagina come sarà il mondo fra cento anni.

Prima di scrivere

11.50 Usa la strategia che hai appena letto e prepara una lista di tutte le idee possibili che ti vengono in mente sul tema del mondo che sarà. Prendi in considerazione: le persone, la vita giornaliera, i rapporti con gli altri, il tempo libero, ecc. Poi segui questi suggerimenti.

1. Esamina la tua lista e scegli le idee che vuoi usare.

2. Decidi come vuoi organizzare il tema e metti in ordine le idee.

3. Prepara una scaletta.

La scrittura

11.51 Usa la scaletta che hai preparato per scrivere la prima stesura.

La versione finale

11.52 Fa' passare un po' di tempo e rileggi la prima stesura.

1. La prima stesura segue l'ordine della scaletta che hai preparato? L'ordine della presentazione è efficace?

2. Le idee che hai deciso di esprimere sono interessanti e appropriate?

3. Adesso correggi attentamente quello che hai scritto. Hai usato il futuro correttamente?

11.53 Adesso leggete il tema di un'altra persona. Le vostre idee sono simili o diverse? Come?

Guardiamo

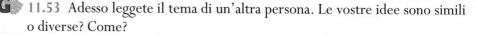

> ### Strategie per guardare: Listening for details
>
> Sometimes it is important to watch a video segment with a focus on details. When you know the general topic—talking about future plans, for example—you will find the discussion most meaningful if you can grasp specifically what people say. In order to do this, pay careful attention as each person speaks, listening for key words and phrases, then try to summarize in your own words the main point he or she has made.

Prima di guardare

11.54 Nella parte di video che segue, Felicita e Plinio parlano di quello che faranno nei prossimi giorni. Altre persone invece parlano di cosa faranno dopo l'università. Prima di guardare, completate le attività seguenti.

1. Dove vanno le persone indicate?

   a. una persona che vuole curare i propri capelli

   b. una persona che ha problemi con la macchina

   c. una persona che vuole prendere dei soldi

2. In cosa si laureerà una persona che vuole diventare maestra di scuola elementare?

   a. In Letteratura italiana

   b. In Scienza dell'Educazione

3. Cosa studierà una persona che vuole fare una professione legale?

   a. Giurisprudenza

   b. Scienze Politiche

4. Leggi le domande in *Mentre guardi* per capire a quali informazioni e particolari devi fare attenzione.

Mentre guardi

11.55 Mentre guardi, completa la seguente attività.

1. Per chi comprerà regali Felicita?

 a. per le amiche.

 b. per il marito e i fratelli.

2. Felicita comprerà soprattutto

 a. pantaloni e giacche.

 b. scarpe e borse.

3. Plinio spenderà molti soldi perché

 a. pagherà le tasse e porterà la macchina dal meccanico.

 b. farà shopping per la sua ragazza.

4. Che lavoro farà Laura dopo la laurea?

 a. La professoressa di liceo o d'università.

 b. La maestra d'asilo o di scuola elementare.

5. Nel lavoro, per Ilaria è importante soprattutto

 a. guadagnare molto.

 b. avere soddisfazioni personali.

6. Gaia studierà all'università ancora

 a. due anni.

 b. un semestre.

7. Che cosa pubblicherà Plinio?

 a. Un romanzo e un libro di racconti.

 b. Un libro di poesie e un libro di saggi (*essays*) sul cinema.

Dopo aver guardato

11.56 Dopo aver guardato il videoclip, completa le seguenti attività.

1. Nel video, chi ha programmi più immediati? Chi pensa ad un futuro più lontano?

2. Secondo voi, le persone faranno sicuramente le cose che hanno detto? Perché?

3. Immaginate di parlare del vostro futuro per un video diretto a studenti italiani. Lavorando a piccoli gruppi, a turno, raccontate che cosa farete:

 a. nei prossimi giorni

 b. dopo aver finito l'università

4. Le vostre risposte al #3 sono simili o diverse da quello che hanno detto le persone nel video?

Attraverso La Liguria

Liguria, a narrow strip of land wedged between the mountains and the sea, extends from the French border to Tuscany. Liguria is a region of contrasts: In this tiny stretch of land one can find beautiful pebbly beaches, rocky coves, and picturesque coastlines cultivated with lush lemon and almond trees, as well as beautiful terraced hills with flowers that are exported all over the world, olive trees, and fruit trees. This region is particularly famous for its coast, known as the Riviera ligure, and it has been a favorite vacation spot for Italians for centuries. Many Italians from the nearby regions of Lombardy and Piedmont have second homes in Liguria, and frequently spend their weekends here.

Il porto di Genova. Il porto di Genova è il più importante d'Italia. Navi (*Ships*) dall'Africa, dall'Australia, dal Centro America e da ogni altra parte del mondo arrivano ogni giorno con le materie prime per le industrie di Milano, di Torino e di tutta la Liguria. Le navi poi trasportano i prodotti delle industrie della Lombardia, del Piemonte e della Liguria in tutti i Paesi del mondo. Sono nati a Genova il compositore e violinista Niccolò Paganini (1782–1840) e Eugenio Montale (1896–1981), uno dei più grandi poeti italiani del '900, premio Nobel per la letteratura.

Il Bigo ed il Porto Antico di Genova. Il Bigo è una struttura metallica moderna con un ascensore panoramico. L'architetto Renzo Piano ha progettato questa struttura, che ha la forma di una gru (*crane*). Prendendo l'ascensore panoramico è possibile ammirare l'intera città di Genova.

Verifichiamo

11.57 Quiz. Indica quali delle seguenti affermazioni sono vere (V) e quali false (F).

1. La Liguria non è una regione molto industrializzata.

2. La Liguria è famosa per il mare.

3. Il porto di Genova non è molto importante per il commercio internazionale.

4. Un famoso architetto moderno è nato a Genova.

5. Il Porto Antico di Genova è importante per il turismo.

6. Portofino è un famoso centro turistico per il *jet set*.

7. Le case a Portofino sono bianche.

8. A Vernazza, Monterosso e Riomaggiore è possibile ammirare la natura incontaminata.

11.58 Partiamo per il weekend. Immaginate che presto potrete passare un weekend in Liguria. Dove andrete? Cosa farete? Perché?

11.59 E nel vostro Paese? Nel vostro Paese c'è una zona simile alla Liguria? In cosa è simile? In cosa è diversa?

Cinque Terre: Riomaggiore e Vernazza. Le Cinque Terre, Vernazza, Riomaggiore, Manarola, Corniglia e Monterosso, sono situate vicino al Golfo di La Spezia. L'accesso a questi pittoreschi villaggi è piuttosto difficile, così essi hanno conservato le loro tradizioni e la loro bellezza caratteristica. Nel 1997 le Cinque Terre sono state iscritte nella lista del patrimonio mondiale dell'UNESCO.

Il porticciolo di Portofino. Portofino è un antico, piccolo Paese di case tutte molto colorate, situato intorno a (*around*) una baia pittoresca e circondato da una densa vegetazione. Nel suo porticciolo sono sempre presenti piccole barche (*boats*) insieme a yacht lussuosi. A Portofino ci sono anche tanti negozi eleganti, ristoranti molto noti, un piccolo teatro e locali vivaci. Molti personaggi del *jet set* mondiale frequentano questo piccolo paese.

Vocabolario

Commissioni e impegni

aggiustare la macchina	to fix the car
andare . . .	to go . . .
dal dentista	to the dentist
dal parrucchiere	to the hairdresser
in banca	to the bank
in lavanderia	to the cleaner's
avere un sacco	to have a million
di cose da fare	things to do
cambiare l'olio	to change the oil
fare commissioni	to run errands
fare progetti	to make plans
farsi i capelli	to do one's hair
le unghie	to do one's nails
fissare un appuntamento	to set a date / to make an appointment
un impegno	engagement, commitment, errand
pagare i conti	to pay the bills
portare la macchina	to take the car to the
dal meccanico	mechanic
i progetti	plans
ritirare i vestiti	to pick up one's clothes
tagliarsi i capelli	to cut one's hair

Espressioni per il futuro

fra due giorni / un mese / un anno	in two days / a month / a year
fra poco	in a little while
la settimana prossima / il mese prossimo / l'anno prossimo	next week / month / year

Espressioni per indicare incertezza e intenzione

avere intenzione di + infinitive	to intend to do something
chissà	who knows
credere (di + infinitive)	to believe, to think

difficilmente	unlikely, not likely, with difficulty
forse	maybe, probably
mah!	well!
pensare di + infinitive	to think about doing / to intend to do something
probabilmente	probably
sicuramente	certainly, surely
sperare di + infinitive	to hope to do something

Espressioni per il telefono

abbassare	to hang up
la cabina telefonica	phone booth
il cellulare / il telefonino	cell phone
il cordless	cordless phone
l'elenco telefonico	phone book
fare il numero	to dial
fare la ricarica	to get more prepaid cell phone minutes
fare una telefonata	to make a phone call
le pagine gialle	yellow pages
la scheda telefonica	prepaid phone card
la segreteria telefonica	answering machine

Parlare al telefono

Chi parla? Sono . . .	Who is it? It's . . .
La linea è occupata.	The line is busy.
Mi dispiace. Non c'è.	I'm sorry. He / She is not here.
Pronto!	Hello!
Un momento.	Just a minute. Here is. . .
Le passo . . . (formal)	
Ti passo . . . (informal)	
Gli / Le vuoi lasciare un messaggio?	Do you want to leave him / her a message? (informal)
Gli / Le vuole lasciare un messaggio?	Do you want to leave him / her a message (formal)
richiamare più tardi	to call back later
sbagliare numero	to get the wrong number
Vorrei parlare con. . .	I would like to speak with. . .

Le prospettive per il futuro

avere figli	*to have children*
avere molte soddisfazioni	*to be very satisfied*
personali	*in one's personal life*
avere successo	*to be successful*
cercare un posto / un lavoro	*to look for a position*
diventare famoso/a, ricco/a	*to become famous, rich*
fare carriera	*to advance in one's career*
fare sacrifici	*to make sacrifices*
fare una scoperta	*to make a discovery*
fare uno stage	*to do an internship*
fare un viaggio all'estero	*to take a trip abroad*
guadagnare molti/	*to earn a lot /*
pochi soldi	*a little money*
prendere un altro	*to get another degree*
titolo di studio	
i soldi	*money*
trovare un posto / un lavoro	*to find a position/job*

Le professioni

l'arredatore/l'arredatrice	*interior designer*
il/la giornalista	*journalist*
il/la modello/a	*model*
il/la poliziotto/a	*policeman/policewoman*
il produttore/	*(movie) producer*
la produttrice	
lo/la psicologo/a	*psychologist*
il ricercatore/	
la ricercatrice	*researcher*
lo sceneggiatore/	*script writer*
la sceneggiatrice	
lo/la scienziato/a	*scientist*
lo scrittore/la scrittrice	*writer*
lo/la stilista	*designer*
il vigile del fuoco	*fireman*

La vita che vorrei

Giovani italiane all'inizio della carriera

IN THIS CHAPTER YOU WILL LEARN HOW TO:

◆ Discuss your career goals
◆ Express hopes, dreams, and aspirations
◆ Talk about finding a place to live

PERCORSO I
LA SCELTA DELLA CARRIERA

Vocabolario: Che cosa vorresti fare?

Le due ragazze sono molto creative e **vorrebbero** diventare artiste famose.

Un giovane architetto sta disegnando la casa per la sua famiglia, ma **dovrebbe** finire il lavoro per la casa di un cliente. È molto preciso ed ambizioso e **potrebbe** fare una bella carriera.

Mestieri e professioni

l'artista (*m., f.*) *artist*
il/la biologo/a *biologist*
il chirurgo *surgeon*
il/la commercialista *Certified Public Accountant*
il/la commesso/a *salesman / saleswoman*
il/la dirigente *manager*
il dottore/la dottoressa *medical doctor*
l'elettricista (*m., f.*) *electrician*
l'idraulico *plumber*
l'impiegato/a *office worker, clerk*
l'infermiere/l'infermiera *nurse*
l'operaio/a *(industrial) worker*
il programmatore/la programmatrice *programmer*
il/la segretario/a *secretary*

Il posto di lavoro

l'azienda, la ditta *firm*
la fabbrica *factory*
il negozio *store*
l'officina *workshop, mechanic's garage*
lo studio *professional office*

Per discutere di lavoro

disoccupato/a *unemployed*
insoddisfatto/a *unsatisfied*
il lavoro a tempo pieno/ il lavoro part-time *full-time / part-time job*
la responsabilità *responsibility*
soddisfatto/a *satisfied*
la soddisfazione *satisfaction*
lo svantaggio *disadvantage*
il vantaggio *advantage*

Per parlare delle
caratteristiche personali

l'ambizione *ambition*
la creatività *creativity*

creativo/a *creative*
l'entusiasmo *enthusiasm*
l'esperienza *experience*
lo spirito d'iniziativa *enterprising spirit, nature*

Così si dice: **Che lavoro fai?**

• •

When you want to ask someone about his/her job, you can say: **Che (lavoro) fai/fa?** *What do you do?* If someone is asking you about your line of work, you can answer with expressions such as: **Faccio l'ingegnere.** *I am an engineer.* **Sono professoressa.** *I am a professor.* **Lavoro alla Fiat.** *I work at Fiat.* Notice that the definite articles (**il, la,** or **l'**) are used with **fare,** but no article is used with **essere: Il padre di Carlo è medico.** *Carlo's father is a doctor.* The indefinite articles (**un, una, uno**), however, are used when professions are modified by an adjective. **Il padre di Carlo è un medico molto noto.** *Carlo's father is a very renowned doctor.*

12.1 Dove e che cosa? Unisci le espressioni della colonna A e quelle della colonna B per formare frasi logiche.

A	B
1. In una fabbrica	**a.** in un'officina.
2. Porto la macchina rotta	**b.** si fa ricerca.
3. In un laboratorio	**c.** si vendono merci di vari tipi.
4. In un negozio	**d.** si costruiscono motociclette.

12.2 Cosa fa? Indica qual è il lavoro che corrisponde meglio alle attività e alle caratteristiche indicate.

1. scrive molto al computer

2. gli/le piace la musica

3. costruisce parti di automobili

4. disegna palazzi

5. dipinge

6. si occupa di scienze

7. opera in un ospedale

8. lavora molto con l'acqua

9. fa i conti e calcola le tasse

12.3 Che professione? Indica quali professioni associ con i personaggi seguenti.

1. Galileo Galilei

2. Leonardo da Vinci

3. Cecilia Bartoli

4. Miuccia Prada

5. Maria Montessori

6. Enzo Ferrari

7. Roberto Benigni

8. Dante Alighieri

12.4 Definizioni e caratteristiche. Rispondete alle domande usando i termini della lista alle pagine 369–370.

1. Com'è una persona senza lavoro?
2. Quali sono delle caratteristiche importanti per un artista?
3. Qual è una qualità importante per un bravo dirigente?
4. Che qualità si può acquisire con tanti anni di lavoro?
5. Come si può definire chi non è contento del suo lavoro e vorrebbe cambiare carriera?
6. Qual è una qualità importante per iniziare un nuovo lavoro?

In contesto: Hai deciso che farai?

Presto Franca e Riccardo finiranno il liceo e ora discutono dei loro progetti per il futuro.

RICCARDO: Allora, hai deciso? A quale facoltà ti iscriverai?

FRANCA: A Medicina. Vorrei fare il medico.

RICCARDO: Il medico? Davvero?! Ma è un lavoro stressante, e dovrai studiare tanti anni.

FRANCA: Sì, hai ragione. È una professione dura° che richiede molti   *tough*
sacrifici. Ma ci sono anche molti vantaggi. Farò un lavoro che mi piace e che mi darà molte soddisfazioni personali.

RICCARDO: Certo potresti anche guadagnare bene e soprattutto non dovrebbe essere molto difficile trovare lavoro!

FRANCA: E tu, hai deciso cosa vorresti fare?

RICCARDO: Io vorrei andare all'Accademia di Belle Arti. Sai, mi piace il disegno. Potrei davvero fare un lavoro creativo, adatto a me, ma i miei genitori non sono d'accordo. Dicono che è molto difficile affermarsi° in questo campo°. Secondo loro, dovrei fare   *succeed / field*
l'avvocato e lavorare nello studio di mio padre.

FRANCA: Povero Riccardo, non ti invidio°. È una scelta difficile.   *envy*

12.5 La scelta della carriera. Rispondete alle seguenti domande:

1. Cosa vorrebbero fare Franca e Riccardo dopo il liceo?
2. Che cosa non vorrebbe fare Riccardo?
3. Quali sono alcuni vantaggi e svantaggi di ogni professione secondo Riccardo e Franca? E secondo voi?
4. Secondo voi, quali altre professioni potrebbero fare Riccardo e Franca? Perché?

Occhio alla lingua!

1. Look at the forms of the verbs **dovere, volere**, and **potere** used in the captions on p. 369. What do you notice about the endings of these verbs?
2. What are the similarities and differences between the forms of **dovere, volere**, and **potere** on p. 369 and the forms of the future tense?
3. Underline all of the forms of **dovere, volere**, and **potere** in the *In contesto* conversation. Looking at the endings of these verbs, can you tell who the subject is in each instance?

Grammatica

Il condizionale presente di *dovere, potere* e *volere*

To indicate obligation, desire, and possibility—the English equivalent of *should*, *could*, and *would like*—the verbs **dovere, potere**, and **volere** are used in the present tense of the conditional mood. (You will learn about other uses of the conditional mood later in this chapter.)

As you will note in the chart below, the stems used for the conditional mood are the same as those used for the future tense.

Il condizionale presente			
	dovere	**potere**	**volere**
io	dov**rei**	pot**rei**	vor**rei**
tu	dov**resti**	pot**resti**	vor**resti**
lui/lei	dov**rebbe**	pot**rebbe**	vor**rebbe**
noi	dov**remmo**	pot**remmo**	vor**remmo**
voi	dov**reste**	pot**reste**	vor**reste**
loro	dov**rebbero**	pot**rebbero**	vor**rebbero**

1. The present conditional of **volere** is used to express a wish or desire in the present or future. It is equivalent to the English *would like*.

   Dove **vorrebbero** lavorare? *Where would they like to work?*
   Vorrei viaggiare! *I would like to travel!*

2. The present conditional of **dovere** is used to give suggestions and advice. It is equivalent to the English *should/ought to* + verb.

   Dovrebbero studiare di più. *They should study more.*
   Dovresti venire anche tu! *You should come too!*

3. The present conditional of **potere** is equivalent to the English *could* + verb. It is frequently used to make a polite request.

   Potremmo venire domani. *We could come tomorrow.*
   Potrebbe dirmi quanto costano *Could you tell me how much the shoes*
   le scarpe? *cost?*

12.6 Cosa vorrebbero fare? Alcuni studenti spiegano cosa cercano nel lavoro. Completa le frasi con il condizionale di **volere**.

1. Io _____ guadagnare più soldi.

2. La mia ragazza ed io _____ lavorare nel cinema.

3. Luisa e Raffaella _____ più libertà e autonomia.

4. Tu e Marco _____ lavorare con gente più simpatica.

5. Gianni _____ fare delle scoperte scientifiche importanti.

6. Maria ed io _____ aiutare gli altri.

12.7 Insoddisfazioni! Tu e alcuni amici discutete di cosa potreste fare per avere più soddisfazione dal lavoro. Completa le frasi con il condizionale di **potere**.

1. Marco _____ lavorare a tempo pieno.

2. Io _____ avere più responsabilità.

3. Tu e Matteo _____ mostrare (*show*) più entusiasmo.

4. Noi _____ aprire un negozio.

5. Serena e Martina _____ cambiare lavoro.

6. Tu _____ cercare un lavoro creativo.

12.8 Cosa dovrebbero fare? Spiega cosa dovrebbero fare le persone indicate per risolvere i loro problemi. Usa il condizionale di **dovere**.

ESEMPIO: —Sono sempre stanco. [tu]
—Dovresti dormire di più.

1. Mi piace molto lavorare con il computer. [tu]
2. A Laura piace insegnare. [lei]
3. Non abbiamo molti soldi, perché lavoriamo poche ore la settimana. [voi]
4. Non ci piace il nostro lavoro. [noi]
5. Paolo e Renata vogliono un lavoro stimolante e interessante. [loro]
6. Mi piace disegnare. [io]

12.9 E tu che faresti? Due amici parlano del proprio futuro e di alcuni problemi che vorrebbero risolvere. Ascolta la loro conversazione due volte. Per ogni frase indica con una «F» quando senti un verbo al futuro e con una «C» quando senti un verbo al condizionale.

1. _____   4. _____   6. _____

2. _____   5. _____   7. _____

_____   _____   _____

_____   _____

3. _____

12.10 I suggerimenti. Prendete ad esempio la conversazione tra Franca e Riccardo in *In contesto* ed immaginate una conversazione simile. Discutete cosa vorreste fare dopo l'università e cosa dovreste e potreste fare per realizzare i vostri desideri.

Scambi

12.11 Le qualità. Quali qualità dovrebbero avere le persone che fanno i lavori indicati? Perché? Indicate quali caratteristiche sono più o meno importanti per ogni lavoro.

Professioni: avvocato, modello/a, architetto, commesso/a, attore/attrice, chirurgo

Caratteristiche: essere bello/a, onesto/a, intelligente, organizzato/a, preciso/a, severo/a, colto/a, creativo/a; avere spirito d'iniziativa, entusiasmo, esperienza; parlare molte lingue

G **12.12 Cosa vorresti nel lavoro?** Indica quali delle seguenti caratteristiche consideri più o meno importanti nella scelta del lavoro. Dopo paragona e discuti le tue scelte con alcuni compagni/alcune compagne.

Vorrei	Molto importante	Importante	Di nessuna importanza
guadagnare molto			
un lavoro interessante e stimolante			
molto tempo libero			
molta libertà ed autonomia			
lavorare con gente simpatica			
uno stipendio (*salary*) sicuro			
poche responsabilità			
molte soddisfazioni personali			
un buon orario di lavoro			
fare carriera			

 12.13 Conosci qualcuno che. . .? Domanda a un compagno/una compagna in classe se ha amici o parenti che esercitano le professioni e i mestieri seguenti. Scopri anche i particolari.

ESEMPIO: il medico
S1: Hai un amico/un'amica medico? Da quanto tempo fa questo lavoro? Che studi ha fatto? Gli/Le piace fare il medico?

1. il/la commercialista
2. l'operaio/a
3. l'idraulico
4. il programmatore/la programmatrice
5. l'artista
6. lo psicologo/la psicologa

12.14 Che lavoro potremmo fare? Leggete le seguenti offerte di lavoro e decidete quale sarebbe più adatto per ognuno/a di voi e perché. Prendete in considerazione le vostre capacità, gli interessi e la preparazione necessaria. Fate domande per capire e commentare le preferenze degli altri.

OFFERTE DI LAVORO

Famiglia italiana con due bambini di sette e nove anni cerca ragazza seria e affidabile di madrelingua inglese come baby-sitter e aiuto in casa nei mesi estivi. Bella villa in Sardegna sul mare. Cellulare: 333/0890292.

A contatto con i clienti. L'istituto di estetica *Incantesimo* a Venezia cerca una persona per rispondere al telefono, prendere appuntamenti, ricevere i clienti. Necessaria la conoscenza dell'inglese e preferibilmente anche del francese o del tedesco. È importante una buona capacità comunicativa e di organizzazione. Per un colloquio scrivere a incantave@libero.it. Allegare il curriculum.

Siti web. La ditta Mondo Web con sede a Roma cerca esperti e appassionati di informatica per creare siti web. Richiesta la conoscenza di Html, Java e Visual basic. Si accettano solo domande da persone con alcuni anni di esperienza. Mandare la domanda e il curriculum a mondoweb@alice.it

Fotografi. *Italia Foto* offre 10 posti per fotografi con grande esperienza nella fotografia professionale e buona conoscenza del francese e dell'inglese o del tedesco per un'estate intera in villaggi turistici in Calabria, Campania e Puglia. Inviare due foto e il curriculum a Italia Foto, Corso Vittorio Emanuele, 215, 00186 Roma. Tel.: 06/9846988

ℒo sai che? Le donne e il lavoro

Per lavori tradizionalmente svolti (*carried out by*) dalle donne esistono nella lingua italiana le espressioni al femminile oltre che al maschile, come ad esempio **maestra, professoressa, direttrice, dottoressa.** Per molti lavori a cui le donne hanno accesso solo da poco tempo, il termine femminile a volte non esiste. **L'ingegnere**, per esempio, non ha equivalente femminile, così come **il medico, l'idraulico, il chirurgo, il meccanico.** Nel campo della politica soprattutto, parole come **presidente, deputato** e **sindaco** (*mayor*) non hanno il femminile. In questi casi, quindi, si usa la forma maschile anche per le donne: **Giulia fa il medico e Paola è sindaco.** *Giulia is a doctor and Paola is a mayor.* Per altre parole, come ad esempio **avvocato** e **architetto**, esistono i termini **avvocatessa** e **architetta**, ma molte donne professioniste preferiscono usare il maschile perché le forme femminili sembrano meno importanti.

12.15 Il lavoro al femminile. Quali professioni in genere non hanno la forma femminile? Perché?

G 12.16 Altre lingue. Quali sono nella vostra lingua problemi simili a quelli dell'italiano per indicare certe professioni? Che soluzioni ci sono?

PERCORSO II
SPERANZE E DESIDERI

Vocabolario: Che cosa ti piacerebbe?

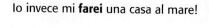

Cosa faresti con i soldi di una lotteria?

Comprerei subito una bella macchina sportiva.
Come mi **piacerebbe** avere tanti soldi!

Io invece mi **farei** una casa al mare!

I signori Marini **darebbero** i soldi ai
figli e ai poveri.

Per parlare di sogni e desideri

altruista *unselfish*
l'aspirazione *aspiration*
da grande *as an adult*
egoista *selfish*
fare ricerca *to do research*
idealista *idealist*
sognare ad occhi aperti *to daydream*
il sogno *dream*
la speranza *hope*

Per discutere di problemi sociali

l'assistente sociale *social worker*
proteggere l'ambiente *to defend, to protect the environment*

diminuire (-isc-) le tasse *to lower taxes*
eliminare la disoccupazione *to eliminate unemployment*
l'ecologia *ecology*
fare beneficenza *to give to charity*
fare sciopero *to go on strike*
occuparsi* di politica *to be involved in politics*
la pace *peace*
i partiti politici *political parties*
riciclare il vetro, la carta, la plastica *to recycle glass, paper, plastic*
rispettare *to respect*
i senzatetto *homeless people*
il volontariato *volunteer work*
votare *to vote*

12.17 Che cosa è vero? Indica qual è, secondo te, la definizione più adatta ad ogni espressione.

1. Una persona idealista   **a.** ha fiducia (*faith*) nel futuro.
                                b. si occupa solo di lavoro.

2. Una persona altruista   **a.** si interessa soprattutto di se stessa.
                                b. si occupa degli altri.

3. Quando una persona fa sciopero   **a.** non va a lavorare.
                                b. va in vacanza.

4. Per proteggere l'ambiente   **a.** dobbiamo diminuire le tasse.
                                b. dobbiamo rispettare la natura.

5. Chi si occupa di politica   **a.** va a votare.
                                b. ama gli animali.

6. I poveri hanno   **a.** un partito politico.
                                b. pochi soldi.

7. Riciclare la carta serve a   **a.** rispettare la natura.
                                b. scrivere libri.

8. I senzatetto sono persone   **a.** senza casa.
                                b. molto occupate.

9. Il volontariato è   **a.** un lavoro pagato molto bene.
                                b. un lavoro non pagato.

10. Le persone che fanno beneficenza   **a.** organizzano eventi sportivi.
                                b. aiutano i poveri.

12.18 Che significa? Completa le frasi con un termine della lista a pagina 376 e fa' i cambiamenti necessari.

1. Chi non dà niente a nessuno è _____.
2. Chi è ottimista ha molte _____ per il futuro.
3. Un/Un'ambientalista (*environmentalist*) si occupa di _____.
4. Chi è molto distratto ed idealista spesso sogna _____.
5. Chi lavora senza essere pagato fa _____.
6. Per contribuire alla difesa dell'ambiente, si può _____.

In contesto: Cosa farei con tanti soldi!

Giuseppe e Giulia hanno giocato al totocalcio e immaginano cosa potrebbero fare con i soldi della vincita.

GIUSEPPE: Io non andrei più a scuola e non lavorerei mai! Viaggerei per tutto il mondo sempre in prima classe.

GIULIA: Come sei egoista, però! Io penserei anche agli altri, almeno ai miei genitori e ai miei fratelli.

GIUSEPPE: Ma certo! Anch'io aiuterei la mia famiglia, cosa credi. E poi, mi interesserei ai problemi ecologici e sociali. E tu?

GIULIA: Bravo! Ambizioso e anche altruista! Io forse mi occuperei di politica.

GIUSEPPE: Di politica? Io non lo farei mai!

GIULIA: Penserei un po' anche a me, non ti preoccupare. Anch'io girerei per tutto il mondo. Ma prima finirei la scuola.

GIUSEPPE: Sei molto saggia°!

wise

12.19 Per essere felici. Leggete la conversazione e poi discutete se le seguenti affermazioni sono vere o false.

1. Giuseppe e Giulia sperano di vincere molti soldi.

2. Giulia pensa di dare dei soldi ai genitori.

3. Con i soldi del totocalcio Giuseppe vorrebbe pagarsi un'università privata.

4. Giuseppe e Giulia farebbero tutti e due dei bei viaggi.

5. A Giuseppe non interessa la politica.

Occhio alla lingua!

1. Read again the captions on p. 376. What do you think the verbs in bold express?

2. Do you notice a pattern in the endings of the verbs in bold? How are these verb forms similar to other verb forms you have already learned?

3. In the *In contesto* conversation underline the verbs that express wishes and aspirations. What do these verbs have in common?

𝓛o sai che? Le lotterie in Italia

Oltre al **totocalcio**, in Italia ci sono altri tipi di lotterie, come quella di Capodanno, quella di Merano, associata ad una corsa di cavalli, e quella di Monza in connessione con una famosa corsa di automobili. La più antica è il **lotto**: si giocano determinati numeri e si può scegliere in quale città giocarli. Ogni giorno, con pochi soldi, si possono anche comprare i biglietti del "**Gratta e Vinci**": si gratta (*scratch*) la superficie del biglietto e si scopre una combinazione di numeri o disegni che può far vincere pochi euro o anche molti milioni.

12.20 Le lotterie in Italia e nel vostro Paese. Considerate quello che avete letto sulle lotterie in Italia e rispondete alle domande.

1. Nel vostro Paese, ci sono alcune lotterie simili a quelle italiane? Quali sono?

2. Voi giocate qualche volta ad una lotteria? Che cosa vorreste vincere?

Grammatica

Il condizionale presente

1. You have learned that the verbs **potere, dovere,** and **volere** convey particular meanings when used in the present conditional mood. More generally, the present conditional of Italian verbs is used to express wishes, aspirations, and preferences. It corresponds to the English *would* + verb.

Mi piacerebbe comprare una casa al mare.	*I would like to buy a house on the beach.*
In un mondo ideale, tutti **proteggerebbero** l'ambiente.	*In an ideal world, everyone would protect the environment.*
Fareste sciopero per diminuire le tasse?	*Would you go on strike to lower taxes?*
Laura **preferirebbe** fare l'assistente sociale in una grande città.	*Laura would prefer to be a social worker in a big city.*

2. The present conditional, in the form of a question, can also be used to make suggestions and polite requests.

Mi **direbbe** dov'è Carlo, per favore?	*Would you tell me where Carlo is, please?*
Aprireste la porta, per piacere?	*Would you please open the door?*

3. As you have also learned, the stems used for the conditional mood are the same as those used for the future tense. As for the future tense, **-are** verbs change the **-a** of the infinitive to **-e**. The present conditional endings are the same for all conjugations.

Il condizionale presente			
	comprare	**proteggere**	**preferire**
io	comprer**ei**	protegger**ei**	preferir**ei**
tu	comprer**esti**	potegger**esti**	preferir**esti**
lui/lei	comprer**ebbe**	protegger**ebbe**	preferir**ebbe**
noi	comprer**emmo**	protegger**emmo**	preferir**emmo**
voi	comprer**este**	protegger**este**	preferir**este**
loro	comprer**ebbero**	protegger**ebbero**	preferir**ebbero**

4. As in the future tense, verbs that end in **-care** and **-gare** add an **h** to the stem before adding the conditional endings. Verbs that end in **-ciare** and **-giare** drop the **-i-**.

Come gli piace il tennis! Gio**cherebbe** tutti i giorni!	*How he likes tennis! He would play every day!*
Mi pa**gheresti** un caffè?	*Would you pay for a coffee for me?*

5. As in the future tense, the verbs **fare, dare,** and **stare** don't change the
   -a to **-e** before adding the conditional endings, as shown.

fare	**far-**	**far**ei, . . .
dare	**dar-**	**dar**ei, . . .
stare	**star-**	**star**ei, . . .

Cosa **faresti** per l'ambiente?	*What **would you do** for the environment?*
Una persona egoista **non darebbe** nulla agli altri.	*A selfish person **would not give** anything to others.*
Piove! **Starei** volentieri a casa!	*It's raining! **I would** gladly **stay** home!*

6. Verbs that have irregular stems in the future have the same irregular
   stems in the conditional. However, the conditional endings for these
   verbs are regular.

andare	**andr-**	**andr**ei, . . .		**sapere**	**sapr-**	**sapr**ei, . . .
avere	**avr-**	**avr**ei, . . .		**vedere**	**vedr-**	**vedr**ei, . . .
bere	**berr-**	**berr**ei, . . .		**venire**	**verr-**	**verr**ei, . . .
dovere	**dovr-**	**dovr**ei, . . .		**vivere**	**vivr-**	**vivr**ei, . . .
essere	**sar-**	**sar**ei, . . .		**volere**	**vorr-**	**vorr**ei, . . .
potere	**potr-**	**potr**ei, . . .				

Andremmo volentieri in Italia.	***We would** gladly **go** to Italy.*
Carlo **sarebbe** felice anche con pochi soldi.	*Carlo **would be** happy even with little money.*

12.21 Con i soldi della lotteria. Indica cosa farebbero le seguenti
persone con i soldi di una lotteria.

1. Paolo / comprare una macchina sportiva
2. Luisa ed io / dare una festa per tutti i nostri amici
3. Tu e Luigi / fare un bel viaggio
4. Rosalba e Marcella / costruire una casa per i genitori
5. Io / fare molti regali a tutti gli amici
6. Maria / aiutare i poveri
7. Tu e Renata / vendere la vostra casa e ne / comprare una nuova
8. Tu / andare in Italia

12.22 Per piacere! Sei in una città italiana e hai bisogno di molte cose.
Cambia le frasi e usa il condizionale per essere più gentile.

1. Mi possono dire dov'è un buon ristorante?
2. Sa dirmi l'ora, per favore?
3. Voglio una scheda telefonica.
4. Quando devo tornare per parlare con il professore?
5. Mi può dare quel giornale?
6. Mi suggerisce una buona trattoria?

12.23 Abitando a Roma... Indica quali delle seguenti attività faresti a Roma e quali invece non potresti fare.

ESEMPIO: visitare il Colosseo

Visiterei il Colosseo. *o* Non visiterei il Colosseo.

1. prendere un aperitivo al bar con gli amici

2. visitare il Vaticano

3. nuotare nel Pacifico

4. conoscere molti italiani

5. mangiare sempre in ristoranti francesi

6. parlare sempre in inglese

7. andare in molti musei

8. vedere molti film americani

9. giocare a tennis

12.24 Cosa faresti? A turno spiegate cosa fareste per trovare una soluzione nelle seguenti situazioni.

ESEMPIO: Ti preoccupi dell'ambiente.

S1: Riciclerei la carta.

S2: Studierei ecologia.

1. Questo semestre non stai andando bene a scuola.

2. Non hai i soldi per pagare la scuola il prossimo semestre.

3. Non vai d'accordo con i tuoi genitori, ma non hai i soldi per andare ad abitare da solo/a.

4. Vivi in una nuova città e non conosci nessuno. Ti senti solo/a.

5. Hai litigato con il tuo migliore amico/la tua migliore amica.

6. Sei a Milano e ti sei rotto/a un braccio.

7. Vuoi aiutare i senzatetto.

8. Desideri iniziare a occuparti di politica.

Scambi

12.25 Il mondo ideale. Scrivi cinque cose che ci sarebbero o non ci sarebbero in un mondo ideale. Poi insieme paragonate le vostre risposte.

12.26 Un brutto sogno. Immaginate come sarebbe la vostra vita senza le risorse seguenti: *il computer, il telefono, l'aereo, il cellulare, la televisione, l'automobile, il cinema*. Come sarebbe diversa la giornata? Come vivreste? Cosa fareste o non fareste?

12.27 Sognando ad occhi aperti. Prepara una lista di tre cose che faresti in ognuna delle seguenti situazioni. Poi scopri che cosa hanno scritto altre tre persone in classe. Siete molto simili, un po' simili o molto diversi?

1. Hai vinto una grossa somma di denaro alla lotteria: come la spenderesti?
2. Improvvisamente hai molto tempo a disposizione: cosa faresti?
3. Hai vinto un bel viaggio in Italia: dove e con chi andresti? Cosa faresti?
4. Hai la possibilità di abitare in un altro Paese: dove andresti? Cosa porteresti con te? Cosa faresti sempre e cosa non potresti più fare?

12.28 Sogni e desideri. Una giornalista ha chiesto a due ragazzi, Ilaria e Iacopo, quali sono i loro sogni. Ascolta la conversazione due volte e indica se le seguenti affermazioni sono vere o false.

1. Ilaria studia biologia.
2. Ilaria fa il riciclaggio della carta e del vetro.
3. Ilaria ama le macchine sportive.
4. Iacopo vorrebbe aiutare i senzatetto.
5. Iacopo non ha nessuna esperienza di volontariato.
6. Iacopo va in giro per la città con il motorino.

 12.29 E voi? Indicate con quale dei ragazzi della conversazione vi identificate di più e perché.

12.30 I nostri problemi. Preparate insieme una lista dei tre problemi più importanti nella vostra scuola. Poi decidete cosa potreste fare per risolverli.

A che cosa servono questi cassonetti?

PERCORSO III
LA CASA IDEALE

𝒱ocabolario: Dove ti piacerebbe vivere?

Questa è una villa di campagna restaurata. Probabilmente le stanze sono molto spaziose e c'è una cantina per i vini. C'è tranquillità e l'aria è pulita.

In questi palazzi ci sono molti appartamenti. Ce ne sono di grandi e piccoli. In genere non hanno una terrazza. Per la strada c'è traffico e probabilmente c'è anche molto rumore.

Per descrivere la casa

l'agenzia immobiliare *real estate agency*
l'annuncio sul giornale *newspaper ad*
l'aria condizionata *air conditioning*
il caminetto *fireplace*
luminoso/a *bright*
mostrare *to show*
il riscaldamento *heating system*

signorile *luxurious*
trasferirsi* *to move*
la villa *villa*

Per discutere dove abitare

le manifestazioni culturali *cultural events*
la zona *area*

12.31 L'intruso. Indica quale parola o espressione non c'entra.

1. terrazza, luminoso, arredare
2. trasferirsi, traffico, rumore
3. aria condizionata, agenzia immobiliare, annuncio
4. caminetto, cantina, mostrare
5. manifestazioni culturali, zona, cantina

12.32 Cercando casa. Rispondi alle domande ed usa i termini più adatti fra quelli della lista a pagina 383 o già studiati.

1. Cosa leggi se cerchi casa?
2. Dove andresti per trovare un appartamento?
3. Come è un appartamento che costa molto?
4. Che cosa c'è di solito quando c'è traffico?
5. Come si chiama un appartamento di una sola stanza?
6. Qual è un'altra parola simile a «balcone»?
7. Che cosa usi quando fa molto caldo?
8. Dove si possono conservare le bottiglie di vino?
9. Cosa possiamo usare se fa freddo?

 12.33 Che cosa è importante per te? Quali affermazioni corrispondono meglio a quello che vorresti tu riguardo alla casa? Indica l'ordine di importanza per te e poi paragona le tue scelte con quelle di altre persone in classe. C'è qualcuno simile a te? E qualcuno molto diverso?

Importanza	Affermazioni
	La cosa più importante per me è una zona tranquilla.
	Vorrei un balcone con una bella vista.
	A me la terrazza non interessa affatto (*at all*).
	Ho pochi soldi e cerco un monolocale.
	A me non dispiace se c'è traffico, ma devo assolutamente avere due camere da letto.
	Vorrei una casa nel centro storico.
	Mi piacerebbe un caminetto.
	Per me la casa deve essere luminosa!
	Mi piacerebbe molto avere un giardino.
	Preferirei abitare in campagna.

Così si dice: *Tutto/ Tutta*

When the adjective **tutto/tutta** is used in the singular, it means the *whole/entire*. When it is used in the plural, **tutti/tutte**, it means *all, every*. **Tutto/a** and **tutti/e** are commonly followed by a definite article. **Vorrei passare tutto il giorno al mare.** *I would like to spend the whole day at the beach.* **Mi piacerebbe vedere tutte le case degli annunci.** *I would like to see all the houses in the ads.*

In contesto: Cercando casa

Tommaso e Serena vorrebbero sposarsi presto e per questo cercano casa. Parlano con un agente immobiliare.

AGENTE: In che zona vorreste andare ad abitare?

SERENA: A me piacerebbe vivere proprio in centro. Mi piace la vita movimentata di Padova.

TOMMASO: Io, invece, preferirei la pace e la tranquillità. Non mi piacciono le città grandi. C'è sempre troppo traffico per me. E il rumore e l'inquinamento! Non li sopporto!

AGENTE: Per lei, signorina, avrei diversi appartamenti interessanti. Sono piccoli, ma molto carini e appena restaurati.

SERENA: Quando ce li potrebbe far vedere?

AGENTE: Glieli mostro anche domani, se vuole.

TOMMASO: Scusatemi! Ed io? Ho sempre sognato una casetta fuori città, in campagna!

AGENTE: Veramente ce ne sarebbe solo una libera. Potremmo andarci domenica.

SERENA: Prima però andiamo a vedere un paio di appartamenti in città.

AGENTE: Ve ne mostro quanti ne volete, ma dovreste mettervi d'accordo!

12.34 In città oppure no? Indicate le preferenze di Tommaso e Serena riguardo alla casa. Poi discutete le loro scelte. Avete gli stessi gusti? Con chi dei due siete d'accordo?

	in città	in campagna	perché
A Serena piacerebbe la casa			
A Tommaso piacerebbe la casa			

12.35 E l'agente? Cosa farà l'agente secondo te? E tu, cosa faresti al suo posto?

Occhio alla lingua!

1. In the *In contesto* conversation, underline once direct- and indirect-object pronouns that are used alone. What nouns do they replace?

2. Underline twice direct- and indirect-object pronouns that are used together. What nouns do they replace?

3. When direct- and indirect-object pronouns are used together, what patterns can you identify?

Grammatica

I pronomi doppi

You studied direct-object pronouns in Capitolo 5 and indirect-object pronouns in Capitolo 9. In Capitolo 6, you studied the use of **ne** to refer to quantities. Very often you will want to use both a direct- and an indirect-object pronoun in a sentence, or to use an indirect-object pronoun with **ne** (referring to a quantity). The chart below shows how the indirect-object pronouns **mi, ti, gli, le, ci,** and **vi** are used in combination with direct-object pronouns and **ne**.

Indiretti		Diretti o *Ne*		I pronomi doppi
mi	+	lo, la, li, le, ne	=	me lo, me la, me li, me le, me ne
ti	+			te lo, te la, te li, te le, te ne
gli/le (Le)	+			glielo, gliela, glieli, gliele, gliene
ci	+			ce lo, ce la, ce li, ce le, ce ne
vi	+			ve lo, ve la, ve li, ve le, ve ne

1. The indirect object pronouns **mi, ti, ci,** and **vi** are used when talking directly to somebody. When these are used with direct object pronouns, the indirect object pronouns precede the direct-object pronouns.

   —Domani **ti** do l'indirizzo dell'appartamento.

   —*Tomorrow I will give you the address of the apartment.*

   —**Me lo** dai questa sera, per piacere?

   —*Will you give it to me this evening, please?*

   —Quante case **ci** mostrerà?

   —*How many houses will you show us?*

   —**Ve ne** mostrerò tre.

   —*I will show you three (of them).*

   The final **-i** of the indirect-object pronouns **mi, ti, ci,** and **vi** changes to **-e** in front of **lo, la, li, le,** and **ne**.

   —**Vi** mando gli annunci in una mail.

   —*I am sending you the ads in an e-mail.*

   —Grazie! **Ce li** mandi subito?

   —*Thanks! Are you sending them to us right away?*

2. The indirect-object pronouns **gli, le,** and **loro** are used when talking about other people.

   Gli (*to him* or *to them*), **le** (*to her*), and **Le** (*to you,* formal) become **glie-** when used with **lo, la, li, le,** and **ne,** and combine with them to become one word. **Loro** never combines with direct-object pronouns; it always follows the verb.

   —Ha dato il Suo indirizzo a Carlo?

   —*Did you give Carlo your address?*

   —Sì, **gliel'**ho dato.

   —*Yes, I gave it to him.*

   —Daresti dei soldi ai tuoi amici?

   —*Would you give some money to your friends?*

   —**Gliene** darei certamente!

   —*I would give them some for sure!*

   —Hai dato la tua camera ai genitori?

   —*Did you give your bedroom to your parents?*

   —Sì, **l'**ho data **loro** volentieri.

   —*Yes, I gave it to them gladly.*

3. Double-object pronouns are attached to the infinitive upon which they depend. With **dovere, potere,** and **volere** they can either precede the conjugated verb or be attached to the infinitive after dropping the final **-e**.

—Preferisco **affittartela**, non vendertela.

—*I prefer to rent it to you, not to sell it to you.*

—**Me la** dovresti dare. / Dovresti **darmela**.

—*You should give it to me.*

4. As you have already learned, in compound tenses, the past participle always agrees in number and gender with the direct object pronoun that precedes it. The same is true with double-object pronouns. The past participle agrees with the preceding direct-object pronoun.

—Hai dato le chiavi di casa a tua sorella? **Gliele** hai dat**e**?

—*Did you give the house keys to your sister? Did you give them to her?*

—Quante chiavi ti hanno dato?
—**Me ne** hanno dat**a** solo una.

—*How many keys did they give to you?*
—*They only gave me one (of them).*

12.36 Cosa compreresti? Un amico pensa di ricevere una grossa eredità (*inheritance*). Gli chiedi cosa comprerebbe a te e alle seguenti persone. Trova la risposta logica nella colonna B per ogni domanda nella colonna A.

A	B
1. Mi compreresti una borsa di Fendi?	**a.** Sì, ve ne comprerei.
2. Compreresti molti regali per gli amici?	**b.** Sì, gliela comprerei.
3. Ci compreresti dei CD?	**c.** No, non glielo comprerei.
4. Compreresti una casa per tua madre?	**d.** No, non te la comprerei!
5. Compreresti uno yacht per tuo padre?	**e.** Sì, gliene comprerei molti.
6. Compreresti un appartamento per i tuoi genitori?	**f.** No, non lo comprerei loro.

12.37 Una festa in casa. La tua amica Mara ti telefona per chiederti come è andata la festa che hai fatto recentemente. Rispondi alle sue domande e sostituisci i pronomi doppi alle parole in corsivo.

1. Hai preparato *la cena per gli ospiti*?

2. Hai messo *i piatti di porcellana sul tavolo*?

3. Filippo *ti* ha portato *dei fiori*?

4. Giovanna *ti* ha fatto *un bel regalo*?

5. E tu, hai dato *a Giovanna il regalo* per il suo compleanno?

2 **12.38 Ricco/a e famoso/a. . .** Trova un compagno/una compagna che farebbe le seguenti cose se fosse (*if he/she were*) ricco/a e famoso/a.

ESEMPIO: regalarmi un computer

S1: Mi regaleresti un computer?

S2: Sì, certo, te lo regalerei. (No, non te lo regalerei.)

1. fare molti regali a tutti gli amici
2. comprarmi una casa
3. comprare una macchina sportiva per tuo fratello/tua sorella
4. dare dei soldi ai poveri
5. comprare una villa per tua madre
6. regalarci un nuovo lettore CD
7. invitare i tuoi compagni di classe a cena nella tua villa

Scambi

2 **12.39 La casa ideale.** Descrivete insieme la vostra casa ideale. Indicate dove sarebbe e come sarebbe.

G **12.40 Quale ti piace?** State cercando un appartamento a Roma e leggete i seguenti annunci. Quale sarebbe più adatto a voi? Perché? Quale non andrebbe bene? Perché?

Zona Prati. 2 locali, composto di ingresso, soggiorno, camera, bagno e cucina. Euro 185.000

Zona San Giovanni. 3 locali. Soggiorno, 2 camere, cucina, bagno, terrazza. Bella ristrutturazione. Posto macchina. Euro 425.000

Zona Parioli. Da ristrutturare. 2 camere, cucina, sala da pranzo, bagno, studio, ripostiglio, balcone. Euro 665.000.

Zona Flaminio. 3 camere, cameretta, cucina, due bagni, grande terrazzo, giardino, garage. Elegante villetta. Euro 825.000

12.41 Un messaggio dell'agente immobiliare. Un agente immobiliare ha lasciato un messaggio sulla segreteria telefonica per tua madre. Ascolta il messaggio due volte e prendi appunti per completare le frasi che seguono e per rispondere brevemente alle domande. Poi scrivi un biglietto ai tuoi genitori per riferire quello che ha detto l'agente immobiliare.

Ci sono _____ camere da letto.

Il salone è _____.

La cucina è _____.

I colori della cucina sono_____.

Per il riscaldamento c'è anche _____.

Come è la zona in cui si trova l'appartamento?

L'appartamento è in vendita o in affitto?

12.42 All'agenzia immobiliare. Le persone seguenti cercano casa. Decidete le caratteristiche necessarie per la casa secondo i loro bisogni e le loro preferenze. Poi immaginate una conversazione fra queste persone e un/un'agente immobiliare. Ricordate di usare il «Lei».

1. Una signora anziana che non ha la macchina e vive con la figlia. Non vorrebbe spendere molto e non può fare le scale.

2. Una coppia, con due figli piccoli, che preferirebbe non vivere in centro.

3. Una studentessa che non ha molti soldi.

4. Un manager stressato che vorrebbe pace e tranquillità.

Ti piacerebbe abitare in una di queste case a Venezia? Perché?

ANDIAMO AVANTI!

Ricapitoliamo

 12.43 La ricerca del lavoro. Ricostruite delle conversazioni secondo le seguenti situazioni.

1. Un amico/Un'amica cerca lavoro per l'estate. Discutete insieme che tipo di lavoro vorrebbe e potrebbe fare e che cosa dovrebbe fare per trovarlo.
2. Un amico/Un'amica è indeciso/a su cosa studiare all'università e cosa vorrebbe fare dopo la laurea. Discutete il problema e cercate di aiutarlo/aiutarla nella sua scelta.

12.44 E tu, saresti felice? Immagina come sarebbe la tua vita se fossi (*if you were*) uno dei seguenti personaggi. Decidi se saresti felice o infelice e perché. Poi paragona le tue risposte con quelle di altri studenti.

1. un famoso giocatore di calcio
2. un povero operaio con tre figli piccoli
3. un attore molto noto
4. una studiosa che ha ricevuto il premio Nobel
5. una professoressa con famiglia
6. una dottoressa che lavora in ospedale

12.45 La casa e il lavoro. Per i giovani italiani è difficile trovare un primo lavoro ben pagato. Discutete le seguenti questioni.

1. Quali sarebbero le implicazioni di questo problema nella loro scelta dell'abitazione? Cosa si può fare per spendere di meno?
2. Nel vostro Paese, quali fattori influenzano i giovani nella scelta dell'abitazione?

12.46 La mia casa in futuro. Scrivi una mail a un amico/a e parla della casa che vorresti per la prossima estate o appena finita l'università.

Leggiamo

Strategie di lettura: Understanding linking words

As you begin to read more sophisticated texts, it is very important to be able to recognize linking words. Linking words connect and relate the various ideas expressed in a text. They also act as signals, indicating what is to follow: They may announce an example, a supposition, or a conclusion.

Recognizing linking words will help you understand important facts and concepts in a text. Below are some important linking words grouped according to their function.

Function	Linking Word
Addition	e, anche, inoltre (*furthermore*)
Opposition	del resto (*besides*), invece, ma, però, nonostante (*in spite of*), anche se (*even if*), piuttosto (*rather*), anzi (*on the contrary*)
Exemplification	per esempio
Reformulation	cioè (*that is to say*), infatti (*in fact*), appunto (*precisely*)
Result	così, perché, siccome (*since*), poiché (*since*), dato che (*since*)
Summary	insomma (*in a word*), in conclusione, infine
Time	ancora, dopo, quando, quindi, più tardi, poi, infine

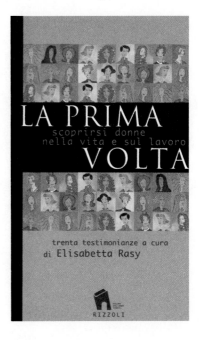

Prima di leggere

Il brano che leggerai è tratto dal libro *La prima volta*. Qui alcune donne italiane rispondono alla domanda: «Qual è stata la prima volta che avete percepito, sentito, pensato di essere donne?» Nel brano risponde a questa domanda Margherita Hack, una famosa astrofisica italiana.

12.47 Margherita Hack parla delle sue esperienze personali. Scegli l'espressione corretta fra quelle in parentesi e forma una frase unica dalle due frasi date.

1. Nella mia famiglia non c'erano distinzioni tra mio padre e mia madre. (poiché, anche se) / I miei genitori avevano gli stessi diritti (*rights*) e le stesse responsabilità.

2. Quando ero piccola giocavo spesso con i maschi. (perché, quando) / In famiglia non mi hanno mai fatto sentire di essere una bambina.

3. (Siccome, Cioè) / Non mi piacevano le bambole. Sceglievo i giocattoli che volevo.

4. Un giorno ero molto arrabbiata con la professoressa. (quindi, anche se) / Avevo preso un voto alto.

12.48 Leggete il primo paragrafo e rispondete alle domande

1. Cosa sappiamo della persona che scrive?
2. Come era da bambina? Cosa faceva?
3. Come era la sua famiglia?

Mentre leggi

12.49 Mentre leggi tieni presenti i seguenti suggerimenti e completa le attività.

1. Sottolinea le espressioni principali che si riferiscono alle esperienze di Margherita Hack quando era bambina.

2. Fa' un cerchio intorno alle espressioni principali che si riferiscono alle esperienze di Margherita Hack da adolescente e da ragazza.

3. Sottolinea due volte le parole che servono per connettere (*connect*) le varie frasi o idee e quelle che servono per esprimere la sequenza temporale.

Margherita Hack, astrofisica

father
duties
interchangeable

to poke about / saw
hammer
I became / was
that I behave
and after

answered

high and long jump
summoned
confidence / myself
faced
succeed

La prima volta che mi sono sentita donna? Non è facile per me rispondere. Ho avuto una famiglia in cui non c'erano distinzioni tra il babbo° e la mamma: avevano gli stessi diritti, gli stessi doveri°, ed erano interscambiabili°. A me non è mai stato fatto sentire che ero una bambina piuttosto che un bambino. Sceglievo i giocattoli che volevo; non ho mai avuto bambole e mi piaceva armeggiare° o costruire qualcosa con sega° e martello°. Del resto, giocavo spesso con i maschi. E anche negli ultimi anni a seguire, quando diventai° un'adolescente, non ci fu° nessun condizionamento in casa mia perché mi comportassi° come una ragazza. Condizionamenti che non ho sentito neppure a scuola, al ginnasio e al liceo classico, eppoi° all'università, dove frequentavo la facoltà di fisica. Certo, qualche piccolo episodio «discriminante» potrà esserci anche stato: me ne ricordo per la verità solo uno. Fu dopo il primo esame di Analisi matematica, che avevamo in comune con gli studenti d'ingegneria. Io avevo preso solo 23, un voto che mi sembrava basso, e me ne lamentavo appunto con un collega d'ingegneria, che mi rispose°: «Cosa vuoi, per una ragazza è tanto!». Come si vede, un episodio piccolissimo, niente d'importante. Forse dipende dal mio carattere e dal fatto che nella mia formazione ha avuto molta importanza lo sport. Praticavo il salto in alto e il salto in lungo°, anche a livello professionale, tanto che mi è successo di essere convocata° per la nazionale di atletica. [. . .] Ero abituata a combattere, lo sport mi ha dato molta fiducia° in me stessa°: ho affrontato° la carriera come si affronta una gara. E non ho mai avuto complessi, paura di non riuscire°.

Insomma, non ho mai avuto la percezione di avere degli svantaggi, e neppure dei vantaggi in quanto donna.

Direi che siamo persone: alcune con caratteri più maschili, altre con caratteri più femminili. Ancora oggi, che se ne parla tantissimo anche in ambito scientifico, non riesco a vedere una differenza specifica dovuta al sesso di una persona. [. . .]

In conclusione, non c'è mai stata una prima volta.

(*La prima volta*, a cura di Elisabetta Rasy. Milano: Rizzoli, 1996)

Dopo la lettura

12.50 Riscrivete le parole ed espressioni che avete sottolineato e indicate la loro funzione:

1. Per continuare
2. Per spiegare
3. Per concludere
4. Per indicare il passare del tempo

12.51 Identifica l'argomento principale del brano. Secondo te qual é l'argomento principale del brano? Spiegate perché con esempi tratti dal testo.

a. una carriera nello sport
b. gli studi di una scienziata
c. la carriera degli uomini e delle donne
d. la coscienza di essere donna

12.52 Che cosa sapete adesso su Margherita Hack riguardo agli argomenti seguenti?

1. i giochi d'infanzia preferiti
2. le scuole e gli studi
3. il ruolo dello sport nella sua vita
4. il lavoro

12.53 C'è stato nella vita di Margherita Hack un episodio «discriminante»? Quale?

12.54 Discutete le seguenti questioni.

1. Voi avete mai avuto la percezione di avere degli svantaggi o vantaggi perché siete uomini o donne? Quali? Perché?

2. Che cosa si potrebbe o dovrebbe fare per eliminare «le differenze specifiche dovute al sesso di una persona»? Cosa potrebbe fare il padre? e la madre? Cosa dovrebbero fare i professori?

Scriviamo

Strategie per scrivere: Using examples and supporting detail

When you have to write about a broad or complex topic—to express your hopes and aspirations for the future, for example, as you are asked to do below—it is important not only to decide on the main points you wish to make but also to come up with appropriate examples and supporting detail. Backing up your main points makes your presentation much more interesting and understandable.

Sogni, speranze e desideri. Scrivi una lettera ai tuoi genitori e esprimi i tuoi desideri e le tue speranze per il futuro. Indica cosa vorresti fare e cerca di convincerli ad accettare le tue scelte.

Prima di scrivere

12.55 Segui questi suggerimenti per scrivere la lettera.

1. Scegli l'argomento principale di cui vuoi parlare.

2. Prepara una frase per introdurre l'argomento. Per esempio:

   • *Studio scienze ma non vorrei fare ricerca. . .*

   • *Non so esattamente cosa vorrei fare dopo l'università. So che preferirei un lavoro creativo. . .*

   • *Vorrei fare l'attore di teatro.*

3. Scegli alcune ragioni specifiche per illustrare i tuoi progetti e desideri. Offri esempi di quello che potresti fare.

4. Prepara una scaletta della lettera.

La scrittura

12.56 Usa la frase che hai preparato per introdurre l'argomento e continua a scrivere la prima stesura della lettera. Usa gli esempi e i particolari appropriati che hai preparato.

La versione finale

12.57 Adesso leggi e correggi la prima stesura.

1. Hai usato la scaletta che hai preparato? La prima stesura è organizzata bene?
2. Hai incluso ragioni convincenti e hai presentato esempi precisi?
3. Hai usato le espressioni e le forme verbali giuste per esprimere i tuoi desideri?
4. Correggi la prima stesura. Controlla l'accordo degli aggettivi e dei nomi e le forme dei verbi. Hai usato il futuro e il condizionale correttamente?

Guardiamo

Strategie per guardare: Viewing critically

Sometimes, people share with you not only facts about themselves and their lives, but also their hopes and dreams. This can be a very interesting experience, but it is one that requires you to listen critically—to evaluate people's comments in order to determine what factual information they are giving you and what less-factual ideas and aspirations they are expressing. You need to understand what they say and at the same time make judgments about the information you receive.

Prima di guardare

12.58 Nel videoclip che segue le persone che già conosci parlano dei loro sogni riguardo al lavoro, alla città e alla casa. Immagina cosa vorrebbero fare in futuro e quali potrebbero essere i loro sogni e desideri.

1. Che lavoro vorrebbe fare Felicita che sta finendo il dottorato in greco all'università? Come sai, Felicita si è sposata da poco. Pensi che vorrebbe avere figli?
2. Cosa potrebbe fare Laura, che studia teatro?
3. Di quali problemi potrebbe preoccuparsi Chiara, che dice «In Italia oggi è molto difficile trovare lavoro per le persone della mia età»? Cosa vorrebbe?
4. Qual è il sogno di Dejan, che dice: «Mi piacerebbe lavorare in un campo creativo»?
5. Gaia dice che secondo lei bisognerebbe praticare la «differenziazione dei rifiuti (*garbage*)». Secondo te, questo corrisponde al riciclaggio o allo studio dell'ecologia? Cosa vorrebbe Gaia?
6. Dove pensi che vorrebbe abitare Ilaria, che adesso abita in campagna?

7. Fabrizio dice: «Immagino una spiaggia rosa. . . lontano dal rumore».
Dove vorrebbe abitare secondo te? Poi continua: «Tutto ciò che mi
servirebbe dovrebbe essere. . . una connessione Internet molto veloce».
Pensi che parli seriamente o che stia scherzando (*joking*)?

Mentre guardi

12.59 Mentre guardi, indica a chi si riferiscono le seguenti frasi.

	Felicita	Ilaria	Laura	Fabrizio	Chiara	Dejan	Gaia
1. Preferirebbe abitare in città.							
2. Vorrebbe andare a pesca e vivere lontano dal rumore.							
3. Vorrebbe insegnare all'università.							
4. Ammira le persone creative.							
5. Di rado i giovani trovano un lavoro che dia soddisfazioni.							
6. Vorrebbe avere il caminetto.							
7. Sogna di fare l'attrice.							
8. Pensa che non sarebbe facile lavorare e avere figli.							
9. Non potrebbe vivere senza il computer.							
10. Per fare teatro occorre spirito di sacrificio.							
11. Per le donne e gli uomini la situazione riguardo al lavoro è simile.							
12. Ammira il fotografo Oliviero Toscani.							
13. Pensa che in città ci sia troppo smog.							

Dopo aver guardato

12.60 Indicate cosa fanno ora e cosa vorrebbero fare le seguenti persone:
Felicita, Laura, Dejan.

12.61 Indicate dove abitano adesso e dove vorrebbero abitare in futuro Ilaria
e Fabrizio.

12.62 Ora rispondete alle seguenti domande:

1. Fra le persone del video, chi vi sembra più concreta e realista? Chi
invece ha più sogni? Chi è più creativa e chi meno? Perché?

2. Con chi vi identificate di più? Perché?

3. Paragonate le situazioni e le aspirazioni delle persone nel video a quelle
dei giovani nel vostro Paese.

Attraverso Il Veneto

Veneto used to be one of Italy's poorest regions and one with the highest rates of emigration. In the past, its predominantly agricultural economy was unable to sustain adequately the population. But today, Veneto is one of the most industrialized regions in Italy, and large numbers of immigrants now flock here in search of work. Large, medium, and small industries, from chemical plants to textile factories, are all located in this prosperous region.

Agriculture is still a vital sector of the economy. Fruit, corn, grain, and fine wines from the Verona hills are produced in large quantities. Tourism is also very important. People from all over the world visit this region to view its rich cultural and historical treasures and to vacation, for example, in the lovely towns along Lago di Garda.

Veduta aerea di Venezia. La torre e la basilica romanico-bizantina di San Marco, il santo protettore di Venezia, sono di fronte al Canal Grande e alla chiesa di Santa Maria della Salute. Venezia è costruita su 118 isole che sono separate da 160 canali. Le isole sono unite da 400 ponti. Per muoversi in questa città si può usare la gondola, o il vaporetto, meno costoso e più efficiente. Naturalmente è anche possibile esplorare la città a piedi attraverso le piccole vie, «calli», e le tante piccole piazze, «campielli».

Ritratto (Portrait) dell'imperatore Carlo V a cavallo di Tiziano Vecellio (1490–1576). Tiziano, uno dei più grandi artisti del Cinquecento italiano, era il maggiore pittore della Repubblica di Venezia, nota anche come «la Serenissima». Tipici delle sue opere sono i colori accesi (*bright*) e l'uso del chiaroscuro. Nelle figure umane e soprattutto nei ritratti Tiziano riesce a catturare (*capture*) il carattere e la personalità dei personaggi.

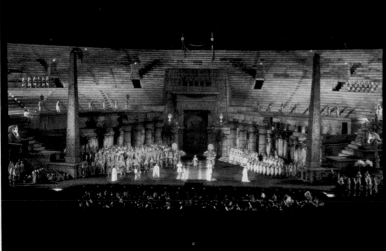

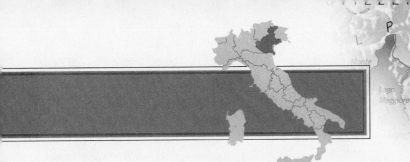

La rappresentazione dell'*Aida*, di Giuseppe Verdi, all'Arena di Verona, un anfiteatro romano. Nei mesi di luglio e agosto migliaia di turisti arrivano a Verona per assistere alla rappresentazione di un'opera lirica all'Arena. A Verona i turisti visitano anche il Castelvecchio, costruito da Cangrande II della Scala, e naturalmente il balcone di Giulietta, reso celebre da William Shakespeare.

Verifichiamo

12.63 Associazioni. Indica cosa associ con i seguenti luoghi, persone o cose.

1. Venezia
2. Verona
3. San Marco
4. Andrea Palladio
5. Tiziano
6. l'Arena
7. Vicenza
8. Monticello
9. William Shakespeare
10. il Castelvecchio

La celebre Villa Capra, detta la Rotonda, di Andrea Palladio (1508–1580), in provincia di Vicenza. Al contrario di tante ville dell'epoca, la Rotonda, conosciuta per la sua cupola, è situata fuori città, in campagna. Probabilmente il Pantheon a Roma servì da modello per questa villa. Palladio progettò più di venti ville nel Veneto, ma questa è la più famosa. La Rotonda ha sempre ispirato molti architetti, fra cui quello della residenza di Thomas Jefferson, a Monticello (1768–1809). La Rotonda fa parte del Patrimonio dell'Umanità, UNESCO.

12.64 I siti nel Veneto. Fate una lista dei siti nel Veneto che vi piacerebbe visitare. Spiegate perché.

397

Vocabolario

Il lavoro

l'architetto	architect
l'artista	artist
l'azienda, la ditta	firm
il/la biologo/a	biologist
il chirurgo	surgeon
il/la commercialista	Certified Public Accountant
il/la commesso/a	salesman/saleswoman
il/la dirigente	manager
disoccupato/a	unemployed
il dottore/la dottoressa	medical doctor
l'elettricista (m., f.)	electrician
la fabbrica	factory
l'idraulico	plumber
l'impiegato/a	office worker, clerk
l'infermiere/l'infermiera	nurse
insoddisfatto/a	unsatisfied
il lavoro a tempo pieno/ il lavoro part-time	full-time/ part-time job
il negozio	store
l'operaio/a	(industrial) worker
l'officina	workshop, mechanic's garage
il programmatore/ la programmatrice	programmer
la responsabilità	responsibility
il/la segretario/a	secretary
soddisfatto/a	satisfied
la soddisfazione	satisfaction
lo studio	professional office
lo svantaggio	disadvantage
il vantaggio	advantage

Le caratteristiche personali

l'ambizione	ambition
ambizioso/a	ambitious
la creatività	creativity
creativo/a	creative
l'entusiasmo	enthusiasm
l'esperienza	experience
organizzato/a	organized
preciso/a	thorough, meticulous
lo spirito d'iniziativa	enterprising spirit, nature

Sogni e desideri

altruista	unselfish
l'aspirazione	aspiration
egoista	selfish
fare ricerca	to do research
idealista	idealist
sognare	to dream
sognare ad occhi aperti	to daydream
il sogno	dream
la speranza	hope

I problemi sociali

l'assistente sociale	social worker
proteggere l'ambiente	to defend, to protect the environment
diminuire (-isc-) le tasse	to lower taxes
eliminare la disoccupazione	to eliminate unemployment
l'ecologia	ecology
fare beneficenza	to give to charity
fare sciopero	to go on strike
occuparsi* di politica	to be involved in politics
la pace	peace
i partiti politici	political parties
povero/a	poor
riciclare il vetro, la carta, la plastica	to recycle glass, paper, plastic
rispettare	to respect
i senzatetto	homeless people
il sindaco	mayor
il volontariato	volunteer work
votare	to vote

La casa

l'agenzia immobiliare	*real estate agency*
l'annuncio sul giornale	*newspaper ad*
l'aria condizionata	*air conditioning*
il caminetto	*fireplace*
luminoso/a	*bright*
le manifestazioni culturali	*cultural events*
mostrare	*to show*
restaurato/a	*restored*
il riscaldamento	*heating system*
il rumore	*noise*
signorile	*luxurious*
spazioso/a	*spatious*
la terrazza	*terrace*
la tranquillità	*peacefulness*
trasferirsi*	*to move*
il traffico	*traffic*
la villa	*villa*
la zona	*area*

Dove andiamo in vacanza?

Lo sai che?

- ◆ In automobile, in treno e in autobus
- ◆ Gli alberghi in Italia
- ◆ Viaggi e vacanze degli italiani

Giovani in vacanza visitano Lucca.

IN THIS CHAPTER YOU WILL LEARN HOW TO:

- ◆ Talk about your travel plans
- ◆ Discuss hotel arrangements
- ◆ Describe vacation activities

PERCORSO I
I MEZZI DI TRASPORTO

Vocabolario: Che mezzo prendi?

Alla stazione

ARIANNA: Due biglietti per Reggio Calabria, per favore.

IL BIGLIETTAIO: Quale treno?

ARIANNA: L'Intercity è **meno veloce dell'**Eurostar, vero? Vorrei un biglietto per l'Eurostar delle due. C'è anche la carrozza ristorante?

IL BIGLIETTAIO: Sì, certo. Si mangia piuttosto bene e si sta molto comodi!

Il distributore di benzina

OLIVIA: Dobbiamo fare il pieno, vero?

ROBERTA: Sì, ma la benzina oggi è **più cara di** ieri!

La fermata dell'autobus

LA SIGNORA CAMPI: Con questo traffico un motorino sarebbe certo **più veloce dell'**autobus!

IL SIGNOR PERILLI: A volte anche tornare a casa a piedi sarebbe quasi **più semplice che** prendere l'autobus!

LA SIGNORA CAMPI: Eccolo! Finalmente! Meglio tardi che mai.

Per parlare dei mezzi di trasporto

l'aliscafo *hydrofoil*
l'autostrada *freeway / highway*
il binario *train track*
cambiare treno *to change trains*
la cuccetta *sleeping berth*

fare benzina *to get gas*
il pieno *to get a full tank*
fare una crociera *to go on a cruise*
la nave *ship, boat*
noleggiare un'automobile *to rent a car*

il porto *port, harbor*
la prima/la seconda classe
  first/economy class
il traghetto *ferry*
il vagone letto *sleeping car*

Per descrivere i mezzi di trasporto

adatto/a *appropriate*
comodo/a *comfortable, convenient*
conveniente *advantageous*
economico/a *inexpensive*
efficiente *efficient*
faticoso/a *tiring*

lento/a *slow*
pericoloso/a *dangerous*

Espressioni alla stazione

Scusi, a che ora c'è la coincidenza per . . .? *Excuse me, at what time is the connection for . . .?*
Da quale binario parte? *Which track is it leaving from?*
C'è posto in seconda? *Is there a seat in the economy class?*
Vietato fumare. *No smoking.*

𝒞osì si dice: *Prendere / Perdere*

As you already know, in Italian, **prendere,** *to take,* is used with means of transportation. **Ho preso il treno delle 5.** *I took the 5 o'clock train.* To express the Italian equivalent of *to miss,* use **perdere. Sono arrivata in ritardo e ho perso l'autobus!** *I arrived late and I missed the bus!* **Se arriviamo in ritardo rischiamo di perdere l'aereo.** *If we arrive too late, we risk missing our flight.*

13.1 Per viaggiare. Rispondi alle domande seguenti relative ai viaggi. Usa termini che già hai studiato e le parole della lista precedente.

1. Indica dove andresti per:
   a. fare benzina
   b. prendere l'autobus
   c. prendere il treno
   d. prendere l'aereo
   e. prendere il traghetto

2. Come si chiama una vacanza sulla nave?

3. Cosa usi se dormi sul treno?

4. Cosa puoi fare se non hai un'automobile?

5. Qual è il contrario di *costoso?*

6. Qual è il contrario di *veloce?*

7. Qual è il contrario di *rilassante?*

8. Se vuoi mangiare sul treno, dove vai?

13.2 In viaggio. Elenca i mezzi di trasporto più adatti per le situazioni seguenti. Per ogni mezzo, indica anche alcuni aggettivi che lo descrivono.

a. andare su un'isola

b. attraversare (*to cross*) l'oceano Atlantico

c. viaggiare sull'autostrada

d. andare da una città all'altra in Italia

e. viaggiare da un Paese all'altro in Europa

13.3 In treno. Completa il seguente dialogo fra un passeggero e il controllore (*ticket collector*) e usa una delle espressioni della lista precedente.

1. IL PASSEGGERO: Scusi, si può mangiare un pasto regolare sul treno?

    IL CONTROLLORE: Certo, un po' più avanti c'è la _____.

2. IL PASSEGGERO: Senta, ma posso fumare?

    IL CONTROLLORE: Assolutamente no! Non lo sa che sui treni è _____?

3. IL PASSEGGERO: E per dormire? C'è posto?

    IL CONTROLLORE: Ma allora avrebbe dovuto prendere un treno con il _____ oppure prenotare una _____!

4. IL PASSEGGERO: Ha ragione lei. Ma mi dica, questo treno non va a Palermo direttamente, vero? A che ora c'è la _____?

    IL CONTROLLORE: Fra mezz'ora. Alla prossima stazione deve scendere e _____ subito treno.

Lo sai che? In automobile, in treno e in autobus

Per i turisti che viaggiano in Italia spesso non è conveniente noleggiare la macchina: il costo della benzina è due o tre volte più alto che negli Stati Uniti e tutte le autostrade sono a pagamento, per cui un viaggio in macchina può diventare piuttosto costoso. Molto spesso è più comodo viaggiare in treno. Infatti si può prendere il treno per andare da una città ad un'altra, ma anche per visitare i paesi più piccoli.

Alcuni treni si fermano soltanto nelle città più grandi, come l'**IC** (*Inter City*) e l'**Eurostar**: questi ultimi sono più veloci di altri, ma costano di più e la prenotazione è obbligatoria. I treni denominati EET, poi, vanno in altri Paesi europei e quasi sempre ci sono anche le cuccette per dormire.

Ci sono diversi tipi di riduzioni (*discounts*) sul prezzo del biglietto, come la **carta verde** per i giovani dai 12 ai 26 anni e la **carta d'argento** per gli anziani. Il biglietto si può fare alla biglietteria della stazione o utilizzando le macchinette automatiche, oppure anche presso un'agenzia di viaggi, dove qualche volta può costare un euro in più. In ogni caso è sempre più opportuno farlo il giorno prima della partenza. All'inizio di ogni binario c'è una macchinetta gialla per convalidare (*to validate*) il biglietto: infatti, se non si convalida il biglietto prima della partenza, si rischia di prendere una multa (*fine*).

Per visitare città e paesi più piccoli sono molto comodi anche i pullman, o corriere, che collegano i posti dove il treno non passa spesso o dove non si ferma.

13.4 Per viaggiare in Italia. Dopo aver letto le informazioni sui mezzi di trasporto, indica se le seguenti affermazioni sono vere (**V**) o false (**F**).

1. In Italia si paga per viaggiare in autostrada.
2. Molti treni sono più veloci dell'Eurostar.

3. L'Eurostar si ferma solo nelle città più grandi.
4. Con la carta verde il biglietto costa di più.

13.5 E nel vostro Paese? Paragonate i mezzi di trasporto all'interno del vostro Paese con quelli all'interno dell'Italia. Indicate quali si usano di più e spiegate perché.

In contesto: Come ci vado?

Paul è in vacanza a Milano da alcuni giorni e adesso vorrebbe andare a Capri. Entra in un'agenzia di viaggi e chiede informazioni all'impiegata.

PAUL: Buongiorno, signora. Vorrei passare qualche giorno a Capri. Come mi consiglia di andarci?

IMPIEGATA: Veramente, dipende da quanto tempo ha lei e quanto vuole spendere. Ma vediamo un po'. Con l'aereo certamente arriva prima, ma ovviamente costa più del treno. C'è n'è uno da Milano per Napoli ogni mattina alle otto. Poi a Napoli dall'aeroporto prende un taxi per andare ai traghetti. I traghetti per Capri ci sono molto spesso, specialmente l'estate. C'è anche l'aliscafo, che è più veloce e anche più comodo.

PAUL: E il treno?

IMPIEGATA: Certamente! Ogni giorno ci sono diversi Eurostar. A che ora vorrebbe partire?

PAUL: Veramente non sono ancora sicuro. Che altre possibilità ci sono?

IMPIEGATA: Potrebbe sempre noleggiare una macchina. Certo andare in macchina è forse più lungo e più caro del treno, con il costo della benzina e dell'autostrada!

PAUL: Sono più confuso di prima! Non so proprio cosa sarebbe meglio fare.

IMPIEGATA: Senta, perché non ci pensa un po' e torna domani? Lei mi sembra un po' troppo indeciso!

13.6 Per Capri.   Completate le seguenti attività.

1. Fate una lista dei mezzi che Paul può prendere per andare a Capri.

2. Indicate quale mezzo, secondo l'impiegata all'agenzia di viaggi, è o non è costoso, economico, rilassante, veloce, faticoso.

3. Indicate i vantaggi e gli svantaggi di ogni mezzo. Quale consigliereste a Paul? Perché?

Occhio alla lingua!

1. Look at the words in boldface type in the photo captions in the *Vocabolario* section on p. 401. These words are used to make comparisons—to indicate that something or someone is equal to, superior to, or inferior to another. Indicate in each instance what elements are being compared.

2. Underline words used to make comparisons in the *In contesto* conversation. What pattern(s) can you identify?

Grammatica

I comparativi

When you make a comparison you indicate whether one person or thing is equal to, inferior to, or superior to another. To make comparisons in Italian, use the following expressions:

uguaglianza (*equality*)	**maggioranza** (*superiority*)	**minoranza** (*inferiority*)
(così). . . come (tanto). . . quanto	più. . . di/che	meno. . . di/che

Comparativo di uguaglianza

1. When using adjectives to compare people and things that you consider equal, use **così** or **tanto** before the adjective and **come** or **quanto** after the adjective. Note that the first part of the comparison—**così** or **tanto**—is usually omitted.

   Un autobus è **(così)** veloce **come** una macchina.

   *A bus is **as** fast **as** a car.*

   Il treno è **(tanto)** comodo **quanto** l'aereo.

   *The train is **as** comfortable **as** the plane.*

2. When making a comparison of equality with verbs, use **tanto. . . quanto.** Usually, **tanto** is omitted.

   Il treno costa **(tanto) quanto** l'autostrada.

   *The train costs **as much as** the freeway.*

3. When comparing nouns that you consider equal, use **tanto. . . quanto. Tanto** and **quanto** are adjectives in this instance and agree with the noun in gender and in number. **Tanto** cannot be omitted.

   In città ci sono **tante** macchine **quante** motociclette.

   *In the city there are **as many** cars **as** there are motorcycles.*

Comparativo di maggioranza e di minoranza

1. To compare two different persons, places, or things, use **più. . . di** or **meno. . . di** to express the equivalent of *more than* or *less than*. The adjective agrees in gender and number with the first element. **Di** is placed in front of the second element of the comparison.

   Gli aerei sono **più** veloci **delle** navi.

   Airplanes are faster than ships.

   Le automobili sono **meno** rumorose **dei** motorini.

   Cars are less noisy than mopeds.

Remember: **Di** combines with definite articles to form a **preposizione articolata**.

Il treno è **più** comodo **dell'**aereo.	*Trains are more comfortable than airplanes.*
Le macchine sono **meno** pericolose **delle** motociclette.	*Cars are less dangerous than motorcycles.*

2. **Più . . . che** and **meno . . . che** are used to compare two nouns, two adjectives, two adverbs, or two verbs that refer to the same subject.

L'aereo è **più** veloce **che** riposante.	*Airplanes are more fast than restful.*
Ci sono **più** treni **che** aerei.	*There are more trains than airplanes.*
Preferisco viaggiare **più** comodamente **che** velocemente.	*I prefer traveling more comfortably than rapidly.*

I comparativi irregolari

1. In addition to their regular forms, some adjectives also have irregular comparative forms, as shown below. Note that **minore** and **maggiore** are most frequently used to indicate younger and older brothers and sisters and to describe works of authors or artists.

buono	**cattivo**
migliore (più buono)	peggiore (più cattivo)
grande	**piccolo**
maggiore (più grande)	minore (più piccolo)

Il vagone letto è **migliore** della cuccetta.	*The sleeping car is better than the sleeping berth.*
Ho un fratello **minore** e due sorelle **maggiori**.	*I have one younger brother and two older sisters.*

2. The adverbs **bene** and **male** have irregular comparative forms, as shown:

bene	**male**
meglio (*better*)	peggio (*worse*)

In aereo abbiamo viaggiato bene, ma abbiamo viaggiato **meglio** in treno.	*We traveled well by plane, but we traveled better by train.*
Ho mangiato **peggio** in aereo che in treno.	*I ate worse on the plane than on the train.*

13.7 Come si viaggia? Un amico ti fa domande sui mezzi di trasporto nel tuo Paese. Rispondi usando **tanto. . . quanto** e **così. . . come**.

ESEMPI: —Ci sono aerei? (treni)
                   —Ci sono tanti aerei quanti treni.

                   —Un viaggio in aereo costa molto? (in treno)
                   —Costa (tanto) quanto un viaggio in treno.

1. I pullman sono efficienti? (le automobili)
2. Ci sono i traghetti? (i treni)
3. Si viaggia molto sull'autostrada? (in aereo)
4. Le stazioni sono affollate? (gli aeroporti)
5. Ci sono molti motorini? (automobili)
6. Gli aliscafi sono comodi? (traghetti)

13.8 Paragoniamo! Confronta tra loro i vari modi di viaggiare e i mezzi di trasporto. Scrivi frasi complete usando **più di / che** o **meno di / che**. Puoi usare uno degli aggettivi seguenti: **veloce, costoso, pericoloso, migliore, peggiore, comodo, facile, numeroso, economico, vicino**.

ESEMPI: un viaggio in aereo / un viaggio in treno
            Un viaggio in aereo è più veloce di un viaggio in treno. /
            Un viaggio in treno è meno veloce di un viaggio in aereo.
            automobili / motociclette
            In città ci sono più automobili che motociclette. /
            Le motociclette sono più pericolose delle automobili.

1. un viaggio in macchina / un viaggio in autobus
2. il motorino / la motocicletta
3. il cibo sull'aereo / il cibo sul treno
4. un viaggio in treno / un viaggio in aereo
5. le motociclette / le biciclette
6. gente in metropolitana / gente in autobus
7. la stazione / l'aeroporto
8. le automobili / gli autobus

13.9 Come hai viaggiato? Rispondi alle domande usando i termini dati relativi ad esperienze di viaggio. Usa comparativi ed avverbi regolari ed irregolari.

ESEMPIO: Avete viaggiato bene in treno quest'anno? (l'anno scorso)
             Sì, abbiamo viaggiato meglio dell'anno scorso!

1. È stato difficile cambiare treno? (l'ultima volta)
2. Avete dormito male in vagone letto? (in aereo)
3. Quest'anno avete mangiato bene nei ristoranti? (l'estate scorsa)
4. Avete aspettato pazientemente per entrare nei musei a Napoli? (a Roma)
5. Avete chiesto informazioni bene in italiano? (la volta precedente)

13.10 In vacanza. Due amiche sono appena tornate da una vacanza e paragonano le loro esperienze. Ascolta la conversazione due volte ed indica quali affermazioni si riferiscono a Marina e quali a Silvana.

	Marina	Silvana
1. Ha fatto una crociera migliore di quella dell'anno precedente.		
2. Si è divertita meno dell'amica.		
3. Ha incontrato persone più simpatiche di quelle dell'anno precedente.		
4. È appena tornata dal mare.		
5. Secondo lei una persona si diverte di più in crociera che al mare.		
6. Non lavora ancora.		

13.11 Paragoni fra persone. Paragonate due persone famose, per esempio nel mondo dello spettacolo, dello sport o della politica e scrivete cinque frasi da presentare alla classe.

Scambi

13.12 Due viaggi. Osservate i biglietti seguenti.

A.

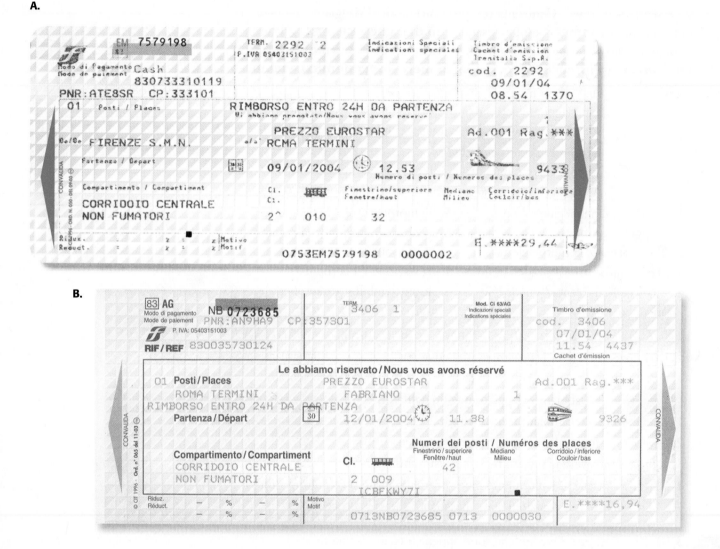

B.

1. Indicate:
   a. la destinazione
   b. il tipo di treno
   c. il costo
   d. la data e l'ora della partenza

2. Poi insieme decidete:
   a. quale viaggio è stato più/meno lungo
   b. quale biglietto è più/meno costoso
   c. chi si è svegliato più presto/tardi per partire

13.13 Quali treni? Osservate l'orario dei treni e trovate due treni possibili per le seguenti persone. Poi indicate quale dei due, secondo voi, è più adatto e perché.

1. Vuole partire da Roma dopo le 12.30 e arrivare a Napoli prima delle 16.00.

2. Vuole partire da Roma prima delle 13.00 per arrivare a Formia prima delle 16.00. Vorrebbe pranzare sul treno.

3. Partono da Napoli per arrivare a Salerno la mattina stessa, ma non vogliono alzarsi troppo presto.

ROMA–FORMIA–NAPOLI

	Provenienza	2393 R2	525 PLUS	43 12369 R2	2395 D2	9429 IR	1 44 2497 ES*	9465 ES*	529 IC	45 1589 IC	46 1591 IC	9375 ES*	2397 R2	44 2419 IR	589 PLUS	9433 ES*	48 12373 R2
			GE			MI		UD	TO	MI	MI				MI	MI	
	Torino Porta Nuova																
-	**Roma Termini**	11.49	12.27		12.35	12.45	13.15	13.20		13.21	13.41	13.45	13.49	14.01		14.45	
-	**Roma Tiburtina**														14.20		
-	**Roma Ostiense**		12.01														
13	Torricola																
24	Pomezia-S. Palomba																
34	Campoleone	12.08			12.57								14.08				
50	Cisterna di Latina	12.17			13.09								14.17				
62	Latina	12.25	12.57		13.19					13.57	14.18	14.18	14.25	14.33	14.57		
71	Sezze Romano	12.33			13.27								14.35				
86	Priverno-Fossanova	12.43			13.36								14.51				
103	Monte S. Biagio	12.55			13.47								15.02				
110	Fondi-Sperlonga	13.01			13.53								15.07				
123	Itri	13.10											15.15				
129	Formia a.	13.16	13.32		14.04					14.32	14.54	14.54	15.20	15.10	15.32		
	Formia	13.17	13.33	13.47	14.05					14.33	14.55	14.55	15.21	15.11	15.33		15.47
139	Minturno-Scauri	13.27		13.55	14.12								15.31				15.55
154	Sessa Aurunca-Roc.			14.04	14.21									15.31			16.04
165	Falciano-Mondragone			14.12	14.28												16.12
174	Cancello-Arnone			14.18													16.17
181	Villa Literno			14.25	14.38												16.25
187	Albanova																
190	S. Marcellino-Frignano																
195	**Aversa**		14.05		14 50					15.05	15.27	15.27			16.05		
199	S. Antimo-S. Arpino																
201	Frattamaggiore-Grumo																
205	Casoria-Afragola																
-	**Napoli C. Flegrei** a.			14.52								15.20					16.52
-	Napoli Mergellina a.			14.59								15.26					16.59
-	**Napoli P. Garibaldi** a.			15.15								15.38					17.15
214	Napoli Centrale a.		14.24		15.15	14.30	16.11	15.09	15.24	15.46	15.46			16.36	16.24	16.30	
	Napoli Centrale			a 15.18					15.36	15.58	a 15.42				16.36		a 17.18
268	Salerno a.			16.25					16.09	16.43	16.43	16.16			17.09		18.25
489	Paola a.								18.52	19.05	19.05	18.09			19.31		
675	Villa S. Giovanni a.								20.50	21.01	22.01	19.46			21.25		
690	Reggio Cal. C.le a.								21.06	21.16	22.15	20.00			21.40		
	Destinazione																

NAPOLI–NOCERA–TORRE ANNUNZIATA–SALERNO

	Provenienza	13 14 1385 E	C 1825 IR	A 2425 IR	22195 M2	16 1665 E	17 1631 E	3381 R2	19 22179 R2	12357 R2	20 1877 R2	3455 R2	22197 M2	22 1879 R2	833 E2	24 9371 ES*
		Zürich			A	TO	MI						B	MI		RM
214	Napoli Centrale		6.48	6.48				7.06	7.08	7.18	7.34	7.50		8.12	8.22	
	Napoli C. Flegrei	◀6.34			6.36	6.42	6.56						7.35			8.22
	Napoli Mergellina				6.42								7.41			8.28
	Napoli P. Garibaldi				6.56								7.58			8.42
216	Napoli Gianturco															
219	Napoli S. Giovanni				7.03								8.05			
221	Pietrarsa-S.Giorgio a Cr.				7.05								8.07			
223	Portici-Ercolano		7.01	7.01	7.09			7.17			7.45	8.02	8.11	8.24		
226	Torre del Greco		7.05	7.05	7.12							8.06	8.14			
232	S. Maria La Bruna				7.17			7.24	7.26	7.34			8.19			
235	Torre Annunziata Città				7.22								8.24			
237	Torre Annunziata a.		7.12	7.12	7.27			7.31	7.32	7.39	7.55	8.14	8.30	8.34		
	Torre Annunziata		7.13	7.13				7.32	7.33	7.40	7.56	8.15		8.35		
240	Pompei		7.17	7.17				7.36		7.44	8.00	8.19		8.39	8.45	
242	Scafati									7.47						
246	Angri			7.23						7.51						
250	Pagani									7.55						
251	Nocera Inferiore a.		7.26	7.27		7.32		7.44	7.42	7.58	8.08	8.26		8.47	8.53	
	Nocera Inferiore		7.27	7.28		7.33		7.45	7.43	7.59	8.09	8.27		8.48	8.54	
254	Nocera Superiore							7.49	7.48	8.03						
260	Cava dei Tirreni							7.55	7.54	8.09				8.57		
264	Vietri sul Mare-Amalfi							8.00	7.59	8.14						
267	Salerno Duomo							8.05	8.04	8.20						
268	**Salerno** a.	◀7.30	7.39	7.39		7.45	7.55	8.10	8.10	8.27	8.20	8.39		9.07	9.10	9.16
268	Salerno	◀7.33	7.42	7.42		7.48	7.58				8.23			9.09		9.19
489	Paola a.	◀9.45	10.57	10.57		9.55	10.08				11.30			12.05		11.09
546	Lamezia Terme C.le a.	◀10.23				10.29	10.42									11.40
676	Villa S. Giovanni a.	11.55				11.47	12.49									12.46
690	Reggio Cal. C.le a.					12.07	13.05									13.00
	Destinazione		CS		C			Eboli	Eboli		Sapri	C				

13.14 I viaggi più belli. Ognuno descrive all'altra persona un viaggio che ha fatto. Poi insieme paragonate i due viaggi e decidete quale è stato migliore dell'altro. Prendete in considerazione, ad esempio, i mezzi di trasporto, il posto, il costo e le attività.

PERCORSO II
ALBERGHI E CAMPEGGI

Vocabolario: Scusi, c'è posto?

ANNA E GIACOMO: Ci sono camere libere? Vorremmo la più bella!

L'IMPIEGATA: L'unica libera è una doppia. È **la migliore** che abbiamo.

GIACOMO: La colazione è compresa nel prezzo?

Camping *Al sole*. Tante tende coloratissime **nel più incantevole** campeggio della zona, vicino al lago di Garda.

Per parlare degli alberghi e altri tipi di soggiorno

l'asciugamano *towel*

la camera singola, doppia/ matrimoniale *single, double room*

con/senza bagno *room with/without bathroom*

i comfort *amenities*

la connessione Internet *Internet connection*

incantevole *delightful*

l'ostello *hostel*

pagare con la carta di credito *to pay with a credit card*

la pensione *bed and breakfast*

il residence *apartment hotel*

il sacco a pelo *sleeping bag*

i servizi *conveniences, restrooms*

la spiaggia privata *private beach*

il villaggio turistico *resort*

la vista sul mare *ocean view*

Espressioni in albergo

Avete/Hanno la prenotazione?
Do you have a reservation?

Quanti giorni pensa di restare?
How many days do you think you will stay?

Mi dispiace, è tutto esaurito.
I am sorry, there is no vacancy.

13.15 L'intruso. Per ogni gruppo di parole ed espressioni indica l'intruso.

1. l'albergo, la pensione, la camera

2. il residence, la carta di credito, il villaggio turistico

3. l'ostello, l'asciugamano, la camera con bagno

4. la spiaggia privata, il sacco a pelo, la vista sul mare

5. la connessione Internet, la tenda, il campeggio

6. incantevole, l'albergo a quattro stelle, tutto esaurito

13.16 In albergo. Per ogni frase della colonna A trova la domanda o la risposta corrispondente nella colonna B.

A	B
1. Penso di restare tre giorni.	**a.** Avete la prenotazione?
2. È proprio sicuro che non c'è posto?	**b.** Ci sono camere libere?
3. No, non abbiamo fatto nessuna prenotazione.	**c.** Quanti giorni pensa di restare?
4. Abbiamo solo una camera singola.	**d.** Mi dispiace, è tutto esaurito.

13.17 Come si dice? Rispondi alle seguenti domande su alberghi e soggiorni ed usa i termini della lista a pagina 410.

1. Che cosa dici quando entri in un albergo?

2. Dove vai se non vuoi un albergo troppo caro?

3. Cosa puoi usare per pagare l'albergo?

4. Cosa porti in campeggio?

5. Di cosa hai bisogno per scrivere una mail o fare una ricerca su Internet?

6. Che tipo di spiaggia può avere un albergo molto costoso?

13.18 In campeggio o in albergo? Discutete i vantaggi e gli svantaggi di un albergo a quattro stelle e di un campeggio. Quale preferite? Perché?

Così si dice: *Mi serve / Mi servono*

To indicate that you need something, you can use the verb **servire**, which follows the same pattern as **piacere**. When the item you need is singular, **servire** is used in the singular: **Ci serve il sacco a pelo per il campeggio?** *Do we need the sleeping bag to go camping?* When the item is plural, **servire** is used in the plural: **Mi servono una camera doppia e una singola.** *I need a double and a single room.*

Lo sai che? Gli alberghi in Italia

Gli alberghi italiani sono di diverse categorie, a seconda dei comfort e dei servizi che offrono, del prezzo e della località in cui si trovano. L'albergo a due stelle, per esempio, è molto più economico di un hotel a quattro stelle. Gli alberghi più lussuosi sono a cinque stelle. Nel prezzo dell'albergo spesso è compresa la prima colazione. Per quanto riguarda la pensione, molto comune nelle località di vacanza, si può scegliere la pensione completa, con colazione, pranzo e cena, o la mezza pensione, con la colazione e un altro pasto soltanto. Quando si arriva in un albergo o una pensione si deve sempre presentare un documento d'identità per ogni persona.

Grand Hotel Excelsior Vittoria sulla Costiera Amalfitana

13.19 Gli alberghi. Scrivi un breve paragrafo per descrivere ad un amico/un'amica in Italia gli alberghi del tuo Paese. Fra le altre cose, prendi in considerazione i seguenti aspetti: la pensione, la colazione e i documenti.

 ## In contesto: Costa troppo!

Tre amici leggono su una rivista la pubblicità di alcuni alberghi e discutono quale scegliere per le vacanze.

LORENZO:	Guardate un po'! Offertissima! L'Hotel Due Torri sembra **bellissimo** ed è **vicinissimo** al mare. Ha tutti i servizi e ogni cosa è già compresa nel prezzo, anche una serata in discoteca. Mica male°! Mi sembra proprio **il migliore** per noi. Anche la cucina sarà **ottima**. Dovremmo prendere una camera singola ed una doppia, però. Chissà se ci sono camere triple?
PAOLO:	Certo che è **il migliore,** ma è anche **il più caro**, non vedi? Un albergo a quattro stelle! Ma che sei impazzito? Io piuttosto andrei in campeggio, lo sai che sono completamente senza soldi. Sarebbe certamente **il posto meno caro**!
ANTONIO:	Non so voi, ma per quello che mi riguarda, **il massimo** che posso spendere sono 50 o 60 euro al giorno. Forse a quel prezzo si trova anche qualche pensione discreta. Ecco, proviamo a telefonare a questa, Pensione Erika, e chiediamo se ci sono camere disponibili. Sembra **la più economica**!
LORENZO:	Sì, e a quel prezzo sarà anche **la peggiore**, magari **lontanissima** dal mare e con una **pessima** cucina! Le camere saranno sicuramente senza l'aria condizionata! A me piace mangiare bene e odio il caldo!
PAOLO:	Sentite, si potrebbe cercare un villaggio turistico proprio sul mare.
ANTONIO:	Ma se hai detto che non puoi spendere? Hai un'idea di quanto costerebbe?
PAOLO:	Veramente, ce ne sono di tutti i prezzi!

Not bad!

G 13.20 **Tre amici in vacanza.** Dopo aver letto la conversazione, rispondete alle domande.

1. Che albergo preferisce ognuno dei tre amici? Perché?
2. Dove pensate che decideranno di andare i tre ragazzi? Perché?

2 13.21 **E voi cosa scegliereste?** Decidete quale sarebbe la vostra scelta fra le sistemazioni (*accommodations*) di cui si parla nella conversazione e spiegate perché.

Occhio alla lingua!

1. Look at the photo captions on p. 410 and notice the words in boldface type that describe the hotel room and the campground. Can you tell what these descriptive expressions indicate about the room and the campground?
2. In the *In contesto* conversation, look at the words in boldface type. Can you tell what some of these expressions—for example, **il più caro** and **il . . . meno caro**—indicate? What does the ending **-ssimo** convey in the words **bellissimo, vicinissimo,** and **lontanissimo**?
3. What do you think **ottimo** and **pessimo** mean?
4. Can you determine from the context what the irregular form **il migliore** means?

Grammatica

● ●

Il superlativo relativo

1. The **superlativo relativo** is used to compare things or people with all others in a category. It is equivalent to the English *the most. . .* or *the least . . .* The **superlativo relativo** is formed as shown in the chart below by using the definite article in front of **più** or **meno** + an adjective + **di** + group.

Il superlativo relativo	
maggioranza *(superiority)*	**minoranza** *(inferiority)*
il/la/i /le più + aggettivo (+ di. . .)	il/la/i /le meno + aggettivo (+ di. . .)

La pensione Erika è **la meno costosa**.	*The Erika Bed and Breakfast is the least expensive.*
Gli alberghi a cinque stelle sono **i più cari della città**.	*The five-star hotels are the most expensive in the city.*

The **superlativo relativo** can be formed also with the article preceding the noun and the adjective following the noun.

Questo è il villaggio turistico più comodo di tutti.	*This is the most comfortable resort of all.*

2. In addition to their regular forms, some adjectives also have irregular relative superlative forms, as shown.

il/la migliore	**il/la peggiore**
il più buono/la più buona	il più cattivo/la più cattiva
il/la maggiore	**il/la minore**
il più grande/la più grande	il più piccolo/la più piccola

Questo è **il migliore** albergo d'Italia.

This is the best hotel in Italy.

È stata **la peggiore** vacanza della mia vita!

It was the worst vacation in my life!

Il/la minore and **il/la maggiore** are most frequently used to indicate the youngest and the oldest brothers and sisters, and to refer to the works of authors or artists.

13.22 Un'esperienza indimenticabile. Sei in vacanza e fai dei commenti sulle tue esperienze. Usa il superlativo relativo con **più** o **meno**. Fa' tutti i cambiamenti necessari.

ESEMPIO: albergo/ lussuoso/città
                È l'albergo più lussuoso della città.

1. impiegata/gentile/albergo
2. pensione/economico/paese
3. villaggio turistico/costoso/isola
4. camera/comodo/pensione
5. turisti/difficile/gruppo
6. sala/elegante/residence
7. palestra/affollato/villaggio turistico
8. ristoranti/buono/città

13.23 La tua città. Prepara una lista di domande da fare ai tuoi compagni/alle tue compagne sui posti migliori o peggiori della loro città. Vuoi avere informazioni, ad esempio, su alberghi, ristoranti, musei, cinema, posti da visitare, scuole, giardini, banche. Puoi usare alcuni degli aggettivi seguenti: **costoso, divertente, vicino, lontano, migliore, peggiore, elegante, comodo, interessante, economico, grande, piccolo, moderno, nuovo, antico, buono, cattivo.**

ESEMPIO: S1: Qual è l'albergo più grande della città?
                S2: L'albergo più grande della città è L'Hotel Danieli.

Il superlativo assoluto

1. As you learned in Capitolo 10, the **superlativo assoluto** is used to express the equivalent of *very* or *extremely* + adjective. It can be formed by using **molto** in front of the adjective or by adding the suffix **-ssimo/a/i/e** to the masculine plural form of the adjective. The superlative adjective agrees in number and gender with the noun it modifies.

Il superlativo assoluto		
	Maschile	**Femminile**
Singolare	-ssimo	-ssima
Plurale	-ssimi	-ssime

La nostra camera era grandissima.   *Our room was very big.*

I proprietari dell'albergo sono   *The owners of the hotel are very nice.*
molto gentili.

2. In addition to their regular forms, some adjectives also have irregular
forms in the absolute superlative, as shown.

buono	**cattivo**
ottimo/a (*very good*)	pessimo/a (*very bad*)
grande	**piccolo**
massimo/a (*very big*)	minimo/a (*very small*)

Il Savoia è un **ottimo** albergo.   *The Savoia is an excellent hotel.*

In questo albergo il servizio è   *In this hotel the service is very bad.*
pessimo.

13.24 In vacanza. Un'amica ti fa alcune domande sulle ultime vacanze
che hai fatto. Rispondi usando il superlativo assoluto.

ESEMPIO: la stazione/grande
          —La stazione era grande?
          —La stazione era grandissima.

1. il servizio in camera/efficiente   **4.** le camere/elegante
2. la zona/silenzioso   **5.** il ristorante/buono
3. i turisti/gentile   **6.** la spiaggia/largo

13.25 Descriviamo! Lavori presso un'agenzia di viaggi e descrivi ad
un/una cliente le strutture e le persone che seguono. Usa gli aggettivi
superlativi relativi ed assoluti irregolari e scrivi una frase per ogni espressione
data. Usa immaginazione e fantasia!

ESEMPIO: le navi da crociera
          Le navi da crociera sono ottime, sono le migliori e le più lussuose.

1. i villaggi turistici   **4.** gli altri turisti
2. la vacanza in un residence   **5.** il campeggio
3. gli alberghi di lusso

Scambi

13.26 Mettiamoci d'accordo! Le persone seguenti sono in vacanza.
Immaginate delle brevi conversazioni nelle situazioni indicate.

1. Marito e moglie sono appena arrivati a Positano e non sanno dove
andare a cena. Chiedono un consiglio ad un impiegato/un'impiegata
dell'albergo.

2. Una giovane coppia arriva al mare per passare un paio di giorni ma è
difficile trovare una camera. Chiedono in diversi alberghi e pensioni.

3. Quattro amici sono in campeggio e piove. Due vogliono andare via e
cercare un albergo e due vogliono restare.

13.27 Una conversazione al telefono. Ascolta due volte la conversazione telefonica fra l'impiegato di un albergo e una cliente e rispondi alle domande.

1. Indica se le seguenti affermazioni sono vere (**V**) o false (**F**).

   a. La cliente telefona per fare una nuova prenotazione.

   b. La cliente è già stata altre volte nello stesso albergo.

   c. L'impiegato non trova la prenotazione.

   d. La cliente si arrabbia.

   e. La signora vuole una camera economica e non le interessa la posizione.

   f. L'impiegato trova due camere doppie.

   g. L'impiegato manderà un messaggio alla cliente.

2. Immagina di essere la signora della telefonata e scrivi una mail ad un'amica per raccontare cosa ti è successo.

13.28 Un ottimo albergo! Immaginate di telefonare al proprietario o ad un impiegato/un'impiegata per avere informazioni sull'Hotel Mercurio. Ricostruite la telefonata e ricordate di usare il «Lei».

Hotel Mercurio

★ ★ ★ ★

Hotel Mercurio di C. Sibilia & C. s.a.s.
Viale S. Modestino, 7
83013 MERCOGLIANO (Av)
Tel. 0825 787149 - 787509 - 787681
Fax 0825 787584
e-mail: hotelmercurio@tin.it

☐ *L'Hotel Mercurio* dispone di 52 camere tutte modernamente arredate e dotate di aria condizionata, moquette, telefono, Tv color, frigobar e servizi privati. L'ampia hall dà agli ospiti la possibilità di conversare e di intrattenersi al bar. Il ristorante dell'albergo, oltre ai piatti della cucina internazionale prepara un'ampia scelta di specialità regionali. L'Hotel inoltre è dotato di garage coperto e valide attrezzature sportive: campi da tennis e campo di calcetto.

13.29 Una situazione difficile. Osservate i disegni attentamente. Immaginate una storia basata sui disegni e una conclusione.

PERCORSO III
LE VACANZE

Vocabolario: Dove andiamo in vacanza?

Alcune spiagge italiane sono veramente splendide. Spesso però ci sono **tanti** ombrelloni e c'è **troppa** gente.

In **ogni** posto di montagna c'è **qualcosa** di affascinante per **tutti**.

Per parlare delle vacanze

abbronzarsi* *to get a suntan*
l'agriturismo *vacation on a farm*
la crema abbronzante *suntan lotion*
il costume da bagno *bathing suit*
fare
   una scalata *to go mountain climbing*
   windsurf *to go wind surfing*
la località *site, place*

la maschera *mask*
il motoscafo *motorboat*
gli occhiali da sole *sunglasses*
le pinne *swimming fins*
gli scarponi da montagna *hiking boots*
il sentiero di montagna *mountain trail*
silenzioso/a *quiet*

13.30 Al mare o in montagna? Dividi le parole della lista precedente secondo i gruppi seguenti: (1) montagna, (2) mare, (3) tutti e due. Poi aggiungi alcuni termini sulle vacanze che ricordi dai capitoli precedenti. Quindi confronta la tua lista con quella di un altro compagno/un'altra compagna. Chi ha più parole?

13.31 L'intruso. Nei gruppi di parole seguenti indica quale è l'intruso e spiega perché.

1. il sentiero di montagna, gli scarponi da montagna, l'ombrellone
2. l'agriturismo, gli occhiali da sole, le pinne
3. la spiaggia, le pinne, la maschera

    4. abbronzarsi, il windsurf, la crema abbronzante

    5. nuotare, il costume da bagno, splendido

13.32 Cosa mi serve? Alcuni amici vanno in vacanza al mare e altri in montagna.

    1. Gli dici che cosa non devono dimenticare per:

        a. non bruciarsi la pelle e per non prendere troppo sole

        b. fare una scalata

        c. nuotare più veloce

    2. Gli dici anche che cosa gli serve per:

        a. nuotare

        b. proteggere gli occhi dal sole

        c. fare una gita sul mare

 In contesto: Ma allora, che si fa?

Renata e Patrizia stanno discutendo come organizzare le vacanze insieme.

RENATA: Allora è sicuro che a luglio non puoi venire in montagna anche tu? Io che faccio se non vieni? Sei tu l'esperta!

PATRIZIA: Ma sei con **tutti** gli altri, no? Madonna di Campiglio è un posto fantastico, vedrai, sono certa che ci sono molte cose da fare che ti piaceranno! Piuttosto, compra gli scarponi migliori che trovi! Potete fare **qualche** passeggiata favolosa, e anche **qualche** scalata non troppo difficile!

RENATA: Sei matta? Io le scalate!

PATRIZIA: Non parlo di scalate vere e proprie! Ci sono **alcuni** sentieri proprio facili. Vedrai, la montagna d'estate è meravigliosa! Si può andare a cavallo, giocare a tennis, e la sera **tutti** in discoteca!

RENATA: Se lo dici tu! E per il mare? Andiamo di sicuro in Sardegna ad agosto?

PATRIZIA: Certo! Ci penso io! Ho trovato un residence abbastanza economico.

RENATA: Ma perché non chiami un'agenzia e prendi informazioni sul Club Med?

PATRIZIA: Scherzi? Non sarebbe troppo caro?

RENATA: Però sarebbe fantastico! **Qualunque** località della Sardegna sarebbe splendida! Ovviamente dovresti chiedere il costo e quali sport si possono fare e che cosa è compreso nel prezzo. Io vorrei provare a fare windsurf!

PATRIZIA: D'accordo. Farò **qualche** telefonata e ti farò sapere.

13.33 È vero o no? Indicate se le seguenti affermazioni sulle vacanze di Renata e Patrizia sono vero (**V**) o falso (**F**).

    1. Patrizia è appassionata di montagna.

    2. Renata andrà in montagna da sola.

    3. Patrizia è esperta di scalate.

    4. Renata sembra preferire la montagna al mare.

    5. Renata non è mai stata in vacanza in montagna.

2 **13.34 Le vacanze di Renata e Patrizia.** Rispondi alle seguenti domande e poi confronta le tue risposte con quelle di un compagno/una compagna. Siete d'accordo oppure no?

1. Quali sono gli aspetti più belli della montagna secondo Patrizia?
2. Cosa vorrebbe fare Renata al mare?
3. Cosa preferiresti tu? Il mare o la montagna? Perché?

Occhio alla lingua!

1. You have already studied the words **alcuni/e** and **qualche**. How are these words used in the *In contesto* conversation? Which are singular and which are plural forms? Why?
2. Look at other words in boldface type in the *In contesto* conversation and in the photo captions on p. 417. Which are used as adjectives and which are used as pronouns?
3. Can you determine what **qualunque** and **tutti** mean from the contexts in which they appear?

Lo sai che? Viaggi e vacanze degli italiani

La maggior parte degli italiani va in vacanza fra luglio ed agosto, per cui in questi mesi le spiagge italiane sono affollatissime. Soprattutto a Ferragosto, nella settimana a metà del mese, praticamente tutti lasciano le città che restano deserte. La maggioranza degli italiani preferisce andare al mare, anche se la vacanza può essere molto cara: oltre all'albergo o pensione, infatti, bisogna pagare l'ombrellone, una o due sedie a sdraio (*beach chairs*) e spesso anche una cabina dove spogliarsi. In Italia infatti esistono poche spiagge libere.

D'inverno, poi, molti italiani fanno una settimana di vacanza in montagna per sciare. Questa vacanza si chiama la **settimana bianca** ed è spesso organizzata anche dalle scuole. Gli italiani inoltre hanno anche un grande interesse per i viaggi all'estero: vanno in tutto il mondo, gli piace visitare Paesi poco conosciuti ed andare su isole lontane ed esotiche. Si muovono con viaggi organizzati o anche da soli.

Molti italiani oggi studiano l'inglese e, per imparare la lingua, i giovani fanno vacanze studio in Inghilterra o negli Stati Uniti.

13.35 Gli italiani e le vacanze. Leggi le informazioni precedenti e poi rispondi alle domande.

1. In quali luoghi (*places*) gli italiani vanno in vacanza?
2. In quali periodi dell'anno preferiscono andare in vacanza?
3. Perché sono popolari i viaggi in Inghilterra e negli Stati Uniti?

2 **13.36 Nel vostro Paese?** Paragonate le preferenze e le abitudini degli italiani riguardo alle vacanze con quelle della gente nel vostro Paese. Prendete in considerazione dove le persone preferiscono andare in vacanza e perché.

Grammatica

Aggettivi e pronomi indefiniti: un riepilogo

1. As you have learned, indefinite adjectives express indefinite qualities or quantities. They can be used with people or things. You already know some of the indefinite adjectives; below is a more complete list.

   Alcune località sono troppo famose.   *Some places are too famous.*

   Tutti gli ombrelloni sono occupati.   *All of the umbrellas are taken.*

Aggettivi indefiniti			
ogni	*every*	qualche	*some, a few*
qualunque	*any*	alcuni/e	*some, a few*
tutto/a/i/e	*all, every*		

   The indefinite adjectives **qualche, ogni**, and **qualunque** are always singular and they are used with singular nouns. **Qualche**, however, is always plural in meaning.

   Qualche agriturismo può essere molto costoso.   *Some vacations on a farm can be very expensive.*

   Ogni sentiero ha la sua bellezza.   *Every trail has its beauty.*

   Qualunque agenzia ci può dare le informazioni.   *Any agency can give us the information.*

2. Indefinite pronouns refer to unspecified people and things.

   Ognuno andrà in vacanza dove vuole.   *Everyone will go on vacation where he or she wants.*

   Tutti dicono che Capri è splendida.   *They all say Capri is splendid.*

   Alcuni preferiscono la montagna.   *Some people prefer the mountains.*

Pronomi indefiniti	
ognuno	*everyone, everybody, each one*
qualcuno	*someone*
qualche cosa/qualcosa	*something, anything*
alcuni/e	*some, a few*
tutti/e	*everyone, everybody, all*
tutto	*everything*

Qualche cosa/qualcosa is followed by the preposition **di** when it is used with an adjective and it is considered masculine.

C'è qualcosa di bello nella tua città?   *Is there something beautiful in your city?*

When used with an infinitive, **qualche cosa/qualcosa** is followed by the preposition **da**.

C'è qualcosa da fare la sera in montagna?   *Is there something to do at night in the mountains?*

13.37 Una vacanza in montagna. Descrivi una recente vacanza in montagna. Completa le frasi con un aggettivo o pronome indefinito.

Io e (1. tutti, qualche) _____ i miei amici siamo stati in vacanza in montagna. (2. Ogni, Ognuno) _____ mattina facevamo lunghe passeggiate per (3. qualche, tutte) _____ ora. Cercavamo (4. qualche, alcuni) _____ sentiero nuovo, portavamo (5. tutti, alcuni) _____ panini e (6. qualche, molte) _____ lattina di Coca-Cola con un po' di frutta per (7. qualcosa, tutti) _____. Spesso trovavamo anche (8. alcuni, qualche) _____ bel fungo porcino che poi ci cucinavamo la sera. (9. Qualche, Tutte) _____ volta facevamo delle scalate vere e proprie, anche difficili e lunghe. Abbiamo sempre visto (10. ognuno, qualcosa) _____ di nuovo ed interessante!

13.38 Messaggi. Tu e alcuni amici vi scambiate messaggi e parlate delle vacanze. Riscrivi le frasi con un aggettivo o pronome indefinito diverso che ha però lo stesso significato. Segui l'esempio e fa' i cambiamenti necessari.

ESEMPIO: Ho ricevuto *alcuni messaggi* divertenti da Nicola.
Ho ricevuto *qualche messaggio* divertente da Nicola.

1. Ho letto *alcune informazioni* interessanti sulla Sardegna.
2. C'è *qualche cosa di importante* sul clima.
3. *Tutte le cartoline* che manda Carlo sono speciali.
4. *Ognuno* deve decidere cosa vuole fare.
5. Hai fatto *qualche foto* digitale?

13.39 Le vacanze. Formulate domande e risposte per discutere di vacanze e viaggi. Usate alcuni aggettivi e pronomi indefiniti.

ESEMPI: S1: Conosci qualcuno che è stato in Italia?
S2: Conosco molte persone che sono state in Italia!

S1: Mi consigli alcuni ristoranti non troppo cari vicino alla spiaggia?
S2: Certo! Ce ne sono alcuni ottimi.

Scambi

13.40 In vacanza dove? Considera i tuoi gusti per quanto riguarda le vacanze indicate di seguito. Dove e come vorresti andare? Cosa vorresti fare? Perché? Poi a piccoli gruppi discutete le vostre preferenze.

a. al mare
b. in montagna d'estate o d'inverno
c. in crociera

13.41 In un agriturismo. Leggete la pubblicità dell'agriturismo *Alla vecchia fattoria* in Campania e immaginate di poter trascorrere lì alcuni giorni di vacanza. Cosa fareste? Spendereste molto o poco? Con chi andreste? Che informazioni chiedereste ai proprietari? Cosa portereste con voi?

Agriturismo
Alla vecchia fattoria

Offerta speciale:
Pensione completa per 3 giorni incantevoli.
Passeggiate a cavallo
Solo mezz'ora dal mare
Telefonate o scrivete per avere informazioni:
081 8664591 – e-mail: vecfattor@alice.it

Una bella villa di campagna restaurata, in zona tranquilla e silenziosa, ricca di località archeologiche interessanti. Cucina genuina e tradizionale della Campania. Potete anche acquistare alcuni prodotti locali.

13.42 Vacanze diverse. Ascolta la pubblicità alla radio di tre diversi posti di vacanza e completa le attività che seguono.

1. Ascolta una prima volta e scrivi il numero corrispondente ad ogni descrizione.

b. _____

a. _____

c. _____

2. Ascolta una seconda volta ed indica a quale descrizione corrispondono le caratteristiche seguenti.

	Descrizione 1	Descrizione 2	Descrizione 3
a. La cucina è ottima e genuina.			
b. Ci sono moltissimi chilometri di piste (*slopes*) per sciare.			
c. È situato in una località di mare.			
d. Il paesaggio ricorda opere d'arte antiche.			
e. Si trova vino buono e ottimo olio d'oliva.			
f. Non è necessario usare l'automobile e si può sciare dappertutto.			
g. I bambini non pagano.			
i. Si può giocare a tennis, si può nuotare e divertirsi in discoteca.			

13.43 Alcuni posti in Italia. Cercate informazioni sulle famose località italiane indicate e rispondete alle domande: (1) Sorrento e (2) Madonna di Campiglio.

1. Che mezzi dovreste prendere per arrivarci?
2. In che regione si trovano?
3. Perché sono posti famosi?
4. Cosa si può fare in questi posti per divertirsi?

ANDIAMO AVANTI!

🗣 *Ricapitoliamo*

● ●

13.44 In vacanza dove? Organizzate una vacanza ideale per le seguenti persone.

1. un gruppo di giovani che non hanno molti soldi

2. una coppia di professionisti che vuole soprattutto rilassarsi

3. una single che vuole divertirsi e conoscere gente

4. una famiglia con tre bambini

5. una coppia in luna di miele (*honeymoon*) con molti soldi

6. un esperto sciatore

13.45 In viaggio. Trova almeno un compagno/una compagna che ha fatto alcune delle seguenti esperienze di viaggio. Scopri i particolari.

1. Ha fatto una crociera.

2. Ha fatto un viaggio all'estero.

3. Ha fatto un viaggio in aereo in prima classe.

4. Ha perso l'aereo o il treno.

5. Ha aspettato più di quattro ore alla stazione o all'aeroporto.

6. Ha fatto un viaggio in bicicletta o in motocicletta.

13.46 Per andare in Italia. Scrivete una mail ad un amico italiano e chiedete consigli e suggerimenti per un viaggio ideale in Italia.

13.47 Promozione turistica. Lavorate per un ufficio del turismo italiano.

1. Prendete informazioni su una delle seguenti località: Capri, Ischia, Amalfi, Napoli. Prendete in considerazione:

   a. le attività

   b. l'arte

   c. la cucina

   d. i mezzi per arrivarci

   e. le sistemazioni

2. Preparate una pubblicità con parole e illustrazioni per convincere la gente a venire in vacanza nel posto che avete scelto.

📖 *Leggiamo*

Strategie di lettura: Reading a literary text

It is important to learn to recognize an Italian verb tense known as the **passato remoto**, which is used in most literary texts as well as in historical writings and some journalistic narratives. This tense is expressed by a one-word verb that indicates an action completed in the past.

Regular forms of the **passato remoto** are easy to identify because their stems are the same as that of the infinitive. For example, **mangiò** is the third-person singular **passato remoto** form of **mangiare**; **dovette** is a form of **dovere**; **partì** is a form of **partire**.

Many verbs have irregular forms in the **passato remoto**, although they, too, are usually easy to figure out. When you see an irregular form of the **passato remoto**, look at the beginning of the verb and consider what verbs you know that start with the same letter or letters. For example, if you see **disse**, think of what verbs you know that begin with **di-** and you can recognize that **disse** is the **passato remoto** of **dire**. Similarly, if you see **chiuse** and **scrisse**, think of verbs that begin with **chiu-** and **scri-** and you will be able to recognize that **chiuse** and **scrisse** are respectively forms of **chiudere** and **scrivere**. Most of all, the context can often help you to determine the meaning of many irregular verbs in the **passato remoto**.

Passato remoto		
andare	**dovere**	**partire**
and**ai**	dov**etti**	part**ii**
and**asti**	dov**esti**	part**isti**
and**ò**	dov**ette**	part**ì**
and**ammo**	dov**emmo**	part**immo**
and**aste**	dov**este**	part**iste**
and**arono**	dov**ettero**	part**irono**

Prima di leggere

13.48 Il racconto che segue parla di un uomo che va in vacanza in campeggio, dove conosce altre persone, in particolare una ragazza che gli piace molto. Poi tutto cambia con il cambiare delle stagioni. Prima di leggere, completa le attività che seguono.

1. I verbi seguenti hanno il passato remoto regolare. Indica qual è l'infinito: *presentò, invitò, accettarono, passarono, partirono, restò, pensò, partì, arrivò, cercò, andò, raccontò, dormì, si svegliò, tornò, incontrò, dovette.*

2. I verbi usati nelle frasi seguenti hanno un passato remoto irregolare. Indica qual è l'infinito corrispondente: *vedere, chiedere, fare, dire, rispondere.*

  a. Il cliente **disse** che era stato benissimo in quell'albergo.

  b. Il padre **chiese** cosa avevano fatto in vacanza e i ragazzi **risposero** che si erano divertiti tanto.

  c. In vacanza Mario **fece** fotografie ad ogni cosa che vedeva.

  d. Carla andò a Capri ma non **vide** la Grotta Azzurra.

 3. Leggete il paragrafo seguente e poi rispondete alle domande.

«Un giorno d'estate, un operaio di provenienza contadina (*from the country*) con labbra e denti belli e forti, essendo molto caldo e il ferragosto vicino, approfittò (*took advantage*) delle ferie al mobilificio (*furniture factory*) per andare al mare a Iesolo. Aveva quasi quarant'anni, era vedovo (*widower*) e non era mai stato in villeggiatura al mare.»

a. Descrivete il protagonista.

b. Cosa può succedere durante una vacanza al mare in campeggio?

c. Cosa può fare in vacanza una persona sola?

Mentre leggi

13.49 Mentre leggi tieni presenti i seguenti suggerimenti e completa le attività:

1. Leggi velocemente il testo una prima volta ed indica quali argomenti sono trattati nel testo.

    a. una vacanza al mare

    b. un uomo vede il mare per la prima volta

    c. un gruppo di amici conoscono un uomo che viaggia solo

    d. l'inquinamento del mare

    e. una fabbrica vicino al mare

2. Sottolinea i verbi al passato remoto.

3. Adesso leggi il racconto una seconda volta. Mentre rileggi, cerca nel testo le seguenti informazioni:

    a. quali sono i diversi luoghi del racconto

    b. cosa sappiamo del protagonista

    c. chi sono gli altri personaggi

Mare

Un giorno d'estate, un operaio di provenienza contadina con labbra e denti belli e forti, essendo molto caldo e il ferragosto vicino, approfittò delle ferie al mobilificio° per andare al mare a Iesolo. Aveva quasi quarant'anni, era vedovo° e non era mai stato in villeggiatura al mare. [. . .] — *furniture factory* / *widower*

    L'uomo si chiamava Bruno, aveva una tenda canadese abbastanza grande, tutta l'attrezzatura° e un'automobile: partì il mattino presto del giorno 7 e arrivò verso mezzogiorno. [. . .] Arrivò a Iesolo, cercò il camping Metropolis che però era pieno: insistendo perché non ne conosceva altri ebbe° lo spazio per la tenda (l'automobile dovette lasciarla lontano, in mezzo ai cespugli°) accanto alla rete° metallica che divideva l'interno del camping dalla strada. [. . .] — *equipment* / *he had* / *bushes* / *net*

    Il camping era affollatissimo, non c'era un metro quadrato libero e si considerò molto fortunato della sistemazione tanto fortunato che si stropicciò° le mani. È vero, c'era molta polvere°, nemmeno un filo d'erba ma tanta gente e bambini, della sua stessa condizione sociale, e anche molti operai tedeschi. [. . .] — *he rubbed* / *dust*

    Vide davanti a sé, proprio all'entrata del camping, una automobile con radiotelefono e una scritta sulle portiere. La scritta diceva: Corvo Selvaggio°. Andò dal capellone sorvegliante° nella garitta° d'entrata, accanto alla sbarra, — *Wild Raven* / *long-haired guard / gatehouse*

(continues on next page)

e si informò. Si avvicinò un uomo molto robusto, alto e muscoloso, era proprio lui Corvo Selvaggio e il ragazzo fece le presentazioni dicendo a Corvo Selvaggio che Bruno era un nuovo ospite°. [. . .]

[. . .] Alle cinque [Bruno] indossò il costume da bagno, consegnò° il portafoglio° al capellone sorvegliante e andò verso il mare attraverso le tende e le roulottes°. [. . .]

Tornò alla tenda, andò alla doccia (che era fredda), si rasò e poi si cambiò d'abito, si spruzzò in faccia un po' di profumo. All'entrata [del campeggio] incontrò Corvo Selvaggio che invece era in pantaloncini corti e canottiera° come al mattino. Parlava con delle ragazze, anche loro già pronte per uscire, ma, si sarebbe detto°, incerte sul da farsi e senza appuntamenti precisi. [. . .]

Corvo Selvaggio presentò Bruno alle ragazze, che erano quattro, e stettero° un po' lì a chiacchierare, le une° non conoscendo i propri progetti per la serata, né quelli di Bruno che a sua volta° non li conosceva. Bruno era un bell'uomo, dall'apparenza molto più giovane dei suoi anni, ma era timido, poco pratico, si vergognava° di unirsi alla compagnia delle ragazze che tra l'altro erano tutte molto giovani e carine, meno una. [. . .] «Qui vicino c'è una pizzeria birreria, c'è anche la pista da ballo» disse una delle ragazze che si chiamava Ines. [. . .]

Bruno chiacchierò molto con le ragazze che invece parlavano poco, ballò parecchio° (aveva passato la gioventù a partecipare a gare di ballo), così oltre alla birra le ragazze accettarono anche la pizza. [. . .] Maria Rita, che era la più vecchia delle quattro non era «malvagia°», ma la più bella era Ines che era anche la più giovane e quella che rideva di più. Nonostante la timidezza, la discrezione e le ragioni d'età Bruno pensò che era quella che gli piaceva di più. [. . .]

[. . .] Bruno frequentava spesso la tenda delle ragazze e gli piaceva Ines, non c'era niente da fare, lei aveva capito [. . .], e talvolta sbuffava°, talvolta accettava di andare a mangiare la pizza con lui. Bruno vide poco il mare e fece soltanto un bagno perché le ragazze stavano quasi sempre in tenda, a pettinarsi, a truccarsi, a cambiarsi e a scambiarsi i vestiti. Spesso Bruno faceva da cuoco quando le ragazze invitavano amici a mangiare in tenda: prima tutti lo chiamavano signor Bruno, poi Bruno e i ragazzi gli davano del tu. Bruno era felice, aveva fatto molto bene a scegliere Iesolo e il camping Metropolis [. . .]

Il diciotto di agosto le ragazze partirono, Bruno restò ancora due giorni (il camping si era svuotato°) poi partì anche lui. [. . .]

Bruno tornò in mobilificio: passò settembre, ottobre, novembre e quasi tutto dicembre. Si era tenuto in contatto con Ines, scrisse due cartoline, una dal lago Maggiore, telefonò una volta alla Pi-Erre, dove Ines lavorava: era stata gentile, l'aveva invitato ad andarla a trovare°.

Il giorno 31 di dicembre Bruno pensò di andarla a trovare, in fondo erano solo cinque ore di macchina. Arrivò al paese di Ines che era vicino a Iesolo, cercò la sua casa all'indirizzo che aveva ma Ines non c'era, la madre gli disse che era andata in montagna con la compagnia. Bruno mangiò in una trattoria del paese dove alla sera si facevano grandi feste [. . .] e dormì in un albergo verso Iesolo. Il mattino dopo andò a Iesolo per rivedere il camping. Lo trovò a stento°, tutto era deserto e irriconoscibile. [. . .] Le strade erano piene di sabbia° portata dal vento, a piccole dune, non c'era musica, non c'era una macchina, non un profumo, nulla.

Margin glosses:
guest
gave
wallet
campers
undershirt
one would have said
remained
the first ones [the girls]
in turn
was embarrassed
a lot
bad
snorted
emptied
visit
with difficulty
sand

(Goffredo Parise, *Sillabario n. 2*, Mondadori 1982)

Dopo la lettura

13.50 Dopo aver letto il racconto, completa le attività.

1. Osservate i verbi al passato remoto che avete sottolineato. Le azioni e gli eventi a cui si riferiscono sono passati da molto tempo o da poco?

2. Le frasi seguenti indicano gli avvenimenti principali del racconto. Organizzale in ordine cronologico.

   a. Bruno è di nuovo solo.

   b. Bruno conosce quattro ragazze.

   c. Bruno balla con le ragazze.

   d. Bruno decide di andare in vacanza in campeggio.

   e. A Bruno piace Ines, la ragazza più giovane.

   f. Bruno va a trovare Ines.

   g. Bruno scopre che d'inverno il campeggio è un posto desolato.

   h. Bruno e Ines si parlano al telefono.

3. Discutete come cambia il campeggio dall'estate all'inverno e perché.

4. Avete mai avuto un'esperienza simile a quella di Bruno? Come? Dove? Con chi?

Scriviamo

● ●

Strategie per scrivere: Comparing and contrasting

Very often our descriptions are based upon making comparisons and establishing contrasts. Comparing and contrasting can also be useful in conveying our opinions and ideas and trying to persuade others to share them. To make effective use of comparisons and contrasts in your own writing, select carefully the elements that you want to compare. Then consider how they resemble each other and how they differ, and decide which comparative and superlative forms that you have learned can be used to convey these essential points.

Vacanze. Per esprimere le tue opinioni sulle vacanze scegli uno degli argomenti seguenti.

In vacanza dove?

Un tuo amico/Una tua amica è indeciso/a su dove andare in vacanza. Scrivigli/Scrivile un messaggio in cui paragoni un posto nel tuo Paese e un posto in un altro Paese che conosci bene. Spiegagli/spiegale dove dovrebbe andare secondo te e perché.

La vacanza più bella.

Sei in vacanza in un posto favoloso e scrivi una lettera a casa per descrivere la tua esperienza. Spiega perché questa vacanza è più bella e interessante delle altre precedenti.

Prima di scrivere

13.51 Scegli uno dei due argomenti indicati e segui i suggerimenti:

1. Fa' una breve lista degli aspetti che vuoi descrivere e paragonare. Per esempio, se scegli due posti o tipi di vacanza, puoi prendere in considerazione: i mezzi di trasporto, gli alberghi, le attività, le altre persone.

2. Considera la lista che hai preparato e prendi dei brevi appunti. Pensa ad esempi concreti che puoi fare. Per esempio, se vuoi paragonare gli alberghi, considera dove sono, le camere, che cosa offrono. Se vuoi paragonare le attività, decidi quali sono più adatte ad una persona più o meno sportiva.

La scrittura

13.52 Scrivi una prima stesura e usa gli appunti che hai preparato.

1. Descrivi accuratamente i posti che hai scelto.

2. Usa gli elementi necessari per giustificare il paragone.

3. Presenta esempi concreti.

La versione finale

13.53 Leggi la prima stesura.

1. Hai espresso con chiarezza i paragoni?

2. Hai presentato particolari sufficienti per dimostrare le tue idee?

3. Adesso correggi il testo attentamente. Controlla se hai scritto le parole correttamente, l'uso degli articoli, l'accordo degli aggettivi e dei nomi, le forme dei verbi.

Guardiamo

Strategie per guardare: Focusing on key words

When you listen to people speaking Italian, you probably will not understand everything they are saying. However, it is likely that you will always recognize at least some words and expressions, either because you have studied them or because they are similar to words you know in English. Remember to concentrate on distinguishing key words that you can understand or guess from the context, instead of worrying about what you do not grasp. This approach will help you to get the gist of what you are hearing.

Prima di guardare

13.54 In questo videoclip alcune persone raccontano esperienze di viaggi.
Prima di guardare completa le attività seguenti:

1. Che cosa fa l'animatore in un villaggio turistico?
   a. prepara i pasti e dà consigli sul cibo
   b. organizza il tempo libero dei turisti

2. A che cosa serve la carta verde?
   a. ai giovani per pagare meno il treno
   b. agli studenti per viaggiare gratis

3. A cosa corrisponde la cabina di una nave da crociera?
   a. alla carrozza ristorante
   b. ad una stanza d'albergo

4. In genere, cosa succede se arriviamo tardi all'aeroporto?

5. Fate un esempio concreto per ognuna delle espressioni seguenti:
   un'avventura strana, un viaggio indimenticabile, il deserto, la modernità.

Mentre guardi

13.55 Mentre guardi fa' particolare attenzione alle parole che riconosci.
Completa le frasi seguenti:

1. A Vittorio piace viaggiare
   a. solo in Italia.
   b. in Italia ed in Europa.

2. Il Paese preferito da Emma è il Messico perché
   a. la gente è molto socievole.
   b. il tempo è sempre bello.

3. Laura ha fatto una crociera
   a. sul Mediterraneo in Grecia.
   b. sul Nilo in Egitto.

4. Ilaria ha perso
   a. il treno.
   b. l'aereo.

5. Plinio ha fatto
   a. alcuni viaggi indimenticabili.
   b. tanti viaggi tutti tranquilli.

Dopo aver guardato

13.56 Rispondi alle domande che seguono.

1. Quanti posti menziona Vittorio? Quali sono alcune ragioni dei suoi viaggi?

2. In quanti Paesi e città è stata Emma?

13.57 Ricostruite il racconto di Ilaria e raccontate se avete avuto un problema simile.

13.58 Quando Plinio è nel deserto in Cina, osserva che «La modernità non ti basta più». Che cosa significa questa frase?

1. Ci sono situazioni in cui la tecnologia moderna non ci può aiutare.

2. Qualche volta rifiutiamo tutto ciò che è moderno.

3. A volte vorremmo tornare ad un sistema di vita più tradizionale.

Attraverso La Campania

The ancient Romans called the Campania region **Campania felix**, *fertile country-side,* because of its rich volcanic terrain, mild climate, beautiful bays, coasts, and islands. Greeks and Romans settled here at different times and left behind traces of their cultures.

Because of its natural beauty and artistic and architectural treasures from many eras, Campania is a favorite spot of both scholars and tourists. Campania is famous as well for its coral jewelry and china products from Capodimonte. Also, for many throughout the world, its signature dishes—**maccheroni, spaghetti alle vongole, pizza, calzoni**, and **mozzarella di bufala**—are synonymous with Italian cuisine.

Veduta notturna della vivace piazzetta di Capri. Capri è probabilmente una delle isole più famose del mondo. I turisti ci vengono per passeggiare fra le sue incantevoli stradine e per vedere la Grotta Azzurra e i Faraglioni, due grandi scogli (*reefs*) in mezzo al mare. A Capri si trovano anche resti di monumenti romani, come ad esempio la villa dell'imperatore Tiberio. Altre isole nel golfo di Napoli sono Procida e Ischia.

I resti (*ruins*) del Tempio di Iside (*Isis*) a Pompei. Ancora oggi nelle città museo di Pompei ed Ercolano, seppellite (*buried*) dall'eruzione del Vesuvio nel 79 d.C., è possibile ritrovare tutto lo splendore e la ricchezza della civiltà romana. In tutti e due i paesi, che erano luogo di vacanza di ricchi romani, ci sono i resti di bellissime ville e templi.

La pittoresca cittadina di Positano, lungo la Costiera Amalfitana, con le sue case colorate e la sua bella spiaggia. I piccoli centri lungo la Costiera Amalfitana sono costruiti su terrazze e circondati da fiori e alberi. Amalfi, uno dei centri più famosi, era una volta un'importante Repubblica Marinara.

Vista della baia di Napoli e del Vesuvio. Nei numerosi monumenti e tesori artistici di Napoli è possibile riconoscere le tracce dei vari popoli ed epoche storiche, dai greci ai Borboni, che influenzarono questa città. «Vedi Napoli e poi muori (*die*)»: questo antico detto descrive in poche parole la passione e l'entusiasmo che sentono i napoletani ed i numerosi turisti che la visitano per questa magnifica città con la sua bellissima baia ed i pittoreschi e vivaci quartieri popolari.

Verifichiamo

13.59 Chissà perché? Spiega perché:

1. Molti studiosi di civiltà antiche visitano la Campania.
2. La Campania è un ottimo luogo di villeggiatura per le persone che amano il mare.
3. Pompei era una città importante.
4. La Costiera Amalfitana è molto famosa.
5. Tanti turisti visitano Capri.

13.60 E nel tuo Paese? Ci sono zone simili alla Campania nel tuo Paese?

G 13.61 La vacanza ideale. Organizzate una vacanza ideale in Campania. Dove andreste? Cosa fareste?

Vocabolario

I mezzi di trasporto

l'aliscafo	hydrofoil
l'autostrada	freeway/highway
il binario	train track
cambiare treno	to change trains
la carrozza ristorante	restaurant car
la cuccetta	sleeping berth
il distributore di benzina	gas station
fare benzina	to get gas
fare il pieno	to get a full tank (of gas)
fare una crociera	to go on a cruise
la fermata dell'autobus	bus stop
la nave	ship, boat
noleggiare un'automobile	to rent a car
il porto	port, harbor
la prima/la seconda classe	first/economy class
il traghetto	ferry
il vagone letto	sleeping car

Per descrivere i mezzi di trasporto

adatto/a	appropriate
comodo/a	comfortable, convenient
conveniente	advantageous
disponibile	available
economico/a	inexpensive
efficiente	efficient
faticoso/a	tiring
lento/a	slow
pericoloso/a	dangerous
semplice	simple
veloce	fast

Espressioni alla stazione

Scusi, a che ora c'è la coincidenza per. . .?	Excuse me, at what time is the connection for. . .?
Da quale binario parte?	Which track is it leaving from?
C'è posto in seconda?	Is there a seat in economy class?
Vietato fumare.	No smoking.

Gli alberghi e altri tipi di soggiorno

l'asciugamano	towel
la camera singola, doppia/matrimoniale con/senza bagno	single, double room with/without bathroom
il campeggio/il camping	camping
i comfort	amenities
la connessione Internet	Internet connection
l'impiegato/l'impiegata	clerk
incantevole	delightful
l'ostello	hostel
pagare con la carta di credito	to pay with a credit card
la pensione	bed and breakfast
il residence	apartment hotel
il sacco a pelo	sleeping bag
i servizi	conveniences; restrooms
la spiaggia privata	private beach
la tenda	tent
il villaggio turistico	resort
la vista sul mare	ocean view

Espressioni in albergo

Ci sono camere libere?	Do you have rooms available?
Avete/Hanno la prenotazione?	Do you have a reservation?
Quanti giorni pensa di restare?	How many days do you think you will stay?
Mi dispiace, è tutto esaurito.	I am sorry, there is no vacancy.
La colazione è compresa nel prezzo?	Is breakfast included?

Le vacanze

abbronzarsi*	*to get a suntan*
affascinante	*fascinating*
l'agriturismo	*vacation on a farm*
la crema abbronzante	*suntan lotion*
il costume da bagno	*bathing suit*
fare	
una scalata	*to go mountain climbing*
windsurf	*to go wind surfing*
la località	*site, place*
la maschera	*mask*
il motoscafo	*motorboat*
gli occhiali da sole	*sunglasses*
l'ombrellone	*beach umbrella*
le pinne	*swimming fins*
gli scarponi da montagna	*hiking boots*
il sentiero di montagna	*mountain trail*
silenzioso/a	*quiet*
la spiaggia	*beach*
splendido/a	*splendid*

Quante cose da fare in città!

Lo sai che?

◆ Fare acquisti
◆ La piazza italiana

VIsta panoramica della città di Messina

IN THIS CHAPTER YOU WILL LEARN HOW TO:

◆ Talk about where to shop
◆ Give orders and instructions
◆ Give and follow directions to get around town
◆ Tell where to go for different services
◆ Talk about shopping for clothes

PERCORSO I
FARE ACQUISTI IN CITTÀ

Vocabolario: Compriamolo in centro!

Il centro della città

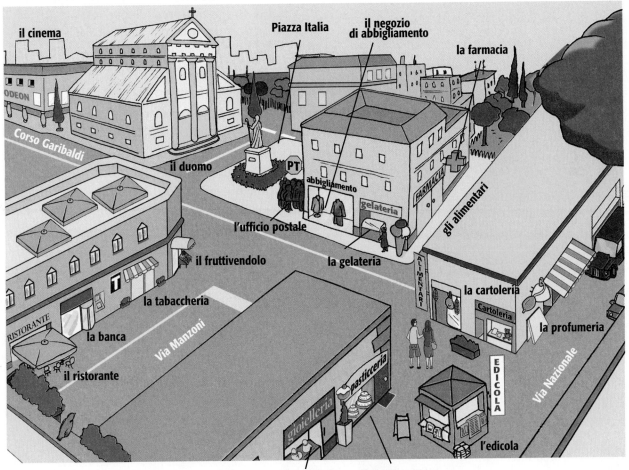

GIOVANNA: Che dici, Carlo, dove compro la torta? Vado in centro?

CARLO: Sì, **comprala** nella pasticceria all'angolo di via Nazionale. Le fanno buonissime! Intanto io penserò al gelato.

GIOVANNA: Bravo, grazie, ma **vacci** subito, ti prego! È tardi!

Negozi e rivenditori

il centro commerciale *mall*

il/la farmacista *pharmacist*

il forno, la panetteria *bakery*

i grandi magazzini *department store*

la macelleria *butcher shop*

il mercato all'aperto *open-air martket*

la rosticceria *rotisserie*

la salumeria *delicatessen, deli*

il supermercato *supermarket*

Fare spese

gli affettati *cold cuts*
l'anello *ring*
la collana *necklace*
il dentifricio *toothpaste*
i prodotti alimentari *food items*
il profumo *perfume*
il sapone *soap*
lo spazzolino da denti *toothbrush*
il rasoio *razor*

I contenitori

un barattolo (di) *a jar (of)*
una busta (di) *a bag (of)*
una lattina (di) *a can (of)*
un pacco/un pachetto (di) *a (small) package (of)*
una scatola (di) *a box (of)*
una vaschetta (di) *a small tub (of)*

Indicating location

all'angolo (di) *at the corner (of)*
a fianco di *beside, next to*
in fondo a *at the end of*

Così si dice: **Per chiedere gentilmente**

Remember that the conditional in the form of a question can be used to make polite requests: **Mi compreresti un chilo di mele?** *Would you buy me a kilo of apples?* Or, you can use the conditional of **potere** + infinitive. **Mi potrebbe portare mezzo litro di vino?** *Could you bring me a half liter of wine?*

Così si dice: **Pesi e misure**

The metric system is used in Italy. When purchasing food, to specify how much you want of an item, express the quantity according to the metric system followed by **di: Vorrei un chilo di pane, mezzo chilo di farina, due etti di prosciutto e un litro di olio extra vergine.** *I would like a kilo of bread, a half a kilo of flour, two hundred grams of prosciutto, and a liter of extra virgin olive oil.*

1 chilo (kg) = 1.000 grammi (g) (2.2 pounds)
1 etto = 100 grammi (3.5 ounces *approx.*)
l litro (l) = (1 quart *approx.*)

14.1 Dove andiamo per? Indicate dove andate in città per fare le seguenti attività: fare acquisti, mangiare e bere, divertirvi.

14.2 Associazioni. Indica tutte le cose e persone che associ con i negozi e le strutture seguenti.

1. un grande magazzino
2. un supermercato
3. un bar
4. un cinema
5. una libreria
6. un teatro
7. un negozio di alimentari
8. un ristorante
9. un negozio di abbigliamento
10. un forno

14.3 Dove lo potrei comprare? Spiega a uno studente straniero dove potrebbe comprare le seguenti cose in Italia.

1. una rivista
2. il sapone
3. le sigarette
4. il profumo
5. le mele
6. della carne
7. l'aspirina
8. un gelato
9. i panini
10. il prosciutto
11. una torta
12. un anello
13. una scheda telefonica
14. delle penne e delle matite
15. i biglietti per l'autobus

14.4 Dov'è? Indicate con un abbozzo (*sketch*) dove sono situate le seguenti strutture.

1. La gelateria è fra la cartoleria e la pasticceria.
2. La gioielleria è in fondo alla strada, di fronte alla banca e a sinistra del bar.
3. La rosticceria è all'angolo, a fianco del forno.
4. Il supermercato è dietro al cinema, a destra della macelleria.
5. La farmacia è di fronte ai grandi magazzini, vicino al fruttivendolo.

14.5 Che cosa hai comprato? Sei andato/a al supermercato a fare la spesa. Guarda i disegni e spiega a un compagno/una compagna che cosa hai comprato. Non dimenticare di specificare il tipo di contenitore.

In contesto: Spese in città

Cecilia è a casa con il raffreddore (*cold*). Paola, una sua amica, va a farle visita e le domanda se ha bisogno di qualcosa.

PAOLA: Povera Cecilia! Stai proprio male, vero? Hai bisogno di qualcosa?

CECILIA: Beh! Veramente non esco da parecchi giorni e in casa non ho più niente. Non è che potresti andare in centro a prendermi un po' di cose?

PAOLA: Sì, certo! Dimmi cosa ti serve.

CECILIA: Mi serve il pane. Fammi un piacere, va' al forno in centro, quello vicino al fruttivendolo che conosci anche tu, e compramene un chilo.

PAOLA: Va bene! Che tipo di pane vuoi?

CECILIA: Quello integrale°, e per piacere, al ritorno, fermati alla pasticceria qui all'angolo e prendi delle paste alla crema.   *whole grain*

PAOLA: Quante ne vuoi?

CECILIA: Prendine sei.

PAOLA: Hai bisogno d'altro?

CECILIA: Beh, veramente avrei anche bisogno di due etti di parmigiano grattugiato e un paio di fettine di vitello, eh. . . ! Ah, sì! avevo dimenticato, portami anche una bottiglia di acqua minerale.

PAOLA: La carne dove la compro? Al supermercato?

CECILIA: No, non comprarla al supermercato! Comprala alla macelleria in fondo alla piazza. Quella di fronte all'ufficio postale. Ah! e mi potresti portare il giornale e alcune riviste? Mi sto proprio annoiando.

PAOLA: Certo! C'è altro?

CECILIA: Magari se mi viene in mente qualche altra cosa poi ti telefono. Ce l'hai acceso° il telefonino, vero? Ah! sì! le aspirine.

turned on

PAOLA: Certo che non hai proprio niente in casa!

14.6 In giro per la città. Trova informazioni nel dialogo per giustificare le seguenti affermazioni.

1. Cecilia non esce di casa da alcuni giorni.
2. Cecilia ha molta fame.
3. Paola e Cecilia sono buone amiche.
4. Paola è una ragazza generosa e molto disponibile (*available*).
5. Cecilia è una ragazza un po' difficile.
6. Cecilia e Paola abitano nella stessa città.

14.7 Dove deve andare? Fa' una lista di tutti i posti dove Paola deve andare. Cosa comprerà in ogni posto? Dove andresti tu per comprare le stesse cose nella tua città?

𝓛o sai che? Fare acquisti

Negli ultimi anni risulta che il 76 per cento degli italiani fa la spesa al supermercato. In tutte le città italiane infatti ci sono supermercati di grandezza media o anche molto grandi che offrono prodotti di marche (*brands*) ben conosciute. Sono sempre più popolari anche i supermercati discount, che, a prezzi piuttosto bassi, vendono per lo più prodotti di marche sconosciute e in grandi quantità.

Gli ipermercati e i centri commerciali si trovano in genere alla periferia della città, occupano spazi molto vasti e sono provvisti di ampi parcheggi. Stanno diventando sempre più popolari, perché ci si può trovare di tutto e ci si arriva facilmente in macchina.

Nelle grandi città sono sempre meno gli italiani che fanno la spesa nei piccoli negozi della zona dove abitano. Invece nelle piccole città e nei paesi molti preferiscono ancora i negozi di quartiere, dove possono fermarsi a discorrere (*to chat*) e dove i prodotti alimentari sono più freschi e genuini, anche se generalmente più cari.

Per gli acquisti di abbigliamento, gli italiani continuano a preferire i piccoli negozi, anche se i grandi magazzini sono sempre più popolari. Fra questi la **Rinascente** e la **Coin**, oltre ai capi di vestiario, vendono anche profumi e cosmetici, mobili ed oggetti per la casa.

In tutte le città, grandi o piccole, ci sono i mercati all'aperto dove si possono comprare vestiti, prodotti per la casa, formaggi, frutta e verdura a buon mercato (*at an affordable price*). Spesso i prodotti alimentari che si trovano in questi mercati provengono dalle campagne vicine e sono quindi più buoni e genuini.

👥 **14.8 E nel tuo Paese?** Discutete e paragonate come si fanno acquisti in Italia e nel vostro Paese. Trovate almeno tre differenze.

Occhio alla lingua!

1. Reread Giovanna's and Carlo's conversation on p. 435. Are they addressing each other formally or informally?

2. What do the verbs in bold express in the exchange between Carlo and Giovanna? Can you tell what **"ci"** and **"la"** refer to? What do you notice about their placement in the sentence?

3. Reread the *In contesto* conversation and underline all the imperative verb forms. What direct- and indirect-object pronouns are used with these verbs? Indicate what nouns these object pronouns replace.

Grammatica

●●

Il plurale di nomi e aggettivi

In Capitolo 2 and Capitolo 3, you learned that most nouns and adjectives form the plural by changing their final vowel. For example: **il supermercato → i supermercati; la panetteria → le panetterie; il/la turista → i turisti/le turiste.**

1. You also have learned that most masculine nouns and adjectives that end in **-co** and **-go** form the plural in **-chi** and **-ghi**.

il par**co**	i par**chi**	bian**co**	bian**chi**
l'alber**go**	gli alber**ghi**	lar**go**	lar**ghi**

   However, the plural of nouns and adjectives that end in **-ico** is **-ici**, if the stress is not on the syllable that precedes **-co**.

il mec**canico**	i meccan**ici**	sim**patico**	simpat**ici**
il me**dico**	i med**ici**	anti**patico**	antipat**ici**

   There are some exceptions to this rule:

l'am**ico**	→	gli am**ici**
il nem**ico**	→	i nem**ici** (*enemies*)

2. As you have learned, most nouns and adjectives that end in **-ca** and **-ga** form the plural in **-che** and **-ghe**.

la ban**ca**	le ban**che**	simpati**ca**	simpati**che**
la bibliote**ca**	le bibliote**che**	antipati**ca**	antipati**che**
la tar**ga** (*license plate*) le tar**ghe**		lun**ga**	lun**ghe**

3. As you may have noticed, most nouns that end in **-io** form the plural in **-i**. However, nouns that end in **-io** form the plural with **-ii** when the **-i** is stressed in the singular.

l'uffic**io** postale	gli uffic**i** postali	il negoz**io**	i negoz**i**
lo z**ìo**	gli z**ìi**	l'add**ìo**	gli add**ìi**

   Nouns ending in **-ia** also retain the **-i** in the plural when the **-i** is stressed in the singular.

la profumer**ìa**	le profumer**ìe**	la farmac**ìa**	le farmac**ìe**
la tabaccher**ìa**	le tabaccher**ìe**	la pasticcer**ìa**	le pasticcer**ìe**

4. Some masculine nouns that end in **-a** form the plural in **-i.** These nouns derive from Greek and usually end in **-ma** and **-ta**.

il cli**ma**	i cli**mi**	il proble**ma**	i proble**mi**
il diplo**ma**	i diplo**mi**	il dilemma	i dilem**mi**
il poe**ta**	i poe**ti**	il siste**ma**	i siste**mi**
il program**ma**	i program**mi**	il te**ma**	i te**mi**

5. Remember that nouns and adjectives that end in a consonant or an accented vowel do not change in the plural. Nouns that are abbreviated are also invariable in the plural.

il ba**r**	i ba**r**	il caff**è**	i caff**è**
l'universit**à**	le universit**à**	l'aut**o**(mobile)	le aut**o**
la bic**i**(cletta)	le bic**i**	il cine**ma**(tografo)	i cine**ma**

14.9 Che cos'è? Leggi le seguenti descrizioni e indica di quale struttura si tratta. Poi spiega quante di queste strutture ci sono nella tua città o nel tuo campus.

ESEMPIO: I bambini ci giocano.
          Il parco. Ci sono molti parchi nella mia città.

1. Ci compriamo le medicine.
2. Ci compriamo le torte e le paste.
3. Ci compriamo i francobolli.
4. Ci compriamo gli anelli e altri gioielli.
5. Ci compriamo la carne.
6. Ci compriamo il cibo cotto e gli affettati.
7. Ci compriamo il gelato.
8. Ci dormiamo quando siamo in viaggio.
9. Ci andiamo per trovare e leggere libri.
10. Ci studiamo dopo il liceo.
11. Ci compriamo il profumo e i cosmetici.
12. Ci compriamo i quaderni, le penne e le matite.

L'imperativo informale con i pronomi

In Capitolo 9, you learned that the imperative forms of verbs are used to give orders, instructions, and suggestions. You also learned that, when addressing friends and family members, the informal forms of the imperative are used. Reflexive, direct-, and indirect-object pronouns—with the exception of **loro**—are always attached to the affirmative forms of the informal imperative. **Loro** is never attached to the imperative. It always follows the verb.

—Ferma**ti** al bar all'angolo!   —*Stop at the bar at the corner!*

—Devo **comprarti la scheda telefonica?**   —*Do I have to buy you a calling card?*

—Sì, compra**mela**, per favore.   —*Yes, buy it for me, please.*

—Dobbiamo portar**gli la carne**?	—*Do we have to bring him the meat?*
—Sì, portate**gliela**!	—*Yes, bring it to him!*
—Dobbiamo dir**le il nome del negozio**?	—*Do we need to tell her the name of the store?*
—Sì, diciamo**glielo**!	—*Yes, let's tell it to her!*
—Devo portare **la torta alle signore**?	—*Do I have to bring the ladies the cake?*
—Sì, porta**la loro**.	—*Yes, bring it to them.*

1. In the negative form, pronouns can immediately precede the imperative or can be attached to it. Notice that in the **tu** form, the final **-e** of the infinitive is dropped before adding the pronoun.

Non venir**ci**! Non **ci** venire!	*Don't come (here)!*
Non far**glielo**! Non **glielo** fare!	*Don't do it for him / her.*
Non date**melo**! Non **me lo** date!	*Don't give it to me!*
Non scriviamo**glielo**! Non **glielo** scriviamo!	*Let's not write it to him / her.*

2. When pronouns are attached to imperatives that have only one syllable—**di', da', fa', sta', va'**—the first consonant of the pronoun is doubled. **Gli** is never doubled.

Da**mmi** la rivista! Da**mmela**!	*Give me the magazine! Give it to me!*
Fa**lle** un favore! Fa**glielo**!	*Do her a favore! Do it for her!*
Va**cci** e sta**cci** un mese!	*Go there and stay there for a month!*

Remember:

Ne is used to replace a direct object preceded by a quantity. A specific or approximate quantity often follows **ne**.

—Devo portare **del** vino?	—*Do I have to bring some wine?*
—Sì, porta**ne un po'**.	—*Yes, bring some (of it).*

14.10 Cosa deve portare? Stasera fai una festa a casa tua. Una tua amica ti chiede cosa deve portare. Rispondile, abbinando le risposte della colonna B alle domande della colonna A.

A	**B**
1. Devo portare le paste?	**a.** Sì, portane!
2. Devo portare l'acqua?	**b.** Sì, portalo!
3. Devo portare il vino?	**c.** Sì, portali!
4. Devo portare delle torte?	**d.** Sì, portale!
5. Devo portare i dolci?	**e.** Sì, portala!

14.11 Dove posso comprarlo? Alcuni studenti stranieri ti chiedono dove possono comprare le seguenti cose in Italia. Rispondi alle loro domande. Usa l'imperativo e sostituisci ai nomi i pronomi.

ESEMPI: —Dove posso comprare la carne?
            —Comprala alla macelleria!

            —Dove possiamo comprare la frutta?
            —Compratela dal fruttivendolo!

1. Dove posso comprare un anello per mia madre?
2. Dove possiamo comprare il caffè?
3. Dove posso comprare le scarpe?

   4. Dove possiamo comprare le aspirine?

   5. Dove posso comprare un regalo per mio fratello?

   6. Dove possiamo comprare un profumo italiano?

   7. Dove posso comprare le verdure fresche?

   8. Dove possiamo mangiare un buon gelato?

   9. Dove posso comprare un rasoio?

  10. Dove possiamo comprare il dentifricio?

14.12 Hai bisogno di qualcosa? Una tua amica va in centro e ti domanda se hai bisogno delle seguenti cose. Rispondi alle sue domande. Usa l'imperativo e sostituisci ai nomi i pronomi.

ESEMPIO: S1: Devo comprarti la carne?

              S2: Sì, compramela! (No, non comprarmela! No, non me la comprare!)

   1. Devo comprarti due etti di prosciutto?

   2. Devo portarti alcune bottiglie di acqua minerale?

   3. Devo comprarti una rivista?

   4. Devo comprarti le aspirine?

   5. Devo comprarti una torta?

   6. Devo portarti un pacco di biscotti?

   7. Devo portarti una scatola di pasta?

   8. Devo portarti alcune lattine di Coca-Cola.

14.13 La cena. Hai invitato il tuo insegnante d'italiano e i tuoi compagni di classe a cena a casa tua. I tuoi compagni ti chiedono cosa possono fare per aiutarti. Rispondi alle loro domande e digli che cosa devono fare. Sostituisci ai nomi i pronomi.

   1. Dobbiamo mettere i piatti buoni sul tavolo?

   2. Devo fare una torta?

   3. Devo pulire l'appartamento?

   4. Dobbiamo servire gli spaghetti agli ospiti?

   5. Devo darti dei soldi?

   6. Devo servire il vino agli ospiti?

   7. Devo andare al supermercato?

   8. Devo dare agli ospiti il nostro indirizzo?

🍷 Scambi

14.14 La spesa. Alcune persone fanno la spesa in vari negozi. Ascolta le loro conversazioni due volte e completa la scheda che segue indicando in quale negozio sono, che cosa comprano e quanto spendono.

	Negozio	Prodotti	Quanto spendono
Conversazione 1			
Conversazione 2			
Conversazione 3			

G 14.15 **Una festa indimenticabile.** Organizzate una festa. Decidete dove la farete e perché. Poi fate una lista delle cose che dovrete fare prima della festa, durante la festa e dopo la festa. Decidete anche che cosa servirete agli ospiti e dove potrete comprare ogni cosa. Poi dividete i compiti e insieme decidete chi farà che cosa.

2 14.16 **Aiuto! Mi servono molte cose!** Oggi hai molte commissioni da sbrigare (*to take care of*) in centro, ma non stai bene. Un amico/Un'amica si offre di aiutarti. Prima prepara una lista delle cose che ti servono. Poi, a coppie, ricostruite la conversazione con l'amico/amica. Usate la conversazione a pagina 437 come modello.

G 14.17 **Sondaggio.** E i tuoi compagni fanno le spese come gli italiani? Completa il sondaggio che segue e poi paragona i tuoi risultati con quelli dei tuoi compagni.

Sondaggio

1. Dove fai acquisti? Con quale frequenza: Ogni giorno? Spesso? Una volta alla settimana? Raramente?

Dove	La frequenza
supermercato	_____
ipermercato	_____
grandi magazzini	_____
negozi di quartiere	_____
centro commerciale	_____
mercato all'aperto	_____

2. Indica con un numero da 1 a 5 quali di queste cose sono importanti per te quando fai spese.
   a. _____ la convenienza
   b. _____ l'accessibilità
   c. _____ il parcheggio
   d. _____ la qualità dei prodotti
   e. _____ il rapporto personale con il negoziante
   f. _____ un nome famoso

PERCORSO II
IN GIRO PER LA CITTÀ

Vocabolario: Scusi, per andare . . . ?

Muoversi in città

chiedere / dare indicazioni *to ask / give directions*

la piantina / la mappa *city map*

Dare e seguire indicazioni

andare (sempre) dritto *to go straight (to keep going straight)*

attraversare la piazza / il ponte *to cross the square / the bridge*

continuare *to continue*

dopo il ponte *after the bridge*

È proprio qui / qua / lì / là *It's right here / there*

fino a *up to*

girare a destra / a sinistra *to turn right / left*

prendere la prima / la seconda . . .strada / via / traversa *to take the first / second . . .road / street / crossroad*

proseguire *to continue*

il primo / il secondo semaforo *first / second traffic light*

la piazza *square*

Commissioni in città

il bancomat *ATM*

la cassetta delle lettere *mailbox*

cambiare un assegno *to cash a check*

la cartolina *postcard*

la cassa *cash register*

depositare *to deposit*

firmare *to sign*

il francobollo *stamp*

imbucare *to mail*

il pacco *package*

prelevare dei soldi / del contante *to withdraw money / cash*

 14.18 Che cosa? Indicate tutte le commissioni che si possono fare in città e dove si possono fare.

14.19 Quali? Quali verbi si possono usare con le seguenti indicazioni?

1. _____ la piazza, il ponte, l'incrocio

2. _____ dritto

3. _____ a destra, a sinistra

4. _____ la prima strada, la prima traversa

14.20 Che cos'è? Abbina la parola della colonna A con la definizione della colonna B.

A

1. il bancomat
2. i francobolli
3. le cartoline
4. la cassetta delle lettere
5. la cassa

B

a. Ci mettiamo le lettere che vogliamo spedire.
b. Le scriviamo quando facciamo un viaggio.
c. Li mettiamo sulle buste, le cartoline e i pacchi.
d. Lo usiamo per prelevare i soldi quando non vogliamo entrare in banca.
e. È dove paghiamo quello che compriamo.

In contesto: In giro per Catania

La signora Bellini e la signora Settembrini sono venute a Catania per vedere la città. Hanno appena visitato il Duomo, dedicato a S. Agata, la santa patrona della città, con la bellissima facciata del Vaccarini[1]. Adesso sono sedute in un bar in Piazza del Duomo. Scrivono delle cartoline agli amici in Italia e all'estero e discutono cosa fare.

SIG. BELLINI: Questa cartolina della Badia di S. Agata voglio mandarla a Beppe. Vuoi firmarla?

SIG. SETTEMBRINI: Sì, dammela! E ora, cosa vogliamo fare? Andiamo a fare delle spese in Via Etnea[2]?

SIG. BELLINI: Sì, va bene, andiamoci! Però prima imbuchiamo le cartoline. Ho visto una tabaccheria lì all'angolo dove comprare i francobolli. Sai quanto costa spedire una cartolina a Los Angeles?

SIG. SETTEMBRINI: No, non lo so. Perché non cerchiamo un ufficio postale? Ce ne dovrebbe essere uno qui vicino. Fammi vedere la piantina.

SIG. BELLINI: Io devo trovare un bancomat. Non ho più soldi. Facciamo una cosa. So che qui vicino ci dovrebbe essere Via Crociferi, che vorrei vedere perché è considerata la via del Barocco catanese per eccellenza. Ci sarà senz'altro un bancomat da quelle parti.

SIG. SETTEMBRINI: Va bene! Magari troviamo anche un ufficio postale. Possiamo andare a piedi?

SIG. BELLINI: Non lo so. Chiediamo a quel signore. Senta, scusi saprebbe dirmi come arrivare a Via Crociferi?

SIGNORE: Prenda questa via qui a destra, Via Vittorio Emanuele II e vada sempre dritto; alla seconda traversa giri a destra e prosegua dritto. Poi prenda la prima a sinistra e poi sempre dritto e troverà Via Crociferi lì in fondo.

SIG. BELLINI: Mille grazie.

SIGNORE: Di niente.

1. Noto architetto barocco.
2. Famosissima via, lunga più di 3 km. Qui si trovano i negozi più eleganti di Catania e numerosi palazzi e chiese. Camminando per questa strada si può vedere l'Etna, vulcano ancora in eruzione.

14.21 In giro per Catania. Indica quali delle seguenti affermazioni sono vere e quali false. Correggi quelle false.

1. La signora Bellini e la signora Settembrini sono di Catania.
2. La Badia di S. Agata è un monumento molto importante vicino al Duomo.
3. La signora Bellini ha già i francobolli. Deve solo trovare una cassetta per imbucare le cartoline.
4. Via Etnea è famosa per lo shopping.
5. Catania è famosa per i suoi monumenti barocchi.
6. La signora Settembrini vuole prelevare dei soldi.
7. Le due donne sono molto stanche e non hanno voglia di camminare.

Occhio alla lingua!

1. Read again the short conversation that accompanies the map on p. 444. What does the man say to get the woman's attention? Do you think they are speaking to each other in an informal or a formal manner?
2. Look at the verbs in the woman's response. What forms do you think she is using to give directions?
3. Do you recognize the verbs in the woman's response? What are their infinitive forms? What do you notice about the verb endings? Can you detect a pattern?
4. Reread the *In contesto* conversation and circle all requests, suggestions, orders, instructions, and directions. Which are formal and which are informal?

Grammatica

L'imperativo formale

The formal imperative is used to give instructions, suggestions, orders, and directions to people you don't know well. Use the singular when you are speaking to one person and the plural when you are speaking to more than one person.

—Signore, **prosegua** sempre dritto! —*Sir, continue straight ahead!*

—Signori, **proseguano dritto!** —*Gentlemen, continue straight ahead!*

In modern colloquial Italian, however, the informal plural form (the **voi** form) is frequently used when speaking to more than one person.

—Signora, **attraversi** il ponte! —*Madame, cross the bridge!*

—Signore, **attraversate** il ponte! —*Ladies, cross the bridge!*

1. The formal singular imperative of regular **-are** verbs is formed by adding an **-i** to the verb stem after dropping the infinitive ending; regular **-ere** and **-ire** verbs take an **-a** after dropping their infinitive ending. The plural formal imperative is formed by adding **-no** to the singular form. Verbs that take **-isc-** in the present indicative also have an **-isc-** in the formal imperative. The negative is formed by placing **non** in front of the affirmative form.

L'imperativo formale dei verbi regolari			
	girare	**prendere**	**seguire**	**finire (-isc-)**
Signora,	**(non)** gi**ri**	**(non)** pren**da**	**(non)** se**gua**	**(non)** fin**isca**
Signore,	**(non)** gi**rino**	**(non)** pren**dano**	**(non)** se**guano**	**(non)** fin**iscano**

—Professore, (non) gir**i** a destra!	*—Professor, (don't) turn left!*
—Signora, (non) prend**a** questa strada!	*—Madame, (don't) take this street!*
—Signore, (non) segu**ano** le indicazioni!	*—Ladies, (don't) follow the directions!*
—Signori, (non) restitu**iscano tutto**!	*—Gentlemen, (don't) give everything back.*

2. Verbs that are irregular in the present indicative are also irregular in the formal imperative and have the same types of irregularities. The imperative of many irregular verbs can be obtained by changing the **-o** of the first-person singular of the present to **-a**. The plural is formed by adding **-no** to the singular form.

Imperativo formale dei verbi irregolari			
Infinito	**Presente Indicativo**	**Singolare Imperativo**	**Plurale Imperativo**
andare	vad**o**	vad**a**	vad**ano**
bere	bev**o**	bev**a**	bev**ano**
dire	dic**o**	dic**a**	dic**ano**
fare	facci**o**	facci**a**	facci**ano**
uscire	esc**o**	esc**a**	esc**ano**
venire	veng**o**	veng**a**	veng**ano**

3. The formal imperative of some verbs is based on the first-person plural of the present tense.

Imperativo formale dei verbi irregolari			
Infinito	**Presente Indicativo**	**Singolare Imperativo**	**Plurale Imperativo**
avere	abbia**mo**	abbia	abbi**ano**
dare	dia**mo**	dia	di**ano**
essere	sia**mo**	sia	si**ano**
sapere	sappia**mo**	sappia	sappi**ano**
stare	stia**mo**	stia	sti**ano**

| Signora, **stia** attenta! | *Madam, be careful!* |
| Signore, **abbiano** pazienza! | *Ladies, be patient!* |

4. With the exception of **loro**, reflexive, single, and double object-pronouns always precede the formal imperative. **Loro** always follows the verb.

(Non) **si** accomodi! (Non) **si** accomodino!	*(Don't) make yourself comfortable! (Don't) make yourselves comfortable!*
(Non) g**lielo** dia! (Non) **glielo** diano!	*(Don't) give it to him / her / them!*
Me lo compri! **Me lo** comprino!	*Buy it for me!*

14.22 Cambiare soldi! Rispondi alle domande di una signora straniera e spiegale cosa fare per cambiare soldi in Italia. Usa l'imperativo formale.

ESEMPIO: —Devo scrivere la data sul traveller's cheque?
—Sì, scriva la data sul traveller's cheque.

1. Devo andare in banca?
2. Devo compilare un modulo?
3. Devo firmare il modulo?
4. Devo dare il passaporto all'impiegato?

5. Se non voglio andare in banca, posso usare la carta di credito?   **6.** Posso prelevare dei soldi da un bancomat?

14.23 In giro per la città! Due signore straniere che non conoscono bene l'Italia ti chiedono alcune informazioni. Rispondi alle loro domande. Usa l'imperativo formale e sostituisci ai nomi i pronomi.

ESEMPI: —Dove posso comprare il profumo?
—Lo compri in profumeria.

—Dove possiamo comprare le cartoline?
—Le comprino alla tabaccheria.

1. Dove possiamo imbucare queste lettere?
2. Dove possiamo comprare i francobolli?
3. Dove posso spedire questo pacco?
4. Dove posso comprare il biglietto per l'autobus?
5. Dove posso cambiare questi dollari?
6. Dove posso prelevare dei soldi?
7. Dove possiamo prendere il caffè?

14.24 Scusi, potrei . . .? Un signore italiano è ospite a casa tua e ti chiede se può fare alcune cose. Rispondi alle sue domande. Usa l'imperativo formale e sostituisci ai nomi i pronomi.

ESEMPIO: —Potrei fumare una sigaretta?
—Sì, la fumi! (No, non la fumi!)

1. Potrei aprire le finestre?
2. Potrei chiudere la porta?
3. Potrei telefonare a mia moglie?
4. Io e mia moglie potremmo venire a casa sua domani sera?
5. Potrei bere un po' di vino?
6. Potrei darle il mio numero di telefono?

14.25 Suggerimenti per girare in città. Da' suggerimenti e consigli ad alcuni stranieri che sono in Italia per qualche settimana. Riscrivi le frasi e usa l'imperativo formale.

ESEMPIO: Devono fare attenzione.
Facciano attenzione!

1. Devono essere pazienti.
2. Non devono bere troppi superalcolici (*hard liquors*).
3. Devono fare lunghe passeggiate.
4. Devono parlare con tutti in italiano.
5. Devono dire «Buongiorno» quando entrano in un negozio.
6. Devono essere gentili con tutti.
7. Devono divertirsi.

Scambi

14.26 Catania-mania. Leggi l'articolo su Catania e poi indica quali delle seguenti affermazioni sono vere e quali false.

1. Oggi poche persone conoscono e visitano Catania.
2. Molte persone del mondo dello spettacolo e del design vanno in vacanza a Catania.

3. Catania è una grande città moderna che non ha conservato niente del suo passato barocco.

4. L'articolo parla di una festa religiosa molto importante per i catanesi.

5. Il 4 e 5 febbraio Catania si trasforma in una tranquilla cittadina di provincia.

Catania-mania

Anche un milione di persone, un successo di partecipanti e devoti che non ha niente da invidiare ai riti della Settimana Santa di Siviglia, ma quanti in Italia conoscono davvero la grande Festa di Sant'Agata che elettrizza Catania ogni anno, il 4 e 5 febbraio? È un motivo di più per andare a scoprire una delle città italiane più alla moda. La Catania-mania è un fenomeno emergente tra chi frequenta il mondo del design e dello spettacolo, tra stilisti e architetti, tra attori e cantanti che vengono qui in cerca di una casa di vacanza tra le tante e bellissime architetture barocche in bianco e nero (la lava dell'Etna), tra i giovani che avvicinano[1] la città siciliana, fatte le debite proporzioni, al fermento di Londra e alla movida di Barcellona. Basta dare un'occhiata[2] a "Lapis", la guida quindicinale agli spettacoli e agli avvenimenti catanesi, per capire che c'è solo l'imbarazzo della scelta[3], tra pub che propongono serate musicali (per esempio, al Web Caffè, in via Caronda 166), mostre d'arte di giovani che già fanno tendenza (Fermenti Vivi, via Conte Ruggero 48), serate di teatro di ricerca (Alle Ciminiere, viale Africa), profumi di zenzero, cannella e vaniglia. A Sant'Agata i catanesi rivivono in chiave cristiana l'antico culto pagano di Iside, dea a cui la città era dedicata: la Santa, ricoperta da gioielli donati anche da re e imperatori, avanza tra ali di folla che batte le mani e sventola fazzoletti bianchi[4], in strade decorate con un brulicare[5] di luci e festoni. Due giorni di processioni e notti insonni: mentre la Santa 'visita' i quartieri della città, tutte le case—specialmente quelle dei "bassi" popolari—sono aperte e illuminate. Quasi una sacra rappresentazione cittadina da cui trarre auspici per l'anno in corso. È una festa da non perdere per rendersi conto di quanto può essere intenso e gioioso il "barocco in movimento".

1. compare   2. glance   3. the embarrassment of choice   4. waves white handkerchiefs   5. swarm

14.27 Dove sei? Guarda la piantina di Catania e immagina di essere nei posti indicati. Ascolta le indicazioni due volte e scopri dove arrivi.

1. _____   2. _____   3. _____

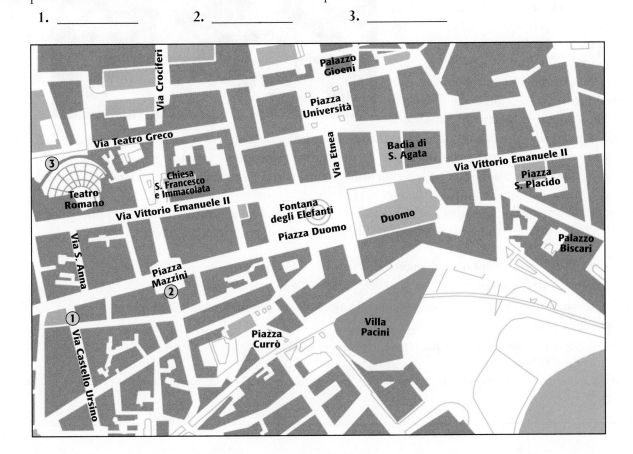

14.28 Dov'è . . .? Osservate la piantina di Catania a pagina 449 e completate le attività che seguono per aiutare la Signora Bellini e la Signora Settembrini a girare in città.

1. Seguite le indicazioni del signore nella conversazione *In contesto* e scoprite se la Signora Bellini e la Signora Settembrini troveranno Via Crociferi.

2. Aiutate le due signore a trovare il Palazzo Gioeni da Via Crociferi.

3. Sulla piantina trovate Piazza S. Placido e spiegate alle due signore come andare al Palazzo Biscari da questa piazza.

14.29 Seguimi (*Follow me*)! Immaginate di essere a Piazza del Duomo a Catania. Scegliete un posto sulla piantina e spiegate al compagno/alla compagna come arrivarci senza dire il nome del posto. Il compagno/La compagna deve seguire le indicazioni e scoprire dov'è.

ℒo sai che? La piazza italiana

La piazza è sempre stata un luogo d'incontro molto importante nel mondo mediterraneo, per motivi culturali e antica tradizione: infatti fin dai tempi dell'antica Grecia era il cuore della città. In greco si chiamava **agorà** e per i romani era il **forum**.

Ancora oggi ogni città e paese ha una piazza principale, che spesso coincide con la piazza del Duomo, la chiesa più importante del posto. Quasi ogni giorno gli italiani si ritrovano in piazza con gli amici per prendere un caffè o fare due passi. Soprattutto d'estate, poi, nelle piazze si tengono anche concerti e spettacoli teatrali e a volte anche i mercati dell'antiquariato. Nei piccoli paesi è sempre in piazza che si festeggiano le sagre e le feste popolari per il Santo patrono con fiere (*fairs*) e mercati. Inoltre spesso i partiti politici organizzano comizi (*political speeches*) in piazza e, a volte, addirittura feste da ballo. Le città grandi ovviamente hanno molte piazze, ognuna delle quali costituisce un piccolo centro.

Le vie e piazze principali del centro storico delle città italiane sono generalmente chiuse al traffico, per proteggere i monumenti dallo smog e per consentire alla gente di passeggiare tranquillamente.

14.30 La piazza italiana. Indica quali di queste affermazioni sono vere.
1. Agli italiani piace vivere all'aperto.
2. Le piazze italiane sono piene di bar e negozi, ma offrono poco dal punto di vista culturale.
3. Non è possibile girare in centro in macchina.
4. Nel centro storico ci sono i monumenti artistici più importanti della città.

14.31 E nella tua città? Ci sono strutture simili alle piazze nella tua città? Quali sono i luoghi d'incontro più frequentati?

PERCORSO III
LE SPESE PER L'ABBIGLIAMENTO

Vocabolario: Su, dai, misuratelo!

I capi di abbigliamento

un abito da sera *an evening gown*
il bracciale d'argento *silver bracelet*
il cappello *hat*
la cintura *belt*
l'orecchino (d'oro) *(gold) earring*
le scarpe con i tacchi alti/bassi
  high-/low-heeled shoes
la sciarpa *scarf*
lo smoking *tuxedo*
il tailleur *woman's suit*
il vestito *man's suit*

La descrizione dell'abbigliamento

a fiori *flowered*
a quadretti *checkered*
a strisce *striped*

a tinta unita *solid color*
Di che cos'è? *What is it made out of?*
È di cotone/di lana/di lino/di seta. *It's cotton/wool/linen/silk.*
largo/a *wide, large (if used to describe fit)*
leggero/a *light (weight)*
pesante *heavy (weight)*
stretto/a *tight*

Per fare spese

il camerino *dressing room*
i saldi *sale*
misurarsi/provarsi *to try on*
in svendita *on sale*
la vetrina *store window*

Espressioni per lo shopping

Si accomodi / Si accomodino
Make yourself / Make yourselves comfortable; Sit down
Che misura / numero ha? *What shoe size are you?*
Che misura / taglia porta? *What size (clothing) do you wear?*

Come mi sta / stanno? *How does it / do they fit me / look on me?*
Mi potrebbe fare un piccolo sconto? *Could you give me a small discount?*
Quanto viene / vengono? *How much does it / do they cost?*

Così si dice: *Mi sta / Mi stanno*

To describe how something fits or looks on someone, you can use the expression: **mi sta / mi stanno**. It follows the same pattern as the verb **piacere**: It is always used with an indirect object, and the singular form of the verb is used with singular nouns and the plural with plural nouns. **Quella gonna non ti sta bene. Quelle scarpe gli stanno strette.** *That skirt doesn't suit you. Those shoes are too tight on him.*

Così si dice: *Com'è bello . . .! Che bello . . .!*

To express the English exclamation: *How + adjective!* You can use: **come + essere + adjective. Com'è elegante quel tailleur!** *How elegant that suit is!* **Come sei gentile!** *How kind you are!* **Che** + adjective is used to express the English: *What a. . .!* **Che bel colore!** *What a beautiful color!* Remember that when **bello** precedes a noun, it has the same forms as the definite article. **Che bel vestito! Che bei guanti!**

 14.32 Descriviamoli! Fa' una lista di tutti gli aggettivi che si possono usare con capi di abbigliamento. Quali di questi descrivono meglio il tuo look? Paragona la tua lista con quella di un compagno / una compagna.

14.33 Che cos'è? Leggi le descrizioni e indovina di quale capo di abbigliamento si tratta.

1. Lo indossiamo quando fa freddo.

2. Lo usiamo al mare o in piscina quando nuotiamo.

3. Li mettiamo d'inverno quando fa molto freddo. Possono essere di lana, di cotone o di pelle.

4. Lo indossiamo quando piove.

5. Gli uomini la mettono quando vanno fuori a cena, quando hanno un appuntamento importante o a volte quando lavorano. Le donne la usano raramente.

6. Gli uomini e le donne la mettono quando fa fresco.

7. Lo portiamo in inverno sotto il cappotto quando fa molto freddo. È generalmente di lana, ma può anche essere di cotone.

8. Li portiamo ai piedi in estate.

9. Li portiamo ai piedi quando nevica.

10. Lo usiamo quando piove, ma alcune persone lo usano quando fa molto caldo per proteggersi dal sole.

11. Le donne la indossano con una maglietta, una camicia o un maglione. Può essere lunga o corta, di lana, di cotone, di seta, o a volte di pelle.

14.34 Al negozio di scarpe. Hai appena visto in vetrina delle belle scarpe e vuoi provartele. Completa il dialogo con il commesso.

TU:	Buongiorno. Vorrei _____.
COMMESSO:	Quali?
TU:	Quelle _____ vicino _____.
COMMESSO:	Va bene. _____?
TU:	37.
COMMESSO:	Subito! Eccole! Prego! _____?
TU:	Grazie. È un bel modello. Quanto _____?
COMMESSO:	Centocinquanta euro.
TU:	Posso pagare con _____?
COMMESSO:	Si, certo! _____.

🏺 In contesto: I saldi

Nei negozi ci sono i saldi di fine stagione (*end-of-the-season sales*) e Gianni e Cristina sono in giro a fare spese. Si fermano davanti alla vetrina di un negozio di abbigliamento per ammirare alcuni capi firmati (*designer items*) in vetrina.

CRISTINA:	Gianni, guarda com'è bello quel maglione di cashmire! Quel colore ti starebbe proprio bene. Perché non te lo provi?
GIANNI:	Sì, è vero, e guarda che bei pantaloni! Voglio misurarmeli.

Gianni e Cristina entrano nel negozio.

GIANNI:	Buongiorno. Volevo vedere quel golf di cashmire in vetrina.
COMMESSA:	Questo?
GIANNI:	Sì, quanto viene?
COMMESSA:	Viene trecentocinquanta euro con lo sconto. Vuole provarlo? Che misura porta?
GIANNI:	La 46.
COMMESSA:	C'è una 48. Se lo misuri, questi golf si portano lunghi. Non stanno bene se sono troppo stretti.
CRISTINA:	Sì, dai, misuratelo! E i pantaloni? Non te li misuri?
GIANNI:	Va bene. Potrei vedere anche quei pantaloni grigi?
COMMESSA:	Certo! Il camerino è in fondo. Si accomodi!
GIANNI:	Come mi stanno i pantaloni?
COMMESSA:	Le stanno benissimo. Sono perfetti.

Sizes in Italy
To figure out your Italian shoe size, add 30 to the American size. Italian clothing sizes correspond as follows to the American sizes: 4=38, 6=40, 8=42, 10=44, 12=46, 14=48 etc.

CRISTINA: No, non gli stanno affatto bene. Sono troppo larghi e lunghi.

COMMESSA: Mah, no! È la sua taglia. Questi non vanno stretti.

CRISTINA: No, non mi piacciono. Il golf, invece, gli sta bene.

GIANNI: Prendo solo il golf. Posso pagare con la carta di credito?

COMMESSA: Certo! Prego, si accomodi alla cassa.

14.35 Spese in città. A coppie, trovate informazioni per giustificare le seguenti affermazioni.

1. Gianni e Cristina spendono molto per i vestiti.

2. Gianni può usare il golf in inverno.

3. La commessa è molto gentile.

4. La commessa vuole vendere gli articoli in svendita.

Occhio alla lingua!

1. Look at the brief exchange between the two men in front of the store on p. 451. Note the verbs in boldface type: What kind of verbs are they? How are they used?

2. What do you think the object pronoun **li** refers to in the sentence **Me li misurerei?** What does **me** refer to? Do you know a similar pronoun?

3. Reread the *In contesto* conversation and find all reflexive verbs that are used with an object pronoun. Who or what does each pronoun refer to?

𝒢rammatica

• •

I verbi riflessivi con i pronomi di oggetto diretto

When the reflexive pronouns **mi, ti, ci, vi, si**, are used with the object pronouns, **lo, la, li, le**, and **ne**, they change to **me, te, ce, ve**, and **se**.

—**Ti** proverai quel costume?   —*Will you try on that suit?*

—**Me lo** sono già provato.   —*I already tried it on.*

—Misuriamo**celo!**   —*Let's try it on!*

Mi misuro il vestito.	**Me lo** misuro.
Ti misuri la gonna.	**Te la** misuri.
Si misura le scarpe.	**Se le** misura.
Ci misuriamo il cappello.	**Ce lo** misuriamo.
Vi misurate molti vestiti.	**Ve ne** misurate molti.
Si misurano un tailleur.	**Se ne** misurano uno.

When the reflexive verb is in a compound tense, the past participle agrees in number and gender with the direct-object pronoun rather than with the subject.

—Maria, ti sei misura**ta** le scarpe?   —*Did you try on the shoes?*

—Sì, me **le** sono misura**te**.   —*Yes, I tried them on.*

—Vi siete mess**i** il cappotto?   —*Did you put on your coat?*

—No, non ce **lo** siamo mess**o**.   —*No, we didn't put it on.*

14.36 Che cos'è? Ascolta due volte le conversazioni di alcune persone che fanno spese e sottolinea l'oggetto di cui parlano.

Conversazione 1: a. un cappello   **b.** una maglietta   **c.** i guanti   **d.** gli orecchini

Conversazione 2: a. gli stivali   **b.** un golf   **c.** una giacca   **d.** un impermeabile

Conversazione 3: a. una collana   **b.** un bracciale   **c.** le scarpe   **d.** i sandali

14.37 Quando te li metti? Indica quando ti metti i seguenti articoli di vestiario. Rispondi alle domande e sostituisci ai nomi i pronomi.

ESEMPIO: S1: Quando ti metti la giacca?

        S2: Me la metto quando vado fuori a cena. (Non me la metto

           mai.)

1. Quando ti metti l'impermeabile?
2. Quando ti metti i pantaloncini di cotone?
3. Quando ti metti un abito da sera lungo di seta?
4. Quando ti metti lo smoking?
5. Quando ti metti il costume da bagno?
6. Quando ti metti gli stivali?
7. Quando ti metti il cappello?
8. Quanto ti metti il pigiama?
9. Quando ti metti gli occhiali da sole?

14.38 Me lo metto! Un amico deve andare ad un ricevimento formale. Ti fa molte domande perché è indeciso su cosa mettersi. Rispondi usando l'imperativo informale e sostituisci ai nomi i pronomi. Segui l'esempio.

ESEMPIO: calzini

        —Mi metto i calzini?

        —Sì, mettiteli! (No, non metterteli. *o* Non te li mettere.)

1. la cravatta	5. uno smoking
2. i jeans	6. una giacca
3. la camicia	7. i pantaloni di cotone
4. un completo (*suit*)	8. una cintura

14.39 Gli acquisti. Sei in un negozio a fare spese e ti piacciono molte cose. Una commessa ti invita a provarti tutto. Segui l'esempio.

ESEMPIO: —Che bei pantaloni!

        —Se li provi.

1. sandali	6. pullover
2. orologio	7. sciarpa
3. stivali	8. abito da sera
4. cintura	9. cappello
5. giubbotto	

Scambi

Così si dice: Altri usi della preposizione *di*

You already saw that **di** can be used to indicate possession. **Di chi sono quelle scarpe?** *Sono di Riccardo.* It can also be used to indicate the designer of an object or article of clothing. **Di chi è quella gonna? È di Moschino. Di** is also used to specify the material something is made of. **Di che cos'è quella borsa? È di pelle.** *What is that bag made of? It's leather.*

 14.40 Indovina quanto l'ho pagato. Fa' una lista di sei capi di vestiario che hai comprato recentemente e il prezzo di ognuno. Poi, a piccoli gruppi, fate domande per indovinare il costo.

14.41 Fare acquisti in Italia. Sei in Italia in vacanza e vuoi comprare dei regali per gli amici e parenti a casa. Prepara una lista delle persone per cui compreresti qualcosa e spiega anche che cosa compreresti ad ognuno e perché.

14.42 Gli acquisti. Immaginate le seguenti situazioni e ricostruite una breve conversazione per ognuna. Non dimenticate di usare il formale.

1. Sei in Italia e vuoi comprare un paio di scarpe da tennis rosse, ma non vuoi spendere più di ottanta euro. Le scarpe che vuoi tu non ci sono nella tua misura. Il commesso cerca di convincerti a comprare un altro paio che costa molto di più.

2. Hai visto un maglione molto bello in vetrina e decidi di misurartelo. Il maglione non ti sta bene e non ti piace il colore. Il commesso cerca di convincerti che ti sta benissimo.

3. Cerchi un cappotto nero lungo e stretto. Nel negozio non ne hanno della tua taglia. Il commesso, un ragazzo della tua età, vuole assolutamente venderti un altro cappotto.

Cosa hanno comprato queste persone?

ANDIAMO AVANTI!

Ricapitoliamo

14.43 Per favore! La settimana prossima è l'anniversario di matrimonio dei vostri genitori e avete intenzione di fare una festa a sorpresa. Vi servono molte cose e avete bisogno dell'aiuto di altri familiari, amici vostri e amici dei vostri genitori. Decidete cosa vi serve e chi vi deve aiutare. Poi spiegate ad ogni persona cosa deve comprare e dove deve andare. Ricordate di usare il formale quando è necessario.

14.44 Come devo fare? Uno studente straniero è in Italia da pochi giorni e non sa dove e come può fare le seguenti cose. Ricostruite il dialogo tra lo studente straniero e uno studente italiano.

1. fare una telefonata
2. usare i mezzi pubblici per girare in città
3. viaggiare fra varie città italiane
4. mangiare in un ristorante

14.45 La piantina. Hai invitato un compagno/una compagna a studiare a casa tua. Tu gli/le spieghi come arrivare e lui/lei disegna una piantina con le tue indicazioni. Poi insieme confrontate se il disegno corrisponde alle indicazioni.

14.46 Una cena a casa mia. Uno studente/una studentessa vuole invitare un professore/una professoressa a cena a casa sua. Immaginate la conversazione e tenete presente anche i seguenti punti: dov'è la casa, la data e l'ora della cena, gli altri invitati. Non dimenticate di usare il formale.

Leggiamo

Strategie di lettura: Understanding geographical references

Before you read a travel guide or other geographically oriented text, it is a good idea to consult a map and think about the location of a city or region and its physical landscape. Notice any distinctive geographical features, such as mountains or rivers, and consider what the implications might be. Consider also what you already know about the region and what influence geography and location may have had on its history and way of life. This sort of advance preparation can help you greatly in approaching and understanding the text.

Prima di leggere

14.47 Leggerai delle informazioni su Palermo, il capoluogo della Sicilia, tratte da una guida turistica. Prima di leggere, rispondi alle seguenti domande.

1. Trova Palermo sulla mappa dell'Italia. Che cosa puoi dedurre dalla sua posizione riguardo all'importanza della città? Quali mezzi prenderesti per arrivare a Palermo?

2. Attraverso i secoli a Palermo, come in tutta la Sicilia, ci sono state diverse dominazioni straniere. Puoi immaginare perché osservando la posizione della regione nel Mediterraneo?

Mentre leggi

14.48 Leggi le domande in **14.49**. Poi, mentre leggi, sottolinea le informazioni necessarie per rispondere.

PALERMO

682 000 abitanti

Fondata dai Fenici, conquistata dai Romani e poi divenuta bizantina nel 535, Palermo restò dall'831 al 1072 sottomessa[1] ai Saraceni: questi ultimi le conferirono quella atmosfera particolarissima oggi suggerita dall'esotismo dei suoi giardini e dalla curvatura delle sue cupole[2]. Conquistata dai Normanni nel 1072, la città divenne[3] sotto Ruggero II capitale del regno[4] di Sicilia: grande edificatore[5], questo sovrano seppe coniugare l'apporto[6] architettonico normanno con le tradizioni decorative dei Saraceni e dei Bizantini. L'età d'oro artistica di Palermo coincise con il suo regno. Con la dominazione di Angioini e Aragonesi l'arte cittadina è dominata dallo stile gotico. Dopo oltre tre secoli di dominazione spagnola, i Borboni di Napoli dettero alla città un fastoso[7] aspetto barocco.

INFORMAZIONI UTILI

Ufficio del Turismo
Piazza Castelnuovo 34
t 091 60 58 111; fax 091 58 63 38
www.aapit.pa.it

TRASPORTI

COME ARRIVARE

In aereo—L'aeroporto Falcone-Borsellino (www.gesap.it) è situato 30 km a nord di Palermo, sull'autostrada A29. Il collegamento con Palermo è effettuato dal treno Trinacria Express e da autobus. Il tragitto in taxi dall'aeroporto si aggira intorno ai €40, diffidate di chi offre il trasporto a prezzi notevolmente inferiori.
In nave—Da Palermo ci sono collegamenti regolari con Genova, Livorno, Civitavecchia, Napoli, Salerno e da Cagliari con la Tirrenia.
In pullman—Esistono collegamenti giornalieri diretti tra Roma (Stazione Tiburtina), Palermo (via P. Balsamo 26 e piazza Politeama) e Trapani (porto).

MUOVERSI IN CITTÀ

È consigliabile evitare di girare in auto sia per il traffico intenso sia per le grandi difficoltà di parcheggio. Il modo migliore di muoversi è quello di utilizzare autobus e taxi per le lunghe distanze e i propri piedi una volta raggiunta la zona da visitare.
Taxi—Autoradio Taxi t 091 51 27 27 e Radio Taxi Trinacria t 091 22 54 55.

ACQUISTI

I mercatini più colorati e pittoreschi sono sicuramente quelli alimentari: uno snodarsi di tendoni colorati, con bancarelle[8] variopinte (bellissimi i banconi di frutta e verdura e quelli di pesce) illuminate da nude lampadine. La Vucciria è sicuramente il mercato (generi alimentari) più noto di Palermo, colorato e chiassoso[9]. Si tiene tutte le mattine (tranne la domenica) fino alle 14 alle spalle della cala, in via Cassari-Argenteria e dintorni (fin nei pressi di piazza S. Domenico).

Vivacissimi sono il mercato alimentare di Ballarò, che si tiene nella zona di piazza del Carmine, ed il mercato del Capo (la prima parte, intorno a piazza Beati Paoli, è quella alimentare, più pittoresca la seconda, in via S. Agostino e via Bandiera, di abbigliamento).

8. stalls   9. noisy

---

1. subjugated   2. domes   3. became   4. kingdom   5. builder   6. contribution   7. lavish

Dopo la lettura

14.49 Dopo aver letto le informazioni su Palermo, rispondi alle domande.

1. Quali dominazioni straniere ci sono state in Sicilia? Sottolinea tutte quelle corrette:

   a. inglesi   **b.** romani   **c.** portoghesi   **d.** saraceni   **e.** russi
   f. normanni   **g.** spagnoli

2. Quali stili architettonici sono evidenti a Palermo?

   a. bizantino   **b.** rinascimentale   **c.** barocco   **d.** gotico   **e.** moderno
   f. normanno

3. Come si può arrivare a Palermo?

4. Come si può girare in città?

5. Trova informazioni su questi tre mercati tipici: la Vucciria, il Ballarò, il Capo.

6. Quale mercato vi piacerebbe visitare? Perché?

7. Conoscete una città nel vostro Paese simile a Palermo per la sua posizione geografica e la sua storia?

Scriviamo

●●●

> ## Strategie per scrivere: Giving written instructions
>
> When you need to provide written instructions or directions, begin by deciding whether to write in a formal or informal register. Also, will you be addressing one or more than one person? Consider as well what tone will be appropriate: will you, for example, be making polite requests, offering suggestions to an acquaintance, or giving directions to a friend? Then, keeping these points in mind, organize and write out the points that you need to make.

Una città italiana. La madre di un tuo carissimo amico ha intenzione di andare in Italia e visitare la Sicilia e Palermo. Le scrivi un messaggio formale per darle dei consigli. Offri suggerimenti su come arrivare a Palermo e come girare la città. Presenta anche la tua opinione sui mercati più caratteristici della città. Ricordale alcune informazioni da tenere presente sulla storia di Palermo.

Prima di scrivere

14.50 I suggerimenti seguenti ti aiuteranno a scrivere un messaggio completo e convincente.

1. Fa' una lista dei suggerimenti che vuoi dare.

2. Organizza in ordine logico i tuoi consigli e suggerimenti.

3. Ricorda che devi scrivere un messaggio formale e rifletti su come puoi esprimere i tuoi suggerimenti.

   • Puoi usare l'imperativo formale come, ad esempio: *Vada anche al mercato! Prenda il traghetto! Mi mandi una cartolina, per favore!*

   • Ricorda che puoi anche usare il condizionale, come, ad esempio: *Dovrebbe proprio vedere il teatro! Mi manderebbe una cartolina, per favore?*

La scrittura

14.51 Usa i tuoi appunti per scrivere una prima stesura. Non dimenticare di variare il tuo stile.

La versione finale

14.52 Leggi e correggi la prima stesura.

1. Hai usato le espressioni e le strutture giuste per un messagio formale? I verbi sono corretti?

2. Hai offerto suggerimenti utili e interessanti?

3. Correggi attentamente quello che hai scritto. Controlla come si scrivono le parole, gli articoli, i nomi e gli aggettivi.

4. Scambiate i vostri messaggi e decidete se l'altra persona ha scritto informazioni e suggerimenti convincenti.

Guardiamo

Strategie per guardare: Focusing on people's actions and settings

Observing carefully people's actions as they speak—and what is going on where they are—can often be of great help in understanding what they are saying. As you focus on the setting, what people are doing, and objects they may focus on, consider how they are interacting with others and their environment. Take time also to think about why people are acting as they do. Finally, can you figure out how their actions relate to what they are saying?

Prima di guardare

14.53 In questo videoclip vedrai dei negozi e delle persone che fanno compere o parlano dei loro vestiti. Prima di guardare, completa le attività seguenti.

1. Guarda il videoclip una prima volta senza l'audio. Fa' una breve lista di cosa vedi nelle scene seguenti:

    a. nel giardino di Ilaria

    b. nel negozio di alimentari

    c. nel negozio di abbigliamento

    d. al mercato

    e. a casa di Fabrizio

2. Usate le vostre liste e discutete insieme che cosa avete visto e che cosa succede secondo voi nelle varie scene.

Mentre guardi

14.54 Adesso guarda il videoclip con l'audio e completa le frasi seguenti. Puoi confermare oppure no quello che avevi immaginato prima?

1. Per andare nei negozi vicino casa Ilaria prende
   a. l'autobus.
   b. il motorino.

2. Nel suo negozio preferito Chiara compra
   a. borse, scarpe e giubbotti.
   b. pantaloni, gonne e camicie.

3. La signora al mercato all'aperto vorrebbe comprare
   a. una borsa.
   b. un paio di scarpe.

4. Fabrizio ha una collezione di circa 25
   a. giubbetti.
   b. giacche.

5. Sottolinea le parole che senti nel negozio di alimentari
   a. biscotti, marmellate, succhi di frutta, carne, pollo, pane, pancetta
   b. pasta, formaggi, prosciutti, pesce, limoni, arance, tonno, salame

Dopo aver guardato

14.55 Completa le seguenti attività.

1. Descrivete insieme cosa avete notato nelle strade della città. Come sono simili e diverse dalle strade della vostra città?

2. Che cosa avete visto nel negozio di abbigliamento e in quello di alimentari? Come sono simili o diversi dai negozi nel vostro Paese? Perché?

3. Che cosa significa, secondo te, che nel negozio di alimentari: «Si tiene un po' di tutto»?
   a. Il negozio non è molto grande ma c'è una grande varietà di prodotti.
   b. Nel negozio ci sono poche cose e non c'è molta scelta.

4. Discutete se la signora al mercato all'aperto riesce ad avere uno sconto sulla borsa che vuole comprare. È possibile una scena simile nella vostra città?

Attraverso La Sicilia

The autonomous region of Sicily is the largest and most important island in the Mediterranean. Its importance is due to its strategic geographic position, its lively economy, its mild climate, its fertile land infused with the perfume of oranges and lemons, its beautiful landscape, and its great artistic and architectural treasures. Over the centuries, the island was occupied by the Greeks, the Phoenicians, the Romans, the Arabs, the Normans, and later the French and the Spanish. All left in some way their mark on the island. Under the German emperor, Federico II (1194–1250), for example, who referred to Sicily as «la pupilla degli occhi miei», Sicily flourished both economically and artistically. In Federico II's lavish Palermo court, the "Scuola Siciliana" was born and the first poems in Italian were composed.

Sicily has been home to many renowned Italian writers and artists, among them the writers Giovanni Verga (1840–1922); Giuseppe Tomasi di Lampedusa (1896–1957), the author of *Il Gattopardo;* Luigi Pirandello (1867–1936), who won the Nobel prize in literature; the Nobel prize-winning poet Salvatore Quasimodo (1901–1968); Leonardo Sciascia (1921–1989), and the great composers Alessandro Scarlatti (1660–1725) and Vincenzo Bellini (1801–1835).

Taormina, con il teatro greco-romano e con l'Etna. Taormina si trova a circa 200 metri sul mar Ionio. Per la sua collocazione geografica sembra quasi una grande terrazza sul mare. È probabilmente la località turistica più famosa di tutta la Sicilia. Oltre alle bellezze naturali, Taormina ha un magnifico teatro greco-romano del III secolo a.C. dove ancora si fanno tanti spettacoli, tra cui un festival del cinema.

Il bellissimo Duomo di Catania, in stile barocco. Catania è una delle città più belle e più ricche della Sicilia. Fondata dai greci, Catania è situata ai piedi dell'Etna in una pianura molto fertile. Ha anche un importante porto. La città fu ricostruita in stile barocco dopo essere stata distrutta dall'eruzione dell'Etna nel 1669 e da un terremoto (*earthquake*) nel 1693.

La Valle dei Templi ad Agrigento. Ad Agrigento ci sono molti resti di monumenti greci. Particolarmente famosi sono i sette templi che si trovano nella Valle dei Templi, un sito archeologico dell'epoca della Magna Grecia situato fuori dalla città. La Valle dei Templi fa parte del Patrimonio Mondiale dell'Umanità (UNESCO).

Vulcano e Stromboli, che fanno parte delle isole Eolie. Intorno alla Sicilia ci sono diversi gruppi di isole più piccole: l'isola di Ustica, le Egadi, l'isola di Pantelleria e le Pelagie, oltre alle isole Eolie. Queste prendono il nome da Eolo, il dio dei venti secondo la mitologia greca. Di queste dieci isole, di origine vulcanica, solo sette sono abitate.

Verifichiamo

14.56 Cosa sai di . . . Indica due cose che adesso sai delle seguenti persone, luoghi o cose.

1. la Sicilia
2. Giovanni Verga
3. Taormina
4. il Duomo di Catania
5. Agrigento
6. Federico II
7. l'isola di Vulcano
8. l'Etna

14.57 Cosa sapete di . . . Discutete cosa sapete:

1. della Scuola Siciliana
2. dei popoli che occuparono l'isola
3. dello stile barocco
4. di Luigi Pirandello

14.58 Un viaggio in Sicilia. Organizzate un viaggio in Sicilia. Decidete dove andrete, quando, cosa farete e perché. Poi presentate il vostro viaggio alla classe.

Vocabolario

La città: negozi e rivenditori

gli alimentari	*grocery store*
la cartoleria	*stationery store*
il centro commerciale	*mall*
il duomo	*cathedral*
l'edicola	*newsstand*
la farmacia	*pharmacy*
il/la farmacista	*pharmacist*
il forno, la panetteria	*bakery*
il fruttivendolo	*greengrocer*
la gelateria	*ice cream shop*
la gioielleria	*jewelry store*
i grandi magazzini	*department store*
la macelleria	*butcher shop*
il mercato all'aperto	*open-air market*
il negozio di abbigliamento	*clothing store*
la pasticceria	*pastry shop*
la profumeria	*cosmetics shop*
la rosticceria	*rotisserie*
la salumeria	*delicatessen, deli*
il supermercato	*supermarket*
la tabaccheria	*tobacco shop*

Dare e seguire indicazioni

a fianco di	*to the side of, beside, next to*
all'angolo	*at the corner*
andare (sempre) dritto	*to go straight (to keep going straight)*
attraversare la piazza / il ponte	*to cross the square / the bridge*
continuare	*to continue*
dopo il ponte	*after the bridge*
È proprio qui/qua/lì/là.	*It's right here / there.*
fino a	*up to*
girare a destra/a sinistra	*to turn right / left*
in fondo a	*at the end of*
prendere la prima / la seconda . . . strada / via/traversa	*to take the first / second . . . road / street / crossroad*

proseguire	*to continue*
il primo/secondo semaforo	*first / second traffic light*
Senta, scusi per andare a . . .?	*Pardon me, excuse me, how do I go to . . .?*
la piazza	*square*

Muoversi in città

chiedere/dare indicazioni	*to ask / give directions*
la piantina/la mappa	*city map*

Commissioni in città: la banca e l'ufficio postale

la banca	*bank*
il bancomat	*ATM*
la cassetta delle lettere	*mailbox*
cambiare un assegno	*to cash a check*
la cartolina	*post card*
la cassa	*cash register*
depositare	*to deposit*
firmare	*to sign*
il francobollo	*stamp*
imbucare	*to mail*
il pacco	*package*
prelevare dei soldi / del contante	*to withdraw money / cash*
l'ufficio postale	*post office*

Capi di abbigliamento

l'abito da sera	*evening gown*
i calzini	*socks*
la camicia da notte	*nightgown*
il cappello	*hat*
il cappotto	*coat*
la cintura	*belt*
il costume da bagno	*bathing suit*
il giubbotto	*bomber jacket*
i guanti	*gloves*
il maglione	*sweater*
i pantaloncini	*shorts*

i pantaloni	trousers
il pigiama	pajamas
la polo	polo shirt
i sandali	sandals
le scarpe con i tacchi alti/ bassi	high/low-heeled shoes
la sciarpa	scarf
lo smoking	tuxedo
il tailleur	woman's suit
il vestito	man's suit

I gioielli

l'anello (d'oro)	(gold) ring
il bracciale	bracelet
la collana	necklace
l'orecchino	earring

La descrizione degli articoli di abbigliamento

a fiori	flowered
a quadretti	checkered
a strisce	striped
a tinta unita	solid color
Di che cos'è?	What's it made out of?
È di argento/cotone/lana/ lino/pelle/oro/seta.	It's silver/cotton/wool/ linen/leather/gold/silk.
largo/a	wide
leggero/a	light (weight)
pesante	heavy
stretto/a	tight

Oggetti da comprare

gli affettati	coldcuts
il dentifricio	toothpaste
il paio/le paia	pair/pairs
il profumo	perfume
il rasoio	razor
il sapone	soap
lo spazzolino da denti	toothbrush

I contenitori

un barattolo (di)	a jar (of)
una busta (di)	a bag (of)
una lattina (di)	a can (of)
un pacco/un pacchetto (di)	a (small) package (of)
una scatola (di)	a box (of)
una vaschetta (di)	a small tub (of)

Fare spese

il camerino	dressing room
misurarsi/provarsi	to try on
i saldi	sales
in svendita	on sale
la vetrina	store window

Espressioni per lo shopping

Si accomodi/Si accomodino	Make yourself/Make yourselves comfortable/Sit down
Che misura/numero ha?	What is your shoe size?
Che misura/taglia porta?	What size (clothing) do you take?
Come mi sta/stanno?	How does it/do they fit me/look on me?
Mi potrebbe fare un piccolo sconto?	Could you give me a small discount?
Quanto viene/ quanto vengono?	How much is it/are they?

Alla salute!

Lo sai che?

◆ L'assistenza sanitaria
◆ Il cibo biologico

Teatro Anatomico, Università di Padova

IN THIS CHAPTER YOU WILL LEARN HOW TO:

◆ **Identify parts of the body and discuss issues relating to health and well-being**
◆ **Describe ailments and give and follow health-related advice**
◆ **Express opinions on health and environmental issues**

PERCORSO I
IL CORPO E LA SALUTE

Vocabolario:
Che fai per mantenerti in forma?

● ●

I bronzi di Riace

La testa

l'orecchio
la faccia
la fronte
l'occhio
il naso
la bocca
il collo

Il corpo

la spalla
il petto
il braccio
lo stomaco
la schiena
il polso
il dito
la mano
la gamba
il ginocchio
il piede
la caviglia

Le parti del corpo

il cuore *heart*
l'osso (*pl.* **le ossa**) *bone*
la pelle *skin*

La salute

l'abitudine (f.) *habit*
avere un'alimentazione sana *to have a healthy diet*
dimagrire (-isc-)* *to lose weight*
esagerare *to exaggerate*
essere* a dieta *to be on a diet*
il fast-food *fast food*
evitare *to avoid*
fare bene/male *to be good/bad (for you)*

ingrassare* *to gain weight*
mantenersi in forma *to keep in shape*
nocivo/a *unhealthy, harmful*
prendere vitamine *to take vitamins*
sano/a *healthy*
vegetariano/a *vegetarian*

Espressioni impersonali

(non) bisogna *it's (not) necessary*
(non) è bene *it's (not) good*
(non) è difficile *it's not difficult*
(non) è facile *it's (not) easy, likely*
(non) è importante *it's (not) important*

(non) è indispensabile *it's (not) indispensable*

(non) è meglio *it's (not) better*

(non) è necessario *it's (not) necessary*

(non) è (im)possibile *it's (not) (im)possible*

(non) è probabile *it's (not) probable*

(non) è vero *it's (not) true*

Così si dice: **Alcuni plurali irregolari**

• •

The following nouns that refer to parts of the body have irregular plurals:

Singolare	Plurale
il braccio	le braccia
il dito	le dita
il ginocchio	le ginocchia
la mano	le mani
l'orecchio	le orecchie
l'osso	le ossa

15.1 Con che cosa si fa? Quali parti del corpo associ con le seguenti attività?

1. mangiare
2. ascoltare
3. ballare
4. guardare un film
5. leggere
6. scrivere
7. suonare il piano
8. volersi bene
9. pettinarsi
10. abbracciarsi
11. truccarsi
12. ?

15.2 Con quali parti del corpo? Indicate quali parti del corpo si usano quando si praticano i seguenti sport.

1. il calcio
2. il baseball
3. il pattinaggio
4. il ciclismo
5. lo sci
6. il golf
7. il nuoto
8. ?

15.3 Vestiario e accessori. Quali parti del corpo associ con i seguenti oggetti?

1. un anello
2. i pantaloni
3. i guanti
4. le scarpe
5. un bracciale
6. la collana
7. un cappello
8. l'orologio

Così si dice: **L'articolo con le parti del corpo**

• •

When talking about parts of the body, the definite article is used, not the possessive adjective.

Metti la mano sulla testa! *Put your hand on your head!*

15.4 In forma. Cosa si può fare per mantenersi in forma? Completa le frasi con uno dei termini seguenti e fa' tutti i cambiamenti necessari: **esagerare, ingrassare, sano/a, evitare, vegetariano/a, vitamine, dimagrire, fare bene.**

1. Ho letto che per mantenersi in forma bisogna seguire sempre un'alimentazione _____ e ogni mattina prendere delle _____.

2. Io ho sempre paura di mangiare troppo e _____, così cerco di _____ di mangiare dolci troppo spesso.

3. Io invece sono troppo magra e cerco di non _____! Cerco anche di mangiare soltanto cose che mi _____. Lo sai che non mangio carne e sono _____?

4. Veramente si può mangiare un po' di tutto, ma è importante non _____ mai.

15.5 Il corpo umano. Identificate i nomi delle parti del corpo del *David* di Michelangelo.

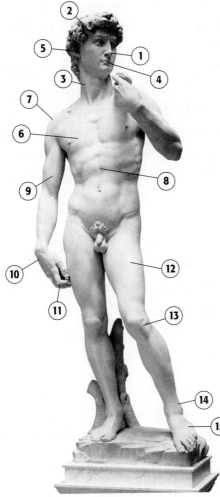

15.6 Per stare sani. Indicate che cosa bisogna fare e non fare per stare sani e mantenersi in forma. Prendete in considerazione: l'alimentazione, l'attività fisica, lo stress e i rapporti con gli altri.

In contesto: Per mantenere corpo e mente sani

Ecco alcuni consigli importanti per mantenere il corpo e la mente sani.

12 regole da seguire per mantenere corpo e mente sani

1. Non **bisogna** fumare.
2. **Bisogna** mangiare in modo corretto.
3. **È importante** avere un'alimentazione ricca di frutta e verdura.
4. Non **bisogna** mai seguire una dieta da fame.
5. **È bene** bere un po' di vino ogni giorno.
6. **È meglio** non consumare troppi alcolici.
7. **Bisogna** bere molta acqua.
8. **È indispensabile** dormire almeno otto ore ogni notte.
9. **È necessario** fare esercizio fisico ogni giorno.
10. **È indispensabile** divertirsi quando si fa sport.
11. **È importante** trovare il tempo per rilassarsi.
12. **Bisogna** proteggere la pelle dal sole.

15.7 Altre regole. Dopo aver letto «Le dodici regole per mantenere corpo e mente sani,» rispondi alle domande che seguono.

1. Sei d'accordo con tutte le regole?

2. Quali altre regole aggiungeresti?

3. Da' alcuni esempi concreti per spiegare le seguenti regole e usa altre espressioni impersonali:

   a. Bisogna mangiare in modo corretto.

   b. È indispensabile divertirsi quando si fa dello sport.

   c. È importante trovare il tempo per rilassarsi.

4. Quali di queste regole dovresti seguire tu? Le segui sempre? Perché?

Occhio alla lingua!

1. Look at the expressions in bold in the *In Contesto* reading. How are they used?

2. What do you notice about the verbs that follow these expressions?

3. What do these sentences express? Who or what is the subject of the verbs in these sentences?

Grammatica

Le espressioni impersonali + l'infinito

Obligation, necessity, possibility, and probability can be expressed with impersonal expressions. You have already learned some of the most common impersonal expressions (see pp. 467–468).

1. Impersonal expressions are used with an infinitive to make general statements.

   Bisogna bere molta acqua.   *It's necessary to drink a lot of water.*

   È meglio evitare il fast-food.   *It's better to avoid fast food.*

   È difficile seguire una dieta   *It's difficult to follow a strict diet for a*
   rigida per molto tempo.   *long time.*

2. Impersonal expressions can be made negative by placing **non** in front of the verb.

   Non è necessario eliminare i grassi.   *It's not necessary to eliminate fats.*

   Non bisogna fumare.   *One must not smoke.*

   Non è impossibile mangiare in   *It's not impossible to eat correctly.*
   modo corretto.

15.8 I consigli della nutrizionista. Riscrivi i consigli della nutrizionista per una sana alimentazione. Usa un'espressione impersonale + l'infinito.

1. Non eliminate i grassi. Per stare bene dovete mangiarne dal 15 al 30 per cento delle calorie totali.
2. Fate una colazione sana. Mangiate latte (o yogurt), cornflakes e frutta.
3. Fate cinque piccoli pasti al giorno.
4. A pranzo mangiate carboidrati e verdure.
5. Consumate meno sale. Sostituitelo con erbe aromatiche o quello iodato.

(Adapted citations from "I consigli della nutrizionista," 21 marzo 2001, p. 74. Reproduced with permission from *Donna Moderna*.)

15.9 I consigli dell'esperto. Usa un'espressione impersonale + l'infinito ed immagina cosa un esperto suggerirebbe nei seguenti casi:

1. Quando si è stanchi e nervosi e si litiga con tutti.
2. Quando si mangia male e si ingrassa.
3. Quando si è stressati e si dorme male.
4. Quando non si fa mai sport e si è sempre stanchi.
5. Quando si lavora troppo e si è stressati.
6. Quando si vuole perdere qualche chilo.
7. Quando si vogliono fare nuove amicizie.
8. Quando non si ha tempo per gli amici e i familiari.

Scambi

15.10 Di quale parte del corpo si tratta? Ascolta le descrizioni due volte ed indica di quale parte del corpo si tratta.

1. _____   4. _____

2. _____   5. _____

3. _____   6. _____

15.11 Liscia o gassata? Dopo aver letto il trafiletto, discutete quale acqua preferiscono bere gli italiani. E nel tuo Paese, cosa si beve di più?

Liscia   **Gassata**

Gli italiani bevono soprattutto acqua liscia: questo è il dato emerso da una recente statistica commissionata dalla Federazione italiana delle acque naturali. Il 63,3 per cento degli intervistati ha detto di prediligere l'acqua senza bollicine. Il 15,2 per cento, invece, preferisce l'effervescente naturale. Il 14,2 per cento consuma abitualmente acqua gassata mentre soltanto il 7,3 per cento porta in tavola quella moderatamente gassata.

15.12 Cosa è meglio fare? Preparate una lista di cose che bisogna fare e di cose che è meglio non fare nelle seguenti situazioni.

1. Quando una persona ha bevuto troppo vino.
2. Quando si è molto stanchi e stressati.
3. Quando si soffre di insonnia.
4. Quando si è depressi.
5. Quando non si è in forma.
6. Quando non si ha tempo per preparare e mangiare un pasto sano.
7. Quando si soffre di solitudine.
8. ?

15.13 Abitudini sane e abitudini nocive. Intervista un compagno/una compagna e scopri se ha abitudini sane o nocive. Prima di intervistarlo/la, prepara una lista di domande sui seguenti argomenti.

1. la dieta
2. le attività giornaliere
3. il tempo libero
4. le cattive abitudini

15.14 Dovresti/Potresti. . .! Adesso usa i risultati dell'intervista **15.13** per dargli/le dei consigli e suggerimenti su come migliorare le sue abitudini e la sua salute.

PERCORSO II
DAL MEDICO

Vocabolario: Come si sente?

LA SIGNORA ROSSI: Sto male. Mi fa male la gola e ho mal di stomaco.

IL DOTTORE: Penso che lei **abbia** l'influenza. <u>È importante</u> che lei **beva** molti liquidi. <u>È meglio</u> che **prenda** due aspirine ogni quattro ore. <u>Voglio</u> che lei mi **telefoni** domani.

Disturbi e malesseri

avere mal di. . . *to have. . .*
  denti *a toothache*
  gola *a sore throat*
  schiena *a backache*
  stomaco *a stomachache*
  testa *a headache*
mi fa male la testa/schiena *my head/back hurts*
ammalarsi* *to get sick*
ammalato/a *sick*
avere. . . *to have. . .*
  la febbre *a fever*
  l'influenza *the flu*
la cura *treatment*

curare *to treat, to take care of*
fare male *to hurt*
farsi male *to hurt oneself*
curare *to treat, to take care of*
la malattia *illness*
misurare la febbre *to take someone's temperature*
il sintomo *symptom*

Cure e medicine

gli antibiotici *antibiotics*
l'aspirina *aspirin*
la compressa *tablet*

la medicina *medicine*
lo sciroppo *syrup*

Dal medico

il dolore *pain*
grave *serious*

guarire (-isc-)* *to recover, to heal*
fare una radiografia *to take an x-ray*
la ricetta *prescription*
la visita medica *medical examination*

Così si dice: *Fare male* e *farsi male*

•••

Mi fa male la testa/mi fanno male le gambe are used to express the equivalent of the English: *My head hurts/my legs hurt.* This construction, which always takes an indirect object, is similar to that used with the verb **piacere.** The singular form of the verb is used with singular parts of the body, and the plural form is used with plural parts of the body: **A Paolo fa male la testa. Gli fa male la testa.**

     Farsi male is used to express the equivalent of the English expression: *to hurt oneself.* **Mi sono fatto/a male al ginocchio** is the equivalent of *I hurt my knee.*

15.15 Mi sono fatto/a male! Completa le frasi con la forma corretta di **fare male** o **farsi male**.

1. Ieri mentre giocavo a calcio _____ al piede.

2. Mia nonna si lamenta sempre perché _____ le gambe.

3. Oggi _____ la testa. Devo prendere un'aspirina.

4. Carlo, che cosa hai? _____ la gola?

5. Spesso i bambini _____ quando giocano.

6. Ieri Luisa è caduta e _____ al braccio.

15.16 Che cos'è? Indica di cosa si tratta.

1. Lo prendiamo quando abbiamo la tosse.

2. Spesso la prendiamo quando abbiamo mal di testa.

3. Li prendiamo quando abbiamo un'infezione.

4. Le compriamo in farmacia.

5. La scrive il medico quando siamo ammalati.

6. Spesso la facciamo quando ci rompiamo il braccio o la gamba.

7. Li spieghiamo al medico quando non stiamo bene.

8. Quando ci fanno male dobbiamo andare dal dentista.

 15.17 Scopri la malattia. Leggi i seguenti rimedi (*remedies*) e decidi per quale disturbo potrebbero essere più indicati. Poi paragona i tuoi risultati con quelli di un compagno/una compagna.

1. È importante riposarsi e bere molti liquidi.

2. È meglio prendere dello sciroppo.

3. È necessario prendere degli antibiotici.

4. Bisogna prendere due aspirine ogni quattro ore.

5. Non è indispensabile misurarsi la febbre.

6. È bene mangiare leggero.

7. È importante rilassarsi, mangiare molta frutta e verdura e fare un po' di ginnastica.

15.18 Cosa fate? Spiegate cosa fate quando soffrite di uno di questi disturbi.

1. il mal di testa	5. la tosse
2. il mal di stomaco	6. il raffreddore
3. il mal di gola	7. l'influenza
4. il mal di denti	8. la febbre

In contesto: I malesseri di un ipocondriaco

Pietro è un po' ipocondriaco ed è sempre convinto di avere qualche malattia grave. Oggi discute con i suoi amici i suoi ultimi sintomi.

PIETRO: Oh Dio, come sto male oggi!

LORIS: Cosa c'è che non va adesso?

PIETRO: Da due giorni ho un mal di testa terribile e mi fanno male le gambe e le braccia. Ho anche un po' di febbre. Chissà cosa avrò! Sarà il cuore?

LORIS: Ma no! Non ti preoccupare! Sarà l'influenza che c'è in giro°. Ti fa anche male la gola?   *that's going around*

PIETRO: No, la gola no. Semmai° un po' lo stomaco.   *If anything*

SILVIA: Ma non sarà niente di grave. Fa' una bella passeggiata. Vedrai che domani ti sentirai meglio.

LORIS: Mah, no! Secondo me, Pietro dovrebbe stare a letto e riposarsi per qualche giorno. È chiaro che ha l'influenza. Bisogna che beva molte spremute d'arancia. È anche meglio che mangi leggero. Potrebbe prendere un po' di brodo!

SILVIA: Dubito che Pietro abbia l'influenza. Credo che sia solo un po' raffreddato. Penso che debba mangiare qualcosa e prendere delle aspirine per il mal di testa.

PIETRO: Basta! Basta! Lo so che voi non capite niente di medicina! Non voglio che mi diciate più cosa devo o non devo fare. Forse è meglio che io vada dal dottore.

15.19 Cosa c'è che non va? Leggete la conversazione e poi completate le attività seguenti.

1. Fate una lista dei sintomi di Pietro.

2. Fate una lista dei consigli e suggerimenti che Silvia e Loris gli danno.

3. Secondo voi, Pietro ha il raffreddore o l'influenza? Cosa bisogna fare e cosa è meglio non fare quando si ha il raffreddore? e quando si ha l'influenza?

Occhio alla lingua!

1. Look at the verbs and expressions underlined in the brief emergency room conversation on p. 473. Do you think they express facts or opinions?

2. Now look at the verbs in bold in the conversation on p. 473. Who or what is each verb referring to?

3. Look at the endings of the verbs in bold in the conversation on p. 473. Can you detect a pattern?

4. Reread the *In contesto* conversation and underline all the verbs and expressions that indicate an objective fact and circle all the verbs and expressions that express necessity, personal opinion, uncertainty, doubt, and preferences. What do you notice about the forms of verbs that follow the verbs you have underlined? What do you notice about the forms of the verbs that follow the verbs you have circled?

Grammatica

● ●

Il congiuntivo presente

In the preceding chapters, you have studied tenses (present, past, imperfect, pluperfect, and future) of the indicative mood. The indicative mood is used to state objective facts.

Carlo **è** ammalato.	*Carlo is sick.*
Domani **andrà** in ospedale.	*Tomorrow he is going to the hospital.*

In this chapter, you will study the subjunctive mood. The subjunctive mood (**il congiuntivo**) is used to express actions, states, and conditions that the speaker senses to be subjective or uncertain.

È possibile che Carlo **sia** ammalato.	*It's possible that Carlo is sick.*
Credo che domani **vada** in ospedale.	*I believe that tomorrow he is going to the hospital.*

The subjunctive is used after expressions of uncertainty, doubt, and personal feelings and attitudes. Compare the following sentences.

Carlo **prende** due compresse.	*Carlo is taking two tablets.*
Bisogna che Carlo **prenda** due compresse.	*It's necessary that Carlo take two tablets.*
È strano che Carlo **prenda** due compresse.	*It's strange that Carlo is taking two tablets.*

In the first sentence, the speaker is stating an objective fact, and the indicative mood is used. In the other two sentences, the speaker is making subjective statements, indicating what it is necessary or strange for Carlo to be doing. In these cases, the subjunctive mood is used.

1. The present subjunctive of regular **-are, -ere,** and **-ire** verbs is formed by dropping the infinitive ending and adding the appropriate subjunctive endings to the verb stem.

Il congiuntivo presente			
	misurare	**prendere**	**dormire**	**guarire (-isc-)**
che io	misuri	prenda	dorma	guarisca
che tu	misuri	prenda	dorma	guarisca
che lui/lei	misuri	prenda	dorma	guarisca
che noi	misuriamo	prendiamo	dormiamo	guariamo
che voi	misuriate	prendiate	dormiate	guariate
che loro	misurino	prendano	dormano	guariscano

Note that the **io, tu, lui/lei,** and **loro** forms of the subjunctive are the same as the singular and plural formal imperative forms. The **noi** form is similar to the present indicative, and the **voi** form ends in **–iate** for all three conjugations.

È importante che tu **ti alzi** presto.　　*It's important that you wake up early.*

Pare che voi **prendiate troppe** medicine.　　*It seems that you take too many medicines.*

È possibile che loro **finiscano** per le due.　　*It's possible that they will finish by two.*

a. Verbs ending in **–care** and **–gare** add an **h** to all forms of the present subjunctive to retain the hard sound of the **c** and **g**.

Sembra che voi **giochiate** troppo.　　*It seems that you play too much.*

È probabile che lui **paghi** le medicine.　　*It's probable that he pays for the medicines.*

b. Verbs ending in **–iare, –ciare,** or **–giare** have only one **–i** throughout the conjugation.

Pare che Carlo **studi** troppo.　　*It seems that Carlo studies too much.*

Sembra che loro non **mangino** abbastanza.　　*It seems that they don't eat enough.*

2. Since the first three persons of the subjunctive are identical, to avoid ambiguity, subject pronouns are frequently used.

Bisogna che **tu** pratichi uno sport.　　*It's necessary that you play a sport.*

È necessario che **lui** faccia una radiografia.　　*It's necessary that he get an x-ray.*

Usi del congiuntivo

1. The subjunctive is rarely used by itself; it is almost always used in dependent clauses introduced by **che**, when the verb or expression in the main clause denotes actions and states that are subjective or uncertain.

È meglio che tu **prenda** lo sciroppo.　　*It's better that you take the syrup.*

Spero che Paolo **guarisca** presto.　　*I hope that Paolo recovers quickly.*

2. The subjunctive is frequently used in dependent clauses introduced by the following impersonal expressions and verbs that convey uncertainty or a subjective attitude.

Espressioni impersonali	
(non) basta	*it's (not) enough*
(non) è bene	*it's (not) good*
(non) è difficile	*it's (not) difficult, unlikely*
(non) è facile	*it's (not) easy, likely*
(non) è importante	*it's (not) important*
(non) è (im)possibile	*it's (not) (im)possible*
(non) è meglio	*it's (not) better*
(non) è probabile	*it's (not) probable*
(non) pare / sembra	*it (doesn't seem) seems*

Desiderio e volontà	
(non) desiderare	*(not) to desire*
(non) piacere	*(not) to like*
(non) preferire	*(not) to prefer*
(non) sperare	*(not) to hope*
(non) volere	*(not) to want*

Opinione, dubbio e incertezza	
(non) credere	*(not) to believe*
(non) dubitare	*(not) to doubt*
(non) pensare	*(not) to think*

Emozioni	
(non) avere paura	*(not) to be afraid*
(non) essere contento/a	*(not) to be happy*

3. The subjunctive is used only when the subject of the dependent clause is different from the subject of the main clause. When the subject of the two clauses is the same, or there is no specific subject, the infinitive is used.

Voglio misurarmi la febbre.	*I want to take my temperature.*
Voglio che ti misuri la febbre.	*I want you to take your temperature.*
Penso di **dormire.**	*I plan on sleeping.*
Penso che lui **dorma.**	*I think he is sleeping.*
È meglio riposarsi.	*It's better to rest.*
È meglio che loro **si riposino.**	*It's better that they rest.*

15.20 È possibile. Il tuo vicino di casa ti conosce da molto tempo ed è convinto di sapere tutto sulla tua famiglia. Tu invece non sei tanto sicuro/a. Riscrivi le frasi usando le espressioni in parentesi e il congiuntivo.

ESEMPIO:　　　　—Paolo partirà sicuramente domani. (è possibile)
　　　　　　　　—È possibile che lui parta domani.

  1. Tu e Giulio vi alzerete presto la settimana prossima. (è probabile)
  2. Roberto non studia abbastanza. (pare)
  3. Giuseppe e Luisa prenderanno gli antibiotici. (è difficile)
  4. Giulio consuma troppi alcolici. (sembra)
  5. Giuseppe mangia poca carne rossa. (è bene)
  6. I ragazzi guariranno presto. (è possibile)

15.21 I consigli. Un tuo amico si è fatto male al ginocchio mentre giocava a calcio. Spiegagli che cosa è meglio che faccia o non faccia usando i seguenti suggerimenti.

  1. riposarsi
  2. dormire
  3. muovere il ginocchio
  4. prendere antibiotici
  5. telefonare al medico
  6. correre

15.22 Desideri e speranze! Indica cosa vogliono le seguenti persone. Scrivi delle frasi complete ed usa il congiuntivo.

  1. mia madre / volere / io / prendere buoni voti
  2. io / sperare / i miei genitori / mi / regalare una nuova macchina
  3. Paolo / preferire / voi / gli / prestare dei soldi
  4. io / sperare / tu / vincere la lotteria
  5. mio padre / preferire / io / trovare un posto in Italia.
  6. mia madre / volere / che / io / guadagnare molti soldi
  7. noi / sperare / loro / scoprire un vaccino contro il raffreddore
  8. Io / desiderare / loro / trovare una cura per il mal di testa

15.23 L'ammalato. Sei a casa con l'influenza. Scrivi delle frasi e spiega cosa vuoi che le seguenti persone facciano per te.

  1. Voglio che mio fratello _____.
  2. Desidero che mia sorella _____.
  3. Spero che i miei amici _____.
  4. Preferisco che voi _____.
  5. Non voglio che tu _____ .
  6. Spero che mia madre _____.

15.24 Dal medico. Non stai bene e vai dal medico. Completa il seguente dialogo ed immagina che cosa non va e che cosa suggerirà il medico.

MEDICO: Cosa c'è che non va?

TU: Non mi sento bene. Ho. . . e. . .

MEDICO: Pare che lei. . . È possibile che. . . È meglio che. . .

TU: Mi darà. . .

MEDICO: Sì, voglio che. . . Desidero che. . .

TU: Basta che. . .?

MEDICO: Sì, è importante che. . .

TU: Grazie.

Il congiuntivo presente dei verbi irregolari

Verbs that are irregular in the present indicative are also irregular in the present subjunctive. Here are the present subjunctive forms of some of the most common irregular verbs.

Il congiuntivo presente dei verbi irregolari
andare: vada, vada, vada, andiamo, andiate, vadano
avere: abbia, abbia, abbia, abbiamo, abbiate, abbiano
bere: beva, beva, beva, beviamo, beviate, bevano
dare: dia, dia, dia, diamo, diate, diano
dire: dica, dica, dica, diciamo, diciate, dicano
dovere: debba, debba, debba, dobbiamo, dobbiate, debbano
essere: sia, sia, sia, siamo, siate, siano
fare: faccia, faccia, faccia, facciamo, facciate, facciano
piacere: piaccia, piacciano
potere: possa, possa, possa, possiamo, possiate, possano
sapere: sappia, sappia, sappia, sappiamo, sappiate, sappiano
stare: stia, stia, stia, stiamo, stiate, stiano
uscire: esca, esca, esca, usciamo, usciate, escano
venire: venga, venga, venga, veniamo, veniate, vengano
volere: voglia, voglia, voglia, vogliamo, vogliate, vogliano

Note that the **io, tu, lui/lei**, and **loro** forms of the present subjunctive of irregular verbs are the same as the formal imperative. The **noi** form is the same as the present indicative. The **voi** form follows the pattern of regular verbs.

È possibile che Carlo **stia** a casa.   *It's possible that Carlo is staying home.*

Dubito che **vengano** domani.   *I doubt they will come tomorrow.*

Bisogna che io **esca** stasera.   *It's necessary that I go out tonight.*

15.25 L'opinione della nutrizionista. Vuoi metterti in forma e consulti una nutrizionista. Le spieghi le tue abitudini. Immagina i suoi consigli e suggerimenti. Usa **credo, penso, voglio, dubito, spero, preferisco, sono contenta, pare.**

ESEMPIO:　　　　—Studio troppo.
　　　　　　　　—Voglio che lei studi di meno.

1. Bevo molti caffè.

5. Non so mai cosa mangiare.

2. Faccio poco sport.

6. Mi piacciono le verdure e la frutta.

3. Vado in palestra raramente.

7. Sono poco paziente.

4. Esco ogni sera fino a tardi.

8. Voglio imparare a mangiare meglio.

15.26 L'opinione dell'esperto. Domanda ad un esperto di nutrizione se crede che le seguenti affermazioni siano corrette. Immagina le sue risposte ed usa un verbo o un'espressione che indica incertezza oppure un verbo o espressione che indica certezza.

ESEMPIO:　　　　—Troppi grassi fanno male?
　　　　　　　　—Sì, è vero che troppi grassi fanno male.

1. Una sana alimentazione è molto importante?

2. Il fast-food fa bene?

3. Le persone in forma mangiano molta frutta e verdura?

4. Le persone in forma bevono molto alcool?

5. Le persone in forma seguono una dieta equilibrata?

6. Le persone in forma fanno molta ginnastica?

7. Le persone in forma vanno in palestra ogni giorno per molto tempo?

8. Le persone in forma fumano dieci sigarette al giorno?

9. Le persone in forma dormono solo sei ore la notte?

10. Le persone in forma non soffrono d'insonnia?

15.27 È importante che. . . Durante il periodo degli esami una tua amica ti parla dei problemi suoi e di alcuni vostri amici. Dille che cosa è meglio che facciano. Usa le varie espressioni impersonali con il congiuntivo.

ESEMPIO:　　　　—Giulio è stanco.
　　　　　　　　—Bisogna che lui si riposi.

1. Paolo mangia poco.

2. Io ho sempre un gran mal di testa.

3. Io e Giulio non abbiamo più tempo per uscire.

4. Giovanna e Giulia non fanno più sport.

5. Giuseppe ha mal di gola.

6. Tu hai la tosse.

Scambi

15.28 Dal medico. Ascolta due volte le brevi conversazioni e indica di quale problema si tratta.

1. Conversazione 1 _____

2. Conversazione 2 _____

3. Conversazione 3 _____

15.29 Come ti senti? Immagina di essere uno dei pazienti nei disegni a pagina 473. Descrivi i tuoi sintomi. Il tuo compagno/la tua compagna ti dà dei consigli e suggerimenti. Usate la conversazione a pagina 475 come modello.

15.30 Cosa sai della nutrizione e della salute? Discutete cosa pensate e cosa dubitate che le persone che vogliono mettersi in forma debbano fare. Prendete in considerazione i seguenti argomenti:

1. la dieta
2. la ginnastica e lo sport
3. i rapporti personali

4. il tempo libero
5. il lavoro
6. le attività giornaliere

15.31 Le cattive abitudini. Leggi il breve articolo sulla salute degli uomini e delle donne. Poi a coppie decidete chi, secondo voi, ha le abitudini peggiori. Motivate le vostre opinioni. Come potrebbero queste persone migliorare le loro abitudini?

Il maschio, la femmina... e le cattive abitudini

Tra donne e uomini, chi è che mette più a rischio il proprio cuore? Ecco qualche dato. Pressione alta[1]: colpisce il 33 per cento degli uomini e il 31 per cento delle donne. Colesterolemia: il 21 per cento degli uomini e il 25 per cento delle donne hanno il colesterolo uguale o superiore a 240 mg/dl. Sedentarietà: il 34 per cento degli uomini e il 46 per cento delle donne non svolgono alcuna attività fisica durante il tempo libero. Fumo: gli uomini fumano di più delle donne, 17 sigarette al giorno contro le 13 di una donna fumatrice. Obesità: è il problema del 18 per cento degli uomini e dei 22 per cento delle donne. Glicemia: hanno i valori alti il 9 per cento degli uomini e il 6 per cento delle donne.

1. high blood pressure

(From "Il maschio, la femmina … e le cattive abitudini," maggio 2004, p. 202. Reproduced with permission from *Donna Moderna*.)

ℒo sai che? L'assistenza sanitaria

La Costituzione italiana garantisce a tutti i cittadini il diritto (*right*) alla salute e quindi all'assistenza medica. I cittadini italiani contribuiscono al finanziamento del Sistema Sanitario Nazionale attraverso le tasse.

Tutti i cittadini hanno una tessera (*identity card*) sanitaria che devono presentare per visite mediche o ricoveri ospedalieri. Possono scegliere il proprio medico ed usare tutti gli ospedali sul territorio nazionale. Per i farmaci, invece, devono pagare un ticket (*fixed percentage*) da cui sono esenti (*exempt*) i redditi (*incomes*) più bassi, gli invalidi totali e i malati cronici.

Negli ultimi anni però l'assistenza sanitaria sta cambiando. La tutela (*the protection*) della propria salute non è più completamente gratuita per tutti: molti devono pagare un ticket per le visite specialistiche e gli accertamenti diagnostici e anche alcuni medicinali sono a carico (*must be paid*) del malato.

Istituto Europeo di Oncologia, Milano

L'Italia, come tanti altri Paesi europei, si trova in una situazione economica difficile e l'assistenza sanitaria è spesso nel mirino (*sight*) dei tagli (*cuts*). Oltre agli ospedali e ai medici pubblici ci sono in Italia anche molti ospedali e cliniche private e si possono anche fare assicurazioni private.

15.32 Il sistema sanitario. Preparate una lista delle differenze fra il sistema sanitario in Italia e quello del vostro Paese. Quali pensate che siano i pro e i contro dei due sistemi?

PERCORSO III
L'AMBIENTE
E LE NUOVE TECNOLOGIE

Vocabolario: Credo che le nuove tecnologie abbiano solo danneggiato l'ambiente.

Illustrazione: Manuel Maleani | EcoComunicazione.it

Agenda 21 città sostenibile

Piano Strategico della Città di Verona

Comune di Verona

Cambieresti il tuo stile di vita?

un mondo di
buone idee

in famiglia, in ufficio, nel condominio e nella città.

Bastano poche buone idee, come sostituire le normali lampadine[1] con quelle a risparmio, acquistare prodotti locali o bere acqua di rubinetto[2], per modificare abitudini consolidate ed accorgersi che si può vivere in sintonia con gli altri e con l'ambiente, risparmiando denaro e non solo ...

ARIA - ACQUA - ENERGIA - RIFIUTI - MOBILITÀ
ACQUISTI - VACANZE - RISPARMIO - PARTECIPAZIONE

partecipa anche tu!

Nei gesti quotidiani della nostra vita – in casa, sul luogo di lavoro, nel tempo libero e in vacanza – le nostre scelte influiscono direttamente sul nostro benessere, sull'ambiente, sulla società e sull'economia.

Scegliere cosa mangiare, come spostarsi, dove comprare ... sono comportamenti che hanno un impatto sull'ambiente e sulla società, condizionano le modalità di produzione e le fasi di vita dei prodotti.

1. light bulbs   2. faucet

■ ■ ■ Ogni litro di benzina bruciato[1] corrisponde a 75 centesimi impiegati per la cura sanitaria di malattie respiratorie ■ ■ ■

1. burned

QUALITA' ARIA NON ACCETTABILE

LORENZO: <u>Pensi</u> che i gas dalle auto **abbiano danneggiato** lo strato dell'ozono?

FABIO: Non lo so. <u>Credo</u> che tutte le sostanze inquinanti **abbiano avuto** un ruolo.

L'ecologia

l'aria air
la benzina verde unleaded gasoline
distruggere (*p.p.* distrutto) to destroy
ecologico/a ecological
l'effetto serra greenhouse effect
la foresta forest
i gas serra greenhouse gases
la natura nature
l'ossigeno oxygen
i pesticidi pesticides
proteggere l'ambiente to protect the environment
respirare to breathe
riciclare to recycle
i rifiuti garbage, waste
risolvere to resolve, to solve
il riscaldamento globale global warming

le risorse naturali natural resources
risparmiare to save
salvaguardare to protect
lo smog smog
sprecare to waste
lo strato dell'ozono ozone layer

La tecnologia

gli alimenti transgenici genetically altered foods
la biotecnologia biotechnology
il cibo biologico organic food
i conservanti preservatives
l'energia solare / nucleare solar energy / nuclear energy
la macchina ibrida hybrid car

 15.33 Fanno bene o male? Prepara due liste, una di fattori ambientali che fanno bene alla salute e una di quelli che fanno male. Poi paragona i tuoi risultati con quelli di un compagno/una compagna.

 15.34 Associazioni. Scrivete tutte le parole ed espressioni che associate con gli argomenti dati: l'ambiente, l'inquinamento, la natura, la biotecnologia.

G **15.35 Che cos'è?** Prendi in considerazione le espressioni seguenti e trova un'altra parola che puoi associare ad ognuna di esse. Poi leggi le tue associazioni ai compagni/alle compagne e gli altri studenti/le altre studentesse indovinano a quale espressione della lista si riferiscono.

1. respirare
2. riciclare
3. la macchina ibrida
4. l'effetto serra
5. i pesticidi
6. il cibo biologico
7. lo smog
8. i rifiuti
9. i conservanti
10. le risorse naturali
11. il riscaldamento globale

15.36 In ordine d'importanza. Indica con un numero da 1 a 12 quali di questi fattori che minacciano (*threaten*) l'ecosistema pensi che siano più gravi. Paragona i tuoi risultati con quelli di un compagno/una compagna.

1. _____ l'inquinamento dell'aria
2. _____ l'inquinamento dei mari
3. _____ lo smog
4. _____ la sovrappopolazione
5. _____ la distruzione delle foreste
6. _____ l'uso dei pesticidi
7. _____ la biotecnologia
8. _____ l'effetto serra
9. _____ gli alimenti transgenici
10. _____ i gas serra
11. _____ l'energia nucleare
12. _____ i rifiuti nucleari

In contesto: Piccolissime azioni per cambiare il mondo.

Il movimento inglese, *We Are What We Do,* propone a tutti di fare qualcosa perché il mondo sia migliore.

piccolissime azioni per cambiare il mondo

Non inquinare
- Non usare sacchetti di plastica.
- Usa i mezzi pubblici di trasporto.
- Non bere il caffè in bicchieri di plastica. Utilizza sempre tazze di ceramica.

Non avere paura di comunicare
- Fa' amicizia con una persona di un'altra generazione.
- Sorridi a tutti.
- Impara ad ascoltare.

- Sii cordiale con gli altri.
- Non dimenticare di dire «Per favore» e «Grazie».
- Da' il tuo numero di telefono ad alcuni vicini di casa per le loro emergenze.
- Abbraccia una persona.
- Prepara una bella cena per un amico.

Risparmia le risorse naturali
- Ricordati di spegnere gli elettrodomestici.
- Non lasciare gli elettrodomestici in stand by.

- Chiudi il rubinetto dell'acqua mentre ti lavi i denti.
- Abbassa il termostato a casa e in ufficio.

Ricicla tutto
- Ricicla il cellulare.
- Dona il computer, i libri, gli occhiali a organizzazioni di beneficenza.
- Scrivi su tutti e due i lati dei fogli di carta.

15.37 Ecologia, solidarietà, risparmio, gentilezza. Elencate cosa bisogna che le persone facciano per cambiare il mondo secondo il brano. Prendete in considerazione l'ecologia, la solidarietà, il risparmio e la gentilezza.

Occhio alla lingua!

1. Look at Lorenzo and Fabio's brief conversation on p. 484. Look at the underlined verbs and determine whether they are expressing factual knowledge or their own opinions.

2. Look at the verbs in bold in the dependent clauses. Do the actions they describe occur before the actions of the main clause or do they occur at the same time or later? How can you tell?

Grammatica

Il congiuntivo passato

1. You have learned that the subjunctive is used in a dependent clause after verbs and expressions that denote uncertainty, personal preferences, necessity, feelings, or points of view. When the verb of the main clause is in the present tense, the present subjunctive is used in the subordinate clause to express actions, conditions, and states in the present or in the future. The past subjunctive is used in the subordinate clause to express actions that have taken place before the action of the main clause. Compare the following sentences.

Penso che le grandi industrie **inquinino** l'ambiente.	*I believe that large industries pollute the environment.*
Penso che le grandi industrie **abbiano inquinato** l'ambiente.	*I believe that large industries have polluted the environment.*

2. The past subjunctive is formed with the present subjunctive of **avere** or **essere** + the past participle. Verbs that can take a direct object are conjugated with **avere**. Reflexive verbs and intransitive verbs—verbs that cannot take a direct object—are conjugated with **essere**.

Il congiuntivo passato			
	riciclare	**venire**	**ammalarsi**
che io	abbia riciclato	sia venuto/a	mi sia ammalato/a
che tu	abbia riciclato	sia venuto/a	ti sia ammalato/a
che lui/lei	abbia riciclato	sia venuto/a	si sia ammalato/a
che noi	abbiamo riciclato	siamo venuti/e	ci siamo ammalati/e
che voi	abbiate riciclato	siate venuti/e	vi siate ammalati/e
che loro	abbiano riciclato	siano venuti/e	si siano ammalati/e

 15.38 Dubbio o certezza? Quando? Ascolta le frasi due volte e indica se le persone parlano di fatti oggettivi o soggettivi. Indica anche se parlano del presente, del futuro o del passato.

	Fatti		Quando		
	Oggettivi	Soggettivi	Presente	Futuro	Passato
1.	_____	_____	_____	_____	_____
2.	_____	_____	_____	_____	_____
3.	_____	_____	_____	_____	_____
4.	_____	_____	_____	_____	_____
5.	_____	_____	_____	_____	_____
6.	_____	_____	_____	_____	_____
7.	_____	_____	_____	_____	_____
8.	_____	_____	_____	_____	_____

15.39 L'inquinamento. Due amici discutono sulle cause dell'inquinamento atmosferico e su alcune possibili soluzioni. Completa la conversazione scegliendo fra il congiuntivo presente e passato.

1. TOMMASO: Pensi che negli ultimi anni la benzina verde (risolva, abbia risolto) veramente tutti i problemi dell'aria in città?

2. MARGHERITA: Non lo so, ma credo che, per tanti anni ormai (*now*), le macchine (causino, abbiano causato) l'inquinamento atmosferico.

3. TOMMASO: Ma non solo le macchine! Adesso bisogna che tutti noi (proteggiamo, abbiamo protetto) l'ambiente in molti modi diversi.

4. MARGHERITA: Secondo me, a questo punto è importante che soprattutto gli abitanti delle grandi città (imparino/abbiano imparato) ad usare più spesso i mezzi pubblici.

5. TOMMASO: Sono d'accordo con te. Credo che anche le biciclette (siano, siano state) molto utili.

6. MARGHERITA: Certo, ma è necessario anche che nelle città (ci sia, ci sia stato) più verde. Dovrebbero costruire dei bei giardini!

15.40 Idee diverse. Il tuo amico è convinto che il mondo è perfetto così com'è. Tu non sei d'accordo con le sue affermazioni. Riscrivi le frasi usando un verbo o un'espressione che indica incertezza e facendo tutti i cambiamenti necessari.

ESEMPIO: —La benzina verde ha risolto i problemi dell'ambiente.
—Non credo che la benzina verde abbia risolto i problemi dell'ambiente.

1. Il governo ha salvaguardato l'ambiente.

2. Le persone non hanno sprecato le risorse naturali.

3. Io ho sempre usato i mezzi pubblici.

4. Il weekend scorso io e i miei abbiamo usato la bicicletta per andare in centro.

5. I miei genitori sono andati in centro a piedi.

6. La qualità dell'aria in città è sempre stata accettabile.

7. Il governo ha sempre protetto la qualità del cibo.

8. A casa mia abbiamo sempre comprato cibo biologico.

9. Il weekend scorso io e la mia famiglia abbiamo partecipato a una manifestazione (*demonstration*) contro il traffico.

10. Il traffico non ha causato lo smog.

Scambi

G **15.41 Come pensi che abbiano cambiato il loro stile di vita?** Immaginate che cosa gli abitanti di Verona (pagina 483) abbiano fatto in famiglia, in ufficio, nel condominio e nella città per vivere in sintonia con l'ambiente.

15.42 Cosa ne pensi? Intervista un compagno/una compagna e scopri cosa pensa dei problemi che minacciano l'ecosistema.

1. Ti interessi di ecologia? Cosa fai nella tua vita giornaliera per salvaguardare l'ambiente? Cosa pensi che debba fare la gente?

2. In genere, cerchi di conservare energia e altre risorse naturali? Cosa fai? Cosa bisogna che gli altri facciano?

3. Qual è secondo te il problema ecologico maggiore? Come pensi che questo problema si sia verificato? Pensi che si possa risolvere? Come?

G **15.43 Nell'anno 2100.** È l'anno 2100. Un'astronave arriva da un pianeta lontano. Come pensate che i viaggiatori extraterrestri trovino il pianeta Terra? Parlate dell'ambiente, delle risorse naturali, delle città e della salute della gente.

15.44 È possibile che abbiano. . . Immaginate di essere i viaggiatori extraterrestri dell'attività **15.43.** Fate supposizioni su cosa pensate che gli abitanti della Terra abbiano fatto o non abbiano fatto in passato.

*L*o sai che? Il cibo biologico

Frutta, verdura, carni ed altri prodotti alimentari biologici seguono un metodo di produzione regolato da leggi italiane e comunitarie europee. I cibi biologici sono prodotti con tecniche tradizionali che rispettano l'ambiente. Nell'agricoltura biologica non si possono usare le sostanze chimiche sintetizzate, come i pesticidi e gli OGM (organismi geneticamente modificati). Tutto deve essere naturale. La coltivazione biologica aiuta anche a proteggere tanti prodotti e gusti italiani tradizionali che altrimenti sarebbero scomparsi (*would have disappeared*).

L'agricoltura biologica: l'Italia rimane leader europeo nel settore.

L'Italia ha il primato europeo per la coltivazione naturale. Le aziende che producono alimenti biologici sono più di 50.000. Nonostante (*In spite of*) il costo elevato di questi prodotti, gli italiani, sempre più preoccupati per la salute, l'ambiente, e la genuinità del cibo che consumano, li preferiscono agli altri prodotti. Nel 2004, il 64 percento degli italiani ha acquistato alimenti naturali.

15.45 Il cibo biologico. Indicate almeno quattro cose che avete imparato sul cibo biologico in Italia. E i vostri connazionali, consumano molto cibo biologico? Perché?

ANDIAMO AVANTI!

👄 *Ricapitoliamo*

• •

15.46 È meglio che tu... Ieri sei uscito/a senza impermeabile sotto la pioggia e ti sei ammalato/a. Ricostruite il dialogo con la madre o il padre. Tu gli/le spieghi cosa hai fatto e come ti senti e lei/lui ti dice che cosa vuole che tu faccia.

15.47 Dallo psicologo. Alcune persone consultano uno psicologo per consigli e suggerimenti. Ricostruite il dialogo fra lo psicologo e i pazienti con i seguenti problemi. Non dimenticate di usare il Lei quando è necessario.

1. Non vado d'accordo con i miei genitori.
2. Litigo spesso con il mio ragazzo/la mia ragazza.
3. Lavoro troppo e ho poco tempo libero per gli amici e la famiglia.

15.48 Domenica ecologica. Leggi il breve articolo e poi racconta come immagini che si sia svolta la domenica ecologica a Roma.

ESEMPIO: Penso che molte persone siano andate in centro a piedi.

15.49 La nostra scuola. Discutete cosa si fa nella vostra scuola per proteggere l'ambiente. Pensate che ci siano altre cose che si potrebbero fare? Quali?

📖 *Leggiamo!*

• •

Seconda domenica ecologica

Centro chiuso dalle 10 alle 18

Oggi auto vietate dalle 10 alle 18. Chiusi al traffico il centro storico, l'Esquilino, Trastevere, l'Appia Antica e alcune strade della periferia, come via Latina.

La seconda domenica ecologica è all'insegna del mangiar sano e delle visite guidate gratuite nei parchi. In via dei Fori Imperiali, altezza via San Pietro in Carcere, lo chef Antonello Colonna cucinerà prelibatezze con alimenti biologici doc.

Strategie di lettura: Combining reading strategies

In the preceding chapters, you have learned to apply various reading strategies to help you obtain information from a written text even when you don't understand every word: You have seen how titles, subtitles, and visual clues can help you anticipate what will be treated in a text. You have learned that recalling what you already know about a topic can help you predict and understand the main ideas as you read. You have practiced looking for cognates and guessing the meaning of key words and discovered that you can often skip words whose meaning you can't figure out quickly. You have also practiced scanning for specific information and skimming to get a general sense of a text. You have discovered how important it is to read with a specific purpose in mind. Good, efficient readers apply all or many of these strategies, as appropriate, to get the most from a given text.

Prima di leggere

15.50 Dal medico. Il racconto che segue, di Dino Buzzati (1906–1972), parla di un signore che va dal medico per un controllo. Prima di leggere il racconto completa le attività che seguono.

1. Esamina il titolo del racconto. Che cosa sai già di questo argomento? Quali vocaboli pensi di trovare in questa lettura?

2. Leggi il primo paragrafo e rispondi alle domande.

   a. Chi sono i personaggi principali?

   b. Dove sono?

   c. Descrivi il loro rapporto.

Mentri leggi

15.51 Prima di leggere il racconto, leggi le domande in *Dopo la lettura*. Poi, mentre leggi, sottolinea le parti del testo che contengono le informazioni necessarie per rispondere alle domande.

Dal medico

Sono andato dal medico per la visita di controllo semestrale: un'abitudine che ho preso da quando sono diventato quarantenne. Il mio medico è un vecchio amico, Carlo Trattori, che ormai mi conosce per diritto e per rovescio°. È un pomeriggio infido° e nebbioso d'autunno, tra poco dovrebbe arrivare la sera. Appena entro, Trattori mi guarda in un certo modo, e sorride:

«Ma tu stai magnificamente, stai. Non ti si riconoscerebbe, a pensare che faccia tirata avevi, solo un paio d'anni fa.»

«È vero. Non mi ricordo d'essere mai stato bene come adesso.»

Di solito si va dal medico perché si sta male. Oggi sono venuto dal medico perché sto bene, benissimo. E ne provo una soddisfazione nuova, quasi vendicativa, di fronte a Trattori che mi ha sempre conosciuto come un nevrotico, un ansioso, affetto dalle principali angosce del secolo. Ora invece sto bene. Da qualche mese in qua, di bene in meglio. [. . .]

«C'è bisogno di visitarti?» dice Trattori. [. . .]

«Be', già che sono venuto. . .°»

Mi spoglio, mi stendo sul lettuccio°, lui misura la pressione, ascolta cuore e polmoni, tenta i riflessi. Non parla.

«E allora?» chiedo io.

Trattori alza le spalle, manco si degna° di rispondere. Però mi guarda, mi osserva come se non conoscesse la mia faccia a memoria. Finalmente:

«Piuttosto dimmi. Le tue fisime°, le tue classiche fisime? Gli incubi°? Le ossessioni? Mai conosciuto uno più tormentato di te. Non vorrai mica farmi credere. . .»

Faccio un gesto categorico.

«Piazza pulita°. Sai quello che si dice niente? Neanche il ricordo. Come se fossi diventato° un altro.»

«Come se fossi diventato un altro. . .» fa eco Trattori. [. . .]

«Ti ricordi» dico «quando all'una, alle due di notte venivo a sfogarmi° da

---

inside out / treacherous

since I came

examination table

doesn't even bother

whims / nightmares

A clean sweep
As if I had become

to vent

te? E tu stavi ad ascoltarmi anche se cascavi° dal sonno? A ripensarci mi *you were ready to drop*
vergogno°. Che idiota ero, solo adesso lo capisco, che formidabile idiota.» *I am embarrassed*

«Mah, chissà.»

«Che cosa vorresti dire?»

«Niente. Piuttosto rispondi sinceramente: sei più felice adesso o prima?»

«Felice! Che parola grossa°.» *big*

«Be' diciamo soddisfatto, contento, sereno.»

«Ma certo, molto più sereno adesso.»

«Dicevi sempre che in famiglia, sul lavoro, fra la gente, ti sentivi sempre
isolato, estraniato°? È dunque finita la tua bella alienazione?» *estranged*

«Proprio così. Per la prima volta, come dire? . . . ecco, mi sento
finalmente inserito nella società.»

«Caspita°. Complimenti. E da qui un senso di sicurezza, vero?, di *Goodness gracious*
coscienza appagata°?» *satisfied*

«Mi prendi in giro?°» *Are you making fun of me?*

«Neppure per idea°. E dimmi: fai una vita più regolata di prima?» *Not at all.*

«Non saprei. Forse sì.»

«Vedi la televisione?»

«Be', quasi tutte le sere. Irma e io non usciamo quasi mai.»

«Ti interessi allo sport?»

«Riderai se ti dico che sto cominciando a diventare tifoso.»

«E per chi tieni?»

«Per l'Inter, naturalmente. [. . .] Ma si può sapere il perché di tutto
questo interrogatorio?» [. . .]

«Vuoi sapere quello che ti è successo?»

Io lo guardo, interdetto°. Che, senza parere, Trattori abbia notato i *dumbfounded*
sintomi di una orrenda malattia?

«Quello che mi è successo? Non capisco. Mi hai trovato qualche cosa?»

«Una cosa semplicissima. Sei morto.»

Trattori non è un tipo facile agli scherzi, soprattutto nel suo studio di
medico.

«Morto?» balbettai° io. «Morto come? Una malattia incurabile?» *I stuttered*

«Macché malattia. Non ho detto che tu debba morire. Ho detto soltanto
che sei morto.»

«Che discorsi. Se tu stesso poco fa dicevi che sono il ritratto° della *picture*
salute?»

«Sano, sì. Sanissimo. Però morto. Ti sei adeguato°, ti sei integrato, ti sei *adjusted*
omogeneizzato, ti sei inserito anima e corpo nella compagine sociale, hai
trovato l'equilibrio, la tranquillità, la sicurezza. E sei un cadavere°.» *corpse*

Dopo la lettura

15.52 Rispondi alle domande seguenti.

1. Discutete che cosa sapete del protagonista. Parlate:

   a. delle sue attività giornaliere

   b. del suo carattere

   c. della sua famiglia

2. Com'è cambiata la sua salute ultimamente? Sta meglio o peggio?

3. Adesso il protagonista è più o meno felice? Perché?

4. Quali sono alcune delle attività giornaliere che il protagonista fa ora e che prima non faceva?

5. Secondo il medico il protagonista sta meglio o peggio di prima? Perché?

6. Nei suoi scritti Dino Buzzati spesso parla della solitudine e dell'angoscia dell'individuo che si muove in una realtà a volte assurda. Questa descrizione si potrebbe applicare al protagonista del racconto che avete letto? Come? Illustrate le vostre opinioni con esempi tratti dal testo.

Scriviamo

Strategie per scrivere: Giving suggestions and advice

As you have learned, impersonal expressions, verbs of volition, and verbs that indicate personal opinions can be used with the subjunctive to give suggestions and advice. The conditional of **dovere** or **potere** + the infinitive or the imperative can also be used, depending on the tone you want to convey and to give your writing variety.

I miei consigli. Immagina di scrivere per un giornale e di rispondere alle lettere dei lettori per dare consigli e suggerimenti. Rispondi ad una delle persone che ti hanno scritto le lettere a sinistra ed offri i tuoi consigli.

Prima di scrivere

15.53 Prima di scrivere la tua risposta, segui questi suggerimenti.

1. Decidi a chi vuoi rispondere e scegli il tono giusto per la tua risposta. Scriverai una lettera formale oppure no?

2. Prepara una breve lista dei consigli che vorresti dare e mettili in ordine logico.

3. Fa' una breve lista dei verbi e delle espressioni che puoi usare per esprimere le tue opinioni e offrire consigli e suggerimenti.

La scrittura

15.54 Usa la lista dei consigli che hai preparato per scrivere la prima stesura della tua risposta. Non dimenticare di variare lo stile usando strutture diverse.

La versione finale

15.55 Leggi la prima stesura della tua risposta.

1. Hai espresso i tuoi suggerimenti e consigli in modo chiaro?

2. Hai espresso i tuoi consigli con una certa varietà di espressioni?

3. Controlla bene l'uso dell'indicativo, del condizionale e del congiuntivo.

4. Correggi attentamente la tua risposta. Controlla come hai scritto tutte le parole e l'accordo fra gli aggettivi e i nomi.

Le prime cotte: che passione!

Ho 14 anni e andrò al liceo l'anno prossimo. Il mio corso è frequentato da un ragazzo che ha qualche anno più di me e mi piace molto. Credo di essermene innamorata. È il fratello di una cara amica. Non ho la più pallida idea di che cosa provi per me, anzi forse non mi considera neanche. Vorrei trovare un modo per attaccare bottone e conoscerlo meglio. Ma temo per la mia amicizia. Ne ho parlato con lei e ho scoperto che questa mia infatuazione le dà fastidio[1] perché si sentirebbe usata. Rinunciare a un'amicizia sicura per buttarmi[2] in un folle incerto amore?

– Confusa

1. annoys   2. throw myself

(From Letter: "Le prime cotte, che passione," 24 giugno 2004, p. 24. Reproduced with permission from *Donna Moderna*.)

34 anni e un sogno: farmi una famiglia

34 anni, tre storie importanti tutte finite, il sogno di farmi una famiglia. Ma, forse a causa del mio carattere chiuso o dell'età, non incontro gente interessante. Così mi è balzata in testa un'idea e vorrei sapere che cosa ne pensi: potrei rivolgermi a una agenzia matrimoniale? A volte mi sembra che trovare l'amore in questo modo sia un po' squallido e meccanico, altre volte penso che potrebbe servire se non altro a fare nuove amicizie. Che ne dici?

– Claudia

(From Letter: "34 anni e un sogno: farmi una famiglia," 24 marzo 2004, p. 24. Reproduced with permission from *Donna Moderna*.)

Guardiamo

Strategie per guardare: Using your prior knowledge to anticipate content

Often, you can use your prior knowledge of a topic as the basis for anticipating and understanding the content of people's comments. For example, knowing that the speakers in the video sequence you are about to see address rather specific concerns about health, fitness, and the environment, you can think about what you already know about these fields generally and also from a specifically Italian perspective. This will help you to follow the discussion and the ideas expressed more easily.

Prima di guardare

15.56 In questo videoclip Gaia descrive cosa fa per tenersi in forma e Tina parla del suo rapporto con i medici. Plinio invece esprime delle idee più generali su quello che dovrebbero fare tutti per prendersi cura di se stessi, mentre Fabrizio discute problemi che riguardano la società. Prima di guardare completa le attività seguenti:

1. Che cosa sai della medicina e dei medici in Italia?
2. Cosa pensi che faccia Gaia per tenersi in forma? Cosa pensi che mangi di solito?
3. Pensi che Tina vada dal medico più spesso per il mal di testa o il mal di stomaco? O per quali altre ragioni?
4. Cosa dirà Plinio su quello che si deve fare per stare bene?
5. Di quali problemi che riguardano il benessere (*well-being*) della società pensi che si preoccupi Fabrizio?

Mentre guardi

15.57 Mentre guardi, completa le frasi seguenti:

1. Gaia dice che per mantenersi in forma mangia
   a. molta carne e dolci.   **b.** frutta e verdura.

2. Fabrizio dice che vent'anni fa in Italia
   a. c'era meno inquinamento.   **b.** si faceva meno sport.

3. Tina dice che soffre di
   a. mal di denti.   **b.** mal di testa.

4. Secondo Plinio ogni cittadino dovrebbe cercare soprattutto di
   a. farsi curare dal medico.   **b.** fare molta attività fisica.

Dopo aver guardato

15.58 Completa le seguenti attività.

1. Di che cosa si interessa Gaia riguardo alla salute? Che cosa fa per mantenersi in forma?
2. Oltre ai (*Besides*) problemi dell'inquinamento, Fabrizio è preoccupato per un'altra ragione. Qual è? Vi sembra serio o ironico. Perché?
3. Come sono le vostre opinioni diverse da quelle delle persone del video?

Attraverso L'Abruzzo

The Abruzzo region is located in central Italy. Almost two-thirds of its surface is covered by the Apennine mountains, whose highest peaks are located here. Development of the region's economy has been hindered by the mountainous terrain. The Abruzzo region also has a large expanse of beautiful beaches.

Abruzzo is known as a region of parks. There are three national parks (del Gran Sasso, della Majella, d'Abruzzo), one regional park (Sirente-Velino), and many nature preserves; in fact, one-third of its territory is protected by environmental legislation.

The Abruzzo region is also rich in artistic and architectural treasures.

Parco Nazionale d'Abruzzo, Lazio e Molise: una vasta zona in cui la flora e la fauna sono protette dalle leggi. In questa zona i monti sono in gran parte coperti di boschi (*woods*). Qui si trovano anche varie specie di animali, come l'orso (*bear*) e il lupo (*wolf*), che sono scomparsi da altre regioni. In estate e in inverno numerosi turisti vengono a stare nei paesini del parco. In uno di questi paesini, Pescasseroli, è nato il filosofo Benedetto Croce.

La bella e antica cittadina di Sulmona, la patria del poeta romano Ovidio (43 aC.–18 d.C). Sulmona diventò particolarmente fiorente sotto gli Svevi e gli Angioini e nel 1228 l'imperatore Federico II fondò proprio qui un'università. È conosciuta per l'artigianato di oggetti d'oro, di rame (*copper*) e di ferro battuto. Inoltre in tutto il mondo sono particolarmente noti i confetti prodotti qui per i quali si usano le mandorle (*almonds*) di Avila, forse le migliori in Italia, ricoperte di zucchero, di solito bianco. Ci sono comunque confetti di tanti colori, a seconda delle occasioni. A Sulmona poi i confetti sono spesso confezionati per riprodurre un fiore o anche un mazzo di fiori.

L'Aquila, il capoluogo dell'Abruzzo. L'Aquila è una città ricca di monumenti come la bella chiesa di Santa Maria di Collemaggio e la famosa Fontana detta delle 99 cannelle (*spouts*), ma è anche un importante centro culturale ed economico contemporaneo. Dalla città si gode la vista di una delle montagne più affascinanti d'Italia, il Gran Sasso, con la cima più alta degli Appennini (2.914 metri). Sotto il Gran Sasso c'è una galleria che porta ai laboratori di ricerca dell'Istituto di Fisica Nucleare, quasi una piccola città sotterranea: qui studiosi italiani e stranieri fanno ricerche all'avanguardia e conducono esperimenti per i quali bisogna stare in ambienti isolati dall'esterno.

Pescara: una città moderna ed industrializzata. Pescara è sul mare e ha una spiaggia molto frequentata. In estate ci sono varie manifestazioni culturali come il Festival Internazionale del Folclore. Gabriele D'Annunzio (1863–1938), un famoso rappresentante del Decadentismo europeo, nacque a Pescara.

Verifichiamo

15.59 Che cos'è? Indica di che zona o città si tratta.

1. Qui si trovano l'orso e il lupo.

2. È la città in cui si trova Santa Maria di Collemaggio.

3. È famosa per i confetti.

4. È il paese natale del filosofo Benedetto Croce.

5. Qui si possono comprare oggetti fatti a mano d'oro, di rame e di ferro battuto.

6. Qui si può andare al mare.

7. È la città di Gabriele D'Annunzio.

15.60 Non è per tutti! Discutete a chi potrebbe piacere una vacanza in Abruzzo. Perché? E a voi, piacerebbe visitare questa regione? Perché?

15.61 E nel vostro Paese? C'è una regione simile all'Abruzzo nel vostro Paese? In cosa è simile? In cosa è diversa?

Vocabolario

Le parti del corpo

la bocca	*mouth*
il braccio (pl. le braccia)	*arm*
il collo	*neck*
il corpo	*body*
il cuore	*heart*
il dito (pl. le dita)	*finger*
la faccia	*face*
la fronte	*forehead*
il ginocchio (pl. le ginocchia)	*knee*
la mano (pl. le mani)	*hand*
il naso	*nose*
l'occhio	*eye*
l'orecchio (pl. le orecchie)	*ear*
l'osso (pl. le ossa)	*bone*
la pelle	*skin*
il petto	*chest*
la schiena	*back*
la spalla	*shoulder*
lo stomaco	*stomach*
la testa	*head*

La salute

l'abitudine (f.)	*habit*
avere un'alimentazione sana	*to have a healthy diet*
dimagrire (-isc-)*	*to lose weight*
esagerare	*to exaggerate*
essere a dieta	*to be on a diet*
il fast-food	*fast food*
evitare	*to avoid*
fare bene/male	*to be good/bad (for you)*
ingrassare*	*to gain weight*
mantenersi in forma	*to keep in shape*
nocivo/a	*unhealthy, harmful*
prendere vitamine	*to take vitamins*
sano/a	*healthy*
vegetariano/a	*vegetarian*

Espressioni impersonali

(non) bisogna	*it's (not) necessary*
(non) è bene	*it's (not) good*
(non) è difficile	*it's (not) difficult*
(non) è facile	*it's (not) easy, likely*
(non) è importante	*it's (not) important*
(non) è indispensabile	*it's (not) indispensable*
(non) è meglio	*it's (not) better*
(non) è necessario	*it's (not) necessary*
(non) è (im)possible	*it's (not) (im)possible*
(non) è probabile	*it's (not) probable*
(non) è vero	*it's (not) true*

I dolori del corpo

avere mal di . . .	*to have . . .*
denti	*a toothache*
gola	*a sore throat*
schiena	*a backache*
stomaco	*a stomachache*
testa	*a headache*
mi fa male la testa/	
la schiena	*my head/back hurts*
farsi male	*to hurt oneself*

Disturbi e malesseri

ammalato/a	*sick*
ammalarsi	*to get sick*
avere. . .	*to have. . .*
la febbre	*a fever*
l'influenza	*the flu*
la tosse	*a cough*
la cura	*treatment*
curare	*to treat, to take care of*
la malattia	*illness*
misurare la febbre	*to take someone's temperature*
il sintomo	*symptom*

Cure e medicine

gli antibiotici	*antibiotics*
l'aspirina	*aspirin*
la compressa	*tablet*
la medicina	*medicine*
lo sciroppo	*syrup*

Dal medico

il dolore	*pain*
grave	*serious*
guarire (-isc-)	*to recover, to heal*
fare una radiografia	*to take an x-ray*
la ricetta	*prescription*
la visita medica	*medical examination*

L'ecologia

l'aria	*air*
la benzina verde	*unleaded gas*
distruggere (*p.p.* distrutto)	*to destroy*
ecologico/a	*ecological*
l'effetto serra	*greenhouse effect*
la foresta	*forest*

i gas serra	*greenhouse gases*
la natura	*nature*
l'ossigeno	*oxygen*
i pesticidi	*pesticides*
proteggere l'ambiente	*to protect the environment*
respirare	*to breathe*
riciclare	*to recycle*
i rifiuti	*garbage, waste*
il riscaldamento globale	*global warming*
risolvere	*to resolve, to solve*
le risorse naturali	*natural resources*
risparmiare	*to save*
salvaguardare	*to protect*
lo smog	*smog*
sprecare	*to waste*
lo strato dell'ozono	*ozone layer*

La salute e la tecnologia

gli alimenti transgenici	*genetically altered foods*
la biotecnologia	*biotecnology*
il cibo biologico	*organic food*
i conservanti	*preservatives*
l'energia solare/nucleare	*solar energy/nuclear energy*
la macchina ibrida	*hybrid car*

Gli italiani di oggi

Lo sai che?

- ◆ L'Italia oggi
- ◆ L'Italia e l'Europa
- ◆ L'immigrazione in Italia
- ◆ L'emigrazione italiana nel mondo

I bambini giocano tutti insieme.

IN THIS CHAPTER YOU WILL LEARN HOW TO:

- ◆ Discuss Italian politics and Italy's role in the European Union
- ◆ Talk about contemporary Italian society
- ◆ Talk about Italian people around the world

PERCORSO I   **Il governo italiano e gli altri Paesi**

PERCORSO II   **I nuovi italiani**

PERCORSO III   **La presenza italiana nel mondo**

ANDIAMO AVANTI!

ATTRAVERSO IL MOLISE E LA BASILICATA

PERCORSO I
IL GOVERNO ITALIANO
E GLI ALTRI PAESI

Vocabolario: Com'è il governo italiano?

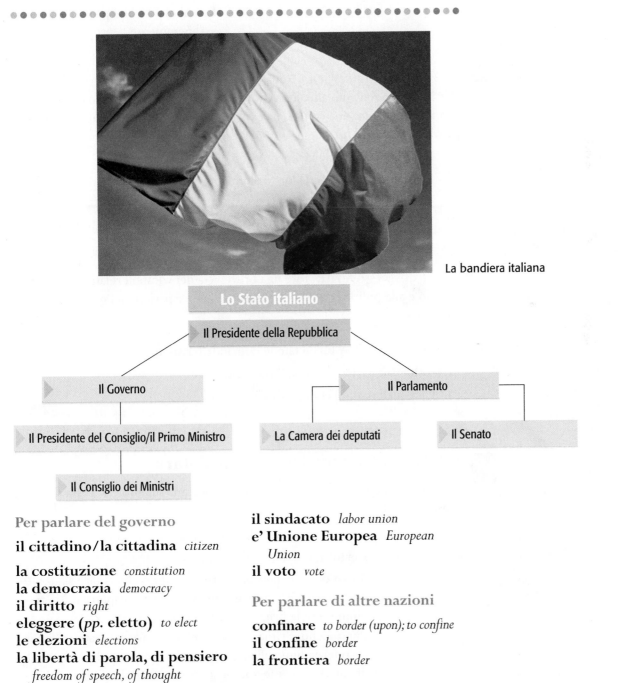

La bandiera italiana

Lo Stato italiano

Il Presidente della Repubblica

Il Governo

Il Parlamento

Il Presidente del Consiglio/il Primo Ministro

La Camera dei deputati

Il Senato

Il Consiglio dei Ministri

Per parlare del governo

il cittadino/la cittadina *citizen*

la costituzione *constitution*
la democrazia *democracy*
il diritto *right*
eleggere (*pp.* eletto) *to elect*
le elezioni *elections*
la libertà di parola, di pensiero
 freedom of speech, of thought

il sindacato *labor union*
e' Unione Europea *European Union*
il voto *vote*

Per parlare di altre nazioni

confinare *to border (upon); to confine*
il confine *border*
la frontiera *border*

16.1 La politica. Per ogni parola della colonna A trova la definizione corrispondente nella colonna B.

A
1. la democrazia
2. la libertà di parola
3. il sindacato
4. la costituzione
5. il parlamento
6. il presidente

B
a. È la più alta carica politica.
b. Protegge i diritti dei lavoratori.
c. I cittadini scelgono il governo attraverso libere elezioni.
d. È composto dei rappresentanti dei partiti votati dai cittadini.
e. Indica i principi su cui si basa il governo di una nazione.
f. È il diritto di esprimere liberamente la propria opinione.

16.2 Non solo politica. Nella lista a pagina 499 trova le parole che corrispondono meglio alle descrizioni seguenti. Poi confronta le tue risposte con un compagno/una compagna e insieme scrivete delle frasi usando le parole della vostra lista.

1. È un'organizzazione che protegge i diritti dei lavoratori.
2. I cittadini esprimono la loro volontà politica e scelgono le persone che vogliono al governo.
3. Si attraversa quando si viaggia dal nostro Paese verso uno straniero.
4. Rappresenta l'accordo di molti Paesi europei.

16.3 I nostri governi. Fate una breve lista dei vocaboli relativi al governo italiano e alla politica che potete usare anche per parlare del governo del vostro Paese.

16.4 Fra i Paesi. A turno fate le domande e rispondete.

1. Con quali nazioni confina il tuo Paese?
2. Con quali nazioni confina l'Italia?

In contesto: Sono andato a votare!

Un giovane che ha appena finito il liceo incontra la sua professoressa di storia e insieme parlano delle recenti elezioni.

PROFESSORESSA: Allora, Riccardo, alla fine, hai deciso di votare?

RICCARDO: Certo! E lei, non era in vacanza?

PROFESSORESSA: Lo sai come la penso. Io credo proprio che votare sia molto importante. Ero al mare, ma sono tornata apposta! Ma tu, dimmi, era la prima volta che votavi, vero?

RICCARDO: Più o meno. Prima di queste elezioni avevo votato solo per un referendum sulla pubblicità alla televisione! Al momento di votare, le confesso, mi sono sentito molto indeciso. Non credevo di avere tanti dubbi. Questa volta mi sembrava che

dovessi fare particolare attenzione a non dare un voto sbagliato.

PROFESSORESSA: Ma, dimmi, sono curiosa, hai votato per la coalizione di destra o quella di sinistra? Per me i partiti all'interno delle coalizioni sono ancora così diversi!

RICCARDO: Professoressa, ce lo ha insegnato lei che il voto è segreto! Come vorrei però che la politica **fosse** più semplice!

PROFESSORESSA: E a me piacerebbe che **si formasse** una colazione più di centro, per chi non vuole votare né a destra né a sinistra.

RICCARDO: Ecco, professoressa, anche noi, come tutti gli italiani, finiamo sempre col parlare di politica!

 **16.5 Le opinioni della professoressa e di Riccardo.** Leggete la conversazione fra la professoressa e Riccardo e indicate se le seguenti affermazioni sono vere o false. Correggete quelle false.

1. In Italia ci sono due grandi coalizioni e i partiti politici hanno tutti idee simili.
2. Secondo Riccardo la politica è complicata.
3. La professoressa è soddisfatta delle due principali coalizioni fra i partiti.
4. Gli italiani non discutono mai di politica.

𝓛o sai che? L'Italia oggi

Fino alla seconda guerra mondiale in Italia c'era la monarchia con il re (*king*) e per vent'anni gli italiani hanno anche subito un regime dittatoriale fascista con a capo Mussolini (1924-1944). Dopo la guerra, con la caduta (*fall*) di Mussolini, l'esilio (*exile*) del re e la fine del fascismo, il Paese è diventato una repubblica parlamentare con il referendum del 1946. Questo significa che il Presidente del Consiglio ha potere esecutivo.

Sotto il fascismo i diversi partiti politici erano proibiti, mentre oggi sono piuttosto numerosi e hanno ideologie e programmi spesso molto diversi fra loro. In tempo di elezioni i diversi partiti si riuniscono formando due coalizioni. Gli italiani quindi votano per una coalizione e, per ora, non votano per il Presidente della Repubblica né per il Presidente del Consiglio. Il Parlamento e il Senato sono composti dai rappresentanti dei partiti che i cittadini hanno votato. Il Governo è quindi composto dalla coalizione che vince le elezioni. L'Italia non è una repubblica federale come, ad esempio, gli Stati Uniti: c'è un solo governo centrale, ma le venti regioni hanno autonomia amministrativa.

 **16.6 Che cosa è cambiato?** Discutete quali sono stati in Italia i principali cambiamenti dopo la seconda guerra mondiale riguardo a: il tipo di governo, i partiti politici e le elezioni.

 **16.7 Votare in Italia.** Pensate che sarebbe interessante votare in Italia? Sarebbe molto diverso dal votare nel vostro Paese? Fate una lista degli aspetti simili e di quelli diversi.

G **16.8 Le votazioni.** Fate una breve inchiesta fra i vostri compagni per sapere se votano oppure no. Perché? Poi paragonate le risposte che avete avuto con quelle di altri studenti. Che cosa potete concludere?

*L*o sai che? L'Italia e l'Europa

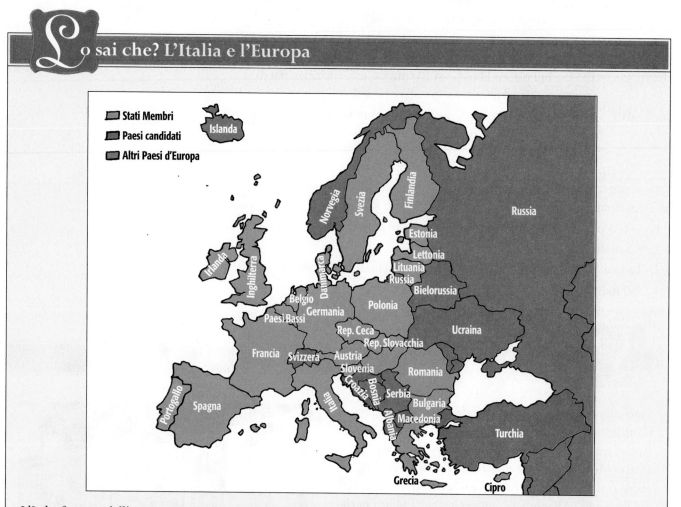

L'Italia fa parte dell'Unione Europea da molti anni. Per l'Italia la partecipazione alla UE implica alcuni fattori pratici molto importanti, come, ad esempio:

- L'euro è la moneta di quasi tutti i Paesi dell'UE. Quando viaggiano, quindi, gli italiani possono usare la valuta del proprio Paese e possono anche usare le banche dei Paesi dell'UE.

- Gli italiani possono viaggiare liberamente da un Paese all'altro dell'Unione con la sola carta d'identità; esiste inoltre il passaporto UE uguale per tutti i cittadini europei.

- I cittadini italiani hanno la possibilità di lavorare in una delle nazioni dell'UE e di trasferirsi da un Paese all'altro per motivi di studio senza problemi di visto (*visa*).

- Da tempo c'è anche il parlamento europeo a Strasburgo, in cui vengono eletti rappresentanti italiani oltre che degli altri Paesi dell'UE. Il Parlamento si occupa di leggi (*laws*) che riguardano questioni comuni a tutti i Paesi dell'UE, come, ad esempio, il turismo, la sanità, l'ambiente.

G **16.9 L'Unione Europea.** Rispondete insieme alle seguenti domande:

1. Quali sono per gli italiani alcuni vantaggi della partecipazione all'UE?

2. Il vostro Paese fa parte o dovrebbe fare parte di un accordo politico o economico simile all'UE? Prendete in considerazione: la moneta e le possibilità di lavoro e di studio.

Percorso I 🍃 cinquecentotré **503**

Occhio alla lingua!

1. Look again at the *In contesto* conversation, and find the verbs in boldface type. Do these verbs refer to a present, past, or future situation? Do you think these verbs are in the indicative or the subjunctive?

2. What verbs or expressions introduce the verbs in boldface type? In what tense are these verbs and expressions? Can you draw any conclusions?

3. With a classmate, look at the other verbs in the *In contesto* conversation. Which are in the indicative and which are in the subjunctive? Can you explain in each instance why the indicative or the subjunctive is used?

4. Find and underline all verbs in the infinitive form. What expressions and verbs do they follow?

Grammatica

Il congiuntivo o l'indicativo

As you learned in Capitolo 15, the subjunctive is used in dependent clauses introduced by **che** when the verb or expression in the main clause indicates desire, personal opinion, doubt, or uncertainty. The indicative is used in dependent clauses introduced by **che** when the verb or expression in the main clause indicates certainty. The verbs and expressions in the chart below indicate certainty and are therefore followed by verbs in the indicative.

Verbi ed espressioni che indicano certezza			
sono/è certo/sicuro	I am/it's certain/sure	riconosco	I recognize
è chiaro	it's clear	so	I know
è ovvio	it's obvious	vedo	I see
è vero	it's true		

Note the difference between the expressions of certainty and the more subjective expressions in the sentences below.

So che il Presidente viene nella mia città.	*I know the President is coming to my town.*
Credo che il Presidente venga nella mia città.	*I think that the President will come to my town.*
È vero che c'è un nuovo partito.	*It's true that there is a new party.*
È possibile che ci sia un nuovo partito.	*It's possible that there is a new party.*

16.10 La mia opinione. Tu e una tua amica discutete di politica. Lei non è molto sicura e ti fa tante domande. Rispondi usando un'espressione che indica sicurezza e segui l'esempio.

ESEMPIO: Credi che questo partito sia d'accordo con i sindacati?
Sono sicuro/a che questo partito è d'accordo con i sindacati.

1. Pensi che la coalizione di destra diminuisca le tasse?

2. È possibile che gli studenti facciano sciopero?

3. Dubiti che molte persone votino a queste elezioni?

4. Credi che quel giornalista combatta sempre per la libertà di parola?

5. Hai paura che il Presidente del Consiglio non nomini i ministri migliori?

16.11 La politica. Un amico straniero ti chiede informazioni sulla politica italiana. Rispondi alle sue domande usando l'indicativo quando sei sicuro e il congiuntivo quando non sei sicuro. Usa alcune delle seguenti espressioni: **credo che, so che, sono certo che, è ovvio che, è probabile che.**

1. Gli italiani votano ogni quattro anni?

2. Quanti partiti ci sono?

3. C'è la democrazia in Italia?

4. Eleggete anche deputati europei?

5. Chi elegge il Presidente del Consiglio?

Il congiuntivo o l'infinito

As you learned in Capitolo 15, the subjunctive is used in the dependent clause after verbs that express uncertainty, personal opinion, doubt, and desire when the subjects of the dependent clause and the main clause are different.

Spero che tu sia andato a votare.	*I hope you went to vote.*
Il sindacato vuole che voi facciate sciopero.	*The union wants you to go on strike.*

When the subject of the two clauses is the same, the infinitive is used.

Il Presidente crede di agire per difendere la Costituzione.	*The president thinks he is acting to defend the Constitution.*
Crede di sapere già tutto sulle elezioni europee.	*He thinks he already knows everything about European elections.*

1. Verbs like **volere, dovere, potere, preferire,** and **desiderare** are followed directly by an infinitive.

Desidero tenermi al corrente sui partiti.	*I wish to keep current on political parties.*
Preferisci fare sciopero o andare a lavorare?	*Do you prefer to go on strike or go to work?*

2. Some verbs require a preposition before the infinitive. The following verbs require the preposition **di**.

avere paura di	*to be afraid*	dubitare di	*to doubt*
credere di	*to believe*	pensare di	*to think*
decidere di	*to decide*	sperare di	*to hope*

Spera di vincere le elezioni.	*He/She hopes to win the elections.*
Pensiamo di passare la frontiera facilmente.	*We plan to cross the border easily.*

16.12 Una ricerca al computer. Tu e i tuoi compagni dovete fare una ricerca al computer per avere informazioni sull'Italia. I compagni ti chiedono se tu fai alcune cose. Rispondi usando l'infinito come nell' esempio e fa' tutti i cambiamenti necessari.

ESEMPIO: Sai trovare il sito ufficiale del Governo? (Credo)
            Sì, credo di sapere trovare il sito ufficiale del Governo.

1. Completi tu la ricerca sui partiti? (Penso)
2. Prendi informazioni sul sito? (Preferisco)
3. Cerchi tu la prima pagina dei giornali? (Voglio)
4. Prepari tu le informazioni sulle elezioni? (Spero)

16.13 Ancora la stessa ricerca. Adesso rispondi alle stesse domande dell'esercizio **16.12** dicendo che un'altra persona fa le stesse cose. Usa il congiuntivo come nell'esempio:

ESEMPIO: Sai trovare il sito ufficiale del Governo? (Credo/Marisa)
            Credo che Marisa sappia trovare il sito ufficiale del
            Governo.

1. Completi tu la ricerca sui partiti? (Penso/Carla)
2. Prendi informazioni sul sito? (Preferisco/Giuseppe e Tommaso)
3. Cerchi tu la prima pagina dei giornali? (Voglio/Marco)
4. Prepari tu le informazioni sulle elezioni? (Spero/tu e Anna)

16.14 Brevissimi messaggi elettronici. Hai trovato un sito dove puoi parlare di politica con persone della tua età. Rispondi alle domande sui problemi indicati e usa le espressioni con il congiuntivo o l'infinito. Poi scambia le tue risposte con quelle di un compagno/una compagna e insieme discutete le vostre idee.

ESEMPIO: S1: Quando hai votato la prima volta, è stato facile?
            S2: È stato facile decidere per chi votare.

1. Pensi che sia importante far parte di un sindacato? Perché?
2. Credi che sia importante pagare più tasse o meno tasse?
3. Cosa pensi che faccia il Parlamento europeo?
4. Cosa credi che debba fare un partito politico?

Il congiuntivo imperfetto

The verbs and expressions that govern use of the present subjunctive also govern use of the imperfect subjunctive. The imperfect subjunctive is used when the verb of the main clause is in a past tense and the action of the dependent clause took place at the same time or later than that of the main clause.

Era difficile che **potesse** vincere le elezioni.	*It was unlikely that he could win the election.*
Sperava che io **andassi** a votare con lui.	*He hoped I would go to vote with him.*

The imperfect subjunctive is formed by dropping the **-re** of the infinitive and adding the appropriate endings.

	votare	eleggere	servire	capire
	Il congiuntivo imperfetto			
che io	vota**ssi**	elegge**ssi**	servi**ssi**	capi**ssi**
che tu	vota**ssi**	elegge**ssi**	servi**ssi**	capi**ssi**
che lui/lei	vota**sse**	elegge**sse**	servi**sse**	capi**sse**
che noi	vota**ssimo**	elegge**ssimo**	servi**ssimo**	capi**ssimo**
che voi	vota**ste**	elegge**ste**	servi**ste**	capi**ste**
che loro	vota**ssero**	elegge**ssero**	servi**ssero**	capi**ssero**

1. The following verbs have the same irregular stems in the imperfect subjunctive as in the imperfect indicative.

	bere (bevevo)	dire (dicevo)	fare (facevo)
che io	beve**ssi**	dice**ssi**	face**ssi**
che tu	beve**ssi**	dice**ssi**	face**ssi**
che lui/lei	beve**sse**	dice**sse**	face**sse**
che noi	beve**ssimo**	dice**ssimo**	face**ssimo**
che voi	beve**ste**	dice**ste**	face**ste**
che loro	beve**ssero**	dice**ssero**	face**ssero**

Pensavo che gli studenti **facessero** sciopero.

I thought students were on strike.

Era impossibile che **dicesse** la verità.

It was impossible that he was telling the truth.

2. The following verbs have irregular infinitive stems and regular endings.

	essere	dare	stare
che io	fo**ssi**	de**ssi**	ste**ssi**
che tu	fo**ssi**	de**ssi**	ste**ssi**
che lui/lei	fo**sse**	de**sse**	ste**sse**
che noi	fo**ssimo**	de**ssimo**	ste**ssimo**
che voi	fo**ste**	de**ste**	ste**ste**
che loro	fo**ssero**	de**ssero**	ste**ssero**

Speravi che **dessimo** appoggio ai Verdi?

Were you hoping we would support the Green Party?

Credevamo che il ministro **fosse** onesto.

We thought the minister was honest.

Non era possibile che loro **stessero** zitti.

It was impossible for them to be quiet.

16.15 Non credevo! Hai appena imparato alcune cose sulla politica italiana e sei molto meravigliato/a. Riscrivi le frasi usando il congiuntivo imperfetto secondo l'esempio.

ESEMPIO: In Italia si vota a 18 anni. (Non credevo)
Non credevo che in Italia si votasse a 18 anni!

1. Il Presidente nomina il Presidente del Consiglio. (Non sapevo)
2. In Italia ci sono il Parlamento e il Senato. (Dubitavo)
3. L'Italia fa parte della Comunità Europea. (Non sapevo)
4. Esiste un Parlamento europeo. (Non credevo)
5. Le tasse per l'importazione di alcuni prodotti sono molto alte. (Non immaginavo)
6. L'Europa ha una moneta unica. (Non sapevo)
7. La moneta unica europea si chiama euro. (Non sapevo)
8. La coalizione vincente forma il Governo. (Non immaginavo)

16.16 La politica. Un amico/Un'amica molto giovane ti esprime alcune opinioni politiche e tu scopri che un tempo avevi le stesse idee. Riscrivi le frasi cambiando i verbi dal presente al passato e seguendo l'esempio.

ESEMPIO: Penso che le elezioni ci siano ogni anno.
Anch'io pensavo che le elezioni ci fossero ogni anno.

1. Ho paura che la coalizione di centro perda.
2. Credo che i miei genitori votino sempre per la coalizione di destra.
3. Dubito che tutti facciano sciopero.
4. Non penso che ci sia la libertà di parola in tutto il mondo.
5. Non sono sicuro/a che il Presidente formi il governo.
6. Penso che l'Unione Europea sia un sogno!
7. Non credo che esista una costituzione europea.
8. Non so chi elegga i deputati al Parlamento europeo.
9. Ho paura che non tutti esprimano la loro opinione liberamente.

16.17 L'Italia com'era. Ascolta due volte quello che dice un anziano signore italiano sull'Italia di molti anni fa. Su un foglio di carta, per ogni frase indica se afferma un fatto oggettivo o se esprime una sua opinione personale.

Scambi

16.18 Tu e la politica. Intervista alcuni compagni per scoprire cosa sanno del governo del proprio Paese e qual è il loro atteggiamento verso la politica. Prepara cinque domande sui punti seguenti:

a. la loro partecipazione in un partito o un'associazione politica
b. le esperienze di scioperi

G **16.19 Il Paese ideale.** Immaginate di poter vivere in un Paese ideale. Decidete insieme i seguenti punti e giustificate le vostre opinioni: il nome, il tipo di governo, le elezioni e i partiti, i rapporti con altre nazioni.

16.20 Le donne e la politica. Leggete le opinioni di alcune italiane a proposito delle donne e la loro presenza nel mondo della politica. Poi rispondete alle domande.

«Ho letto che in Italia in Parlamento la presenza delle donne è del 9,8%, mentre in Svezia è del 42,7%! È incredibile! Personalmente, con un programma politico simile e altri elementi uguali, fra un uomo e una donna io preferirei sempre la donna e voterei per lei!» (Carla Marini)

«Secondo me le donne sarebbero più brave degli uomini a trovare soluzioni pacifiche. Con più donne al governo di vari Paesi del mondo, secondo me ci sarebbero meno guerre, perché le donne preferiscono trovare un accordo quando possibile.» (Roberta Santini)

«In realtà è un problema storico, perché le donne sono state escluse per secoli dal potere e non hanno potuto partecipare al governo.» (Emma Narducci)

«Per la mia esperienza, non solo in politica, ma in tutti i campi del lavoro, le donne devono lavorare molto di più degli uomini per avere gli stessi riconoscimenti.» (Antonella Fabbrini)

1. Dalle opinioni che avete letto, potete dedurre se sia più o meno difficile per le donne italiane fare carriera in politica? Perché?
2. Come pensavi che fosse la situazione delle donne italiane nel mondo della politica prima di leggere le opinioni precedenti?
3. Secondo voi, le donne del vostro Paese sarebbero d'accordo oppure no con le opinioni che avete letto? Di quali altri problemi discuterebbero?

Palazzo Chigi a Roma, sede del Governo. Chi pensi che lavori qui?

PERCORSO II
I NUOVI ITALIANI

Vocabolario: Chi vive in Italia?

Sono stato fortunato. Ho il permesso di soggiorno e qui in Italia sto benissimo, ma, se potessi, tornerei al mio Paese.

E pensare che al mio Paese ho studiato biologia ... E ora faccio la badante ... ma se fossi a casa mia non guadagnerei abbastanza per mantenere i miei figli.

L'immigrazione

accettare *to accept*
la classe sociale *social class*
la differenza culturale/sociale
  cultural/social difference
discriminare *to discriminate*
extracomunitario/a *a person who*
  is not from the UE
illegale *illegal*
l'immigrazione (f.) *immigration*
l'immigrato/a *immigrant*
industrializzato/a *industrialized*
legale *legal*
la mentalità aperta/chiusa
  open/closed mentality

il Paese emergente *developing*
  country
la povertà *poverty*
il pregiudizio *prejudice*
lo stereotipo *stereotype*
lo straniero/la straniera
  foreigner
tollerante *tolerant*
la tolleranza *tolerance*
l'uguaglianza *equality*
il visto *visa*

16.21 Che significa? Unisci le parole della colonna A con la definizione corrispondente nella colonna B.

A	B
1. l'uguaglianza	**a.** divisione dei cittadini secondo la loro condizione economica
2. la classe sociale	**b.** non c'è nessuna differenza fra persone diverse
3. Paesi emergenti	**c.** non hanno il permesso di risiedere in Italia
4. immigrati illegali	**d.** è necessario per risiedere legalmente in Italia
5. il permesso di soggiorno	**e.** nazioni non ancora industrializzate
6. gli extracomunitari	**f.** persone di Paesi che non fanno parte dell'UE

16.22 La società. Completa le frasi seguenti con il vocabolo più adatto fra quelli della lista: **tolleranti, pregiudizi, industrializzato, badante, visto, discriminazione, immigrati.**

1. Se fossi imprenditore, darei lavoro anche agli _____ senza permesso di soggiorno.

2. Molti cercano lavoro in Italia perché è un Paese _____ e ci sono molte fabbriche.

3. Mi piacerebbe che nessuno avesse _____ contro altre culture.

4. Per accettare persone molto diverse da noi dobbiamo essere _____.

5. Una persona, spesso straniera, che si prende cura degli anziani fa il/la _____.

6. Se una persona è pagata meno di un'altra per lo stesso lavoro, c'è _____.

7. Per entrare in molti Paesi stranieri dobbiamo avere il _____ sul passaporto.

16.23 Valori positivi e negativi. Fa' una breve lista delle espressioni che rappresentano valori positivi per accettare gli stranieri e una lista dei valori negativi.

16.24 Le definizioni. Scegliete quattro parole dalla lista a pagina 509 e scrivete una semplice definizione di ognuna. Poi leggete le vostre definizioni al compagno/alla compagna che deve indovinare di che parola si tratta.

In contesto: Lei cosa farà?

Una giornalista italiana parla con due immigrati, Jorge e Nadja, che hanno preso decisioni molto diverse riguardo al loro futuro.

GIORNALISTA: Lei, Jorge, da quanto tempo è in Italia? E lei, Nadja?

JORGE: Sono arrivato dal Guatemala con la famiglia circa otto anni fa. Mia figlia è nata qui.

NADJA:	Io sono qui da cinque, ma ho dovuto lasciare i figli in Ucraina.
GIORNALISTA:	Che lingua parlate a casa?
JORGE:	Io e mia moglie parliamo spagnolo, naturalmente, ma nostra figlia si sente italiana. Soprattutto fuori di casa. Se qualcuno le parlasse spagnolo, lei risponderebbe in italiano!
NADJA:	Io parlo sempre italiano per il mio lavoro. Con le mie amiche, che stanno qui come me, parlo ucraino.
GIORNALISTA:	Che lavoro fate?
JORGE:	Io lavoro in una fabbrica. Per fortuna ho il permesso di soggiorno e posso lavorare legalmente. Mi piacerebbe che tutti e tre, però, potessimo prendere la cittadinanza, così mi sentirei più sicuro.
NADJA:	Io sono un'immigrata illegale. Per le persone come me, lei lo sa, è molto difficile. Faccio la badante per una signora anziana che per fortuna mi vuole tanto bene. Se avessi i documenti e il permesso di soggiorno forse potrei trovare un lavoro migliore, chissà!
GIORNALISTA:	Cosa pensate di fare in futuro? Vorreste tornare al vostro Paese o pensate di restare in Italia?
JORGE:	Io e mia moglie vorremmo restare qui. Lo facciamo per nostra figlia. In Guatemala se tornassi non troverei lavoro. E poi, ripeto, vorremmo che nostra figlia crescesse qui.
NADJA:	Io mando i soldi a casa. Ho due figli che sono rimasti con mia madre. Io vorrei che venissero in Italia anche loro, ma a mia madre piacerebbe che io tornassi . . . e anche a me. Non mi sono mai adattata bene.

16.25 Un'intervista. Discutete i seguenti punti riguardo all'intervista:

1. Qual è il problema principale di cui si discute?

2. Quali sono alcuni punti di vista diversi delle persone intervistate?

3. Per chi provate più simpatia? Perché?

16.26 I consigli. Che consigli dareste a Jorge e Nadja? Cosa fareste voi nella loro situazione?

Occhio alla lingua!

1. Look at the verbs that follow the expressions **vorrei che** and **mi piacerebbe che** in the *In contesto* interview. Can you detect a pattern?

2. In the interview there are several sentences that start with **se**, *if*. Are the verbs that follow **se** in the indicative or the subjunctive? Are they in the present or imperfect tense? What is the tense and mood of the verb in the main clause of these sentences? What pattern can you identify?

3. With a partner, determine if the sentences introduced by **se** refer to situations that the speaker is certain will occur or that he/she is less sure about.

Lo sai che? L'immigrazione in Italia

In seguito ad un grande sviluppo economico ed industriale, dall'inizio degli anni '80 l'Italia è diventata terra d'immigrazione. Attualmente in Italia ci sono oltre 2 milioni di stranieri soprattutto nelle grandi città come Roma, Milano, Napoli e Torino. La maggior parte proviene (*comes*) da altri Paesi europei, ma molti vengono anche dall'Asia, dall'Africa e dall'America. Oggi in Italia c'è anche il fenomeno molto complicato degli immigrati illegali. Molti di loro attraversano (*cross*) il Mediterraneo su vecchie barche piene di gente e in condizioni terribili. Spesso arrivano in Sicilia, in particolare all'isola di Lampedusa, dove ci sono i centri di accoglienza (*reception centers*). Qui vivono in condizioni difficili e spesso poi sono rimandati (*sent back*) nei loro Paesi di origine.

Una scena dal film *Quando sei nato non puoi più nasconderti* **(2005) di Marco Tullio Giordana.** Sandro, un ragazzo di dodici anni, si perde in mare e viene salvato da una barca di clandestini (*illegal immigrants*) che stanno cercando di arrivare in Italia e troveranno una situazione molto triste e difficile.

Gli italiani hanno opinioni diverse riguardo a questo fenomeno. Alcuni hanno paura della disoccupazione e di perdere l'omogeneità etnica e culturale. Altri promuovono la tolleranza e sono favorevoli ad una società multietnica. Il governo e i partiti politici cercano di proporre riforme sociali e leggi (*laws*) per regolare l'immigrazione e la permanenza (*stay*) degli extracomunitari.

16.27 Gli immigrati in Italia. Dopo aver letto le informazioni sull'immigrazione in Italia, rispondete alle domande.

1. Quali sono i possibili motivi dell'immigrazione in Italia?
2. Di cosa hanno paura gli italiani per quanto riguarda l'immigrazione?
3. Che cosa cercano di fare alcuni politici e intellettuali?
4. Come pensate che la foto e il film siano connessi con le informazioni lette?

16.28 L'immigrazione nel vostro Paese. La storia dell'immigrazione nel vostro Paese è molto diversa da quella in Italia? Quali problemi nel vostro Paese sono simili a quelli dell'immigrazione in Italia?

Grammatica

Il congiuntivo imperfetto (II)

You have learned about use of the imperfect subjunctive when the verb of the main clause is in a past tense. The imperfect subjunctive is used also in a dependent clause when the verb of the main clause is in the present conditional and the two clauses have two different subjects.

Vorrei che mia sorella **smettesse** di fumare!	*I wish my sister would quit smoking!*
Mi piacerebbe che tutti **avessero** un lavoro.	*I would be pleased if everybody had a job.*
Preferirei che tu non gettassi la carta per terra.	*I would prefer that you not throw paper on the ground.*

16.29 Loro vorrebbero che. . . I tuoi genitori ti fanno spesso molte raccomandazioni riguardo all'ambiente. Racconta ad un amico/un'amica che cosa vorrebbero che tu e i tuoi fratelli faceste riguardo alle seguenti cose.

ESEMPIO: l'acqua
Vorrebbero che ci facessimo la doccia con poca acqua!

1. la carta
2. la benzina
3. il vetro e la plastica

4. la bicicletta
5. il fumo

16.30 Cosa vorresti? Esprimete i vostri sogni e desideri riguardo ai problemi sociali indicati e spiegate che cosa fareste voi usando le espressioni **vorrei, mi piacerebbe** e **preferirei**. Spiegate anche che cosa vorreste che facessero altre persone.

a. i pregiudizi   b. l'immigrazione   c. la tolleranza

Frasi con il *se*

Hypothetical (*if*) sentences describe a situation that the speaker believes might occur but is unlikely. *If* sentences consist of two clauses: the *if* clause that expresses a condition and the main clause that expresses the result of that condition. Use **se** + the imperfect subjunctive to express the condition and use the present conditional to express the outcome.

Se avessimo un buon lavoro, troveremmo anche un bell'appartamento.	*If we had a good job, we would also find a nice apartment.*
Se tu avessi il permesso di soggiorno, potresti guadagnare di più.	*If you had the residence permit, you could make more money.*
Jorge capirebbe l'italiano meglio se a casa non parlasse sempre spagnolo.	*Jorge would understand Italian better if he didn't always speak Spanish at home.*

In sentences that express a real or a likely situation, the main clause and the *if* clause are always in the indicative.

Se vuoi andare all'università in Italia devi studiare l'italiano.	*If you want to go to college in Italy, you must study Italian.*
Dovete avere il visto se volete andare in Italia!	*You must have a visa if you want to go to Italy!*
Se volete provare un buon ristorante cinese andate a Piazza di Spagna.	*If you want to try a good Chinese restaurant, go to Piazza di Spagna.*

16.31 Una discussione. Completa le seguenti frasi con la forma corretta del condizionale e del congiuntivo.

1. Tu _____ (andare) in un altro Paese, se non _____ (trovare) lavoro qui?

2. Se noi _____ (avere) una mentalità veramente aperta, non _____ (pensare) troppo alle differenze culturali.

3. Se i miei amici stranieri _____ (volere) il permesso di soggiorno, che cosa _____ (dovere) fare?

4. Se i nostri amici _____ (volere) conoscere il mondo,
_____ (viaggiare) di più.

5. La povertà _____ (finire) se i Paesi industrializzati
_____ (aiutare) i Paesi emergenti.

6. Se voi _____ (occuparsi) di politica, _____ (fare)
una legge per regolare l'immigrazione?

16.32 Una società perfetta. Immagina come ogni cosa sarebbe diversa se
cambiassero determinate circostanze. Completa le frasi con la forma corretta
del congiuntivo usando anche termini come, ad esempio: **discriminare,
capire le differenze culturali, dare il permesso di soggiorno,
stereotipi.**

1. Ci sarebbe più uguaglianza se . . .

2. Ci sarebbero meno immigrati illegali se il governo italiano . . .

3. La gente capirebbe meglio gli stranieri, se. . .

4. Ci sarebbero meno pregiudizi nel mondo, se. . .

 16.33 Sogniamo e immaginiamo! Oggi voi e i vostri amici state
sognando sulle tante possibilità della vita e del futuro. Completate le frasi
seguenti con il condizionale o il congiuntivo.

1. Se vincessimo la lotteria . . .

2. Saremmo molto felici se . . .

3. Se andassi ad abitare in un Paese straniero. . .

4. Se fossi il Presidente della Repubblica. . .

5. Sarei poco intelligente se. . .

6. Se tornassi ad essere bambino/a. . .

7. Sarei un/un'artista famoso/a se. . .

8. Se potessi essere un'altra persona. . .

9. Se tutti avessero la posta elettronica . . .

10. Parleremmo molte lingue se . . .

11. Se nessuno fosse senza lavoro . . .

12. Potrei lavorare sempre a casa se . . .

Scambi

16.34 Una società multiculturale. Considera la lista seguente e indica
con un numero da 1 a 6, in ordine di importanza, quali sono secondo te i
principi più importanti per una società multiculturale. Poi fa' un'inchiesta fra
i tuoi compagni per vedere chi ha idee simili.

_____ a. regolare l'immigrazione

_____ b. combattere le discriminazioni

_____ c. correggere i pregiudizi

_____ d. conservare il proprio patrimonio culturale

_____ e. rispettare le differenze culturali

_____ f. cercare di conoscere e capire gli stranieri

16.35 *Metropoli.* Leggete la pubblicità di *Metropoli* e completate le seguenti attività.

1. *Metropoli* si può comprare tutti i giorni o una volta alla settimana?
2. *Metropoli* si compra da solo o insieme ad un altro giornale?
3. Fate una lista degli argomenti che potete leggere su *Metropoli*. A quali problemi si riferiscono?
4. Secondo voi, perché si pubblica un giornale come *Metropoli*? Quale aspetto della società italiana riflette?
5. Di quali argomenti scrivereste voi se poteste creare un giornale simile a *Metropoli* nel vostro Paese?

16.36 La vita allora. Immaginate come sarebbe la vita se viveste in un'altra epoca. Potete scegliere il periodo che preferite e poi potete prendere in considerazione, fra le altre cose: che cosa potreste o non potreste fare, quali oggetti avreste oppure no, come sarebbero i rapporti sociali, quale sarebbe la situazione economica e politica.

ESEMPI: S1: Se vivessimo nel 1800 non ci sarebbe il computer!
          S2: È vero, e se fossimo in un'altra epoca ci sarebbe anche meno uguaglianza sociale.

16.37 L'immigrazione nelle scuole. Ascolta due volte le notizie alla radio sull'immigrazione e la scuola. Poi completa le attività che seguono.

1. Indica con i numeri 1 e 2 a quale titolo corrisponde ognuna delle notizie.

a. _____

La carica degli studenti stranieri

b. _____

Nelle elementari e medie di Firenze ci sono ragazzini di 45 nazionalità

2. Quali delle seguenti affermazioni sono vere e quali false?

a. Ci sono pochissimi bambini stranieri nelle scuole italiane.

b. Ci sono corsi speciali per insegnare l'italiano ai bambini stranieri.

c. Molti studenti stranieri in Italia provengono dall'Unione Europea.

d. La scuola serve come punto di incontro e scambio fra le culture.

e. Gli studenti stranieri nelle università sono sempre di più.

f. Nelle università italiane ci sono moltissimi studenti albanesi.

In arrivo al porto di Otranto. Chi saranno? Da dove verranno?

PERCORSO III
LA PRESENZA
ITALIANA NEL MONDO

Vocabolario: Da dove vieni? Dove vai?

Oggi ci sono diversi negozi di alimentari *Balducci's* negli Stati Uniti. All'inizio, nel 1916, era una semplice bancarella (*fruit stand*) di Louis «Pop» Balducci, un italiano emigrato dalla Puglia. Poi, nel 1946, Pop e il figlio **aprirono** il primo negozio al Greenwich Village.

I fratelli Luciano, Giuliana, Gilberto e Carlo Benetton **cominciarono** la loro attività nel settore dell'abbigliamento nel 1965 e **aprirono** il primo negozio a New York nel 1980. Oggi i loro negozi sono presenti in 120 Paesi.

Concept: O. Toscani. Courtesy of United Colors of Benetton.

Per parlare dell'emigrazione

abbandonare *to abandon*
il coraggio *courage*
le difficoltà economiche *economic difficulties*
la discriminazione *discrimination*
l'emigrante (*m./f.*) *emigrant*
fare fortuna *to find good fortune, to become wealthy*
la generazione *generation*
l'ignoto *unknown*
l'inserimento *integration*

inserirsi* *to become integrated*
la nostalgia *homesickness; nostalgia*
la patria *fatherland*
il patrimonio culturale *cultural background*
la perseveranza *perseverance*
la radice *root*
la ricerca scientifica *scientific research*
i tempi duri *hard times*
la tradizione *tradition*

16.38 L'intruso. Per ogni gruppo di parole, indicate qual è l'intruso e spiegate perché.

1. coraggio, perseveranza, generazione
2. radice, abbandonare, tradizione
3. tempi duri, difficoltà economiche, ignoto
4. fare fortuna, inserirsi, nostalgia
5. tradizione, patrimonio culturale, ricerca scientifica
6. patria, emigrante, ricerca scientifica
7. difficoltà economiche, inserirsi, abbandonare
8. ignoto, generazione, tradizione

16.39 L'emigrazione. Completa le frasi con uno dei vocaboli seguenti: **radici, coraggio, inserirsi, patrimonio, ignoto, abbandonare, tradizioni.**

1. Credo che sia necessario avere molto _____ per _____ il proprio Paese ed andare verso l'_____.
2. Penso che per i miei nonni non sia stato facile _____ in questa città straniera.
3. Mia madre pensava che fosse importantissimo conservare alcune abitudini e _____ italiane e che noi conoscessimo il nostro _____ culturale.
4. Mio padre aveva paura che noi figli insieme alla lingua perdessimo anche le nostre _____.

16.40 Ancora sull'emigrazione. Per ogni parola della colonna A trova la definizione corrispondente nella colonna B.

A	B
1. la nostalgia	a. uno studio molto approfondito
2. la patria	b. una persona che lascia il proprio Paese
3. l'emigrante	c. la nazione in cui siamo nati
4. la ricerca scientifica	d. la tristezza che proviamo per quello che non abbiamo più

16.41 In giro per il mondo. Per ognuna delle domande seguenti fate una breve lista delle parole ed espressioni che potreste usare.

1. Per quali motivi potreste lasciare il vostro Paese?
2. Che cosa provereste?
3. Quali qualità sono necessarie secondo voi per cambiare vita radicalmente?

In contesto: Una discussione sull'emigrazione

Una ricercatrice arrivata negli Stati Uniti da pochi anni e un anziano signore emigrato in America con i genitori quando era ragazzo si ritrovano insieme ad un programma televisivo e discutono le loro esperienze.

LA RICERCATRICE: Io qui negli Stati Uniti sto benissimo, soprattutto per il mio lavoro di ricerca all'università. È molto improbabile che torni a vivere in Italia.

L'ANZIANO SIGNORE: Beata lei, dottoressa! Mi sembra anche che lei vada e venga dall'Italia quando vuole, vero? Quindi forse non sa neppure cosa sia la nostalgia.

LA RICERCATRICE: È vero, lo so di essere fortunata. In Italia ci vado almeno un paio di volte l'anno! Avevo lavoro anche prima di venire e parlavo l'inglese già bene. Non posso certo dire di aver avuto problemi ad inserirmi!

L'ANZIANO SIGNORE: Quando sono venuto io dall'Italia con la mia famiglia, i tempi erano duri per tutti, sa. Mica come ora! Io l'inglese l'ho imparato a scuola e sono andato in Italia una volta, pochi anni fa. Mia madre e mio padre invece non sono mai neanche tornati! Hanno sempre fatto tanti sacrifici, ma tutti noi figli abbiamo un'ottima posizione.

 o sai che? L'emigrazione italiana nel mondo

Fra il 1860 e la fine degli anni '70 circa ventinove milioni di italiani hanno lasciato il loro Paese. La mancanza di lavoro e un grande sviluppo demografico hanno portato gli italiani ad emigrare verso altre nazioni europee, negli Stati Uniti, nei Paesi del Sud America e anche in Africa e Australia. In alcune città americane come New York si sono formati quartieri completamente italiani e in alcune nazioni, come l'Argentina, la popolazione di origine italiana rappresenta la maggioranza. Gli italiani all'estero hanno contribuito grandemente al progresso economico e sociale della società in cui sono andati a vivere e si sono inseriti con successo in tutto il mondo. Attualmente la maggior parte degli italiani residenti in

Mulberry Street a New York, ai primi del '900

altre nazioni è di terza e quarta generazione. Spesso hanno il desiderio di riscoprire le proprie radici, imparare la lingua, riprendere i contatti con l'Italia e ritrovare le tradizioni familiari.

Dagli anni '70 in poi, con il benessere economico, solo poche migliaia di persone lasciano l'Italia annualmente. Spesso sono tecnici che lavorano all'estero per periodi limitati: questa si chiama appunto **emigrazione tecnologica**. Oppure sono studiosi e ricercatori che trovano in altre nazioni, come negli Stati Uniti, possibilità di ricerca e studio più vaste che in Italia. Quest'ultimo fenomeno è indicato a volte come la **fuga dei cervelli** (*brain drain*).

16.42 L'emigrazione. Conferma le seguenti affermazioni con esempi tratti dal testo.

1. Gli italiani sono emigrati in tanti Paesi diversi.
2. In genere gli italiani all'estero hanno fatto fortuna.
3. Per gli italiani di terza o quarta generazione è importante riscoprire la cultura e la lingua italiane.
4. Oggi molti italiani emigrano solo temporaneamente e per lavoro.

G **16.43 Le esperienze degli emigranti.** Dopo aver letto la conversazione alle pagine 518–519, completate le seguenti attività:

1. Quali sono le differenze principali nelle esperienze della ricercatrice e dell'anziano signore? Che cosa invece hanno in comune?

2. Quale fra le due diverse esperienze di emigrazione rappresenta meglio la realtà contemporanea? Perché? Come riflettono queste due esperienze la differenza di classe economica?

3. Immaginate gli aspetti che l'emigrazione potrà assumere in futuro:
   a. Da quali Paesi immigreranno maggiormente nel vostro? Perché?
   b. Emigrare da un Paese ad un altro sarà più facile o più difficile? Perché?

Occhio alla lingua!

1. In the *In contesto* conversation, look at the verbs in sentences that have more than one clause. In these sentences, do the verbs express events or circumstances occurring in the past, present, or future?

2. In the sentences that have more than one clause, can you tell how the tense of the verb in the main clause determines the tense of the verb in the dependent clause?

3. The verbs in boldface type in the photo captions on p. 517 are in a past tense, the **passato remoto**, which is often used in written or literary texts. Do you recognize these verbs? Can you indicate their infinitive forms? Do they express events that occurred in the recent or distant past?

Grammatica

• •

Il congiuntivo: l'uso dei tempi

You have studied three tenses of the subjunctive: the present, past, and imperfect. The use of one of these tenses in a dependent clause depends on the tense and mood of the verb in the main clause, and on the time relationship between the actions expressed in the main clause and in the dependent clause.

Present or future indicative + present subjunctive (same time or future action)	
Credo che sia difficile inserirsi in un nuovo Paese.	*I think it's hard to become integrated in a new country.*
Non permetterò che voi lasciate l'Italia per sempre!	*I won't permit that you leave Italy forever.*
Dubito che in futuro l'emigrazione aumenti.	*I doubt emigration will increase in the future.*
Present indicative + past subjunctive (past action)	
Sono contenta che abbiano imparato l'inglese subito!	*I am happy that they learned English quickly!*

Indicative past tenses + imperfect subjunctive (same time or future action)	
Pensavo che voi conosceste alcune tradizioni italiane.	*I thought you were familiar with some Italian traditions.*
Ho creduto che loro volessero sapere di più sulla storia della loro famiglia.	*I believed that they wanted to learn more about the history of their family.*
Conditional + imperfect subjunctive (same time or future action)	
Come sarei contenta se trovassero subito lavoro!	*How happy I would be if they found a job soon!*

16.44 La nonna si lamenta. Una signora anziana, emigrata dall'Italia tanti anni fa, si lamenta un po' dei suoi figli e del passato. Completa le frasi con il congiuntivo presente o passato.

1. Ho paura che loro non _____ (parlare) più l'italiano.
2. Credo che ormai (*by now*) i miei figli _____ (dimenticare) le nostre tradizioni.
3. Non permetterò che i miei nipoti _____ (abbandonare) la loro cultura.
4. Non penso che tutti gli emigranti del passato _____ (fare) fortuna.
5. È difficile che tutti _____ (incontrare) le stesse difficoltà economiche!
6. Pensate che fino ad oggi la mia vita _____ (essere) facile e che io non _____ (provare) mai nostalgia?
7. Ho paura che i miei figli non _____ (apprezzare) tutto quello che hanno.
8. Spero che in tutti gli anni passati qui voi non _____ (assorbire) troppo questa mentalità straniera.

16.45 Prima di venire. Alcuni emigrati da varie parti del mondo indicano cosa pensavano del tuo Paese prima di venire. Completa le loro affermazioni con il tempo corretto del congiuntivo.

1. Io credevo che questo Paese _____ (essere) molto ricco e che tutti _____ (trovare) lavoro facilmente.
2. Mia madre pensava che tutte le donne _____ (lavorare).
3. Mio padre sperava che noi _____ (imparare) subito la lingua.
4. I nonni volevano che nessuno _____ (perdere) le proprie radici, ma che tutti _____ (conservare) le abitudini del loro Paese.
5. Tutti noi speravamo che la gente _____ (volere) conoscerci.
6. Avevamo paura che voi _____ (avere) dei pregiudizi.

16.46 Le mie esperienze. Un giovane scienziato italiano che adesso lavora negli Stati Uniti risponde alle domande di una giornalista sulle sue esperienze. Completa le domande e le risposte con il presente o l'imperfetto del congiuntivo.

1. GIORNALISTA: Perché pensava che in Italia non _____ (potere) fare ricerca?

   SCIENZIATO: Pensavo che _____ (essere) molto difficile avere fondi (*funds*) dall'università.

2. GIORNALISTA: È contento della sua decisione?

SCIENZIATO: Penso che in Italia studiosi come me _____ (avere) ancora tante difficoltà nella ricerca e qui sto benissimo! Credo che una persona nel mio ambiente di lavoro _____ (trovare) facilmente buoni colleghi e amici.

3. GIORNALISTA: Credeva che _____ (essere) più o meno difficile adattarsi al nuovo ambiente?

SCIENZIATO: Veramente ero già stato tante volte in America. E poi speravo che il mio lavoro di ricerca mi _____ (aiutare) a inserirmi.

4. GIORNALISTA: E adesso? Pensa di tornare in Italia?

SCIENZIATO: È sempre possibile che prima o poi io _____ (tornare), chissà! Dipende. Tornerei se qualcuno mi _____ (offire) una possibilità interessante!

16.47 Come pensavi che fosse? Come immaginavi alcune persone, posti e situazioni prima di conoscerli realmente? Scrivi quattro frasi seguendo l'esempio. Poi paragona i tuoi commenti con quelli di un compagno/una compagna.

ESEMPIO: l'italiano
                  Pensavo che l'italiano fosse come lo spagnolo!

a. una città   **c.** il lavoro
b. la scuola   **d.** una persona straniera

Il passato remoto

The **passato remoto** is used to express events that took place in the distant past and have no relationship to the present. The **passato remoto** is used in contemporary Italian mostly in literary and other written texts.

Quando **arrivò** in America, mio   When he arrived to America, my
   nonno **cercò** subito lavoro.   grandfather looked for a job right away.

Dante **scrisse** la *Divina Commedia.*   Dante wrote the Divine Comedy.

In conversational Italian, use of the **passato remoto** is regional. It is more commonly used in the south and in some regions in central Italy than in the north. As a beginning Italian student, you should use the **passato prossimo** conversationally and learn to recognize the **passato remoto** when you encounter it in your readings.

Recognizing the infinitives and the endings of the **passato remoto** of regular verbs will help you to identify actions and determine who is doing them. The context can help you to identify irregular verbs.

Conobbi molte persone interessanti.   *I met many interesting people.*

Diede il libro al ragazzo.   *He gave the book to the boy.*

Like the **passato prossimo**, the **passato remoto** is used with the imperfect and the past perfect to talk about the past.

Quando **andammo** a Roma **faceva**   *When we went to Rome, it was cold.*
   freddo.

1. The **passato remoto** of regular verbs is formed by adding the appropriate endings to the infinitive stem.

Il passato remoto				
	raccontare	**credere**	**dormire**	**capire**
io	raccont**ai**	cred**ei (-etti)**	dorm**ii**	cap**ii**
tu	raccont**asti**	cred**esti**	dorm**isti**	cap**isti**
lui/lei	raccont**ò**	cred**è (-ette)**	dorm**ì**	cap**ì**
noi	raccont**ammo**	cred**emmo**	dorm**immo**	cap**immo**
voi	raccont**aste**	cred**este**	dorm**iste**	cap**iste**
loro	raccont**arono**	cred**erono** (**-ettero**)	dorm**irono**	cap**irono**

2. Some verbs are irregular only in the first- and third-person singular **(io, lui/lei)**, and the third-person plural **(loro)**, and they follow a 1-3-3 pattern. The first-person singular always ends in **-i**, the third-person singular in **-e**, and the third-person plural in **-ero**. The other persons are regular.

avere	**ebbi**, avesti, **ebbe**, avemmo, aveste, **ebbero**
chiedere	**chiesi**, chiedesti, **chiese**, chiedemmo, chiedeste, **chiesero**
conoscere	**conobbi**, conoscesti, **conobbe**, conoscemmo, conosceste, **conobbero**
dipingere	**dipinsi**, dipingesti, **dipinse**, dipingemmo, dipingeste, **dipinsero**
dire	**dissi**, dicesti, **disse**, dicemmo, diceste, **dissero**
fare	**feci**, facesti, **fece**, facemmo, faceste, **fecero**
leggere	**lessi**, leggesti, **lesse**, leggemmo, leggeste, **lessero**
mettere	**misi**, mettesti, **mise**, mettemmo, metteste, **misero**
nascere	**nacqui**, nascesti, **nacque**, nascemmo, nasceste, **nacquero**
prendere	**presi**, prendesti, **prese**, prendemmo, prendeste, **presero**
sapere	**seppi**, sapesti, **seppe**, sapemmo, sapeste, **seppero**
scrivere	**scrissi**, scrivesti, **scrisse**, scrivemmo, scriveste, **scrissero**
vedere	**vidi**, vedesti, **vide**, vedemmo, vedeste, **videro**
venire	**venni**, venisti, **venne**, venimmo, veniste, **vennero**
volere	**volli**, volesti, **volle**, volemmo, voleste, **vollero**

3. Some verbs in the **passato remoto** are irregular in all their forms.

bere	bevvi, bevesti, bevve, bevemmo, beveste, bevvero
dare	diedi, desti, diede, demmo, deste, diedero
essere	fui, fosti, fu, fummo, foste, furono

16.48 L'azione. Indica l'infinito e il soggetto dei verbi seguenti.

1. mangiammo
2. finisti
3. aprirono
4. preparai
5. dissero
6. vide
7. studiaste
8. dovetti
9. si divertì
10. scrissero

16.49 Tanto tempo fa. Alcune persone parlano di eventi passati. Cambia i verbi dal passato remoto al passato prossimo.

1. And**arono** al cinema con gli amici.
2. Vid**i** un bel film.
3. Fabrizio, a che ora ritorn**asti** a casa?
4. Chi scriss**e** quel libro?
5. Quando fac**este** la festa? Chi invit**aste?** Venn**ero** i tuoi genitori?
6. **Fu** un momento molto difficile.
7. —Cosa d**esti** a Carlo per il suo compleanno?
   —Gli d**iedi** una bella camicia.
8. Scriss**ero** molte opere importanti.
9. Non usc**ii.** Studi**ai** in casa tutto il giorno.
10. Marina venn**e** a casa mia ma io non voll**i** vederla.

16.50 La storia di un immigrato in America. Leggi il brano seguente, sottolinea i verbi al passato remoto ed indica qual è l'infinito di ogni verbo.

Un mio bisnonno nacque in un paesino di montagna in Calabria da una famiglia molto povera. A vent'anni decise di partire per l'America. Andò a Napoli, dove prese una nave che andava a New York. Era con altri due giovani amici. Arrivarono a New York dopo molti giorni di viaggio. Trovarono dei parenti e gli chiesero aiuto. Questi gli dettero da mangiare e una stanza per dormire i primi tempi. Mio bisnonno si mise subito a lavorare e dopo qualche mese prese un appartamentino con gli amici. Quello fu un periodo molto difficile della sua vita, ma un giorno mio nonno ebbe l'idea di tornare a scuola. In poco tempo imparò bene l'inglese e finì presto il liceo. Non fece l'università ma lesse sempre molto. Scrisse anche un diario dei primi anni in America.

Scambi

🌿 **16.51 Giornalismo.** Leggete gli annunci che seguono e rispondete alle domande.

1. Che cosa significa secondo voi che in America esiste un giornale dal titolo *America Oggi*? Chi sono i possibili lettori di questo giornale?

2. Quale annuncio si riferisce alla televisione? Che tipo di programmi italiani riconosci?

3. Discutete che cosa rivelano gli annunci sulla presenza degli italiani negli Stati Uniti.

16.52 Che faresti? Immagina di essere un emigrato/un'emigrata ed indica cosa faresti nelle seguenti situazioni. Poi discuti le tue opinioni con altri due compagni/e.

a. Se provassi nostalgia del tuo Paese.

b. Se avessi abbastanza soldi per tornare a vivere nel tuo Paese.

c. Se i tuoi figli non volessero parlare la tua lingua d'origine.

16.53 Fuori d'Italia. Ascolta due volte l'intervista a Silvia e Renzo, due italiani che vivono negli Stati Uniti, e poi completa le attività che seguono.

1. A quale delle due persone intervistate si riferiscono le seguenti affermazioni?

_____ a. In Italia la mia famiglia era molto povera.

_____ b. Mio padre ha deciso per tutti.

_____ c. In America non avevo i nonni, né zii e cugini.

_____ d. La lingua è stata la difficoltà maggiore per me.

_____ e. Negli Stati Uniti ho fatto fortuna.

_____ f. In America mi è stato facile studiare.

_____ g. Mi piace l'Italia per le sue bellezze naturali.

_____ h. Non sento molta nostalgia dell'Italia.

_____ i. La lingua è stata la difficoltà maggiore per i miei genitori.

2. Pensate che l'esperienza di Silvia e Renzo sia tipica di tanti italiani emigrati in America? Perché?

3. Che immagine dell'Italia e degli Stati Uniti risulta dalle interviste che avete ascoltato?

16.54 Le vostre esperienze. Rispondi alle domande seguenti e poi scopri che cosa hanno risposto gli altri compagni/le altre compagne. Cosa avete in comune? Cosa c'è di diverso nelle vostre risposte?

1. Conosci degli italiani o persone di origine italiana? Qual è la loro storia? Come si sono integrati nel nuovo Paese?

2. Conosci le tue radici e quelle della tua famiglia? In che modo cerchi di conservare le tradizioni della tua famiglia?

3. Cosa pensi del fenomeno della «fuga dei cervelli» dall'Italia? Quali sono secondo te i vantaggi e gli svantaggi del lavorare in un Paese straniero?

16.55 Italiani in America.   Cerca informazioni su due o tre dei seguenti personaggi di origine italiana o trovane anche altri che ti interessano. Poi in gruppo discutete le similarità e le differenze fra le esperienze dei vari personaggi. Fra le altre cose, discutete:

1. La loro origine
2. La loro famiglia
3. Il loro lavoro
4. Perché sono famosi in America o in altri Paesi

Arte e Cultura	Italo Caruso, Frank Sinatra, Madonna, Mario Puzo, Don De Lillo, Frank Stella, Roger Morigi, Camille Paglia
Cinema	Robert De Niro, Rodolfo Valentino, Al Pacino, Silvester Stallone, Francis Ford Coppola, Martin Scorsese
Politica e Economia	Geraldine Ferraro, Giovanni Giannini, Rudi Giuliani, Fiorello La Guardia
Scienze	Antonio Meucci, Enrico Fermi

Che negozi pensate ci siano in questo quartiere di San Diego? Di chi saranno?

ANDIAMO AVANTI!

Ricapitoliamo

16.56 L'emigrazione italiana. Cerca informazioni su uno dei seguenti film: *Kaos* di Paolo e Vittorio Taviani, *Oltremare* di Nello Correale, *La leggenda del pianista sull'Oceano* di Giuseppe Tornatore o *Nuovomondo* di Emanuele Crialese. Poi insieme discutete quali aspetti dell'emigrazione italiana riflettono.

16.57 La vita nel vostro Paese. Discutete insieme le questioni che seguono. Poi immaginate di dare dei consigli ad un amico italiano / un'amica italiana che vuole venire a vivere nel vostro Paese.

   a. Quali difficoltà incontrerebbe una persona straniera, in modo particolare nella vostra città?

   b. Quale modo di vivere e quali abitudini e tradizioni dovrebbe imparare una persona venendo a vivere nella vostra città?

16.58 Una capsula del tempo. Immaginate di preparare una capsula del tempo per rappresentare l'Italia di oggi. Che cosa ci mettereste? Perché? Paragonate le vostre capsule con gli altri gruppi e la classe vota per quella più interessante e significativa.

16.59 Come pensavi che fosse? Discutete alcune vostre conoscenze e opinioni sull'Italia e sugli italiani che avevate prima di frequentare i corsi d'italiano, e di come esse sono cambiate adesso.

   1. Spiegate come sono cambiate alcune vostre idee sugli argomenti seguenti:

      a. gli italiani   **d.** il contributo degli italiani nel mondo

      b. le regioni   **e.** la cultura italiana contemporanea

      c. l'Italia del passato

   2. Paragonate le vostre opinioni con quelle dei compagni.

Leggiamo

Strategie di lettura: Reading a play

Reading a play requires some different skills than reading a novel or a poem. The spoken language is of course the essence of a play and at times it may be helpful and enjoyable to read some of the lines aloud or to read the different roles with other people. Whatever your approach, be alert to effects that are particular to the spoken language and think about what meaning they convey. In addition, it is essential to grasp the setting, and the tone and the mood of the various characters. Imagine how these might be conveyed if you were seeing the play on stage. Read carefully any stage directions that can help you do this and visualize the physical setting as well as the unfolding of the play's events.

Prima di leggere

16.60 Il brano che segue è tratto dall'atto unico (*one act play*) di Luigi Fontanella, il quale, oltre a lavori per il teatro e di poesia e critica letteraria, ha pubblicato anche *La parola transfuga* sugli scrittori italiani che abitano in America. Questo atto unico, *Wash*, rappresenta l'incontro fantastico fra un padre e una figlia, tutti e due da tempo emigrati dall'Italia negli Stati Uniti. Prima di leggerlo, completa le seguenti attività.

1. Leggete l'introduzione in corsivo. Cosa succede ad Emilia quando rientra a casa? Quali gesti di tutti i giorni compie (*carry out*)? Perché *«farà un sobbalzo e tirerà un urlo di spavento»*?

2. Leggete la prima frase che pronuncia Emilia. Perché, secondo voi, è tanto sorpresa a vedere il padre? Come sarà il loro incontro?

3. Leggete l'ultima frase pronunciata da Emilia e la conclusione in corsivo. Quali elementi possono confermare oppure no che si tratta di un incontro fantastico? Pensate che Emilia parli veramente con il padre?

4. Perché la lettera «W» di *Wash* non si accende? Forse l'insegna è troppo vecchia?

Mentre leggi

16.61 Mentre leggi tieni presente che cosa sai già di Emilia e del suo incontro inaspettato con il padre. Sottolinea le parti del testo che rivelano:

a. i sentimenti del padre per la figlia
b. i ricordi dei due personaggi riguardo all'Italia

"Wash"

Tardo pomeriggio ventoso e piovosissimo in un piccolo villaggio di Long Island. Siamo nel soggiorno di un modesto villino bifamiliare a due piani. Si capisce subito che qualcuno sta traslocando o risistemando la casa. Sul fondo a sinistra: una finestra piuttosto ampia dalla quale s'intravede l'insegna luminosa: CAR WASH. La prima lettera, "W", talora° non si accende, per cui si legge solo ASH. Entra un po' ansante° Emilia. Si toglie° l'impermeabile che appende° a un attaccapanni vicino all'ingresso. Va verso la zona d'ombra° dove si trova il divano e, non appena si accorgerà° dell'uomo seduto, farà un sobbalzo° e tirerà un urlo° di spavento°.

sometimes / breathless
takes off / hang
shade / she will notice
start / scream / fright

EMILIA	(*tremante ed emozionatissima*) Papà. . .Tu, qui! [. . .] Non capisco. . . come. . . da dove vieni? Papà. . ., sei proprio tu, papà.
IL PADRE	(*si alza lentamente dal divano, le va incontro spettrale ma affettuosissimo*) Emilia. . . figlia mia! (*Si abbracciano affettuosamente, l'uomo si guarda un po' attorno*) . . . calmati, non ti spaventare. . . sono solo venuto a tenerti un po' di compagnia. . .
EMILIA	(*ancora emozionata*) Ma papà, come stai? Come mai qui. . . Dio, come sei pallido.
IL PADRE	Sì. . . sono molto stanco. . . vieni, sediamoci un poco qui (*accenna al divano*). [. . .] (*Le porge° delle ciliegie*), Dai. . . assaggiale, sono proprio buone. . . Di', ti ricordi quel pomeriggio che ne facemmo una scorpacciata°. (*sorride, anche Emilia accenna a un sorriso affettuoso e assaggia qualche ciliegia*)

offers

we stuffed ourselves with them

EMILIA   Certo che mi ricordo! In questo paese la frutta non sa di niente°. *does not have any flavor*
I primi ricordi che ho di questo paese sono proprio la mancanza° *lack*
di sapori. . . Ricordo quando assaggiai la prima volta un
pomodoro. . . e non parliamo dei formaggi, a cominciare dalla
mozzarella (*mangiano intanto le ciliegie*). Che disastro! E questo è
solo l'inizio delle tante successive delusioni. . . E lasciamo perdere° *we let go of*
tutte le assurde feste patronali che tanti nostri compatrioti
hanno pensato di trapiantare° in questo paese. . . un'illusione di *transplant*
continuare a essere in Italia, come un'illusione la speranza di
preservare la nostra lingua che io stessa, stupidamente, dopo i
primi anni che ci eravamo trasferiti in America, mi vergognavo° di *I was embarrassed*
parlare con voi, specialmente quando a casa venivano a trovarmi i
miei amici di scuola. [. . .]

IL PADRE   Sei troppo severa, Emy. . . in fondo le nostre comunità italiane in
America hanno solo cercato di preservare alcuni aspetti delle nostre
abitudini, della nostra cultura, come a volerla proteggere. . .

EMILIA   Proteggere? Cosa vuoi proteggere? Ancora non ti rendi conto° che *realize*
quello che è perso è perso. . . perso per sempre. Proteggere. . . da
chi, o da cosa?

IL PADRE   Non saprei. . . per esempio dalla droga, dal razzismo. . .

EMILIA   Già, perché tu pensi che oggi questi problemi non esistano anche in
Italia? . . . ognuno fa le sue scelte, indipendentemente dai problemi
che ciascun paese ha. . . quanto "amor di patria" sprecato. . .

IL PADRE   Che c'è di male nel manifestare il proprio "amor di patria"? Emilia,
come sei ingiusta e severa. [. . .]

EMILIA   Avevo 16 anni quando tu decidesti che ci si dovesse trasferire in
America. . . e pensare che io, in cuor mio, avrei tanto desiderato
continuare i miei studi in Italia. . . restare con le mie amiche. . .
[. . .]

IL PADRE   Pensavo di darti un avvenire° migliore venendo in questo paese. . . *future*
che so?, un arricchimento culturale. . . e dopotutto l'Italia non
era. . . non è così lontana. . . Ma forse ho sbagliato° tutto. . . sì è *spoiled*
vero in questa casa non c'ero spesso e ogni scusa era buona per andare
in Italia. . . tua madre mi rimproverava° sempre, ogni volta che rien- *reproached*
travo dal lavoro, di buttarmi° subito sulla posta che mi era arrivata, *to plunge*
invece di dedicarmi a lei e a te. . . ma vedi per me quella posta era
l'unico vero contatto con l'Italia, con i miei amici. . . non c'era egoismo da parte mia, ma solo desiderio di restare in contatto con loro e
con ciò che loro rappresentavano per me. . . m'illudevo° scrivendo *I deluded myself*
tutte quelle lettere di stare più vicino alla mia cultura man mano che
disperavo di poterci ritornare. . . ma anche di questo ti chiedo scusa,
non mi sono reso conto° del tempo che ti ho trascurato°. . . *I didn't realize / neglected*
Perdonami, Emilia!

EMILIA   (*commossa*) Ascolta, papà. . . ma vieni qui, siediti . . . Ti capisco, sai? Tu
ti illudevi di vivere *tra* due luoghi, *tra* due paesi così diversi, "cogliendo° *seizing*
il meglio di tutti e due": non era proprio così che usavi dire ogni volta
che io o qualcun altro ti chiedeva ragione di questo nostro vivere fra
due mondi così distanti e così differenti?. . . E tu rimandavi sempre il

postpone   nostro ritorno in Italia, rimandavi°, cioè, la realtà che stavi comunque vivendo, a un momento futuro, ma inesistente. . .[. . .] In realtà tra due paesi non ne abbiamo avuto nessuno e nessun posto è il *nostro* . . . Aspetta, chiudo la finestra. . . Dio che vento! *(Emilia va a chiudere la finestra)* . . . Papà, papà. . . dove. . . dove sei? *(il padre non c'è più, c'è*

scarf   *solo la sua sciarpa° appoggiata alla sedia)*

Dopo la lettura

16.62 Trova nel testo elementi per spiegare le frasi seguenti:

1. Emilia non vede il padre da molto tempo.
2. Il padre di Emilia non è veramente nella stanza.
3. Emilia non era contenta di lasciare l'Italia.
4. Gli italiani in America hanno cercato di preservare alcune tradizioni del Paese di origine.
5. Il padre aveva molta nostalgia dell'Italia.

16.63 Discutete i seguenti punti.

1. Perché Emilia da ragazza era imbarazzata a parlare italiano?
2. Secondo Emilia il padre si illudeva di poter vivere fra due Paesi. È possibile questo? Come si può far parte di due culture diverse? Date esempi concreti.
3. E voi, vi identificate di più con il padre o con la figlia?
4. Qual è il significato metaforico della scritta "Wash" e del fatto che a volte la «W» non si accende?

16.64 Tocca a voi! Immaginate una scena di quando Emilia era giovane e ricostruite una conversazione fra lei e il padre. Poi presentatela alla classe.

Scriviamo

· ·

Strategie per scrivere: Expressing opinions and hypotheses

When we talk or write about someone or something controversial, it is often useful to incorporate our opinions, to qualify our statements, or to draw hypothetical conclusions. For example, when dealing with historical or social issues that are the subject of widespread debate, it may be appropriate to express ourselves in a speculative rather than a factual way.

The following expressions, which you have already learned, are useful for expressing opinions or doubt: **(non) credo che, (non) penso che, dubito che, (non) è certo che, è possibile che, è impossibile che, è probabile che.** (Remember that most are followed by the subjunctive.) One of the most common ways to incorporate hypothetical statements into your writing is by using **se** (*if*) sentences. As you'll recall, **se** + the imperfect subjunctive expresses a hypothetical situation and the present conditional expresses the probable outcome.

La migrazione. Devi partecipare ad un dibattito a scuola sui problemi della migrazione, che sono molto importanti nella città dove abiti. Scrivi un discorso in cui formuli delle ipotesi e offri delle proposte per risolvere la questione. Prendi in considerazione, fra l'altro:

- la lingua
- le questioni pratiche come il lavoro e la scuola
- la cultura e le tradizioni

Prima di scrivere

16.65 Tieni presente i seguenti consigli per organizzare il tuo discorso:

1. Decidi quale sarà il pubblico che assisterà al dibattito. È già informato del problema che vuoi discutere oppure no?

2. Fa' una breve lista dei punti che vuoi trattare e di esempi concreti che vuoi includere.

3. Scrivi una o due frasi per introdurre l'argomento.

   ESEMPI: Oggi voglio discutere dell'immigrazione e del desiderio di presentare delle soluzioni.

   Secondo me l'immigrazione ci preoccupa un po' tutti. Voglio presentare delle proposte.

4. Scrivi anche una breve conclusione.

   ESEMPI: Credo che le mie proposte siano concrete e semplici!

   Spero che con questo dibattito riusciamo a trovare qualche soluzione.

La scrittura

16.66 Prepara la prima stesura del discorso.

1. Ricorda di includere i punti e gli esempi della tua lista.

2. Ricorda di esprimere e spiegare le tue idee in modo appropriato e proponi delle soluzioni usando frasi con il **se** quando è possibile.

La versione finale

16.67 Adesso rileggi la prima stesura.

1. La tua presentazione è organizzata bene? Hai incluso esempi interessanti per dimostrare i punti più importanti?

2. Hai adattato il tuo discorso al pubblico che lo ascolterà? Hai usato un linguaggio formale?

3. Hai espresso chiaramente e con varietà di esempi le tue proposte e le tue ipotesi?

4. Hai usato il congiuntivo e il condizionale o l'indicativo correttamente?

5. Sei pronto a leggere il tuo discorso alla classe?

Guardiamo

Strategie per guardare: Understanding opinions

Italians like to discuss politics and social issues. To follow their conversations, it is important first of all to grasp the issue they are addressing, then listen alertly to distinguish the opinions they are expressing. For example, if you determine that a person is talking about the current government, you can then focus on whether his or her comments are favorable or unfavorable. If the subject is the role of Italy in Europe, listen carefully to the speaker's perspective. If social issues are the focus, be alert to listen for any opinions that might be voiced. It is always helpful to try to recognize key words about the topic at hand and to listen for expressions that reveal the speaker's opinions.

Prima di guardare

16.68 In questo videoclip alcune persone esprimono la loro opinione sul governo italiano, l'Unione Europea, il voto e l'emigrazione. Per capire meglio che cosa pensano, completa le attività seguenti.

1. Quali istituzioni in genere rappresentano un governo democratico? Chi rappresenta voi al Governo?

2. Secondo te, gli italiani sono più o meno favorevoli all'Unione Europea? Quali delle parole ed espressioni seguenti potrebbero usare le persone nel video?

> vantaggi   diritti   doveri   svantaggi   nazione
> differenze   culture diverse   storia   nostalgia
> discriminazione   frontiere

3. Una persona che ha il senso dei propri diritti pensa che votare
   a. sia molto importante.
   b. possa essere inutile.

4. Una persona a favore dell'immigrazione direbbe:
   a. «Bisogna essere comprensivi.»
   b. «Penso che non dovremmo far entrare stranieri in Italia.»

Mentre guardi

16.69 Mentre guardi, ascolta attentamente quali espressioni le persone usano per esprimere la propria opinione e completa le attività seguenti.

1. Secondo Vittorio, gli italiani hanno
   a. molti rappresentanti al governo.
   b. meno rappresentanti di altri Paesi.

2. Vittorio pensa che il numero di rappresentanti al Parlamento e al Senato
   a. sia adeguato.
   b. non sia sufficiente.

3. Dejan pensa che far parte dell' Unione Europea per l'Italia

    a. sia un privilegio inutile.

    b. sia un fatto positivo.

4. Secondo Ilaria andare a votare è una forma

    a. di democrazia.

    b. un vantaggio economico.

5. Fabrizio pensa che gli italiani

    a. non abbiano avuto successo all'estero e siano tornati tutti in Italia.

    b. abbiano avuto un ruolo rilevante nella costruzione della società americana.

Dopo aver guardato

16.70 Dopo aver guardato il video, completa le attività seguenti.

1. Indica quali delle seguenti affermazioni sono vere e quali false.

    _____ **a.** Vittorio pensa che sia bene che in Italia ci siano il Presidente del Consiglio e il Presidente della Repubblica.

    _____ **b.** Secondo Vittorio una vera democrazia non ha bisogno di molti rappresentanti dei cittadini in Parlamento.

    _____ **c.** Dejan pensa che l'emigrazione riguardi tanti Paesi diversi.

    _____ **d.** Dejan dice che molti italiani emigravano verso altri Paesi ai primi del '900.

    _____ **e.** Secondo Dejan, in Europa ci sono Paesi economicamente più ricchi dell'Italia.

    _____ **f.** Ilaria non va mai a votare perché secondo lei sarebbe inutile.

    _____ **g.** Secondo Fabrizio, se gli italiani si ricordassero della loro storia di emigrati, sarebbero comprensivi verso chi viene nel nostro Paese.

    _____ **h.** Secondo Fabrizio gli immigrati che vengono in Italia non vogliono fare fortuna ma soltanto conoscere meglio il nostro Paese.

G **2.** Da questo videoclip risulta che la democrazia è importante per le persone intervistate? Perché? Si preoccupano delle differenze culturali?

G **3.** Considerate le questioni di cui parlano le persone nel video e discutete cosa direste voi e cosa direbbero i vostri amici su problemi simili nel vostro Paese.

Attraverso Il Molise e la Basilicata

The Molise region, one of the youngest in Italy (before 1963 it was part of Abruzzo), and the Basilicata region, the smallest in southern Italy, used to be considered among the least developed in the nation. Both Molise and Basilicata have been traditionally isolated from the country's main transportation arteries, and therefore, until recently, tourism has never flourished in these regions, despite their natural beauty and significant history.

Agriculture is the principal industry, but because the terrain is arid and not very fertile, over the years the inhabitants of these regions were often forced to leave in search of jobs and better living conditions. Recently, however, the opposite has been happening and many people are returning to their homeland. This is probably due in part to recent economic development that has taken place in both regions, especially in Basilicata, where large deposits of natural gas have been discovered. Also, the construction of major freeways and other roads has recently contributed to the development of tourism, and people are now discovering the regions' often unspoiled beauty.

I resti del tempio dorico a Metaponto, in Basilicata. Metaponto, "città fra i fiumi", era una delle colonie più importanti della Magna Grecia. Fu fondata dai greci nel VII secolo a.C. Oggi è importante per gli scavi archeologici che continuano a rivelare nuove informazioni sulla vita ai tempi della Magna Grecia.

I Sassi a Matera, in Basilicata. I Sassi sono una pittoresca architettura rupestre (*rocky*) nella parte antica della città. Sono un insieme di abitazioni molto antiche. Queste specie di grotte (*caves*) erano scavate (*dug*) nella roccia. Qui viveva un tempo una gran parte della popolazione di Matera e adesso sono meta di visitatori e turisti.

Arturo Giovannitti (a sinistra nella foto), poeta e sinda- calista (*trade unionist*) che combattè per i diritti degli italo-americani. Arturo Giovannitti nacque a Ripabottoni, in Molise, il 7 gennaio 1884 e morì a New York nel 1959. Ancora molto giovane, emigrò in Canada e poi si trasferì in Pennsylvania. Qui fece esperienza dello sfruttamento e dei problemi sociali degli immigrati italiani. In carcere per le sue posizioni socialiste, scrisse *The Walker*, poemetto tradotto in più di 20 lingue. Le sue raccolte di poesie più importanti sono *Parole e sangue* e *Quando canta il gallo.*

La città di Isernia, nel Molise. Nel maggio del 1979 ad Isernia, città del Molise, è stato scoperto il ritrovamento paleoantropologico più importante d'Europa, che risale a più di 700.000 anni fa. L'insediamento, chiamato la Pineta, presenta una fonte ricchissima di informazioni per ricostruire la vita dell'uomo preistorico: gli strumenti di pietra, la cac- cia, il rapporto fra l'uomo e l'ambiente. Oltre al sito, si può visitare il Museo Nazionale del Paleolitico che presenta una caratteristica particolare. Infatti tutta la struttura del museo si può considerare quasi un laboratorio permanente di studio e di scoperta: si può assistere agli scavi (*excavations*) e ai lavori degli studiosi.

Picture Desk, Inc./Kobal Collection.

Verifichiamo

16.71 Chi è? Che cos'è? Indica le persone e le cose che corrispondono alle seguenti definizioni:

1. Ha scritto *The Walker*.

2. Moltissimi emigrati provengono da questa regione.

3. Questo sito serve anche a ricostruire la vita di quasi un milione di anni fa.

4. È un museo molto particolare, dove possiamo assistere agli scavi e ai lavori degli studiosi.

5. Sono abitazioni nella roccia.

6. È una città antica con un tempio greco.

16.72 La Magna Grecia. Quali altre regioni italiane conoscete che presentano resti archeologici del tempo dei greci?

16.73 E al vostro Paese? Ci sono siti archeologici nel vostro Paese? Da quale periodo storico provengono? A quali popolazioni si riferiscono?

16.74 Il turismo. Ci sono nel vostro Paese delle zone che soltanto di recente stanno diventando meta di turismo? Perché stanno diventando famose?

535

Vocabolario

La politica

la Camera dei deputati	Chamber of deputies
il cittadino/la cittadina	citizen
il Consiglio dei Ministri	Council of Ministers, cabinet
la Costituzione	Constitution
la democrazia	democracy
il diritto	right
eleggere (*p.p.* eletto)	to elect
le elezioni	elections
il Governo	Government
la libertà di parola, di pensiero	freedom of speech, of thought
il Parlamento	Parliament
il Presidente del Consiglio	Prime Minister
il Presidente della Repubblica	President of the Republic
il Senato	Senate
il sindacato	labor union
lo Stato italiano	Italian State
l'Unione Europea	European Union
il voto	vote

Per parlare di altre nazioni

confinare	to border upon; to confine
il confine	border
la frontiera	borders

L'immigrazione

accettare	to accept
il/la badante	caretaker
la classe sociale	social class
la differenza culturale/sociale	cultural/social difference
discriminare	to discriminate
extracomunitario/a	a person who is not from the UE
fortunato/a	fortunate
illegale	illegal
l'immigrazione (f.)	immigration
l'immigrato/a	immigrant
industrializzato/a	industrialized
legale	legal
mantenere (*p.p.* mantenuto)	to support
la mentalità aperta/chiusa	open/closed mentality
il Paese emergente	developing country
il permesso di soggiorno	residence permit
la povertà	poverty
il pregiudizio	prejudice
lo stereotipo	stereotype
lo straniero/la straniera	foreigner
tollerante	tolerant
la tolleranza	tolerance
l'uguaglianza	equality
il visto	visa

L'emigrazione

abbandonare	*to abandon*
il coraggio	*courage*
le difficoltà economiche	*economic difficulties*
la discriminazione	*discrimination*
l'emigrante (m./f.)	*emigrant*
fare fortuna	*to find good fortune, to become wealthy*
la generazione	*generation*
l'ignoto	*unknown*

l'inserimento	*integration*
inserirsi*	*to become integrated*
la nostalgia	*homesickness; nostalgia*
la patria	*fatherland*
il patrimonio culturale	*cultural background*
la perseveranza	*perseverance*
la radice	*root*
la ricerca scientifica	*scientific research*
i tempi duri	*hard times*
la tradizione	*tradition*

AVERE e ESSERE					
Verbi semplici					
INFINITO (INFINITIVE)	avere			essere	
PRESENTE (PRESENT INDICATIVE)	ho hai ha	abbiamo avete hanno	PRESENTE (PRESENT INDICATIVE)	sono sei è	siamo siete sono
IMPERFETTO (IMPERFECT INDICATIVE)	avevo avevi aveva	avevamo avevate avevano	IMPERFETTO (IMPERFECT INDICATIVE)	ero eri era	eravamo eravate erano
PASSATO REMOTO (PAST ABSOLUTE)	ebbi avesti ebbe	avemmo aveste avemmo	PASSATO REMOTO (PAST ABSOLUTE)	fui fosti fu	fummo foste furono
FUTURO (FUTURE)	avrò avrai avrà	avremo avrete avranno	FUTURO (FUTURE)	sarò sarai sarà	saremo sarete saranno
CONDIZIONALE PRESENTE (CONDITIONAL)	avrei avresti avrebbe	avremmo avreste avrebbero	CONDIZIONALE PRESENTE (CONDITIONAL)	sarei saresti sarebbe	saremmo sareste sarebbero
IMPERATIVO (IMPERATIVE)	⎯⎯ abbi (non avere) abbia	abbiamo abbiate abbiano	IMPERATIVO (IMPERATIVE)	⎯⎯ sii (non essere) sia	siamo siate siano
CONGIUNTIVO PRESENTE (PRESENT SUBJUNCTIVE)	abbia abbia abbia	abbiamo abbiate abbiano	CONGIUNTIVO PRESENTE (PRESENT SUBJUNCTIVE)	sia sia sia	siamo siate siano
CONGIUNTIVO IMPERFETTO (IMPERFECT SUBJUNCTIVE)	avessi avessi avesse	avessimo aveste avessero	CONGIUNTIVO IMPERFETTO (IMPERFECT SUBJUNCTIVE)	fossi fossi fosse	fossimo foste fossero
GERUNDIO (GERUND)	avendo		GERUNDIO (GERUND)	essendo	
Verbi composti					
PARTICIPIO PASSATO (PAST PARTICIPLE)	avuto	stato/a/i/e	CONDIZIONALE PASSATO (CONDITIONAL PERFECT)	avrei avuto avresti avuto avrebbe avuto avremmo avuto avreste avuto avrebbero avuto	sarei stato/a saresti stato/a sarebbe stato/a saremmo stati/e sareste stati/e sarebbero stati/e
INFINITO PASSATO (PAST INFINITIVE)	avere avuto	essere stato/a/i/e			
PASSATO PROSSIMO (PRESENT PERFECT INDICATIVE)	ho avuto hai avuto ha avuto abbiamo avuto avete avuto hanno avuto	sono stato/a sei stato/a è stato/a siamo stati/e siete stati/e sono stati/e	CONGIUNTIVO PASSATO (PRESENT PERFECT SUBJUNCTIVE)	abbia avuto abbia avuto abbia avuto abbiamo avuto abbiate avuto abbiano avuto	sia stato/a sia stato/a sia stato/a siamo stati/e siate stati/e siano stati/e
TRAPASSATO PROSSIMO (PAST PERFECT INDICATIVE)	avevo avuto avevi avuto aveva avuto avevamo avuto avevate avuto avevano avuto	ero stato/a eri stato/a era stato/a eravamo stati/e eravate stati/e erano stati/e	CONGIUNTIVO TRAPASSATO (PAST PERFECT SUBJUNCTIVE)	avessi avuto avessi avuto avesse avuto avessimo avuto aveste avuto avessero avuto	fossi stato/a fossi stato/a fosse stato/a fossimo stati/e foste stati/e fossero stati/e
FUTURO ANTERIORE (FUTURE PERFECT)	avrò avuto avrai avuto avrà avuto avremo avuto avrete avuto avranno avuto	sarò stato/a sarai stato/a sarà stato/a saremo stati/e sarete stati/e saranno stati/e	GERUNDIO PASSATO (PAST GERUND)	avendo avuto	essendo stato/a/i/e

VERBI REGOLARI			
Verbi semplici			

	VERBI IN **-are**	VERBI IN **-ere**	VERBI IN **-ire**	VERBI IN **-ire (-isc-)**
INFINITO (INFINITIVE)	parlare	vendere	partire	finire
PRESENTE (PRESENT INDICATIVE)	parl **o**	vend **o**	part **o**	fin **isc o**
	parl **i**	vend **i**	part **i**	fin **isc i**
	parl **a**	vend **e**	part **e**	fin **isc e**
	parl **iamo**	vend **iamo**	part **iamo**	fin **iamo**
	parl **ate**	vend **ete**	part **ite**	fin **ite**
	parl **ano**	vend **ono**	part **ono**	fin **isc ono**
IMPERFETTO (IMPERFECT INDICATIVE)	parla **vo**	vende **vo**	parti **vo**	fini **vo**
	parla **vi**	vende **vi**	parti **vi**	fini **vi**
	parla **va**	vende **va**	parti **va**	fini **va**
	parla **vamo**	vende **vamo**	parti **vamo**	fini **vamo**
	parla **vate**	vende **vate**	parti **vate**	fini **vate**
	parla **vano**	vende **vano**	parti **vano**	fini **vano**
PASSATO REMOTO (PAST ABSOLUTE)	parl **ai**	vend **ei**	part **ii**	fin **ii**
	parl **asti**	vend **esti**	part **isti**	fin **isti**
	parl **ò**	vend **è**	part **ì**	fin **ì**
	parl **ammo**	vend **emmo**	part **immo**	fin **immo**
	parl **aste**	vend **este**	part **iste**	fin **iste**
	parl **arono**	vend **erono**	part **irono**	fin **irono**
FUTURO (FUTURE)	parler **ò**	vender **ò**	partir **ò**	finir **ò**
	parler **ai**	vender **ai**	partir **ai**	finir **ai**
	parler **à**	vender **à**	partir **à**	finir **à**
	parler **emo**	vender **emo**	partir **emo**	finir **emo**
	parler **ete**	vender **ete**	partir **ete**	finir **ete**
	parler **anno**	vender **anno**	partir **anno**	finir **anno**
CONDIZIONALE PRESENTE (PRESENT CONDITIONAL)	parler **ei**	vender **ei**	partir **ei**	finir **ei**
	parler **esti**	vender **esti**	partir **esti**	finir **esti**
	parler **ebbe**	vender **ebbe**	partir **ebbe**	finir **ebbe**
	parler **emmo**	vender **emmo**	partir **emmo**	finir **emmo**
	parler **este**	vender **este**	partir **este**	finir **este**
	parler **ebbero**	vender **ebbero**	partir **ebbero**	finir **ebbero**
IMPERATIVO (IMPERATIVE)	———	———	———	———
	parl **a** (non parlare)	vend **i** (non vendere)	part **i** (non partire)	fin **isc i** (non finire)
	parl **i**	vend **a**	part **a**	fin **isc a**
	parl **iamo**	vend **iamo**	part **iamo**	fin **iamo**
	parl **ate**	vend **ete**	part **ite**	fin **ite**
	parl **ino**	vend **ano**	part **ano**	fin **isc ano**
CONGIUNTIVO PRESENTE (PRESENT SUBJUNCTIVE)	parl **i**	vend **a**	part **a**	fin **isc a**
	parl **i**	vend **a**	part **a**	fin **isc a**
	parl **i**	vend **a**	part **a**	fin **isc a**
	parl **iamo**	vend **iamo**	part **iamo**	fin **iamo**
	parl **iate**	vend **iate**	part **iate**	fin **iate**
	parl **ino**	vend **ano**	part **ano**	fin **isc ano**
CONGIUNTIVO IMPERFETTO (IMPERFECT SUBJUNCTIVE)	parl **assi**	vend **essi**	part **issi**	fin **issi**
	parl **assi**	vend **essi**	part **issi**	fin **issi**
	parl **asse**	vend **esse**	part **isse**	fin **isse**
	parl **assimo**	vend **essimo**	part **issimo**	fin **issimo**
	parl **aste**	vend **este**	part **iste**	fin **iste**
	parl **assero**	vend **essero**	part **issero**	fin **issero**
GERUNDIO (GERUND)	parl **ando**	vend **endo**	part **endo**	fin **endo**

Verbi composti			

	VERBI IN **-are**	VERBI IN **-ere**	VERBI IN **-ire**	VERBI IN **-ire (-isc-)**
PARTICIPIO PASSATO (PAST PARTICIPLE)	parl ato	vend uto	part ito	fin ito
INFINITO PASSATO (PAST INFINITIVE)	avere parlato	avere venduto	essere partito/a/i/e	avere finito
PASSATO PROSSIMO (PRESENT PERFECT INDICATIVE)	ho parlato	ho venduto	sono partito/a	ho finito
	hai parlato	hai venduto	sei partito/a	hai finito
	ha parlato	ha venduto	è partito/a	ha finito
	abbiamo parlato	abbiamo venduto	siamo partiti/e	abbiamo finito
	avete parlato	avete venduto	siete partiti/e	avete finito
	hanno parlato	hanno venduto	sono partiti/e	hanno finito

Verbi composti				
TRAPASSATO PROSSIMO (PAST PERFECT INDICATIVE)	avevo parlato	avevo venduto	ero partito/a	avevo finito
	avevi parlato	avevi venduto	eri partito/a	avevi finito
	aveva parlato	aveva venduto	era partito/a	aveva finito
	avevamo parlato	avevamo venduto	eravamo partiti/e	avevamo finito
	avevate parlato	avevate venduto	eravate partiti/e	avevate finito
	avevano parlato	avevano venduto	erano partiti/e	avevano finito
FUTURO ANTERIORE (FUTURE PERFECT)	avrò parlato	avrò venduto	sarò partito/a	avrò finito
	avrai parlato	avrai venduto	sarai partito/a	avrai finito
	avrà parlato	avrà venduto	sarà partito/a	avrà finito
	avremo parlato	avremo venduto	saremo partiti/e	avremo finito
	avrete parlato	avrete venduto	sarete partiti/e	avrete finito
	avranno parlato	avranno venduto	saranno partiti/e	avranno finito
CONDIZIONALE PASSATO (CONDITIONAL PERFECT)	avrei parlato	avrei venduto	sarei partito/a	avrei finito
	avresti parlato	avresti venduto	saresti partito/a	avresti finito
	avrebbe parlato	avrebbe venduto	sarebbe partito/a	avrebbe finito
	avremmo parlato	avremmo venduto	saremmo partiti/e	avremmo finito
	avreste parlato	avreste venduto	sareste partiti/e	avreste finito
	avrebbero parlato	avrebbero venduto	sarebbero partiti/e	avrebbero finito
CONGIUNTIVO PASSATO (PRESENT PERFECT SUBJUNCTIVE)	abbia parlato	abbia venduto	sia partito/a	abbia finito
	abbia parlato	abbia venduto	sia partito/a	abbia finito
	abbia parlato	abbia venduto	sia partito/a	abbia finito
	abbiamo parlato	abbiamo venduto	siamo partiti/e	abbiamo finito
	abbiate parlato	abbiate venduto	siate partiti/e	abbiate finito
	abbiano parlato	abbiano venduto	siano partiti/e	abbiano finito
CONGIUNTIVO TRAPASSATO (PAST PERFECT SUBJUNCTIVE)	avessi parlato	avessi venduto	fossi partito/a	avessi finito
	avessi parlato	avessi venduto	fossi partito/a	avessi finito
	avesse parlato	avesse venduto	fosse partito/a	avesse finito
	avessimo parlato	avessimo venduto	fossimo partiti/e	avessimo finito
	aveste parlato	aveste venduto	foste partiti/e	aveste finito
	avessero parlato	avessero venduto	fossero partiti/e	avessero finito
GERUNDIO PASSATO (PAST GERUND)	avendo parlato	avendo venduto	essendo partito/a/i/e	avendo finito

VERBI IRREGOLARI

The following verbs are irregular only in the tense and moods here noted. The other forms are regular.

accendere to turn on, to light
Passato remoto: accesi, accendesti, accese, accendemmo, accendeste, accesero
Participio passato: acceso

andare to go
Indicativo presente: vado, vai, va, andiamo, andate, vanno
Futuro: andrò, andrai, andrà, andremo, andrete, andranno
Condizionale: andrei, andresti, andrebbe, andremmo, andreste, andrebbero
Congiuntivo presente: vada, vada, vada, andiamo, andiate, vadano
Imperativo: va'!, andiamo!, andate!, vada!, vadano!

bere to drink
Indicativo presente: bevo, bevi, beve, beviamo, bevete, bevono
Imperfetto: bevevo, bevevi, beveva, bevevamo, bevevate, bevevano
Passato remoto: bevvi, bevesti, bevve, bevemmo, beveste, bevvero
Futuro: berrò, berrai, berrà, berremo, berrete, berranno
Condizionale: berrei, berresti, berrebbe, berremmo, berreste, berrebbero
Congiuntivo presente: beva, beva, beva, beviamo, beviate, bevano
Congiuntivo imperfetto: bevessi, bevessi, bevesse, bevessimo, beveste, bevessero
Imperativo: bevi!, beviamo!, bevete!, beva!, bevano!

Participio passato: bevuto
Gerundio: bevendo

cadere to fall
Passato remoto: caddi, cadesti, cadde, cademmo, cadeste, caddero
Futuro: cadrò, cadrai, cadrà, cadremo, cadrete, cadranno
Condizionale: cadrei, cadresti, cadrebbe, cadremmo, cadreste, cadrebbero

chiedere to ask
Passato remoto: chiesi, chiedesti, chiese, chiedemmo, chiedeste, chiesero
Participio passato: chiesto

chiudere to close
Passato remoto: chiusi, chiudesti, chiuse, chiudemmo, chiudeste, chiusero
Participio passato: chiuso

comprendere to understand, to comprehend (see prendere)

condividere to share (see dividere)

conoscere to know, to be acquainted
Passato remoto: conobbi, conoscesti, conobbe, conoscemmo, conosceste, conobbero
Participio passato: conosciuto

correre to run
Passato remoto: corsi, corresti, corse, corremmo, correste, corsero
Participio passato: corso

crescere to grow
Passato remoto: crebbi, crescesti, crebbe, crescemmo, cresceste, crebbero
Participio passato: cresciuto

cuocere to cook
Passato remoto: cossi, cocesti, cosse, cocemmo, coceste, cossero
Participio passato: cotto

dare to give
Indicativo presente: do, dai, dà, diamo, date, danno
Passato remoto: diedi (detti), desti, diede (dette), demmo, deste, diedero (dettero)
Futuro: darò, darai, darà, daremo, darete, daranno
Condizionale: darei, daresti, darebbe, daremmo, dareste, darebbero
Congiuntivo presente: dia, dia, dia, diamo, diate, diano
Congiuntivo imperfetto: dessi, dessi, desse, dessimo, deste, dessero
Imperativo: da'!, diamo!, date!, dia!, diano!

decidere to decide
Passato remoto: decisi, decidesti, decise, decidemmo, decideste, decisero
Participio passato: deciso

dire to say, to tell
Indicativo presente: dico, dici, dice, diciamo, dite, dicono
Indicativo imperfetto: dicevo, dicevi, diceva, dicevamo, dicevate, dicevano
Passato remoto: dissi, dicesti, disse, dicemmo, diceste, dissero
Congiuntivo presente: dica, dica, dica, diciamo, diciate, dicano
Congiuntivo imperfetto: dicessi, dicessi, dicesse, dicessimo, diceste, dicessero
Imperativo: di'!, diciamo!, dite!, dica!, dicano!
Participio passato: detto
Gerundio: dicendo

discutere to discuss
Passato remoto: discussi, discutesti, discusse, discutemmo, discuteste, discussero
Participio passato: discusso

dividere to divide
Passato remoto: divisi, dividesti, divise, dividemmo, divideste, divisero
Participio passato: diviso

dovere to have to, must
Indicativo presente: devo (debbo), devi, deve, dobbiamo, dovete, devono (debbono)
Futuro: dovrò, dovrai, dovrà, dovremo, dovrete, dovranno
Condizionale: dovrei, dovresti, dovrebbe, dovremmo, dovreste, dovrebbero
Congiuntivo presente: deva (debba), deva (debba), deva (debba), dobbiamo, dobbiate, devano (debbano)

fare to make, to do
Passato remoto: feci, facesti, fece, facermmo, faceste, fecero
Indicativo presente: faccio, fai, fa, facciamo, fate, fanno
Imperfetto: facevo, facevi, faceva, facevamo, facevate, facevano
Futuro: farò, farai, farà, faremo, farete, faranno
Condizionale: farei, faresti, farebbe, faremmo, fareste, farebbero
Congiuntivo presente: faccia, faccia, faccia, facciamo, facciate, facciano

Congiuntivo imperfetto: facessi, facessi, facesse, facessimo, faceste, facessero
Imperativo: fa'!, facciamo!, fate!, faccia!, facciano!
Participio passato: fatto
Gerundio: facendo

leggere to read
Passato remoto: lessi, leggesti, lesse, leggemmo, leggeste, lessero
Participio passato: letto

mettere to place, to put
Passato remoto: misi, mettesti, mise, mettemmo, metteste, misero
Participio passato: messo

morire to die
Indicativo presente: muoio, muori, muore, moriamo, morite, muoiono
Congiuntivo presente: muoia, muoia, muoia, moriamo, moriate, muoiano
Imperativo: muori!, moriamo!, morite!, muoia, muoiano
Participio passato: morto

nascere to be born
Passato remoto: nacqui, nascesti, nacque, nascemmo, nasceste, nacquero
Participio passato: nato

perdere to lose
Passato remoto: persi, perdesti, perse, perdemmo, perdeste, persero
Participio passato: perso (perduto)

piacere to like
Indicativo presente: piaccio, piaci, piace, piacciamo, piacete, piacciono
Passato remoto: piacqui, piacesti, piacque, piacemmo, piaceste, piacquero
Congiuntivo presente: piaccia, piaccia, piaccia, piacciamo, piacciate, piacciano
Participio passato: piaciuto

piangere to cry
Passato remoto: piansi, piangesti, pianse, piangemmo, piangeste, piansero
Participio passato: pianto

porre to put, to place
Indicativo presente: pongo, poni, pone, poniamo, ponete, pongono
Imperfetto: ponevo, ponevi, poneva, ponevamo, ponevate, ponevano
Passato remoto: posi, ponesti, pose, ponemmo, poneste, posero
Futuro: porrò, porrai, porrà, porremo, porrete, porranno
Condizionale: porrei, porresti, porrebbe, porremmo, porreste, porrebbero
Congiuntivo presente: ponga, ponga, ponga, poniamo, poniate, pongano
Congiuntivo imperfetto: ponessi, ponessi, ponesse, ponessimo, poneste, ponessero
Imperativo: poni!, poniamo!, ponete!, ponga!, pongano!
Participio passato: posto

potere to be able
Indicativo presente: posso, puoi, può, possiamo, potete, possono
Futuro: potrò, potrai, potrà, potremo, potrete, potranno
Condizionale: potrei, potresti, potrebbe, potremmo, potreste, potrebbero
Congiuntivo presente: possa, possa, possa, possiamo, possiate, possano

prendere to take
Passato remoto: presi, prendesti, prese, prendemmo, prendeste, presero

ridere	to laugh		**spendere**	to spend
Passato remoto:	risi, ridesti, rise, ridemmo, rideste, risero		*Passato remoto:*	spesi, spendesti, spese, spendemmo, spendeste, spesero
Participio passato:	riso		*Participio passato:*	speso
rimanere	to remain		**stare**	to stay, to remain, to be
Indicativo presente:	rimango, rimani, rimane, rimaniamo, rimanete, rimangono		*Indicativo presente:*	sto, stai, sta, stiamo, state, stanno
Passato remoto:	rimasi, rimanesti, rimase, rimanemmo, rimaneste, rimasero		*Indicativo imperfetto:*	stavo, stavi, stava, stavamo, stavate, stavano
Futuro:	rimarrò, rimarrai, rimarrà, rimarremo, rimarrete, rimarranno		*Futuro:*	starò, starai, starà, staremo, starete, staranno
Condizionale:	rimarrei, rimarresti, rimarrebbe, rimarremmo, rimarreste, rimarrebbero		*Condizionale:*	starei, staresti, starebbe, staremmo, stareste, starebbero
Congiuntivo presente:	rimanga, rimanga, rimanga, rimaniamo, rimaniate, rimangano		*Congiuntivo presente:*	stia, stia, stia, stiamo, stiate, stiano
Imperativo:	rimani!, rimaniamo!, rimanete!, rimanga!, rimangano!		*Congiuntivo imperfetto:*	stessi, stessi, stesse, stessimo, steste, stessero
Participio passato:	rimasto		*Imperativo:*	sta'!, stiamo!, state!, stia!, stiano!
			Participio passato:	stato
rispondere	to answer		**tenere**	to keep, to hold,
Passato remoto:	risposi, rispondesti, rispose, rispondemmo, rispondeste, risposero		*Indicativo presente:*	tengo, tieni, tiene, teniamo, tenete, tengono
Participio passato:	risposto		*Passato remoto:*	tenni, tenesti, tenne, tenemmo, teneste, tennero
salire	to get on, to go up, to come up		*Futuro:*	terrò, terrai, terrà, terremo, terrete, terranno
Indicativo presente:	salgo, sali, sale, saliamo, salite, salgono		*Condizionale:*	terrei, terresti, terrebbe, terremmo, terreste, terrebbero
Congiuntivo presente:	salga, salga, salga, saliamo, saliate, salgano		*Imperativo:*	tieni!, teniamo!, tenete!, tenga!, tengano!
Imperativo:	sali!, saliamo!, salga!, salgano!		**uscire**	to go out
sapere	to know		*Indicativo presente:*	esco, esci, esce, usciamo, uscite, escono
Indicativo presente:	so, sai, sa, sappiamo, sapete, sanno		*Congiuntivo presente:*	esca, esca, esca, usciamo, usciate, escano
Passato remoto:	seppi, sapesti, seppe, sapemmo, sapeste, seppero		*Imperativo:*	esci!, usciamo!, uscite!, esca!, escano!
Futuro:	saprò, saprai, saprà, sapremo, saprete, sapranno		**vedere**	to see
Condizionale:	saprei, sapresti, saprebbe, sapremmo, sapreste, saprebbero		*Passato remoto:*	vidi, vedesti, vide, vedemmo, vedeste, videro
Congiuntivo presente:	sappia, sappia, sappia, sappiamo, sappiate, sappiano		*Futuro:*	vedrò, vedrai, vedrà, vedremo, vedrete, vedranno
Imperativo:	sappi!, sappiamo!, sappiate!, sappia!, sappiano!		*Condizionale:*	vedrei, vedresti, vedrebbe, vedremmo, vedreste, vedrebbero
scegliere	to choose		*Participio passato:*	visto (veduto)
Indicativo presente:	scelgo, scegli, sceglie, scegliamo, scegliete, scelgono		**venire**	to come
Passato remoto:	scelsi, scegliesti, scelse, scegliemmo, sceglieste, scelsero		*Indicativo presente:*	vengo, vieni, viene, veniamo, venite, vengono
Congiuntivo presente:	scelga, scelga, scelga, scegliamo, scegliate, scelgano		*Passato remoto:*	venni, venisti, venne, venimmo, veniste, vennero
Participio passato:	scelto		*Futuro:*	verrò, verrai, verrà, verremo, verrete, verranno
scendere	to go down, to come down, to descend, to get off		*Condizionale:*	verrei, verresti, verrebbe, verremmo, verreste, verrebbero
Passato remoto:	scesi, scendesti, scese, scendemmo, scendeste, scesero		*Congiuntivo presente:*	venga, venga, venga, veniamo, veniate, vengano
Participio passato:	sceso		*Imperativo:*	vieni!, veniamo!, venite!, venga!, vengano!
			Participio passato:	venuto
scrivere	to write		**vivere**	to live
Passato remoto:	scrissi, scrivesti, scrisse, scrivemmo, scriveste, scrissero		*Passato remoto:*	vissi, vivesti, visse, vivemmo, viveste, vissero
Participio passato:	scritto		*Participio passato:*	vissuto
sedere	to sit		**volere**	to want
Indicativo presente:	siedo, siedi, siede, sediamo, sedete, siedono		*Indicativo presente:*	voglio, vuoi, vuole, vogliamo, volete, vogliono
Congiuntivo presente:	sieda, sieda, sieda, sediamo, sediate, siedano		*Passato remoto:*	volli, volesti, volle, volemmo, voleste, vollero
Imperativo:	siedi!, sediamo!, sedete!, sieda!, siedano!		*Futuro:*	vorrò, vorrai, vorrà, vorremo, vorrete, vorranno
			Condizionale:	vorrei, vorresti, vorrebbe, vorremmo, vorreste, vorrebbero
			Congiuntivo presente:	voglia, voglia, voglia, vogliamo, vogliate, vogliano

VERBI CONIUGATI CON ESSERE

The following verbs are conjugated with **essere**. In addition, all reflexive verbs are conjugated with **essere** (for example, **divertirsi**, to have a good time): **mi sono divertito/a, ti sei divertito/a, si è divertito/a, ci siamo divertiti/e, vi siete divertiti/e, si sono divertiti/e.**

accadere	to happen		mancare	to lack, to be lacking
andare	to go		morire	to die
arrivare	to arrive		nascere	to be born
avvenire	to happen		parere	to seem, to appear
bastare	to be enough, to suffice		partire	to leave, to depart
cadere	to fall		*passare	to pass time, to pass by
*cambiare	to change		piacere	to like
*cominciare	to begin, to start		restare	to remain, to stay
costare	to cost		rimanere	to remain
*correre	to run		*risalire	to climb up again, to go up again
crescere	to grow		ritornare	to return
dimagrire	to lose weight		riuscire	to manage, to succeed
dispiacere	to be sorry		*salire	to get on, to go up
divenire	to become		*saltare	to jump, to skip
diventare	to become		scappare	to run away
durare	to last		*scendere	to descend, to go down, to get off
entrare	to enter		sembrare	to seem
esistere	to exist		stare	to stay
esplodere	to explode		succedere	to happen
essere	to be		tornare	to return
*finire	to finish		uscire	to go out
fuggire	to run, to flee		venire	to come
guarire	to get well			
ingrassare	to gain weight, to get fat			

*Conjugated with **avere** when used with a direct object.

VERBI CON IL PARTICIPIO PASSATO IRREGOLARE

INFINITO	PARTICIPIO PASSATO		INFINITO	PARTICIPIO PASSATO
accendere to tun on, to light	acceso		**offrire** to offer	offerto
aggiungere to add	aggiunto		**parere** to seem	parso
apparire to appear	apparso		**perdere** to lose	perso (perduto)
apprendere to learn	appreso		**permettere** to permit	permesso
aprire to open	aperto		**piangere** to weep, to cry	pianto
assumere to hire	assunto		**prendere** to take	preso
bere to drink	bevuto		**produrre** to produce	prodotto
chiedere to ask	chiesto		**promettere** to promise	promesso
chiudere to close	chiuso		**promuovere** to promote	promosso
comprendere to understand	compreso		**proteggere** to protect	protetto
concludere to conclude	concluso		**raggiungere** to reach	raggiunto
conoscere to know	conosciuto		**rendere** to return, to render	reso
convincere to convince	convinto		**richiedere** to require	richiesto
coprire to cover	coperto		**ridere** to laugh	riso
correre to run	corso		**rimanere** to remain	rimasto
correggere to correct	corretto		**risolvere** to solve	risolto
cuocere to cook	cotto		**rispondere** to answer	risposto
decidere to decide	deciso		**rompere** to break	rotto
dipendere to depend	dipeso		**scegliere** to choose	scelto
dipingere to paint	dipinto		**scendere** to get off, to get down	sceso
dire to say	detto		**scommettere** to bet	scommesso
discutere to discuss	discusso		**scoprire** to discover	scoperto
dividere to divide	diviso		**scrivere** to write	scritto
eleggere to elect	eletto		**soffrire** to suffer	sofferto
esprimere to express	espresso		**sorridere** to smile	sorriso
essere to be	stato		**spegnere** to turn off, to extinguish	spento
fare to do, to make	fatto		**spendere** to spend	speso
interrompere to interrupt	interrotto		**succedere** to happen	successo
leggere to read	letto		**togliere** to remove	tolto
mettere to put	messo		**vedere** to see	visto (veduto)
morire to die	morto		**venire** to come	venuto
muovere to move	mosso		**vincere** to win	vinto
nascere to be born	nato		**vivere** to live	vissuto
offendere to offend	offeso			

Appendix  VOCABOLARIO ITALIANO-INGLESE

The Italian–English vocabulary includes most words and expressions used in this book. The meanings are based on the contexts in which they appear within the chapters. Each entry includes the number of the chapter in which a word or expression first appears. The gender of nouns is indicated by the definite article or the abbreviation *m.* or *f.* The masculine form of adjectives is given.

A ●●●

a, at, to, 2
abbandonare, to abandon, 10
abbassare, to lower, to hang up, 11
abbastanza, enough (**abbastanza bene,** very well), 1
abbigliamento, l' (*m.*), clothing, 3
abbinare, to link, to match, 6
abbondante, plentiful, 9
abbozzo, l'(*m.*), sketch, 14
abbracciare, to hug, 5
abbronzarsi, to get a tan, 13
abilità, l'(*f.*), skill, 2
abitante, l' (*m./f.*), resident, 6
abitare, to live, 1
abitazione, l' (*f.*), dwelling, 6
abito, l' (*m.*), suit, dress, 13
abitualmente, usually, 15
abituare, to accustom, 12
abitudine, l' (*f.*), habit, 4
accademia, l'(*f.*), academy, 3
accanto a, next to, 10
accendere, to light, to turn on, 11
accennare, to point, 16
accertamento, l' (*m.*), assessment, 15
acceso, bright, 12
accessibile, accessible, 11
accessibilità, l' (*f.*), accessibility, 14
accesso, l' (*m.*), access, 11
accessorio, l' (*m.*), accessory, 6
accettabile, acceptable, 15
accettare, to accept, 7
accogliente, cozy, 6
accoglienza, l' (*f.*), reception, 16
accomodarsi, to get comfortable, 14
accompagnare, to go with, 4
accordo, l' (*m.*), agreement, 5
accorgersi, to notice, 15
accurato, precise, 13
accusare, to accuse, 10
aceto, l' (*m.*), vinegar, 9
acqua, l' (*f.*), water, 4
acquario, l' (*m.*), Aquarius, 10
acquisire, to acquire, 12
acquistare, to purchase, 6
acquisto, l' (*m.*), purchase, 3
acuto, sharp, P
adattarsi, to adapt, 16
adatto, suitable, 5
addirittura, actually, 11
addobbare, to decorate, 9
addormentarsi, to fall asleep, 4
adeguarsi, to adjust, 15
aderente, adherent, 6
adesso, now, P

adolescente, l' (*m.*), adolescent, 4
adolescenza, l' (*f.*), adolescence, 4
adornato, decorated, 3
adottare, to adopt, 10
adottivo, adopted, 9
adulto, l' (*m.*), adult, 5
aereo, l' (*m.*), plane, 8
aerobica, l' (*f.*), aerobics, 7
aeroplano, l' (*m.*), airplane, 10
aeroporto, l' (*m.*), airport, 1
affari, gli (*m. pl.*), business, 8
affascinante, charming, 3
affascinato, fascinated, 16
affatto, at all, 8
affermarsi, to establish oneself, 9
affermazione, l' (*f.*), assertion, 5
affettati, gli (*m. pl.*), cold cuts, 14
affetto, l' (*m.*), affection, 5
affettuoso, loving, 5
affezionato, fond, 10
affidabile, reliable, 12
affittare, to rent, 6
affitto, l' (*m.*), rent, 6
affollato, crowded, 8
affrescare, to fresco, 4
affresco, l' (*m.*), fresco, 3
affrontare, to face, 12
agenda, l' (*f.*), appointment book, 2
agente, l' (*m.*), agent, 6
agenzia, l' (*f.*), agency, 6
aggettivo, l' (*m.*), adjective, 3
aggirare, to be about, 14
aggiungere, to add, 9
aggiustare, to repair, 5
aglio, l' (*m.*), garlic, 9
agnello, l' (*m.*), lamb, 9
agosto, August, 1
agricolo, agricultural, 1
agricoltura, l' (*f.*), agriculture, 1
agriturismo, l', (*m.*), farm holiday, 13
aiutare, to help, 6
aiuto, l' (*m.*), help, 4
ala, l' (*f.*), wing, 14
alba, l' (*m.*), dawn, 7
albanese, Albanian, 16
alberghiero, hotel, 8
albergo, l' (*m.*), hotel, 10
albero, l' (*m.*), tree, 2
alcolico, alcoholic, 7
alcuni, some, 6
alfabetico, alphabetic, 1
alienazione, l' (*f.*), alienation, 15
alimentare, food (**prodotti alimentari,** food items, groceries), 14
alimentazione, l' (*f.*), nourishment, 15

aliscafo, l' (*m.*), hydrofoil, 13
allargato, extended, 5
allegare, to enclose, 12
allegorico, allegoric, 9
allegro, cheerful, happy, 3
allenarsi, to train, 7
allestire, to organize, to set up, 7
allora, then, 1
almeno, at least, 6
alpinismo, l' (*m.*), mountain climbing, 7
alpino, alpine, 7
al sangue, rare, 9
altalena, l' (*f.*), swing, 8
alternativo, alternate, 7
alto, high, tall, 1
altoparlante, l' (*m.*), speaker, 11
altro, other, 1
altruista, unselfish, 12
alzarsi, to get up, 4
amare, to love, 3
ambientalista, l' (*m./f.*), environmentalist, 12
ambiente, l' (*m.*), environment, 4
ambito, l' (*m.*), circle, 12
ambizione, l' (*f.*), ambition, 12
ambizioso, ambitious, 12
americano, American, 1
amichevole, friendly, 15
amicizia, l' (*f.*), friendship, 5
amico/amica, l' (*m./f.*), friend, P
ammalarsi, to get sick, 10
ammalato, sick, 15
ammettere, to admit, 10
amministrativo, administrative, 6
amministrazione, l' (*f.*), management, 11
ammirare, to admire, 9
amore, l' (*m.*), love, 7
ampio, wide, 13
anagrafico, registry, 1
analisi, l' (*f.*), analysis, 12
anche, also, 1
ancora, still, also, 5
andare, to go, 1
andare a piedi, to walk, 8
andare d'accordo, to get along, to agree, 5
anello, l' (*m.*), ring, 14
anfiteatro, l' (*m.*), amphitheater, 8
angolo, l' (*m.*), corner, 8
angoscia, l' (*f.*), distress, 9
anima, l' (*f.*), soul, 3
animale, l' (*m.*), animal, 7
animatore, l' (*m.*), organizer, 13
animazione, l' (*f.*), animation, 7
animosità, l' (*f.*), animosity, 9
annaffiare, to water, 5

anniversario, l' (*m.*), anniversary, 5
annoiarsi, to get bored, 7
annotare, to note, 5
annuale, yearly, 7
annualmente, yearly, 16
annunciare, to announce, 5
annuncio, l' (*m.*), announcement, ad, 3
ansante, breathless, 16
ansia, l' (*f.*), anxiety, 4
ansimare, to pant, 8
ansioso, anxious, 15
antibiotico, l' (*m.*), antibiotic, 15
antico, ancient, 2
antipasto, l' (*m.*), appetizer, 5
antipatico, unpleasant, 3
antiquariato, l' (*m.*), antique trading, 14
anzi, on the contrary, 9
anziano, l' (*m.*), elderly, 3
aperitivo, l' (*m.*), aperitif, 12
aperto, open, 7
apice, l' (*m.*), top, 7
appagare, to satisfy, 15
apparecchiare, to prepare, 5
apparenza, l' (*f.*), appearance, 13
apparire, to appear, 5
appartamento, l' (*m.*), apartment, 2
appartenere, to belong, 6
appassionato, fond, 3
appena, as soon as, 9
appendere, to hang, 9
applicare, to apply, 15
appoggiarsi, to lean, 8
appoggio, l' (*m.*), support, 16
apporto, l' (*m.*), contribution, 14
apposta, deliberately, 16
apprezzare, to appreciate, 16
approfittare, to take advantage, 13
approfondire, to study in depth, 10
appropriato, suitable, 6
appuntamento, l' (*m.*), appointment, 2
appunti, gli (*m. pl.*), notes, 6
appunto, precisely, 12
aprile, April, 1
aprire, to open, P
aragosta, l' (*f.*), lobster, 4
arancia, l' (*f.*), orange, 4
arancione, orange color, 3
archeologico, archaeological, 13
architetto, l' (*m./f*), architect, 1
architettura, l' (*f.*), architecture, 2
argentino, Argentinean, 1
argento, l' (*m.*), silver, 9

argomento, l' (*m.*) topic, 4
arguto, witty, 11
aria, l' (*f.*), air, 6
armadio, l' (*m.*), closet, 3
armeggiare, to fumble, 12
arrabbiarsi, to get angry, 5
arrampicarsi, to climb, 8
arredamento, l' (*m.*), furnishing, 6
arredare, to furnish, 6
arredatore/arredatrice,
  l' (*m./f.*), interior decorator, 1
arricchimento, l' (*m.*),
  enrichment, 16
arricchire, to enrich, 8
arrivare, to arrive, 2
arrivederci/arrivederla, so
  long, good-bye, 1
arrivo, l' (*m.*), arrival, 6
arrosto, l' (*m.*), roast, 4
arte, l' (*f.*), art, 2
articolato, combined with an
  article, 6
articolo, l' (*m.*), article, 2
artigianato, l' (*m.*), handicraft, 15
artista, l' (*m./f.*), artist, 1
artistico, artistic, 5
ascensore, l' (*m.*), elevator, 6
asciugacapelli, l' (*m.*), hair dryer,
  7
asciugamano, l' (*m.*), towel, 13
asciugatrice, l' (*f.*), dryer, 6
ascoltare, to listen, P
asilo, l' (*m.*), preschool, 8
asparagi, gli, asparagus, 4
aspettare, to wait, 2
aspettarsi, to expect, 6
aspetto, l' (*m.*), appearance,
  aspect, 5
aspirapolvere, l' (*m.*), vacuum, 5
aspirazione, l' (*f.*), ambition,
  aspiration, 12
aspirina, l' (*f.*), aspirin, 14
assaggiare, to taste, 9
assaggio, l' (*m.*), taste, 9
assegno, l' (*m.*), check, 14
assente, absent, 8
assieme, together, 7
assistente sociale, l' (*m./f*), social
  worker, 12
assistenza sanitaria, l' (*f.*), health
  care, 15
assistere, to assist, to be present, 5
associazione, l' (*f.*), association, 1
associare, to associate, 5
assolutamente, absolutely, 13
assoluto, absolute, 13
assorbire, to absorb, 16
assumere, to hire, 16
Assunzione, l' (*f.*), Assumption, 9
assurdo, absurd, 15
astrofisico, l' (*m.*), astrophysicist,
  12
astrologo, l' (*m.*), astrologer, 9
astronave, l' (*f.*), spaceship, 11
astronomia, l' (*f.*), astronomy, 11
atleta, l' (*m./f.*), athlete, 7
atletica leggera, l' (*f.*), track and
  field, 7

atletico, athletic, 3
atmosfera, l' (*f.*), atmosphere, 5
atmosferico, atmospheric, 15
attaccapanni, l' (*m.*), coat rack,
  16
attaccare, to tie, 15
atteggiamento, l' (*m.*), attitude, 9
attentamente, carefully, 5
attenzione, l' (*f.*), attention, P
attico, l' (*m.*), penthouse, 6
attirare, to attract, 7
attività, l' (*f.*), activity, 2
attivo, active, 4
atto, l' (*m.*), act, 7
attore/attrice, l' (*m./f.*), actor, 7
attorno, around, 16
attrarre, to attract, 10
attraversare, to cross, 8
attraverso, through, P
attrezzatura, l' (*f.*), equipment, 13
attuale, current, 6
audio, l' (*m.*), sound, 10
augurio, l' (*m.*), greeting, best
  wishes, P
aula, l' (*f.*), classroom, 2
aumento l' (*m.*), increase, 6
auspicio, l' (*m.*), omen, 14
australiano, Australian, 1
austriaco, Austrian, 6
autobiografia, l' (*f.*),
  autobiography, 8
automatico, automatic, 13
automobile/auto, l' (*f.*),
  automobile, car, P
automobilistico, car, 1
autonomia, l' (*f.*), autonomy, 6
autore, l' (*m.*), author, 5
autostrada, l' (*f.*), expressway, 8
autunno, l' (*m.*), autumn, fall, 4
avanguardia, l' (*f.*), forefront, 15
avanti, ahead, 1
avanzare, to proceed, 14
avaro, stingy, 3
avere, to have, 1
avere bisogno di, to need, 4
avere caldo, to be hot, 4
avere fame, to be hungry, 4
avere freddo, to be cold, 4
avere fretta, to be in a hurry, 4
avere sete, to be thirsty, 4
avere sonno, to be sleepy, 4
avere la tosse, to have a cough, 15
avere voglia, to feel like, 4
avvenimento, l' (*m.*), event, 5
avvenire, to happen, 10
avvenire, l' (*m.*), future, 16
avventura, l' (*f.*), adventure, 6
avverbio, l' (*m.*), adverb, 8
avvicinare, to approach, 14
avvocato, l' (*m.*), lawyer, 1
azienda, l' (*f.*), business, company, 1
azione, l' (*f.*), action, 5
azzurro, light blue, 3

B ●●●

babbo, il, dad, 9
Babbo Natale, Santa Claus, 9
baccano, il, noise, 5

baciare, to kiss, 10
bacio, il, kiss, 10
badante, il/la, caretaker, 16
badia, la, abbey, 14
bagaglio, il, luggage, 10
bagno, il, bath, 4
baffi, i, moustache, 3
baia, la, bay, 11
balbettare, to stutter, 15
balcone, il, balcony, 6
ballare, to dance, 3
ballerina, la, dancer, 8
ballo, il, dance, 7
balzare, to jump, 15
bambino, il, child, boy, 4
bambina, la, girl, 12
bambola, la, doll, 8
banana, la, banana, 4
banca, la, bank, 2
bancarella, la, stall, 14
banco, il, student desk, 2
bancomat, il, ATM, 14
bancone, il, counter, 14
banconota, la, bill, 6
bandiera, la, flag, 9
bar, il, coffee shop, bar, 2
barattolo, il, jar, 14
barba, la, beard, 3
barbiere, il, barber, 4
barca, la, boat, 11
barocco, il, Baroque, 8
basarsi, to be based on, 9
base, la, basis, 4
basilica, la, basilica, 8
basso, short, 2
bastare, to be sufficient, 7
battere (le mani), to clap
  (hands), 14
batteria, la, drums, 7
battesimo, il, baptism, 5
battuta, la, line, 1
beige, beige, 3
bellezza, la, beauty, 3
bello, beautiful, 3
ben cotta, well done, 9
bene, well, fine, 1
beneficenza, la, charity, 12
benessere, il, comfort, 10
benestante, well off, 6
benzina, la, gasoline, 13
benzina verde, la, unleaded gas,
  15
bere, to drink, 4
berretto, il, cap, 8
bevanda, la, beverage, 9
biancheria, la, linen, 6
bianco, white, 1
bibita, la, soft drink, soda, 10
biblioteca, la, library, 2, 6
bicchiere, il, glass, 5, 9
bicicletta/bici, la, bicycle, 2
bifamiliare, il, duplex, 16
biglietteria, la, ticket office, 7, 13
biglietto, il, ticket, 7
biliardo, il, pool, 7
binario, il, platform, train track,
  11
biologia, la, biology, 2

biologico, biological, 15
biondo, blond, 3
biotecnologia, la, biotechnology,
  15
birra, la, beer, 4
birreria, la, pub, 13
biscotto, il, cookie, 4
bisnonni, i, great-grandparents, 5
bisogno, il, need, 12
bistecca, la, steak, 4
bizantino, Byzantine, 2
bocca, la, mouth, 8
bollente, boiling, 9
bollicina, la, small bubble, 15
bomboniera, la, party favor, 5
bontà, la, goodness, kindness, 5
borsa, la, handbag, 2
borsa di studio, la, scholarship, 10
bosco, il, woods, 7
bottiglia, la, bottle, 5
bottone, il, button, 15
bracciale, il, bracelet, 14
braccio, il, arm, 4
brano, il, selection, 8
brasiliano, Brazilian, 1
bravo, good, clever, 3
breve, short, 5
brevemente, concisely, 12
brindare, to toast, 9
britannico, British, 8
brodo, il, broth, 15
bronzo, bronze, 10
bruciare, to burn, 13
brulicare, to swarm, 14
bruno, brown, dark, 3
brutto, ugly, 2
bucato, il, laundry, 5
buffo, funny, 3
bugia, la, lie, 8
buonanotte, good night, 1
buonasera, good evening/good
  night, 1
buongiorno, good morning, 1
buono, good, P
burro, il, butter, 9
bus, il, bus, 2
busta, la, envelope, bag, 14
buttarsi, to plunge, 16

C ●●●

cabina, la, booth, 11
caccia, la, hunting, 14
cadavere, il, cadaver, 15
cadere, to fall, 7
caduta, la, fall, 16
caffè, il, coffee, P
calcare, limestone, 6
calcio, il, soccer, 1
calcolare, to calculate, 9
calcolatrice, la, calculator, 2
caldo, il, warmth, heat, 4
calendario, il, calendar, P
calmarsi, to calm down, 16
calmo, calm, 3
calore, il, warmth, 9
calorico, caloric, 10
calvo, bald, 3
calza, la, stocking, 8

cambiamento, il, change, 7
cambiare, to change (**cambiare casa,** to move), 5
cambio, il, exchange, change, 6
camera, la, room, 3
Camera dei deputati, la, Chamber of deputies, 16
camera da letto, la, bedroom, 6
cameriera, la, waitress, 8
cameriere, il, waiter, 9
camerino, il, dressing room, 14
camicia, la, shirt, 3
caminetto, il, fireplace, 12
camino, il, chimney, P
camminare, to walk, 8
cammino, il, walk, P
campagna, la, countryside, P
campanile, il, bell tower, 5
campeggio, il, camping, 13
campionato, il, championship, 7
campo, il, field, 2
canadese, Canadian, 1
canale, il, channel, 7
cancellino, il, eraser, 2
cancro, il, cancer, 11
candela, la, candle, 5
cane, il, dog, 5
cannella, la, cinnamon, 14
canottiera, la, undershirt, 13
cantante, il/la, singer, 2
cantare, to sing, 2
cantautore, il/**cantautrice,** la, singer-songwriter, 7
cantina, la, cellar, 6
canto, il, singing, 10
capace, able, 9
capacità, la, ability, 9
capelli, i, hair, 3
capellone, il, long-haired person, 13
capire, to understand, P
capitale, la, capital city, 2
capitolo, il, chapter, 1
capo, il, head, item, 8
capodanno, il, New Year's Day, 9
capolavoro, il, masterpiece, 8
capoluogo, il, capital city, P
cappello, il, hat, 8
cappotto, il, coat, 5
cappuccino, il, cappuccino, 4
capriccioso, naughty, 8
capricorno, il, Capricorn, 10
capsula, la, capsule, 16
carattere, il, personality, trait, 5
caratteristica, la, trait, feature, 3
caratteristico, distinctive, 7
carboidrato, il, carbohydrate, 15
carbone, il, coal, 9
carcere, il, jail, 16
carica, la, office, charge, 16
carino, cute, 6
carne, la, meat, 4
carnevale, il, carnival, 9
caro, dear, expensive, 3
carota, la, carrot, 4
carriera, la, career, 10
carrozza, la, wagon, 13

carta, la, paper, card, 2
carta geografica, la, map, 2
cartoleria, la, stationery, 14
cartolina, la, postcard, 9
cartoni animati, i, cartoons, 8
cattedra, la, teacher's desk, 2
casa, la, house, home, P
casalinga, la, homemaker, 5
casalingo, homemade, 9
cascata, la, waterfall, 7
cascina, la, farmhouse, 6
caso, il, case, 7
cassa, la, cash register, 14
cassetta delle lettere, la, mailbox, 14
cassettone, il, chest of drawers, 6
castano, brown, 3
castello, il, castle, 7
categoria, la, category, 7
categorico, categorical, 15
catena, la, range, 7
cattolico, Catholic, 5
cattivo, bad, 3
catturare, to capture, 12
cavallo, il, horse, 5
caviglia, la, ankle, 10
cavolfiore, il, cauliflower, 4
celebrare, to celebrate, 9
celebre, famous, 9
cemento, il, cement, 10
cena, la, supper, P
cenare, to eat dinner, 3
cenere, la, ash, 16
cenone, il, Christmas Eve/New Year's Eve dinner, 9
cento, one hundred (**per cento,** percent), 1
centralino, il, switchboard, 11
centro, il, center, 1
ceramica, la, ceramic, 6
cercare, to look for, 2
cerchio, il, circle, 5
cerimonia, la, ceremony, 5
cero, il, candle, 9
certezza, la, certainty, 2
certo, definitely, 4
cervello, il, brain, 16
cespuglio, il, bush, 13
cestino, il, wastebasket, 2
che, what, that, P
che cosa, what, P
cherubino, il, cherub, P
chi, who, P
chiacchierare, to chat, 7
chiacchierata, la, chat, 7
chiamare, to call, P
chiarezza, la, clarity, 13
chiaro, clear, 3
chiaroscuro, il, chiaroscuro, 12
chiassoso, noisy, 14
chiave, la, key, 5
chiedere, to ask, 8
chiesa, la, church, 2
chilo, il, kilo (100 grams; 2.2 lb.), 14
chilometro, il, kilometer, 6
chimica, la, chemistry, 2

chirurgo, il, surgeon, 12
chissà, who knows, 5
chitarra, la, guitar, 2
chiudere, to close, P
chiuso, closed, 16
chiusura, la, closing, 5
ciao, hello, hi, good-bye, P
cibo, il, food, 4
ciclismo, il, cycle racing, 7
ciglio, il, eyelash, P
ciliegia, la, cherry, 9
cima, la, top, 8
cinema, il, cinema, 1
cinese, Chinese, P
cinquanta, fifty, 1
cinquantesimo, fiftieth, 5
cinque, five, 1
cintura, la, belt, 14
cioccolata, la, chocolate, 4
cioè, that is, 12
cipolla, la, onion, 9
circolare, circular, 10
circolazione, la, circulation, 4
circondare, to surround, to move, 6
circostanza, la, circumstance, 16
città, la, city, P
cittadina, la, small city, town, 4
cittadino, il, citizen, 16
civico, public, 11
civile, secular, 9
civiltà, la, civilization, 7
clandestino, il, clandestine, 16
classe, la, classroom, class, 2
classico, classic, 3
cliente, il, client, 6
clinica, la, clinic, 15
clima, il, climate, 13
coalizione, la, coalition, 16
coccola, la, berry, 10
coetaneo, il, (of) the same age, 11
cogliere, to seize, 16
cognata, la, sister-in-law, 5
cognato, il, brother-in-law, 5
cognome, il, last name, P
coincidenza, la, connection, 13
coincidere, to coincide, 14
coinquilino, il, housemate, 6
colazione, la, breakfast, 4
colesterolemia, la, cholesterolemia (high cholesterol), 15
colesterolo, il, cholesterol, 15
collaborare, to cooperate, 11
collana, la, necklace, 14
colle, il, hill, 9
collega, il/la, colleague, 9
collegare, to link, 5
collezione, la, collection, 7
collina, la, hill, 1
collo, il, neck, 15
collocazione, la, position, 14
colloquio, il, interview, 12
colonia, la, colony, 10
colonna, la, column, 6
colorare, to color, 8
colorato, colored, 9
colore, il, color, 3

Colosseo, il, Colosseum, 8
colpa, la, fault, 8
colpire, to hit, 15
colpo, il, strike, 10
coltello, il, knife, 9
coltivare, to farm, 1
coltivazione, la, farming, 15
colto, well-read, 7
combattere, to fight, 12
combinazione, la, combination, 12
come, how, as, P
comfort, il, amenity, 13
comico, il, comedian, funny, 4
cominciare, to begin, 2
comizio, il, political rally, 1
commedia, la, comedy, play, 7
commentare, to comment, 12
commento, il, comment, 5
commerciale, business (**centro commerciale,** mall), 6
commercialista, il/la, professional accountant (CPA), 12
commerciare, to do business, 8
commercio, il, trade, 11
commissario, il, officer, 4
commesso, il, salesperson, 12
commissionare, to order, 15
commissioni, le, errands, 7
comodino, il, bedside table, 6
comodità, la, comfort, 11
comodo, comfortable, 6
compagine, la, structure, 15
compagnia, la, company, 7
compagno, il, companion, classmate, 2
comparativo, il, comparative, 13
comparire, to appear, 11
compatriota, il/la, of the same country, 16
compera, la, purchase, 11
competizione, la, competition, 10
compiere, to turn, 5
compilare, to compile, 5
compito, il, homework, chore, 2
compleanno, il, birthday, 1
complesso, complex, 1
completamente, completely, 6
completare, to complete, 5
completo, il, suit, 4
complicato, complicated, 16
complimento, il, compliment, 15
comporre, to compose, 7
comportamento, il, behavior, 15
comportarsi, to behave, 12
compositore, il, composer, 2
composizione, la, composition, 5
comprare, to buy, 2
compravendita, la, trading, 6
comprendere, to include, 6
comprensivo, comprehensive, understanding, 3
compressa, la, tablet, 15
comune, il, city hall, common, 3
comunicare, to communicate, 15
comunicativo, communicative, 12

comunione, la, communion, 5
comunità, la, community, 6
comunitario, community, 15
comunque, anyhow, 4
concerto, il, concert, 2
conchiglia, la, seashell, 5
concludere, to conclude, 5
conclusione, la, conclusion, 7
concorso, il, competition, 10
concreto, concrete, 11
condire, to season, 9
condizionale, il, conditional, 12
condizionamento, il, conditioning, 12
condizionare, to condition, 15
condizionato, conditioned, 6
condizione, la, condition, 2
condominio, il, condominium, 15
conferenza, la, conference, 1
conferire, to confer, 14
conferma, la, confirmation, 5
confermare, to confirm, 7
confessare, to confess, 16
confetti, i, sugar candy, 5
confezionare, to package, 15
confinare, to border, 16
confine, il, border, 16
confrontare, to compare, 6
confusione, la, confusion, 1
confuso, confused, 13
congiuntivo, il, subjunctive, 15
congratulazione, congratulation, 5
congresso, il, conference, 9
coniugare, to conjugate, 7
connazionale, il, from the same country, 15
connessione, la, connection, 10
connessione Internet, la, Internet connection, 13
connettere, to connect, 12
cono, il, cone, 6
conoscente, il/la, acquaintance, 11
conoscenza, la, knowledge, 10
conoscere, to know, to meet, P
conquistare, to conquer, 7
consegnare, to hand, 13
consentire, to allow, 14
conservante, il, preservative, 15
conservare, to keep, to save, 6
considerare, to consider, 1
considerazione, la, consideration, 6
consigliabile, advisable, 14
consigliare, to advise, 9
consiglio, il, advice, 5
Consiglio, il, Council, 16
consistente, consistent, 5
consistere, to consist, 8
consolidare, to consolidate, 15
consonante, la, consonant, P
consultare, to consult, 6
consumare, to consume, 15
contadino, il, peasant, 13
contante, il, cash, 14
contare, to count, 11

contattare, to contact, 6
contatto, il, contact, 12
contemporaneo, contemporary, 7
contenere, to contain, 4
contenitore, il, container, 14
contento, happy, 8
contessa, la, countess, 5
contesto, il, context, 2
continente, il, continent, 8
continuamente, continuously, 7
continuare, to continue, 12
conto, il, bill, calculation, 6
contorno, il, side dish, 4
contrada, la, district, 9
contraddire, to contradict, 7
contrario, il, opposite, 3
contribuire, to contribute, 10
contro, against, 6
controllare, to check, 5
controllore, il, ticket collector, 13
convalidare, to validate, 13
conveniente, convenient, advantageous, 6
convenienza, la, convenience, 14
convento, il, convent, 3
conversare, to talk, 13
conversazione, la, conversation, P
convincente, convincing, 12
convincere, to convince, 6
convivere, to live together, 4
convocare, to summon, 12
coperto, il, table setting, 9
coppia, la, pair, couple, 5
coprire, to cover, 13
coraggio, il, courage, 16
corda, la, rope, 8
coreano, Korean, 1
coriandoli, i, confetti, 9
cornetto, il, croissant, 4
corpo, il, body, 15
correggere, to correct, 5
correre, to run, 3
correttamente, correctly, 5
corretto, correct, 5
corridoio, il, corridor, 8
corriera, la, bus, 13
corrispondente, il, correspondent, 7
corrispondere, to correspond, 3
corsa, la, race, 5
corsivo, il, italics, 8
corso, il, course, current, 11
corso (nel), during, 10
corte, la, court, 3
cortigiano, il, courtesan, 4
cortile, il, courtyard, 5
corto, short, 3
cosa, la, thing, 4
coscienza, la, conscience, 15
così, so, like this, 1
cosmetici, i, makeup, 14
cosmo, il, cosmos, 11
costa, la, coast, 10
costare, to cost, 3
costituire, to make up, 10
costituzione, la, constitution, 16

costo, il, cost, 6
costoso, expensive, 5
costruire, to build, 3
costruzione, la, construction, 6
costume, il, custom, 4; costume, 9
costume da bagno, il, swimming suit, 7
cotone, il, cotton, 14
cotto, cooked, 9
cravatta, la, tie, 3
creare, to create, 1
creatività, la, creativity, 12
creativo, creative, 12
creazione, la, creation, 6
credito, il, credit, 11
crema, la, lotion, 13
crescita, la, growth, 5
crimine, il, crime, 11
cristallo, il, crystal, 6
cristianesimo, il, Christianity, 9
cristiano, Christian, 14
crociera, la, cruise, 13
cronologico, chronological, 10
cronico, chronic, 15
crostata, la, jam tart, pie, 9
cubo, il, cube, 6
cuccetta, la, berth, 13
cucchiaio, il, spoon, 9
cucina, la, cuisine, kitchen, 4
cucinare, to cook, 4
cucire, to sew, 5
cugino, il/cugina, la, cousin, 5
culto, il, worship, 4
cultura, la, culture, 2
culturale, cultural, 6
cuocere, to cook, 9
cuoco, il, chef, 9
cuore, il, heart, 3
cupola, la, dome, 5
cura, la, treatment, 15
curare, to cure, to take care, 5
curioso, curious, 6
curvatura, la, curvature, 14

D ●●●

danneggiare, to damage, 15
danza, la, dance, 7
dappertutto, everywhere, 8
dare, to give, 1
data, la, date, P
dati, i, data, 1
davanti, front, ahead, 2
davvero, really, 6
debito, il, due, debt, 14
debutto, il, beginning, 10
decidere, to decide, 5
decisione, la, decision, 7
decorativo, decorative, 14
dedicare, to dedicate, 5
dedurre, to infer, 14
definitivamente, definitely, 6
definizione, la, definition, 7
degnarsi, to deign, 15
degustazione, la, tasting, 10
delizia, la, delicacy, 8
delusione, la, disappointment, 16
democratico, democratic, 16

democrazia, la, democracy, 16
demografico, demographic, 5
denominato, called, 10
denso, dense, 11
dente, il, tooth, 4
dentifricio, il, toothpaste, 14
dentista, il/la, dentist, 1
dépliant, il, brochure, 10
depositare, to deposit, 14
depresso, depressed, 15
deputato, il, deputy, 12
descrivere, to describe, 4
descrizione, la, description, 3
deserto, deserted, 9
desiderare, to wish, 2
desiderio, il, wish, 12
designare, to designate, 2
desinare, to dine, 11
desolato, neglected, 13
desolazione, la, neglect, 10
destra, la, right, 2
determinante, crucial, 8
determinativo, definite, 2
determinato, particular, 9
detto, il, saying, 13
devoto, devout, 14
diagnostico, diagnostic, 15
dialetto, il, dialect, 6
dialogo, il, dialogue, 5
diario, il, diary, 7
dicembre, December, 1
diciannove, nineteen, 1
diciassette, seventeen, 1
diciotto, eighteen, 1
dieci, ten, 1
dieta, la, diet, 15
dietro, behind, 2
difesa, la, defense, 12
differenza, la, difference, 6
differenziazione, la, differentiation, 12
difficile, difficult, 2
difficilmente, unlikely, 8
diffidare, to mistrust, 14
diffondere, to spread, 11
digitale, digital, 13
dilemma, il, dilemma, 14
diligente, diligent, 8
dimagrire, to lose weight, 15
dimenticare, to forget, 5
diminuire, to lower, 12
dimostrare, to display, 4
dimostrativo, demonstrative, 8
dinamico, dynamic, 1
dintorni, i, neighborhood, 14
dipartimento, il, department, 2
dipendere, to depend, 3
dipingere, to paint, to depict, 3
dipinto, il, painting, 8
diploma, il, high school degree, 5
diplomarsi, to graduate, 5
dire, to say, to tell, P
direttamente, directly, 7
diretto, direct, 5
direttore, il, director, 2
dirigente, il/la, manager, 12
diritto, right, straight, 12

disastro, il, disaster, 16
disattento, absent-minded, 8
disciplina, la, discipline, 7
discorrere, to talk, 14
discoteca, la, disco, 4
discreto, moderate, 13
discrezione, la, discretion, 13
discriminante, discriminating, 12
discriminare, to discriminate, 16
discriminazione, la, discrimination, 16
discutere, to discuss, 3
disegnare, to draw, to design, 2
disegno, il, drawing, 5
disinvolto, casual, 5
disoccupato, unemployed, 12
disoccupazione, la, unemployment, 12
disordinato, messy, 6
disordine, il, mess, 5
disperare, to despair, 16
disperato, desperate, 10
disperso, scattered, 9
dispiacere, to be sorry, 8
disponibile, available, 4
disporre, to have, 13
disposizione, la, disposal, 12
dissenso, il, disapproval, 10
distante, distant, 10
distanza, la, distance, 14
distinto, distinguished, 6
distinzione, la, distinction, 12
distratto, absent-minded, 12
distributore di benzina, il, gas station, 13
distruggere, to destroy, 8
distruzione, la, destruction, 15
disturbo, il, ailment, 15
dito, il, finger, 10
ditta, la, company, 11
dittatoriale, dictatorial, 16
divano, il, sofa, 6
divenire, to become, 14
diventare, to become, 4
diversità, la, diversity, 6
diverso, different, diverse, several, 2
divertente, funny, 2
divertimento, il, good time, 9
divertirsi, to have a good time, 4
dividere, to divide, to share, 5
divisione, la, partition, 16
divorziare, to divorce, 10
divorziato, divorced, 5
divorzio, il, divorce, 5
dizionario, il, dictionary, P
doccia, la, shower, 4
documento, il, document, 6
documenti, i, legal papers, 16
dodici, twelve, 1
dolce, sweet, dessert, 4
dollaro, il, dollar, 6
dolore, il, pain, 15
domanda, la, question, application, 5
domandare, to ask, 2
domani, tomorrow, 1

domenica, la, Sunday, 1
domenicano, Dominican, 3
domestico, household, 6
domicilio, il, residence, 11
dominare, to rule, 14
dominazione, la, rule, 14
donare, to give, 14
donna, la, woman, 2
dopo, after, 1
dopotutto, above all, 16
dopodomani, il, day after tomorrow, 1
doppio, double, 6
dorato, browned, golden, 9
dorico, Dorian, 14
dormire, to sleep, 2
dotare, to supply, 13
dottorato di ricerca, il, research doctorate, 2
dottore, il,/**dottoressa,** la, doctor, P
dove, where, P
dovere, il, duty, 5
dovere, should, to have to, 5
drammatico, dramatic, 7
droga, la, drug, 16
dubbio, il, doubt, 4
dubitare, to doubt, 11
due, two, 1
duna, la, dune, 13
duomo, il, cathedral, 14
durante, during, 1
durare, to last, 9
duro, hard, tough, 6

E ●●●

e, and, 1
eccellenza, l' (f.), excellence, 14
eccessivo, excessive, 6
eccezionale, exceptional, 5
ecco, here it is, 2
eco, l' (f.), echo, 15
ecologia, l' (f.), ecology, 12
ecologico, ecological, 12
economia, l' (f.), economy, 3
economico, economic, 5
ecosistema, l' (m.), ecosystem, 15
edicola, l' (f.), newspaper stand, 11
edificatore, l' (m.), builder, 14
edificio, l' (m.), building, 2
educativo, educational, 10
educazione, l' (f.), upbringing, 8
effervescente, sparkling, 15
effetto l' (m.), effect, 11
effettuare, to carry out, 14
efficace, effective, 11
efficiente, efficient, 12
egoismo, l' (m.), selfishness, 16
egoista, selfish, 16
egregio, dear, 6
elegante, elegant, 2
eleggere, to elect, 16
elementare, elementary, 5
elemento, l' (m.), component, 7
elencare, to list, 6
elenco, l' (m.) list, 11
elettricista, l' (m./f.) electrician, 12

elettrizzare, to electrify, 14
elettrodomestici, gli, appliances, 6
elettronico, electronic, **indirizzo elettronico,** l' (m.) e-mail, 1
elevato, high, 15
elezione, l' (f.) election, 16
eliminare, to exclude, to eliminate, 5
emergente, rising, developing, 14
emergere, to surface, 15
emigrante, l' (m./f.), emigrant, 16
emigrare, to emigrate, 16
emigrazione, l' (f.) emigration, 7
emozionato, excited, 8
energico, lively, 5
energia, l' (f.), energy, 10
enorme, huge, 10
ente, l' (m.), organization, 10
entrambi/e, both, 5
entrare, to enter, to go in, 2
entusiasmo, l' (m.), enthusiasm, 7
Epifania, l', (f.), Epiphany, 9
episodio, l' (m.), episode, 3
epoca, l' (f.), times, 12
equilibrio, l' (m.), balance, 15
equitazione, l' (f.), horseback riding, 7
equivalente, corresponding, 12
erba, l', (f.), grass, 6
erbe aromatiche, le, herbs, 15
errore, l' (m.), error, 2
eruzione, l' (f.), eruption, 13
esagerare, to exaggerate, 15
esame, l' (m.), exam, 6
esaminare, to examine, 11
esattamente, exactly, 10
esaurito, sold out, 13
esausto, exhausted, 8
escludere, to exclude, 16
esclusivamente, exclusively, 2
esecutivo, l' (m.), executive, 16
esempio, l' (m.), example, 2
esente, exempt, 15
esercitare, to exercise, 4
esercitazione, l' (f.), training, 8
esigenza, l' (f.), need, 6
esilio, l' (m.), exile, 16
esistere, to exist, 6
esortazione, l' (f.), exhortation, 7
esotico, exotic, 13
esotismo, l' (m.), exoticism, 14
espansivo, outgoing, friendly, 3
esperienza, l' (f.), experience, 7
esperto, expert, 3
esplodere, to blow up, 9
esplorare, to explore, 12
esporre, to exhibit, 9
esposizione, l' (f.), exposition, 1
espressione, l' (f.), expression, P
espresso, l' (m.), espresso, 4
esprimere, to express, 3
essere, to be, 1
essere impegnato, to be busy, 4
essere in ritardo, to be late, 4
estate, l' (f.), summer, 2
estendere, to extend, 7

estero, foreign, 8
estetica, l' (f.), beauty, 12
estivo, summer, 6
estraniato, estranged, 15
estroverso, extroverted, 3
età, l' (f.), age, 1
eterno, eternal, 8
etnico, ethnic, 16
etrusco, Etruscan, 9
etto, l' (m.), 100 grams, 14
euro, l' (m.), Euro, 6
europeo, European, 2
evangelico, evangelic, 3
evento, l' (m.), occurrence, 9
evidente, evident, 4
evitare, to avoid, 4
extracomunitario, from outside the UE, 16
extraterrestre, extraterrestrial, 15

F ●●●

fabbrica, la, factory, 6
faccende, le, housework, 5
faccia, la, face, 5
facciata, la, facade, 9
facile, easy, 2
facilità, la, easiness, 13
facilmente, easily, 5
facoltà, la, department, school (e.g., School of Medicine = Facoltà di Medicina), 2
facoltativo, elective, 8
fagioli, i, beans, 4
fagiolini, i, string beans, 4
falso, false, 1
fame, la, hunger, 4
famiglia, la, family, P
familiare, familiar, family member, 5
famoso, famous, 1
fantascienza, la, science fiction, 7
fantasia, la, imagination, 7
fantastico, fantastic, 10
fare, to do, to make, P
farmacia, la, pharmacy, 1
farmacista, il/la, pharmacist, 14
farmaco, il, medicine, 15
farsi la barba, to shave, 4
fascismo, il, fascism, 16
fascista, il, fascist, 16
fase, la, phase, 15
fastidio, il, nuisance, 15
fastoso, sumptuous, 14
faticoso, tiring, 13
fattore, il, factor, 11
fattoria, la, farm, 6
fauna, la, fauna, 15
favola, la, story, tale, 8
favoloso, fabulous, 10
favore, il, favor, **per favore,** please, P
favorevole, favorable, 16
favorire, to favor, 10
fazzoletto, il, handkerchief, 14
febbraio, February, 1
febbre, la, fever, 7
federale, federal, 16

federazione, la, federation, 10
felice, happy, 3
felicità, la, happiness, 9
felpa, la, sweatshirt, 3
femmina, la, female,
femminile, feminine, 2
fenicio, Phoenician, 14
fenomeno, il, phenomenon, 11
ferie, le, vacation, 13
fermare, to stop, 11
fermata, la, stop, 11
fermento, il, ferment, 14
ferragosto, il, August 15, 9
ferreo, rigid, 8
ferro, il, iron, 4
fertile, fertile, 6
festa, la,/**festeggiamento,** il, party, festivity, 5
festeggiare, to celebrate, P
festività, la, holiday, 9
festone, il, festoon, 14
fetta, la, slice, 9
fettina, la, minute steak, 9
fianco, il, side, 14
fidanzarsi, to get engaged, 10
fidanzato, il, **fidanzata,** la, fiancé, 10
fiducia, la, confidence, 10
figli, i, children, 5
figlia, la, daughter, 5
figlio, il, son, 5
figura, la, figure, 8
filastrocca, la, nursery rhyme, 11
filo, il, wire, strand, 11
filosofia, la, philosophy, 1
filosofico, philosophical, 10
filosofo, il, philosopher, 10
finale, final, 1
finalmente, lastly, 8
finanziamento, il, funding, 15
finché, until, 8
fine, la, end, 7
finestra, la, window, 2
finire, to finish, 3
fino a, until, 4
fiore, il, flower, 2
fiorente, thriving, 15
fiorire, to blossom, 9
firmare, to sign, 14
fisica, la, physics, 10
fisicità, la, physicalness, 7
fisico, physical, 3
fisima, la, fixation, 15
fisionomia, la, features,
fisso, fixed, 9
fissare, to set, 4
fiume, il, river, 8
flora, la, flora, 15
fluido, flowing, 10
focaccia, la, flat bread, 9
foglio, il, sheet of paper, P
folklore, il, folklore, 15
folla, la, crowd, 14
fondare, to found, 8
fondo, il, bottom, 14
fondi, i, resources, 16
fontana, la, fountain, 2

fonte, la, source, 14
footing, il, jogging, 7
forchetta, la, fork, 9
foresta, la, forest, 15
forma, la, form, shape, 3
formaggio, il, cheese, 4
formale, formal, 1
formare, to form, 5
formazione, la, forming, 13
formidabile, formidable, 15
formulare, to formulate, 7
fornello, il, burner, 6
forno, il, oven, bakery, 6
foro, il, forum, 8
forse, maybe, 5
forte, strong, 5
fortuna, la, fortune, luck, 8
fortunato, fortunate, 13
foto, la, photo, picture, 1
fotografia, la, photo, picture, photography, 1
fotografo, il, photographer, 12
fragola, la, strawberry, 9
frammento, il, fragment, 5
francese, French, 1
francobollo, il, stamp, 14
frase, la, sentence, 5
fratellastro, il, stepbrother, 5
fratello, il, brother, 5
freddo, cold, 4
frenesia, la, frenzy, 7
frenetico, frenzied, 9
frequentare, to attend, 2
frequentarsi, to go out together, 10
frequenza, la, frequency, 3
fresco, cool, fresh, 4
fretta, la, haste, 8
frigorifero, il, refrigerator, 4
friulano, of Friuli, 6
fronte, la, forehead, 14
fronte (di), on the opposite side, 12
frontiera, la, border, 16
frullatore, il, blender, 6
frutta, la, fruit, 4
fruttivendolo, il, greengrocer, 14
fulmine, il, lightning, 10
fumare, to smoke, 13
fumatore, il/**fumatrice,** la, smoker, 15
fumetti, i, comics, 7
fumo, il, smoke, 15
funghi, i, mushroom, 9
funzione, la, function, 8
fuori, out, outside, 4
futurismo, il, futurism, 1

futurista, il, futurist, 1

G ● ● ●

galleria, la, gallery, 3
gamba, la, leg, 10
gamberetti, i, shrimp, 4
gara, la, competition, 7
garage, il, garage, 6
garantire, to warrant, 15
gas, il, gas, 15

gassato, fizzy, 15
gastronomico, gastronomic, 10
gatto, il, cat, P
gelateria, la, ice cream parlor, 8
gelato, il, ice cream, P
geloso, jealous, 8
gemello, il, twin, 5
genealogico, genealogical, 5
generale, general, common, 4
generalmente, generally, 5
generazione, la, generation, 5
genere, il, gender, in genere, generally, 2
generoso, generous, 3
geneticamente, genetically, 15
genitori, i, parents, 2
gennaio, January, P
gente, la, people, folks, 3
gentile, gentle, dear, 3
gentilezza, la, kindness, 15
genuinità, la, genuineness, 15
genuino, genuine, 13
geografia, la, geography, P
geografico, geographical, 14
Germania, la, Germany, 9
gerundio, il, gerund, 11
gesso, il, chalk, 2
gesto, il, gesture, 10
ghetto, il, ghetto, P
ghiacciaio, il, glacier, 7
ghiaccio, il, ice, 7
ghirlanda, la, wreath, P
già, already, P
giacca, la, jacket, 3
giallo, yellow, 3
giapponese, Japanese, 1
giardinaggio, il, gardening, 5
giardino, il, garden, 3
ginnasio, il, high school, 12
ginnastica, la, exercise, 10
ginocchio, il, knee, 15
giocare, to play, 2
giocatore, il, player, 7
giocattolo, il, toy, 8
gioco, il, game, 1
gioielleria, la, jewelry store, 14
gioielli, i, jewelry, 5
gioiello, il, jewel, 10
gioioso, joyful, 14
giornale, il, newspaper, 2
giornaliero, daily, 4
giornalismo, il, journalism, 2
giornalista, il/la, journalist, 6
giornalmente, daily, 6
giornata, la, day, 2
giorno, il, day, P
giostra, la, tournament, 9
giovane, il, young, 2
Giove, Jupiter, 11
giovedì, il, Thursday, 1
girare, to turn, to go around, 8
giro, in, around, 8
gita, la, excursion, 7
giubbotto, il, bomber jacket, 14
giugno, June, 1
giurisprudenza, la, law, 2
giustificare, to justify, 5

giusto, correct, just, 5
glicemia, la, glycemia, 15
glorioso, glorious, 4
godere, to enjoy, 7
gola, la, throat, 15
golfo, il, gulf, 11
golosità, la, gluttony, 10
gomma, la, eraser, 2
gondola, la, gondola, 12
gonna, la, skirt, 3
gotico, Gothic, 2
governante, la, housekeeper, 8
governo, il, government, 16
gradire, to appreciate, 5
grammatica, la, grammar, 1
grande, great, large, **più grande,** older, 1
grandi magazzini, i, department store, 10
grasso, fat, 2
gratis, free, 7
grattare, to scratch, 12
grattacielo, il, skyscraper, 10
grattugiare, to grate, 9
gratuito, free, 15
grave, serious, 10
grazie, thanks, P
grazioso, pretty, 6
greco, Greek, 1
grigio, gray, 3
grigliato, grilled, 9
grosso, large, big, 11
grotta, la, cave, 16
gru, la, crane, 11
gruppo, il, group, 3
gruppo musicale, il, band, 7
guadagnare, to earn, 11
guancia, la, cheek, 10
guanti, i, gloves, 14
guardare, to look, to watch, 1
guarire, to recover, 15
guerra, la, war, 8
guida, la, guide, P
guidare, to drive, 8
guidato, guided, 10

gusto, il, taste, 3

I ● ● ●

idea, l' (f.), idea, 11
ideale, ideal, 9
idealista, idealistic, 12
identico, identical, 6
identificare, to identify, 7
identità, l' (f.), identity, 13
ideologia, l' (f.), ideology, 16
idiota, idiotic, 15
idraulico, l' (m.), plumber, 12
ieri, yesterday, 6
ignoto, l' (m.), unknown, 16
illegale, illegal, 16
illegittimo, illegitimate, 5
illudere, to delude, 16
illuminato, lighted, 14
illusione, l' (f.), illusion, 16
illustrare, to expound, 12
imbarazzo, l' (m.), embarrassment, 14

lettore/lettrice, il/la, reader, 10
lettura, la, reading, 1
lezione, la, lesson, class, 2
lì, there, 10
libanese, Lebanese, 1
liberamente, freely, 16
liberazione, la, liberation, 9
libero, free, 3
libertà, la, freedom, 16
libreria, la, bookcase, book store, 6
libro, il, book, P
liceo, il, high school, 1
lieto, happy, 1
limitare, to restrict, 4
limitato, limited, 16
limite, il, limit, 4
limone, il, lemon, 9
linea, la, style, 6
linea aerea, la, airline, 10
lingua, la, language, P
lingue straniere, le, foreign
  languages, 2
linguistico, language,
  linguistic, 2
lino, il, linen, 14
liquido, fluid, 2
lirico, lyric, 3
liscio, smooth, plain, 3
lista, la, list, 5
litigare, to argue, 5
litro, il, liter, 15
livello, il, level, 2
locale, il, premise, 7
località, la, place, 6
località turistiche, le, resorts, 3
locandina, la, playbill, 7
logico, logical, 9
logoro, worn out, 10
lontano, far, 2
lotteria, la, lottery, 7
lotto, il, lottery, 12
luce, la, light, 2
luglio, July, P
luminoso, bright, 12
lunedì, il, Monday, 1
lungo, long, along, 3
lupo, il, wolf, 15
luogo, il, place, P
lusso, luxury, 6
lussuoso, luxurious, 3

M ●●●

ma, but, 1
macchina, la, car, 3
macchina da caffè, la, coffee
  maker, 6
macchina ibrida, la, hybrid car,
  15
macchinina, la, toy car, 8
macedonia, la, fruit salad, 4
macelleria, la, butcher shop, 14
madre, la, mother, 2
madrelingua, la, native language,
  12
maestà, la, majesty, 8
maestoso, majestic, 8
maestro, il, teacher, 7

magari, perhaps, 7
magazzino, il, storage
  (**grande magazzino,** il,
  department store), 14
maggio, May, 1
maggioranza, la, majority, 6
maggiore, major, further, 5
magistrale, masterly school, 10
maglia, la, sweater, 3
maglietta, la, T-shirt, 7
magro, thin, 3
mai, ever (**non . . . mai,** never), 4
maionese, la, mayonnaise, 9
malanno, il, illness, 10
malato, sick, 8
malattia, la, illness, 15
male, bad, (**non c'è male,** not
  too bad), P
mamma, la, mom, 5
magnifico, magnificent, 10
malvagio, bad, 13
mancare, to miss, 1
mancanza, la, lack, 16
mancia, la, tip, 9
mandare, to send, 5
mandorla, la, almond, 15
mangiare, to eat, 2
maniera, la, manner, way, 5
manifestare, to display, 16
manifestazione, la, display, event,
  5
mano, la, hand, 9
mantello, il, coat, 8
mantenere, to support, 16
manzo, il, beef, 9
mappa, la, map, 14
marca, la, brand, 9
mare, il, sea, P
marinare, to cut school, 8
marinara, sailor style, 8
marino, marine, 7
marito, il, husband, 5
marmellata, la, jam, 4
marmo, il, marble, 3
marrone, brown, 3
marzo, March, 1
martello, il, hammer, 12
martedì, il, Tuesday, 1
maschera, la, mask, 9
maschile, masculine, 2
maschio, il, male, 11
massimo, highest, 4
matematica, la, mathematics, P
materia, la, subject, 2
materia prima, la, raw material,
  11
materno, maternal, 5
materialista, materialistic, 3
matita, la, pencil, 2
matrigna, la, stepmother, 5
matrimonio, il, wedding, 5
mattina, la, morning, 2
matto, crazy, 9
mattonella, la, tile, 6
mattutino, morning, 10
maturità, la, high-school diploma,
  8

maturo, mature, ripe, 4
mazza, la, bat, club, 7
meccanico, il, mechanic 7
meccanico/a, mechanical, 7
medaglia, la, medal, 1
mediare, to mediate, 16
mediazione, la, mediation, 4
medicina, la, medicine, 5
medicinale, il, medicine, 15
medico, il (m./f.), doctor, 5
medio, middle, 8
medioevale, medieval, 2
Medioevo, il, Middle Ages, 5
mediterraneo, il, Mediterranean,
  14
meglio, better, 1
mela, la, apple, 4
melone, il, melon, 9
membro, il, member, 6
memoria, la, memory, 15
meno, minus, less, 1
mensa, la, cafeteria, 2
mentalità, la, mentality, 16
mente, la, mind, 8
mentre, while, 1
menzionare, to mention, 6
menù, il, menu, 7
meravigliato, surprised, 16
meraviglioso, marvelous, 3
mercato, il, market, 9
merce, la, merchandise, 12
mercoledì, il, Wednesday, 1
mescolare, to stir, 9
mese, il, month, P
messa, la, mass, 9
messaggio, il, message, 4
messicano, Mexican, 1
mestiere, il, trade, 4
meta, la, destination, 9
metà, la, half, middle, 8
metallico, metallic, 11
metro, il, meter, 1
metropolitana, la, subway, 8
mettere, to put, 2
mettersi a, to start, to begin, 4
mezzanotte, la, midnight, 4
mezzo, il, middle, means, 7
mezzogiorno, il, noon, 4
microonde, il, microwave, 6
microrganismo, il,
  micro-organism, 7
migliore, better, best, 3
migrazione, la, migration, 16
milanese, Milanese, 3
miliardo, il, billion, 6
milione, il, million, 6
mille, one thousand, 6
mimosa, la, mimosa, 9
minacciare, to threaten, 15
minerale, mineral, 4
minestra, la, soup, 4
minimo, lowest, least, 4
ministro, il, minister, cabinet
  member, 8
minoranza, la, minority, 6
mio, my, mine, 5
mirino, il, sight, 15

misticismo, il, mysticism, 9
mistico, mystic, 10
misura, la, measure, size, 7
misurare, to measure, 14
mito, il, myth, 11
mobili, i, furniture, 5
mobilificio, il, furniture factory,
  13
moda, la, fashion, 3
modalità, la, manner, 15
modello, il, pattern, model, 10
moderatamente, moderately, 15
modernità, la, modernity, 13
moderno, modern, 2
modesto, modest, 8
modificare, to modify, 15
modo, il, way, 8
modulo, il, form, 14
moglie, la, wife, 5
molto, much, very, a lot, 3
momento, il, moment, 7
monaca, la, nun, 4
monarchia, la, monarchy, 16
mondiale, world, 5
mondo, il, world, 3
moneta, la, currency, coin, 6
monetario, monetary, 6
monofamilare, il, single family, 6
monolocale, il, studio apartment,
  6
montagna, la, mountain, P
montagnoso, mountainous, 7
montare, to climb, 10
monte, il, mountain, 1
monumenti, i, monuments, 6
motivare, to justify, 8
morbido, soft, 4
morsicare, to bite, 10
morto, dead, 5
mosaico, il, mosaic, 2
mostra, la, show, 14
mostrare, to show, 6
motivo, il, reason, 6
motocicletta, la, motorcycle, 8
motorino, il, moped, 8
motoscafo, il, motorboat, 13
movimentato, lively, 12
movimento, il, movement, 8
mozzarella, la, mozzarella, 16
multa, la, fine, 13
multietnico, multi-ethnic, 6
multifunzionale, versatile, 1
muovere, to move, 9
muro, il, wall, 3
muscoloso, muscular, 10
museo, il, museum, 2
musica, la, music, P
musicista, il/la, musician, P
mutuo, il, mortgage, 6

N ●●●

nano, il, dwarf, 8
napoletano, Neapolitan, 9
narciso, il, narcissus, 9
narrare, to tell, to narrate, 3
narratore, il/**narratrice,** la,
  narrator, 8

nascere, to be born, 1
nascita, la, birth, 5
nascondere, to hide, 16
nascondino, il, hiding place, 8
nascosto, hidden, 10
naso, il, nose, 15
nastro, il, ribbon, 8
Natale, il, Christmas, 5
natalizio, Christmas, 7
natura, la, nature, 7
naturale, natural, 2
naturalismo, il, naturalism, 9
naturalmente, naturally, 7
nave, la, ship, 8
navigare, to navigate, to sail, 6
nazionale, national, 4
nazionalità, la, nationality, P
nazione, la, nation, P
neanche, not even, 8
nebbia, la, fog, 4
nebbioso, foggy, 15
nebulosa, la, nebula, 11
necessario, necessary, needed, 2
necessità, la, need, 6
negativo, negative, 8
negoziante, il/la, merchant, 14
negoziare, to negotiate, 4
negoziatore, il, negotiator, 4
negozio, il, store, 1
nemmeno, neither, not even, 4
neolatino, Neo-Latin, 7
neppure, not even, 15
nero, black, 3
nervoso, tense, nervous, 3
nessuno, no one, 5
Nettuno, Neptune, 11
nevicare, to snow, 4
nevrotico, neurotic, 15
niente, nothing, 2
nipote, il/la, nephew, niece, grandchild, 5
nocivo, harmful, 15
nodulo, il, nodule, 10
noioso, boring, 2
noleggiare, to rent, 13
nome, il, noun, P
nominare, to appoint, 16
nonno, il, grandfather, 5
nonna, la, grandmother, 5
nonostante, in spite of, 12
nord, il, north, 4
normanno, il, Norman, 14
nostalgia, la, nostalgia, homesickness, 8
nostro, our/ours, 5
notare, to note, 4
noto, known, 1
notevole, considerable, 6
notte, la, night, P
notturno, night, 13
novanta, ninety, 1
nove, nine, P
novembre, November, 1
novità, la, novelty, 10
nozze, le, marriage, (**viaggio di nozze,** il, honeymoon), 5
nucleare, nuclear, 11

nucleo, il, nucleus, unit, 5
nudo, bare, nude, 14
numero, il, number, P
numeroso, numerous, 5
nuocere, to harm, 10
nuotare, to swim, 2
nuovo, new, 2
nutrizione, la, nutrition, 15
nutrizionista, il/la, nutritionist, 15
nuvoloso, cloudy, 4

O ●●●

o, or, 3
obbediente, obedient, 8
obbligatorio, required, 8
obesità, l' (f.), obesity, 15
occasione, l' (f.), occasion, 5
occhiali, gli, eyeglasses, 3
occhiali da sole, gli, sunglasses, 13
occhiata, l' (f.), glance, 14
occhio, l' (m.), eye, P
occorrere, to need, 7
occupare, to occupy, 5
occuparsi, to take care of, to get involved, 5
oceano, l' (m.), ocean, 13
odiare, to hate, 8
offerta, l' (f.), offer, 10
officina, l' (f.), workshop, 12
offrire, to offer, 4
oggettivo, objective, 16
oggetto, l' (m.), object, 5
oggi, today, P
ogni, every, 2
ognuno, each, 7
olimpico, olympic, 1
olio, l' (m.), oil, 9
oliva, l' (f.), olive, 6
oltre, besides, 7
ombra, l' (f.), shadow, 16
ombrellone, l' (m.), beach umbrella, 13
omogeneità, l' (f.), homogeneity, 16
omogeneizzare, to homogenize, 15
onesto, honest, 3
onomastico, l' (m.), saint's day, 5
onore, l' (m.), honor, 9
opaco, dull, 10
opera, l' (f.), work of art, opera, 1
operaio, l' (m.), worker, 12
operistico, operatic, 10
opinione, l' (f.), opinion, 4
opportuno, suitable, 13
opposto, opposite, 1
oppure, or, 3
ora, l' (f.), hour, now, 3
orale, oral, 8
orario, l' (m.), schedule, 2
orchestra, l' (f.), orchestra, 2
ordinare, to order, 4
ordinato, neat, 5
ordine, l' (m.), order, 1
orecchino, l' (m.), earring, 14

orecchio, l' (m.), ear, 5
organismo, l' (m.), organism, 15
organizzare, to organize, 5
organizzato, organized, 3
organizzazione, l' (f.), organization, 10
orgoglioso, proud, 6
orientale, eastern, 7
oriente, l' (m.), east, 2
originale, original, 3
origine, l' (f.), origin, 1
ormai, by now, 7
ornare, to decorate, 9
oro, l' (m.), gold, 5
orologio, l' (m.), clock, watch, 2
oroscopo, l' (m.), horoscope, 11
orrendo, dreadful, 15
orribile, horrible, 10
orsacchiotto, l' (m.), teddy bear, 6
orso, l' (m.), bear, 15
ospedale, l' (m.), hospital, 1
ospedaliero, hospital, 15
ospite, l' (m./f.), guest, 4
osservare, to observe, 5
osservatorio, l', (m.), observatory, 11
ossessione, l' (f.), obsession, 15
ossigeno, l' (m.), oxygen, 15
osso, l' (m.), bone, 15
ostello, l' (m.), hostel, 13
osteria, l' (f.), tavern, 9
ottanta, eighty, 1
ottenere, to attain, 10
ottimo, best, 7
ottimista, optimistic, 3
otto, eight, 1
ottobre, October, 1
ovviamente, obviously, 9
ozono, l'(m.), ozone, 15

P ●●●

pacchetto, il, small package, 10
pacco, il, package, 14
pace, la, peace, 12
pacifico, peaceful, 16
padre, il, father, 2
paesaggio, il, landscape, 4
paese, il, country, village, 2
pagamento, il, payment, 13
pagano, il, pagan, 9
pagare, to pay, 6
pagella, la, report card, 8
pagina, la, page, 7
paio, il, pair, 9
palazzo, il, building, 2
palcoscenico, il, stage, 4
paleoantropologico, paleoanthropological, 16
paleolitico, Paleolithic, 16
palestra, la, gym, 7
pallacanestro, la, basketball, 7
pallavolo, la, volleyball, 7
pallido, pale, 15
palloncino, il, balloon, 5
pallone, il, ball, 7
pancetta, la, bacon, 8
pane, il, bread, 4

panetteria, la, bakery, 13
panettone, il, panettone, 9
panino, il, sandwich, 4
panna, la, cream, 9
panorama, il, panorama, 1
panoramico, panoramic, 2
pantaloncini, i, shorts, 7
pantaloni, i, pants, 3
papa, il, pope, 4
papà, il, dad, 5
paradiso, il, heaven, 9
paragrafo, il, paragraph, 8
paragonare, to compare, 3
paragone, il, comparison, 3
parcheggio, il, parking, 6
parco, il, park, 3
parecchio, a lot, 13
parentela, la, kinship, 5
parenti, i, relatives, 5
parete, la, wall, 6
parlamentare, parliamentary, 16
parlamento, il, Parliament, 16
parlare, to speak, P
parmigiano, il, parmesan, 9
parola, la, word, P
parte, la, part, 6
partecipare, to take part, 2
partecipante, il/la, participant, 14
partecipazione, la, participation, 16
partenza, la, departure, 6
participio, il, participle, 6
particolare, il, particular, detail, 2
particolarmente, particularly, 2
partire, to leave, 10
partita, la, game, 2
partitivo, il, partitive, 9
partito, il, party, 16
passaggio, il, ride, 10
passaporto, il, passport, 10
passare, to pass, to spend, 5
passatempo, il, pastime, 13
passato, il, past, 5
passeggero, il, passenger, 13
passeggiare, to take a walk, 7
passeggiata, la, walk, 4
passione, la, enthusiasm, 7
passivo, passive, 7
passo, il, step, 7
Pasqua, la, Easter, 9
pasta, la, pasta, pastry, 2
pastasciutta, la, pasta, 6
pasticceria, la, pastry shop, 8
pasto, il, meal, 4
patata, la, potato, 4
patatine, le, french fries, 4
patente, la, driver license, 10
paterno, paternal, 5
patria, la, homeland, 5
patrimonio, il, heritage, 10
pattinaggio, il, skating, 7
pattinare, to skate, 4
pattini, i, skates, 7
patrigno, il, stepfather, 5
patronale, patron, 16
patrono, il, patron, 5
paura, la, fear, 8

pavimento, il, floor, 6
paziente, patient, 3
pazzo, crazy, 8
peccato, il, sin, pity, 3
pedagogico, pedagogical, 8
peggio, worse, 10
peggiorare, to worsen, 10
pelle, la, skin, leather, 13
pellegrino, il, pilgrim, 9
pena, la, punishment, P
penisola, la, peninsula, P
penna, la, pen, feather, P
pensare, to think, 2
pensione, la, pension (**essere in pensione,** to be retired), room and board, 5; bed and breakfast, 13
pepe, il, pepper, 9
percentuale, la, percentage, 5
percepire, to perceive, 12
perché, because, why, 4
percorso, il, journey, 10
perdere, to lose, to miss, 6
perdere tempo, to waste time, 6
perfetto, perfect, 2
perfezionamento, il, specialization, 11
perfezionare, to improve, 7
perfezione, la, perfection, 4
pericoloso, dangerous, 13
periferia, la, outskirt, suburbs, 6
periodo, il, period, 2
perla, la, pearl, 7
permanenza, la, stay, 16
permanente, permanent, 16
permesso, il, permission, permit, 4
permettere, to allow, 8
permissivo, lenient, 5
però, but, 3
perseveranza, la perseverance, 16
persona, la, person, (**persone,** people), 3
personaggio, il, character, 3
personale, personal, 1
personalità, la, personality, 3
pesante, heavy, 7
pesca, la, peach, fishing, 9
pesce, il, fish, 4
pessimista, pessimist, 3
pesticidi, i, pesticides, 15
petardi, i, fireworks, 9
pettinare, to comb, 4
petto, il, chest, 15
pezzo, il, piece, 9
piacere, il, pleasure, to please, P
piacevole, pleasant, 7
pianeta, il, planet, 11
piangere, to cry, 8
piano, il, floor, plan, 6
pianoforte, il, piano, 7
pianta, la, plant, 5
pianterreno, il, ground floor, 6
piantina, la, layout, 6
pianura, la, plain, flat land, 1
piatto, il, dish, 4
piazza, la, square, 3

piccante, spicy, 9
piccolo, small, 1
piede, il, foot, 1
pieno, full, 13
pietanza, la, dish, 9
pietra, la, stone, 6
pigiama, il, pajamas, 14
pigro, lazy, 3
pinne, le, swimming fins, 13
piovere, to rain, 4
piselli, i, peas, 4
piscina, la, swimming pool, 2
pista, la, track, 1
pittore, il, painter, 4
pittoresco, picturesque, 3
pittura, la, painting, 9
più, more, più tardi, later, 1
piuttosto, rather, 6
pizza, la, pizza, 2
pizzeria, la, pizzeria, pizza restaurant, 4
plastica, la, plastic, 12
plurale, plural, 1
Plutone, Pluto, 12
poco, un po', little, 3
poesia, la, poem, 3
poeta, il, poet, P
poi, after, 3
poiché, since, 5
policromo, polychromatic, 9
politica, la, politics, 3
politicamente, politically, 6
politico, il, politician, political 3, P
poliziotto, il, police officer, 11
pollo, il, chicken, 4
polmone, il, lung, 15
polso, il, wrist, 10
polvere, la, dust, 13
poltrona, la, armchair, 6
pomeriggio, il, afternoon, 2
pomodoro, il, tomato, 4
ponte, il, bridge, 12
popolare, popular, 7
popolazione, la, population, 6
porcellana, la, porcelain, 9
porgere, to hand, 16
porta, la, door, 2
portafoglio, il, wallet, 13
portare, to bring, to wear, 3
porticato, il, arcade, 6
portinaio, il, doorman, 11
porto, il, port, 6
portoghese, Portuguese, 14
posate, le, silverware, 9
positivo, positive, 10
posizione, la, location, 13
possedere, to own, 1
possessivo, possessive, 5
possibile, possible, 4
possibiltà, la, possibility, 2
posta, la, mail, 4
postale (ufficio), post office, 14
poster, il, poster, 6
posto, il, place, position, 4
potenza, la, power, 5
potere, to be able to, can, 5
povero, poor, 5

povertà, la, poverty, 16
pranzare, to eat lunch, 4
praticamente, virtually, 13
praticare, to practice, 7
pratico, practical, 13
precedente, previous, 7
preciso, precise, 11
prediligere, to like better, 15
predizione, la, prediction, 11
preferenza, la, preference, 9
preferibilmente, preferably, 12
preferire, to prefer, 3
preferito, favorite, 3
prefisso, il, area code, 11
pregiato, refined, 1
pregiudizio, il, prejudice, 16
prego, you are welcome, 1
preistorico, prehistorical, 10
prelevare, to withdraw, 14
prelibato, excellent, 9
premio, il, award, 10
prendere, to take, to have, P
prendere in giro, to make fun of, 15
prenotare, to book, 6
prenotazione, la, reservation, 6
preoccuparsi, to worry, 4
preoccupato, worried, 10
preparare, to prepare, 5
prepararsi, to get ready, 4
preparativo, il, preparation, 5
preposizione, la, preposition, 6
prepotente, bullying, 8
presentare, to introduce, to present, 1
presentazione, la, introduction, 1
presente, present, 1
preservare, to preserve, 16
preside, il/la, principal, 10
presidente, il president, 7
pressione, la, pressure, 15
presso, near, 14
prestare, to lend, 10
prestigioso, prestigious, 3
presto, soon, early, 1
preteso, il, excuse, 9
previsioni, le, forecast, 4
previsto, expected, 4
prezzo, il, price, 6
prima, before, premiere, 1
prima, la, opening night, 7
primato, il, leadership, 15
primavera, la, spring, 4
primo, first, 1
principale, main, 5
principe, il, prince, 8
principio, il, principle, 9
privato, private, 7
probabile, probable, 15
probabilmente, probably, 3
problema, il, problem, 7
processione, la, procession, 14
processo, il, process, 6
profumo, il, perfume, 13
prodotto, il, product, 1
produrre, to produce, 1
produttore, il,/**produttrice,** la,

producer, 11
produzione, la, production, 15
professionale, professional, 8
professione, la, profession, 2
professionista, il/la, professional (person), 7
professore, il/**professoressa,** la, professor, 1
profumato, scented, 9
profumo, il, scent, 10
progettare, to design, 11
progetto, il, project, 9
programma, il, program, 2
programmatore, il/**programmatrice,** la, programmer, 12
progredire, to progress, 8
progressivo, progressive, 11
progresso, il, progress, 8
proibito, forbidden, 9
promozione, la, promotion, 10
promuovere, to promote, 16
pronome, il, pronoun, 1
pronto, ready, 9
pronunciare, to pronounce, P
proporre, to propose, 8
proporzione, la, proportion, 14
proposta, la, proposal, 16
proprietà, la, property, 6
proprietario, il, owner, 1
proprio, really, own, right, proper, 3
prosciutto, il, ham, 2
proseguire, to continue, 14
prosperare, to thrive, 6
prospettiva, la, perspective, 3
prossimo, next, 5
protagonista, il/la, protagonist, main character, 7
proteggere, to protect, 12
protesta, la, protest, 7
protestare, to protest, 11
protettore, il, guardian, 12
prova, la, test, 1
provare, to try, to feel, 14
provenienza, la, origin, 13
provenire, to originate, 14
provincia, la, province, 1
provino, il, audition, 8
provvedere, to provide, 14
provvisorio, provisional, 7
privato, private, 7
privilegio, il, privilege, 10
psicologia, la, psychology, 2
psicologico, psychological, 3
psicologo, lo/**psicologa,** la, psychologist, 4
psicoterapeuta, lo/la, psychotherapist, 4
pubblicare, to publish, 11
pubblicità, la, advertisement, 2
pubblico, il, public, 11
pugilato, il, boxing, 7
pulire, to clean, 3
pulito, clean, 8
pullman, il, bus, 13
punire, to punish, 8
punteggio, il, score, 10

punto, il, point, 3
puntualità, la, punctuality, 11
pupo, il, puppet, 9
purtroppo, unfortunately, 8

Q ●●●

quaderno, il, notebook, 2
quadrato, square, 7
quadro, il, picture, 6
qualche, some (**qualche volta,** sometimes), 3
quale/qual, which, what, 1
qualcosa, something, 4
qualcuno, someone, 4
qualità, la, quality, 9
qualunque, any, 11
quando, when, 2
quantità, la, quantity, 4, amount, 10
quanto, how much, 3
quaranta, forty, 1
quaresima, la, lent, 9
quartiere, il, neighborhood, 6
quasi, almost, 4
quattordici, fourteen, 1
quattrini, i, money, 11
quattro, four, 1
quello, that, 2
questionario, il, questionnaire, 11
questione, la, issue, 12
questo, this, 2
quindi, therefore, 4
quindici, fifteen, 1
quindicinale, il, biweekly, 14
quinto, fifth, 6
quota, la, price, 10
quotidiano, il, daily, 16

R ●●●

racchetta, la racket, 7
raccomandazione, la, advice, 16
raccontare, to tell, 7
racconto, il, short story, 11
radersi, to shave, 13
radicalmente, totally, 16
radicare, to root, 9
radice, la, root, 16
radio, la, radio, 3
radiografia, la, x-ray, 15
radiotelefono, il, radiophone, 13
radunare, to gather, 8
raffreddore, il, cold, 14
ragazza, la, girl, 1
ragazzo, il, boy, 1
raggiungere, to reach, 14
ragione, la, reason, 5
ragù, il, meat sauce, 9
raffinato, refined, 3
rame, il, copper, 15
ramo, il, branch, 9
rapporto, il, relationship, 5
rappresentante, il/la, representative, 15
rappresentare, to represent, 5
rappresentazione, la, representation, 8
raramente, rarely, 3
raro, rare, 5

rasoio, il, razor, 14
rata, la, installment, 3, P
razzismo, il, racism, 16
re, il, king, 14
reagire, to react, 8
realismo, il, realism, 3
realista, realistic, 3
realistico, realistic, 8
realizzare, to accomplish, 12
realizzazione, la, realization, 9
realtà, la, reality, 6
recapitare, to deliver, 11
recente, recent (**di recente,** recently), 7
recentemente, recently, 6
reciproco, reciprocal, 5
reclutamento, il, recruiting, 10
record, il, record, 5
reddito, il, income, 15
referendum, il, referendum, 16
refettorio, il, refectory, 3
regalare, to give (as a present), 5
regalo, il, present, 5
regia, la, direction, 7
regime, il, government, 16
regionale, regional, 7
regione, la, region, P
regista, il/la, director, P
registrazione, la, recording, 10
regno, il, kingdom, 14
regola, la, rule, 7
regolare, regular, 14
regolare, to regulate, 15
relativo, relative, 10
relazione, la, relationship, 7
religioso, religious, 3
rendere, to render, 7
rendersi conto, to realize, 14
repubblica, la, republic, 12
residente, il/la, resident, 16
residenza, la, residence, 5
resistenza, la, resistance, 10
respirare, to breathe, 15
respiratorio, respiratory, 15
responsabilità, la, responsibility, 12
restare, to remain, 7
restaurare, to restore, 12
resto, il, rest, 10
resti, i, ruins, 13
rete, la, net, 13
rettangolare, rectangular, 3
riassumere, to summarize, 9
ribelle, rebellious, 8
ricamo, il, embroidery, 11
ricapitolare, to review, 1
ricarico, il, reloading, 11
ricchezza, la wealth, 13
riccio, curly, 3
ricco, rich, 1
ricerca, la, search, 6
ricercatore, il/**ricercatrice,** la, researcher, 11
ricetta, la, recipe, prescription, 9
ricevere, to receive, 4
ricevimento, il, reception, 5
richiamare, to call back, 11

richiamo, il, appeal, 4
richiedere, to require, to apply, 12
richiesta, la, request, 9
riciclare, to recycle, 12
riconoscere, to recognize, 3
riconoscimento, il, recognition, 16
ricoprire, to cover, 14
ricordare, to remember, 5
ricordo, il, memory, 8
ricostruire, to rebuild, 5
ricovero, il, admission, 15
ricreazione, la, recess, 8
ridere, to smile, 13
riduzione, la, discount, 13
rientrare, reenter, to return, 7
rientro, il, return, 4
rievocare, to commemorate, 9
rifare, to remake, 5
riferire, to report, 5
riferirsi, to refer, 5
rifiutare, to refuse, 13
rifiuti, i, garbage, 12
riflessivo, reflexive, 4
riflesso, il, reflex, 15
riflettere, to consider, 6
riforma, la, reform, 8
rigido, rigid, 15
riguardare, to concern, 7
riguardo, about, 6
rilassante, relaxing, 10
rilassarsi, to relax, 6
rileggere, to reread, 6
rilievo, il, relief (**di rilievo,** relevant), 7
rima, la, rhyme, 4
rimandare, to send back, to postpone, 16
rimanere, to remain, 5
rimedio, il, remedy, cure, 15
rimettersi, to recover, 10
rimproverare, to reproach, 16
rinascimentale, renaissance, 4
Rinascimento, il, Renaissance, 3
rinchiudere, to enclose, 3
Ringraziamento, il, Thanksgiving, 9
ringraziare, to thank, 5
rinunciare, to renounce, 9
ripensare, to reconsider, 15
ripetere, to repeat, 2
risalire, to date back, 10
risata, la, laughter, 7
riscrivere, to write again, 8
riso, il, rice, 1
risolvere, to solve, to figure out, 12
ripassare, to review, 5
ripetere, to repeat, P
riposarsi, to rest, 4
riposo, il, rest, 10
ripostiglio, il, storeroom, 12
riprendere, to recapture, 16
risalire, to go back, 6
riscaldameneto, il, heating, 8
riscaldamento globale, il, global warming, 15
rischio, il, risk, 15

riservato, reserved, 10
risiedere, to reside, 16
risistemare, rearrange, 16
risotto, il, risotto, 9
risorsa, la, resource, 10
risparmiare, to save, 15
risparmio, il, saving, 15
rispettare, to honor, to respect, 4
rispondere, to answer, P
risposta, la, answer, 6
ristorante, il, restaurant, 2
ristrutturare, to renovate, 6
ristrutturazione, la, remodeling, 6
risultare, to result, 9
risultato, il, result, 5
ritardo, il, delay, 11
ritelefonare, to call again, 7
ritentare, to try again, 10
ritirare, to get back, 11
rito, il, ritual, 14
ritrattistica, la, portrait painting, 10
ritratto, il, portrait, picture, 4
ritrovamento, il, recovery, 14
ritrovare, to find again, to find, 8
ritrovarsi, to gather, to get together, 7
riuscire, to succeed, 12
riunione, la, meeting, 5
riunirsi, to get together, 5
rivedere, to see again, 8
rivelare, to reveal, 16
riviera, la, coastline, 2
rivista, la, magazine, 14
rivivere, to revive, 14
rivolgersi, turn to, 15
robusto, well built, 13
roccia, la, rock, 7
romanico, Romanesque, 6
romano, Roman, 2
romantico, romantic, 7
romanzo, il, novel, 3
rompere, to break, 10
rosa, la, rose, pink, P
rosticceria, la, deli, 9
rosso, red, P
rotto, broken, 12
routine, la, routine, 4
rovescio, il, reverse, 15
rovina, la, ruin, 8
rubinetto, il, faucet, 15
rumore, il, noise, 8
rumoroso, noisy, 8
ruolo, il, role, 7
rupestre, rocky, 16
russo, Russian, 1

S ●●●

sabato, il, Saturday, 1
sabbia, la, sand, 13
sacco a pelo, il, sleeping bag, 13
sacro, sacred, 14
sacrificio, il, sacrifice, 11
saggio, il, sage, sample, 11
sagra, la, festival, 9
sala, la, hall, 2
salmone, il, salmon, 9

salato, salted, 9

saldi, i, clearance sale, 14

sale, il, salt, 9

salire, to climb, to go up, 4

salone, il, hall, 7

salotto, il, living room, 6

saltare, to jump, 5

salto, il, jump, 12

salume, il, salami, 14

salumeria, la, deli, 14

salutare, to greet, 9

salute, la, health, 4

saluti, i, greetings, 1

salvaguardare, to protect, 15

salvare, to save, 10

salve, hello, 1

salsa, la, sauce, 9

sandali, i, sandals, 14

sanità, la, health care, 16

sanitario, medical, 15

sano, healthy, 15

santo, il, saint, holy, 5

sapere, to know, P

sapone, il, soap, 14

sapore, il, taste, 16

saporito, tasty, 9

saraceno, Saracen, 14

satirico, satirical, 9

Saturno, Saturn, 11

sbagliare, to err, to mistake, 11

sbagliato, wrong, 16

sbarra, la, gate, 13

sbrigare, to take care, 2

sbuffare, to puff, 13

scacchi, gli, chess, 7

scadente, cheap, 5

scaffale, lo, shelf, 6

scalata, la, climb, 13

scale, le, stairs, 6

scaletta, la, list, outline, 5

scalone, lo, staircase, 8

scaloppina, la, cutlet, 9

scambiare, to exchange, 9

scambio, lo, exchange, 1

scandire, to stress, 6

scarpa, la, shoe 3 (scarpe da ginnastica, le, sneakers, 3),

scarponi, gli, boots, 13

scatola, la, box, 14

scattare, to snap, 10

scavare, to dig, 16

scavo, lo, excavation, 16

scegliere, to choose, 4

scelta, la, choice, 7

scena, la, scene, 7

scendere, to get off, 13

sceneggiatore, lo/sceneggiatrice, la, script writer, 11

scheda, la, form, grid, 5

scheda telefonica, la, phone card, 11

schema, lo, outline, 5

scherma, la, fencing, 7

schermo, lo, screen, 2

scherzare, to joke, to fool around, 8

scherzoso, joking, 11

schiena, la, back, 15

sci, gli, skis, 7

sciare, to ski, 4

sciarpa, la, scarf, 14

sciatore, lo, skier, 10

scientifico, scientific, 8

scienza, la, science, 2

scienziato, lo, scientist, 2

sciogliere, to melt, 9

sciopero, lo, strike, 12

sciroppo, lo, syrup, 15

scivolare, to slip, 7

scoglio, lo, reef, 13

scolastico, educational, 8

scomparire, to disappear, 15

sconosciuto, lo, unknown, 14

sconto, lo, discount, 9

scontro, lo, clash, 4

scoperta, la, discovery, 11

scoprire, to find out, discover, 5

scorpacciata, la, (fare una), to gorge, 16

scorrere, to skim through, 9

scorso, past, last, 6

scritta, la, writing, 13

scrittore, lo/scrittrice, la, writer, P

scrittura, la, writing, 1

scrivania, la, desk, 6

scrivere, to write, P

scuola, la, school, 1

scuro, dark, 3

scusa, la, excuse, 11

scusi, excuse me, 1

sdraio, lo, deck chair, 13

secolo, il, century, 2

secondo, second, according to, 4

sedentarietà, la, sedentariness, 15

sedentario, sedentary, 6

sedia, la, chair, 2

sedici, sixteen, 1

sei, six, 1

sega, la, saw, 12

segnare, to mark, 5

seguente, following, 5

segretario, il/segretaria, la, secretary, 12

segreteria telefonica, la, answer machine, 7

seguire, to follow, 3

semaforo, il, stoplight, 14

semestrale, biannual, 15

semestre, il, semester, 12

semmai, if anything, 15

semplice, simple, 6

sembrare, to seem, 6

sempre, always, 3

senato, il, senate, 16

sensibile, sensitive, 3

senso, il, sense, 16

sentiero, il, path, trail, 13

sentimento, il, feeling, 8

sentire, to listen, to hear, 4

sentirci, to hear, 5

sentirsi, to feel

senzatetto, il, homeless, 12

separare, to separate, 12

seppellire, to bury, 4

sequenza, la, sequence, 9

sera, la, evening, P

serale, of the evening, 8

serata, la, evening, 4

sereno, serene, calm, 5

serio, serious, 3

serra, la, greenhouse, 11

servire, to need, to serve, 2

servizio, il, service, 6

servizi, i, restroom, conveniences, 13

sessanta, sixty, 1

sesso, il, sex, 11

seta, la, silk, 8

sete, la, thirst, P

sette, seven, P

settembre, September, 1

settanta, seventy, 1

settentrionale, northern, 10

settimana, la, week, 1

settimanale, weekly, 16

settimanalmente, weekly, 6

settore, il, field, 16

sfilata, la, parade, 9

sfogarsi, to vent, 15

sgridare, to yell, 5

siccome, since, 12

siciliano, Sicilian, 9

sicurezza, la, security, 15

sicuro, certain, sure, 5

sigaretta, la, cigarette, 14

significare, to mean, P

significativo, significant, 16

significato, il, meaning, 13

signor(e), il, gentleman, lord, Mr., 1

signora, la, lady, Mrs., Ms., 1

signorile, luxurious, 12

signorina, la, miss, 1

silenzioso, silent, 8

simbolo, il, symbol, 1

similarità, la, similarity, 16

simile, similar, 5

simpatia, la, sympathy, 16

simpatico, nice, 3

sindacato, il, labor union, 16

sindaco, il, mayor, 12

singolare, singular, 1

sinistra, la, left, 3

sintetizzato, synthesized, 15

sintomo, il, symptom, 15

sintonia, la, agreement, 15

sistema, il, system, 1

sistemazione, la, housing, accommodation, 6

sito, il, site, 10

situare, to place, 3

situazione, la, situation, 5

slogare, to sprain, 10

sloveno, Slovenian, 6

smeraldo, lo, emerald, 10

smog, lo, smog, 15

smoking, lo, tuxedo, 14

snobbare, to snub, 10

snodarsi, to wind, 14

sobbalzo, il, jolt, 16

sociale, social, 7

socialista, socialist, 16

società, la, society, 4

socievole, friendly, 3

sociologia, la, sociology, 2

sociologo, il, social scientist, 9

soccorso, il, assistance (pronto soccorso, emergency room), 10

soddisfare, to satisfy, 9

soddisfazione, la, satisfaction, 11

soddisfatto, satisfied, 9

sofferenza, la, suffering, 7

soffriggere, to sauté, 9

soffrire, to suffer, 10

sufficiente, sufficient, passing, 8

soggetto, il, subject, 1

soggiorno, il, living room, residence, stay, 6

sognare, to dream, 8

sogno, il, dream, 10

solare, solar, 15

sole, il, sun, 4

solo, alone, only, 8

soldato, il, soldier, 8

soldi, i, money, 6

soluzione, la, solution, 15

solidarietà, la, solidarity, 15

solito, usual (di solito, usually), 4

solitudine, la, loneliness, 8

solo, alone, only, 4

soltanto, only, 8

somigliare, to look like, to be like, 5

sondaggio, il, survey, 3

sonno, il, sleep, P

sopito, dormant, 10

sopportare, to bear, 6

sopra, on, on top of, 2

soprattutto, above all, 3

sorella, la, sister, 4

sorellastra, la, stepsister, 5

sorpresa, la, surprise, 5

sorridere, to smile, 15

sorriso, il, smile, 16

sorte, la, luck, 10

sorvegliante, il/la, guard, 13

sosta, la, stop, 10

sostanza, la, substance, 15

sostenere, to take, 8

sostituire, to substitute, 12

sotterraneo, il, underground, 15

sottile, thin, 9

sotto, underneath, under, 2

sottolineare, to underline, 6

sottomettere, to subject, 5

sovrano, il, monarch, 14

sovrappopolazione, la, overpopulation, 15

spaghetti, gli, spaghetti, P

spagnolo, Spanish, P

spalla, la, shoulder, back, 9

spazio, lo, space, 14

spazzolino da denti, lo, toothbrush, 14

sparecchiare, to clear (the table), 5

spaventare, to frighten, 16

spavento, lo, fright, scare, 16

spaziale, space, 11
spazio, lo, space, 1
spazioso, spacious, 12
spazzare, to sweep, 5
spazzatura, la, garbage, 5
specchio, lo, mirror, 4
speciale, special, 3
specialistico, specialized, 15
specialmente, especially, 4
specialità, la, specialty, 6
specie, la, species, kind, 4
specifico, specific, 6
spedire, to mail, to ship, 5
spegnere, to turn off, 11
spendere, to spend, 5
speranza, la, hope, 9
sperare, to hope, 4
spesa, la, shopping, 4
spese, le, expenses, shopping, 6
spesso, often, P
spettacolare, fantastic, 9
spettacolarità, la, spectacularity, 8
spettacolo, lo, show, 7
spettatore, lo, spectator, 8
spettrale, ghostlike, 16
spiacevole, unpleasant, 7
spiaggia, la, beach, 10
spiegare, to explain, 2
spinaci, gli, spinach, 4
spirito, lo, spirit, 12
spirituale, spiritual, 8
splendido, shining, 7
spogliarsi, to undress, 4
spolverare, to dust, 5
sporco, dirty, 8
sport, lo, sport, 7
sportivo, sportsman, P
sposarsi, to get married, 5
sposato, married, 5
sposi, gli, newlyweds, 5
spostarsi, to move, 15
sprecare, to waste, 15
spremuta d'arancia, la, orange juice, 15
spruzzare, to spray, 13
spumante, lo, sparkling wine, 5
squadra, la, team, (**squadra di calcio,** soccer team), 1
squallido, bleak, 15
squisito, refined, delicious, 7
stabile, steady, 10
stabile, lo, building, 10
stabilimento, lo, factory, plant, 1
stabilito, set, 4
stadio, lo, stadium, 2
stagione, la, season, 4
stamattina, this morning, 6
stampante, la, printer, 6
stampare, to print, 6
stancarsi, to get tired, 10
stanco, tired, 3
stanza, la, room, 7
stare, to stay, to be, P
stasera, tonight, 2
statico, motionless, 1
statistica, la, statistics, 15
statale, state, 8

stato, lo, state, 6
stato civile, lo, marital status, 1
statua, la, statue, 3
statuto, lo, charter, 6
stazione, la, station, 7
stella, la, star, 8
stento, lo, difficulty, 13
stereo, lo, stereo, 5
stereotipo, lo, stereotype, 16
stesso, lo, same, 3
stesura, la, draft, 5
stile, lo, style, 3
stilista, lo/la, designer, 3
stimolante, stimulating, 12
stipendio, lo, salary, 12
stirare, to iron, 5
stivali, gli, boots, 3
stomaco, lo, stomach, 15
storia, la, history, 2
storico, historic, 2
strada, la, street, road, 2
stradale, road, 10
strano, strange, 7
straniero, lo, foreigner, 1
straordinario, remarkable, 3
strategia, la, strategy, 1
strato, lo, layer, 15
strega, la, witch, 8
stressante, stressful, 10
stressato, stressed, 12
stretto, narrow, tight, 2
stropicciare, to rub, 13
strumento, lo, instrument, 2
struttura, la, structure, organization, 1
studente, lo/**studentessa,** la student, P
studiare, to study, P
studio, lo, study, den, professional shop, 1
studioso, lo, studious, scholar, 3
stupendo, wonderful, 10
stupidamente, foolishly, 16
su, on, 6
subconscio, il, subconscious, 10
subire, to endure, 16
subito, right away, 14
succedere, to happen, 7
successivo, following, 10
successo, il, success, 11
succinto, concise, 6
succo, il, juice, 4
sud, il, south, 1
suggerimento, il, hint, 6
suggerire, to suggest, to hint, 1
sugo, il, juice, 9
suo, his/her/hers, 5
suocera, la, mother-in-law, 5
suocero, il, father-in-law, 5
suonare, to play (an instrument), 2
suoneria, la, ring tone, 11
superalcolici, i, hard liquors, 14
superficie, la, area, surface, 7
superiore, higher, 8
superlativo, il, superlative, 10
supermercato, il, supermarket, 4
superstizioso, superstitious, 11

supposizione, la, assumption, 7
supremo, supreme, 8
svantaggio, lo, disadvantage, 10
sveglia, la, alarm clock, 6
svegliarsi, to wake up, 4
sveglio, awake, 9
svendita, la, sale, 14
sventolare, to wave, 14
sviluppare, to develop, 8
sviluppo, lo, development, 8
svolgere, to happen, to carry out, 10
svolta, la, turning point, 10
svuotare, to empty, 13

T ● ● ●

tabaccheria, la, tobacco shop, 11
tacchino, il, turkey, 9
tacco, il, heel, 14
tacere, to be silent, 11
taglia, la, size, 14
tagliare, to cut, 6
taglio, il, cut, 15
tailleur, il, woman's suit, 14
talvolta, at times, 13
tango, il, tango, 5
tanto, so much, so many, 3
tappeto, il, carpet, 6
tardi, late, 1
tassa, la, tax, 11
tavolo, il, table, 5
taxi, il, taxi, 8
tazza, la, cup, 9
tè, il, tea, 4
teatrale, theater, 14
teatro, il, theater, 2
tecnica, la, technique, 1
tecnico, il, technician, 16
tecnologia, la, technology, 8
tecnologico, technological, 16
tedesco, German, 1
tegame, il, pot, 9
telefonare, to call (to phone), P
telefonata, la, phone call, 5
telefonino, il, cell phone, 8
telefono, il, phone, P
televisione, la, television, P
televisore, il, television set, 2
tema, il, theme, 7
temere, to fear, 15
temperatura, la, temperature, 4
tempio, il, temple, 13
tempo, il, time, weather, 3
temporale, il, temporal, storm, 9
temporaneamente, temporarily, 16
tenda, la, tent, 13
tendenza, la, tendency, 14
tenere, to hold, to keep, 1
tennis, il, tennis, 7
tennista, il/la, tennis player, 5
tenore, il, tenor, 7
tentare, to try, 10
tentatrice, la, temptress, tempting, 8
tepore, il, warmth, 9
termale, thermal, 10

terminare, to end, 9
termine, il, term, word, 7
terminologia, la, terminology, 7
termostato, il, thermostat, 15
terra, la, earth (**per terra,** on the floor), 6
terrazza, la, terrace, 6
terremoto, il, earthquake, 14
terribile, terrible, 8
territorio, il, territory, 15
terzo, third, 5
tesoro, il, treasure, 13
tessera, la, identity card, 15
testa, la, head, 10
testo, il, text, 5
tetto, il, rooftop, 1
ticket, il, co-payment, 15
tifo, il, rooting, 7
tifoso, il,/**tifosa,** la, fan, 7
timidezza, la, shyness, 13
timido, shy, 3
tinta, la, dye, 14
tipicamente, typically, 2
tipico, typical, 3
tipo, il, type, 6
tipologia, la, typology, 5
tirato, tense, 15
titolo, il, title, 5
tollerante, lenient, broad-minded, 3
tolleranza, la, tolerance, 16
tomba, la, tomb, 2
tonico, tonic, 7
tonno, il, tuna, 14
tono, il, tone, 14
tormentato, tortured, 6
tornare, to return, 2
torre, la, tower, P
torta, la, cake, 4
tortellini, i, tortellini, 8
Toscana, la, Tuscany, 5
Toscano, Tuscan, 10
tosse, la, cough, 15
tostapane, il, toaster, 6
totale, total, 10
totocalcio, il, (football) pool, 7
tovaglia, la, tablecloth, 9
tovagliolo, il, napkin, 9
tra, between, 2
traccia, la, trace, 13
tradizionale, traditional, 5
tradizione, la, tradition, 7
tradurre, to translate, 11
traffico, il, traffic, 8
trafiletto, il, paragraph, 11
traghetto, il, ferry, 13
tragitto, il, route, 14
tramontare, to decline, 11
tranne, except, 14
tranquillamente, peacefully, 14
tranquillità, la, calmness, 12
tranquillo, calm, 7
transgenico, transgenic, 15
trapiantare, to transplant, 16
trapassato, il, past perfect, 10
trasferire, to transfer, 6
trascinare, to drag, 8

trascorrere, to spend (time), 9
trascurare, to neglect, 13
traslocare, to move, 16
trasparente, transparent, 10
trarre, to pull, 8
trasmettere, to convey, 14
trasportare, to transport, 11
trasporto, il, transportation, 8
trattamento, il, treatment, 10
trattare, to deal, 5
trattoria, la, eatery, 9
traversa, la, crossroad, 14
tre, three, 1
tredici, thirteen, 1
tremante, shaking, 16
trenino, il, toy train, 8
treno, il, train, 8
trenta, thirty, 1
trentacinque, thirty-five, 1
trentadue, thirty-two, 1
trentanove, thirty-nine, 1
trentaquattro, thirty-four, 1
trentasei, thirty-six, 1
trentasette, thirty-seven, 1
trentatré, thirty-three, 1
trentotto, thirty-eight, 1
trentuno, thirty-one, 1
trionfante, triumphant, 9
triplo, triple, 13
triste, sad, 3
trittico, il, triptych, 9
troppo, too much, 3
trota, la, trout, 9
trovare, to find, 3
truccarsi, to put on makeup, 4
tulipano, il, tulip, 7
tuo, your, yours, 5
turismo, il, tourism, 1
turista, il/la, tourist, 3
turistico, tourist, 2
turno, il, turn, 5
tuta, la, overall, sweats, 7
tutela, la, protection, 15
tutto, everything, all, P
tutti, everyone, 6

U ● ● ●

Ucraina, Ukraine, 16
ucraino, Ukrainian, 16
ufficiale, official, 6
ufficio, l' (m.), office, 1
uguaglianza, l' (f.), equality, 13
uguale, equal, 15
ultimamente, lately, 10
ultimo, l' (m.) last, 3

umanità, l' (f.), humanity, 10
umbro, Umbrian, 9
undici, eleven, 1
unico, only, unique, 5
unione, l' (f.), union, 6
Unione Europea, l' (f.),
    European Union, 16
unire, to unite, to put together, 3
unito, united, close, 5
università, l' (f.), university, P
universitario, university, 10
uno, one (number), a/an (article), P
uomo, l' (m.), man, 2
uovo, l' (m.), egg, 9
urbano, local, 11
urlare, to shout, 5
urlo, l' (m.), shout, 16
usanza, l' (f.), custom, 9
usare, to use, 1
uscire, to go out, 4
uso, l' (m.), usage, 3
utile, useful, 5
utilizzare, to utilize, 13
utilizzo, l' (m.), utilizer, 10
utopia, l' (f.), utopia, 10
uva, l' (f.), grapes, 4

V ● ● ●

vacanza, la, vacation, 4
vaccino, il, vaccine, 11
vagone letto, il, sleeping car, 13
valere, to be worth, 6
valido, valid, 6
valigia, la, suitcase, 10
valle, la, valley, 7
valore, il, value, 16
valuta, la, currency, 6
vaniglia, la, vanilla, 14
vantaggio, il, advantage, 10
vantaggioso, advantageous, 10
vaporetto, il, steamboat, 12
varietà, la, variety, 8
vario, various, 8
variopinto, multicolored, 14
vasca, la, tub, 6
vaso, il, vase, 6
vasto, large, 14
vaticano, il, Vatican, 4
vecchio, old, 2
vedere, to see, 1
vedovo, il/**vedova,** la, widower,
    widow, 13
vegetariano, vegetarian, 9
vegetazione, la, vegetation, 10
veglione, il, ball, 9

vela, la, sail, 4
veloce, fast, 12
velocità, la, speed, 8
vendere, to sell, 6
vendicativo, revengeful, 15
vendita, la, sale, 12
venditore, il, vendor, 11
venerdì, il, Friday, 1
Venere, Venus, 11
veneto, from the Veneto region, 6
venire, to come, 4
venti, twenty, 1
venticinque, twenty-five, 1
ventidue, twenty-two, 1
ventinove, twenty-nine, 1
ventisei, twenty-six, 1
ventisette, twenty-seven, 1
ventiquattro, twenty-four, 1
ventitré, twenty-three, 1
vento, il, wind, 4
ventoso, windy, 16
ventotto, twenty-eight, 1
ventuno, twenty-one, 1
veranda, la, porch, 6
veramente, truly, 7
verbale, verbal, 12
verbo, il, verb, 4
verde, green, 3
verdura, la, vegetable, 4
vergognarsi, to be ashamed, 13
verificare, to check, to happen, P
verificarsi, to come true, 6
verità, la, truth, 8
vero, true, 1
versione, la, draft, 1
verso, around, line, 4
vestiario, il, clothing, 14
vestirsi, to get dressed, 4
vestito, il, man's suit, dress, 3
vestiti, i, clothes, 5
vetrina, la, store window, 8
vetro, il, glass, 12
via, la, street, 1
viaggiare, to travel, 10
viaggio, il, travel, trip, 3
vicenda, la, event (**a vicenda,**
    one another), 5
vicino, next to, near, 1
video, il, video, 7
videogioco, il, video game, 8
vietare, to forbid, 13
vigile del fuoco, il, fireman, 11
vigilia, la, eve, vigil, 9
villa, la, country house, 3
vincere, to win, 7

vincita, la, win, 12
villaggio, il, resort, 10
villeggiatura, la, holiday, 13
vino, il, wine, 1
violinista, il/la, violin player, 11
violino, il, violin, 5
visita, la, visit, examination, 14
visitare, to visit, 3
viso, il, face, 9
visto, il, visa, 16
vista, la, view, sight, 2
vita, la, life, 2
vitamina, la, vitamin, 15
vite, la, vine, 1
vitello, il, veal, 5
vittoria, la, victory, 10
vivace, lively, 2
vivere, to live, 4
vivo, alive, 5
viziato, spoiled, 8
vocabolario, il, vocabulary, P
vocabolo, il, word, 8
vocale, la, vowel, P
voce, la, voice, 10
voglia, la, desire, 7
volante, flying, 9
volentieri, gladly, 7
volere, to want, 1
volo, il, flight, 10
volontà, la, will, 16
volontariato, il, volunteer work, 11
volta, (**una volta,** once,
    due volte, twice, **a volte,**
    sometimes), 8
vongole, le, clams, 4
vostro, your/yours, 5
votare, to vote, 12
votazione, la, vote, 16
voto, il, grade, vote, 8
vuoto, empty, 6

W ● ● ●

water, il, toilet, 6

Z ● ● ●

zaino, lo, backpack, 2
zebra, la, zebra, 2
zenzero, lo, ginger, 14
zero, lo, zero, 5
zia, la, aunt, 10
zio, lo, uncle, 5
zitto, quiet, 9
zona, la, area, zone, 1
zucca, la, pumpkin, 9
zucchero, lo, sugar, 9

The English–Italian vocabulary includes most words and expressions used in this book. The meanings are based on the contexts in which they appear within the chapters. Each entry includes the number of the chapter in which a word or expression first appears. The gender of nouns is indicated by the definite article or the abbreviation *m.* or *f.* The masculine form of adjectives is given.

A ●●●

abandon (to), abbandonare, 10
abbey, badia, la, 14
ability, capacità, la, 12
able, capace, 9
about, riguardo, 6
absent, assente, 8
absolute, assoluto, 13
absolutely, assolutamente, 13
absorb (to), assorbire, 16
absurd, assurdo, 15
academy, accademia, l' (*f.*), 3
accept (to), accettare, 7
acceptable, accettabile, 15
access, accesso, l' (*m.*), 11
accessibility, accessibilità, l' (*f.*), 14
accessible, accessibile, 11
accessory, accessorio, l' (*m.*), 6
accident, incidente, l' (*m.*), 10
accomplish (to), realizzare, 12
according to, secondo, 5
accustom (to), abituare, 12
acquaintance, conoscente, il/la, 11
acquire (to), acquisire, 12
act, atto, l' (*m.*), 7
action, azione, l' (*f.*), 5
active, attivo, 4
activity, attività, l' (*f.*), 2
actor, attore, l' (*m.*), P
actress, attrice, l' (*f.*), P
actually, addirittura, 11
ad, annuncio, l' (*m.*), 12
adapt (to), adattarsi, 16
add (to), aggiungere, 9
address, indirizzo, l' (*m.*), 1
address (to), indirizzare, 6
adherent, aderente, 6
adjective, aggettivo, l' (*m.*) 3
adjust (to), adeguarsi, 15
administrative, amministrativo, 6
admire (to), ammirare, 9
admission, ricovero, il, 15
admit (to), ammettere, 10
adolescence, adolescenza, l' (*f.*), 4
adolescent, adolescente, l' (*m.*), 4
adopt (to), adottare, 10
adopted, adottivo, 9
adult, adulto, l' (*m.*), 5
advantage, vantaggio, il, 10
advantageous, vantaggioso, conveniente, 10
adventure, avventura, l' (*f.*), 6
adverb, avverbio, l' (*m.*), 16
advertisement, pubblicità, la, 2
advice, consiglio, il, raccomandazione, la, 5
advisable, consigliabile, 14

advise (to), consigliare, 9
aerobics, aerobica, l' (*f.*), 7
affect (to), influenzare, 6
affection, affetto, l' (*m.*), 5
after, dopo, poi, 1
afternoon, pomeriggio, il, 2
against, contro, 6
age, età, l' (*f.*), 1
agent, agente, l' (*m.*), 6
agreement, accordo, l' (*m.*), sintonia, la, 5
agricultural, agricolo, l', 1
agriculture, agricoltura, l' (*f.*), 1
ahead, avanti, 1
ailment, disturbo, il, 15
air, aria, l' (*f.*), 6
airline, linea aerea, la, 10
airplane, aeroplano, l' (*m.*), 10
airport, aeroporto, l' (*m.*), 1
Albanian, albanese, 16
alcoholic, alcolico, 7
alienation, alienazione, l' (*f.*), 15
alive, vivo, 5
all, tutto, P
allegoric, allegorico, 9
allow (to), permettere, consentire, 8
almond, mandorla, la, 15
almost, quasi, 4
alone, solo, 4
alphabetic, alfabetico, 1
alpine, alpino, 7
already, già, P
also, anche, ancora, 1
alternate, alternativo, 7
always, sempre, 3
ambition, ambizione, l' (*f.*), aspirazione, l' (*f.*), 12
ambitious, ambizioso, 12
amenities, comfort, il, 13
American, americano, P
amount, quantità, la, 10
amphitheater, anfiteatro, l' (*m.*), 8
analysis, analisi, l' (*f.*), 12
ancient, antico, 2
animal, animale, l' (*m.*), 7
animation, animazione, l' (*f.*), 7
animosity, animosità, l' (*f.*), 9
ankle, caviglia, la (*f.*), 10
anniversary, anniversario, l' (*m.*), 5
announce (to), annunciare, 5
announcement, annuncio, l' (*m.*), 3
answer, risposta, la (*f.*), 6
answer (to), rispondere, P
antibiotic, antibiotico, l' (*m.*), 15
any, qualunque, 10
anyhow, comunque, 4

anxiety, ansia, l' (*f.*), 4
anxious, ansioso, 15
aperitif, aperitivo, l' (*m.*), 12
appeal, richiamo, il, 4
appear (to), apparire, comparire, 6
appearance, aspetto, l' (*m.*), 5
appetizer, antipasto, l' (*m.*), 5
apple, mela, la, 1
appliances, elettrodomestici, gli, 6
application, domanda, la, 12
apply (to), applicare, richiedere, 15
appoint (to), nominare, 16
appointment, appuntamento, l' (*m.*), 2
appreciate (to), gradire, apprezzare, 5
approach (to), avvicinare, 14
April, aprile, 1
arcade, porticato, il, (*m.*) 6
archaeological, archeologico, 13
architect, architetto, l' (*m.*), 1
architecture, architettura, l' (*f.*), 2
area, superficie, la, 7
area code, prefisso, il, 11
Argentinean, argentino, 1
argue (to), litigare, 5
arm, braccio, il (*m.*), 4
armchair, poltrona, la, (*f.*) 6
around, in giro, intorno, 8
arrival, arrivo, l' (*m.*), 6
arrive (to), arrivare, 2
art, arte, l' (*f.*), 2
article, articolo, l' (*m.*), 2
artist, artista, l' (*m./f.*), 1
artistic, artistico, 5
ash, cenere, la, (*f.*) 16
ask (to), domandare, chiedere, 2
asparagus, asparagi, gli (*m.*), 4
aspect, aspetto, l' (*m.*), 13
aspiration, aspirazione, 12
aspirin, aspirina, l' (*f.*), 14
assertion, affermazione, l' (*f.*), 5
assessment, accertamento, l' (*m.*), 15
assist (to), assistere, 5
associate (to), associare, 5
association, associazione, l' (*f.*), 1
assumption, supposizione, la, (also Assunzione), l' (*f.*), 7
astrologer, astrologo, l' (*m.*), 9
astronomy, astronomia, l' (*f.*), 11
astrophysicist, astrofisico, l' (*m.*), 1
at (Internet terminology), @, chiocciola, la, 1

athlete, atleta, l' (*m.*)/l' (*f.*), 7
athletic, atletico, 3
ATM, bancomat, il, 14
atmosphere, atmosfera, l' (*f.*), 5
atmospheric, atmosferico, 15
attain (to), ottenere, 10
attend (to), frequentare, 2
attention, attenzione, l' (*f.*), P
attitude, atteggiamento, l' (*m.*), 9
attract (to), attirare, attrarre, 7
audition, provino, il, 8
August, agosto, P
aunt, zia, la, 10
Australian, australiano, 1
Austrian, austriaco, 6
author, autore, l' (*m.*), 5
autobiography, autobiografia, l' (*f.*), 8
automobile, car, l' (*f.*), P
autonomy, autonomia, l' (*f.*), 6
available, disponibile, a disposizione, 4
avoid, (to), evitare, 4
awake, sveglio, 9
award, premio, il, 10
awkward, impacciato, 10

B ●●●

back, schiena, la, 15
backpack, zaino, lo, 2
bacon, pancetta, la, 14
bad, male, malvagio, cattivo, P
bag, busta, la, 14
bakery, panetteria, la, forno, il, 14
balance, equilibrio, l' (*m.*), 15
balcony, balcone, il, 6
bald, calvo, 3
ball, pallone, il, veglione, il, 7
balloon, palloncino, il, 5
band, gruppo musicale, il, 7
bank, banca, la, 2
baptism, battesimo, il, 5
barber, barbiere, il, 4
bare, nudo, 14
Baroque, barocco, il, 8
basilica, basilica, cattedrale, la, 8
basis, base, la, 4
basketball, pallacanestro, la, 7
bat, mazza, la, 7
bath, bagno, il, 6
bathing suit, costume da bagno, il, 14
bay, baia, la, 11
be (to), essere, stare, 1
beach, spiaggia, la, 10
bear, orso, l' (*m.*), 15
bear (to), sopportare, 6

beard, barba, la, 3

beautiful, bello, 2

beauty, bellezza, la, estetica, l' (*f.*) 3

because, perché, 4

become (to), diventare, divenire, assumere, 4

bed, letto, il, 4

bedroom, camera da letto, la, 6

beef, manzo, il, 9

beer, birra, la, 4

before, prima, 1

begin (to), cominciare, iniziare, incominciare, mettersi, 2

beginning, inizio, l' (*m.*), debutto, il, 6

behave (to), comportarsi, 12

behavior, comportamento, il, 15

behind, indietro, alle spalle, 10

beige, beige, 3

belong (to), appartenere, 6

belt, cintura, la, 14

berry, coccola, la, 10

berth, cuccetta, la, 13

besides, oltre, 7

best, ottimo, 7

better, meglio, migliore, 1

between, tra, 2

beverage, bevanda, la, 9

biannual, semestrale, 15

bicycle, bicicletta, la, 2

big, grosso, grande, 2

bill, conto, il, 6

billion, miliardo, il, 6

biological, biologico, 15

biology, biologia, la, P

biotechnology, biotecnologia, la, 15

birth, nascita, la, 5

birthday, compleanno, il, 1

bite (to), morsicare, 10

black, nero, 3

blackboard, lavagna, la, P

bland, insipido, 9

bleak, squallido, 15

blender, frullatore, il, 6

blond, biondo, 3

blossom (to), fiorire, 9

blow up (to), esplodere, 9

blue, azzurro, blu, 3

boat, barca, la, 11

body, corpo, il, 15

boiling, bollente, 9

bone, osso, l' (*m.*), 15

book, libro, il, P

book (to), prenotare, 6

bookcase, libreria, la, 6

boots, stivali, scarponi, gli, 3

booth, cabina, la, 11

border, confine, il, frontiera, la 16

border (to), confinare, 16

boring, noioso, 2

both, entrambi, 5

bottle, bottiglia, la, 5

bottom, fondo, il, 14

boundlessly, infinitamente, 6

box, scatola, la, 14

boxing, pugilato, il, 7

boy, ragazzo, il, 2

bracelet, bracciale, il, 14

brain, cervello, il, 16

branch, ramo, il, 9

brand, marca, la, 9

Brazilian, brasiliano, 1

bread, pane, il, 4

break (to), rompere, 10

breakfast, colazione, la, 4

breathe (to), respirare, 15

breathless, ansante, 16

bridge, ponte, il, 12

bright, luminoso, acceso, 12

bring (to), portare, 3

British, britannico, 8

brochure, dépliant, il, 10

broken, rotto, 12

bronze, bronzo, 10

broth, brodo, il, 15

brother, fratello, il, 5

brother-in-law, cognato, il, 5

brown, marrone, castano, 3

browned, dorato, 9

build (to), costruire, 3

builder, costruttore, il, 14

building, stabile, lo, 10

burner, fornello, il, 6

bullying, prepotente, 8

burn (to), bruciare, 13

bury (to), seppellire, 4

bus, pullman, il, corriera, la, 13

bush, cespuglio, il, 13

business, commerciale, commercio, il, affari, gli, 6

busy, impegnato, 8

butcher shop, macelleria, la, 14

but, ma, però, 1

butter, burro, il, 9

button, bottone, il, 15

buy (to), comprare, 2

biweekly, quindicinale, il, 14

C ●●●

cadaver, cadavere, il, 15

cafeteria, mensa, la, 2

calculate (to), calcolare, 9

calculation, conto, il, 12

calculator, calcolatrice, la, 2

calendar, calendario, il, P

call (to), chamare, telefonare, P

called, denominato, 10

calm, calm, tranquillo, 3

calmness, tranquillità, la, 12

caloric, calorico, 10

cake, torta, la, 4

camping, campeggio, il, 13

Canadian, canadese, 1

can, lattina, la, 4

cancer, cancro, il, 11

candle, candela, la, cero, il, 5

cap, berretto, il, 8

Capricorn, capricorno, 10

capture (to), catturare, 12

car, automobile, l' (*f.*), macchina, la, P

carbohydrates, carboidrati, i, 15

card, carta, cartolina, la, biglietto, il, 4

career, carriera, la, 10

carefully, attentamente, 5

caretaker, badante, il/la, 16

carnival, carnevale, il, 9

carpet, tappeto, il, 6

cartoon, fumetti, cartoni animati, i, 7

case, caso, il, 7

cash, contante, il, 14

cash register, cassa, la, 14

castle, castello, il, 7

casual, disinvolto, 5

cat, gatto, il, P

categorical, categorico, 15

category, categoria, la, 7

cathedral, duomo, il, 14

catholic, cattolico, 5

cauliflower, cavolfiore, il, 4

cave, grotta, la, 16

celebrate (to), festeggiare, celebrare, 5

cellar, cantina, la, 6

cement, cemento, il, 10

center, centro, il, 1

century, secolo, il, 2

ceramic, ceramica, la, 6

ceremony, cerimonia, la, 5

certain, sicuro, certo, 5

certainly, sicuramente, 11

certainty, certezza, la, 2

chair, sedia, la, 2

chalk, gesso, il, 2

Chamber of deputies, Camera dei deputati, la, 16

championship, campionato, il, 7

chandelier, lampadario, il, 6

change, cambio, cambiamento, il, 6

change (to), cambiare, 5

channel, canale, il, 7

chapter, capitolo, il, 1

character, personaggio, il, 3

characteristic, caratteristico, 13

charge, carica, la, 16

charity, beneficenza, la, 12

charming, affascinante, incantevole, 3

charter, statuto, lo, 6

chat, chiacchierata, la, 7

chat (to), chiacchierare, 7

cheap, scadente, 5

check, assegno, l' (*m.*), 14

check (to), verificare, controllare, P

cheek, guancia, la, 10

cheerful, allegro, 3

cheese, formaggio, il, 4

chef, cuoco, il, 9

chemistry, chimica, la, 2

cherry, ciliegia, la, 9

cherub, cherubino, il, P

chess, scacchi, gli, 7

chest, petto, il, 15

chiaroscuro, chiaroscuro, il, 12

chicken, pollo, il, 4

childhood, infanzia, l' (*f.*), 8

children, figli, bambini, i, 5

chimney, camino, il, P

Chinese, cinese, 2

choice, scelta, la, 7

cholesterol, colesterolo, il, 15

cholesterolemia, colesterolemia, la, 15

choose (to), scegliere, 4

chore, compito, il, 9

Christian, cristiano, 14

Christmas, Natale, il, natalizio, 5

Christmas Eve dinner, cenone, il 9

Christianity, critianesimo, il, 9

chronic, cronico, 15

chronological, cronologico, 10

cigarette, sigaretta, la, 14

cinema, cinema, il, 1

cinnamon, cannella, la, 14

circle, cerchio, il, ambito, l' (*m.*), 5

circular, circolare, 10

circulation, circolazione, la, 6

circumstance, circostanza, la, 16

citizen, cittadino, il, 16

city, città, la, (**capital city,** capoluogo, il, P), P

civilization, civiltà, la, 7

clams, vongole, le, 4

clandestine, clandestino, il, 16

clarity, chiarezza, la, 13

clash, scontro, lo, 4

class, classe, la, 7

classic, classico, 3

classmate, compagno, il, 2

classroom, aula, l' (*f.*), classe, la, 2

clean, pulito, 8

clean (to), pulire, 3

cleaners, lavanderia, la, 11

clear, chiaro, 3

clear (to) the table, sparecchiare, 5

clerk, impiegato, l' (*m.*), 11

clever, bravo, 3

client, cliente, il, 6

climate, clima, il, 13

climb, scalata, la, 13

climb (to), salire, 4, arrampicarsi, montare, 8

clinic, clinica, la, 15

clock, orologio, l' (*m.*), 2

close, vicino, unito, 5

close (to), chiudere, P

closed, chiuso, 16

closet, armadio, l' (*m.*), 3

closing, chiusura, la, 5

clothes, vestiti, i, 5

clothing, vestiario, il, abbigliamento, l' (*m.*), 3

cloudy, nuvoloso, 4

club, mazza, la, 7

coal, carbone, il, 9

coalition, coalizione, la, 16

coast, costa, la, 10

coastline, riviera, la, 2

coat, cappotto, il, mantello, il, 5

coffee, caffè, il, P

coffee maker, macchina da caffè, la, 6

coin, moneta, la, 6

coincide (to), coincidere, 14
coinquilino, il, housemate, 6
cold, freddo, 4
cold, raffreddore, il, 14
colleague, collega, il/la, 9
collection, collezione, la, 7
collide (to), investire, 10
colony, colonia, la, 10
color, colore, il, 3
color (to), colorare, 8
colored, colorato, 9
Colosseum, Colosseo, il, 8
column, colonna, la, 6
comb (to), pettinare, 4
combination, combinazione, la, 12
come (to), venire, 4
comedy, commedia, la, 7
comfort, benessere, il, comodità, la, 10
comfortable, comodo, 6
commemorate (to), rievocare, 9
comment, commento, il, 5
comment (to), commentare, 12
common, comune, 3
communicate (to), comunicare, 15
communicative, comunicativo, 12
communion, comunione, la, 5
community, comunità, la, comunitario, 6
company, compagnia, ditta, la, 7
comparative, comparativo, il, 13
compare (to), paragonare, confrontare, 3
comparison paragone, il, 3
competition, competizione, la, concorso, il, 10
compile (to), compilare, 5
complain (to), lamentarsi, 8
complete, completo, 4
complete (to), completare, 5
completely, completamente, 6
complex, complesso, 1
complicated, complicato, 16
compliment, complimento, il, 15
component, elemento, l' (m.), 7
compose (to), comporre, 7
composer, compositore, il, 2
composition, composizione, la, 5
computer science, informatica, l' (f.), 2
concern (to), riguardare, 7
concert, concerto, il, 2
concise, succinto, 6
concisely, brevemente, 12
conclude (to), concludere, 5
conclusion, conclusione, la, 7
concrete, concreto, 11
condition, condizione, la, 2
condition (to), condizionare, 15
conditional, condizionale, il, 12
conditioned, condizionato, 6
conditioning, condizionamento, il, 12
condominium, condominio, il, 15

cone, cono, il, 6
confer (to), conferire, 14
conference, conferenza, la, congresso, il, 1
confess (to), confessare, 16
confetti, coriandoli, i, 9
confidence, fiducia, la, 10
confirm (to), confermare, 7
confirmation, conferma, la, 5
confused, confuso, 13
confusion, confusione, la, 1
congratulation, congratulazione, la, 5
conjugate, coniugare, 7
connect (to), connettere, 12
connection, connessione, coincidenza, la, 10
conquer (to), conquistare, 7
conscience, coscienza, la, 15
consider (to), considerare, riflettere, 1
considerable, notevole, 6
consideration, considerazione, la, 6
consist (to), consistere, 8
consistent, consistente, 5
consolidate (to), consolidare, 15
consonant, consonante, la, P
constitution, costituzione, la, 16
construction, costruzione, la, 6
consult (to), consultare, 6
consume (to), consumare, 15
contact, contatto, il, 12
contact (to), contattare, 6
contain (to), contenere, 4
container, contenitore, il, 14
contemporary, contemporaneo, 7
context, contesto, il, 2
continent, continente, il, 8
continue (to), continuare, proseguire, 12
continuously, continuamente, 7
contradict (to), contraddire, 7
contribute (to), contribuire, 10
contribution, apporto, l' (m.), contributo, il, 14
convenience, convenienza, la, 14
convenient, conveniente, 6
convent, convento, il, 3
conversation, conversazione, la, P
convey (to), trasmettere, 14
convince (to), convincere, 6
convincing, convincente, 12
cook (to), cuocere, 9
cooked, cotto, 9
cookie, biscotto, il, 4
cool, fresco, 4
cooperate, collaborare, 11
copayment, ticket, il, 15
copper, rame, il, 15
corner, angolo, l' (m.), 8
correct, corretto, giusto, 5
correct (to), correggere, 5
correspond (to), corrispondere, 3

corresponding, corrispondente, il, equivalente, 7
corridor, corridoio, il, 8
cosmos, cosmo, il, 11
cost, costo, il, 6
cost (to), costare, 3
costume, costume, il, 4
cotton, cotone, il, 14
cough, tosse, la, 15
Council, Consiglio, il, 16
count (to), contare, 11
counter, bancone, il, 14
countess, contessa, la, 5
country, Paese, il, 1
countryside, campagna, la, P
couple, coppia, la, 10
courage, coraggio, il, 16
course, corso, il, 11
court, corte, la, 3
courtesan, cortigiano, il, 4
courtyard, cortile, il, 5
cousin, cugino, il, cugina la, 5
cover (to), coprire, ricoprire, 13
cozy, accogliente, 6
crazy, pazzo, matto, 8
crane, gru, la, 11
cream, panna, la, 9
create (to), creare, 1
creation, creazione, la, 6
creative, creativo, 12
creativity, creatività, la, 12
credit, credito, il, 11
crime, crimine, il, 11
cross (to), attraversare, 8
crossroad, traversa, la, 14
crowd, folla, la, 14
crowded, affollato, 8
crucial, determinante, 8
cruise, crociera, la, 13
cry (to), piangere, 8
crystal, cristallo, il, 6
cube, cubo, il, 6
cultural, culturale, 6
culture, cultura, la, 2
cup, tazza, la, 9
cura, la, rimedio, il, 15
cure (to), curare, 5
curious, curioso, 6
curly, riccio 3
currency, moneta, valuta, la, 6
current, attuale, 6
curvature, curvatura, la, 14
custom, usanza, l' (f.), 9
cut, taglio, il, 12
cut (to), tagliare, 6
cute, carino, 6
cutlet, scaloppina, la, 9
cycling, ciclismo, il, 7

D ●●●

dad, papà, babbo, il, 5
daily, giornaliero, giornalmente, quotidiano, il, 4
damage (to), danneggiare, 15
dance, ballo, il, danza, la, 7
dance (to), ballare, 3
dancer, ballerino, il, 8

dangerous, pericoloso, 13
dark, scuro, 3
data, dati, i, 1
date, data, la, P
daughter, figlia, la, 5
dawn, alba, l' (m.), 7
day, giorno, il, giornata, la, P
dead, morto, 5
deal (to), trattare, 5
dear, costoso, caro, gentile, egregio, 3
December, dicembre, 1
decide (to), decidere, 5
decision, decisione, la, 10
deckchair, sdraio, la, 13
decline (to), tramontare, 11
decorate (to), addobbare, ornare, 9
decorated, adornato, 3
decorative, decorativo, 14
dedicate (to), dedicare, 5
defense, difesa, la, 12
definitely, certo, definitivamente, 4
definition, definizione, la, 7
degree, laurea, la, diploma, il, 5
deign (to), degnarsi, 15
delay, ritardo, il, 11
deli, rosticceria, salumeria, la, 9
deliberately, apposta, 16
delicacy, delizia, la, 8
delicious, squisito, 9
deliver (to), recapitare, 11
delude (to), illudere, 16
delusion, illusione, l' (f.), 16
democracy, democrazia, la, 16
democratic, democratico, 16
demographic, demografico, 5
demonstrative, dimostrativo, 8
den, studio, lo, 6
denim, jeans, i, 3
denomination, banconota, la, 6
dense, denso, 11
dentist, dentista, il/la, 1
department store, grandi magazzini, i, 10
departure, partenza, la, 6
depend (to), dipendere, 3
deposit (to), depositare, 14
depressed, depresso, 15
deputy, deputato, il, 12
describe (to), descrivere, 4
description, descrizione, la, 3
deserted, deserto, 9
design (to), disegnare, progettare, 6
designate (to), designare, 2
designer, stilista, lo/la, 3
desire, voglia, la, desiderio, il, 7
desire (to), desiderare, 2
desk, banco, il, scrivania, la, 2
despair (to), disperare, 16
desperate, disperato, 10
dessert, dolce, il, 4
destination, meta, la, 9
destroy (to), distruggere, 8
destruction, distruzione, la, 15
detail, particolare, il, 2

develop (to), sviluppare, 8
developing, emergente, 16
development, sviluppo, lo, 8
devout, devoto, 14
diagnostic, diagnostico, 15
dialect, dialetto, il, 6
dialogue, dialogo, il, 5
diary, diario, il, 7
dictatorial, dittatoriale, 16
dictionary, dizionario, il, P
diet, dieta, la, 15
difference, differenza, la, 6
differentiation, differenziazione, la, 12
difficult, difficile, 2
difficulty, stento, lo, difficoltà, la, 13
dig (to), scavare, 16
digital, digitale, 13
dilemma, dilemma, il, 14
diligent, diligente, 8
dine (to), cenare, pranzare, 11
direct, diretto, 5
direction, regia, la, indicazione, l' (f.), 7
directly, direttamente, 7
director, direttore, il, regista, il/la, P
dirty, sporco, 8
disadvantage, svantaggio, lo, 10
disappear (to), scomparire, 15
disappointment, delusione, la, 16
disapproval, dissenso, il, 10
disaster, disastro, il, 16
discipline, disciplina, la, 7
disco, discoteca, la, 4
discount, sconto, lo, riduzione, la, 9
discover (to), scoprire, 16
discovery, scoperta, la, 11
discretion, discrezione, la, 13
discriminate (to), discriminare, 16
discriminating, discriminante, 12
discrimination, discriminazione, la, 16
discuss (to), discutere, 3
dish, pietanza, la, piatto, il, 4
dishwasher, lavastoviglie, la, 6
display, manifestazione, la, 5
display, (to), manifestare, esporre, 16
disposal, disposizione, la, 12
dissatisfaction, insoddisfazione, l' (f.), 12
distance, distanza, la, 14
distant, distante, 10
distinction, distinzione, la, 12
distinguished, distinto, 6
distinctive, caratteristico, 7
distress, angoscia, l' (f.), 15
district, contrada, la, 9
diversity, diversità, la, 6
divide (to), dividere, 5
divorce, divorzio, il, 5
divorce (to), divorziare, 10

divorced, divorziato, 5
do (to), fare, P
doctor, dottore, il, dottoressa, la, medico, il, P
document, documento, il, 6
dog, cane, il, 5
doll, bambola, la, 8
dollar, dollaro, il, 6
dome, cupola, la, 5
Dominican, domenicano, 3
door, porta, la, 2
doorman, portinaio, il, 11
Dorian, dorico, 14
dormant, sopito, 10
dot, punto, il, 1
double, doppio, 6
doubt, dubbio, il, incertezza, l' (f.), 4
doubt (to), dubitare, 11
drag (to), trascinare, 8
draft, versione, stesura, la, 1
dramatic, drammatico, 7
drawing, disegno, il, 5
dreadful, orrendo, 15
dream, sogno, il, 10
dream (to), sognare, 8
dress, abito, l' (m.), 14
drink (to), bere, 4
drive (to), guidare, 8
driving license, patente, la, 10
drug, droga, la, 16
drums, batteria, la, 7
due, debito, il, 14
dull, opaco, 10
dumbfounded, interdetto, 15
dune, duna, la, 13
duplex, bifamiliare, il, 16
during, durante, nel corso, 1
dust, polvere, la, 13
dust (to), spolverare, 5
duty, dovere, il, 5
dwarf, nano, il, 8
dwelling, abitazione, l' (f.), 6
dye, tinta, la, 14
dynamic, dinamico, 1

E ●●●

each, ciascuno, ognuno (**each other,** a vicenda), 5
ear, orecchio, l' (m.), 5
earring, orecchino, l' (m.), 14
earn (to), guadagnare, 11
earthquake, terremoto, il, 14
easiness, facilità, la, 13
east, oriente, est, l' (m.), 2
Easter, Pasqua, la, 9
eastern, orientale, 7
easy, facile, 2
easily, facilmente, 5
eat (to), mangiare, pranzare, 2
eatery, trattoria, la, 9
echo, eco, l' (f.), 9
ecological, ecologico, 12
ecology, ecologia, l' (f.), 12
economic, economico, 5
economy, economia, l' (f.), 2
ecosystem, ecosistema, l' (m.), 15

educational, scolastico, educativo, 8
effect, effetto, l' (m.), 11
effective, efficace, 11
efficient, efficiente, 12
egg, uovo, l' (m.), 9
eight, otto, 1
eighteen, diciotto, 1
eighty, ottanta, 1
elderly, anziano, l' (m.), 3
elect (to), eleggere, 16
elective, facoltativo, 8
election, elezione, l' (f.), 16
electrician, elettricista, l' (m.), 12
electrify (to), elettrizzare, 14
elegant, elegante, 2
elementary, elementare, 5
elevator, ascensore, l' (m.), 6
eleven, undici, 1
eliminate (to), eliminare, 12
e-mail, indirizzo elettronico, l', 1
embroidery, ricamo, il, 11
emerald, smeraldo, lo, 10
emergency room, pronto soccorso, il, 10
emigrant, emigrante, l' (m./f.), 16
emigrate (to), emigrare, 16
emigration, emigrazione, l' (f.), 7
emperor, imperatore, l' (m.), 2
empty, vuoto, 6
empty (to), svuotare, 13
enclose (to), rinchiudere, allegare, 3
encourage (to), incoraggiare, 10
end, fine, la, 7
end (to), terminare, finire, 9
endless, interminabile, 8
endure (to), subire, 16
energy, energia, l' (f.), 10
engagement, impegno, l' (m.), 10
engineer, ingegnere, l' (m.), 5
engineering, ingegneria, l' (f.), 2
English, inglese, 1
enjoy (to), godere, 7
enlargement, ingrandimento, l' (m.), 11
enrich (to), arricchire, 8
enrichment, arricchimento, l' (m.), 16
enroll (to), iscriversi, 1
enter (to), entrare, 2
enterprise, iniziativa, l' (f.), 12
enthusiasm, entusiasmo, l' (m.), passione, la, 7
entire, intero, 10
entirely, interamente, 3
environment, ambiente, l' (m.), 4
environmentalist, ambientalista, l' (m./f.), 12
envy (to), invidiare, 12
Epiphany, Epifania, l' (f.), 9
episode, episodio, l' (m.), 3
equal, uguale, 15
equality, uguaglianza, l' (f.), 13

equipment, attrezzatura, l' (f.), 13
eraser, cancellino, il, gomma, la, 2
err (to), sbagliare, 11
errands, commissioni, le, 7
error, errore, l' (m.), 2
eruption, eruzione, l' (f.), 13
especially, specialmente, 4
espresso, espresso, l' (m.), 4
essay, saggio, il, 11
establish, affermarsi, 9
estranged, estraniato, 15
eternal, eterno, 8
ethnic, etnico, 16
Etruscan, etrusco, 9
euro, euro, l' (m.), 6
European, europeo, 2
European Union, Unione Europea, l' (f.), 16
evangelic, evangelico, 3
eve, vigilia, la, 9
evening, sera, serata, la, P
event, avvenimento, l' (m.), manifestazione, la, 5
ever, mai, 4
every, ogni, 2
everyone, tutti, 6
everything, tutto, P
everywhere, dappertutto, 8
evident, evidente, 4
exactly, esattamente, 10
exaggerate (to), esagerare, 15
exam, esame, l' (m.), 6
examine (to), esaminare, 11
example, esempio, l' (m.), 2
excavation, scavo, lo, 16
excellent, prelibato, eccellente, 9
except, tranne, 14
exceptional, eccezionale, 5
excessive, eccessivo, 6
exchange, scambio, lo, cambio, il, 1
exchange (to), scambiare, 9
excited, emozionato, 8
exclude (to), eliminare, escludere, 5
exclusively, esclusivamente, 2
excursion, gita, la, 7
excuse, scusa, la, pretesto, il, 5
executive, esecutivo, l' (m.), 16
exempt, esente, 15
exercise, ginnastica, la, 10
exercise (to), esercitare, 4
exhausted, esausto, 8
exhibit (to), esporre, 9
exhortation, esortazione, l' (f.), 7
exile, esilio, l' (m.), 16
exist (to), esistere, 6
exoticism, esotismo, l' (m.), 14
explain (to), spiegare, 2
exploitation, sfruttamento, lo, 16
export, esportazione, l' (f.) 16
export (to), esportare, 16
exposition, esposizione, l' (f.), 1
expound (to), illustrare, 12

expect (to), aspettarsi, 6
expected, previsto, 4
expense, costo, il, 6
expensive, costoso, 5
express (to), esprimere, 3
expression, espressione, l' (*f.*), P
experience, esperienza, l' (*f.*), 7
expert, esperto, 3
explore (to), esplorare, 12
expressway, autostrada, l' (*f.*), 8
exotic, esotico, 13
extend (to), estendere, 7
extended, allargato, 5
extraterrestrial, extraterrestre, 15
extrovert, estroverso, 3
eye, occhio, l' (*m.*), P
eyeglasses, occhiali, gli, 3
eyelash, ciglio, il, P

F ● ●

fabulous, favoloso, 10
facade, facciata, la, 9
face, faccia, la, viso, il, 5
face (to), affrontare, 12
factor, fattore, il, 11
factory, stabilimento, lo, fabbrica, la, 1
false, falso, 1
fall, caduta, la, 16
fall (to), cadere, 7
family, famiglia, la, P
family member, familiare, 5
famous, famoso, celebre, 1
fan, tifoso, il, 7
fantastic, spettacolare, fantastico, 9
far, lontano, 2
farm, fattoria, la, 6
farm (to), coltivare, 1
farmhouse, cascina, la, 6
farming, coltivazione, la, 15
fascinated, affascinato, 16
fascism, fascismo, il, 16
fascist, fascista, il/la, 16
fast, veloce, 12
fat, grasso, 2
father, padre, il, 2
father-in-law, suocero, il, 5
faucet, rubinetto, il, 15
fault, colpa, la, 8
fauna, fauna, la, 15
favor (to), favorire, 10
favorable, favorevole, 16
favorite, preferito, 3
fear, paura, la, spavento, lo, 8
fear (to), temere, 15
feature, caratteristica, la, 3
feather, penna, la, P
February, febbraio, 1
federal, federale, 16
federation, federazione, la, 10
feel (to), sentirsi, provare, 5
feeling, sentimento, il, 8
female, femmina, la, 12
feminine, femminile, 2

fencing, scherma, la, 7
ferment, fermento, il, 14
ferry, traghetto, il, 13
fertile, fertile, 6
festival, sagra, la, 9
festivity, festa, la, 1
festoon, festone, il, 14
fever, febbre, la, 7
few, pochi/e, qualche, 3
fiancé, fidanzato, il, 10
field, campo, settore, il, 2
fifteen, quindici, 1
fifth, quinto, 6
fiftieth, cinquantesimo, 5
fifty, cinquanta, 1
fight (to), combattere, 12
figure, figura, la, 8
final, finale, 1
finally, infine, 7
find (to), trovare (**to find out, scoprire**), 3
finger, dito, il, 10
fine, multa, la, 13
finish (to), finire, 3
fireman, vigile del fuoco, il, 11
fireplace, caminetto, il, 12
fireworks, petardi, i, 9
firm, azienda, l' (*f.*) 12
first, primo, 1
fish, pesce, il, 4
five, cinque, 1
fixation, fisima, la, 15
fixed, fisso, 9
fizzy, gassato, 15
flag, bandiera, la, 9
flight, volo, il, 10
floor, piano, il, pavimento, il, 6
flora, flora, la, 15
flower, fiore, il, 2
flowing, fluido, 10
flu, influenza, l' (*f.*), 15
fluid, liquido, 2
flying, volante, 9
fog, nebbia, la, 4
foggy, nebbioso, 15
folklore, folclore, il, 15
follow (to), seguire, 3
following, seguente, successivo, 5
fond, affezionato, 10
foolishly, stupidamente, 16
food, cibo, il, 4
foot, piede, il, 1
forbid (to), vietare, proibire, 13
forbidden, proibito, 9
forecast, previsioni, le, 4
forefront, avanguardia, l' (*f.*), 15
forehead, fronte, la, 14
foreign, straniero, lo, estero, 1
foreign languages, lingue straniere, le, 2
forest, foresta, la, 15
forget (to), dimenticare, 5
fork, forchetta, la, 9
form, modulo, il, scheda, la, 5
form (to), formare, 5
formal, formale, 1

formidable, formidabile, 15
forming, formazione, la, 12
formulate (to), formulare, 7
fortunate, fortunato, 7
fortune, fortuna, la, 8
fortune-teller, indovino, l' (*m.*) 11
forty, quaranta, 1
forum, foro, il, 8
found (to), fondare, 8
fountain, fontana, la, 2
four, quattro, 1
fourteen, quattordici, P
fragment, frammento, il, 5
free, libero, gratis, gratuito, 3
freely, liberamente, 16
freedom, libertà, la, 9
French, francese, 1
French fries, patatine, le, 4
frenzied, frenetico, 9
frenzy, frenesia, la, 7
frequency, frequenza, la, 3
fresco, fresco, 3
fresco (to), affrescare, 4
fresh, fresco, 4
Friday, venerdì, 1
friend, amico, l' (*m.*) P
friendly, socievole, amichevole, 3
friendship, amicizia, l' (*f.*), 5
fright, spavento, lo, 16
frighten (to), spaventare, 16
fruit, frutta, la, 4
full, pieno, 13
fumble (to), armeggiare, 12
function, funzione, la, 8
funding, finanziamento, il, 15
funny, buffo, divertente, 2
furnish (to), arredare, 6
furnishing, arredamento, l' (*m.*), 6
furniture, mobili, i, 5
future, futuro, il, avvenire, l' (*m.*), 11
futurism, futurismo, il, 1
futurist, futurista, il, 1

G ● ●

gallery, galleria, la, 3
game, gioco, il, partita, la, 1
garage, garage, il, 1
garbage, spazzatura, la, rifiuti, i, 5
garden, giardino, il, 3
gardening, giardinaggio, il, 5
garlic, aglio, l' (*m.*), 9
gas, gas, il, 15
gasoline, benzina, la, 13
gastronomic, gastronomico, 10
gate, sbarra, la, 13
gather (to), radunare, 8
gather (to), ritrovarsi, 7
genealogical, genealogico, 5
general, generale, 4
generally, generalmente, in genere, 2
generous, generoso, 3
generation, generazione, la, 5
genetically modified,

transgenico, 15
gentle, gentile, 3
genuine, genuino, 13
genuineness, genuinità, la, 15
geographical, geografico, 14
geography, geografia, la, P
German, tedesco, 1
Germany, Germania, la, 9
gerund, gerundio, il, 11
gesture, gesto, il, 10
ghetto, ghetto, il, P
ghostlike, spettrale, 16
gift, regalo, il, 11
ginger, zenzero, lo, 14
girl, ragazza, bambina, la, 2
give (to), dare, donare, 1
glacier, ghiacciaio, il, 7
gladly, volentieri, 7
glance, occhiata, l' (*f.*), 14
glass, bicchiere, vetro, il, 5
global warming, riscaldamento globale, il, 15
glorious, glorioso, 4
gloves, guanti, i, 14
glycemia, glicemia, la, 15
go (to), andare, 1
gold, oro, l' (*m.*), 5
golden, dorato, 9
gondola, gondola, la, 12
good, buono, P
gorge (to), fare una scorpacciata, 16
Gothic, gotico, 2
Government, governo, il, regime, il, 16
grade, voto, il, 8
graduate (to), laurearsi, diplomarsi, 5
grammar, grammatica, la, 1
grandchild, nipote, il/la, 5
grandfather, nonno, il, 5
grandmother, nonna, la, 5
grapes, uva, l' (*f.*), 4
grass, erba, l' (*f.*), 6
grate (to), grattugiare, 9
gray, grigio, 3
great, grande, 1
great-grandparents, bisnonni, i, 5
Greek, greco, 1
green, verde, 3
greengrocer, fruttivendolo, il, 14
greenhouse, serra, la, 11
greet (to), salutare, 9
greeting, augurio, l' (*m.*), saluto, il, P
grilled, grigliato, 9
grocery, alimentari, gli, 14
growth, crescita, la, 5
guard, sorvegliante, il/la, 13
guardian, protettore, il, 12
guess (to), indovinare, 1
guest, ospite, l' (*m./f.*), invitato, l' (*m.*), 4
guide, guida, la, P
guided, guidato, 10
guitar, chitarra, la, 2

gulf, golfo, il, 11
gym, palestra, la, 7

H ●●●

habit, abitudine, l' (f.) 4
hair, capelli, i, 3
hairdresser, parrucchiere, il, 11
hair dryer, asciugacapelli, l' (m.), 7
half, metà, 8
hall, sala, la, salone, il, 2
ham, prosciutto, il, 2
hammer, martello, il, 12
hand, mano, la, 9
hand (to), consegnare, porgere, 13
handbag, borsa, la, 2
handicapped, invalido, 15
handicraft, artigianato, l' (m.), 15
handkerchief, fazzoletto, il, 14
hang (to), appendere, 9
happen (to), succedere, avvenire, svolgere, verificare, 7
happy, lieto, contento, felice, allegro, 1
happiness, felicità, la, 9
hard, duro, 6
harm (to), nuocere, 10
harmful, nocivo, 15
haste, fretta, la, 8
hat, cappello, il, 14
hate (to), odiare, 8
have (to), avere, disporre, 1, dovere, 5
head, capo, il, testa, la, 8
health, salute, la, 4
health care, sanità, la, assistenza sanitaria, l' (f.), 15
healthy, sano, 15
hear (to), sentire, 7
heart, cuore, il, 3
heat, caldo, il, 6
heating, riscaldamento, il, 8
heaven, paradiso, il, 9
heavy, pesante, intenso, 7
heel, tacco, il, 14
hellish, infernale, 11
hello, ciao, salve, P
help, aiuto, l' (m.), 4
help (to), aiutare, 6
her/hers, suo, 5
herbs, erbe aromatiche, le, 15
heritage, patrimonio, il, 10
hide (to), nascondere, 16
hidden, nascosto, 10
high, alto, elevato, 1
higher, superiore, 8
highest, massimo, 4
hill, collina, la, colle, il, 1
hint, suggerimento, il, 6
his, suo, 8
historic, storico, 2
history, storia, la, 2
hit (to), colpire, 15
hold (to), tenere, 1
holiday, festività, villeggiatura, la, ferie, le, 9
holy, santo, 14

home, casa, la, P
homeland, patria, la, 5
homeless, senzatetto, il, 12
homemade, casalingo, 9
homemaker, casalinga, la, 5
homesickness, nostalgia, la, 8
homework, compito, il, 2
homogeneity, omogeneità, l' (f.), 16
homogenize (to), omogeneizzare, 15
honest, onesto, 3
honeymoon, viaggio di nozze, il, luna di miele, la, 5
honor, onore, l' (m.), 9
honor (to), rispettare, 4
hope, speranza, la, 9
horoscope, oroscopo, l' (m.), 11
horse, cavallo, il, 5
horrible, orribile, 10
hospital, ospedale, l' (m.), ospedaliero, 1
hostel, ostello, l' (m.), 13
hot, caldo, 4
hotel, albergo, l' (m.), alberghiero, 8
hour, ora, l' (f.), 3
house, casa, la, P
housekeeper, governante, la, 8
household, domestico, 6
housework, faccende, le, 5
housing, sistemazione, la, 6
how, come, P
how much, quanto, 3
hug (to), abbracciare, 5
huge, enorme, 10
Humanities, lettere, le, 2
humanity, umanità, l' (f.), 10
hunger, fame, la, 4
hunting, caccia, la, 16
hurry (to), sbrigarsi, 11
husband, marito, il, 5
hybrid car, macchina ibrida, la, 15
hydrofoil, aliscafo, l' (m.), 13
hypermarket, ipermercato, l' (m.), 14
hypochondriac, ipocondriaco, 15
hypothesis, ipotesi, l' (f.), 4

I ●●●

ice, ghiaccio, il, 7
ice cream, gelato, il, P
idea, idea, l' (f.), 11
ideal, ideale, 9
idealistic, idealista, 12
identical, identico, 6
identify (to), identificare, 7
identità, identità, l' (f.), 13
ideology, ideologia, l' (f.), 16
idiot, idiota, 15
illegal, illegale, 16
illegitimate, illegittimo, 5
illness, malanno, il, malattia, la, 10
image, immagine, l' (f.), 8

imaginary, immaginario, 7
imagination, fantasia, la immaginazione, l', (f.), 7
imagine (to), immaginare, 5
immediate, immediato, 11
immerse (to), immergere, 6
immersion, immersione, l' (f.), 13
immigrant, immigrato/a, il/la, 16
immigration, immigrazione, l' (f.), 16
immortalize (to), immortalare, 3
impact, impatto, l' (m.), 15
imperative, imperativo, l' (m.), 9
imperfect, imperfetto, l' (m.), 8
impersonal, impersonale, 7
importance, importanza, l' (f.), 9
important, importante, 1
impossible, impossibile, 15
improve (to), migliorare, perfezionare, 7
improvisation, improvvisazione, l' (f.), 9
include (to), comprendere, incorporare, includere, 6
income, reddito, il, 15
increase, aumento, l' (m.), 6
incredible, incredibile, 10
incurable, incurabile, 15
indefinite, indeterminativo, indefinito, 2
independence, indipendenza, l' (f.) 1
independent, indipendente, 8
indicative, indicativo, 16
indirect, indiretto, 9
indispensable, indispensabile, 15
industrial, industriale, 1
industrialized, industrializzato, 11
industry, industria, l' (f.), 1
inequality, ineguaglianza, 13
infatuation, infatuazione, l' (f.), 15
infection, infezione, l' (f.), 15
infer (to), dedurre, 14
infinite, infinito, l' (m.), 3
inform (to), informare, 7
informal, informale, 1
influence, influenza, l' (f.), 4
influence (to), influire, 15
influential, influente, 8
information, informazione, l', 1
infuse (to), infondere, 9
initial, iniziale, 9
inquiry, inchiesta, l' (f.), 16
insert (to), inserire, 11
insist (to), insistere, 8
insomnia, insonnia, l' (f.), 15
inspire (to), ispirare, 12
installment, rata, la, 11
instead, invece, 1
institute, istituto, l' (m.), 2
instrument, strumento, lo, 2
integrate (to), integrarsi, inserirsi, 15
integration, integrazione, l' (f.),

inserimento, l' (m.), 6
intellectual, intellettuale, il/la, 7
intelligent, intelligente, 3
intensive, intenso, 8
intention, intenzione, l' (f.), 6
interchangeable, interscambiabile, 12
interior, interno, 13
interest (to), interessare, 7
interesting, interessante, 2
interior decorator, arredatore/arredatrice, l' (m./f.), 11
internal, interno, 8
international, internazionale, 7
Internet connection, connessione Internet, la, 13
interplanetary, interplanetario, 11
interrogation, interrogazione, l' (f.), 8
interview, intervista, l' (f.), colloquio, il, 4
interview (to), intervistare, 1
interviewee, intervistato, l' (m.), 15
intransigent, intransigente, 4
introduce (to), presentare, introdurre, 1
introduction, presentazione, la, 1
intruder, intruso, l' (m.) 1
invent (to), inventare, 7
invest (to), investire, 6
invitation, invito, l' (m.), 5
invite (to), invitare, 5
Iranian, iraniano, 1
irregular, irregolare, 6
iron, ferro, il, 4
iron (to), stirare, 5
ironic, ironico, 11
irresistible, irresistibile, 4
island, isola, l' (f.), 4
isolated, isolato, 15
issue, questione, la, 12
Italian, italiano, P
italics, corsivo, il, 8
Italy, Italia, l' (f.), P
item, capo, il, 14

J ●●●

jacket, giacca, la, 3
jail, carcere, il, 16
jam, marmellata, la, 14
January, gennaio, P
Japanese, giapponese, 1
jar, barattolo, il, 14
jealous, geloso, 8
jeans, jeans, i, 3
jewel, gioiello, il, 10
jewelry, gioielli, i, 5
jewelry store, gioielleria, la, 14
job, lavoro, il, 5
jogging, footing, il, 7
joke (to), scherzare, 8
joking, scherzoso, 11
jolt, sobbalzo, il, 16
journalism, giornalismo, il, 2

journalist, giornalista, il/la, 6
journey, percorso, il, 10
joyful, gioioso, 14
juice, succo, il, 4
July, luglio, P
jump, salto, il, 12
jump (to), saltare, balzare, 8
Jupiter, Giove, 11
justify (to), giustificare, motivare, 5

K ●●●

keep (to), conservare, 6
key, chiave, la, 5
kid, ragazzo, il, 1
kilometer, chilometro, il, 3
kindness, bontà, gentilezza, la, 5
king, re, il, 14
kingdom, regno, il, 14
kinship, parentela, la, 5
kiss, bacio, il, 10
kiss (to), baciare, 10
kitchen, cucina, la, 6
kiwi, kiwi, il, 9
knee, ginocchio, il, 15
knife, coltello, il, 9
know (to), sapere, conoscere, P
knowledge, conoscenza, la, 10
Korean, coreano, 1

L ●●●

labor union, sindacato, il, 16
lack, mancanza, la, 16
Ladin, ladino, 6
lake, lago, il, 3
lamb, agnello, l' (m.), 9
lamp, lampada, la, 6
landscape, paesaggio, il, 4
language, lingua, la, P
large, largo, grosso, vasto, 9
lasagna, lasagne, le, P
last, ultimo, l' (m.) 3
last (to), durare, 9
lastly, finalmente, 8
late, tardi, 1
lately, ultimamente, 10
later, più tardi, 1
laughter, risata, la, 7
laundry, bucato, il, 5
lava, lava, la, 14
lavish, fastoso, 3
law, giurisprudenza, legge, la, 2
lawyer, avvocato, l' (m.), 1
layer, strato, lo, 15
layout, piantina, la, 6
lazy, pigro, 3
leadership, primato, il, 15
lean (to) appoggiarsi, 8
learn (to), imparare, 2
leather, la, pelle, 14
leave (to), lasciare, partire, 2
left, sinistra, la, 2
leg, gamba, la, 10
legal, legale, 11
lend (to), prestare, 10
lemon, limone, il, 9
lenient, permissivo, tollerante, 3

lent, quaresima, la, 9
letter, lettera, la, 2
level, livello, il, 2
liberation, liberazione, la, 9
library, biblioteca, la, 9
lie, bugia, la, 8
life, vita, la, 2
light, luce, la, leggero, 2
lighted, illuminato, 14
lightning, fulmine, il, 10
limit, limite, il, 4
limit (to), limitare, 4
limited, limitato, 8
line, verso, il, linea, la, 8
linen, biancheria, la, lino, il, 6
linger (to), intrattenersi, 13
linguistic, linguistico, 2
link, legame, il, 5
link (to), collegare, abbinare, 5
lips, labbra, le, 13
list, lista, la, elenco, l' (m.), 5
list (to), elencare, 6
listen (to), ascoltare, P
liter, litro, il, 15
literally, letteralmente, 10
literature, letteratura, la, 2
little, poco, 1
live (to), abitare, 2
lively, energico, movimentato, 2
local, locale, urbano, 11
location, posizione, la, 13
logical, logico, 9
loneliness, solitudine, la, 8
long, lungo, 3
look, aspetto, 6
look (to), guardare, 1
look for (to), cercare, 2
look like (to), somigliare, 5
lose (to), perdere, 6
lord, signore, il, 4
lotion, crema, la, 13
lottery, lotteria, la, lotto, il, 7
love, amore, l' (m.), 7
love (to), amare, 3, voler bene, 7
lover, innamorato, 9
loving, affettuoso, 5
lower, inferiore, 14
lower (to), diminuire, 12
lowest, minimo, 4
luck, fortuna, sorte, la, 10
luggage, bagaglio, il, 10
lung, polmone, il, 9
luxurious, lussuoso, signorile, 3
luxury, lusso, il, 6
lyric, lirico, 3

M ●●●

magazine, rivista, la, 14
magnificent, magnifico, 10
maid, cameriera, la, 8
mail, posta, la, 4
mail (to), spedire, imbucare, 5
mailbox, cassetta delle lettere, la, 14
main, principale, 5
majestic, maestoso, 8
majesty, maestà, la, 8

major, maggiore, 5
majority, maggioranza, la, 6
male, maschio, il, 11
mall, centro commerciale, il, 14
man, uomo, l' (m.), 2
management, amministrazione, l' (f.), 11
manager, dirigente, il/la, 12
manner, maniera, modalità, la, 5
many, molto, 3
map, carta geografica, mappa, piantina, la, 2
marble, marmo, il, 3
March, marzo, 1
marine, marino, 7
marital status, stato civile, lo, 1
mark (to), segnare, 5
market, mercato, il, 9
married, sposato, 5
marry (to), sposare, 5
masculine, maschile, 2
mask, maschera, la, 9
mass, messa, la, 9
masterpiece, capolavoro, il, 8
match (to), abbinare, 6
materialistic, materialista, il/la, 3
maternal materno, 5
matter (to), importare, 7
mature, maturo, 4
maybe, forse, 5
mayonnaise, maionese, la, 9
mayor, sindaco, il, 12
meal, pasto, il, 4
mean (to), significare, P
meaning, significato, il, 13
means, mezzo, 8
meanwhile, intanto, 5
measure, misura, 7
measure (to), misurare, 14
meat, carne, la, 4
mechanic, meccanico, il, 11
mechanical, meccanico, 7
medal, medaglia, la, 10
mediate (to), mediare, 16
mediation, mediazione, la, 4
medical, sanitario, 15
medicine, farmaco, il, medicina, la 15
medieval, medioevale, 2
Mediterranean, mediterraneo, il, 14
meet (to), incontrare, 2
meeting, riunione, la, 5
meeting, incontro, l' (m.), 7
melon, melone, il, 9
melt (to), sciogliere, 9
member, membro, il, 6
memory, ricordo, il, memoria, la, 8
mentality, mentalità, la, 16
mention (to), menzionare, 6
menu, menù, il, 7
merchandise, merce, la, 12
merchant, negoziante, il/la, 11
mess, disordine, il, 5
message, messaggio, il, 4

messy, disordinato, 6
metal, metallo, il, metallico, 11
meter, metro, il, 1
Mexican, messicano, 1
micro-organism, microrganismo, il, 7
microwave, microonde, il, 6
midday, mezzogiorno, il, 4
middle, mezzo, medio, metà, la, 7
midnight, mezzanotte, la, 4
migration, migrazione, la, 16
Milanese, milanese, 3
milk, latte, il, 4
million, milione, il, 6
mimosa, mimosa, la, 9
mind, mente, la, 8
mine, mio, 5
mineral, minerale, 4
minister, ministro, il, 8
minority, minoranza, la, 6
minus, meno, 1
mirror, specchio, lo, 4
mishap, inconveniente, l' (m.), 10
miss, mancare, perdere, 1
mistake (to), sbagliare, 11
mistrust (to), diffidare, 14
model, modello, il, 11
moderate, discreto, 13
moderately, moderatamente, 15
modern, moderno, 2
modernity, modernità, la, 13
modest, modesto, 8
modify (to), modificare, 15
mom, mamma, la, 5
moment, momento, il, 7
monarch, sovrano, il, 14
monarchy, monarchia, la, 16
Monday, lunedì, P
monetary, monetario, 6
money, soldi, quattrini, i, 6
month, mese, il, P
monument, monumento, il, 6
moped, motorino, il, 8
more, più, 1
morning, mattina, la, mattutino, 2
mortgage, mutuo, il, 6
mosaic, mosaico, il, 2
mother, madre, la, 2
mother-in-law, suocera, la, 1
motionless, statico, 1
motorboat, motoscafo, il, 13
motorcycle, motocicletta, la, 8
mountain, montagna, la, P
mountainous, montagnoso, 7
mouth, bocca, la, 8
move (to), muovere, cambiare, circolare, spostarsi, traslocare, 6
movement, movimento, il, 8
mozzarella, mozzarella, la, 16
mushroom, funghi, i, 9
music, musica, la, P
multicolored, variopinto, 14
multiethnic, multietnico, 6
muscular, muscoloso, 10
museum, museo, il, 2
musician, musicista, il/la, P

piano, piano, pianoforte, il, 7
picture, quadro, ritratto, il, 6
piece, pezzo, il, 9
pilgrim, pellegrino, il, 9
pizza, pizza, la, 2
pizzeria, la, pizzeria, 4
place, luogo, posto, il, località, la, P
place (to), situare, 3
plain, pianura, la, 1
plan, progetto, il, 11
plane, aereo, l' (m.), 8
planet, pianeta, il, 11
plant, pianta, la, impianto, l' (m.), 5
plastic, plastica, la, 12
platform, binario, il, 11
play (to), suonare, giocare, 2
playbill, locandina, la, 7
player, giocatore, il, 7
pleasant, piacevole, 7
please, per favore, P
pleasure, piacere, il, P
plentiful, abbondante, 9
plumber, idraulico, l' (m.), 12
plunge (to), buttarsi, 16
plural, plurale, 1
plus, più, 1
Pluto, Plutone, 11
poem, poesia, la, 3
poet, poeta, il, poetessa, la, P
point, punto, il, 3
point (to), accennare, 16
police officer, poliziotto, il, 11
political, politico, 10
political rally, comizio, il, 1
politically, politicamente, 6
politician, politico, il, 1
politics, politica, la, 3
pollute (to), inquinare, 8
pollution, inquinamento, l' (m.), 8
polychromatic, policromo, 9
pool, biliardo, il, piscina, la, (**football pool,** totocalcio, il), 7
poor, povero, 5
pope, papa, il, 4
popular, popolare, 7
population, popolazione, la, 6
porcelain, porcellana, la, 9
porch, veranda, la, 6
port, porto, il, 6
portrait, ritratto, il, 4
Portuguese, portoghese, 14
position, collocazione, la, posto, lavoro, il, 11
positive, positivo, 10
possessive, possessivo, 5
possibility, possibilità, la, 2
possible, possibile, 4
post office, ufficio postale, l' (m.) 14
postcard, cartolina, la, 9
poster, poster, il, 6
postpone (to), rimandare, 16
pot, tegame, il, 9
potato, patata, la, 4

poverty, povertà, la, 16
power, potenza, la, potere, il, 5
practical, pratico, 13
practice (to), praticare, 7
precise, preciso, accurato, 11
precisely, appunto, 12
prediction, predizione, la, 11
prefer (to), preferire, 3
preferably, preferibilmente, 12
preference, preferenza, la, 9
prehistorical, preistorico, 10
prejudice, pregiudizio, il, 16
premise, locale, il, 7
preparation, preparativo, il, 5
prepare (to), preparare, apparecchiare, 5
preposition, preposizione, la, 6
preschool, asilo, l' (m.), 8
prescription, ricetta, la, 15
present, presente, regalo, il, 1
present (to), presentare, 6
preserve (to), preservare, 16
president, presidente, il/la 7
President of the Republic, il Presidente della Repubblica, 16
pressure, pressione, la, 15
pretty, grazioso, 6
previous, precedente, 7
price, prezzo, il, quota, la, 6
prince, principe, il, 8
principal, preside, il/la, 10
principle, principio, il, 9
print (to), stampare, 6
printer, stampante, la, 6
private, privato, 7
privilege, privilegio, il, 10
probability, probabilità, la, 11
probable, probabile, 15
probably, probabilmente, 3
problem, problema, il, 7
proceed (to), avanzare, 14
process, processo, il, 6
procession, processione, la, 14
produce (to), produrre, 1
producer, produttore/produttrice, il/la, 11
product, prodotto, il, 1
production, produzione, la, 15
profession, professione, la, 2
professional, professionista, il/la, professionale, 7
professor, professore, il, professoressa, la, P
program, programma, il, 2
programmer, programmatore, il, programmatrice, la, 12
progress, progresso, il, 8
progress (to), progredire, 8
progressive, progressivo, 11
project, progetto, il, 9
promise, promessa, la, 11
promote (to), promuovere, 16
promotion, promozione, la, 10
pronoun, pronome, il, 1
pronounce (to), pronunciare, P
property, proprietà, la, 6

proportion, proporzione, la, 14
proposal, proposta, la, 16
propose (to), proporre, 8
protagonist, protagonista, il/la, 7
protect (to), proteggere, salvaguardare, 12
protection, tutela, la, 15
protest, protesta, la, 7
protest (to), protestare, 11
proud, orgoglioso, 6
provide (to), provvedere, 14
province, provincia, la, 1
provisional, provvisorio, 7
publish (to), pubblicare, 11
puppet, pupo, il, 9
purchase, acquisto, l' (m.), compera, la, 3
purchase (to), acquistare, 6
psychological, psicologico, 3
psychologist, psicologo, lo 4
psychology, psicologia, la, 2
psychotherapist, psicoterapeuta, lo/la, 4
pub, birreria, la, 13
public, pubblico, il, civico, 11
puff (to), sbuffare, 13
pull (to), tirare, 5
pumpkin, zucca, la, 9
punctuality, puntualità, la, 11
punish (to), punire, 8
punishment, pena, la, P
put (to), mettere, 2

Q ● ● ●

quality, qualità, la, 9
quantity, quantità, la, 4
question domanda, l', 5
questioning, interrogatorio, 15
questionnaire, questionario, il, 11
quiet, silenzioso, zitto, 8

R ● ● ●

race, corsa, gara, la, 5
racism, razzismo, il, 16
racket, racchetta, la, 7
radio, radio, la, 3
radiophone, radiotelefono, il, 13
rain (to), piovere, 4
range, catena, la, 7
rare, raro, 5
rare (meat), al sangue 9
rather, piuttosto, 6
razor, rasoio, il, 14
reach (to), raggiungere, 14
react (to), reagire, 8
read (to), leggere, P
reader, lettore, il, lettrice, la, 10
reading, lettura, la, 1
ready, pronto, 9
realism, realismo, il, 3
realistic, realista, 3
realistic, realistico, 8
reality, realtà, la, 6
realize (to), rendersi conto, 14
realization, realizzazione, la, 9

really, davvero, 6
rearrange, risistemare, 16
reason, motivo, il, ragione, la, 5
rebellious, ribelle, 8
rebuild (to), ricostruire, 5
recapture (to), riprendere, 16
receive (to), ricevere, 4
recent, recente, 10
recently, recentemente, di recente, 6
reception, ricevimento, il, accoglienza, l' (f.), 5
recess, ricreazione, la, 8
recipe, ricetta, la, 9
reciprocal, reciproco, 5
recognition, riconoscimento, il, 16
recognize (to), riconoscere, 3
reconsider (to), ripensarci, 15
record, record, il, 5
recording, registrazione, la, 10
recover (to), rimettersi, guarire, 10
recovery, ritrovamento, il, 14
recruiting, reclutamento, il, 10
rectangular, rettangolare, 3
recycle (to), riciclare, 12
red, rosso, P
reef, scoglio, lo, 13
refectory, refettorio, il, 3
refer (to), riferirsi, 5
referendum, referendum, il, 16
refined, pregiato, squisito, raffinato, 1
reflex, riflesso, il, 15
reflexive, riflessivo, 4
reform, riforma, la, 8
refrigerator, frigorifero, il, 4
refuse (to), rifiutare, 13
region, regione, la, P
regional, regionale, 7
register (to), iscriversi, 1
regular, regolare, 14
regulate (to), regolare, 15
relationship, rapporto, il, relazione, la, 5
relative, relativo, 10
relatives, parenti, i, 5
relax, (to), rilassarsi, 6
relaxing, rilassante, 10
relevant, di rilievo, rilevante, 7
reliable, affidabile, 12
reloading, ricarico, il, 11
remain (to), restare, rimanere, 4
remake (to), rifare, 5
remarkable, straordinario, 3
remedy, rimedio, il, 15
remember (to), ricordare, 5
remodeling, ristrutturazione, la, 6
Renaissance, rinascimentale, Rinascimento, il, 3
render (to), rendere, 7
renounce (to), rinunciare, 9
renovate (to), ristrutturare, 6
rent, affitto, l' (m.), 6
rent (to), affittare, noleggiare, 6

repair (to), aggiustare, 5
repeat (to), ripetere, 2
report (to), riferire, 5
report card, pagella, la, 8
represent (to), rappresentare, 5
representation, rappresentazione, la, 8
representative, rappresentante, il/la, 15
reproach (to), rimproverare, 16
republic, repubblica, la, 12
request, richiesta, la, 9
require (to), richiedere, 12
required, obbligatorio, 8
reread (to), rileggere, 6
researcher, ricercatore/ricercatrice, il/la, 11
reservation, prenotazione, la, 6
reserved, riservato, 10
reside (to), risiedere, 16
residence, residenza, la, soggiorno, domicilio, il, 5
resident, abitante, l' (m./f.), residente, il/la, 6
resistance, resistenza, la, 10
resort, villaggio turistico, il, 10
resource, risorsa, la, 10
resources, fondi, i, 16
respect (to), rispettare, 12
respiratory, respiratorio, 15
responsibility, responsabilità, la, 12
rest, resto, il, riposo, il, 10
rest (to), riposarsi, 4
restore (to), restaurare, 12
restrict (to), limitare, 4
result, risultato, il, 5
result (to), risultare, 9
return, rientro, il, 4
return (to), rientrare, ritornare, 2
reveal (to), rivelare, 16
revengeful, vendicativo, 15
reverse, rovescio, il, 15
review (to), ricapitolare, ripassare, 1
revive (to), rivivere, 14
rhyme, rima, la, 4
ribbon, nastro, il, 8
rice, riso, il, 1
rich, ricco, 1
ride, passaggio, il, 10
right, destra, la, diritto, il, straight, 1
rigid, inflessibile, ferreo, rigido, 4
ring, anello, l' (m.), 14
rising, emergente, 14
risk, rischio, il, 15
risotto, risotto, il, 9
ritual, rito, il, 14
river, fiume, il, 8
road, strada, la, stradale, 2
rock, roccia, la, 7
rocky, rupestre, 14
role, ruolo, il, 1
Roman, romano, 2
Romanesque, romanic, 6

romantic, romantico 7
rooftop, tetto, il, 1
room, camera, stanza, la, 3
root (to) for, fare il tifo per, 9
rooting, tifo, il, 7
rope, corda, la, 8
rose, rosa, la, P
route, tragitto, il, 14
routine, routine, la, 4
rub (to), stropicciare, 13
ruin, rovina, la, 8
ruins, resti, i, 13
rule, regola, dominazione, la, 7
rule (to), dominare, 14
run (to), correre, 3
Russian, russo, 1

S ●●●

sacred, sacro, 14
sacrifice, sacrificio, il, 11
sad, triste, 3
sail, vela, la, 4
saint, santo, il, 5
salad, insalata, l' (f.), 4
salary, stipendio, lo, 12
sale, vendita, svendita, la, saldi, i, 12
salesperson, commesso, il, commessa, la, 12
salmon, salmone, il, 9
salt, sale, il, 9
salted, salato, 9
salami, salame, il, 14
same, stesso, 3
sand, sabbia, la, 13
sandals, sandali, i, 14
sandwich, panino, il, 4
Saracen, saraceno, 14
satirical, satirico, 9
satisfaction, soddisfazione, la, 11
satisfied, soddisfatto, 9
satisfy (to), soddisfare, appagare, 9
Saturday, sabato, 1
Saturn, Saturno, 11
sauce, sugo, il, 9
sauté (to), soffriggere, 9
save (to), salvare, risparmiare, conservare, 10
saving, risparmio, il, 15
saw, sega, la, 12
say (to), dire, P
saying, detto, il, 13
scarf, sciarpa, la, 14
scattered, disperso, 9
scene, scena, la, 7
scent, profumo, il, 10
scented, profumato, 9
schedule, orario, l' (m.), 2
scholar, studioso, lo, 16
scholarship, borsa di studio, la, 10
school, scuola, la, liceo, il, 1
science, science, la, 2
science fiction, fantascienza, la, 7
scientific, scientifico, 8

scientist, scienziato, 2
score, punteggio, il, 10
scratch (to), grattare, 12
screen, schermo, lo, 1
script writer, sceneggiatore/sceneggiatrice, lo/la, 11
sea, mare, il, P
search, ricerca, la, 6
seashell, conchiglia, la, 5
season, stagione, la, 4
season (to), condire, 9
second, secondo, 4
secretary, segretario, il, 12
security, sicurezza, la, 15
sedentariness, sedentarietà, la, 15
sedentary, sedentario, 6
see (to), vedere, 1
seem (to), sembrare, 6
seize (to), cogliere, 16
selection, brano, il, raccolta, la, 8
selfish, egoista, 3
selfishness, egoismo, l' (m.), 16
sell (to), vendere, 6
semester, semestre, il, 12
senate, senato, il, 16
send (to), mandare, inviare, 5
sense, senso, il, 16
sensitive, sensibile, 3
sentence, frase, la, 5
separate (to), separare, 12
September, settembre, 1
sequence, sequenza, la, 9
serene, sereno, 5
serious, grave, serio, 3
service, servizio, il, 6
set (to), fissare, 4
settlement, insediamento, l' (m.), 14
seven, sette, P
seventeen, diciassette, 1
seventy, settanta, 1
several, diversi, 7
severe, severo, 4
sew (to), cucire, 5
sex, sesso, il, 11
shadow, ombra, l' (f.), 16
shaking, tremante, 16
shape, forma, la, 7
share (to), condividere, dividere, 6
sharp, acuto, P
shave (to), farsi la barba, 4
sheet (of paper), foglio, il, P
shelf, scaffale, lo, 6
shining, splendido, 7
ship, nave, la, 8
shoe, scarpa, la, 3
short, basso, corto, 2
shorts, pantaloncini, i, 7
shoulder, spalla, la, 9
shout, urlo, l' (m.), 16
shout (to), urlare, 5
show, spettacolo, lo, mostra, la, 7

show (to), indicare, mostrare, 5
shower, doccia, la, 4
shown, indicato, 9
shrimp, gamberetti, i, 4
shy, timido, 3
shyness, timidezza, la, 13
Sicilian, siciliano, 9
sick, ammalato, 15
side, lato, fianco, il, 14
sign, insegna, l' (f.), 16
sign (to), firmare, 14
significant, significativo, 16
silk, seta, la, 8
silver, argento, l' (m.), 9
silverware, posate, le, 9
similar, simile, 5
similarity, similarità, la, 16
simple, semplice, 6
sin, peccato, il, 3
since, poiché, 5
sing (to), cantare, 2
singer, cantante, il/la 2
singing, canto, il, 10
singular, singolare, 1
sink, lavandino, il, 6
sister, sorella, la, 4
sister-in-law, cognata, la, 5
situation, situazione, la, 5
sick, malato, 8
sight, vista, la, 10
site, sito, il, 10
six, sei, 1
sixteen, sedici, 1
sixty, sessanta, 1
size, misura, taglia, la, 14
skate (to), pattinare, 4
skates, pattini, i, 7
skating, pattinaggio, il, 7
sketch, abbozzo, l' (m.), 14
ski (to), sciare, 4
skier, sciatore, lo, 10
skill, abilità, l' (f.), 2
skin, pelle, la, 13
skirt, gonna, la, 3
skis, sci, gli, 7
skyscraper, grattacielo, il, 10
sleep, sonno, il, P
sleep (to), dormire, 2
sleeping bag, sacco a pelo, il, 13
sleepless, insonne, 4
slice, fetta, la, 9
slip (to), scivolare, 7
Slovenian, sloveno, 6
slow, lento, 13
slowly, lentamente, 8
small, piccolo, 1
smart, bravo, 8
smile, sorriso, il, 16
smile (to), ridere, sorridere, 13
smog, smog, lo, 15
smoke, fumo, il, 15
smoke (to), fumare, 13
smoker, fumatore/fumatrice, il/la, 15
smooth, liscio, 3
snap (to), scattare, 10

sneaker, scarpa da ginnastica, la, 3
snow (to), nevicare, 4
soap, sapone, il, 14
soccer, calcio, il, 1
social, sociale, 7
social worker, assistente sociale, l' (m./f.), 12
socialist, socialista, 16
society, società, la, 4
soda, bibita, la, 6
sofa, divano, il, 6
soft, morbido, 4
soldier, soldato, il, 8
solution, soluzione, la, 15
some, alcuni, qualche, 3
someone, qualcuno, 4
something, qualcosa, 4
sometimes, qualche volta, 8
solar, solare, 15
solidarity, solidarietà, la, 15
solve (to), risolvere, 12
son, figlio, il, 5
soon, presto, 1
soul, anima, l' (f.), 3
sound, audio, l' (m.), 10
soup, minestra, la, 4
source, fonte, la, 14
south, sud, il, 1
space, spazio, lo, spaziale, 1
spaceship, astronave, l' (f.), 11
spacious, spazioso, 12
spaghetti, spaghetti, gli, P
Spanish, spagnolo, P
sparkling, effervescente, 15
speak (to), parlare, P
speaker, altoparlante, l' (m.), 11
specific, specifico, 6
special, speciale, 3
specialist, specialista, specialistico, 15
specialization, perfezionamento, il, 11
specialty, specialità, la, 6
spectacularity, spettacolarità, la, 8
spectator, spettatore, lo, 8
speed, velocità, la, 8
spend (to), spendere, passare, 5
spicy, piccante, 9
spinach, spinaci, gli, 4
spirit, spirito, lo, 12
spiritual, spirituale, 8
splendid, splendido, 13
spoiled, viziato, 8
spoon, cucchiaio, il, 9
sport, sport, lo, 7
sportsman, sportivo, lo, P
sprain (to), slogare, 10
spray (to), spruzzare, 13
spread (to), diffondere, 11
spring, primavera, la, 4
square, piazza, la, quadrato, il, 3
stadium, stadio, lo, 2
stairs, scale, le, 6
stall, bancarella, la, 14
stamp, francobollo, il, 14
star, stella, la, 8

start (to), mettersi, cominciare, 4
state, stato, lo, statale, 6
station, stazione, la, 7
stationery, cartoleria, la, 14
statistics, statistica, la, 15
statue, statua, la, 3
stay, soggiorno, il, permanenza, la, 10
stay (to), stare, P
steak, bistecca, la, 4
steady, stabile, 11
steamboat, vaporetto, il, 12
step, passo, il, 7
stepbrother, fratellastro, il, 5
stepfather, patrigno, il, 5
stepmother, matrigna, la, 5
stepsister, sorellastra, la, 5
stereo, stereo, lo, 5
stereotype, stereotipo, lo, 16
still, ancora, 5
stimulating, stimolante, 12
stir (to), mescolare, 9
stocking, calza, la, 2
stomach, stomaco, lo, 15
stone, pietra, la, 6
stop, sosta, la, fermata, la, 10
stop (to), fermare, 11
stoplight, semaforo, il, 14
store, negozio, il, 1
storeroom, ripostiglio, il, 12
story, favola, la, 8
straight, diritto, 14
strand, filo, il, 13
strange, strano, 7
strategy, strategia, la, 1
strawberry, fragola, la, 9
street, strada, via, la, 2
stress (to), scandire, 6
stressed, stressato, 12
stressful, stressante, 10
strict, severo, 4
strike, sciopero, lo, colpo, il, 10
strong, forte, 5
structure, compagine, struttura, la, 15
student, studente, lo, studentessa, la, P
study, studio, lo, 1
study (to), studiare, P
stutter (to), balbettare, 15
style, stile, lo, linea, la, 3
subconscious, subconscio, il, 10
subject, soggetto, il, materia, la, 1
subject (to), sottomettere, 5
subjunctive, congiuntivo, il, 15
substance, sostanza, la, 15
substitute (to), sostituire, 12
subway, metropolitana, la, 8
succeed (to), riuscire, 12
success, successo, il, 11
suffer (to), soffrire, 10
suffering, sofferenza, la, 7
sufficient, sufficiente, 8
sugar, zucchero, lo, 9
suggest (to), suggerire, 1
suit, abito, l' (m.), vestito, il,

completo, il, 3
suitable, adatto, appropriato, opportuno, 5
suitcase, valigia, la, 10
summarize, riassumere, 9
summer, estate, l' (f.), estivo, 2
summon (to), convocare, 12
sumptuous, fastoso, 14
sun, sole, il, 4
Sunday, domenica, la, 1
sunglasses, occhiali da sole, gli, 13
superlative, superlativo, il, 10
supermarket, supermercato, il, 4
superstitious, superstizioso, 11
supper, cena, la, P
supply (to), dotare, fornire, 13
support, appoggio, l' (m.), 16
support (to), mantenere, 16
supreme, supremo, 8
surface (to), emergere, 15
surgeon, chirurgo, il, 12
surprise, sorpresa, la, 5
surprised, meravigliato, 16
surround (to), circondare, 6
surrounded, circondato, 3
survey, sondaggio, il, 3
swarm (to), brulicare, 14
sweater, maglia, la, 3
sweats, tuta, la, 14
sweatshirt, felpa, la, 3
sweep (to), spazzare, 5
swim (to), nuotare, 2
swimmimg suit, costume da bagno, il, 7
swing, altalena, l' (f.), 8
symbol, simbolo, il, 1
sympathy, simpatia, la, 16
symptom, sintomo, il, 15
synthesized, sintetizzato, 15
syrup, sciroppo, lo, 15
system, sistema, il, 8

T ●●●

table, tavolo, il, 5
tablecloth, tovaglia, la, 9
tablet, compressa, la, 15
take (to), prendere, sostenere, P
take a walk (to), passeggiare, 7
tale, favola, la, 8
talk (to), conversare, discorrere, 13
tango, tango, il, 5
task, impegno, l' (m.), 11
taste, gusto, sapore, il, 3
taste (to), assaggiare, 9
tasting, degustazione, la, 10
tasty, saporito, 9
tavern, osteria, l' (f.), 9
towel, asciugamano, l' (f.), 13
tax, tassa, la, 11
taxi, taxi, il, 8
tea, tè, il, 4
teach (to), insegnare, 1
teacher, maestro, il (m.), insegnante, l' (m./f.), 7
teacher's desk, cattedra, la, 2

team, squadra, la, 1
technician, tecnico, il, 16
technique, tecnica, la, 1
technological, tecnologico, 16
technology, tecnologia, la, 8
teddy bear, orsacchiotto, l' (m.), 6
television, televisione, la, P
television set, televisore, il, 2
tell (to), dire, raccontare, narrare, P
temperature, temperatura, la, 4
temple, tempio, il, 13
temporal, temporale, il, 9
temporarily, temporaneamente, 16
tempting, tentatrice, la, 8
ten, dieci, 1
tendency, tendenza, la, 14
tennis, tennis, il, 7
tenor, tenore, il, 7
tense, nervous, tirato, 3
tent, tenda, la, 13
terminology, terminologia, la, 7
terrace, terrazzo, il, 6
terrible, terribile, 8
territory, territorio, il, 15
test, prova, la, 1
text, testo, il, 5
thank (to), ringraziare, 5
thanks, grazie, P
Thanksgiving, (la festa del) Ringraziamento, il, 9
that, quello, 2
theater, teatro, il, teatrale, 2
theme, tema, il, 7
then, allora, 5
there, lì, 10
therefore, infatti, quindi, 2
thermal, termale, 10
thermostat, termostato, il, 15
thin, magro, sottile, 3
thing, cosa, la, 4
think (to), pensare, 2
third, terzo, 5
thirst, sete, la, P
thirteen, tredici, 1
thirty, trenta, 1
thirty-eight, trentotto, 1
thirty-five, trentacinque, 1
thirty-four, trentaquattro, 1
thirty-nine, trentanove, 1
thirty-one, trentuno, 1
thirty-six, trentasei, 1
thirty-seven, trentasette, 1
thirty-two, trentadue, 1
this, questo, 2
thousand (one), mille, 6
threaten (to), minacciare, 15
three, tre, 1
thrive (to), prosperare, 6
thriving, fiorente, 15
throat, gola, la, 15
through, attraverso, P
throw (to), buttare, 15
Thursday, giovedì, il, 1
ticket, biglietto, il, 7

wish, desiderio, il, 12
wish (to), desiderare, 2
witch, strega, la, 8
withdraw (to), prelevare, 14
withdraw (to) money/cash, prelevare soldi 14
witty, arguto, 11
wolf, lupo, il, 15
woman, donna, la, 2
wonderful, meraviglioso, 10
wood, legno, bosco, il, 6
wool, lana, la, 14

word, parola, la, vocabolo, il, P
work, lavoro, il, 5
work (to), lavorare, 2
worker, lavoratore, il, operaio, l' (*m.*) 8
workshop, officina, l' (*f.*), 11
world, mondo, il, mondiale, 3
worried, preoccupato, 10
worry (to), preoccuparsi, 4
worse, peggio, 10
worsen (to), peggiorare, 10
worship, culto, il, 4

wreath, ghirlanda, la, P
wrist, polso, il, 10
write (to), scrivere, P
writer, scrittore, lo, scrittrice, la, P
writing, scrittura, scritta, la, 1
wrong, sbagliato, 16

Y ●●●

year, anno, l' (*m.*), 1
yearly, annuale, annualmente, 7
yell (to), sgridare, 5

yellow, giallo, 3
yesterday, ieri, 6
you, tu, voi, 1
young, giovane, il, 2
your/yours, tuo/vostro, 5

Z ●●●

zebra, zebra, la, 2
zero, zero, lo, 5
zip code, C.A.P., 1
zone, zona, la, 1

Credits

page 228 (bottom) Georg Anderhub/Lebrecht Music & Arts Photo Library; **page 232** Pearson Education/PH College; **page 234 (top)** Johnson, Ronald R/Getty Images Inc.-Image Bank; **page 234 (bottom)** Duncan Maxwell/Robert Harding World Imagery; **page 235 (top)** Gavin Hellier/Nature Picture Library; **page 235 (bottom)** John Heseltine/Dorling Kindersley Media Library/John Heseltine © Dorling Kindersley; **page 238** Enrico Caracciolo/Alamy Images/© Cubolmages srl/Alamy; **page 239 (left)** RubberBall/Alamy Images; **page 239 (right)** Peter Cade/Getty Images Inc.-Stone Allstock; **page 244 (left)** Everett Collection; **page 244 (right)** Everett Collection/© Cannon Films/Courtesy Everett Collection; **page 245 (left)** Everett Collection/© Walt Disney Co./Courtesy Everett Collection; **page 245 (right)** Everett Collection/© Walt Disney Co./Courtesy Everett Collection; **page 246 (left)** Ian Shaw/Getty Images Inc.-Stone Allstock; **page 246 (right)** Spencer Grant/PhotoEdit Inc.; **page 248** Esbin/Anderson/Omni-Photo Communications, Inc.; **page 254 (left)** Teri Dixon/Getty Images, Inc.-Photodisc; **page 254 (right)** culliganphoto/Alamy Images; **page 255** A. Vossberg/VISUM/ The Image Works/© A. Vossberg/Visum/The Image Works; **page 260** Lars Halbauer/CORBIS-NY/© Lars Halbauer/dpa/ CORBIS. All Rights Reserved; **page 262** Getty Images Inc.-Hulton Archive Photos; **page 264** I. Marchegiani; **page 266 (top)** Hugh Rooney/Eye Ubiquitous/Corbis/Bettmann; **page 266 (bottom)** George Gerster/Photo Researchers, Inc.; **page 267 (top)** Rafael Macia/Photo Researchers, Inc.; **page 267 (bottom)** SCALA/Art Resource, N.Y.; **page 270** Fotocronache Olympia/PhotoEdit Inc.; **page 271 (top left)** Alessia Pierdomenico/NewsCom; **page 271 (top right)** CHRIS JONES/ Photolibrary.com; **page 271 (bottom left)** Peter Frischmuth/argus/Peter Arnold, Inc.; **page 271 (bottom right)** Photolibrary.com; **page 272** Simeone Huber/Getty Images Inc.-Stone Allstock; **page 278 (top)** Getty Images/De Agostini Editore Picture Library; **page 278 (bottom)** SuperStock, Inc./Andre Derain (1880–1954/French) "Harlequin and Pierrot", 1924, Oil on canvas. Musee de l'Orangerie, Paris, SuperStock Inc., Copyright ARS, New York; **page 279** J. P. FRUCHET/ Getty Images, Inc. –Taxi; **page 295** GoldPitt LLC/Annette Brieger/Goldpitt; **page 298** Pearson Education/PH College; **page 300 (top)** Tony Gervis/Robert Harding World Imagery; **page 300 (bottom)** Atlantide S.N.C./AGE Fotostock America, Inc.; **page 301 (top)** Dagli Orti/Picture Desk, Inc./Kobal Collection; **page 301 (bottom)** Dagli Orti (A)/Picture Desk, Inc./Kobal Collection; **page 304** Michelangelo Gratton/Getty Images Inc.-Stone Allstock; **page 320** KIMIMASA MAYAMA/NewsCom; **page 321 (left)** Francesca Italiano; **page 321 (right)** Kim Sayer/Dorling Kindersley Media Library/Kim Sayer © Dorling Kindersley; **page 328** Richard Haughton/Lebrecht Music & Arts Photo Library; **page 330** Pearson Education/PH College; **page 331** Francesca Italiano; **page 332 (top)** Dagli Orti/Picture Desk, Inc./Kobal Collection; **page 332 (bottom)** Dagli Orti/Picture Desk, Inc./Kobal Collection; **page 333 (left)** Getty Images/De Agostini Editore Picture Library; **page 333 (right)** John Miller/Robert Harding World Imagery; **page 336** Papillon Gallery; **page 344** Francesca Italiano; **page 350 (left)** John Heseltine/Dorling Kindersley Media Library/John Heseltine © Dorling Kindersley; **page 350 (right)** Paul Avis/Creative Eye/MIRA.com; **page 352 (left)** HIRB/ Photolibrary.com; **page 352 (right)** Francesca Italiano; **page 357** Francesca Italiano; **page 362** Pearson Education/PH College; **page 364 (top)** De Agostini/Getty Images/Getty Images, Inc.; **page 364 (bottom)** Pistolesi, Andrea/Andrea Pistoleri; **page 365 (top)** David R. Frazier/Photo Researchers, Inc.; **page 365 (bottom)** Dallas and John Heaton/The Stock Connection; **page 368** Michael Jenner/Alamy Images; **page 369 (left)** Getty Images, Inc. – PhotoDisc; **page 369 (right)** Bob Handelman/Getty Images Inc.-Stone Allstock; **page 375** Bruno Barbey/Magnum Photos, Inc.; **page 382** David R. Frazier/PhotoEdit Inc.; **page 383 (left)** Bob Krist/Corbis/Bettmann/© Bob Krist/CORBIS. All Rights Reserved; **page 383 (right)** Pearson Education/PH College; **page 389** Roy Rainford/Robert Harding World Imagery; **page 394** Pearson Education/PH College; **page 396 (left)** Yann Arthus-Bertrand/Corbis/Bettmann/©Yann Arthus-Bertrand/ CORBIS. All Rights Reserved; **page 396 (right)** Scala/Art Resource, N.Y.; **page 397 (left)** Gianfranco Fanello/ArenaPAL/ © Gianfranco Fainello/ArenalPal; **page 397 (right)** The Bridgeman Art Library International; **page 400** Peter Frischmuth/ argus/Peter Arnold, Inc.; **page 401 (top)** John Heseltine/Dorling Kindersley Media Library/John Heseltine © Dorling Kindersley; **page 401 (bottom left)** Esbin/Anderson/Omni-Photo Communications, Inc.; **page 401 (bottom right)** Susan Van Etten/PhotoEdit Inc.; **page 403** Susan Van Etten/PhotoEdit Inc.; **page 410 (top)** Demetrio Carrasco/Dorling Kindersley Media Library/Demetrio Carrasco © Dorling Kindersley; **page 410 (bottom)** Paul Harris and Anne Heslope/Dorling Kindersley Media Library/Paul Harris and Anne Heslope © Dorling Kindersley; **page 412** Demetrio Carrasco/Dorling Kindersley Media Library/Demetrio Carrasco © Dorling Kindersley; **page 417 (left)** Dan Bannister/Dorling Kindersley Media Library/Dan Bannister © Dorling Kindersley; **page 417 (right)** Dallas and John Heaton/The Stock Connection; **page 419** Massimo Borchi/CORBIS-NY/© Atlantide Phototravel/CORBIS. All Rights Reserved; **page 428** Pearson Education/PH College; **page 430 (top)** Demetrio Carrasco/Dorling Kindersley Media Library/Demetrio Carrasco © Dorling Kindersley; **page 430 (bottom)** Mimmo Jodice/CORBIS-NY/© Mimmo Jodice/Corbis; **page 431 (left)** Gavin Hellier/ Nature Picture Library; **page 431 (right)** Randy Wells/Getty Images Inc.-Stone Allstock; **page 434** Demetrio Carrasco/ Dorling Kindersley Media Library/Demetrio Carrasco © Dorling Kindersley; **page 438 (top)** David R. Frazier/David R. Frazier Photolibrary, Inc.; **page 438 (bottom)** David R. Frazier/Photo Researchers, Inc.; **page 450** Nigel Hicks/Dorling Kindersley Media Library/Nigel Hicks © Dorling Kindersley; **page 456** Francesca Italiano; **page 460** Pearson Education/PH College; **page 462 (top)** John Heseltine/Dorling Kindersley Media Library/John Heseltine © Dorling Kindersley; **page 462 (bottom)** John Heseltine/Dorling Kindersley Media Library/John Heseltine © Dorling Kindersley; **page 463 (top)** Getty Images/De Agostini Editore Picture Library; **page 463 (bottom)** Amos Zezmer/Omni-Photo Communications, Inc.; **page 466** Roger Moss/Dorling Kindersley Media Library/Roger Moss © Dorling Kindersley; **page 467 (left)** Erich Lessing/Art Resource, N.Y.; **page 467 (right)** Erich Lessing/Art Resource, N.Y./Pheidias (c. 490–430 BCE). Bronze statue of a young man with helmet. More than life-size, found in 1972 in the bay of Riace, Calabria, Italy. Museo Archeologico Nazionale, Reggio Calabria, Italy. © Erich Lessing/Art Resource, NY; **page 469** Galleria dell' Accademia, Florence/Art Resource, N.Y.; **page 482** Francesca Italiano; **page 484 (right)** Alfredo Marchegiani; **page 488** Francesca Italiano; **page 493** Pearson Education/PH College; **page 494 (top)** Alberto Nardi/TIPS North America/© Alberto Nardi/ TipsImages; **page 494 (bottom)** Ken Gillham/Photolibrary.com; **page 495 (top)** Gimmi/Alamy Images/© CuboImages srl/Alamy; **page 495 (bottom)** Guido Alberto Rossi/TIPS North America/© Guido Alberto Rossi/TIPS Images; **page 498** Donna Day/Getty Images Inc.-Stone Allstock; **page 499** Blue Lemon Productions/Getty Images Inc.-Image Bank; **page 501** Francesca Italiano; **page 508** Getty Images/De Agostini Editore Picture Library; **page 509 (left)** Paul Barton/Corbis/Stock Market; **page 509 (right)** Conaway,Frank/Photolibrary.com; **page 512** Photofest; **page 516** Ivan Tortorella/AP Wide World Photos; **page 517 (top)** Beryl Goldberg/© Beryl Goldberg, Photographer; **page 517 (bottom)** O. Toscani/Benetton USA, Corp./Concept: O. Toscani. Courtesy of United Colors of Benetton; **page 519** Library of Congress/Courtesy of the Library of Congress; **page 526** Chris Stowers/Dorling Kindersley Media Library/Chris Stowers © Dorling Kindersley; **page 532** Pearson Education/PH College; **page 534 (left)** Gianni Dagli Orti/CORBIS-NY/© Gianni Dagli Orti/CORBIS. All Rights Reserved; **page 534 (right)** John Heseltine/Dorling Kindersley Media Library/John Heseltine © Dorling Kindersley; **page 535 (left)** NewsCom/Picture History/Newscom; **page 535 (right)** Dagli Orti (A)/Picture Desk, Inc./Kobal Collection.

Text Credits

Page 34 Advertisement for "Stazione di Bologna Centrale", *www.trenitalia.com*. Ferrovie dello Stato S.p.A.; **page 35 (right)** Telecheck-in, *www.alitalia.it*, 2007. Courtesy of Alitalia; **page 36** Calendario dei Test d'Ingresso. Università per Stranieri di Perugia. Reprinted with permission; **page 60** Web page for Università Ca' Foscari, used with permission; **page 68** "Dublino; college/famiglia da 13 a 18 anni,"Vacanze Studio, 2002, Inter studioviaggi, p. 23, *www.interstudioviaggi.it*. Reprinted with permission; **page 109** T.V. Schedule from Oggi, 13 october 2004, p. 161. Reprinted with permission; **page 128** Adapted from "Mappa del tempo", a cura di Mario Giuliacci, *Corriere della Sera,* 16 Febbraio 2007; **page 132** From "Voglio tornare alle 5," *Donna Moderna*, 30 giugno 2004, n. 26, p. 195. Reproduced with permission from *Donna Moderna*; **page 151** *http://www.istat.it/dati/catalogo/20050912_00/01popolazione.pdf*; **page 221** Azzurro Club Vacanze. @ 2006; **page 222** Reprinted with permission from AAMS; **page 223 (top left)** Advertisement for Non Ti Pago!, Luigi De Filippo, from *Corriere della sera*, 21 dicembre 2004, p. 63; **page 223 (top right)** "Paolo Rossi" Milano, Teatro Studio, 22—23 dicembre, *Il Venerdì*, 17 dicembre 2004, p. 79. Reprinted with permission; **page 223 (bottom)** I classici delle carte, La Scopa, advertisement as it appeared in *Ciack*, Dicembre 2004, p. 112. Reprinted with permission of Blue Label Entertainment; **page 229** TV program for 1 day. Sorrisi e Canzoni TV, n. 52, 25—31 dicembre 2004, p. 120 "Raiuno". With kind grant of TV Sorrisi e Canzoni; **page 230** "Macché Vienna! Il più bel walzer si balla in Italia" Adapted from *Specchio*, 18 dicembre 2004, p. 48. Reprinted by permission of *La Stampa*; **page 231 (left)** From Hai mai provato a pattinare? Donna in forma, 22 dicembre 2004, p. 52. Reproduced with permission from *Donna Moderna*; **page 289** Bill from the restaurant "Il Grillo Parlante." Used with permission; **page 293** Menu from restaurant "Da Pantalone." Used with permission; **page 296** From Reading: Perché non possiamo fare a meno del Natale, *Donna Moderna*, 51, 22 dicembre 2004, pp. 35—38. Reproduced with permission from *Donna Moderna*; **page 319** Adapted from *Vanity Fair*, 11 novembre, 2004, 89; **page 326** Viaggiesapori, luglio 2004, p. 18: Advertisement for Saturnia. Reprinted with permission; **page 328** "Così è nata la più bella voce del mondo" Chi, 8 marzo 1996, Mondadori, p. 33. Reprinted with permission; **page 351** Elenchi telefonici a prova de privacy, 11 febbraio, 2005, p. 11. With kind grant of TV Sorrisi e Canzoni; **page 359** Gianni Rodari, "La stazione spaziale", in *Filastrocche in cielo e in terra*, © 1960 Edizioni EL, Trieste. **page 378** Reprinted with permission from AAMS; **page 392** Reading: La prima volta, a cura di Elisabetta Rasy. Milano: Rizzoli, 1996, pp. 47—48. © Elisabetta Rasy. Used with permission; **page 408** Rail tickets. Reprinted by permission of Ferrovie dello Stato S.p.a.; **page 409** Italian train schedule, Nuovo orario ferrovie, Anno 59, n. 158, pp. 250,258. Reprinted with permission of Edizioni Veltro; **page 416** Advertisement for "Hotel Mercurio", Mercogliano (AV); **page 425** Goffredo Parise, *Opere*, Arnoldo Mondadori Editore; **page 449** Catania - mania, MM Magazine, Anno XI N2, Autunno Inverno 2000—2001, p. 9. Courtesy of MM Magazine; **page 458** Vivere Palermo, La Guida Verde Italia-Michelin, 2005, pp. 527—528. Reprinted with permission; **page 471** Adapted citations from I consigli della nutrizionista. 21 marzo 2001, p. 74. Reproduced with permission from *Donna Moderna*; **page 472** "Liscia/Gassata", *Gente*. Hachette Rusconi S.p.A., 10 giugno 2004, p. 126; **page 482** From Il maschio, la femmina. . . e le cattive abitudini, maggio 2004, p. 202. Reproduced with permission from *Donna Moderna*; **page 483** Brochure: "Un mondo nuovo di buone ideee", Comune di Verona, 2007; **page 484 (left)** "Rapporto benzina salute", Visto 25 febbraio 2005, p. 11; **page 489** Titles and short excerpt from *La Repubblica*, 11 marzo 2001. Reprinted with permission; **page 490** Abridged short story: "Dal medico", by Dino Buzzati, 180 Racconti, pp. 817—820. © Dino Buzzati Estate. All rights reserved. Published in Italy by Arnoldo Mondadori Editore, Milano; **page 492 (top)** From Letter: "Le prime cotte, che passione", 24 giugno 2004, p. 24. Reproduced with permission from *Donna Moderna*; **page 492 (bottom)** From Letter: "34 anni e un sogno: farmi una famiglia," 24 marzo 2004, p. 24. Reproduced with permission from *Donna Moderna*; **page 515** "Ad for Metropoli," *La Repubblica*, 20 January 2006. Reprinted with permission; **page 516 (top)** "La carica degli studenti stranieri?," *La Repubblica*, 31 May 2006, p. 30. Reprinted with permission; **page 516 (bottom)** "Nelle elementari e medie di Firenze ci sono ragazzini di 45 nazionalità diverse," *La Repubblica*, 21 May 2005, p. XI). Reprinted with permission; **page 524 (left)** Title of America Oggi. Reprinted with permission; **page 524 (right)** Programmi in lingua Italiana America Oggi, n. 50, February 20, 2005, p. 18. Reprinted with permission; **page 528** Luigi Fontanella, "Wash".

Index